新闻出版广电总局"中古经典互译出版项目"

献给
·
惊涛骇浪中我的亲爱的祖国古巴

献给
·
永不停歇的征程战士菲德尔

献给
·
我的孩子
伊莎贝尔、帕特里西亚和埃内斯托

FIDEL CASTRO RUZ
GUERRILLERO DEL TIEMPO
CONVERSACIONES CON EL LÍDER HISTÓRICO DE LA REVOLUCIÓN CUBANA

菲德尔·卡斯特罗·鲁斯
时代游击队员
——古巴革命历史领袖访谈录

(古巴) 卡秋斯卡·布兰科·卡斯蒂涅拉 著　宋晓平 译

第一部 ★ 第一卷

人民日报出版社

致中国人民

菲德尔·卡斯特罗·鲁斯

今年6月,获悉在中华人民共和国人民日报出版社的努力下,《时代游击队员》将翻译成语汇丰富的中文,在我们兄弟般的两国建交55周年之际,拥有几千年文化和宏伟革命历史的亚洲古国——中国的人民很快可以读到这本回忆录。本书记述了古巴革命胜利之前我本人的经历、朴实的思想和行动。就像令人怀念的乌戈·拉斐尔·查韦斯·弗里亚斯司令所说,正是这些思想和行动激发了大无畏的精神。

我脑海中不禁浮现出革命之初的1960年,也是在6月,正是古巴岛的雨季和炎热季节。当时,我平生第一次亲临现场,欣赏到精彩非凡的京剧演出。令人着迷的角色,动情的表演,跌宕起伏的剧情,另一个社会的深奥故事的传说,还有五颜六色的服饰和化妆,演员们表演了各个时期的歌舞和风俗。演出在哈瓦那的大剧院进行,我与令人怀念的埃内斯托·切·格瓦拉同志一同出席活动,当时他是全国土改委员会工业局局长。演出结束后不久,在全国土改委员会我的办公室里,我接见了由百余名成员组成的中国文化代表团,向他们展示了革命政府正在为农民子女在马埃斯特腊山区拉斯梅塞德斯河湾建造的学校城的模型。文化是兄弟人民之间建立友谊、相互尊重和钦佩的无可比拟的桥梁,而在我们之间,文化的交往是我们相互尊重和兄弟情谊形成和延续的历史前奏。目前这一切正在得到加强。

通过我与古巴记者卡秋斯卡·布兰科的对话录《时代游击队员》的出版，我获得了与地球上人口众多的中国人民进行沟通的极好机会。

我的回忆录回顾了过去时代的各个事件。在中国文化代表团访问过后仅两个月，苏联和中国人民就声援古巴革命，支持古巴反对美帝国主义侵略、进行自卫的决心以及在主权、独立和正义基础上实行社会发展的决定。1960年8月底，古巴遭到美洲国家组织的谴责，由此，催生了第一个《哈瓦那宣言》。通过这一历史性的文件，古巴革命宣布，它行使其主权和自由意志，向中华人民共和国表示愿意两国建立外交关系，并从此断绝与美国第七舰队军舰所支持的台湾政权的关系。也是在1960年9月，我出席了联合国大会。当时联合国拒不承认中华人民共和国在联合国的权利。我记得在联合国大会上，古巴揭露了联合国矛盾的做法，它剥夺了中国人民的权利，而中国人民曾与美国士兵一起，抗击过同一个敌人，在同一个大陆上献出生命；与此同时，西班牙的佛朗哥政权却被慷慨地允许加入联合国，并接受敬意。要知道，佛朗哥是在希特勒飞机大炮和墨索里尼黑衫军的支持下攫取政权的。

以真理的名义，我必须要说，那不仅仅是一次正义行动。我认为，它还是人类对中国人民的一笔欠账，因为中国人民在抗击日本法西斯主义的斗争中做出了伟大的军事壮举，在第二次世界大战中为同盟国的胜利发挥了重要作用。自1937年到1945年，中国人民英勇地抗击了日本的侵略。中国是挺身抗击轴心国侵略者的第一个国家，是抗战时间最长，达8年之久的国家。在这8年间，中国在战场上牵制了150万日军，在残酷的战争中，士兵和平民伤亡总数超过3500万。同盟国的领导人承认这是对世界和平的巨大贡献，因为正是中国人民的斗争得以使苏联避免在危急关头陷于两条战线作战的境地；也避免日本把军力投送到亚洲其他国家，占领中东地区。今年中国人民将要纪念抗战胜利70周年。政治家和历史学家们一致认为，中国人民英勇地抗击了日本军国主义的主要力量，支持了同盟国的军队在欧洲和太平洋战场上的行动，促进了胜利及和平的世界反法西斯阵线的形成。

我们古巴人民还对中国人民怀有特别的尊重和敬佩之情，因为来自这一遥远国度的很多移民英勇地参加了我们的独立战争。他们之中的大多数人来到当时的西班牙殖民地古巴，希冀改善生计，但是却遭到合同商人们的欺骗，使他们后来深陷十分困苦的劳动条件和生活中。在那个年代，出于宗主国间的商业利益竞争，英国想用中国奴隶替代非洲奴隶。对那些中国人满怀敬重的回忆成为我们传统的组成部分，我们的先驱何塞·马蒂的挚友、遗嘱执行人冈萨洛·德克萨达指出："没有一个古巴华人是逃兵，没有一个古巴华人是叛徒。"

从19世纪末到现在，我们的历史就这样交织在一起，特别是随着我们各自社会革命的发展，这种美好关系达到高潮。随着时间的推移，社会革命使双方对带有社会公正发展的渴望交相融合；今天，这种革命则升华为追求多极的、多样化的、更美好的世界之梦，各国人民的和平和幸福之梦。

在第三个千年来临之际，在血腥战乱频仍、人类文明濒临深渊的全球性挑战的 21 世纪，中华人民共和国肩负着一种至关重要的使命。它是世界上经济发展最快的国家，具有英明的政治领导，忠于自己的古老历史和文化，崇尚和平邦交。在和平合作、各国发展、灾害应对、反饥饿和贫困等议题上，为了在地球上实现生理和心理健康，实现人与人之间的互助精神，中华人民共和国业已做出宝贵的贡献，而这只有在社会主义制度下才能够实现。

自 1949 年革命胜利至今，中华人民共和国的有益实践证明，一个互助、全面发展和相互尊重的世界是可行的。

古巴具有 50 多年的爱国主义抵抗经历。感谢世界其他国家革命人民的支持，特别感谢亲密的中国人民的支持。在他们的支持下，古巴人民选择了社会主义，以独立立场，与拉美地区充分实现一体化，并与世界各国人民站在一起，得以展示自己的经验，发出有尊严的呼声。

古中两国于 1960 年 9 月 28 日正式建交。我感到十分荣幸的是，讲述我们斗争的这本书的中文版问世之时，正值两国建交 55 周年及 10 月 1 日中国革命胜利和中华人民共和国宣告成立的纪念日来临之际。中国革命和独立开辟了宏伟业绩之路，中国人民勤劳奋进，聪明智慧，英勇无畏，同舟共济，成为世界范围内发展的先锋。早在近一个半世纪之前，何塞·马蒂就以长远的眼光察觉到中国人民的耐心、美丽和智慧。

致以兄弟般的问候！

2015 年 9 月 2 日

第一个《哈瓦那宣言》颁布和古巴宣布决定与中华人民共和国建立友好关系 55 周年纪念日

译者的话

值菲德尔及其战友攻打蒙卡达兵营62周年纪念日，谨将《时代游击队员》中译本献给古巴革命历史领袖菲德尔和英雄的古巴人民。

宋晓平

这是一部古巴革命领袖菲德尔·卡斯特罗·鲁斯的访谈传记，全名为《菲德尔·卡斯特罗·鲁斯：时代游击队员——古巴革命历史领袖访谈录》(Fidel Castro Ruz, Guerrillero del Tiempo. Conversaciones con el líder histórico de la Revolución Cubana，简称《时代游击队员》，古巴四月出版社出版，2012年西班牙文版)。菲德尔极富个人魅力和叛逆性格，疾恶如仇，不畏强暴，血气方刚。他与古巴著名历史人物一脉相承，体现了古巴民族精神和政治诉求，即民族独立、自觉、自由、平等、尊严和爱国主义。菲德尔集众多古巴民族英雄人物的思想和精神之大成：马蒂的大陆思想、人文精神、平等思想、民族尊严，青铜巨人马塞奥反抗强暴的钢铁意志品质，古巴国父塞斯佩德斯的独立思想，格瓦拉的理想主义和献身精神。对马克思主义和马蒂主义的透彻理解和运用，使他实现了马克思主义在古巴的本土化，成为古巴伟大的历史革命领袖和共产主义者。平等、公正的道德价值观使他成为为平等和正义而战的革命斗士。不畏强暴、顽强抗争的英雄气概使他成为反帝、反霸权的国际风云人物。缜密的思维、广阔的政治视野、驾驭局面的超凡能力、与人民水乳交融的关系、超高的政治艺术、豪迈的政治气魄，使他总能化险为夷，成为百战百胜的传奇人物。《时代游击队员》对这些给予了生动精彩的描述。

一

《时代游击队员》为两卷本，共计 50 余万字，篇幅宏大，内容浩瀚。从菲德尔的童年起笔，至 1959 年古巴革命胜利前夕收笔，深入探究了菲德尔的世界观，包括道德伦理、信仰和思想的形成以及政治成长过程。着力描述了菲德尔的家庭背景、品格和信仰的形成，革命志向的升华，变革纲领的制定，艰苦卓绝斗争的锻造，雄伟壮丽革命事业的开创。第一卷叙述了菲德尔的童年、少年和大学青年生活经历，第二卷包含了他反独裁革命斗争的经历。本书为回忆录和纪实体，通过菲德尔与作者的对话，铺陈回忆录。本书不是自传体，因为不是由菲德尔亲自撰写。作者提到，菲德尔不同意采用第一人称体，"因为这样会显得枯燥无味"。

本书作者为古巴著名作家、记者卡秋斯卡·布兰科·卡斯蒂涅拉 (Katiuska Blanco Castiñera)。她 1964 年毕业于古巴哈瓦那大学新闻系，1987 年安哥拉战争期间，曾出使安哥拉做战地记者。此后，曾任古共中央机关报《格拉玛报》记者。曾获得古巴国家新闻奖。

作者成书条件得天独厚，有作家和新闻记者的深厚专业功底，长期致力于研究古巴革命领袖菲德尔·卡斯特罗的生平、革命经历和政治思想。作者有幸对菲德尔进行多次采访，形成回忆录和传记。作品资料翔实，内容丰富多彩，结构完整系统，观点和思路全面深刻，内容情节引人入胜。作品呈现给读者的是既有深厚政治思想理论，又有血有肉的革命领袖。本书还包含有 170 多张各个时期菲德尔的照片，更为本书添色增辉。

作者全身心投入菲德尔的生平研究实属偶然。1992年11月，卡秋斯卡与几个青年人结伴重温"格拉玛号"游艇之路后，撰写了一本小册子《不可思议的历程之后》，引起菲德尔的注意。菲德尔对作者说，当时他阅读通宵达旦，边阅读，边回忆。1993年，菲德尔告诉作者："我很愿意与你谈一谈。"有此经历后，作者便开始研究菲德尔的家庭、亲人和菲德尔故乡比兰的周边环境，撰写他家庭的往事。作者锲而不舍，搜集整理材料，先后成书《雪松时代：菲德尔·卡斯特罗·鲁斯家庭纪事》和《安赫尔：菲德尔·卡斯特罗·鲁斯的加利西亚之根》。前期的研究为《时代游击队员》的撰写打下厚实的基础。

《时代游击队员》并非一般的访谈传记。它不仅具有一般访谈传记的纪实性和权威性，而且超越了访谈的时间和空间局限性，形成自己的独到之处。

本书是作者长期史料调研和实地考察之作。从卡秋斯卡与菲德尔的一段对话中，对作者的详尽调研和考察，读者便可窥见一斑："司令，我记得几年前，我与安赫莉塔[1]进行过一次谈话。时间大概是1996年末，或1997年初，当时，我开始做相关考察。问她关于家里的镜子、桌布、柜子的事，关于来客拜访以及那里居住者的事情和那里日常生活最琐碎的细节。我们还去了比兰、圣地亚哥、瓜内、皮纳德里奥、瓜伊马罗、西班尼库和其他村镇，在教堂和各地档案中寻找文件。在沿路旅途中，我们进行了长时间交谈。安赫莉塔记得家里的事情，父亲唐[2]安赫尔参加1895年战争的经历，谈到他回到古巴的事情，还谈到在拉斯维拉斯您父亲去探望一些西班牙人亲戚的情况，他游历国家东方省的情况，以及他在那里的劳动情况——最

---

[1] 菲德尔的姐姐。——译注
[2] 西班牙语中，Don（唐）是先生的尊称。——译注

初在矿上做更夫,后来在联合果品公司做合伙人,还谈到唐安赫尔大约于1912年怎么到达比兰。据安赫莉塔讲,妹妹恩米塔跟她说父亲做更夫时凌晨失眠的情况,这是您父亲本人跟她说的……"

本书是作者发挥一般访谈传记作者无法享有的特权之作。她多次与被采访者进行长时间交谈,进行无所不包、细致入微的对话,甚至就访谈中涉及的史料和回忆,无数次与被采访者进行核对和甄别。1993~1994年,作者与菲德尔在其办公室多次会面,进行涉猎广泛的长谈。作者甚至有幸跟随菲德尔参加很多重要活动,收集资料,零距离感受领袖的工作和生活。1996年8月,作者陪同菲德尔重回故居,感受童年的生活,重温过去的回忆。"种种回忆已成为历史的印迹,在他的脑海中,最终形成一个人的真正历史。"在采访者穿针引线的引导下,被采访者的思路和回忆如开闸洪水,喷涌而出,倾泻而下。作者还享有其他独特优势,先后采访过菲德尔的姐姐、哥哥、妹妹及亲朋好友,甚至采访过生活在海外的菲德尔前妻米尔塔,接触了菲德尔跌宕起伏生活的最私密的部分。

本书是菲德尔的回忆与作者基于党史档案的历史考证完美结合之作。在涉及党和国家重大历史事件和领导人的生平和思想的时候,作者阅读了大量的历史档案,做了详尽的历史考证,为菲德尔的亲历回忆做了坚实而周密的佐证,也可以说这是一本基于历史研究而成的作品。同时,古巴党和国家十分重视党史的研究,包括对古巴革命中一系列重大事件的研究。可以说,本书实际上是一部古巴官方革命史、党史和党的领导人的历史研究的组成部分,具有非同一般的权威性、历史性和严肃性。

本书也是历史人物剖析与有血有肉人物描绘交相融会之作。本书的上述特点,特别是由此而来的权威性、历史性和严肃性丝毫无碍于作者的另一主观努力和客观斩获,即对历史人物的剖析与有血有肉人物的描绘齐力并用。本书在深入揭示领袖丰富而深厚的政治和思想内涵的同时,重笔描绘了菲德尔的人格、性格和情感世界的形成,形象地展现了一个血肉丰满的青年的步步成长和思想升华,在这方面,本书是十分成功的。正如古巴文化部长阿贝尔·普列托·希门内斯在本书首发式上所说:"尽管革命思想,菲德尔的革命思想贯穿全书,个人的一面,最深层次的一面亦获得最充分、最深刻的展示。"菲德尔与他的幼年和童年在一起,与家人在一起,与他周围相处的人在一起,与各个阶段他所接触的人在一起,揭示了在不同的环境中他们的所思所想,勾画并分析了他们行为的角度、侧面和细微差别,这种分析不是法官式的评判,而是对这些人物设身处地地加以理解。"自省和回忆运用得惟妙惟肖,得以把我们放置在活生生的情境之中。例如,他在比兰外出探险,独自骑马去皮纳雷斯德马雅里,并对此进行了小说般的描述,与读者共享峻岭顶峰凉风拂面的快意。菲德尔甚至说,凉风很快吹干了坐骑的淋漓大汗,这种环境使他感到一种无拘无束的自由,一种野马脱缰的感觉……"[1]此情此景,不禁使人产生联想:在人生成长的道路上,菲德尔不正是经历了这样酣畅淋漓的自由驰骋过程吗?

本书是文学创作手法与新闻专业技巧完美结合之作。作者在作品中既没有喧宾夺主,也没有放任访谈自流,采访者自然隐现的引导与被采访者无拘无束的回忆畅谈巧妙结合。正如阿贝尔·普列托在同一场合所说:"卡秋斯卡基于提问和评论,显示了她所做的浩如烟海的调研,对菲德尔及其家庭的大量而深刻的调研,提供了重要的精确史料,使菲德尔的回答有了支撑。毫无疑问,我认为应该祝贺卡秋斯卡。她和出版者的成功之处在于著作中尊重了司令的自发性和口头表达方式,而恰恰是这一点使得本书十

---

[1] 阿贝尔·普列托·希门内斯:《菲德尔·卡斯特罗·鲁斯:时代游击队员——古巴革命历史领袖访谈录》首发式上的发言,古巴国务委员会出版事务办公室,2012年,哈瓦那,第8页。

分鲜活。这是一本令人爱不释手、一口气读完的作品,能够令人赏心悦目,快速阅读,享受无穷。"在书中,诗情画意的文学描述和新闻技巧的运用屡见不鲜,紧扣读者心弦,引人入胜。例如,在本书前言中,作者这样形容初次与菲德尔见面时的场景:"他(菲德尔)说话轻如潺潺溪流,好像一切都很神秘:关于岛国,人民,伤口,吉河德,热忱,命运,何塞·马蒂临终前的战役,太阳,战争,分分秒秒,大地。我目光不离他的身影,唯恐遗漏什么细节,紧随他的节奏,聆听他的叙说。"

本书还是提问目录颇具匠心的设计和构思之作,古巴作家和艺术家联合会主席米格尔·巴内特在该书首发式上评价说:"这是一份十分详尽、包罗万象的提问目录,凭此,能够更深刻更有感触地接近革命领袖。……这是一份十分聪慧、曲折蜿蜒和颇具探寻力的提问目录,包含了一位政治领袖最引争论的经历,跌宕起伏的脉络拨动着读者的心弦。"[1]性格的力量,警醒的精神,对思想与自己不合拍的家人的理解,所有这一切使得作者的笔录揭示了采访者和被采访者之间如行云流水且透彻深刻的对话。"作者善于敏锐捕捉线索和思路,提示被采访者加以展开,打开闸门,引流出思想的瀑布,奔腾而下。当缺少某件资料时,作者会加以补充;当叙事展开动因不足时,她会基于记者的职业敏感性,使用心理技巧,使被采访者即刻做出相应的反应。"[2]

二

在剖析菲德尔道德伦理和思想的形成及政治成长过程中,《时代游击队

---

[1] 米格尔·巴内特:《菲德尔·卡斯特罗·鲁斯:时代游击队员——古巴革命历史领袖访谈录》首发式上的发言。古巴国务委员会出版事务办公室,2012年,哈瓦那,第23页。

[2] 同上。

员》的成功之处还在于对几条脉络的精心设计和巧妙铺陈。

（一）家庭背景和亲情

在本书第一卷中，家庭脉络贯穿始终。菲德尔的父亲唐安赫尔·卡斯特罗出身于西班牙加利西亚地区贫苦农民家庭。1895 年古巴独立战争时期，从军来到古巴，参加西班牙殖民战争。西班牙战败后，曾返回故乡，后又来到古巴谋生，先受雇于美国蔗糖生产企业，后承包和购置土地，从事甘蔗生产和伐木生意，依靠勤勉和智慧很快发家致富，成为远近闻名的地主。贫穷而朴实的农民出身与发迹的地主社会地位决定了唐安赫尔的人格和政治立场。菲德尔对父亲的描写既有政治理性又有柔情和感性："当我具有观察和思考能力时，就政治和社会的角度而言，感到他持有，更确切地说是保守派和产权主的思想。持有既得利益的地主的思想，是具有定规的人。"出于右翼倾向，父亲和母亲"不喜欢工会……认为工会十分恶劣，制造混乱，破坏秩序，尽管那里一般没有工会"。与此同时，"从人道主义观点来看，父亲又是十分慷慨、乐善好施、乐于助人的人"。菲德尔讲述了在甘蔗生产闲季，劳工们在美国蔗糖企业没活干，失去收入，走投无路，便到附近唐安赫尔的庄园来找活干，尽管唐安赫尔并不需要人手，出于同情心，总是设法找活给他们干。当社会形势变得十分困难时，比兰庄园在某种程度上变成了"社会救助机构"。唐安赫尔还在自家商店为穷苦劳工提供赊账。哥哥拉蒙曾经说，父亲宰杀一头牛，母亲问父亲牛杀了多少斤，卖了多少钱？父亲答道 200 比索，实际上都赊账了，没有收回 1 比索现金。在实际生活中，父母从不反对孩子们与贫苦劳工们接触，他们可以任意到海地劳工们的破旧棚屋烧烤玉米吃，聊天玩耍，与他们平等相处。毫无疑问，父母的所作所为对菲德尔后来的价值观产生了潜移默化的深层次影响。

菲德尔谈到父亲，总是充满深厚感情。在书中，菲德尔是这样描述他的：他是一个十分有个性的人，脾气暴躁，令人生畏，是权威的象征，在家里对子女少言寡语，但却用特殊方式表达自己的爱意。菲德尔记得他 4 岁或 5 岁时，父亲"用手抚摸着我们的头，表示爱抚……这是他惯常的做法，用手在我们头上抚摸"。

在儿子菲德尔和劳尔投身革命斗争后，父母承受了担惊受怕日子的煎熬。"我能想象父亲和母亲因这些斗争遭受很多痛苦。在攻打蒙卡达兵营的事件中，事态不明朗，他们十分担惊受怕。母亲很有性格，很敏感，但是却很坚强，有能力抗危险，抗逆境。父亲也很敏感，我可以想象他默不作声地忍受痛苦，但是他懂得些历史，我不止一次听他感叹历史事件和人物，我相信，父亲明白那些斗争会以这种或那种形式成为历史事件。对他来说，这些斗争意味着某种他善于评估的代价，他并不是低估政治事件、低估国家生活中具有重要意义的事件的人。"

（二）童年和少年时期对知识和情感的渴望

在本书中，幼年的菲德尔十分渴望有人给他传授知识，传递情感，以感人肺腑的方式谈到童年时期的感受。他充满好奇心，多次提到希望从大人身上"像海绵一样吸收文化知识"。这种渴望不仅表现在知识而且表现在情感方面。菲德尔说：有人出于善良本性，天生喜欢孩子，和他们促膝交谈，给他们讲故事，十分关怀他们，面带微笑，开玩笑，这种人是孩子们的福分。"我十分感谢所有与我们相处、聊天、讲故事的大人们，他们十分友好，对我们十分友善。大人们想象不到与孩子们相处对他多么重要，与他们聊天，在意他们，不忽略他们，他们会多高兴。孩子们会无限感激这种亲情，这种关系。"这是菲德尔讲述他作为幼童，第一次与大人们进行交谈，聆听他们讲述历史、文学和文化知识时的感受。从发自肺腑的话语中，我们能够感受到菲德尔那永不泯灭的童心。

对大人们的这种感触使我们记起菲德尔发自内心的坦白,他十分渴望有人做他的启蒙者,知识和精神的引路人,帮助他满足永无止境的求知欲望,为他推荐和获取书籍。但他并未能如愿以偿,他说从未有幸遇到这种导师和引路人,只能依靠自己的意志和本能去闯荡和探索。上五年级时,菲德尔有幸遇到黑人女教师丹赫尔,据他说,她为他制定学习目标,提出要求。他对她充满感激之情。但是由于自己住院做阑尾炎手术,与这次机会失之交臂,遗憾和怀念之情溢于言表:"如果在生活中,有人成为我的良师和引路人,我将多么心存感激啊!我只有一次获得这种机会,大概就是那个女教师,在我一生中,首次有人能在我身上激发浓厚的学习兴趣,有人为我树立艰难的目标,激励我去努力,那是第一次。但是真不走运,我失去了这次机会,只是由于一场疾病。"

(三)倔强和叛逆性格的锻造

宽松的家庭环境和无拘无束的乡村生活造就了菲德尔从小独立和自主的发展倾向。他很小就独自骑马外出,穿越高山峻岭和茂密野林,从事各种探险活动,逐渐养成了倔强和叛逆的性格。在书中,菲德尔谈到年幼时期的至少三次"造反"行动。第一次"造反"发生在9岁,他上二年级的时候。当时,菲德尔寄宿在一个家庭之中,十分厌倦那里的种种清规戒律,羡慕无拘无束的学校寄宿生活。于是。他决定制造事端,拒绝听从任何命令,拒绝遵守任何规定,本来该这么做,偏偏反着做——造反了。作为反抗的结果,他首次成为学校的寄宿生。菲德尔怀着胜利的喜悦心情说:"对我来说,这是一次巨大的收获,第一次与别人一样,居住在学校里,与别人吃一样的饭菜,星期四和星期日,有人带我们去海边游玩儿……到学校寄宿,这是我生活中的根本性变化。"他在私人居所经历那么多磨难后,"感觉到这是一次重要解放"。此后,他在11岁和12岁的时候,又先后进行了两次"造反"行动。这还不包括他在家里发起的严重抗议行动。

童年和少年菲德尔的桀骜不驯绝不是出于恣意任性,更不是胡作非为,每次"造反"行动均有其深层次的原因和缘由,这就是对教条主义教育的反叛,对个性和自由的渴望和追求,并受强烈的道德价值观驱使。一次次的"造反"行动锻造了菲德尔的倔强和叛逆性格,极大地影响了他此后的成长和发展。"当我进入大学时,已经有了大量经历,鄙弃很多事情,已经有一系列价值观,特别是造反精神。从小我就被迫成为叛逆者。"

(四)伦理道德观的形成

菲德尔在书中说,最初的道德准则是在家里学到的,是从父母身上学到的。从父亲身上看到了这一点,从母亲莉娜身上也是如此。书中对此有透彻的描述:"父母在家乡比兰构织的氛围超越了阶级障碍,而这种障碍本是伴随着菲德尔所称之为的真正的地主文化,但是在这里,地主的儿子可以自由地与所有的劳工们进行接触,包括那些贫穷的海地劳工。"[1]毫无疑问,这为菲德尔的伦理道德观的形成提供了土壤。

童年菲德尔的很多经历帮助他"形成了一种反对滥用职权、贪污、非正义的思想","所有经历促成了我的伦理道德,环境不止一次地促使我起来反对非正义的事实和决策,促使我形成一种伦理道德"。

从菲德尔6岁到结束预科四年级学习,国家处于巴蒂斯塔腐败、黩武政府的统治之下。每天都可以看到宪兵们依仗武力,傲慢地炫耀权势,欺负农民。菲德尔13岁时,曾帮助他的同父异母哥哥彼得罗参加竞选,在投票站目睹士兵们为非作歹,用鞭子抽打,用枪威胁选民投巴蒂斯塔独裁者的票。少

---

[1] 阿贝尔·普列托·希门内斯:《菲德尔·卡斯特罗·鲁斯:时代游击队员——古巴革命历史领袖访谈录》首发式上的发言,古巴国务委员会出版事务办公室,2012年,哈瓦那,第11页。

年菲德尔对所有这一切产生反感，对用恫吓和恐怖手段维持权威充满厌恶。

进入大学后，这种道德观得到升华。他在哈瓦那大学这所拥有斗争历史传统的神圣殿堂里受到熏陶，感到正在加入这一威望崇高、历史丰富的集体。在这个集体中，学生们起到十分有尊严和杰出的作用，他们是人民权利、民主和自由的捍卫者。"我还感到自己将受到挑选，成为这一传统和光荣的组成部分，也成为大学价值的守护者。"

在谈及伦理道德观的形成时，菲德尔指出，最初的道德准则在家中学来，父母言传身教，也从老师那里汲取，或通过宗教教育获得某些道德准则：戒偷盗、撒谎、虚伪、自私，不要一切都想着自己。"我认为，在我们的社会中，也有伦理成分，其中部分来自基督教教育。另外，在我们国家也存在世俗的伦理，这来源于几个世纪的政治思想家们。"

在谈到宗教对其道德观的影响时，菲德尔是这样说的："我觉得我有一种崇高的情感，是自然的性格，性格的高尚，自我表达的能力，对别人有同情感，一种正义感，道德感。这是从哪里来的？我认为耶稣会修士们帮助我形成了道德感。宗教也可以发挥影响。"

早年形成的道德观和叛逆精神对菲德尔最初的政治立场产生极大影响。他在书中说：自己来自教会学校，没有接受过政治教育，不具备政治文化，没有革命政治意识，但是有道德意识，这使他很快走向政府的反对派。"我所有的遭遇也促使我抨击滥用权力、偷盗和不公正现象；我所有的经历有助于形成我的道德观，反对一切形式的滥用权力行为；面对不公正的事实和决策，环境迫使我不止一次地进行反抗，这也有助于形成我的道德观。当然，我具有叛逆精神，它贯穿我的一生。"

（五）早年的爱好和情趣

本书还以不小篇幅谈到菲德尔童年和少年时期的爱好和情趣。在家乡农村的生活环境中菲德尔养成了广泛的兴趣和爱好,例如爬山游泳,外出探险,参加斗鸡活动,与哥哥拉蒙在家里自造拳击台,进行格斗比赛,做令人哭笑不得的"恶作剧"。有一次,他和拉蒙给自家养的鸭子喂掺有白酒的饲料,看着鸭子走路东倒西歪醉醺醺的样子,他们乐得前仰后合。大致可以说,他的种种爱好和情趣多与竞技、对抗和冒险有关,就连对历史的兴趣也莫不如此。

菲德尔从小就对历史故事着迷。书中描述了他对历史进程的好奇心和热忱,用他阅读到的知识填补正规教育造成的空缺,这种与历史的特殊关系成为他成长中的实质性要素。从很早的时候,他就开始感受历史,从古巴独立战争历史中汲取营养,就好像他在亲历这些历史,成为其主角和参与者。

他与历史的结缘首先来自宗教文献中的知识。宗教历史是一部斗争、战役和战争纪实。《旧约》是一部战争史。它神奇般地令菲德尔着迷,特别是从大洪水以来那段:诺亚方舟的建造,40天连绵大雨,神话般环境下的动物们。书中的历史还配有图画。不仅是事实的叙述,而且寓言、史诗和故事都配有插图。"在《圣经》中,讲授的首先是冲突、战争和史诗。在宗教历史中,从头到尾讲述的是战争,我也变成战神,参加所有那些战役。"

在众多情趣中,少数文静类的爱好要数朗诵和诗歌了。童年菲德尔曾给走路一瘸一拐的文盲厨师曼努埃尔高声朗读报纸上关于西班牙内战战况的消息。后来,也许是由于菲德尔的发音很好,语调抑扬顿挫,慷慨激昂,很自然地把情感灌注到朗读中去,被挑选出来在用餐时给同学们朗诵宗教读物。这些经历影响了他的知识、口语表达能力以及后来的演讲才能。菲德尔还不止一次地提到自己有写诗的天赋,谈及参加学校诗歌创作比赛及获奖后的喜悦心情。在记者采访中,菲德尔也曾脱口背诵少年时期流行的很多诗歌。

菲德尔丝毫不掩饰自己的弱项，如音乐。尽管教母是钢琴老师，菲德尔几乎整天都在听她弹奏曲符，实际上，他接触音乐不多，从未碰过钢琴，谁也没有唤起他的兴趣。菲德尔在书中还坦陈自己"滥竽充数"的尴尬：在上三年级时，"我加入学校合唱团，但总是走调，实际上，我的音乐听力很糟糕。我们在合唱时听到有人走调，于是就让每个人单个试唱，让我只唱那几个音符，结果就把我除名了，因为当我与整个合唱团一起唱时还凑合，但是单独唱时，合唱团的修士团长就把我剔出来了。"菲德尔不无遗憾地说，自己没有表现出很好的音乐天赋，即便有，也没有人开发。菲德尔没有唱歌天赋，但这并没有影响他对音乐的兴趣。

（六）信仰和政治思想的形成

青年菲德尔的道德感日渐形成，叛逆性格和桀骜不驯的思想种子开始生成，提出一系列问题，而这些问题在当时的社会制度和教育体制下却无法找到答案。他开始从另一个角度和用另外的方式观察问题。菲德尔在本书中说，他在进入大学之初，开始拥有真正的政治关注点时，实际上开始质疑很多东西。自己有了道德伦理观，尚没有哲学观，没有对社会和历史事实的解释。此时，菲德尔一直沿袭着古巴的历史传统，敬仰古巴的爱国者马蒂、塞斯佩德斯、戈麦斯和马塞奥。他在成为马克思主义者之前，经历了马蒂思想教育阶段，独自阅读马蒂的著作，是一位坚定的马蒂主义者。

这种质疑和探寻过程是自发的，独自实现的。他采取的方式是自己学习，自我政治教育。从"持有道德观的叛逆者"到"乌托邦社会主义者"，最终发展成为马克思主义者，经历了艰辛和曲折的发展过程。菲德尔对历尽艰辛和苦恼、独自探寻理论信仰的自我教育过程充满感慨和庆幸："我最大的成功之处，如果有的话，就是在十分困难的条件下，自我调整方向。

我很幸运,实际上,在没有人指导和帮助的情况下,没有迷惘,误入歧途,没有在学习过程中夭折。"最初,他从朴素的道德观来进行社会政治观察,认为社会是一系列事物的排列,产生的所有问题都是因为人有好坏之分,残酷和善良之分,存在盗贼和良民之分。一切都源于人的美德或劣行,源于他们的错误或正确,善良或邪恶,这就能解释所有一切,而没有任何其他说道。到那时为止,"我只是个持有道德观的叛逆者。当我在大学有机会接触特别是政治经济学时,实际上,我首先是质疑资本主义制度,而不是学习马克思主义,不是的。我通过纯粹的逻辑推理,学习资本主义政治经济学,开始质疑资本主义制度。"他多次与同学们一起讨论构思没有剥削、压迫的理想社会制度。菲德尔评判说,此时自己经历的恰恰是历史上很多人走过的"乌托邦之路",自己是"乌托邦社会主义者"。

菲德尔回忆道,20岁的时候,开始接触《共产党宣言》等马克思主义文献。马克思主义理论一经扎根于十分肥沃的土壤中,浸透强烈叛逆精神和疾恶如仇的正义感的土壤中,便转换成巨大的能量。菲德尔日益感受到一系列真理赋予他力量,逻辑性,甚至极大的表达能力。"谁也没有给我讲解过《共产党宣言》,从未讲解过理论学说。我无须感谢任何人,就这些问题在政治上努力引导我。当然,一经接触马克思主义文献,就像维克托·乌戈说的,'我头脑中便掀起暴风雨',它就像海绵,贪婪地吸收真理和知识。"

由此,菲德尔开始了政治—革命觉悟加速发展的进程。2003年,菲德尔以抒情方式谈到阅读马克思主义书籍对自己生活的意义:"这在政治方面揭示了我独自得出的结论。我曾说过,如果乌利塞斯被美人鱼的歌声所陶醉,我则被马克思主义揭示的无可辩驳的真理所吸引。"

(七)革命经验的汲取和积累,革命战略和策略的运用

在本书叙述的菲德尔成长的过程中,理论和实践始终紧密结合。书中

叙述了青年学生菲德尔如何通过革命实践学习斗争方式。他从1947年招募讨伐特鲁希略的孔菲特斯岛远征兵，总结出后来攻打蒙卡达兵营的经验：需要招募具有理想而非为了金钱而战的士兵。在1948年波哥大事件中，菲德尔觉察到起义队伍的一系列缺陷：缺乏政治觉悟，缺乏领导和指挥，缺乏军事策略。先是在孔菲特斯远征行动中，后在波哥大警察局起义中，他都提出自己进行游击战的军事战略和策略建议，并力图付诸实践。

1952年3月10日巴蒂斯塔政变之后，菲德尔对古巴社会和政治的认识更加透彻：国家的问题是制度问题，不是某个人的问题，必须摧毁这个制度。此时，他放弃了通过和平手段进行政治革命的思想，开始全力准备发动武装革命，推翻独裁政权。菲德尔批判了革命条件并不具备，无法发动革命战争的看法，"我们相信人民的能力和精神，尽管当时不具备理想的进行革命的社会、经济条件，我们还是相信，从爱国主义、尊严、传统、人民的起义、对独裁的仇恨出发，我们可以动员人民，领导人民的斗争取得胜利，即进行一场人民战争，一场消灭旧制度的革命，一场依靠人民的革命，一场依靠群众的革命。"

为此，他建立了100多个秘密小组，发展了1200人的队伍。在绝对秘密的条件下开展工作，工作的方式方法严格适应秘密活动的要求。菲德尔从中挑选出300名精兵强将，经过秘密准备，于1953年7月26日发动攻打圣地亚哥蒙卡达兵营，开启"七·二六运动"宏伟的历史篇章。武装行动遭遇失败，菲德尔被捕入狱，在法庭上，他发表了著名的自我辩护词《历史将宣判我无罪》。其中谈到反对压迫和剥削的起义权。他认为，尽管它还不是一个社会主义纲领，但是，它在经济和社会方面的论述是很明确的，其主导思想是社会主义思想。"在作为革命纲领的《历史将宣判我无罪》中，由于特定条件所限，我没有使用马克思主义的词汇，但是，它的实质是马克思主义的思想。可以说，辩护词是马蒂思想和马克思主义思想的结合。"

菲德尔被关押 20 个月后，被大赦释放，流亡墨西哥，组织远征行动。同时公开提出目标：1956 年打回古巴，推翻独裁政权。1956 年 11 月 26 日凌晨，菲德尔及 82 名勇士乘坐"格拉玛号"游艇从墨西哥启程，开启征讨巴蒂斯塔独裁者的行动。经过千辛万苦抵达古巴后，遇到反动军队的围剿和追杀，少数革命青年进入马埃斯特腊山开展游击战争。菲德尔凭借自己的正确政治主张和军事战略，以及灵活的斗争策略，推动武装革命斗争，直至 1959 年 1 月 1 日取得古巴革命的胜利。

（八）豪迈的革命精神和钢铁般的革命意志

本书最为精彩的部分要数对菲德尔豪迈的革命精神和钢铁般的革命意志的描述。在攻打蒙卡达兵营被捕后的审讯中，当检察官问菲德尔："谁是主谋？"他原本以为菲德尔会保持沉默，但是，大义凛然、气势豪迈的菲德尔的回答令检察官目瞪口呆："主谋是何塞·马蒂。"在法庭上，在自我辩护中，菲德尔与法官进行激烈交锋，由被告变成原告，对独裁政权进行的猛烈抨击，愤怒控诉，犀利揭露，"嗖嗖嗖！就像勇敢和真理的子弹一样"，射向敌人。当巴蒂斯塔独裁者迫于舆论的强大压力，为了蛊惑人心，决定对菲德尔等被捕判刑的革命青年实行"大赦"，前提条件是他们保证放弃武装斗争时，菲德尔斩钉截铁地表示：宁愿再坐一千年的牢房也不会忍受羞辱！宁愿再坐一千年的牢房也不会损害自己的尊严！

将近两年艰苦、孤独、寂寞和受尽凌辱的牢狱生活并没有让菲德尔屈服，因为他深深懂得：谁为祖国而受苦，并履行自己的义务，谁总会找到足够的精神力量来沉着、冷静地应对命运的逆境。独裁政府不得不无条件释放这些革命者。菲德尔出狱后，立下豪迈誓言并宣告天下："1956 年，我们要么获得自由，要么成为烈士。"他奔赴墨西哥，准备重新杀回古巴。"我的这次旅行是回不来的，除非我回来使独裁者人头落地。"

与到目前为止出版的任何其他相同题材的著作相比，菲德尔与卡秋斯卡的对话都更能使我们深刻而形象地看到，在从童年到那个初步成熟的阶段，菲德尔是如何走过那个道德伦理和政治成长过程的。米格尔·巴内特的评论十分中肯和贴切："我认为这不仅是一本书，而且是一部引人入胜的电影，当你进入电影院，你会觉得身临其境，不知不觉进入电影中的角色。因为它具有丰富而深刻的史料价值，历史纪录片活生生呈现在你面前，使你进入电影的情节之中。"[1]

三

菲德尔的传奇人生广受国际社会关注。《时代游击队员》一经出版就引起世界各国的注意。本书是目前古巴国内最有代表性、最权威的菲德尔传记。正因为如此，2012年2月3日，古巴观察电视台、起义者电台、哈瓦那电台联合转播举办该书的首发式和介绍会，自2011年参加古共六大以后，85岁高龄的菲德尔首次在公开场合露面，出席本书的发行仪式和介绍会，与读者零距离接触，畅谈本书的主题，长达6个小时。这无疑是菲德尔对作者和本书的褒奖和高度肯定。

在这次首发式上，菲德尔谈到继续撰写自己革命和生活历程的宏伟打算，并表示说："我现在必须抓紧时间，因为岁月正在磨灭人的记忆。"在厄瓜多尔的一次著作介绍会上，作者卡秋斯卡也透露，她正在设计1959～1975年时期的写作。同时正在搜集材料，目标是完成直到当前时期的写作。

---

[1] 米格尔·巴内特：《菲德尔·卡斯特罗·鲁斯：时代游击队员——古巴革命历史领袖访谈录》首发式上的发言。古巴国务委员会出版事务办公室，2012年，哈瓦那，第21页。

此书出版后，墨西哥、委内瑞拉、秘鲁、阿根廷、厄瓜多尔、玻利维亚、智利、哥伦比亚、多米尼加共和国等国家的文化界邀请该书作者到这些国家举办著作介绍会，掀起一场探讨菲德尔传奇人生、思想发展、革命业绩的热潮。

此书不仅具有权威性、纪实性，而且由于语言通俗、风趣，内容和情节丰富多彩，极具可读性，既适合专业人士阅读和参考，又可供一般读者欣赏。翻译本书有助于中国大众深入了解古巴社会主义的理论和实践。有助于我们深入发掘菲德尔·卡斯特罗思想的逻辑延伸，探讨古巴当前发展进程的走向。同时，有助于增进中国和古巴党、国家和人民的相互了解和友谊。

对本书中文版的出版，古巴驻华使馆提供了大力支持，协助获得本书中文本的版权，并有幸争取到菲德尔为本书撰写中文版序言。

古巴何塞·马蒂文化协会荣誉会员、中国社会科学院拉丁美洲研究所古巴研究中心顾问、古巴问题专家徐世澄教授和宋晓平教授承担了本书的翻译工作。具体分工如下：宋晓平负责第一卷翻译及全书的文字校对和联系出版事宜，徐世澄负责第二卷的翻译。

本书篇幅宏大，翻译和资料查证难度较大。因译者水平和能力有限，错误和疏漏之处在所难免，恳请广大读者不吝指正。

2015年7月26日

征程

菲德尔喜欢回忆。
也许因此缘故,1993年1月,
他在革命宫的办公室首次接见我……

(前言)

当时,报社编辑广泛使用德国造老式打字机,伴随着打字机发出刺耳的嘈杂声,我接到通知。此时,临近下班,外面天色渐沉。街上行人加快脚步往家赶。雨虽然未下,风却卷起街上的落叶和沙尘。

赭红色的阳光沐浴着革命广场。光线微微透过办公室厚厚的窗帘,与昏暗交汇,令人感觉身处超越时间的空间。是临近黎明,还是身处黄昏?在这里很难分辨清楚。光线飘洒在书柜摆放的物件上,溜抹在砖墙上,或穿透房间明净的空间,我一直以为,通过光线的细微差别,房间主人可以分辨出时光的推移。写字台安放在书的海洋里,宛如一座孤岛。我扫视一下书籍的题目,努力把必不可少的参考要素印入脑海,更多发掘主人深埋于历史荣誉之中的点滴。坦白说,我曾几分钟痴痴凝望一座某个远东女神的象牙雕塑和几艘玻璃小艇,它们就像摆放在古老药房橱窗里的陈列品,沉睡在永恒的梦乡。

我记得菲德尔走过来,亲吻我的面颊并拥抱我。无论是他的身材还是外貌都没有令我更感到吃惊。我觉得自己就像匆匆的过客:火车半路停靠站台，我与一直待在那里的人交谈。他呼吸平稳，语调低沉，眼睛炯炯有神，直视对方。他脚蹬一双边缘磨光的靴子。房间摆放着皮面磨得起毛的沙发。这一切不禁使我回想起流逝的岁月，记起他令人印象深刻的话语："我更喜欢旧钟表，旧眼镜，旧靴子……但是在政治方面，我喜欢一切新事物。"

  在那几年，世界似乎成为过去，所有新东西都变得陈旧。刻画伟人和更公正的社会几乎成为幻想。他已经成为神话，与人民一道坚守看似遥不可及的梦想，经受惊涛骇浪的冲击，抗击持续不断的侵略，忍受物质的匮乏。他说话轻如潺潺溪流，好像一切都很神秘：关于岛国，人民，伤口，吉诃德，热忱，命运，何塞·马蒂临终前的战役，太阳，战争，分分秒秒，大地。我目光不离他的身影，唯恐遗漏什么细节，紧随他的节奏，聆听他的叙说："我想起一件事情，卡秋斯卡，一种想法。"我凝望着，他举起手，梳理卷曲的白发，把摘下的军帽放在写字台上，打开蓝色的简易便条皮夹子，抖动纤长的手指，在纸上疾书，转瞬间，成行的娟秀字迹跃然纸上。他眉头舒展，眉毛线条分明，眼睛炯炯有神，胡子花白，耳垂突出，军装领口整洁，裤线笔直。我冒失地打量着，目光再次落在他双脚的靴子上，那是一双使用多年的靴子，久经磨损，但干干净净。

我在想象他穿着这双靴子跋山涉水。那是一双简朴的靴子，追求梦想的靴子，就像修士身披的苦行衣，在艰苦岁月中都不会脱掉。1959年1月革命胜利几周后，他还是忙得没有时间脱掉靴子睡觉，这是真的吗？

在我们几个青年人组成的队伍重温"格拉玛号"游艇之路后，我撰写过一本小册子《不可思议的历程之后》，颇引他的注意。他对我说，当时他阅读通宵达旦，边阅读，边回忆。

继1993～1994年在他的办公室几次会面后，我发现纯属生活的偶然，本人在报纸上发表的多次活动报道逐渐勾勒出他的经历。

1996年8月13日，在纪念他70岁寿辰之际，我再次近距离见到他。又一天，他的一位身材高大的保镖塞尔西奥突然来到我家，进入客厅："赶快动身，与菲德尔出门去比兰。"

我有幸目睹菲德尔与加夫列尔·加西亚·马尔克斯[1]的对话。那是在一次意想不到、令人兴奋的路途中。就如我当时所说，菲德尔理所当然希望重回故居，感受童年的生活，重温过去的回忆。种种回忆已成为历史的印迹，在他的脑海中，最终形成一个人的真正历史。

在那里，菲德尔浮想联翩，在众人面前，流露出发自内心的激动之情。

---

[1] 加夫列尔·加西亚·马尔克斯（Gabriel García Márquez，1927～2014），哥伦比亚著名作家、记者和社会活动家，拉丁美洲魔幻现实主义文学的代表人物，20世纪最有影响力的作家之一，1982年诺贝尔文学奖得主。加西亚·马尔克斯将现实主义与幻想结合起来，创造了一部风云变幻的哥伦比亚和整个南美大陆的神话般的历史。其代表作有《百年孤独》、《霍乱时期的爱情》等。2014年4月17日，因病在墨西哥首都墨西哥城去世。——译注

他给父母的陵墓献上鲜花，陵墓位于糖厂的林荫之下。根据父母的遗愿，他们的遗体迁移到这里。"陵墓会令人十分伤感，就像种族隔离一样，意味着让逝者远离故居和家人。"

有此感受之后，我便开始研究他的家庭、亲人和比兰的周边环境，想撰写他家庭的往事。这是漫长而艰辛之路，不过，我搜集丰富材料，不仅成书一本，而且两本：《雪松时代》和《安赫尔：菲德尔·卡斯特罗·鲁斯的加利西亚之根》。在这一时期，我曾多次想询问只有他才能回答的一些细节，但是却无法实现。

2006年夏季，菲德尔意外病倒。我记得事情发生在奥尔金飞往哈瓦那的飞机上。保镖从机舱前部跑过来。我跪在飞机座位上，向机舱后部反复呼喊："在呼叫医生，在呼叫医生。"几个随身医生应声赶来。副外长豪尔赫·博拉尼奥惊呆了，站在我身旁默默无语。我只记得随机人员目光痛苦至极，难以言表。那是我一生中经历的最鸦雀无声的沉闷。几天后，7月31日，告古巴人民书发表，司令宣布生病的消息，号召我国人民继续前进。

8月1日一大早，突然令我吃惊地传来菲德尔的声音：我们找时间开始工作。他准备好开始艰苦的工作，扩充和丰富伊格纳西奥·拉莫内采访的问答，因为他允诺出版《菲德尔100小时访谈录》的新版本，担心无法完成这一作品。我感到他尽管身体十分虚弱，但仍在尽可能抢时间。

在一间小会客厅，他的夫人达莉亚忙碌着照顾一切。我对她说，在这种情况下给司令带来麻烦，十分抱歉。她充满柔情地鼓励我：不要这样想，恰恰相反，给他带来了快乐和宁静。

我再次亲身经历菲德尔生活的私密场面。一些人想象他是孤独的英雄，我却看到他每时每刻都有陪伴。有兄弟劳尔，众多子女、孙儿和其他家庭成员，朋友、战友，他们赶过来探望他，询问病情。大部分人昼夜不合眼，守护着他，我经常碰到他们进进出出。我再次身处他并未公之于众的家庭氛围中。

在工作中，他有时保持沉默，要求我给他诵读文稿。我减慢语速，让他可以伴随诵读，小睡片刻，有可能稍稍缓解精神上的疲劳，而这对他来说真是难能可贵。在几十年连续不断的革命生活和旅途中，他习惯长时间高强度劳作。

那几周的日子就像3月的盛夏，尽管菲德尔十分平静地发表了告人民书，我感觉这就像大斋期的骤风袭击我国人民的心灵，风卷枯叶，敲打门窗，掠过江河，激起海浪，裹挟着种子，抛向远方，遥远的天际，随着接踵而至的春雨，种子会生根发芽……我们焦虑万分，因为菲德尔就是我们的历史。我记得8月的那天，令我非常激动，与死神顽强搏斗的他接见我。他十分勇敢和坚定地对我讲起他新近发射的几发时代的子弹：他把自己当作游击队的一支步枪。

作为呕心沥血劳作的成果，两部新版的《菲德尔访谈100小时》问世。这是司令顽强拼搏的结果。这令人欣慰，他仍然在赢得战斗的胜利。在如此艰难的情况下，再次兑现承诺，紧紧把握历史脉搏，与我们纵论每日天下大事。

他紧扣十月危机的主题，指出，苏联驻联合国代表否认导弹运进古巴，这在道德上是不可饶恕的错误。他一再强调，真理的原则不容放弃。司令认为，那项不谨慎且不必要的答复是错误的。根据他的观点，"古巴有合法权利使用一切可使用的武器进行自卫"。他还谈到安哥拉战争，揭露种族隔离政权拥有核武器，在美国的合谋和默许支持下，以色列拥有了核武器。在这种视野高度，我发现这两项主题与可能的核对抗存在相互关联。当前他最担忧的就是这个问题。为了避免核对抗，必须完全实现非核武化。他认为，最道德、最人道的是消除一切武器，无论是常规还是非常规武器。那一天，他对我解释战术核武器与战略核武器有什么不同，尽管我无法记住他做解释时引用的无数复杂的数据。

我还记得我告诉他，2006年8月19日，周六，在何塞·马蒂国立图书馆有了新的发现，一部现已失传的世界珍品，包含41幅版画的埃及作品。法国的土地测量专家、语言学专家、考古学家、建筑师、数学家、画家和化学家受拿破仑的委托，仔细研究了尼罗河畔发展起来的文明的价值。

研究的成果是编纂一部经典文献《埃及的描述》，20卷本的版画、地图、平面图和手迹。豪华版印数仅为1000册。其中，5卷珍藏于我们的图书馆，经过修复后向公众开放。

总之，这是掠夺史的纪实。几个世纪前，法国和英国实施侵略。侵略者们对他们统治下的人民的文化感到惊叹，他们至少怀着兴趣收集历史和风俗，揭示谜底，破解、保护珍品和古建筑，这种态度与那个帝国形成很大反差。在第三个千年，帝国横扫古巴比伦7000多个古建筑遗址，所到之处，破坏和劫掠图书馆、博物馆，将其从人们的记忆中抹掉。这就是2003年的一个夜晚，炸弹从天降临巴格达，毁灭此前人们保留的记忆。当我在讲述《起义青年报》的文章时，菲德尔思考着，聆听着，表示赞同。他坚信针对伊拉克的战争是一种野蛮行径。美国对中东这个国家的第一和第二场侵略战争的过程莫不是如此。正是由于这一悲剧，他在100小时访谈录中执意公布1991年致萨达姆·侯赛因的信函。

在司令的思考中，他建议伊拉克总统进行谈判并及时撤出科威特。伊拉克的军队此前采取行动，入侵科威特边境，而古巴对此持反对态度。他还表示如果在伊拉克尚存大规模杀伤性武器的话，应该予以销毁。

司令面对逆境表现出绝妙的幽默感，给我留下深刻印象。一天早晨，他给一两个同事打电话，没有打通。他面带微笑，突然对我说："卡秋斯卡，司令没有人与他通电话了。"他模仿加西亚·马尔克斯在《上校没有人与他通信了》中的原句。在作品的第二和第三版问世后，我们经常一起聊天。我特别清楚地记得2008年10月20日，古巴文化节那天，我们再次长谈安哥拉战争，或2009年8月3日，就吉列尔莫·加西亚司令行将出版的著作交换看法。

当时，他尚未完全恢复对外交际。在报刊上露面，更多采取发表文字方式，而非实际露面。不过，当时他已经告别死神，返而复生。亲眼看到他的工作强度和量度，我十分吃惊。菲德尔总是默默地工作。有时他会对我坦言，感到筋疲力尽。面对时间的流逝，地球上男男女女注定的命运，他因人类事业驱动而增添内心渴望。转瞬即逝与永恒不变、近在咫尺与远在天涯、最低限度与无可度量、绝对与相对、一无所有与所有一切，激发着他的感受力。他作为实现自己梦想的国务活动家、革命者，在思考饱经沧桑凝结的价值。他的思想具有整合性。我想很少人能够想象他是多么繁忙和活跃。

在那次会面后，我开始到他家拜访。那个地方我似曾相识，因为自从开始研究他的生活，就一直渴望到那里——他的客厅进行采访。我曾想象他居住的环境是什么样子：一定是郁郁葱葱，风景优美，林木环绕。果不出我所料，一走进那里，树木茂密，超乎人的想象。那里是哈瓦那雨水充沛的地区。"在这里，世界一到下午仿佛就到了尽头。"他对我说道。我们都对2009年11月那天关于墨西哥气温不同寻常骤降的消息感到吃惊。我们也在那里进行交谈。一切都是从10月的一天早晨开始的。当时交谈的主题既多且杂，他对我说："你为什么不搞个提问单子？"这句话令我震动：我明白了，菲德尔准备讲述他过去未曾披露过的经历、困惑、思考和重大事件。我建议去掉提问的文学体例，采取第一人称讲述方式，他很干脆回绝："那会成为一本十分枯燥无味的书，就像我手头讲述特洛伊历史的厚厚读本。"

在《菲德尔·卡斯特罗·鲁斯：时代游击队员》中，司令根据一份涉猎广泛的提问单子，讲述他的历史，这些提问淹没在他沧桑浩瀚的人生经历中。这部书分为两卷，有助于读者走近这个有血有肉而同时又是历史形象的人，他代表了在古巴、我们的美洲和世界上为独立、正义和人类而战的过去和未来的英雄们。

读者将有机会与菲德尔一道，重温他走过的道路，听他原原本本和毫无保留地诉说回忆，勾连事实，阐述观点，描述形象，抒发情感。从那个年代的家园和人讲起，直到历尽心血的操劳、贫困、希望以及随着时光的推移而显现的症候。

革命需要不断勇于攀登，人类需要有能力拯救它的男男女女：菲德尔重新蹬上他的军靴，踏上永不停息的征程。

卡秋斯卡·布兰科·卡斯蒂涅拉

目录

1 / 038

家园・父母・树林・烛光和汽灯・最初的记忆・无法探知的死亡・清爽的小山丘・东方三王节・家庭药方・马纳卡斯河・锯木厂・骑裸马・自由驰骋・斗鸡・友谊・拒绝卢梭式的坦率・降临世界

2 / 084

寂静无声・松林・夜半惊恐・枪支护身・家庭逸事・兄弟姐妹・生活中的自主・战争后回访比兰・圣地亚哥・屋檐雨滴・荒废时间・失却保护・讲述炸弹爆炸声

3 / 122

对家乡的眷恋・古巴战争中的唐安赫尔・过去的见证・返回农村・拉萨列学校・第一次造反行动・幸福：学校寄宿生・在多洛雷斯学校做学生・在西班牙人区的生活・诗歌比赛

4 / 156

电影院・神圣的历史・阅读西班牙内战・与厨师曼努埃尔·加西亚的友谊・发表演讲・记忆・致罗斯福的信函・远方的眷恋・学习与思考・幻觉・关于记忆力的传说

5 / 190

哈瓦那・贝林学校・比兰的拳击手・祈祷和祈祷・在耶稣会教徒的伴随下成长・历史・听收音机广播：乔·路易斯与马克斯·施梅林的拳击赛・乌托邦・马克思和达尔文

6
现代氛围・山丘校园・社会丛林中的光明・传说与传统・关于痛苦的诗歌・马蒂：思想的瀑布・共产党人・一年级的领袖・大学的吉诃德
224

7
选举・正统党・吉诃德式行为・威胁・准确射击・海滩上的哭泣・藐视和再度藐视・不动声色
264

8
孔菲特斯岛・奥尔菲拉・跳入尼佩湾激流・比兰・回归大学
290

9
波哥大圣菲・第九届泛美会议和拉美大学生大会・激情菲德尔・盖坦・波哥大事件・身处旋涡・第一次起义经历・热爱哥伦比亚
338

10
回到哈瓦那・紧张的学习・学习更多经济学・布斯塔曼特奖学金・结婚・纽约蜜月之旅・哈佛之行・幸福诞生和生命拯救
384

11
大学毕业・特哈迪略自助餐・保护穷苦人・外交斡旋・短暂的宽裕・利他主义行为・首次自我辩护・法国式的揭露・站在胡斯塔一边・种族兄弟情
402

影像
图片・留存文件・风景・记忆中的面孔和时刻・杂志和报纸摄影记者・研究角度的艺术家・流动或临时摄影师捕捉的时空・形象中的生活・记忆和历史
429

家园・父母・树林・烛光和汽灯・最初的记忆・无法探知的死亡・清爽的小山丘・东方三王节・家庭药方・马纳卡斯河・锯木厂・骑裸马・自由驰骋・斗鸡・友谊・拒绝卢梭式的坦率・降临世界

卡秋斯卡·布兰科：司令，何塞·马蒂认为，人的历史可以从其家园讲起。我觉得家园就像御寒的大衣，甚至是记忆的留存。我从学习秘鲁诗人塞萨尔·巴列霍的诗歌开始，在脑海中萦绕着一首家园——已然没有任何人居住的家园——的诗歌，其诗句令人激动不已：

> 有人怆然离去，有人恋恋驻留。已非孤独所在，烟火炊生之处。哪里渺无人烟，哪里孤独凄楚。新宅比旧居沉暮，虽铁墙石壁高垒，却不见有人居住。新家居落成问世，并非因拔地而起，皆因人们生息眷顾。

我不知道怎么向您解释，不知道这些诗句是如何经过脑海，总是把我带到我童年隐秘的居所，也总是把我带到您在比兰的故居。您在70岁高龄时曾重返故里。我见证了您重回故乡的旅程。从那时起，我就一直希望有机会问您，在记忆中，您出生的故居是什么样子的。

菲德尔·卡斯特罗·鲁斯：故居的房子是木制的，建造在比人还高的木桩上。我想最初应该是方形的，是预制件，大概是美国人造好后在这里出售，甚至有可能是从美国运来的。是我父亲在我们出生前建造的。他经济状况富裕，有较高的收入。当时在那一地区，不少美国大农业企业发展起来。

父亲的农地四周是美国公司的大片地产。老人家甚至还为其中的一家公司——联合果品公司——干过事。该公司大致拥有13万公顷土地，包括一家巨大的甘蔗种植园和一家糖厂。我记得联合果品公司在附近还有其他糖厂，在尼贝湾一带还有两家糖厂，公司的地产一直延伸到父亲的土地旁。20世纪初父亲在购置这些农地前，为联合果品公司工作。最初他也有一家小企业，领着一帮人干活，承揽伐木合同，砍伐树木做劈柴，供应糖厂做燃料，并开垦荒地种甘蔗。据我哥哥拉蒙说，当时是西班牙向这里大量移民时期，移民主要来自加利西亚的几个省,这为父亲的承包生意提供便利:雇用移民修筑路堤,运输木材。父亲开办了一家小旅馆,还开始种植甘蔗。甚至在联合果品公司的土地上,开辟了名叫杜莫伊的垦殖区。后来,他骑马不慎摔断一条腿,不得不卖掉垦殖区。当时,正值制糖业大繁荣时期,在"百万吨糖起舞"来临之前,父亲却卖掉了这些地产。

父亲是西班牙籍移民,通过辛勤劳作成为企业家,积累了大量财富,购置土地,可以说,他独立发展起来,成为农业生产者。

我认为那是一栋美国式的木制房子,但是我不敢肯定房子是从美国运输过来,还是在本地建造的。是一层楼结构,不过上面还有一个挺大的房间,可以看作是小小的第二层。第一层的地基大致与地面持平,但是父亲来自加利西亚地区,根据加利西亚地区的习惯,农民们在住宅里面或下面饲养家畜,像家禽、牛,甚至饲养用于制作火腿的猪,因此,把住宅建筑在木桩上面,这样住宅就不显得矮了。宅基地由于不规则,没有处于同样的水平面上。住宅的主体部分,客厅和居室方位的坡度更大些,因此,那里底下的木桩就更高些。

后来,住宅又加以扩展,增建了几部分,有储物间、厕所、食品间和餐厅,最后是厨房。后来,在住宅的另一端,新建了办公室,这样,住宅就成了正方形,上面建有第二层,并向东侧,朝山峦方向进行扩展。下面是柴火房。住宅下面开辟奶牛挤奶栏,养着30头或35头奶牛。每天清晨给奶牛挤奶,然后放牧到800多米或1公里远的牧场去,下午再赶回来。

我对家里的走廊记忆犹新,它环绕整个住宅,只有厨房那里除外。每到下午,我都饶有兴致地看着牛群归来,有些牲畜桀骜不驯,特别是刚刚产过幼崽的母牛,颇具攻击性。家里有一头深色母牛,名叫鲸鱼，是产奶能手，但十分凶猛。我们经常挑逗它，看它如何凶暴发怒。我觉得它有些像凶猛的公牛。

我记得所有这些场面，清楚记得农村环境、牲畜、干农活的人是什么样子。

沿着家里的楼梯，可通往第一层住宅，走进门，进入客厅，几间寝室的门与客厅相通。有我们几个男孩后来居住的寝室。旁边是小餐厅和父亲的办公室。另有客厅和其他居室，有走廊通向主餐厅和卫生间。

最初，似乎只有 间居室配有卫生间，我并不熟悉那个卫生间。后来增修了一条走廊，尽头增添了一个卫生间，被称为农用厕所。它是木质结构，建造在水坑上面。我很熟悉这个厕所，那里配有洗手池。在厨房那边还有卫生间，实际上我们在那里洗淋浴，里面安放着大浴盆。

家里有个很大的蓄水池，还有一个稍高的、规模稍小的蓄水池，用来储存雨水。雨水顺着房檐流到蓄水池，作为普通用水。饮用水需要使用4公里外的泉水。这处泉水远近有名，发源于松赫河，那是一条小溪，泉水经过过滤流出来。

当时，我家还没有通电，用蜡烛和燃气灯照明。没有冰箱，只有一个木质小冷藏箱。冰块从4公里远的马尔卡内制冷中心运过来，储存到用锯末保温的木质小冷藏箱里。

我在讲那里的环境。当时我开始观察东西时，就记住了牲畜和周围环境，清楚地记得每个细节。

我想自己最初的记忆始自很早，是3岁的时候。我记得所有一切：家庭成员、生活在一起的叔叔们，还有个年龄相仿的表姐与我做伴。

安东尼娅姨妈在生女婴时难产去世，这是我最早的记忆之一，需要明确的是，这说明当时我那么小年纪就能记住事。她与父亲的一位同为西班牙籍的雇员结婚。当时我还很年幼，家里的气氛十分沉痛，不断有人哭泣，十分凄惨。她是母亲的妹妹，我被带到她家去参加葬礼。当时外祖父和外祖母也在那里。我还记得当时的房间，燃烧的蜡烛……我没有什么感受，很好奇地观察所有一切，但并不清楚是什么意思。我并不懂得什么是死亡，也没有这个概念，只是感觉笼罩着悲伤。人们十分悲痛，哭泣不已，气氛令人窒息。如果我能记得姨妈去世的具体日期，就会记得我当时多大年纪。这些就是印入我脑海的最早记忆。

卡秋斯卡·布兰科：当时是1929年6月8日，死亡登记簿上记载她死于产后高烧。

菲德尔·卡斯特罗·鲁斯：我最早的记忆是2岁时候，未满3岁。记得一位表妹很小就来到家里，与我们一起生活。

刚出生的是女婴。其他兄弟姐妹由外祖父和外祖母抚养，他们是3个人：姐姐和最小的妹妹，还有个男孩。3岁或4岁的妹妹过来和我们一同生活。

我记得我们几个年纪大的男孩居住在楼上一间有窗户的小房间，那里很通风。因为支撑房子的木桩发挥实际作用，使房间微风习习。住宅的主要部分达到一层楼的高度，而小房间是寝室，位于第二层。

安赫莉塔、拉蒙和我在一起，我是年龄最小的，我们是父亲第二次婚姻生育的几个年龄大的孩子。父亲第一次婚姻生育的子女莉迪娅和彼得罗·埃米利奥不与我们生活在一起。

我记得当时寝室中摆放摇篮，甚至记得我睡在里面的时候，不知道当时是 2 岁还是 3 岁。

我在 4 岁时，被移到紧靠父亲脚边的更宽敞、更大些的小床上睡觉。然后是姐姐和哥哥的床，最后是母亲的床。

父亲睡一张床，母亲睡另一张。父亲的床在房间一侧，床边摆放着床头柜和燃气灯，他习惯每夜读书。

卡秋斯卡·布兰科：寝室确实空气清爽。当我站在那里时，想象着在寂静或暴风雨来临时，凉风吹拂是什么样子。我想，那里同时一定是家里最健康的地方，远离蚊虫，不受山间小动物的侵扰，还远离喧闹。现在，那里也许没有孩子们待的空间了……

菲德尔·卡斯特罗·鲁斯：没有了。我想父母亲是最早在那里定居的人，因此，与孩子们睡在一个房间。由于是顶层的房间，是最清爽的地方，有些僻静。你站在房间里，可以看到住宅的洋铁板屋顶。那里并不是第二层，而是第二个水平高度，是上面唯一的房间，就像望楼。

那里也许是最凉爽、最安全的地方，安赫莉塔出生后，并没有被安置在底层，因为那里走上走下需要通过一个狭窄的楼梯，穿过假顶层。安赫莉塔出生后同样被安置在那里，很安全。第三个孩子也就是本人出生时，也被安顿在上边。3 个孩子都以同等方式安置。我出生时全家居住的房间没有卫生间，卫生间位于底下一层。因此，当时使用痰盂和尿壶。

寝室很凉爽，窗户十分通风，并配有金属窗帘，防止蚊虫飞进来。上面寝室使用叫作弗立特的有名杀虫剂，用喷洒管喷洒。

家里的居住方式一直不断调整。尽管我们采取混居方式，父母与 3 个子女混住在一起，但我从来没有发觉任何奇怪现象，没有发生两性关系现象，这方面的事情一点儿都没有。我对父母的印象就是这样。

我长期住在那个寝室，到四五岁年纪，但并不总是住在那里。

我甚至记得我在未满 5 岁前，一直住在上边的寝室，当 1 月 6 日东方三王节来临时，寝室里会摆放上苹果、葡萄、糖果和某些简单玩具。当时我已经开始懂得东方三王节。人们送给姐姐一个女孩子玩儿的小皮球和玩具：把小皮球扔到上面一层去，在几秒钟时间里，捡起地上的几个骰子，并在皮球滚落回地板时用手接住。这样，我就记住了上面的印象。

还有一件事：父亲习惯每天早晨吃橘子。晚上剥去橘子皮，拿到窗外，放在顶棚上，浸上露水，再撒上一些白色的粉末，不知道是些什么，大概是有利于健康的东西，有些像葡萄糖，但我不敢肯定，也许是酸式碳酸盐粉末，父亲早晨起来后就吃掉它。这是我记忆中家里的点滴习惯。

卡秋斯卡·布兰科：根据您的描述，我想橘子落上露水，一定很凉，果汁充足。在加利西亚地区，过圣胡安节时，流行一种传统习俗。在兰卡拉，您的祖母安东尼娅·阿尔希斯把一盆凉水放到露天，到夜里 12 点钟，给孩子们洗浴，辟邪去灾。据说是圣水，也可以免除痛楚。清晨的露水具有神功，滋润大地和生命。还有些时候，飞鸟用嘴衔来圣水，倾倒在村庄的泉水中，村民们下去沐浴，可驱散妖魔。您的父亲可能记得这些，在比兰，就把橘子放在夜露之下。

菲德尔·卡斯特罗·鲁斯：我记得很多往事。父亲从来都很慈祥。一般来讲，很有性格，脾气有些火爆，令人生畏。他容不得争议，就连训斥别人时也容不得争辩，是权威的象征。

稍大些后，我对父亲有了某种尊重。在我四五岁时，父亲总是把手放在我们头上，表示爱抚。由于他脾气暴躁，这种手势是非常有意义的细节，他总是充满担忧，不停地工作，很多时候进行训斥，另有时候进行争吵。把手放在我们头上，这是他众多表示柔情的方式。

我母亲更多负责家规，发布命令："应该上床睡觉了。"负责在所有方面维持秩序，照料我们，把我们呵护在围裙之下。她负责所有这些事情，特别是当我们生病的时候。我们胃不舒服，母亲决定什么时候吃药，什么时候服用泻药，这在农村是司空见惯的。当孩子们消化不良时，经常采取清肠子的方法。

当我们时常胀肚排气时，母亲还使用矫正法。当然，并不是任何时候都这样做，要知道，当时我们已经自由了。

在当时和后来，母亲都是家里的医师：知晓各种知识，是否需要喝杯茶，服用某种草药，用草药进行治疗是经常使用的方法。母亲是我们的医生。她负责决定我们什么时候必须喝卡拉瓦尼亚水做的泻药，药效更柔和，却更灵验。服用时必须捂住鼻子，让人捏住你的鼻子，并说："哦，哦，哦！"直到你把一杯药水喝光。蓖麻油泻药最糟糕！后来我们才知道，巴蒂斯塔[1]警察在最初阶段，对付反对派人士的方法之一就是让他们喝蓖麻油泻药。在我家，我不搞政治，当我

---

[1] 鲁本·富尔亨西奥·巴蒂斯塔·萨尔迪瓦（Rubén Fulgencio Batista Zaldívar, 1901～1973），古巴独裁者，总统（1940～1944，1952～1958）。1933年，参加推翻马查多独裁政府的斗争，同年8月，马查多独裁政权被推翻，卡洛斯·曼努埃尔·德·塞斯佩德斯任临时总统。9月，巴蒂斯塔发动"中士兵变"，迫使临时总统下台，政权落入拉蒙·格劳·圣马丁为总统的五人委员会中，巴蒂斯塔出任陆军司令，实际控制政权。随后6年中，巴蒂斯塔先后任命了3位傀儡总统，他在幕后实际统治古巴，直至1940年，他当选为总统，任期4年。1948年当选为参议员。1952年发动政变上台。1959年1月1日，巴蒂斯塔独裁政府被菲德尔·卡斯特罗·鲁斯领导的起义军推翻，巴蒂斯塔逃亡国外，先后居住在多米尼加共和国、美国、葡萄牙和西班牙，1973年8月6日病死在西班牙。——译注

胃有毛病时，就让我服用蓖麻油泻药。十分浓稠，很难喝。把蓖麻油和大麦芽混在一起，大麦芽是甜味的，用大麦做的，但没有酒精成分，而是含有气的水，就像啤酒一样。蓖麻油和大麦芽搅和在一起，喝下去：哦，哦，哦！这就是医院！

当然，家里还采取农民用的其他治疗方法。我不知道这是否有科学根据，我觉得没有，因为今天已经没人使用。当消化不良和胃痛时，几个貌似懂点儿医术的人走过来，摸摸你的胃，确诊为积食即消化不良，然后给你涂上食用油，做按摩……

卡秋斯卡·布兰科：现在这种做法已经被否定了。还有其他一些药方和古老的治疗方法也是如此。母亲经常使用捣碎的茴芹做药方，使用阿巴里水。但是现在已经不再……

菲德尔·卡斯特罗·鲁斯：我们也做过按摩。让我们脸朝下趴着，沿着脊椎，揪起皮肤向上摩擦，当你喊疼的时候，就罢手了，还说已经去掉你的消化不良，已经治愈。实际上，在农村主要的问题一直是肠胃问题。通常最后的结论是，用这些治疗方法就可以实现奇迹。我尝试过这种药方，服用过泻药，使用过那时候农民家庭的各种药方。

我还记得另外一件事，让我们服用维生素——大西洋鳕鱼肝油。效果不错，尽管鳕鱼的味道浓烈……我们服用过，但是用汤勺做计量。

我们还服用过苏格兰乳剂，也是用鳕鱼肝油做的。药剂是白色的，稠度几乎就像浓缩的牛奶。不知道里面有些什么，除了鳕鱼肝油外，还添加些糖。这种药可以在药房、专卖店买到，是美国商标，画面是一个人背后背着一条鳕鱼。那就是标志、标牌。

卡秋斯卡·布兰科：现在仍然有这种药品，使用同一种标志，只是现在味道改变了，有草莓味、橘子味和葡萄味。药瓶也不再是玻璃的，而是塑料的。但仍然是琥珀色的，画面还是人背着一条鳕鱼的形象。

菲德尔·卡斯特罗·鲁斯：我服用过不少鳕鱼肝油、维生素 A 和其他维生素，属于我们家开具的药方，母亲用家庭药方给我们看病，也给父亲看病。

父亲有时会犯肾病，服用巴拉克阿地区产的蒺藜草药材，据说这种小草的药效十分灵验。在这方面，有一系列植物药材十分有效。可以医治胃病、肝病、胆囊肿或肾病，草药可以医治各种不同的疾病。

母亲的医学知识是通过家庭传统方式积累的，家里从来不请医生看病。我从来不记得有医生来过。如果有人受伤，就到 4 公里外的马尔卡内中心医院去，由那里的医生进行治疗。我并不记得有哪位医生来家里看病，从来没有。

卡秋斯卡·布兰科：自战争年代就有一种传统延续下来。在马尼瓜，独立起义者们熟悉草药，掌握医治伤口和疾病的药方。丽娜肯定是从她的母亲唐娜·多明加那里学来的。丽娜的母亲出生在一个古老的古巴人家族。尽管如此，由于缺医少药，还是有很多人病死了，包括您的姨妈安东尼娅。

菲德尔·卡斯特罗·鲁斯：在家里流行过各种疾病：水痘、麻疹。在医治麻疹时，让我们服用一种玉米须子药方，当我们患上水痘时，用浴液进行沐浴。我们从来没有种过破伤风疫苗。我们周围圈养牲畜，遍布铁丝网和铁器。我想自己应该是因为小伤，铁丝网、铁钉子还有其他各种东西划破皮肤，受点小伤，获得某种天然免疫力。因为就我的经历，或许早就患上破伤风了，少说也有十多次，可我从来没有接种过破伤风疫苗！我们仅种过天花疫苗，那是我们唯一种过的疫苗。当时没有脊髓灰质炎和其他各种疾病的疫苗，而现在都有了。我所记得的唯一一次疫苗是种在右大腿上，我现在腿上还有印记呢，是预防天花病的。后来长大成人后，当我外出访问时，曾多次接种疫苗，但不会产生反应，因为从小就有免疫力了。

我记得很多东西，母亲是十分活跃的女人，很有个性。她十分慈善，温柔甜美，但是对我们却很有威严，我们更信任她。父亲并不训斥我们，不用纪律管教，享有至高无上的权威，母亲则受到更多的信任，我们与母亲相处更加无拘无束。她训斥我们，与我们争吵，也惩罚我们。家里的惩罚方式是：当我们年龄稍大些，6~8岁时，母亲有一条皮带，皮制的腰带，用来吓唬我们。腰带挂在走廊挂帽子和其他东西的地方。家里还有一个马刺，用来骑马的马刺，不过从来没有用来惩罚我们，只是吓唬一下。后来，我们长大些后，如果能够追上我们，就用皮带挥打一下。

卡秋斯卡·布兰科：安赫莉塔对我说过一些逸事。她说您十分聪明，当几个兄弟四散逃跑时，您会突然停顿下来，蹲下，让丽娜追上打到您，她就会喃喃自语地说："瞧他多好啊！多文明啊！算了，宝贝！如果你没有错误，就是大人的毛病……"于是她就不再用腰带打您，而去追赶安赫莉塔和拉蒙。他们仍然在逃窜，以免被丽娜追上。

菲德尔·卡斯特罗·鲁斯：我们跑得很快，连蹦带跳，奔跑起来，一溜烟逃得无影无踪！当我们淘气时，母亲只能冷不丁地用腰带打我们一下，吓唬一下，因为我们知道做错事了，会受到些惩罚，不会轻易被打上。实际上,不会是十分严厉的惩罚,不是体罚,而是精神上的些许威吓,这在当时农民家庭中十分常见,只是吓唬而已,如果能够抓住我们,如果我们给她时间的话,而这从来不会发生,因为我们早逃之夭夭了。

后来,拉蒙和我变得更加精明。拉蒙和我是这样,安赫莉塔不是,她没有那么多问题,我不记得她是否挨过惩罚。但是拉蒙和我确实经常受到警告,要对我们采取惩罚措施。于是到那时,我们就把皮带和可能用来做惩罚的所有东西都藏起来。

我当时大概是6岁。我们从很早起就采取预防措施,做出决定,拿掉挂在那里的皮带,藏起任何能够用来惩罚我们的东西,把任何类似的东西都扔到厕所里、河里和井里,让它们消失掉。我们采取措施进行自卫,不过这都是长大一些的事情。

卡秋斯卡·布兰科:2003年9月23日,在母亲百岁诞辰之际,您说过,感受越深刻,保存越深层。您还说,您很难打开心扉,您是内心深处总是封闭的人。您解释说,您的父亲也感情丰富,但沉默寡言。说您的母亲费尽心力,让您学习。提到他们遭受痛苦,部分原因是您和您的兄弟们投身斗争,多年身处险境。还谈到十分感谢父母对你们进行的正直和道德教育。您提到:"一个人会把一切归于父母。他们给了我们骨血,他们两人共享其秉性,并将之遗传给我们所有人。他们采取独特方式,使我们每个人都各有不同。但是我们所拥有的精粹,即使从生理的角度讲,都是他们给予我们的,赋予我们生命。"后来,在回答记者伊格纳西奥·拉莫内的提问时,在提到父母亲时,您的话语充满柔情、尊崇和敬重,特别是对母亲的回忆真是令人心扉震撼……

菲德尔·卡斯特罗·鲁斯：母亲十分乐观，喜好游玩，爱开玩笑。整日服侍我们，当我们生病时，守护身旁，担心发生什么意外。她并不太一本正经，不是对子女亲吻、抚摸不断，而是为我们操劳，为我们担忧，从穿衣到吃饭，无微不至，如果我们病倒，她会担心不已。除此之外，我们拥有很大的自由空间，因为父亲和母亲忙于工作。

母亲负责照料家务，但是不做饭，家里雇有女厨师；她不洗衣服，家里雇有洗衣工。她清扫家里卫生。我记得，成为孤儿的表妹也做些家务。表妹与我们平等相处，她的身份是家庭成员与家务帮手兼而有之。我记得她小的时候也去上学。后来更多的孩子出生了，缺少人手，母亲就把照顾我们的时间用于照料他们。这样，我们从很早就开始享有很大自由，处于半无人管的状态，照管家畜和马匹，从小就学会骑马。

我们每人各有一匹马，我的马叫卡雷托。记得我在6岁或7岁时，就得到一匹马。我与马相处很长时间，大概有10年。我十分喜爱它。

安赫莉塔也有一匹马。拉蒙的马是灰色的。我的马更小些，十分聪明，桀骜不驯，喜欢逃跑，是金黄色，面部为白色，因此取名卡雷托，意思是白脸驹。它很像赫勒福德种的壮牛犊，精力充沛，从不消停，奔驰如飞。我在成为它的主人之前，就骑过别的马，其中包括安赫莉塔的马。后来，我们还举办过赛马活动。

卡秋斯卡·布兰科：印第安人有一句古话说："诉说你的故乡吧，你就是在诉说世界。"这就像我们，无论在世界任何遥远的角落，我们的发现都是一样的。关于您，我总是在想："诉说比兰吧，你就会发现菲德尔的灵魂和影响。"我感到您对他人的感受力和热情根植于那个小小的村镇。这是因为那里有解析您生命的秘诀，就像您对加夫列尔·加西亚·马尔克斯的窃窃私语:"学校就是我的童年乐园,而比兰就是我的阿拉卡塔加[1]。"您记忆中的比兰是什么样子?那个地方、朋友、山峦、树木、巴特伊的劳动者、邻里们……

菲德尔·卡斯特罗·鲁斯: 在那里,我们融会于当地的人们、劳动者、动物的自然环境,融会于所有一切。实际上,从很小的时候起,我们与大自然就有亲密接触。我们几乎整日都是自由的,因为在家里没有任何保姆,没有任何类似的人。有人负责做饭,父母亲忙于各种事情,结果是,我不知道安赫莉塔怎么样,不知道拉蒙怎么样,我只能说我自己的情况,没有任何人负责孩子们。我们是自由的,只是到用餐时必须按时去吃饭。

在父亲照料管理工作时,母亲也帮助他,因为还开办了杂货店、服装店、五金店、仓储、面包店、牛奶店和肉店,甚至还有药店!五花八门。母亲负责管理这些生意,父亲则总管所有事务。这些生意占去母亲很多时间,甚至别人租用的斗鸡场也属于我家。

家里的庄园有地产800公顷,租用土地10720公顷。我家以这种或那种形式拥有11000公顷土地。租用的土地属于卡洛斯·埃维亚和德梅特里奥·卡斯蒂略·杜阿尼,他们是参加独立战争的老起义者,后来随着美国的干预发横财了。几乎以白菜价格获取土地,每公顷单价十分便宜,不到1美元。他们居住在哈瓦那,并不开发这些土地,因此父亲签署了耕种甘蔗的土地租用合同。

当然,父亲出身十分贫贱,是加利西亚地区的农民,母亲来自比那尔德里奥,也是贫苦出身。他们没有地主文化意识。积攒了些财富

---

[1] 哥伦比亚著名作家加夫列尔·加西亚·马尔克斯的故乡。——译注

和土地，但是并没有地主和资产阶级文化意识。父亲和母亲很吃力地自学读书，写字。在我记忆中，母亲阅读、写字缓慢而吃力，几乎每天都读啊、学啊。父亲则努力阅读报纸和其他东西。母亲一直在学习，我记得实际上是在拼读。

当时存在一所学校。邮电局和学校是唯一不属于家里的两栋建筑。由于没有幼儿园，我从学步起就被送到学校。白天还能把我送到哪里去呢？显而易见，就是学校，我与拉蒙和安赫莉塔一起去。

公立学校也是木质建筑，建于木桩之上，因为地势比较低矮，地面是倾斜的。我被安排在教室第一排座位。必须听所有的课。这是一所多年级混合学校，共有20名或25名学生混在一个班，学生们属于不同的年级。我记得写在黑板上的日期：某年11月某日。我想是从1930年开始记得这些的，也可能在此之前。我从很早开始，看大家学习，不知不觉中也就开始学习数字、字母，学习阅读。当然，也学唱国歌，朗诵马蒂的诗歌，背诵一些十分简单的诗句。

我似乎觉得自己从来就会读书写字，不记得什么时候不会做这些事情。总之，我不记得从什么时候开始学习的，因为自从进入学校，就记得读书写字，拼读黑板上的东西。不知道老师们对我采取什么教学方式，但是我知道，由于没有地方可送我去，就让我随着哥哥和姐姐到学校去。早晨去，下午回家。

在我的记忆中，还保留着面包房、商店、邮电局，几乎所有一切：商店对面、面包房对面的大树，学校，住在学校对面的居民，斗鸡场，等等。

好像有个时期，更好质量的住宅建好了，但是却从未使用过。现在仍然保留在那里，还有人居住。在商店后面，建有一栋两层楼的混凝土住宅，它应该是在我出生之前建成的。另外，还修建了一个面包房，一个劳工们用餐的小饭馆，还有其他一些建筑物。

我经常在那里跑来跑去。对那个地方的记忆十分准确，历历在目。

斗鸡场离那里并不十分远。我也去那里观看斗鸡。那是一种表演。在比兰没有电影院，什么都没有。满目是挖鸟粪的海地劳工居住的茅舍，简陋的小房和窝棚。他们非常耐劳，生活十分艰苦，辛勤劳作，住所没有什么用具，很多人十分孤独，单身生活，几乎没有女人。一个女人与很多人一起过日子，这是一种一妻多夫形式，一位妇女与多个海地男人保持关系，她并不是妓女。那里是贫民聚居区，住着从海地来的移民。他们国家可能十分贫困，在共和国初期被带到这里，当时，美国蔗糖企业开始在古巴大规模扩张甘蔗农业，缺少劳动力。

已经不存在奴隶劳动了，而是所谓的自由工人。实际上，对于美国企业和地主们来说，海地劳工比奴隶还要廉价。主人必须为奴隶提供吃、穿，照顾他们的卫生，因为奴隶是财产，主人不希望财产有损失。但是移民劳工们生活悲惨，任由自生自灭。他们提供劳动，只领取很低的工资。一般规矩是，不提供鞋子和衣服，也不管饭，不负责医药花费。如果劳工们死掉，土地主人不会有任何损失。

我了解那些，并能对之进行思考。那是一种更有利可图的剥削制度，但是当时我年纪尚小，甚至到了六七岁的时候，仍没有任何察觉，只觉得十分自然，就像下雨、太阳、月亮、树木、动物一样。我觉得就像事物的自然秩序的组成部分：电报员就是电报员；教师就是教师，他负责教课；放牧员骑马，照看牲畜；屠夫宰杀牲畜；厨师做饭；账簿先生记账；我的父母亲在家里发号施令，管理一切，他们是主人。

相对来说，从很早时起，我就对某种不同状况有所感受：自己并没有物质需求，没有挨过饿，一切应有尽有，什么都不缺少。

我家没有通电，没有汽车，一切都靠兽力运输，而当时，很多家庭不如我们富有，却通了电灯，有冷冻设备和汽车运输工具。

家里很早就有了20年代的那种运输车，就像在当时电影中出现的那种。母亲进行操作，她说没有速度，只是脚踏式的而已。后来我六七岁时，很长时间家里没使用汽车。汽车是很久以后的事情，我想是在我10岁或11岁时，家里才添置。那是一辆小公共汽车。当时还没有吉普车，没有公路，道路满是泥泞。雨季一来，无法通车。商品运输使用畜力，需要到4公里远的国家铁路火车站去拉货，或到离家1公里的甘蔗铁路运输线，使用一种自我驱动的铁路用小货车拉货，它是家里使用的一条运输线路，为引擎驱动。

家里的生活并不十分奢华，没有电力及现代化设备，也没有收音机广播。直到我9岁或10岁时，家里才第一次有了收音机，但是却订阅报纸。

对于我来说，自己所看到的就是一种自然秩序。当然，人们对我们另眼相看，怀有敬意，因为是地主家庭。劳工们对我们十分友好，有可能是出于忍耐原因。

实际上，当我可以感受到身边所发生的一切时，已经开始上学了。看看我从什么时候开始到学校学习读书写字的。我4岁时去上学，这并不令人奇怪，因为无拘无束的孩子，通过大自然、与人们的交际，会更快地适应现实，发现新事物，获得更多的观察和收获。

卡秋斯卡・布兰科：您父亲最初与联合果品公司签订合同，后来，1924年，作为垦殖者,与美资的米兰达糖厂签署协议。他的土地四周是美国公司。唐安赫尔与美国人保持着很好的关系吗?您记得吗?有美国人去家里拜访吗?

菲德尔·卡斯特罗·鲁斯: 米兰达糖厂的产权属于米兰达糖业公司,它是一家拥有几个糖厂的企业,大概有15万公顷,也可能达20万公顷地产,拥有一系列糖厂,地产一直连接到古巴南部海岸。我想每个糖季,父亲向糖厂提供3.5万吨,3万~4万吨砍下来的甘蔗,运到离家大约27公里的糖厂榨汁。

庄园还生产少量的菜蔬、薯类和酸性水果,用于自己消费。

父亲主要的商品生产是甘蔗。生产大致取决于世界市场蔗糖的需求情况。在我出生前,糖价曾处于高位。第一次世界大战后,我听说曾有一个时期糖价很高,被称为"百万吨糖之舞"。所有人都在谈论一战时糖的高价位,都发了大财。自我开始记事起,糖价跌到谷底,需求极度疲软。古巴开始进入危机阶段,发生了大饥饿。

总之,有600公顷土地从事甘蔗生产,这取决于糖厂给各个种植园主确定的配额。关于这种配额,一直争吵不休,被认为至关重要。

美国的糖厂、美国联合果品公司及其管理者,我记得叫莫里先生,是家里经常提及的名字,我经常听到谈论某些先生们,联合果品公司普雷斯顿糖厂的先生,这个先生,那个先生,都十分重要。还有生活在米兰达糖厂的几个先生。该糖厂的管理者是十分重要的人物,是糖厂的关键人物,另有管理马尔卡内糖厂的先生。这些先生负责管理该地区最重要的产业,即糖厂,都是美国人。当然,他们投入资金,建造这些工业企业,建造大糖厂,管理方式十分严格,极具效率,而劳工们却处于十分贫困的状态。

他们建造糖厂，铺设铁路运输线，派驻官员和雇员。顶层雇员是美国人，其他是古巴人，例如，甘蔗产区的管理员大多是古巴人，但是也有一些主要产区，即最重要的糖厂和甘蔗产区的管理者是外国人。

糖厂的雇员都是经过挑选的，与家眷生活在糖厂，居住木房屋，一般来讲，居住在专门建立的特殊区域里，住宅十分别致、精美，绿树成荫，装有金属棚顶，有电力设施、冷藏设备、高档家具、精美饮食，配有优美环境的商店，可以买到美国产的各种商品。他们享有各种舒适条件。

那里生活着美国主要的官员和古巴高级雇员，或许是铁路和运输的管理者。糖厂的医生通常也居住在那里。他们组成一个地方小社会，享受一切服务，无任何问题困扰，生活舒适，井井有条，受到雇员和下属们的尊重，因为美国管理者有权决定给谁、不给谁工作。

受到他们信任的雇员会得到某种福利、安全和尊重，因为这些人构成管理和领导糖厂的基础核心。在这些人之下，分有不同级别工资的糖厂工人，他们每年工作三个半月到四个月时间。农业工人是最低下的阶层，每年也劳动三个或四个月，在农田从事某些单独和间歇性的活计。

管理者们极少动手耕作，因为确实十分有效率，维持一种对所有劳工冷面无情的经营。这些工业劳动者和农业劳动者由海地移民构成，他们生活在水深火热之中，忍饥挨饿，备受煎熬。吃的是红薯、烘烤的玉米、豆类和木薯类，生活条件极差。实际上从来没吃过肉，也没喝过牛奶。有时候吃成桶成桶从挪威运来的鳕鱼腌肉。

我听人们说过某个先生如何，另一个先生如何，管理者如何，他是糖厂的人，但不是主人。公司为股份有限公司，产权所有者住在美国纽约，他们是股东，分取红利。管理者们权力大得很。我没听谁说过他们残酷，蛮横霸道，没有，没听说过。当然，我并不知道他们是谁，也没想过为什么这一秩序天然生成，人们生来就要同这些人物打交道。

在那种农村环境和劳动者中，弥漫着愚昧、逆来顺受、低贱的自卑感。所有人都把那些先生看作高人一等，远远高于自己，拥有特权。所有人都生活在窘迫之中，弄不明白为什么饥寒交迫，说不清楚什么原因。这似乎也是一种自然秩序：所有劳工都生活在路边的茅棚里，养活一帮孩子，每年都有孩子死于瘟疫、胃肠炎，死于各种疾病。有时候，流行斑疹伤寒和其他疾病。他们逆来顺受，遭受贫困、饥饿，经常处于无组织状态，没有任何工人组织和工会。一般来讲，农业工人也没有组织，没有工会。他们所处的状况与组织起来有天壤之别。那里的当局是乡警。设在糖厂的乡警保安处派出两三个保安警察来巡视。当时，每个糖厂都设有10个、12个或15个乡警组成的保安处，由军士长，或有时由中尉指挥，由班长率领巡视。在共和国建立初期，美国组织了乡警保安队，装备美国造的武器，制定美国规章，配发美国军装，头戴美国式军帽，我记得人们把这种帽子叫作河狸毛军帽。

每个保安处都无条件听从糖厂指挥。保安处被称为乡警保安处，人数并不多，常驻糖厂，隶属于马亚里市的保安连。保安连的连长负责整个比兰区域和各个糖厂，保安连相当于更大的保安机构。

地区当局完全听命于糖厂的管理部门和地主们。糖厂的大地主们不仅给他们发放工资，而且给予某些特权和优惠待遇。他们可享受赠礼和各种好处。

他们的生活优于劳工们，是无条件服从的军警狗腿子，实际上是保卫有产者的走狗。他们负责镇压任何罢工运动，拘捕关押人，手持枪弹和砍刀进行镇压，或骑着从美国引进的高头大马，横冲直撞，驱散罢工队伍。他们被叫作乡村骑警。骑警使用的马也大多从美国得克萨斯进口，个头高大，饲用精良粮草，吃燕麦和粮食，也是权威的象征。

那时候，乡警使用来复枪，佩带砍刀，胯下骑着高头大马，显得威严无比。面对他们，所有人都感到无能为力，只有有产者除外。劳工和穷苦人对这种权威毕恭毕敬，诚惶诚恐，而地主、糖厂的管理者和达官贵人们面对自己的侍从骑着高头大马，威风凛凛，把这看成一道风景。

当时，我并不懂得这些。当我能明白一切后，看清了那个社会，那种制度是如何运转的，就像每天都自然而然一样。事情就是这样，那种制度就像一部钟表在嘀嗒行走，运转起来有条不紊。

父亲有时也抱怨某些国家官员，那些腐败的稽查官员们。他们来这里检查商店、商业和生产设施、税赋缴付情况、卫生标准执行情况，各项法律遵守情况。有卫生检疫官员、农业稽查官员、商业稽查员和劳工督察员。

那些人腐败透顶，靠这些肥缺生活。他们并不作任何稽查，既不查账，也不稽税。例如，商店出售酒精饮料，酒业稽查员，也许是国家的，也许是市政府的酒业稽查员就会赶来。来这里的也有可能是稽查屠宰场的官员。当地的情况也会成为派遣稽查员的借口。这是一种腐败的溃疡，稽查员领取工资，但是在对商店和屠宰场的稽查中，他们收入的大头来源于农业和公差。

　　这些人无所事事，却敛取钱财。虽然一切都正常，但是你无可奈何，无论如何，你都要给稽查员们上贡。这样，即使一切都糟糕，也不会发生任何事情。无论如何你都得给稽查员们塞钱，恰恰是这种现象不会鼓励人们遵纪守法。我常听到父亲抱怨那些人物，对政府……也有些抱怨：这件事情不好了，那件事情是好是坏。一般来讲总是有怨言，因为经济危机来临，糖价随之下跌。

　　我没听父亲抱怨过美国人，反倒对他们挺友好、尊重。也有可能是佩服他们的组织能力和管理效率，糖厂的运转有条不紊，他与美国人有经济联系。父亲提到美国人，经常流露出尊重的神色。我记得美国人履行协议总是十分严格，他们做生意是这样子的：只要说"我给你50%"，就真给你50%，就是这样一丝不苟。

　　父亲可能是把国家看作是必要和无法避免的坏事情，他对政客、所有政客们的印象极坏。他们腐败，伸手索贿，逼要钱财，贪污盗窃。很多生意人、农场主、种植园主把问题归咎于恶劣的管理、腐败、贪污，归咎于普遍的弊端。

　　这并不是一种酸楚和痛苦的抱怨，大致是司空见惯的评论，父亲对政府当局和国家表现得敬重有加。这是一种对国家、领导人、政府、政客的尊重。对他们没有好的评价，但是把他们看作官人，身兼要职的人，他们应该受到应有的对待。市长是一个应该受到尊重的人。在父亲眼里，众议员、参议员、各种有身份的人和债权主都莫不如此。

　　当然，对制度就是另一回事了，我从未听他谈过这类事情。

　　父亲是农民出身，却喜欢阅读报纸、历史书籍，着迷于历史题材，感兴趣于历史人物，我不止一次听他对一些人物赞赏有加。有了收音机后,他经常听新闻广播。当然,当我具有观察和思考能力时,感到他持有,更确切地说是保守派、产权主的思想。他持有既得利益的地主思想,是具有定规的人,这是就政治和社会的角度而言。就人性而言,他是十分慷慨、乐善好施的人。

我的家乡处于这种环境之中:比兰四周是美国人的大型糖厂,糖业企业,糖厂由管理者们操持,老板们则居住在美国,在纽约。管理者们履行十分严格的开支预算,多长时间,哪个月,根据什么标准清除甘蔗田中的杂草。在这些企业的商店中,一切都以现金支付,决不赊贷。糖厂以现金支付工资,在农闲季节,成千的人告贷无门,无处借钱。连管理者都无权赊贷,有决定权的是居住在纽约的老板们。

父亲是那些地产的主人,或土地和甘蔗田的租佃者,畜牧和林木业也是如此,那里生长着林木。父亲常年居住在那里,可以拿主意。在农闲时节,人们最贫穷的时候,很多人登门拜访父亲,求他提供帮助,或找些活干,而父亲则为他们提供活计。

我们家生产的甘蔗是古巴最干净的,因为父亲总是为求他的人找些农田活计,让他们挣些工资果腹。父亲这么做造成很大开支,他并不是出于本应遵从的经济效益标准,就像美国人在他们的大地产中所做的那样。很多人找到父亲,在其商店赊贷买东西,答应以后偿还,而他总是一概应允。父亲与邻里有直接接触,十分亲和,骑马外出巡视,路上人们叫住他,与他攀谈,解释自己的难处,要求帮助,结果就这样……

迁徙来比兰的人越来越多。劳工住户数量不断增加,对从大地产过来找工作的人们,父亲总是找个地方加以安顿。他的性格是乐于助人,无论任何时候都急人所急,从不拒绝别人所求。总是以这种或那种方式提供救助，有时答应赊贷商店货品，有时直接雇用，提供救济。

卡秋斯卡·布兰科：您的兄弟拉蒙说父亲像个隐士，只有在看病时才走出比兰。您父亲的行为就像个共产主义者，只是没有意识到，在他的庄园里，居者有其屋，食者有其餐。拉蒙还说，在旱季，没有农活时，农民们从河里挑水种植甘蔗，因为唐安赫尔总是给工人们提供养家糊口的劳动机会。他总是义无反顾地想法给人们找到劳动机会，尽管他并不需要。拉蒙说有些甘蔗田 35 年没上化肥，仍然十分干净，因为老人乐善好施，一年四季都在田间给人找活计。拉蒙还说，您父亲宰杀一头牛，一头奶牛，母亲问父亲："牛杀了多少斤？卖了多少钱？"父亲答道："200 比索。"实际上都赊账了，没有收回 1 比索现金。

菲德尔·卡斯特罗·鲁斯：父亲慷慨大方，并不吝啬。对金钱并不太在意，不大注意积蓄和赢利，没有贪欲和自私自利观念，对金钱非常大方。母亲批评他，因为她管理家庭经济总是十分精细，具有某种母性本能。母亲很难对付，但父亲总是那么慷慨大方。

父亲并没有地主的子孙具有的文化，过矫揉造作的生活。他作为获得发号施令地位的农民，处于管理阶层，运作个人财富以及那些地产和设备财产，但却总是从早到晚忙于劳作，与邻里和睦相处。他生活十分普通，至少是很亲和，而比兰周围那些大地产主们是无法与之相处的。他们可以决定是否借给你钱，或让你在商店赊账买东西。他们管理十分苛刻，当人们窘迫至极、登门求助时，没人答应施以援手，商店的雇员们会说："我们做不到。"管理者会说："不行。"因为面对人们的是他，他却不能做主。管理者们不能施舍 1 美元来拯救一条生命。但在我家，很多人生病或儿女生病时，或身处某种窘境时，前来求助的人络绎不绝。

卡秋斯卡·布兰科：我知道您的父亲留下遗嘱，给每个子女都留下部分钱财。还知道他并没有积攒下大量财富。通过您的解释，我明白了，人们登门求助，并不是因为他有钱，而是由于他亲近他们，不会置之不理。

菲德尔·卡斯特罗·鲁斯：我从未听说父亲留下过遗嘱。也许留下过。我自上大学起，就离开家乡，直到1956年父亲去世。

我很少回比兰。18岁那年，我进入大学。在此之前，每年放假都返回家乡。但是在大学学习时，只是假期回家待几天而已。

我不大清楚，应该早就问一下拉蒙、安赫莉塔和其他人，但是我没听说父亲的遗嘱。另外，也从未想到询问一下。从来都没想到是否继承父亲什么遗产！当父亲去世时，我已投身革命，身处墨西哥，从事革命斗争。我想，父亲给予我生命，供我上学，在当地那么多人中，在那么多穷孩子中，能够获得教育机会，学习知识，这就是特权。在那样的环境中，我甚至获得了一种政治和革命文化，这就足以了。我不需要父亲其他更多的东西，十分感谢他给予我的一切。

卡秋斯卡·布兰科：1956年夏，8月21日，您的父亲在临去世前两个月做出决定，到哈瓦那一家公证处进行遗嘱公证。

菲德尔·卡斯特罗·鲁斯：我父亲有财产和投资，每年都有重要进项，但是却不能说他在银行有大量存款。他在家乡广为投资，一般是在农业、畜牧业和各种设施方面，到处投资。如果父亲仿效美国企业的方式，他会积攒下可观的钱财、大量存款和其他更多财富。但是可以说，他经营的是一种均衡经济。

　　自某个时期起,当社会状况变得更加困难时,可以说,父亲的收支状况是均衡的。因为就如我所说的,那个庄园变成一种公共、社会救助性的机构。也就是说,本可以通过美国人管理种植园的方式获取所有所谓的收益,每年本可以留下巨额利润。我认为,父亲倾其所有,投入救济日益增多的劳工,救济到比兰,实际上是到此逃难的人们。这就是我对记忆中的往事的明确评说。甚至在当时,我几乎就意识到这些。进入少年时代后,我有时候意识到这一切,因为看到父亲和母亲是如何劳作的。

　　当我回家度假时,父母也叫我去商店和办公室干活,我做了很多账,了解人们的赊账情况,了解家里对人们的施舍。我很快就发觉,确实是这样,在社会形势困难时,种植园的收益留在了比兰。在父亲开始经营那些种植园的最初几年,他还年轻,手下雇用几百名劳工,他本来能够积累很多钱财,因为当时缺少人手,这是巨大的投资。我想在当时一个时期,父亲的财富增加了,直到后来,社会形势使其生意处于平衡状态,他的财富并没有发展起来。

　　父亲也曾从事木材生产。我提到甘蔗生产和畜牧业。当时邻近的大量森林,特别是父亲租佃的土地上的森林也投入开发。在一片广袤的台地上,生长着原始的苍天青松林,家里的木材生产较有规模,木材销售收入是家庭的重要进项之一,另外就是甘蔗业和畜牧业。

　　木材是父亲的,但是我记得还有两个锯木厂不是父亲的,他并没有兴趣将其拿到手,因为主要的收入来源于森林木材砍伐,向锯木厂供应木材,以及出售加工好的木材。父亲购置了17台卡车,用于林木的砍伐和木材运输。

父亲并没有获得所有的松林，但掌握了大部分森林，一部分松林属于另一家叫作巴哈马的公司。现在我有点记不大准了。我记得该企业的几个管理者，他们大概也是美国人，就像糖厂的情况一样。也许一些人是美国人，因为我记得他们调配木材。还有几家锯木厂被收购了，投入交易，他们从事这些活动，但是我不能肯定。那也不是一家很大的企业。父亲获得森林的大部分收入，我肯定所有那些收入都留在了比兰，并没有积累入账，或用于在城市购置地产或企业。

社会形势变得十分困难，比兰在某种程度上变成社会救助机构。我认为这与父亲的性格密切相关，与他的慷慨和乐善好施相关。必须把他的慷慨精神与我记忆中的思想分开来：他持有保守思想，可以称作是右翼思想。他不喜欢工会，在我家里共产主义是不能谈论的，是最糟糕的词汇。对父亲和母亲来说，共产主义是最恐怖的事物之一。他们不想了解工会，认为工会十分恶劣，制造混乱，破坏秩序，尽管那里一般没有工会。

到30年代末期，一些工会组织起来了，因为人们开始有意识了。在农业工人中开始产生共产党人，少数人接受了共产主义，成为共产党人。

当然，与父亲交往的也有一伙贫苦的西班牙人，10个或12个人。在西班牙内战时期，他们分裂为两组，一组是共和派，另一组是反共和派。父亲说共和派是共产党人。有四五个西班牙人几乎每晚都来找父亲玩多米诺骨牌，他们总是争辩不休。

我认识的最早的几个所谓的共产党人是电报员，古巴人；诺诺和厨师（曼努埃尔）加西亚，他们俩是西班牙人。父亲认为他们是共产党人，因为他们拥护共和制。也许他们俩哪个都从未读过《共产党宣言》，但是父亲认定他们就是共产党人。也就是说，他们相处很好，进行争论，但是相互间没有恶意。争辩没完没了。这样，在我家他们就孕育了关于社会主义、共产主义的思想，而这在比兰是最恶劣不过的词汇。这都是矛盾的，似是而非的。

这样，我必须在父亲身上做一下区分：作为人，对待他人的态度，面对他人的难处采取的态度，以及他的政治思想。父亲以前是十分贫苦的农民，令人可怜，在加利西亚没有任何土地。家里的老照片上面有他出生的房屋，石块垒砌而成的石屋、石窝棚，那里遍地都是石头，农民通常用这样的石头搭建住所。居所仅有一个房间。

独立战争爆发后，父亲被招募从军，来古巴参战。他从特罗恰德胡卡罗征战到莫隆，我曾听他提及这段经历。尽管如此，他似乎是一位聪敏、机灵的农民。

战争结束后，他回到祖国西班牙，当时，由于加利西亚地区人口过剩，也有大量移民迁徙。他移居到古巴，一位兄弟迁移到阿根廷，一个姐姐留在加利西亚，她在那里有一块田地，靠种地为生，直到80多岁，穷困潦倒。我从未见过定居西班牙的这位姑姑，但是曾听到过她的消息。

父亲曾是十分贫苦的农民，但是他关于所有这些问题的政治思想和立场却是由其后来的地主身份所决定的。他拥有一种阶级意识，一种从属于某个阶级的意识形态，即有产者的意识形态，地主的意识形态。但是在家乡他是与人们相处并发挥庇护功能的地主，与所有人保持着颇具庇护色彩的关系。

不要忘记他的谋生之路。他作为移民来到这里，身无分文，一无所有，我想他就是这样开始的……很不幸，我没有与父亲交谈过，让他讲述所有一切：他在独立战争中干了些什么？是怎样生活的？他记得些什么？怎样来到古巴的？到达古巴后做了些什么？什么时候开始劳动？怎样经历这一切的？我只是听到过一些事情，有时他也会谈起一些逸事。

关于他的性格，我记得有时候，他离开家里，到皮纳雷斯德马亚利去，在那里过夜，与劳工们一起进餐。他十分善谈，十分喜欢交际。

父亲身材不像我这样高，比我矮一些，并不是矮个儿，但是不如我个子高。可以说，母亲确实是高个儿，父母在西班牙的亲属，如父亲的一个侄子也都个头高大。父亲不是很高，但是身体很强壮。

我对与父亲聊天很感兴趣，感觉美妙至极。姐姐安赫莉塔，还有拉蒙总是了解更多。年少在家的时候，我有时从聊天中了解一些东西。

父亲与劳工们在一起时，十分善于交际，十分善谈，滔滔不绝。有时，我听他讲故事，讲述他年轻时干活的事情。他是从工人干起来的，当时美国企业开始在奥连特省建设糖厂。那时，没有推土机，要砍掉大面积的森林。例如，我知道珍贵的林木被砍下来，用作糖厂的柴火。糖厂建立之初，就是这么做的。

他可能脱颖而出了。企业提升那些杰出的人们，与父亲签订伐木合同，供应木柴。在这种条件下，在这种环境下，在这种美国精神下，父亲变成企业家，成为头领，与美国企业签订供货合同和劳动合同，他雇佣劳工，与他们一道干活。这样，他变成了企业主，开始获取剩余价值，自然开始积攒不少钱财。

于是，他首先购置地产，买进800公顷优质土地。当然挑选的是良好的土地，位于山麓之下，是略有起伏的坡地和谷地，三条河流汇聚之处，一条河流，两条小溪。那里风调雨顺，植被茂盛，种出来的甘蔗无与伦比。

父亲应该积攒了不少钱财，我听到他的一些破产的朋友们讲起过，父亲帮助并解救了他们，大概并没有索取偿付。他甚至应该支配过相当数量的现金。

1926年，当我出生的时候，不知道什么时候父亲拥有了那个庄园，我想已经拥有10年到15年了，他不仅拥有那些土地，而且还租赁土地。他控制着11700公顷的各种土地：天然草场、人工草场、甘蔗种植园和盛产木材的原始森林。也就是说，他无所不干，白手起家。谁也没有给予，也没有借给他一分钱。

他似乎受到位于奥连特省北部的美国人企业精神的感染。美国人使父亲变成一个企业家，他们与父亲签订合同，把他推上做生意和干企业的道路。

我很少考虑这一切，但是我认为，这是很矛盾的事情：父亲受美国人影响，成长于资本主义制度下，希望我继承他的家业；而我却恰恰相反，不是这种传统的继承人。也许可以把这种情况幽默地解释为美国人的一种企图：阻止社会主义在古巴的发展。似是而非的还有，我本应该成为那种文化和企业家精神的继承者。但是，好吧，我确实富有企业家精神，不过是社会主义企业家精神。也就是说，我喜欢从事发展农业、工业和投资方面的活动，但不是持有私人企业主观念的企业家。我认为，自己从父亲那里继承了某种企业家精神，但并不是美国人灌输给他的那种观念，而是社会主义奠基者传授给我的观念。

父亲肯定受到美国企业家精神的影响，因为他是加利西亚地区的农民。自己学习读书写字，是自学。没有机会进学堂，母亲也是这样，他们都是靠自学，没有机会上学。我不记得听父母说过他们上过学校。20世纪初，美国人来到古巴后，使父亲变成企业家。这是事实。

卡秋斯卡·布兰科：您还记得很小的时候就开始骑马了。在比兰，像您那么大年纪的孩子还有什么其他娱乐？

菲德尔·卡斯特罗·鲁斯：好吧，几乎所有的娱乐都与那里的环境有关。我喜欢骑马。我认为我也天生就是美国印第安式的、游牧部落和广为流行的牛仔。生活在那个环境，耳闻目睹，邻里的所有孩子们都有这种爱好。我骑马配马鞍，也可以骑裸马，从小就骑马。我抓住马鬃，有时候连马嚼子都不配上，只束根绳子。当然这要看是什么样的马，有些马十分危险。我多次险些摔下来，十分危险。

我喜欢河流。记不清什么时候学会游泳的。记得第一次下水就像小狗和小猫那样扑腾，就是这样凭本能开始的。我并不记得不会游泳的时候，但第一次下水就像小猫和小狗那样游来游去。

我还喜欢其他有特色的活动，外出淘气捣蛋，玩弹弓。我最早的武器就是弹弓，是从其他农民孩子那里学会使用的：砍一个番石榴树小树杈做支架，因为番石榴木质坚硬，绑上汽车内胎剪的胶皮条子，加上一个兜小石子的小兜，用于弹射。我从小就学会使用弹弓。

我一离开学校，或离开比兰，就野性十足，无拘无束。有一个时期我出门在外，那是另一个时期了。这大概是5岁，或六七岁的时候，不会是4岁。我说不准4岁的时候，是否会允许我去河里游泳和骑马，大致是5岁或6岁时候的事情。我在五六岁时就开始像成人那样行事。好吧，我在童年时候，5岁之前没有很多可讲的，但是后来自由了，无拘无束。当假期来临，我基本上就从事这些活动，时时与大自然有接触，娱乐和消遣就是这些。实际上，我现在仍然有这种喜好，或至少很高兴回忆这些往事。

拉蒙总是与我相伴，一起从事各种冒险活动，几乎就像双胞胎一样。虽然他比我稍大些，大致是同龄人。在学校，我们在一起干尽淘气的事，有好事也有坏事。

我们并没有干什么大的坏事，但是我觉得很给人惹麻烦，做一些在家里会受惩罚的事情，把腰带偷出来，扔掉，让人找不到。在违反禁令要挨处罚时，撒腿就跑，不让抓住。这就是我们时常违反的纪律。其他还有吃饭的事情，或丢弃东西，毁坏东西，或把东西送给别人，因为我们有同伴、同伙；到商店瓜分货品，把雪茄或其他什么东西送给劳工们，把衣服送人；或很晚才回家，或跑到海地劳工们的棚屋，烧烤玉米棒子吃。

我记得有一次，我们到海地人家去吃烧烤玉米棒子，回家后都不想吃饭。就此家里吓唬我，要把我送到瓜纳海去，那是哈瓦那城关押犯罪少年的地方。吓唬我们说："把你送到瓜纳海去。"在家里，我们经常听到这种训斥。

家里人并不担心我们与海地人混在一起，但是很担心吃什么食物会生病。家里从来不禁止我们与工人们相处，与海地人、白人和黑人交往。并不因肤色、贫穷和社会地位而歧视任何人。这种事情在家里从未发生过。冲突在于担心我们的身体受到损害，由于吃什么东西，或干什么事情而生病。

我们甚至搞些淘气的事情：离家出走，家里得不到我们的消息；毁坏东西，做些不该做的事情，搞些不该参与的事情。我们还发明一些东西，甚至做玩具。有时，制作类似于在游乐园出售的飞镖，上面插有羽毛,这样飞镖可以尖朝下着地。后来我们制作飞镖,把母鸡、火鸡和鸭子当作靶子投掷。像这些,家里理所当然视为十分严重的事情。

我们还把鸭子灌醉过。把玉米和酒混在一起,喂养它们,看着鸭子醉醺醺的样子,十分开心。这时,已经开始做些稍许严重的恶作剧了。

在我四五岁的时候,被迫去上学。每天必须早晨去,下午回来。我们从赶车夫和牧牛夫那里学会很多粗俗话,什么样的话都有,当然,这些话都是不允许说的,我们把这称作缺乏教养。家里也许对我们有些放任;我们呢,当家里不允许做这做那,就大吵大闹和哭号,表示抗议和不服。

我清楚记得,女老师有时会惩罚我们。她怎么做呢?"罚站去"。更有甚者:"跪下。"惩罚时间不长,不是折磨,更确切地说是吓唬一下。"你要受到惩罚,跪在那里。""你把手伸出来。"由于我们在课堂上讲话,或讲粗话,或由于什么原因,老师吓唬我们,要我们手托重物,或要放上几粒玉米豆,在上面罚跪。但是从来都没有进行那么多次惩罚。不过,我曾罚跪过,或者手朝上举起来。她还吓唬我,进行更多惩罚。

这当然会招来反抗。我们很快就学会对付老师。老师是一位单身女士,居住在农村。我们有过不同的女老师。有一个时期,曾有两个女老师,一个十分和蔼可亲,名叫恩格拉西亚,我们都很喜欢她,因为她给我们带来小玩具。她很有威望,十分慈善。这是最早的记忆之一。后来,来了欧弗拉西塔,我们有了两个女老师。欧弗拉西塔待的时间更长,她不像另一位女老师那样杰出,而是更加严厅。于是，当发生冲突时，我们会站在那里，向她吐出各种脏字，最尖端的是"婊子"，当时还不明白这是什么意思，只知道是骂人的。骂完后钻出后面走廊的窗户，跳过栏杆，逃之夭夭。直到事态平息下去，才返回学校。

我们对这位女老师做恶作剧。有一天，恰巧母亲到那里去，我与女老师产生冲突，把肚子里的脏字一股脑儿吐出来，随后凭借我高挑、清瘦灵活的身体，快速灵敏地跳出窗户，跃上跳下地奔跑，穿过走廊，翻越栏杆，跌跌撞撞跳出去，落在地上。学校附近有个厕所，我向那里跑去，碰巧遇到一块番石榴木板，上面有个钉子。我摔倒了，万幸的是钉子没扎在脸和眼睛上，而是扎在舌头上，大股的鲜血立即冒出来，因为嘴里有任何伤口都会大量出血。鲜血染红了整件衣服。当然，发生这种悲剧后，追究就停止，大赦来临，面对如此严重的跌伤，扎在钉子上，鲜血直流，母亲出于天性，与女老师的问题就抛到脑后，赶到那里，抓住我，说道："这是上帝的惩罚，这是上帝对你的惩罚。"你知道辱骂老师，仓皇外逃，钉子扎到舌头上是什么滋味吗？我想母亲肯定认为这确实是上帝的惩罚。

我并没想咒骂谁，那不是我本身的意思。在那里一些劳工骂骂咧咧：厨师曼努埃尔·加西亚整天整日，每时每刻骂骂咧咧。他是西班牙人，因患风湿病落下残疾。他非常聪明。骂人确实非常厉害，但是在家时不骂人，家里时时警告他不要骂人，他偶尔也吐个脏字，但并不成为常事。

我们使用劳工们的各种语言，动用一切粗话，用作进攻的武器。

在比兰的斗鸡场，我们找到其他更有乐趣的事。我喜欢斗鸡，拉蒙是我斗鸡的同伙和伙伴。我并不痴迷于斗鸡，但是在比兰，没有其他选择。每年斗鸡场只开一段时间,即甘蔗收获季节,因为在其他季节,人们没有钱去斗鸡或看斗鸡。一年一度,那些海地劳工们唯一有点儿钱用于作乐的季节就是糖季。

斗鸡场租赁给某个人,但事情并没有发生变化,星期日和节假日都举办斗鸡活动。农民们把这种活动称作公鸡决斗。很多朋友有斗架的公鸡,当我们长大些后,连拉蒙也有几只。我当时上寄宿学校,但是在圣诞夜,尽管我实际囊中羞涩,也有兴趣观看怎样斗鸡。

斗鸡最令人激动、气氛最紧张的是下赌注。怎么回事呢?80人或100多人聚集在一起,几乎都是男人,女人很少到那里去,那是男人们的事。方圆几公里的人们汇聚而来,提着通常是蓝色或白色的装鸡布袋子。参赌的鸡要经过精心饲养,要给它们吃上等饲料,有时还要让它们吃鸡蛋和玉米,要进行训练,让它们奔跑。

参战的鸡好比是拳击手,要给它吃特殊食品,进行特殊训练。参战的公鸡不能接触母鸡。不过这还要经过科学证明,因为我曾读过对奥林匹克田径运动员进行的研究报告,结论是运动员们没有必要有禁忌。但是在那个年代,也可能现在,参加斗鸡的人们仍然认为,如果公鸡接触母鸡,发生恋情,进行交配,就会削弱体力。因此,公鸡关在笼子里,与母鸡隔绝,进行饲养、训练,还要让它们亢奋起来。也许多种因素合成,会刺激公鸡的好斗精神、攻击精神和本能。这些动物会具有绝对的勇敢精神,全身心投入,战斗至死。

所有这些都是为农民和劳工们开办的:饲养公鸡,进行训练,奔赴斗鸡场,投入斗鸡比赛。另外,赌注也达不到500美元或200美元,谁也没有那么多钱。赌注是5比索,有时也可能是10比索或15比索。赌注并不只押在一只鸡上,而是列有赌注单子,一位参赌者出50分押这只鸡，另一个人出1比索，还有人出2比索。这样15人、20人或30人看好一只鸡，另外15人、20人或30人看好另一只鸡。一些人押宝桂皮色的鸡，另一些人押黄花鸡，还有人押杂花鸡、深色毛鸡、秃尾鸡。有一种公鸡叫假母鸡，因为它有一些明显的特征，比一般公鸡缺少英武劲儿，也许词汇"英武"(gallardía)就来源于"公鸡"(gallo)这个词汇。公鸡有不同的种，特别是有不同的色彩，在斗鸡过程中，以颜色做区分。

当然，斗鸡并不仅仅是为了赌博，还有对鸡的好感成分在里面，公鸡是否有名气，鸡主人是否有威望，与自己是否有交情，有多种成分掺杂其间。斗鸡活动惊心动魄，因为不仅激动人心，而且与钱财输赢有关。

参赌者通过填写赌注单子，把收入的一小部分交给斗鸡场管理者，可以是10%，或大致这个数。可以是正式押赌，也可以是自由押赌。胆子大的参赌者在斗鸡活动进行中押赌5比索。如果他们下注的鸡正在输掉战斗，可以改押正在获胜的鸡：5∶1、5∶2；或反过来，如果一只鸡眼看要输掉比赛，有人仍然不变，因为他们认为尽管这只鸡暂处下风，但是相信它很好，终会翻盘，那么就可以接受这样的赔率：3∶5，下赌注，押给身处下风的鸡。

斗鸡令人十分着迷，是古巴的传统，始自独立战争年代，大多数农民都是爱好者。

妇女一般不喜欢斗鸡，这是有道理的，因为她们不愿意自己的男人去输钱。在斗鸡活动中，总是输多，我来讲一下这是为什么。养鸡的人必须花费时间，进行训练，精心喂养，然后要下赌注，如果赢得5比索，3比索，赢的钱很容易花费掉，因为钱是这么得来的，靠运气；

花费在餐饮上，喝酒，花费掉了家里的 5 比索，或 3 比索。一般来讲，家属们都深受斗鸡赌博之害。但是这一活动在农民中广泛流行，在比兰，是唯一的娱乐活动，没有其他选择。

当我看到和了解了所有这些，自然就兴奋起来。我也喜欢公鸡，或是某位公鸡主人的朋友，前去观看斗鸡比赛，还用我微薄的钱下赌注，1 个或 2 个比索，因为实际上我没有钱。那个年纪的男孩们更喜欢冰激凌，糖果，看电影，买玩具。我们对钱很崇拜，就像马克思所说的，是一种金钱拜物意识，我们已经受到这种意识的困扰。学校放假时，我也像其他人那样去斗鸡押赌。

劳尔和拉蒙比我更着迷于斗鸡。我记得我也有一只参斗的公鸡，是别人赠送的，它训练有素，我觉得是所有鸡中最出类拔萃，最勇猛的。我并没有训练它，因为我不是内行，有驯鸡内行照顾它。拉蒙有好几只，我只有一只。

我的公鸡后来由拉蒙负责照料，因为斗鸡季节持续 4 个月，包括整个糖季，而我寄宿学校，只在年底回比兰待两个星期。三个月过后，我在圣周时回来，有 3 天的斗鸡活动：圣礼拜五、圣礼拜六和圣礼拜日。当时，拉蒙负责我的鸡参赌，如果我的鸡斗赢了，他就把钱给我，通过邮局给我汇来，一般 2 个或 3 个比索，最多一次收到 5 个比索。"你的鸡参战了"，"你的鸡赢了"，这是天大的好消息。我对我的鸡十分高兴，没看到它参战，但是它赢了，给我赢了 5 个比索。实际上，当我的鸡输掉比赛时，拉蒙从来都没让我付账，但是还是会给我寄账单。

我只在年底回比兰住两个星期，过圣诞夜，12 月 24 日、25 日、31 日和 1 月 1 日，可以去参加斗鸡。有时在家里，可以听到斗鸡场的喧闹声，斗鸡场在南边 150 米处，离商店、邮局和面包房不远。每到星期日，突然会传来喧闹声："嗨！嗨！"很多人用力敲打木板，产生剧烈震撼，斗鸡场的挡板是木板做的。

斗鸡场是木制的，顶棚是洋铁板，观众座位高矮不等。最底下是配有护板的中心圆场，大致直径10米，主人和负责张罗斗鸡的人围坐在护板外。有经理负责张罗比赛，时候一到，他会挑逗参战的公鸡；如果鸡受伤流血，他会用嘴吮掉；鸡一旦精疲力竭，他就用水泼它。是的是的，就像对待搏斗中的拳击手一样。鸡的搏杀不分回合，但是当双方精疲力竭，或其中一只眼睛失明、摇晃脑袋、看不到对方时，比赛就会停下来。

有时，正在败阵的鸡会突然跳抓，扇动翅膀，用绑在腿上的刀猛刺对方，置对方于死地，或给对方狠狠一击。这时全场爆发轰动，喧闹声传到500米开外，观众敲击椅子、墙壁，场面很可怕，即使你没有身临其境，也会从观众的喧闹声感觉到发生了什么重大事情。

有时候，鸡主人看到败局已定，会放弃参赛的鸡；但很多时候，会继续让它斗下去，直到战死，或眼睛失明。失明的鸡如果是纯种，会留下来配种繁殖小鸡。

斗鸡场面惊天动地。每个周日，举办几场比赛呢？要比10场、12场、14场。早晨8点开场，下午6点，或夜幕几乎降临才闭场。那里售卖酒精饮料、带馅饼子，各种食品饮料应有尽有：面包片、冰镇啤酒。这就是斗鸡场的场面，它并不适合孩子们。我不知道在那里我们该干些什么，但是一到星期日，只要能去，我们都去。

我记不清第一次是怎么去斗鸡场的，肯定很早，还吃带馅的饼子，喝啤酒。家里允许我们去那里。我们尽情玩耍，特别是进行儿童们的游戏。

在古巴圣地亚哥有斗鸡场，但是我从未想到去那里，因此，我对斗鸡比赛感兴趣只是一时的。

坦率地说，从那时起我就有这种意识：看到他们参与斗鸡，沾染赌博恶习，感到可怜。他们拼死拼活劳动，积攒10个、15个、20个比索，却把钱花在斗鸡场里，令家里揭不开锅。我从很小就懂得这一点，意识到这是一种恶习。

因此从一开始，革命政权就明令禁止各种赌博行为，取缔所有博彩业和各种非法形式的赌博，在此之前，对这些活动听之任之。还禁止合法的博彩：掷弹子和彩票。在取缔博彩业的运动中，也禁止斗鸡，这并不仅限于事实上对家禽的保护之心，实际上是保护人们，不让他们把钱输掉，遭受痛苦。我们也许有些极端，因为从传统来说，农民喜欢养鸽，饲养斗鸡，这也可以作为体育活动，就像斗牛一样的娱乐活动。酷爱鸟类的人们也许从不会同意那些斗鸡活动。我们实施禁令的原因在于，这些活动对居民的思想道德产生消极影响，我们认为很多人希望通过碰运气、凭偶然性，而非努力学习、工作来解决问题。

我认为，赌博恶习十分糟糕，人们沉湎其中，不努力学习，提高自己。梦想靠意外，做美梦发财，靠玩轮盘赌，中彩票获大奖，我认为这确实是有害的。作为一项体育活动，而非赌博和娱乐手段，饲养斗鸡也许本可以获得允许，因为也有人饲养斗狗和其他可参斗的动物。

这里有饲养斗鸡的行业，但是一种商业活动，用于出口。我们有很好的品种。甚至有一次，我有机会研究动物遗传学和畜牧遗传学，或为了提高肉产量、提高奶产量，或提高饲料与奶产量之比，对动物进行挑选，基于对每一动物个体进行的试验结果，我了解和掌握了这门科学的原理。后来，我对这一领域很感兴趣，开始考虑遗传学专家是否可以培育出冠军鸡，取胜率达到 80%～90% 的冠军鸡。

回忆起流行斗鸡活动的年代，纯粹出于思考，我想起怎么能够培育出百战百胜的鸡种，或加大取胜率。我知道所有特质都可以遗传，很简单，利用遗传规律，根据击败对手的巨大能力选育动物就可以培育出很难被击败的品种。我考虑的是商业可能性，比方说，如果一个国家希望和使用选育方法，基于某种特质水平，就可以培育出胜率高达 80%～90% 的公鸡。这些知识使我在这方面有所发现。

当然，农民们也使用遗传方法，但是很粗浅：取胜的公鸡，取胜 2 次、3 次、4 次的公鸡，可以用来繁殖小鸡。

我认为，在古巴我们过分极端化了。也许本应该废除赌博，允许斗鸡，因为这是一种百年传统。当你禁止其中几样东西，有人就会转入地下。问题不在于它是不是体育活动，不是这个问题，因为有些人确实十分喜欢公鸡。

还有对鸟的爱好。这不是一项积极的爱好，因为我们的爱好是猎杀鸟类。我的猎鸟本性早就存在。最早使用弹弓，后来用猎枪。我猎杀各种鸟类。我想今天我增强了保护鸟类的意识，保护大自然，不可能再向鸟类开枪。从孩童时期开始，我见到鸟就猎杀。后来开始有所挑选，猎杀那些可以食用的鸟类，而不是无区别地猎鸟。

卡秋斯卡·布兰科：有一次，我在比兰进行采访时，与达莉亚·洛佩斯，您在比兰上学时的同窗交谈，她提到您当时的几个好伙伴……

菲德尔·卡斯特罗·鲁斯：是的，当然了，那里的同伴们：卡洛斯·法尔孔、弗洛雷斯·法尔孔、贝尼托·佩雷拉。有那么一伙人，甚至还有兄弟姐妹和表兄弟们。我们总是一起从事冒险活动。

拉蒙把我作为轻量级拳击选手，他做经纪人，让我出面打比赛，有时让我与比我强壮的人打拳击，我不是总能赢，因为让我们参加的拳击不是体育性的，是实用拳击。让你穿着外袍，来到对方面前，脱掉外袍，开始进行格斗。那可不是体育性的，而是真干。让我进行拳击，这是拉蒙做的事情，我不止一次惨败。

我一直记得，拉蒙很小时候患有哮喘病。不知是环境过敏，还是潮湿过敏，或对什么食物过敏，情况十分严重。当哮喘病发作时，他确实很难受，我晚上亲眼见过他痛苦的样子，因为我们大一些的时候，睡在一个房间。家里让他服用麻黄碱，服用一勺后就可忍受一时。他痛苦得流泪，就这样度过一夜。这很危险，在那个年代，没有氧气，没有肺部呼吸机，也没有现在的药物。因此他身体条件不好，比我稍差些。我没有哮喘，很健康，一般来讲，很灵活、敏捷。我们两个都很清瘦。由于这种原因，我被挑选出来做拳击手，拉蒙做经纪人。不过这些都是孩提时候的事情，做的傻事。我们形影相伴，一起下河，打猎，四处游历，总是在一起，与其他孩子们外出游玩。

一些女孩子也加入进来，很快引起我的关注。当人生活在农村，与大自然进行接触时，我不知道会有哪些影响，我不想多谈这些。实际上，自我懂事起，就对女孩子的存在有了意识。不幸的是，这种意识萌发很早。

在农村就是这样，任何事情都会产生诱惑，而且为时很早。在其他场合，我曾与另一些记者谈过这些事情，我不想以让·雅克·卢梭在撰写回忆录时的坦率态度谈论这一问题。这是农村特有的事情，我想一般来讲，所有农村的孩子都十分早熟。

在我们的群伙中，有几个女孩子，我对她们怀有恭顺之心，比如对我的表妹们，还有达莉亚·洛佩斯几个邻居女孩。

卡秋斯卡·布兰科：司令，我记得2008年2月的一天上午，在出版新书《安赫尔·菲德尔的加利西亚之根》以后不久，咱们曾长谈您的童年。您表示想知道，您出生时12磅体重的信息出自哪里。事实是您觉得这一材料有欠准确，几乎不可信，有些质疑家人证明这一传说的回忆纪事。我查了一下资料，找到了历史出处。拉蒙和安赫莉塔有一致的证言，您还是不同意，不相信，继续询问资料从何说起，当时哪儿有给初生儿称体重的地方。我曾写信给您，在很早以前，记不清什么年代，古巴就有这种习惯，到货栈，在喧闹的商业环境中，在售货员们关心的微笑中，给初生儿称体重。他们十分友好地对待这种仪式。在婴儿出生最初几天，来拜访的人常挂嘴头的问话是："叫什么名字？多少体重？"您还认为关于您体重的事是一种夸张吗？

菲德尔·卡斯特罗·鲁斯：在那个时代，婴儿体重高是身体健康的标志，实际上，婴儿最理想的体重是6磅、7磅。如果婴儿出生时体重更高，农民们会看作是骄傲的事情，认为是身体健康的证明。任何胖人都会受到夸奖，赞许有加。如果清瘦，就会认为是病态。现在有资料证明，婴儿体重应该在10磅以下，人体应该是清瘦的，如果他想保持健康的话。很多观念发生了变化。父亲和母亲是唯一了解我出生体重的人，他们有可能告诉了其他人。你所询问的一些亲戚告诉你是12磅，我自己不记得了。

卡秋斯卡·布兰科：谈起幸福的出生，我记起其他一些人，不幸的人。

您的父亲，唐安赫尔，他就是这种例子。他11岁时就成为孤儿，他的妈妈，安东尼娅·阿希斯生了个女孩，起名叫莱昂诺尔，此后不久，母女俩都去世了。我还记得您的姨妈安东尼娅·鲁斯。在比兰如何感受和解释死亡？存在很多信仰、占卜或迷信吗？可以隐见不幸兆头吗？

菲德尔·卡斯特罗·鲁斯：人们对孩子谈家庭成员的事情，谈上帝，但是这不是给他上宗教课。人生活在信仰之中：这是坏的，这是好的，这会带来不幸，因为夜幽灵来了，是一种恶兆头。就像生活在罗马时代。在《罗马历史》中，蒂托·利维奥提到关于各种各样的占卜和迷信。农村生活就是这样。

　　长大成人后，我读了蒂托·利维奥对罗马历史的描述，了解到那时罗马人的生活如此充斥迷信，就像我们农村人的生活：总是求助占卜，预兆，各种宗教、信仰混杂其间，其中，就有对上帝的信仰，对圣徒的崇拜，包括一些未列入天主教礼仪的圣徒，还有未纳入基督教礼仪的圣徒，各种要素混杂丛生。当然，人们不断给你解释这些怪异、稀奇的事情。

　　关于死亡？好吧，家里也做祷告，为死去的姨妈祈祷，十分悲伤，收养了她的孩子。在我家的帮助下，外祖母收养了姨妈的子女。外祖父有他自己的事情要做，他有工作，我家里也给他提供帮助。表兄弟们的父亲何塞·索托·比拉里尼奥是西班牙雇员，做管家、庄园工头一类的营生，有自己的职业和工资，他也帮助外祖父、外祖母抚养子女。

　　我的表兄弟们与外祖父母生活在离我家1公里远的地方。一位与我同岁的表妹来到家里做女儿，但是并没有女儿应有的所有身份，有点儿像家里的穷亲戚。我记得我妹妹们出生的时候，表妹有八九岁，便已开始在家里干家务活了。

家里并没有像对待我们那样关心她的学习。她也是家庭一员，获得照料，但是必须做些家务事。现在，当我想起这些，就感到内疚。当时我觉得这很正常，我们所有人都很和睦，看不出明显区别。但是在学习上，却并没有给她与我们享有的同等待遇。没把她送到学校去，接受更高些的教育，而是让她做家务。本应该送她去寄宿学校，就像对待我和其他子女一样。

这应该考虑到那个年代的习俗。一般来讲，当为一个人提供保护时，一般是提供住宿、饮食，甚至亲情；但是并不是本家子女所享有的所有待遇。她照料年幼的弟弟妹妹，而这种任务从未交给过我，我对此十分高兴，也未交给过老大安赫莉塔。

在那种农民生活环境中，没有充分合理的理由，家里认为把她带到家里来，给她吃，给她穿，对她已经很好了。这是那个时代的常理。我不能用现在的思想评判我的家庭，但是我明白这是不公平的。尽管她住得离我们很远，我从来没有忘记她。她名字叫克拉拉，我们两人同岁，我很喜欢她来家里，尽管刚进门时带来悲伤。

当我回忆起婴儿出生时突发的惊吓时，我记得1931年6月3日，劳尔的出生。我对那天记忆深刻，母亲在哪里、在家里什么地方分娩。我待在走廊里，那时天色已大白，我听到凄惨的叫声，声音巨大，持续几个小时，伴随分娩始终，人们脚步匆匆，走来走去。接生婆伊西德拉·塔马约陪伴在那里。我清楚记得，劳尔终于出生了，在那一时刻，带来无限喜庆。

寂静无声、松林、夜半惊恐、枪支护身、家庭逸事、兄弟姐妹、生活中的自主、战争后回访比兰、圣地亚哥、屋檐雨滴、荒废时间、失却保护、讲述炸弹爆炸声

卡秋斯卡·布兰科：司令，关于比兰的周边环境和危险，我记起您姐姐安赫莉塔，还有您父亲在庄园的雇员乌瓦尔多·马丁内斯讲述匪情。他们提到土匪，像阿罗伊托、巴瓜和阿萨弗兰，谈到那些令人毛骨悚然的故事，他们脸上涂满油，以免被识破遭抓捕，还有人潜伏在阴影笼罩的小路边，伺机劫道。我知道您很高兴去拉门苏拉山麓木材场，您独自去皮纳雷斯德马雅里吗？如果半路夜幕降临，您不感到恐惧吗？您从来没害怕过？

菲德尔·卡斯特罗·鲁斯：在比兰，家里常对孩子们讲怪异的故事，讲鬼魂，让我们牢记，有时还讲土匪和幽灵的故事，但是要了解孩子们的想象力，对他们讲些东西，会留下印象的。我会较快地加以适应。

农村不像城市。城里十分喧闹，车水马龙。可以说，在城市里，人脱离不开嘈杂环境，没有那么多孤独感。在农村，人在半夜、凌晨惊醒，四面无声，绝对寂静，于是听到十分奇特的响声就会受到惊吓。疾风凛冽，蛙声遍野，树叶沙沙作响，蟋蟀唧唧鸣叫，动物呼吸声在耳，家犬汪汪狂吠。在城市里，你听不到狗叫，在农村就可以听到各种狗的哀嚎。还有鸟叫声，声音无奇不有，几乎就像在原始森林。有时家畜在叫，有牛、奶牛、马、骡子、昆虫、家禽……也就是说，在农村，环境不同，氛围孤独。没有电力照明，夜幕降临后，必须等待天亮，这部交响乐鸣奏曲几乎在令人压抑的寂静之中进行。这在城市中是听不到的，那里喧闹无比。

我谈的是我稍大些后的情况，比如 6～8 岁年纪。到这个年纪，我已经独自睡觉了，不再在上边与父母和兄弟姐妹们住在一起。睡在一个大房间，很孤独，当然会印象深刻，特别是在农村，更是如此。在城市会感觉有伴相依。当然，我从小时候起，就以这种或那种形式获得这种印象，但是我不记得曾因此遭受痛苦。

相对来讲，很小时我就学会使用武器，猎枪或步枪。当我小时候手里有支武器时，就会感到更加安全，会产生效果，甚至好奇心。会有一种感觉，武器有助于进行战斗，甚至与幽灵和鬼魂战斗。

我记得是9岁多的时候，我独自行走，到野外去，独自行走夜路。如果我手握武器，就会感到保险。这是某种感受，武器会给人以斗争力量，对付活人甚至死人。例如，我觉得，在那种年纪，如果幽灵出现在面前，我会手持步枪，向它开火。当时，有些事情会产生联想。

我认为最令人产生恐惧的是缺乏自卫能力的感觉。但是如果你认为可以进行自卫，尽管防卫是不现实的，也会产生安全感。

当我10岁或11岁时，我经常独自赶路。有时拉蒙与我一道，有时没有他。我独自去皮纳雷斯德马雅里，并独自返回。皮纳雷斯山麓离我家有好几公里路，我很喜欢到那里的林场去。我说的是9岁、10岁、11岁或12岁时的事情。我独自赶路，穿越山峦，有时会赶上夜幕降临。我逐渐使父母习惯我独自做决定。我对他们说："我去皮纳雷斯德马雅里。"他们就同意了。那时，假期来临，我会骑上我自己的马，纵马奔向远方。从一年级开始，每年暑假，我会回家待上3个月，6月、7月和8月。从一年级开始，我就住校，一到暑假，便从古巴圣地亚哥城返回比兰庄园，在家里享受自由，农村的自由。自己策划暑假期间做些什么。

家里照顾我的马，把它送到马场去，谁也不骑用。当我返回家里时，马养得膘肥体壮。我也觉得膘肥的马更强壮、健壮，很喜欢看到它长膘，胖起来！当时，我担心有人骑用它。这对我来说最重要，不愿意有人用它，使它消瘦。当假期结束时，马瘦了许多，我骑着它到大山里，穿山越岭。

当时，我不用征得任何人同意，到马圈牵出、使用我的马。总有人为我提供帮助，用一个长套马索，轻而易举地套住它，因为马发觉有人想使用它，就会逃跑，它十分聪明，企图溜掉，让人抓不住。首先，必须在马圈里套住它。然后，把它赶进一个小马圈，解开套马索，避免缠绕。我常常去那里寻找它，有时别人把它给我带出来。最初，别人帮我捆绑马鞍，后来，我自己安放，对他们说："我去外祖母家，或到其他地方。"

当我上五年级或六年级，10 岁、11 岁或 12 岁时，有时候，我自己决定什么时候去离家很远的某个伐木场。在那里，我可以尽情享受更多自由，没人约束我。在家里，至少还有某种管束，而在那里我感到更加自由。独自纵马长路，闯入深山。有时有人陪同，更多时候，常常独自外出，路程漫长。有两条小路可走：一条更长些，但不大陡峭；另一条短些，但需要攀爬险要山峦，马累得精疲力竭，大汗淋漓。我们费尽九牛二虎之力，到达 700 米高的台地。皮纳雷斯出奇的凉爽，微风拂面，十分惬意；马身上的汗很快就吹干了。

我很早就搞到一支枪。手握火枪，我感到绝对安全，不怕任何问题，就有信心，感到稳妥。在这种情况下，没有任何恐惧感，尽管总有人想对我做些什么，因为我们是地主的儿子。我当时已不止六七岁，至少有 9 ~ 12 岁了。

从很早起，我就想方设法使用父亲的猎枪。实际上没人教过我。我打枪一开始就很准，使用火器很有天分。有时，家里传闻有贪婪的兀鹫飞来捕食家禽，我渲染这种传闻，并自告奋勇射杀它。父亲允许我使用猎枪击毙捕食母鸡和鸡蛋的猛禽。我很高兴父母这么早就信任我。我很快就掌握了武器库里自动猎枪等各式各样的武器。

卡秋斯卡·布兰科：司令，在 2003 年的一次采访中，劳尔提到，在那个年代一次危险的行动中，如何把父亲储藏在比兰武器库中的几支温彻斯特 -44 型步枪运送到哈瓦那去。这几支步枪后来在攻打蒙卡达兵营时派上用场。

菲德尔·卡斯特罗·鲁斯：是的，我们带着小时候使用的那支猎枪奔赴蒙卡达兵营，在战斗中用上了。我们在寻找武器的时候，我想到家里的枪支。我与拉蒙和劳尔合谋，把几支温彻斯特 -44 型步枪和几支自动猎枪拿走。在家里，父亲有几支某种口径的来复枪，我们在攻打蒙卡达兵营的战斗中也用上了。

再回到我的童年，在得到家里同意后，我自告奋勇拿出 44 型步枪、来复枪和猎枪，实际上所有的枪支练习射击。这没有遭受异议，只是有一次受到父亲的严厉斥责。当时他骑着坐骑外出遛马，中午时分回来，看到我使用很多 44 型步枪子弹，射击兀鹫。他大骂我一通。他有道理，因为我在浪费子弹。类似的斥责仅此而已。一般来讲我已经习惯，他也允许我用枪。这样，从很小开始，我就获得自卫手段，没有了恐惧感。

卡秋斯卡·布兰科：在这种情况下，您有同伙吗？

菲德尔·卡斯特罗·鲁斯：拉蒙和我共享秘密，我们是一对儿，几乎在所有的冒险活动中都是同伙，有时候他也指使我，但是他和我是主要同伙。一些劳工几乎从来都是我们亲密的朋友，对我们更容忍，这很大程度上取决于他们的性格。

有人出于善良本性，天生喜欢孩子，和他们聊天，给他们讲故事，十分关怀他们，显露微笑，开玩笑。这种人是孩子们的福分。有些人十分粗暴，不容人，脾气暴躁；一般来讲，我们对他们没有好感。我十分感谢所有与我们相处聊天、给我讲故事的大人们，他们十分友好，对我们十分友善。大人们想象不到与孩子们相处对他们多重要，与他们聊天，在意他们，不忽略他们，他们会多高兴。孩子们会无限感谢这种亲情，这种关系。

对我们友好的那些人，我一直高兴地把他们记在心中。例如，账房先生，他十分善谈，给我讲历史，讲故事。他很有教养，是阿斯图里亚斯人，矮墩墩的，名字叫塞萨尔·阿尔瓦雷斯。他脚蹬靴子，身穿马裤，这身穿着更显得个儿矮了。他懂英文、法文、意大利文、德文、希腊文和拉丁文。至少他是这么对我说的，我觉得他确实会讲，他讲英文，边朗读英文边翻译，讲法文和意大利文。他会几种语言，从他一般知晓的情况来看，尽管无法证明是否真的会德语，我记得他讲过德语词汇和整个句子。女老师会讲法语，他与女老师用法语对话。我还听他讲过英文。就是这样：法文、英文、德文和西班牙文。他会讲意大利文、希腊文和拉丁文，这并不奇怪。他是西班牙人，因此没有讲关于最近我国英雄的故事。

当我在四年级、五年级的时候——谁在五年级都不是成年人——他给我讲故事，讲希腊和罗马，随着我学业的提高，上七年级即高中一年级时，他给我讲西塞罗，讲德莫斯特内斯，讲演说家们，讲各种历史故事，激发我各种兴趣。他是第一个给我讲历史人物和文学的人，非常友善。

厨师曼努埃尔·加西亚不是敌人，但是他脾气很不好。他其实不是厨师，是放牛的，由于患风湿病，疼痛难忍，有关节病，行走困难，于是不再放牛了，改行做厨师。现在我还记得他怎么放牛。据父亲讲，他厨艺很差。他住在邮局旁离家 90～100 米远的小屋中。每天清晨，天蒙蒙亮，一瘸一拐地来到厨房，一直忙到天黑。

　　在家里，做饭没有天然气，而是烧木炭，用几个厨灶。他点燃厨灶，准备咖啡，烧好牛奶。每天从早晨就骂骂咧咧，脏话不绝于口，走起路来踩得木地板吱吱作响。他挑水、洗碗碟、煮豆子、做米饭和鹰嘴豆，我觉得他整天都在发牢骚，为了任何事情发牢骚，嘟嘟囔囔，但是他人不坏。他是加利西亚人，农民出身，大字不识一个。尽管腿脚不方便，做了很多年的厨师。

卡秋斯卡·布兰科：我记得您在 70 岁寿辰访问比兰时，最喜欢吃羊肉炖鹰嘴豆，这使我们再次回想起您父亲的加利西亚人的习惯。庄园还做什么其他饭？

菲德尔·卡斯特罗·鲁斯：加西亚在我家做什么饭？做不错的饭，但是我没胃口，因为我每天走到哪儿，吃到哪儿。我记得从很小起，当我们坐到长方形餐桌边，父亲坐在一端，我在另一端，两边是姊妹们，还有姨妈和表妹，母亲则来来回回，忙忙碌碌张罗。我记得从很小起，当我们坐在餐桌旁时，就为吃饭犯愁，必须得吃餐桌上的饭，吃鹰嘴豆，羊肉炖鹰嘴豆。或者用鹰嘴豆做汤，做豆饭、米饭、米饭鸡肉。每天都有肉和面包，木薯、番薯或菜蕉。吃午饭、用餐时有纪律，必须得吃下去；给你盛上饭，必须得吃。强迫吃饭确实不是好方法。

　　父亲总是因饭菜发脾气，或嫌口重，或没放盐，或鹰嘴豆还硬着呢，或豆饭没蒸好。父亲总埋怨厨师，说他做饭糟糕。如果问我，我会说：根据父亲的观点，他不是个好厨师。但是我觉得话不能这么说，他做饭平常，还算会做。随便哪个西班牙农民都会做豆饭、菜豆和鹰嘴豆。这就是我的观点。但是父亲要求更严格，还脾气不好，有发脾气的习惯，训斥人，争吵，他从来都不会觉得事情办得完好。

我记得，厨师是我的朋友，尽管并不像账房先生那位朋友那种类型。存在着不同的西班牙人，如劳工，友好的人。

家里人很不了解我们历史上的人物，劳工们通常是文盲，没有什么义化，也不了解古巴历史。当然，也谈到独立战争、传说和传统，说哪场战役怎么怎么样。当时，最后一场独立战争过去35年多了。一些老兵，不多的老兵为人熟知，享有人们的尊重。他们曾征战沙场，但是我们的历史确实没有受到公正对待，几乎被忘得精光。

独立战争结束后，新的价值观形成：关于财富价值，大地产价值，蔗糖厂的价值，铁路的价值，金钱的价值，美国人、美国物品受到重视，新的政客和新权力受到重视，所有这些取代了我们本可以称之为我国历史传统的东西，这种传统完全黯淡无光了。实际上，闭口不谈独立战争，不谈传统，也不讲究自豪精神。一些老兵受到尊重，成为敬重的形象，领取微薄津贴，至多过着朴素、紧巴巴的日子。

人们受那么多问题和需求困扰，愚昧无知，处处依赖，在这种氛围下，新潮伴随着新殖民地而来，使古巴过去的历史黯然失色。可以说，没有任何历史氛围来谈论过去的历史，谈论我们独立战争的英雄们，只是偶尔和轻描淡写地提及一下。我给你谈的已经是30年代，1930～1935年在一所有20名或25名学生、小型公立学校中发生的事情。他们没有可能正规地去上学，因为要干活，帮助家里做事。他们打赤脚，穿破衣。但是在公立学校，确实挂国徽，唱国歌，向国旗致礼，习惯诵读马蒂诗句，比如他的《简明诗歌》。还经常回顾这样一些形象，但是所有这些都流于形式。只有在学校，我们才能获得关于祖国历史和象征的某些知识，但是都很形式化，绝对形式化。也就是说，感觉不到爱国气氛，没有历史传统氛围和肃穆的气氛，几乎完全笼罩在无知之中。

还能怎么要求那些文盲劳动者们？还能怎么要求那些海地移民们，或那些西班牙移民们呢？他们怀着敬重之情缅怀自己的故乡，与古巴历史却没有干系。因此，在家里，在那种环境中，我们接受不到爱国教育，对爱国价值缺乏激情，在那个年龄我们接触不到这些。

卡秋斯卡·布兰科：在最初阶段，您的生活与姐姐和哥哥，安赫莉塔和拉蒙十分密切，但是我想了解一下您与其他兄弟姐妹们的关系，是否还保持着。

菲德尔·卡斯特罗·鲁斯：一般来说，我与他们相处都不错，有些接触多些，有些少些，我对自己并不十分满意。在年纪最大的4个人中，我与3个相处不错。我对自己要求比较高，对自己总不满意，总与自己过不去。但是对别人，嗯，与年纪最大的兄弟姐妹们接触更多些：与恩米塔接触很多，她排行老六；与阿古斯蒂妮塔接触不那么多，因为她是老疙瘩；与胡安妮塔，在美国定居的老五，尽管她很有个性，我们关系并不算坏。革命胜利后，因政治原因与她的关系恶化了，但是在此之前并不是这样。我是基于马克思主义的视角，从政治上解释这一问题的。

要知道，我的家庭不是百万富翁家庭，但却是殷实的，从社会的角度讲，享有很多特权，起码在比兰是这样。这为我们灌输了财富意识。

我是第一个形成政治和革命意识的。从那时起，很快跟随我的是老四劳尔，他比我小5岁。我对他产生影响，因为我使他着迷来哈瓦那学习，进入大学，与我同享我的思想，即社会政治思想。当我形成革命意识和马克思主义思想时，劳尔也如饥似渴地吸收这些思想，并为之战斗。他与我具有同一种出身，也许恰恰由于这种原因，他也选择了我的思想。我们两个出身于资产阶级家庭。我从来都没有力图说服父亲相信我的社会主义思想。

　　有一次，我还上大学时，回家度假，那位百万富翁，后来最终没有成为我教父的人——菲德尔·皮诺·桑托斯——与我们一同吃午饭，父亲和他聊起各种问题，时常刺激我，当时我的思想已日益激进。尽管我明白不能与他们辩论，要有平常心，但还是做出不太合时宜的插话。我提出几个问题和看法，但未完全亮明我的观点，以便不过分刺激他们，但还是卷入若干争论，可以说我的做法有欠妥当。

　　在攻打蒙卡达兵营时，拉蒙也进行了某种配合，但是并未参与社会主义斗争，没有，没有的，他只是为我们搞几支枪，并不知道我们去干什么，但是我向他讲正在开展革命行动，反对巴蒂斯塔，他是反巴蒂斯塔的。家里还有几个人也是反巴蒂斯塔的，但不是社会主义者。

　　尽管父亲不同意我们的思想，却并不与我们发生特殊矛盾，对他来说，这不是政治问题，而是为我们担心，他知道，我们在进行政治和革命活动。

　　我能想象父亲和母亲因这些斗争遭受很多痛苦。在攻打蒙卡达兵营的事件中，情势不明朗，他们十分担惊受怕。当然，有两方面的问题：母亲很有性格，很敏感，但是却很坚强，有能力抗危险，抗逆境；父亲也很敏感，我可以想象他默不作声地忍受痛苦，但是他懂得些历史，我不止一次听他感叹历史事件和人物，我相信，父亲明白那些斗争会以这种或那种形式成为历史事件。对他来说，这些斗争意味着某种他善于评价的代价，他并不是低估政治事件、低估国家生活中具有重要意义的事件的人。

当时，我是全家唯一完成大学学业的人，结束了预科和大学所有课程，成了家中的重要人物，最终成为博士和律师，获得所有那类的身份。家里敬佩我的学识，我的学业，我的成绩，我的成功；家里有人成为律师、博士和大学毕业生，对这一破天荒的事实感到荣耀。在一个自学获取知识的家庭，勉勉强强会读书写字的家庭，所有这些使我赢得一种特殊的权威，享有威望。

我在结束大学学业后，在父亲的产权、产权证方面，处理与前面提到的富豪的关系方面，也曾为父亲提供过服务。我甚至有机会在地产法律事务中，为他和家庭提供服务，父亲对我十分信任。

我觉得自己享有父母极高的评价。他们了解我的性格，自然为我担心，特别是对他们很瞧得上、个人评价很高的儿子，更是如此。我认为他们并不完全同意我从事的活动，但是却不批评我，不因我从事政治活动斥责我。我长大成人后，他们一直十分尊重我的活动、思想，尽管他们想象不到这些思想和活动是多么激进。实际上，我从来都没有听到父母哪怕是极微小的责骂。

我应该特别感谢母亲，因为她是最操心我学习的人。父亲也操心，但是程度却不如母亲那样，强烈期盼我从事学业。母亲一直是我的强大支柱。

当然，从很小的时候起我就独立了。几乎从五年级时我就自己拿主意，做事情，自己解决问题，应付情况。我觉得父母适应了，对我产生了尊重。

从五年级开始，我决定去哪所学校，不去哪所学校，干什么，不干什么。也就是说，从那时起，我就决定自己的生活，那时应该是10岁左右，就能够决定应该干些什么，这是很超前的。这是我从大致5岁起所经历的一系列事情促成的。这种经历教会我，促使我自己决定和处理问题。

我上二年级时，就第一次自己做出决定。或许可以说，我以早熟的方式第一次做出决定。我决定搬出当时在古巴圣地亚哥的住所。我在那里居住时，制订了一个计划，产生一种想法，得出一个结论，做出一个决定，让人们送我去拉萨列学校做寄宿生，上二年级。就这样，在二年级时，我做出决定自己命运的第一个决策。那时我应该是9岁，因为在那个住所——我不记得我从什么时候开始读书写字，因为很早就把我送到学校去了，我觉得我从来都会读书写字——我被荒废了两年时间。出于经济原因，我被有意地、不公正地耽误了两年。另外，在圣地亚哥，最早在一个住所，后来换成另一个住所，面对重要关口，我做出重大决策。这说来就话长了。

卡秋斯卡·布兰科：司令，当我访问圣地亚哥时，从拉阿拉梅达开始，沿着圣利塔大街往上走，寻找提沃里，您曾住在那里，与菲利乌家庭共遭困苦。就是在那里您做出一生中第一个决定。我认为那是1936年1月，1935年末、圣诞节假期结束的时候。您在拉萨列学校上学，是二年级走读生，决定彻底造反，要求送您去做寄宿生，因为人们常拿这个威胁您。

菲德尔·卡斯特罗·鲁斯：我读二年级时做出择校的第一个决定，早熟的决定后，在读五年级时，我做了第二个决定。六年级做了第三个决定。我做出3个重要决定，但是从五年级，或许从六年级开始，我就自主做决定了。所有学习中的事情也由我做主，我觉得家里对此已习以为常。

在家里，有时候我也不得不引发激烈争吵，出难题。有时，被从学校接出来，带回比兰。一度不让我返回圣地亚哥，因某个问题，要中止我的学业，而在这些问题中，我是有道理的，但是父母并不知情，他们从拉萨列学校得知消息后感到着急。后来我上五年级时，最终离开拉萨列学校。

这样的事情发生了，可以很好地说明为什么我逐渐自主拿主意，为什么父母适应了尊重我的行事方式，结果还是我的决定不坏，是正确的。随着时间推移，由于我在学习中是唯一有进步的，我的地位上升了，获得特殊的羡慕。家里从我身上获得的最大成就感就是：我很用功，肯钻研，能够通过考核和考试。

我家里的关系就是这样。它解释了父母为什么不批评我们的思想，不是因为父母有特殊的政治立场。也许是这样：如果事情向前发展，无论是格劳[1]政府在台上，还是普里奥政府执政，巴蒂斯塔政府当权，对他们来说都无所谓，只要不找他们麻烦，一切正常就行，只要神圣的私有制得到尊重就行。归根结底，这是最重要的。父母最不满政府贪腐无厌，掠夺成性。所有这些令他们厌恶，但是在共和国时期这种事情司空见惯。由于这种原因，父母没有什么特殊的政治倾向

---

[1] 拉蒙·格劳·圣马丁（Ramón Grau San Martín，1881～1969），古巴总统（1933～1934，1944～1948），职业医生，曾任哈瓦那大学生理学教授。20世纪30年代参加大学生运动和反对马查多独裁政权的斗争，曾被捕入狱。1933～1934年出任临时总统，颁布了一些民族主义的进步措施。1934年创建古巴真正革命党。1944年6月1日，作为真正革命党候选人当选总统，同年10月10日就任。执政期间，政府腐败严重。1948年任期届满卸任。——译注

性，在资本主义私有制和自由企业制度下，他们已经适应这种糟糕状况，格劳、普里奥和巴蒂斯塔概无区别。

其他的兄弟姐妹们，大女儿安赫莉塔，从旁观看，不参与其中。

在反对巴蒂斯塔的斗争中，劳尔与我投入攻打蒙卡达兵营的战斗，被捕入狱。此后，有家庭其他成员投身进来。如莉迪娅，我们的大姐姐，父亲第一个妻子的女儿，我们关系一直很好，她十分关心我们，就像那时俗话所说，是半个姊弟关系。我们进入拉萨列学校和多洛雷斯学校后，她生活在圣地亚哥，时常邀请我们去家里做客，她丈夫是大学毕业的职业者。

他们从未与我们生活在一起，很少去比兰串亲戚，第一次婚姻和第二次婚姻间，兄弟姊妹们的关系不一样。我们都相互认识，总是存在一种微妙的对手关系，不是我们之间，而是家庭之间。这是父亲第一次婚姻与第二次婚姻兄弟姊妹间关系状况遗留下来的，一直都是这样。但是这些哥哥姐姐们，无论是姐姐还是哥哥对我们还是很友好，莉迪娅更是如此。

对大哥佩德罗·埃米利奥，我怀有敬佩之心，他是知识分子，会外语：英文、法文、意大利文，会5种语言。他是诗人，总是很和蔼，对我特别亲切。他很喜欢与我聊天，给我讲故事，允诺送我这种或那种礼物。他曾参与政治，给我看他写的诗歌集，我还记得一些诗句：

我爱你，神圣的意大利，
你那令人神往灵魂的柔情，
促动春天在我心中萌发，
使我变成你的主人。

还有其他诗歌，是明快的，例如：

你的鞋子洁亮，洁亮，洁亮，
当你走在大街上，
洁白的鞋子响声清脆，
你是大地的无冕女王。

他是反对巴蒂斯塔的民主党人，但是在我家里名声很不好：佩德罗·埃米利奥自行其是，挥霍钱财，固执己见，在他的文人朋友中结交狐朋狗友，沉瀣一气，他们受到埋怨。据说，佩德罗·埃米利奥经常喝得半醉。

我家里并不欣赏佩德罗·埃米利奥的文人和诗人品质。我还不能评判这些品质是好是坏，但是喜欢他的诗句，熟记在心。他不与我们生活在一起，而是住在圣地亚哥，与她母亲一起生活。他是父亲与第一个妻子生的最小儿子，我觉得他至少比我大10岁。当我13岁时，他作为反对党候选人参选众议员。

卡秋斯卡·布兰科：是的，确实是这样，佩德罗·埃米利奥生于1914年7月8日。也就是说，长您12岁，1940年宪法颁布时，他26岁。

菲德尔·卡斯特罗·鲁斯：我家里说他是一个放荡不羁的青年人，挥霍了一些钱，结交狐朋狗友，欠缺理智，因为在那个环境下，诗人就是半个疯子。但是他很有教养，勤奋好学，博览群书，很有知识，懂几门语言。我认为他由于喜欢意大利诗歌，才学习语言。他与我谈论但丁的《炼狱》，创作涉及这些题材的诗歌。我要重新阅读一下。我不是好的艺术评论家,要与专家谈谈他诗歌的价值所在。

在古巴圣地亚哥的知识界,佩德罗·埃米利奥较有名气。但是他学历不高,自学成才,就我所知,他没有上过预科,没有上过大学,因此被打入另册。知识分子,通晓多种语言和诗人,这些才华在我家里都没有价值。不过他与我一直相交甚好。

莉迪娅与纳西索·蒙特罗医生结婚。他出身职业者家庭,有一所医药实验室,他时常邀请我们去圣地亚哥家里做客。他家并不豪华,但却很舒适,家具齐全。我们在多洛雷斯学校就学时,周日他常邀请我们去家里,做一种味道鲜美的饭食,包括香美的甜点。我记得有一种俄罗斯夏洛特甜点,用水果、鸡蛋和果冻制成,甜美至极!我们非常喜欢。

莉迪娅一直关心我们。我觉得就像我前面说的,尽管两家有某种对立关系,但另一个家庭同父异母的哥哥和姐姐对我一直很亲切。莉迪娅对我更好,因为她后来成为革命斗争中的战友。可以说,莉迪娅是我的第一个政治支持者。

卡秋斯卡·布兰科:司令,我总是感到十分遗憾,未能与他们聊一聊,特别是与莉迪娅谈一谈。他们两个于1994年去世。我于1996年开始做考察,也就是说他们辞世两年后。

菲德尔·卡斯特罗·鲁斯:他们在世时,我们曾几次相会。我见莉迪娅的次数更多些。在9个兄弟姐妹中间:卡斯特罗·阿戈特家和卡斯特罗·鲁斯家的孩子们,她是第一个伟大的支持者。劳尔是第二个家庭中的首个支持者。此后随着时间的推移,我们与佩德罗·埃米利奥疏远了,不存在这种政治关系。后来,发生些冲突,佩德罗·埃米利奥与家庭产生某些不和，影响了与他的关系。他曾一度采取敌视态度，影响了后来的关系。不是与革命的分歧，而是家庭关系。这是以前的事情，是在他竞选1940年众议员之后。他遇到一些问题，经济状况窘迫，逼迫家里给他解决，因此产生一些敌对情绪，对莉迪娅和我略有疏远。

在我预科毕业后，莉迪娅丧夫。她的丈夫蒙特罗医生患上帕金森病，她不得不照顾病人，我记不清楚这种状况持续了一年半还是两年，她在哈瓦那受了很多罪。莉迪娅守在丈夫身边，承受一切。她继承了十分微薄的家庭遗产，一份补贴，一些家庭财产。这样，当我预科毕业时，莉迪娅移居到哈瓦那，租了一套房子，让我与她同住。我们几个人与她在一起住过一段时间。

她一直关心我们，是第一个鼎力支持我的家庭成员，是兄弟姊妹中的老大，劳尔更小些，当时我们3个人志同道合。她并不是意识形态激越，但是赞同斗争，十分推崇斗争，怀有深厚的同情心，有自豪感。后来，在反对巴蒂斯塔、攻打蒙卡达兵营时，以及后来我们被捕入狱，流亡墨西哥，转入马埃斯特腊山区后，她一直鼎力支持我们。在攻打蒙卡达兵营的战斗时期，拉蒙也参与进来，后来还有胡安妮塔，可以说以这种或那种方式，所有人参与进来。这样，我们实际上获得很大进展。

与恩米塔从未发生过问题，始终保持着极好的关系。恩米塔很有教养，学过钢琴，有文化素养。最小的女儿阿古斯蒂妮塔也是这样，很用功，受我们斗争的牵连，她曾远走欧洲，待过一个时期。胡安妮塔，更确切点说，从事一些商业活动，没有学习。恩米塔和阿古斯蒂妮塔有过学业。

最后，攻打蒙卡达兵营以后，形势不允许我见到父亲。我与他通信，采用各种方式进行联系，但无法见面。我出狱后，在哈瓦那曾作短暂逗留。回比兰不是件容易事。除形势造成困难外，去与父母团聚也是不谨慎的，会给他们带来麻烦。我遂直接出走墨西哥。

我从来不知道在那个时期，父亲是怎么想的。也许拉蒙了解更多情况。我很少与拉蒙坐在一起谈论和询问这些事情，有时以为将来还有时间，现在他却记性差了。但是我相信，从深层次讲，父亲是站在我们一边的，对此，我深信不疑，我很了解他。我觉得父亲忧心忡忡，焦躁不安，认为困难巨大，阻碍重重，我们有可能丢掉性命，但是我相信父亲赞同我们的斗争。

我们认为，那已经是一场进行深刻革命的斗争，但是在所有那个时期，还没有提出社会主义革命。我在蒙卡达进行的自我辩护文已经发表，任何人，只要认真阅读那份文件，读懂它，就会发现那里包含一部纲领，一场远远更加进步的革命的所有萌芽，社会主义革命的萌芽：谈到在国家发展中资源的利用问题，城市法、住宅产权、土地改革、合作社；提出在那个时期最大限度所能提及的问题；是能够加以公布的最雄心勃勃的纲领，成为革命所有行为的基础。它已经是马克思列宁主义的纲领，是清楚懂得阶级斗争的人的纲领，当谈到人民时，指的是贫苦阶层，农民、工人、失业者。《历史将宣判我无罪》含有阶级观点，这是迈向社会主义第一部的纲领。

读到这一纲领的人都会敬佩我们为反对巴蒂斯塔而斗争，敬佩那些人的勇敢精神，但是会说"不，不是革命的"。我们已经司空见惯：所有的政治领导人年轻时都是激进的，到年龄成熟了，就变得温和了，然后成为保守派，最后就成为大反革命派了。于是，他们认为看到的就是这种情况，对我提出的问题并没有太在意。认为制度十分巩固，美国在那里，它是所有一切的帮凶，使一切永存不变。在这里不会发生社会革命。"这些青年人十分勇敢，反对巴蒂斯塔，以后我们来腐蚀他们，不必太在意这些激进主张，这是青年人的激进主义。26岁，一些十分激进的毛头小伙子。"如果把社会主义党的纲领除外，从来还没有过像《历史将宣判我无罪》这样激进，或几乎这样激进的纲领。

革命胜利了，我不认为母亲是社会主义者，也不认为她是共产主义者。她有产权意识，经营商店和其他生意。

但是，我记得在战争几乎接近尾声时，我回家探亲。在两次重大战役之间，在小型护卫队的陪同下，从帕尔玛索里亚诺乘吉普车到达比兰，回家探望。大概是24日或25日，记得是圣诞夜。当然，我是夜间行进的，必须夜间行动，因为白天飞机控制着那个地区，到达那里时几乎天亮，我兴奋异常。战争正在沿着中央公路蔓延过来，很近了，在比兰都能听到交火的爆炸声，当时战斗在古埃托展开，离比兰直线距离12公里。当我经过马尔卡内时，也听到枪炮声，战斗扩展到很多地方。作战的是第二阵线的部队，北边是劳尔指挥的部队，他们包围了古埃托，展开激烈战斗。

我在与家庭团聚后所做的事情之一就是到柑橘园去，那是12公顷或14公顷的柑橘种植园。当然，一伙邻居聚集在那里，人不多，15人或20人，尽管当时很危险，他们到那里问候我。要知道，我们在山里已经进行几乎25个月的战争，已经肩负起国家的职能，进行土地改革，颁布各种法律，没收大量牲畜，为国内的糖厂制定税收措施。我来到柑橘种植园，小时候我曾几百次光顾这里，吃柑橘。经过25个月的战争后，几乎是在革命胜利之际，我向人们说："来吧，请吃柑橘。"这种客套几乎已经失去意义。母亲十分高兴接待所有人，但她表示异议，对我说这不对，她不同意这么做，并对我讲述她的理由，我的结论是，她完全有道理。最初我以为她表示异议，是因为我在分发柑橘，但是她并不是因为这个，而是因为 15 人或 20 个人进到柑橘园采摘树上的柑橘。她同意分发柑橘，但是应该采取有秩序的方式，她说这是产权。我因扰乱秩序受到训斥。

母亲很有性格，具有产权意识，但同时也同意我的意见。也就是说，她不反对革命。后来，革命开始激进化。毫无疑问，很多人力图影响她，但是她并没有受人左右。当我们制定第一部土改法时，她的庄园有 60 卡瓦耶利亚[1] 土地，另有 800 卡瓦耶利亚租进的土地。母亲接受第一部土改法的规定，没有表示异议，也没有抱怨，在 11700 公顷土地中，只留下不到 400 公顷。

在产权观念、经济利益与母亲身份之间，她选择母亲身份，最终把经济利益、她的想法，依从了儿子们的思想和政策。我从来没有听到她争辩，如果她看到哪点不好，就会说："这做得不好，那个庄园没有管理好……"

在那个时期，拉蒙已经参加反对巴蒂斯塔的斗争，但是在革命胜利后，他选择务农了。

随着革命的激进化，尽管地主阶级和所有那些人企图对母亲和拉蒙施加影响，母亲继续跟随革命，拉蒙也跟革命站在一起。右翼反动媒体采访他们，企图让他们发表声明，偷梁换柱地加以利用。无论是母亲还是拉蒙，从未说一句话。母亲十分坚定地跟随革命，拉蒙也是这样。

我们家有穷亲戚，当马车夫的叔叔们的子女：恩里克、亚历杭德罗和其他人，去世的姨妈的子女们。家里的穷亲戚们乐见我们搞革命。归

---

[1] 古巴当地使用的土地面积单位。1 卡瓦耶利亚合 13.4 公顷。——译注。

根结底，尽管我们出身地主和资产阶级家庭，我们以这种或那种方式，把革命推向家庭。如果分析这种根源和整个历史，可以说，我们取得完全的成功，因为实际上，我们把整个家庭引导到革命道路上来了。

唯一没有适应革命思想的是胡安妮塔，就她自己。这是自然的，因为她的思想是资本主义的，是资本主义意识形态。从年轻时起，她在比兰就有一家剧场、一家电影院和其他一些财产，由她进行管理。她有收入，形成其资本主义意识形态。总之，我有绝对的逻辑进行解释：因为存在着思想的不同，另外还有强硬的性格。她做出反应，离开国内，成为积极反对革命的骨干分子。不过这并不令我担心，我向来有冷静的头脑，用革命和马克思主义观点分析这些问题。如果基于另一种观点，另一种哲学，也许我会认为她的行为荒谬，是糟糕的举动。她做出与其思想一致的行动，她的反应就像其他很多持有资本主义思想的人一样，这些人不想了解任何关于社会主义、共产主义或马克思主义的东西。我一直这样认为，这十分自然，十分合乎逻辑，几乎是自然的。我没有丝毫疑问，无论如何，甚至都不会说对胡安妮塔怀有丝毫憎恨。

我认为有人操纵运动是错误的，帝国主义利用这种方式，操纵和利用家庭成员搞这种性质的运动，这是错误的。她是美国公民，人们不止一次把她用于那种仇视行为，最近一次是去年（2009年），世界上几乎所有国家都谴责美国对整个古巴人民，我们的祖国发动非正义的残酷封锁。

我认为这使帝国主义名誉扫地，是肮脏伎俩，我们从来都不屑一顾。这就如同我们在同里根、老布什或小布什进行斗争时，用他们任何人站在革命一边的表妹做文章。这是可笑的，不是政治资源，是帝国主义使用的哗众取宠的肮脏手段。我不会感到奇怪,我怎么会感到奇怪呢?对帝国主义这么做,我为什么会感到奇怪呢?这是世界上最合逻辑的事情。我们从来都不会这样做。革命从来都不会采取这么卑鄙的手段,革命的历史已经证明这一点。当你拥有摧毁神话的思想或价值观,那么这就不是问题了。这是心理战的机制,是心理战争的机制,是符合帝国主义性质的。

卡秋斯卡·布兰科:国务委员会历史事务办公室仍保存着比兰小学校的学生注册簿,封皮是硬质橘黄色的,内纸因年代长久呈淡黄色。注册簿上标注的20世纪30年代的情况,十分有意思。上面有不同的资料:学生姓名、出勤情况、考核情况,甚至有什么时候因瘟疫如黄热病、疟疾停课的情况。我觉得您在离开第一所小学校时,就有使您早熟性的自己做决定的经历了。根据您的记忆,这些是怎么发生的呢?那么小小的年纪,是什么使您走到生活的这些十字路口的呢?您是否知道为什么把您送到圣地亚哥去?

菲德尔·卡斯特罗·鲁斯:那是一个困难的年代,现在称之为马查多[1]时期,是30年代糖价出现暴跌的大危机年代。

---

[1] 赫拉尔多·马查多—莫拉莱斯(Gerardo Machado y Morales,1871~1939),古巴总统(1925~1933)。马查多曾参加古巴第二次独立战争,并晋升为起义军准将。战后参加自由党,先后任圣克拉拉市市长、陆军总监和内政部长,后从商,与美资电力公司关系密切。执政初期,实施了一项大规模的公共工程计划,其中包括修建中央公路、国会大厦、疏浚港口和修建码头、兴建医院和学校等。1926年,马查多政府颁布了海关法,对民族工业采取了一定的保护主义措施,促使了民族工业的发展。但1928年他操纵国会,修改宪法,连任总统,并将任期从4年延长至6年,遭人民群众反对。在第二任期内,马查多实行独裁统治,压制舆论,禁止罢工,解散工会,派人杀害流放在墨西哥的共产党领导人梅利亚,为镇压学生运动,曾一度封锁哈瓦那大学,逮捕和流放大批反对派。对外屈从美国的高压政策,向美国大量举贷,使古巴在经济上加深对美国的依附。1933年7月底,在古巴共产党和古巴工人联合会领导下,古巴爆发了总罢工,罢工得到各地工人、农民、学生和其他各阶层人民的广泛响应,8月12日,在人民群众的强大压力下,马查多被迫辞职并离境。这一事件史称"1933年革命"。——译注

欧弗拉西塔是我谈到的第三个女教师，出身于3个女儿失去母亲的家庭，她们与父亲一起生活在古巴圣地亚哥。3个女儿都上过学：一个是医生，她像家里的明星，另一个是钢琴教师，第三个是教师。

她们是混血种人，与海地有历史联系。这并不奇怪，因为海地革命爆发后，很多海地人拉家带口来到古巴，定居在奥连特省地区，一些家庭带来奴隶。在那一时期，奴隶制在海地废除，在古巴仍在延续。这些从海地过来的法国裔移民到古巴后，发展起繁荣的咖啡和可可种植业。他们与19世纪兴起的咖啡生产高潮密切相关，是高效率的农业生产者，在那个时期效益十分显著，他们会在石灰基础上利用墒气和化肥。他们积攒了可观的财富，同时，获得新的奴隶。因此，在古巴圣地亚哥和关塔那摩，在古巴人口中存在大量的法裔移民。也就是说，奴隶的后代继承了原来法国主人的姓氏。

那个家庭与法国文化和海地有关系。我知道3个姊妹上过学，甚至有国外学历。我没有关于她们母亲的信息，这也许能够查到；也没有她们父亲的信息，我从小认识他，但是与他没有什么关系。她们讲一口流利的法语，不知道是在海地，还是在法国学的。

当欧弗拉西塔来到比兰做教师时，正值经济大危机时期。当家里想把我们送到圣地亚哥去时，她的医生姐姐已经去世，教钢琴的姐姐失业了。后来她成为我的教母。当教师的妹妹是唯一有工作的人，是其家里唯一的收入来源，在那个年代，政府经常连教师的薪水都无法支付。

她们生活在古巴圣地亚哥的一栋小木房里。房子很简陋，现在仍然保留着。

在古巴圣地亚哥，我为什么到女教师家居住？当然，是因为她的生活很拮据。我的父母忙于干活,学校成为我的托儿所。安赫莉塔已经长大了一些,我不知道她是上五年级还是六年级,女教师劝说父母,送安赫莉塔到圣地亚哥,接着上同一年级,以便稍后到更好的学校继续学习,因为在比兰已经没有这种可能性。而我呢,当时应该是6岁,坐在教室第一排至少有两年时间,应该上第二排了,因为我已经会读书和算算数。父母决定也送我与安赫莉塔一起去。毫无疑问,女教师费尽口舌。由于我已经学过读书写字,她说我很出色,是好学生,十分聪明,因此,也应该把我送到圣地亚哥去,接受更好的教育。她以某种形式说服父母,让我与安赫莉塔一道去。没让拉蒙去,他不去。

安赫莉塔和我被送到圣地亚哥。就这样开始了那段经历。

女教师似乎与家里说好,父母为我们每个人寄去40比索,相当于40美元。也就是说,女教师把我们留在她家,就可为其家庭保证80美元收入。在那个年代,这是一笔相当可观的收入,那时40美元大约相当于现在美国的1000美元。这意味着巨大的购买力,一头牛的价钱是2美元、3美元。这是女教师寻求改善经济状况的手段。尽管我并不同意她把我用作手段,在这点上,我并不批评她。最先登上旅途的是安赫莉塔和我。后来,当拉蒙与母亲一道来看我时,我说服拉蒙留在圣地亚哥。拉蒙也陷入那个受难所,这是我的过错。

我从来没离开过家,把我从比兰送到圣地亚哥,几乎就等于把一个6岁的孩子送到美国去,因为家里人很少去圣地亚哥。

我觉得圣地亚哥是一座巨大无比的城市。我记得火车站,其中一部分建筑是木质的,城市,喧闹,四处都是这样。

我们直接到一个表妹的家。哦,我并不确定当时是否已经租好住所,就是我们去的地方。房子位于圣利塔大街,靠近马雷孔大道,十分简陋，胖表妹住在那里。人们叫她科西塔。我在那里度过了圣地亚哥的第一夜。

卡秋斯卡·布兰科：女孩叫奥索里亚·鲁伊斯，居住在下圣利塔街51号，靠近拉阿拉梅达街。我曾到过那里，我很惊奇您记得十分准确，在码头附近。在那里，我感觉似曾相识，实际上您以前说过，我又浏览了记忆。

菲德尔·卡斯特罗·鲁斯：几天过后，我们搬到那间小木屋，它位于高地上，邻近圣地亚哥的那所学校。我们聚在一起了：有女教师的父亲和她的妹妹、安赫莉塔、埃斯梅里达和我，至少5个人。埃斯梅里达是他们带去的小佣人。女教师有时过来，有时不过来。根据课程时间，她要回到比兰的学校去教课。

于是，从胖表妹家里送来一个小饭盒，饭菜够一个或两个人食用，每天中午送来，给我们5个人吃，并用作午餐和晚餐。

我并不知道什么是饥饿，可以说，不知道什么是胃口，因为整天都在商店，在家里或田间吃甜食、糖果、香木瓜、芒果和各种小食品。午饭时刻，我们坐在桌旁，家里要求必须、几乎强迫我们吃东西。这是在家里。但是到圣地亚哥后，我发现了胃口，而不是饥饿，因为我不知道什么是饥饿，没有意识到我正在遭受饥饿，只是感到胃口极大，觉得饭食是宝贝，极好的东西。每到午饭时刻，都盼着那个小饭盒，最后到晚上，我们分光盘子里面剩下的饭菜。有一小勺米饭，一小块红薯……我甚至连一粒米饭都不会剩下！用餐叉把米粒叉起来送到嘴里。我一点儿都不夸张。对我来说，饭菜突然成为宝贝，美味佳肴，整天都怀着渴望。胃口就像无底洞，永远都无法满足这种渴望……到了下午，就盼着另外一粒米饭的光临。

除此之外，还有一件事情：房间在下雨的时候，外面下大雨，里面下小雨。那里是穷人区，十分贫穷。

父母为每个学生付 40 美元，足以供每个人像富人那样大吃大喝。我觉得女教师过分省钱。她开始攒钱，不知道她花多少钱用于房屋和燃气，我想大概是 10 美元、14 美元，最多 20 美元。

当然，公正地说，在那里，所有人都在挨饿：女教师的父亲、妹妹，所有人，无一例外，因为那么个小饭盒的饭菜不够 5 个人吃。

那时候，我住在穷孩子们的居住区，一个冰激凌卖 1 分钱，带草莓糖浆、糖胶或带点儿什么其他东西的面包片或刨冰卖 1 分钱。想想吧，我饥肠辘辘，走出门，其他孩子们有 1 分钱，就买来吃，但是孩子们很自私，一般的孩子都很自私。

除了饥饿，女教师的妹妹给我上精细的法国教育课：怎么坐在椅子上，有什么样的举止行为，怎么在餐桌前用餐，在所有事情中，永远不许做的是：提出要求。于是，孩子们都知道必须遵守的规矩，当有人吃面包片，我对他说："给我一块吃。""不。"对方回答，并去对女教师的妹妹说："喂，他在讨要。"他们告发我，说我破坏家里的规矩。他们也在挨饿，不愿意让出一小块面包片。

我仍然记得有一天，我向后来成为我教母的女士讨要 1 分钱，她对我说："不行，我不能再给你 1 分钱，因为我已经给你 81 分钱了。"这大概是在那里生活两个月后的事情。情况十分严峻，她不能给我 1 分钱买冰激凌，我也不能向她讨要。就这样过了 4 个月，也可能是半年。

问题是，有一天，不知什么缘故，拉蒙来到圣地亚哥探望，他很富有，有个钱包，可以对折的钱包，装着零钱 10 分、20 分银币、铜币、镍币，我觉得是一大笔财富！加在一起，大致有一个比索，或者还要多。想想吧！我们奔向商店，不记得是不是中国人开的商店，买可可果仁糖，花了 1 分钱。拉蒙的钱至少足够买 150 个可可果仁糖。看到这些，我对拉蒙说，不要走，留下来，好保障留下那笔巨款。结果，几天后，吃小饭盒饭菜的就多了第六个人，就是拉蒙，吃客增加到 6 个人。不知道怎么回事，拉蒙的钱不翼而飞了，没多长时间，就都不见了，我记得当时的情况如此糟糕：除了短裤，没有袜子，鞋子破了，我要了针线缝上。当时我才 6 岁或 7 岁。

卡秋斯卡·布兰科：当时您是 6 岁，司令，因为您是 1933 年 5 月或 6 月被送到圣地亚哥去的，您在当年 8 月满 7 岁。

菲德尔·卡斯特罗·鲁斯：那是最艰苦的时期。延续了多长时间呢？安赫莉塔大概知道，因为她比我大 5 岁。

在女教师所有这些丑闻暴露后，听我姨妈、母亲和别人说，在比兰，女教师在我家吃饭，自己盛饭，在炒米饭中挑鸡块吃。她在我们家过得有滋有味。拉蒙来到圣地亚哥后，欧弗拉西塔开始多收入 40 比索，3 个人支付共计 120 比索。但是在圣地亚哥的小房子里，我们所有人每天仍然是同一个小饭盒的饭食。

我们成为交易的牺牲品，忍受饥饿，实实在在的饥饿。

确实就像我给你讲的，这是准确和精确的历史事实。它具有重要性，因为我觉得，当我很小就遇到十分困难的问题和形势，如饥饿时，其影响后来就显现出来，而在最初，我是无法名状的。后来，过了很长时间，当母亲来圣地亚哥时，我发现我们成为十分不公正的牺牲品，但是我却说不清楚过了多长时间。我记得1933年8月，马查多倒台。9月4日发生政变，格劳上台执政。他颁布民族主义的劳工法。安赫莉塔和我曾登上"拉萨列号"船，海地人被押上这艘船，遭到驱逐。那是1933年最后一个季度，或1934年初。

格劳从当年9月到次年1月执政，共计3个月。其间，他颁布驱逐海地人的法律。当时，海地领事路易斯·希伯特成为贝伦的未婚夫或丈夫，我们与他一起经历海地人被驱逐事件，那是在1933年末或1934年初。当时我们已经在小木屋居住很长时间。我记得，自我成为二年级寄宿生起，1936年和1937年，我就再也没有与那个家庭接触过。当我在那家居住时，在3个东方三王节中，我收到礼物，也就是说度过了3个东方三王节。对此，我终生难忘：是3个小短号。路易斯·希伯特已经成为我的教父，如果他还不是的话，也已经与贝伦建立关系，如果不是这样的话，为什么我去了"拉萨列号"蒸汽船？是他把我们带到码头和"拉萨列号"蒸汽船上去的。蒸汽船有两三个烟囱，到那里去看海地人被驱逐，他是领事，应该去给海地人送行。

卡秋斯卡·布兰科：司令，1933年10月18日，百日临时政府颁布第2232号法令，命令遣返所有没有就业的，或非法逗留的外国人。12月20日提供一笔2万比索的贷款，用于支付外国良民和穷人的遣返开支。法令就是这么规定的。政府认为有必要把这些外国人遣返回各自国家。这一决定是通过"圣路易斯号"和"拉萨列号"蒸汽船付诸实施的，您记得十分清楚。

菲德尔·卡斯特罗·鲁斯：我记得在那家里3次过东方三王节，这是我的记忆。其间，我不记得出于什么原因，曾搬过一次家，搬到一个稍舒适些的住宅。

一次，父亲来到圣地亚哥，我记得我未来的教母说，当父亲走下楼梯时，我看到他，跑出去，喊道："卡斯特罗来了！卡斯特罗来了！卡斯特罗来了！"我们不叫父亲、母亲，所有人都直呼他们卡斯特罗，叫父亲为卡斯特罗，叫母亲为丽娜。教母说："和他一模一样。"

我们刚患过不知什么疾病，不知是腮腺炎还是麻疹，流行病中的一种。根据家里说的，我瘦了，蓬头散发，一切表明我们曾经病过，但是父亲并没有察觉。

当母亲来圣地亚哥时，事发了。母亲到了，安赫莉塔懂事更多些，好像是她告诉了母亲。母亲明白了，我们在挨饿。我记得一件难以置信的事情。有一天，母亲带我们去圣地亚哥城里最好的冰激凌店，叫拉努维奥拉冰激凌店，在塞斯佩德斯公园附近，她让我们坐下，我们就一支接一支地吃冰激凌。当时应该是夏天，芒果收获季节，她还带来一口袋芒果，安赫莉塔、拉蒙和我吃掉整整一口袋芒果。

当然，那是最糟糕的阶段，忍受饥饿的阶段。当时还有另一种经历，给我留下深刻印象。当我在圣地亚哥，作为孩子居住在女教师家时，安东尼奥·戈麦斯的妻子，从比兰来到圣地亚哥，到监狱探望丈夫。安东尼奥是机械工，他家居住在马纳卡斯河沿岸，在比兰，沿着皇家路走过去，离商店和邮局很近。过了商店后80多米，在小河边，有一座两层的木屋。一层住着一家，二层住着另一家。我不知道这栋建筑的来源。机械工安东尼奥家就在那里，他有几个孩子。

当时是马查多执政时期，我不知道因为什么原因，也许因为她是比兰来的女人，唯一能去的地方就是女教师家。由于某种原因，安东尼奥的妻子带着我去探望丈夫。那是我第一次见到监牢。圣地亚哥的警察局在城市西部，阿拉梅达大街尽头，再往前走三四个街区就是警察局。安东尼奥是共产党人，因政治或其他问题，或游行示威而被捕入狱。他妻子十分悲伤，我的印象是一场悲剧：家庭的父亲，顶梁柱，作为犯人，从比兰押解到圣地亚哥，他的女人前来探望。我不记得什么原因，会有一定原因，我也被纳入探监名单中。我清清楚楚记得这一经历。我很悲伤，为那个家庭感到难过。女人哭得悲痛不已，痛苦欲绝。这让人心生怜悯，因为人们都觉得监狱是地狱般的地方，被当作犯人关押在那里是天大的悲剧。

我记得曾看到军队士兵们的一些场景。我从位于学校边的家门口走过，那里有几个海军士兵站岗。学校大概由公共安全力量占据着。在那个时期，正在进行一场革命斗争。我记得有人走过那里，不知道向士兵说了些什么，挨了一枪托。我目睹一些暴力场面，因为我们住的小屋子就在学校对面。

我们从小木屋搬出并不是要换个更宽敞的，而是因为旁边的邻居是位小商贩，他占用房子的一部分，把下面部分租给女教师家。商贩的儿子叫加夫列里托，革命胜利后，加夫列里托是电视台的工程师，在电视台工作。房子比以前的小木屋好多了，从上面下来需要经过楼梯。房子位于山丘边，视野十分开阔。现在，小木屋仍然在那里，没有发生什么变化，另一间房子也还保留着。搬家后，伙食有所改善。

一天，母亲来了，再次把我们带回比兰，这样，结束了第一个时期，共有两个时期。

当丑事暴露后，我意识到我们遭受饥饿，受到不公正待遇了。在家里听到大家议论女教师的恐怖行为：有人说，这事如何如何；有人说，当她回来后，把她赶出家门；还有人说，她在家里吃饭，享有一切待遇。根据这一丑闻以及家里的谈话，她的所有事情都公之于众了。女教师成为灰暗人物。但是后来风暴平息，女教师又回来了，与我家恢复了正常关系，达成和平协议，夏天，又把我们送到圣地亚哥。丑闻过后，经过讨论，澄清情况，她又做出庄严保证，我们不会再挨饿，于是，我们又回到女教师家里。我们确实不再饿肚子，在第二个时期，我们没有再挨饿，这方面事情有所改观。但是情况依然令人不悦，因为时间在毫无道理地荒废。

安赫莉塔可以讲述令人可怕的遭遇，因为她年纪大些，可以诉说清楚，我和拉蒙回到比兰后，就和女教师干起来，决定对她采取报复行动。我们把她视为敌人，充分意识到我们受到不公正对待。我们怎么报复呢？我们再次回到比兰，自由了，又成为脱缰野马，我记得对女教师采取的行动：有条路通往面包房，对面是烧锅炉的巨大柴火垛。学校就在附近。学校顶棚是洋铁板做的。女教师是个神经质的人，很容易发火。拉蒙和我捡一堆小石头子儿，拿上弹弓，趁着夜色降临，我们躲在柴火垛后面，当女教师上床要睡觉了，我们开始用弹弓射击，石子落在洋铁板上，向下滚落，发出令人毛骨悚然的响声：嗒嗒！嗒嗒！女教师吓得尖叫不止。魔鬼般的惩罚，拉蒙和我就这样报仇了。尽管如此，家里还是把安赫莉塔和我又送回女教师家。拉蒙没再回去。

在贝林学校，安赫莉塔进入一所修女学校，那里离居所两个街区。我没有去任何学校，而是跟着后来成为我教母的人学习，她给我上课。就这样，就把我从学校，从农村接出来，关在圣地亚哥。尽管我不再挨饿，却不用课本上课，而是用小本子，本子封面上有算数加、减、乘、除的口诀板。让我用小板子学，背下来，现在我还记得那些数字呢。还让我做些听写练习，就这样让我荒废时间。

卡秋斯卡·布兰科：是的，司令。从 1933 年 5 月到 12 月，然后整个 1934 年，您没有到学校学习。

菲德尔·卡斯特罗·鲁斯：我记得在女教师家 3 次度过 1 月 6 日，3 个东方三王节。在这期间，发生了重要的事情。贝伦和海地领事建立关系，订婚并结婚了。我等着富豪和牧师聚在一起给我洗礼，等满了 8 岁，仍然还没有接受洗礼。我已经长大了，1935 年 1 月 19 日，被带到古巴圣地亚哥大主教堂，进行了洗礼。

在那个时期，我们不再挨饿，但是我仍在荒废时间，直到最后，经过所有那些灾难，我成为拉萨列学校一年级的走读生。如果说我是在 6 岁被带到圣地亚哥去的，事情只能是发生在 1935 年，因为是在马查多政府倒台后发生的。我不记得具体是什么时候。我 8 岁、未满 9 岁时，进入拉萨列学校。

这意味着我应该是 6 岁时被带过去，大致两年时间没有上学。我度过了 3 个东方三王节，3 个 1 月 6 日，因为我记得送我的礼物，我曾向弗雷·贝托说过：第一次送给我一个硬纸板做的小号角和一个金属口哨；第二次也是小号角，半截是硬纸板，半截是金属的；第三次的小号角是铝制的。我一直不断给东方三王写信，要求各种东西。我越贫穷，需要越大，向东方三王提出的要求就越多。我写给东方三王的信都与贫穷直接有关。

如果资料是准确的，我快满 7 岁的时候被送到圣地亚哥，满 8 岁时被送到学校，因为我是 8 月的生日；也就是说，1935 年初，我被送到拉萨列学校，截至那时，让我荒废了两年的学习时间。

卡秋斯卡·布兰科：确实是这样，司令。1933 年 5 月或 6 月，您满 6 岁时，第一次被送到圣地亚哥。这我知道，我找到了涅韦斯·费利乌·鲁伊斯医生死亡证明书。她死于 1933 年 1 月 30 日，您记得这一消息传到比兰，您说过："欧弗拉西塔成了比兰的老师了，因为我记得那种哭泣声，那段经历，那个悲剧，她姐姐去世了，我记得所有这些。"此后不久，你们去了圣地亚哥。在庄园，家里等着结束学期，送你们走。那年 8 月，马查多倒台时，你们已经在奥连特省首府了。

菲德尔·卡斯特罗·鲁斯：我在那里被荒废了两年时光。我 8 岁上一年级，9 岁上二年级，10 岁上三年级。上三年级的时候，拉蒙和我上了五年级，我挽回 1 年时间，11 岁时，上五年级。后来我到另一个学校上五年级。12 岁，上六年级，13 岁，上七年级。但是，当我进入学校时，出现问题了，这发生在我 12 岁的时候，不是在六年级，当时有个黑人女教师来了，(艾米利亚娜·)丹赫尔老师，她对我很热情，希望我在进入学校的第一年时，就读七年级，先在七年级读书，满年龄后再考试。她给我制订了学习计划。

由于我成绩优良，挽回 1 年时间。只有少数学生因学习成绩优异从三年级跳到五年级；我们省略了四年级，我在损失几年后，挽回 1 年时间。我至少被荒废两个学年，因为我 1933 年到那里，应该 6 岁进一年级，我当时要是知道的话就好了！由于没有幼儿园，我 4 岁时家里就把我送到学校去了。

值得庆幸的是我在 6 岁或 7 岁时挨饿，而不是 5 岁，因为那时已经不会对我的大脑发育产生损害，还好，此前我的营养状况良好。

我认为，至少我当时认为，我个子高大，清瘦，发育起来了。最初的 6 年，摄入充足的牛奶，食用肉类、蛋白质，应有尽有。如果我 1 岁时就遭到这种厄运，那将是灭顶之灾。圣地亚哥忍饥挨饿的日子至少持续了 1 年。

卡秋斯卡·布兰科：是的，司令。我估计是从 1933 年 5 月到 1934 年 5 月或 6 月这段时间，丽娜去看望你们，当时正值芒果收获季节。此前，您父亲曾去看过你们，但是并没有发觉发生了什么，因为给他的解释是您因生麻疹而变瘦的。对丽娜来说，远赴圣地亚哥是困难的，因为她于 1933 年 5 月 6 日，刚生下胡安妮塔。您母亲去看望你们时，看到儿女们的憔悴样子，十分不满。

菲德尔·卡斯特罗·鲁斯：当时我曾患病。不会是胃病，因为我没吃任何东西。给我吃了泻药，为什么给我服用泻药？

在第一个房子居住时，存在危险。屋里四处湿漉漉，一切都是潮湿的。在那个年代，很容易患上结核病。很多人都挺过来了。我们肯定受到一定影响。我估算，忍饥挨饿的日子持续了 1 年，也可能是 1 年多时间。

那时，我完全不懂事，我似乎得到帮助，被送到城市去，得到好处，走到这里，走到那里，可能使我欢呼雀跃，觉得是一件重大事情，宏伟的事情。我知道，我很高兴到那里去，与安赫莉塔一道去，看到火车、城市和光怪陆离的电灯，一切都是那么新奇。但是，在那段时间，我从未去过电影院，我记得只有一次，刚到那里时，我被带到圣地亚哥湾的入口处，到拉索卡帕，一个小岛上。这次游玩应该在这段时间，6 岁的时候。那是一次法国式的郊游：乘坐小游艇，一直开到圣地亚哥湾入口处附近阿尔托岛。他们给我们买了一些好东西，奶制甜点，那是唯一的一次。我记得上面带有小块儿番石榴。后来，乘同一艘游艇，到达海湾入口处，我第一次看到宽阔的外海，真是壮观，是我所看到的最壮观的景色，盛暑之下，看着宽阔的大海，听着强有力的海涛声。只有这么一次。我从未去过电影院，也没到任何其他地方，只有唯一的一次法国式的郊游，带着一个篮子。

那是贫穷的年代，但是还不至于忍饥挨饿，人们吃得不好，但是能够吃玉米面，解决贪婪的胃口问题，购买1磅玉米面，就能够吃饱。人们没有肉吃，没有牛奶喝，尽管营养不良，但至少吃得到干玉米面和面包，能够充饥。我们不是营养不良，而是忍饥挨饿。吃不饱肚子，本应到达肠胃的东西却无法入肚。

叙述这段历史让我不好意思，因为很不幸，所有那些人很早以前就去世了。他们并不是坏人，而是被迫成为坏人的，因为女教师的妹妹是十分好的人，是爱我们的，我们也非常爱她，她是牺牲品。这源于发号施令者，指挥者，女教师欧弗拉西塔，因为别人支付报酬，她领取工资，是她在比兰与我家发生关系，领取报酬。她经营这一切，另外，她铁石心肠，吝啬，过分吝啬。

我们要说的是，我们在忍饥挨饿，她的妹妹和父亲也在挨饿。她让所有人挨饿，为的是攒钱。那时，她甚至参加去尼亚加拉大瀑布的旅游。那是一次长途旅游，从圣地亚哥到哈瓦那，坐船从哈瓦那到美国，我不知道此后是不是陆路，坐火车到大瀑布。比兰的女教师在如此贫苦、穷困的年代，做那样的高消费旅游，回来时纪念品满箱，带回来各色小旗子。此后整整一年我们都听她讲尼亚加拉瀑布的事情。这是那个年代发生的最大的事情。

当时也发生了马查多政府倒台的重大事件。我记得在条件更好的那栋房子里，我没有睡在房间，而是睡在走廊，没有睡在床上，而是长柳条沙发上。沙发十分坚硬，不知道上面是否垫了东西，我记得是睡在那里。但这还不是最糟糕的，在那个动荡不安的年代，每夜都发生爆炸事件。有一夜在圣地亚哥，不断响起炸弹爆炸声，每次都把我震醒。那天夜里，共响了22次，我感觉就像有炸弹要在身边爆炸。不知道为什么引爆炸弹，也不知道冲什么去的。恐怖气氛笼罩一切，但是我却被放在靠街道一侧睡觉。如果是靠里面那一侧的房间，也许会更安稳些，更平静些。当没有饥饿感时，却有炸弹的恐惧感。那里无奇不有。我从很小就了解了恐怖主义，是恐怖的牺牲品。

另外，在那个时期，我们与领事相处了，领事结婚了，也到那里居住，他们是我的教父母，事情发生变化，情况在改善。

对家乡的眷恋．古巴战争中的唐安赫尔．过去的见证．返回农村．拉萨列学校．第一次造反行动．幸福：学校寄宿生．在多洛雷斯学校做学生．在西班牙人区的生活．诗歌比赛

卡秋斯卡·布兰科：司令，当回忆起您在圣地亚哥的生活时，安赫莉塔为我们谈及的所有事情做了提示。她认为，把你们送到城市去的想法是共同做出的。一方面，女教师费利乌表示，唐安赫尔和丽娜的3个大孩子到她在圣地亚哥的家去，接受更好一些的教育，因为她是助理教师，没有教师专业毕业，在比兰学校无法教授他们更丰富的知识；另一方面，丽娜没有上过学，希望自己的子女能够有机会学习，因此很高兴送子女们外出学习。

安赫莉塔认为，女教师提出建议，其想法是由于她姐姐涅韦斯·费利乌医生去世，她陷入经济拮据状况，考虑有可能获得稳定的家庭收入。1932年初，母亲带安赫莉塔和劳尔去女医生那里看病，安赫莉塔结识了女医生。劳尔当时6个月大，她9岁。她记得去为他诊治水疱，减轻痛苦。

根据您姐姐的记述，欧弗拉西塔提出带您去圣地亚哥的建议，因为您是杰出的孩子。

安赫莉塔一直都没忘记到拉索卡帕的经历。当你们坐船航行到大海时，暴风雨袭来，她感到恐惧，开始哭泣，要求把她送回岸边。她也没有忘记，1936年1月6日，在圣地亚哥女教师家度过最后一个东方三王节，他们送给她一个布娃娃。

安赫莉塔确认，她由于年纪最大，发觉正在忍饥挨饿。她感到不满，给父母写信，但是欧弗拉西塔正巧在圣地亚哥度假，或因为什么原因在圣地亚哥，发现安赫莉塔长时间躲在卫生间，闭门不出。她对安赫莉塔加以诱惑，骗出卫生间，说道："把你手里的东西给我。"这样，她在读完信件后，知道了所有说她的坏话。当然，信件从未寄发到目的地。

另一次，当贝伦和路易斯在凉台谈情说爱时，安赫莉塔靠近他们，道晚安。欧弗拉西塔说安赫莉塔态度恶劣，说她在偷窥恋人，严厉斥责她。安赫莉塔发誓说，没想做其他事情，只想很快去上床睡觉，拿个十字架，进行祷告，一次又一次祈求耶稣，她最希望的是，耶稣把这个十字架送到她母亲身边。后来的一天，丽娜出现了，这使得安赫莉塔感觉很灵验，在此后的一生中，她把这作为上帝存在和听她祈祷的无可辩驳的证明。

安赫莉塔记得，母亲看到你们受到摧残，十分瘦弱，头发长长的，穿着比兰时候的衣服，鞋子破烂，感到十分诧异。她说丽娜心情极坏。安赫莉塔认为欧弗西塔老师很有性格，对她家有很大影响，她控制了贝伦，甚至父亲内斯托尔·费利乌，一位技术精湛的裁缝。他在海地供其女儿们获得学业。

菲德尔·卡斯特罗·鲁斯：她们在家里聊天时讲法语。很可能像安赫莉塔所说，她们姊妹们在海地上过学。在那个时期，对圣地亚哥来说，乘帆船或蒸汽船，普林西比港比哈瓦那还要近。她们用法语交谈，讲话流利，但是她们不是为了让我们听不懂，而是感到时髦，有种骄傲感，是一种有知识的表现，这使她们有身份、有文化，我觉得她们就是为此讲法语的。实际上，3个姊妹是很好的人，最自私的人是欧弗拉西塔。事情就是这样。我不想讲别人的坏话。我们把罪过归咎于资本主义，它迫使人们持有那种态度。

卡秋斯卡·布兰科：安赫莉塔记得，丽娜马上带孩子们去商店，买衣服和鞋子，带他们去理发，给他们买甜食，买他们想买的一切。安赫莉塔感到牙很疼，疼得直哭。当时，尤其不像话的是，欧弗拉西塔对丽娜说："您看，给她买甜食吃，她都吃牙疼了。"丽娜答道："不，牙疼是因为没带她去看医生。"

  一天，孩子们返回比兰，拉蒙说，你们乘坐从圣地亚哥到安蒂利亚的火车，但是只能到卡纳普站。树丛遮盖了铁路轨道，火车不能继续往比兰开。孩子们在西班牙人华金·费尔南德斯家附近下车。费尔南德斯是个老共产党员，唐安赫尔的至交。他是铁路维修队的工头，有一辆摩托车，但是也无法把你们送过去。于是，人数不少的队伍就开始向阿尔梅达家进发。阿尔梅达是唐安赫尔的另一个至交。他找了两匹马，丽娜和劳尔骑一匹，安赫莉塔、拉蒙和您骑另一匹，并带着行李。一行人到达比兰后引起很大轰动。你们坐在摆满饭菜的餐桌旁，几分钟时间，一桌饭菜一扫而光，唐安赫尔看到后，不无诧异地说："哇，确实挨饿了！"

  尽管如此，家里还是把你们送回圣地亚哥。因此，安赫莉塔肯定说，在比兰，那个女士对家里也有特殊影响，那就是她的计划，因为她肯定还没攒下足够的钱，用于支付1935年夏季尼亚加拉瀑布的旅游费用。

  您的姐姐最初在一所公立学校读书，而您在家里荒废时间，只是指导您背诵纸板上的东西。后来，您进入拉萨列学校，做走读生，安赫莉塔在贝林学校学习。当时，海地领事与贝伦结婚，来到家里居住，家里的习惯遂发生变化。海地领事喜欢以法国方式摆放桌子，您记得这些细节吗？

菲德尔·卡斯特罗·鲁斯：是的，已经开始让我们吃蔬菜了：番茄、胡萝卜、甜菜和佛手瓜。我被迫食用这些蔬菜，因为我不喜欢吃。在比兰，没有甜菜，也没有胡萝卜。我记得很多东西，因为我是最受罪的人。

我们在小木屋居住了很长时间。埃斯梅里达和拉蒙也在那里住过。

他们让我独自学习。贝伦不给我上任何课,只是让我学习小纸板上的乘法、除法和加法。我从来没有上过课。

他们应该从长计议生意,因为如果能照料我们,给我们吃饱饭,本可以获得20年的生意,实际上仅有两年半时间。

欧弗拉西塔从尼亚加拉瀑布旅游回来后,送给安赫莉塔一件浴衣。

卡秋斯卡·布兰科: 司令,我记得几年前,我与安赫莉塔进行过一次谈话。时间大概是1996年末,或1997年初,当时,我开始做相关考察。问她关于家里的镜子、桌布、柜子的事,关于来客拜访以及那里居住者的事情。问起那日常生活最琐碎的细节。我们还去了比兰、圣地亚哥、瓜内、比那尔德里奥、瓜伊马罗、西班尼库和其他村镇,在教堂和各地档案中寻找文件。在沿路旅途中,我们进行了长时间交谈。她记得家里和父亲的事情,唐安赫尔参加1895年战争的经历,谈到他回到古巴的事情,还谈到在拉斯比利亚斯您父亲去探望一些西班牙人亲戚的情况,他游历国家奥连特省的情况,以及他在那里的劳动情况:最初在矿上做更夫,后来在联合果品公司做合伙人。还谈到唐安赫尔大约于1912年怎么到达比兰。根据安赫莉塔,妹妹恩米塔跟她说父亲做更夫时凌晨失眠的情况,这是您父亲本人跟她说的。

菲德尔·卡斯特罗·鲁斯: 我认为是联合果品公司把父亲变成了企业家。

我几乎没有机会与父亲交谈。

父亲很活跃,是农民中的聪明人,我听说他甚至与官员和头领们玩牌,十分聪明。这些事情都是他对别人说的。他不常与人交谈很多东西。很少交谈,至少在我了解他的时期是这样。有时与一伙劳工们在工棚交谈，我站在一旁聆听。他一走出家门，就会更加有兴致，更加善谈，一反在家里时的习惯性格。我总是看到，他外出随便到什么地方巡视，到糖厂，到圣地亚哥，就改变了性格，不再像平常的习惯，就会发生明显变化。那时，他会更加善谈，讲故事，讲历史。他大概没有在意我在他身边聆听。也许认为我不会很注意他，其实我确实在专注聆听。

对父亲的了解就是他所叙述的，实际上他讲的东西很少。我记住了他有时讲述的一些东西。我18岁以后，在家待的时间不多，当时我开始在大学学习，没可能经常回比兰探望，了解情况。

了解20世纪初的生活情况，家里人是怎么想的，这些也是重要的。很多情况下我绞尽脑汁得不到答案，家里人有哪些想法？我已经说过，没有听父亲说过美国人的坏话，我没有听过在这方面他有什么表示。他是战争结束后过来的，对武装冲突不应该能有很多政治分析，更不能认识到是一场帝国主义战争。无法认识这种干涉限制了古巴的独立。父亲不是古巴人，不能像古巴战士、古巴爱国者那样做出反应。

甚至古巴的爱国者，如果他没有某种文化水平，也不会清楚懂得围绕这场战争发生什么现象。我想象，一个古巴人，士兵、战士，会很高兴长官下达命令："战争结束了。"他正在进行反对西班牙的战争，现在独立了，人们给了他一面旗帜。一位古巴人，甚至都不会发觉一个外部强国正在吞并古巴。

鉴于父亲的西班牙人出身，他不会清楚地懂得什么是这场战争的原因，也不会明白为什么美国人进行干预。一个加利西亚农民作为士兵被带到这里。也许战争结束那一天，他也很高兴。他没有对此进行分析，甚至没有从西班牙人、战败国的角度进行分析。也就是说，在他身上，我没有看到在战争中因军事对立而产生丝毫的怨恨情绪。我们不能说他是西班牙爱国者，但却是西班牙士兵，就像在很多战争中那样，被从农村抓来充军，来美洲参战。他只是西班牙士兵而已，甚至不是爱国者。

战争结束后，那些士兵中的很多人大概都很高兴，渴望再次返回西班牙：回国，与家人团聚，再次看到家乡。父亲也可能对此很高兴，我从未看到他有丝毫怨恨美国人的情绪。

这是他的特点：能够敬重重大的历史事件、技术、科学、工业，毫无疑问，他敬佩美国人。如果说他一无所有地来到这里，开始劳动，然后到一家美国公司，成为合同签订者，开始挣钱，购买东西，作为几乎不会读书写字的贫苦人，他对联合果品公司肯定会持有好的看法、积极的评价和评估。父亲应该从未读过《共产党宣言》，也没读过列宁关于帝国主义的书籍。他有自己的生活，面对现实生活，他敬佩美国人，因为他们是创业者，有组织的人，有可能以赞许的目光审视这些事情。

毫无疑问，分析必须始终基于当时的时代。父亲在独立战争时来到古巴。在船上，他从一位西班牙士兵那里买到他的职缺，他就是这样第一次来到这里。我了解老人在独立战争中当兵，参加了从胡卡罗到莫隆的历程。

战争结束后，他被遣散，回到西班牙，所有西班牙士兵都被遣散回国。但是他没有留在西班牙，又回来了。在古巴与联合果品公司签订合同，挣了笔钱。

卡秋斯卡·布兰科：安赫莉塔说，1917 年，当您的外祖父唐潘乔抵达比兰时，唐安赫尔从1912年起，在这里可能已经购置土地。您母亲丽娜的姐姐潘奇塔也保存着一份证书。潘奇塔当时12岁，唐潘乔接受了卡马圭合同者的出价，与家人一道乘坐火车，从比那尔德里奥开赴塔纳，路经巴塔巴诺，在圣克拉拉换乘火车。他还在哈土埃伊和伊格纳西奥待过。后来得知唐安赫尔向他发出工作邀请，遂移居奥连特省的瓜罗特雷斯。两年过后，由于唐潘乔能吃苦耐劳，唐安赫尔在比兰给他安排了工作。这时爆发了1917年的拉齐安贝罗纳战争。

由于产权公证书的发现，可以确定，1915年11月22日，唐安赫尔在比兰购置了最早的地产。当时，他买下唐阿尔弗雷多·加西亚·赛德尼奥拥有的马纳卡斯庄园。

菲德尔·卡斯特罗·鲁斯：外祖父母大致于1917年抵达比兰，他们来自比那尔德里奥。

卡秋斯卡·布兰科：丽娜生于拉斯卡塔利纳斯，6岁时乘火车来的。安赫莉塔了解这段历史的无数细节。她年岁大些，记得大人们的事情，特别是关于潘奇塔姨妈的情况。

司令，您曾与安赫莉塔在圣地亚哥照过一张相，照片显示你们亲密无间的关系。您身穿水手服装，裤子短了些，好像是以前做的。安赫莉塔一直说1933年12月抵达圣地亚哥，其根据是邮票背面注明的日期。我认为裤子的尺寸很说明问题。安赫莉塔自己认为，丽娜去看你们，感到很诧异，您还穿着从比兰穿去的衣服。最后，根据文件，我几乎可以确定你们从庄园去圣地亚哥的准确日期是1933年5月或6月。

菲德尔·卡斯特罗·鲁斯：当然，照片不能证明我们于1933年12月去的圣地亚哥。所有的史料都证明是在此之前。她与我，我们俩人，还有埃斯梅里达一起去的，拉蒙当时没去。

对我来说，除了3次度过东方三王节，还有另外一个因素可以考虑，即海地人。

1933年8月，马查多被推翻后，产生了所谓的"革命政府"，它是1933年9月4日巴蒂斯塔第一次发动政变的产物。大学老师格劳的政府于1933年10月颁布劳工国有化法，据此，驱逐海地人。我们在认识海地领事时，已经住在下边的房子里了。我的教母以前不认识海地领事。我是1933年或1934年到码头为海地人送行的。

另外，在那个时期，军队没有占领学校。执政的是所谓的革命政府或假革命政府。我记得，我们到圣地亚哥之初，军队已经占领学校，就在我们的住所旁边，我目睹了一些暴力场面。

照片不能做任何证明，但是可以证明会是在我们第一次从比兰来这里很久之后拍摄的。因为在我们忍饥挨饿的情况下，谁会给我买海员服呢？

安赫莉塔不记得埃斯梅里达曾与我们一起住在小木屋，我记得更清楚，因为她去学校上学，我们整日待在家里。当我们住在漏雨的小木屋时，拉蒙来到了，这是好几个月之后的事情。我所保存的、能够与其他东西吻合的资料，就是我们在那个家里连续3年，度过了3个东方三王节。

1935年，当我进入拉萨列学校时，确实还未满9岁。后来我的四年级水平得到认可，直接升入五年级。1938年夏天，安赫莉塔在学习，准备进入预科，她有个女教师，叫艾米利亚娜·丹赫尔，是圣地亚哥的老师，为安赫莉塔入校补习功课，当时我已升入五年级。对于我来说，她是我的家庭教师。说真的，黑人女教师确实是第一个为我树立目标的老师。在那次假期，我年满12岁，9月份应该开始六年级了。那时我住在马丁·马索拉家里，旁听给我姐姐讲的课程，因为我没有其他事情可做。这是离开拉萨列学校后的事情，我对这段历史谈得有些超前了。

我在听安赫莉塔的课时，女老师问我向安赫莉塔提的同样的问题，我都会回答，于是老师十分兴奋，愿意培养我，升入预科一年级。也就是说，据估算，我年满13岁是在第二年8月，我在结束六年级之后、于9月升入预科一年级时，那时我满13岁。这就是女教师的计划，于是，她就为我们两人准备考试。

好吧，这样我会超前很多，不过我却恰恰无法做到，因为新学年伊始，我病倒了，女教师的计划没有实现。当时，在古巴圣地亚哥我做了阑尾手术。

所有人都害怕严重的阑尾炎。医生们必须要做手术，我觉得阑尾炎手术当时很时髦，我只是有些不舒服，与阑尾没有任何关系。但是诊断结果是，必须给我做外科手术。

6月我刚结束五年级，9月开始上六年级。新学年伊始，我被送到西班牙人区的互助诊所做手术，就像通常那样，住院7天。现在谁也不会做这种荒谬的事，这会形成血凝块，造成问题。第七天，我被搀扶着站起来，人在卧床10天后几乎都不会走路，必须有人搀扶。两三天后，由于走路，动手术的地方开始肿胀，伤口发炎，完全崩裂。发炎很危险，尽管好像没有扩散到深处，是浅表性的，但是伤口完全裂开，我被迫在医院卧床3个月，经历自然愈合的过程。1938年，那时可能还没有盘尼西林和其他消炎药，应该说我很幸运，本是预防性的手术，没有使我丢掉性命。

在医院里的 3 个月，我没法外出，除了翻阅几本书籍、小册子和漫画片，我得利用时间干些什么。我对手术印象十分深刻，想当外科医生。在医院，我把很多时间用于给壁虎和其他小动物做手术。后来，当它们很自然要死掉时，我观察蚂蚁如何发现小动物的尸体。我把时间消遣在各方面，甚至观看外形像恐龙的壁虎背负着成百的蚂蚁，带着它们游走，我整小时地进行观察。

除了我的医生爱好，我还得利用时间干些事儿。这种爱好来源于我自己的阑尾手术的深刻印象，当时有人说我会成为外科大夫，他们确实预测不到将来会发生什么事情。除了那些待在传染病房的患者，我挨个儿看望住院的病人：女人、青年人、孩子、老人，所有人。我认识了每个人，不知道有多少床位，大概有 150 个或 200 个患者住院，我与百分之百的病人建立友好关系。我每天看望他们中的很多人，从早晨起床忙到晚上。

当时我 12 岁。洞察力强的观察者会发现，我具有更多从政而非外科医生的品质，因为我会为任何事情找到出路。

我就这样利用在那里的时光。病人们都十分高兴我看望他们。也许是因为我了解他们的痛楚，我关心他们的状况，与他们交谈。诊所确切地说是一所医院，你支付两个比索，便可以得到诊疗、住院、做手术，甚至送掉性命。一切用 2 比索便可搞定。我不知道丧葬处理是否也包含在互助诊所成员的权利之中。我的父母亲住在比兰。现在我知道了，就在我住院前几天，1938 年 8 月 28 日，母亲生下我最小的妹妹，阿古斯蒂妮塔。因此，很少有人去看望我。拉蒙有时来照顾我，但是他也要去学校上学。我几乎独自在医院度过那段时间。出于天然本性，我与所有人建立友谊。当然，修女们对我十分宽松，因为我是重要的吉祥象征。她们不允许我到传染病房去，这是很自然的。我整天走来走去，可以聊天，与所有人交谈，另外做些"外科手术"。

卡秋斯卡·布兰科：司令，您知道表妹科西塔生活的居所，即您到圣地亚哥后居住的第一所房子，很多年前属于鲁伊斯家族？下圣利塔街51号登记的是家里几个亲戚的住所，根据市政府档案的丧葬簿和圣伊菲赫尼亚墓地的旧登记簿和标注牌，20世纪初，1906年和1908年，这些亲戚都过世了。涅韦斯·费利乌·鲁伊斯女医生住在奥连特省首府的另一个地方，在普林塞萨下街50号。这一切已经时间久远，您不怀疑您的记忆吗？

菲德尔·卡斯特罗·鲁斯：我所有的记忆，每个细节都没问题，证据就是我敬爱的姨妈安东尼娅的去世日期。她去世时，我们的外祖父、外祖母居住在31号，离那个居所不远，街角外是甘蔗田，沿着我们所住的街道直行，穿过一条小道就走到了。如果日期是1929年6月8日，那么我就住了2年9个月零25天。根据这一资料，日期比你认为的要早。

我还记得墙壁上贴有照片、圣徒画像，各种东西。我记得床摆放的位置：靠着墙壁，这一资料显示是2年10个月时间，它对我十分关键。我有很多要素用作论据，我更相信我的计算。

我第一次造反发生在二年级。那里施行一系列规定，我受到警告，如果不遵守纪律，就让我寄宿。我发现，同居住在这里相比，做寄宿生对我更合适。一天，我决定制造事端，并且真做到了：我决定拒绝听从任何命令，拒绝遵守任何规定，如果该这么做，我偏偏反着做：造反了！我确实变得令人无法忍受，迫使他们履行诺言。因此，作为反抗的结果，我首次成为学校的寄宿生。

如果资料准确无误的话，我9岁时，第一次有计划、有意识地进行整个造反行动。于是，在结束二年级学业之前，我成了寄宿生。

对我来说，这是一次巨大的收获，第一次与别人一样，居住在学校里，与别人吃一样的饭菜，星期四和星期日，有人带我们去海边玩儿，费用更加低廉。我们被带到古巴圣地亚哥湾的一个叫林特的小半岛上，现在那个地方已经不存在，半岛还在，但谁也认不出来了。我们在有围栏护卫的海域戏水、钓鱼。我被带出那个居所，到学校寄宿，这是我生活中的根本性变化。我感觉是一次重要解放。这可以解释，我在私人居所经历那么多磨难后，为什么我有了适应性，为什么我在学校做寄宿生感到幸福。

在拉萨列学校上五年级时，又发生新的造反行动，第二次造反。这次是迫于与第一次不同的原因。

直到二年级那段时间，我没有造反，我诉诸造反实际上是被逼无奈，以此来解决冲突。

我意识到存在问题，这已经是第二次发生了：第一次是在二年级，第二次是在五年级。

卡秋斯卡·布兰科：2009年初，我踏上回溯往事之旅。访问了拉萨列学校大楼。现在是古巴圣地亚哥历史学家办公室所在地。面对校墙，我有种似曾相识的印象，也确实是这样，因为在此之前，1997年，我曾与您的姐姐安赫莉塔到过这里，当时学校在维修，大门关闭，我们没能穿越校门。但是这次我们从容不迫地游览了房间、院落、走廊和教室，我感到，在殖民时期最古老的建筑与1937年的扩建之间，存在着区别。我在想象,置身于那个时代的学生们中间,会是什么样的感觉?您有多么兴奋?

菲德尔·卡斯特罗·鲁斯: 对于我来说,被送去做寄宿生,这是第一个重大事件。我感到幸运。

那时候,我是个幸福的孩子:住在学校,与其他所有人一样生活。我们出去游玩,乘坐小船,穿越海湾,所有寄宿生都一起去,有25~30人,我们照过一张相,我位于最小的学生中间,因为我在上二年级。小船名字叫"埃尔卡特托号",行驶起来发出"噗、噗、噗"的响声。它慢吞吞地绕遍整个海湾,用了20分钟或30分钟。海湾静悄悄的。我们从学校赶到码头,登上游艇,开向另一个码头。我仍然记得微风拂面,甚至还有大海的气息,那里有拉萨列学校的修士静修院。它大致占地1/4公顷,有外围栏环绕。在半岛上,设有棒球场,还有个带跳台的海边泳池。那里不是海滨,是沼泽带,为了学生们的安全,建有护栏,以免学生们走远,防止鲨鱼闯入景区。向大海深处望去,灰白色棕榈木的木桩排列成围栏,保护我们。那里有很多吸引眼球的景观,可以看到旧船沉睡在海底,景色十分迷人。

我上二年级时,到海里游泳,从跳台跳水,垂钓。我很喜欢钓鱼。用根渔线,放上海贝做诱饵。记得钓上海物后,回学校吃。学校厨房给我们烹饪战利品。

可以说,转为寄宿生是我生活中的一件大事。

另一件事是,随着经济危机结束,学校有了繁荣和发展。那时是1937年,形势逐步改善,拉萨略的修士们决定扩建大楼第三层,扩招学生。

那时,拉蒙和劳尔可能已经在那里了。劳尔还很小,大概才5岁。

我们 3 个人在一起，另外，还有来自比兰附近的皮纳尔德马雅里的一个孩子，名叫克里斯托瓦尔·博里斯（克里斯托维塔），他是一家木材厂经理的儿子，加上他，我们一共 4 个人。

卡秋斯卡·布兰科：拉蒙记得，一天晚上圣地亚哥发生一场大火，克里斯托维塔大声喊叫起来，因为年仅 5 岁的劳尔对他说："喂，古巴圣地亚哥起火了。"恩里克修士只得找来镇静药，给克里斯托瓦尔·博里斯服用。您哥哥谈起在寝室发生的争执，你们谁也不愿意去关灯，最后只能是他让步。他有时还做调停人。据他说，您经常戏弄你们最小的弟弟。拉蒙负责给他洗澡、穿衣，当时劳尔还不满 5 岁。有一次，丽娜来看望你们，劳尔吵闹着要留下来与你们在一起。您说要让劳尔守纪律，而拉蒙却溺爱他。拉蒙还记得，您父亲为拉萨列学校扩建捐款，因此，学校专门指定一个房间，给你们几个人住。

菲德尔·卡斯特罗·鲁斯：当拉萨略修士们扩建楼房第三层时，父亲在学校以有钱人、挣大钱的人而闻名。我曾听到说我家每天收入 300 比索。一天，不知什么原因，我向拉萨略的一个修士谈到我家里的事。终归是个孩子，我把听到的话告诉他了。从那时开始，我们就受到另眼相待。他们知道父亲有钱，当我那时对他们说起那件事时，给他们留下深刻印象。这话确实不假，学校在扩建寄宿生宿舍楼第三层时，特意为卡斯特罗的儿子们建造了一个特殊寝室，为 3 个兄弟居住，但是住进 4 个人，还有克里斯托维塔。所有这些都是因为父亲享有富有的名声。我有一个可感觉到的证明，不能说是个评判理由，我发现，而且是通过某种花招发现的：在学校，人们对我们很感兴趣，另眼相看，因为我们出身十分富有的家庭。这里，我有机会看到这种兴趣是如何显露的。那是件大事情，学校的扩建是件大事情。

每星期，我们寄宿生有两天休息日：星期四和星期日。这也许是个聪明的安排，因为把一周分为两部分：周一、周二和周三；周五和周六：上3天课，休息1天。我不知道这是不是英国周，我觉得更像法国周，因为拉萨略修士们持有法国文化，他们中有人是法国国籍。当我在拉萨列学校上学时，接触的是法国文化，而非西班牙文化。

在第二学年，当圣诞节假期来临时，由于某种原因，我们留在学校里，玩儿过整个圣诞节，我记得那时劳尔还没到我们这里来。我们在成为寄宿生后，这是唯一没有回家的假期。我们待在学校6个月没回家。

与此前我们的经历相比，当时的生活有滋有味，美极了。就这样度过第一、第二和第三年，我获得了优异的学习成绩。

那时，召开了感恩大会，那是类似谢恩性质的活动。值感恩大会之际，学校和拉萨略修士们组织一系列游艺联欢活动，售卖各种圣徒塑像。大概是为了赚钱，向学生们兜售他们感兴趣的各种雕塑品。拉蒙和我买了各种圣徒塑像，在感恩大会结束后，假期来临时带回家去。母亲是虔诚教徒，一直供着各种圣徒塑像。在那次宗教活动中，我们从牧师手里买了多少小塑像，连我都数不清。

我们带着装满石膏塑像的箱子回到比兰，家里所有人都很喜欢。谁也没想到我们怎么买的，不过他们收到账单了。

在结束假期之前，学校给家里寄来数额巨大的账单。父亲十分恼怒，暴跳如雷，斥责我们买塑像花费了几十比索。母亲更虔诚些，实际上我从来都没看到父亲很虔诚，从来没看到他买圣像和圣徒塑像。由于那次行为，我们受到严厉斥责。

可以说，我在学校过着惬意的生活，直到后来发生问题，离开学校。

在学校，有个修士叫贝尔纳多，是我们朋友中的一个，私心重。他是督察员，也就是检查寄宿生的。我发现他有些怪怪的苗头。有时候，一些督察员对某些学生有偏爱。原因并不清楚，但是能看得出来，尽管有些学生没有什么特别过人之处，却受到宠爱。

有一次，我大概上三年级时，我们乘坐"埃尔卡特托号"船从雷特到圣地亚哥，有一个从巴拉克阿来的孩子，他与别的孩子没什么两样，但是督察员对他有所偏爱。在旅途中，我与那个孩子发生点儿冲突。在船上，我们争吵起来，并动手了。我记得我衣服的扣子被扯掉，其他孩子们上来，把我们劝开。

在圣地亚哥码头，我们登上岸。那里地势奇特。圣地亚哥地势不平，有上坡。从海湾登陆起，得沿着铺满石子的街道走上去，直到学校所在的最高处。走最近的路需要穿过红灯区。我大概有11岁，我们已经懂得很多事情了。我们从农村来，那里的孩子们懂得多一些。拉蒙说很多时候，我会搞些恶作剧，边走边敲旁边住宅的大门……

我们沿着那条街向上走。天色已晚，我们25个孩子稀稀拉拉成一条长龙，沿着路边走过3条酒吧和妓女街。我记得妓女们与那个修士搭讪，叫道："小神父，来呀，小神父。"孩子们听到了，那个修士变得脸色通红。修士们穿着拉萨略教派特有的披风，但不是牧师，披披风，戴毡帽，胸前佩戴白色方格标示。

那次我们走过街道，到达学校天色已晚，我觉得那场架还没打完，一到学校，我就走到对方身边，他坐在那里，我对他说："起来，我们接着打。"我给了他眼眉一拳，接着打起来。所有人又来劝架，把我们拉开。结果，督察员宠儿的一只眼被我打紫了。他年纪与我相仿，和我一样很壮实。我很快预感到这为我埋下严重事态的伏笔。

学校有个小教堂，每天晚上在圣器室举行宗教仪式，叫作"祈祷"，有时候，一些孩子们在晚饭前也到那里去。

弥撒在早晨举行。晚上是祷告，供祭品，敲钟。

我在圣器室观看祈祷，十分虔诚。不出所料，门打开了，督察员贝尔纳多修士探头进来，打断我的宗教活动，叫我出去。我们走过走廊，拐过弯，又走了几米，他问我："你怎么了？"我向他作解释，但是他并没理会我，用尽全力抽我一记耳光，我登时耳鸣眼化。还没等我缓过神来，他又用另一只手抽我另一侧脸。那是两记狠狠的耳光。狠狠打我两记耳光！

我认为这是不公平的，侮辱性的，滥用职权。这大概是在三年级期末发生的事情。后来，当我从三年级跳到五年级时，不知道是那同一年还是前一年的第一季度，有一次，我们排成两队沿着楼梯上三层楼寝室，我在队中说话，贝尔纳多修士撞我头部一下，并不是很用力。这是他第二次打我。

当我上五年级时，大致是11月，课堂秩序很正常，我们中规中矩。吃完早餐，在上课前，有5分钟或10分钟的休息时间。早餐给我们上了牛奶咖啡和几块面包，但是并没限定数量。如果愿意吃2块，就给2块，愿意吃3块，就给3块。学生通常很快吃完一块，把另外两块面包抹上黄油带走，或吃两块，带走一块。我们买了一盒黄油，放在绿色的小杯里，慢慢食用。我们从餐厅排队出来，走到院子另一边，队伍解散了。那时，我们就利用10分钟时间玩儿球，谁第一个用球击中柱子，谁就获得最好位置，开始再次击球。有时候，学生们都进行比赛，看谁获得第一名。我吃完早餐出来，手上拿着两块面包，也想去击球，这时，似乎产生冲突了，我和另一个学生发生推搡，这时，那个督察员从背后过来，嘭！撞击我的头部，第三次撞我的头部。于是，我站住脚，抓起面包扔过去——啪！我扑向贝纳尔多修士，他比我大多了，壮多了。我咬他，拳打脚踢，对他进行猛烈攻击。他好不容易摆脱我，把我推到一边。校长离我很近，在阅览室里，从那里向外观望。我走到校长身边，对他说："他打我了。"但是校长答道："不对，他只是推了你一下。"他大概看到事情的结尾，但没看到开头。

这是个轰动事件。问题不在于我对督察员造成多大伤害，因为他最终控制住我，而是对他的权威构成挑战。孩子们总是在说："我用墨水瓶让你脑袋开花，我让你……"但从来没这样做过。但是这次一个学生被逼无奈，对暴力行为做出反应。当时我们是兄弟3人，我是好学生，学习成绩优秀，表现不错，学校决定把我留下。贝尔纳多修士表现出一副受到侵犯的样子，他的权威受到严重损害。学校有200多名寄宿生和走读生，大家都知道对他发生什么事了：学生把面包扔在他脑袋上了。他做出成为牺牲品和尊严受到侵害的姿态，不与我讲话，我也不搭理他。自从那件事发生后，我的行为无可挑剔。

又过了3～6个星期，圣诞节来临，在当时的情势下，我表现得完全中规中矩，不给他留下借口，也就是说，面对类似的问题，我显得很有尊严。进行体育锻炼，玩球，比赛时表现抢眼，几个星期过去，圣诞节来临。

学校有纪律打分制度。每个星期对学生的操行进行评估：对表现好的，画个白色表格；对表现不好的，画个红色表格；如果表现格外恶劣，画个绿色表格。那次事件发生后，我不知道将会发生什么事情。

公布表格的日子到了，结果一一加以宣读："白色表格……"我几乎次次都得白色表格，因为我的操行优秀，但是这次没有提到我。后来宣读"红色表格：××，××……"我也没在其中。我在等待，在想也可能给我绿色表格，"绿色表格：××……"但还是没有我。白色、红色和绿色表格，我都被排除在外。我保持着中规中矩的行为，直到3个月过去，尽管如此，他仍然不理睬我，这就是他的态度。

事情并不是他们决定开除我，而是我决定离开学校，不再回到那里，我等待着过圣诞节。我记得很清楚，父母来接我们，这次圣诞节，父亲与母亲一起来了。校长把他们叫到办公室，给了他们说法。

以前的校长是个很好的修士，叫费尔南多。我们上一年级和二年级时，他是校长。他有一半法国血统，玫瑰肤色，显得很尊贵。后来任命叫莱昂马里的修士做校长。他收到贝尔纳多督察员的报告，就是发给父亲和母亲的报告。此后，我们离开学校，决定再也不回来了，至少我是这么考虑的。拉蒙没有任何问题。劳尔才6岁，是最小的，他没可能分清发生了什么。是我遭遇了这场冲突。我们返回家乡，父母对我们大发雷霆，他们受到学校通知的影响。

神父介绍的情况当然对父亲产生了极大刺激。他的话实际上是这样说的，父亲的3个儿子是学校中3个最大的土匪。使用的就是这种词汇。

即便说是土匪，唯一的土匪也就是我，把拉蒙和6岁的劳尔也称作土匪，没有任何道理。他们没做任何事情，在问题面前，只是在精神上支持我。我遭遇那次冲突，面对暴力行为做出反应，后来保持完全的尊严，我不会再理他们。我不在了，离开了，带着尊严而去：没有任何瑕疵，他们找不到任何最微小的瑕疵来指摘我。我内心觉得自己有道理。

后来我们迎来换学校阶段，这是我在3年中遇到的第二个严重问题：一个是在一年级，另一个在五年级。

我认为自己在学校的品行绝对无可挑剔，没有糟糕的学习成绩，也没有违反纪律。一般来讲我表现积极，好动，喜好体育运动，垂钓，做这做那。我是那所学校的正常学生，会有些小的毛病，在课堂上或排队时讲话，等等，都是些无足轻重的小事情，不是特殊恶劣的行为。还有个问题，那些修士不是耶稣会神父，耶稣会神父们更加严于品行，经过严格挑选，明显地更加训练有素，生活更有戒律。拉萨略的修士们甚至不总做祷告，只是隔段时间做一回，拖很长时间。

他们之中的很多人表现良好，很有教养。比如费尔南多修士，但是我看到拉萨列学校有些修士懒懒散散，有时对人还有偏向。我们也许被他们看成是谁的侄子，也许使他们想起某个亲戚、表哥之类的人。

我觉得督察员的反应是歇斯底里。不知道他是否还在世，我没有任何兴趣说任何人的坏话，不会轻易提及某个姓名，因为我不知道他是活着，还是去世了，是生活在古巴，还是在美国，是否有了儿子和孙子。尽管我还记得他的姓名，我却不想提及。他的反应确实很过分，没有逻辑性。现在我觉得他是报复性的反应，用尽全身力气打我，使我感到惶恐。先用右手，又用左手，抡圆胳膊，用尽全身力气，十分凶狠。

他给我留下深刻印象，深深埋在心中。更有甚者，我感到惶惑，对不公正感到惶惑。他前几次殴打我没使用力气，但却是侮辱性的，已经使我对发生的事情感到气愤，做出反应。他也许认为他可以这样做，揍人。我认为，现在更加认为，最为荒谬的是殴打学生，这是发生冲突的缘由，造成我的离校，更换学校，结果为我家庭带来麻烦。

最糟糕的是家里相信校长的意见了。

劳尔和拉蒙成为无辜的受害者。无论是拉蒙还是劳尔，都没有参与其中。劳尔那时才6岁，上二年级，他在入校注册时是学校年龄最小的学生。

我们再次回到比兰：出发的起点和回归的终点总是农村。当时正值圣诞节、圣诞夜和元旦的幸福假期来临，但是家里却十分恼火，要求账房先生、阿斯图里亚斯人塞萨尔·阿尔瓦雷斯给我们布置作业，做乘法、除法运算题，我们的假期过得索然无味。

上午，账房先生要给我们留下大量算术题，乘法和除法算术题量都很大，由于他也得进行计算，就使用学校有答案结果的算术课本。拉蒙搞到有答案的课本。不知道他是如何搞到的，课本对我们很有用处。账房先生给我们留下长长的计算题，拉蒙和我很快做完作业，就出去玩儿。我感到很痛快！我现在记起来了，拉蒙曾说过，他在神父做弥撒时做侍童，与神父米格尔建立友谊，后者作弊，把答案书给他了。

在那次圣诞节，一些好友来拜访父亲，今天来一个，明天来另一个。他们大多是农业生产者，垦殖农。父亲诉说自己是世界上最倒霉的人，因为根据学校领导的话，他的3个儿子是学校最大的土匪。我知道父亲逢人就讲他的悲剧。唐安赫尔·卡斯特罗对好友说的这些事，那些事流传开来。我感到更加气愤，因为那绝对是不公平的，不明白为什么我有充分道理却遇到麻烦。

卡秋斯卡·布兰科：司令，难道您没想到，父亲对好友们发的议论，在某种形式上，也表达一种骄傲情感？我认为，这些评论是他做出的典型反应：一方面，面对学校领导的约见、当面的抱怨，他感到遗憾或难堪，感到恼怒。听我说，想象一下您的父亲，有不一般的身份，在莱昂马里的办公室里，却几近受到责备……父亲应该感到很不高兴。但是，另一方面，确实几乎难以掩饰父亲的满意，他知道，儿子们并没有受到城市和严格的教会学校的影响和束缚。里面萌发着些许骄傲感，看到儿子们并没有变成忸怩作态的公子，而是以一种特殊方式，原本地承袭着家里和庄园的健康和活跃的农村自然属性。必须考虑到父亲的经历，他有过努力，辛勤劳作，这是他最珍视的。父亲对所有人发出议论，也许可以说，如果他保持沉默，我认为这种表现反倒近乎虚荣。我认为，您作为孩子，特别是当您认为那种惩罚是一种不公正的决定的时候，很难以这种方式评估发生的事情。

菲德尔·卡斯特罗·鲁斯：确实，我一直觉得父母十分恼火。圣诞夜和元旦就这样过去，1月6日来临。本来以为第二天我们还会返校，但是一切都取消了。劳尔、拉蒙和我都没去学校。实际上，当返校日来临后，我才发现一切都是真事，我们不再去学校。

对劳尔来讲，这有什么关系！？他还很小，不懂事；拉蒙，很高兴！因为他想开拖拉机，当驾驶员、机械手，不知道他还有什么其他想法。我实际上是问题的源头，是身体暴力的受害者，自认为完全有理由的犯规者，我感到遭受了不公正的惩罚，不能加以接受。这些想法安赫莉塔可能并不知晓。我对母亲讲了我的想法，对她说必须送我去学校，让我无学可上不公正。

这真是十分有趣，如果我不进行这样的抗争，就会留在比兰，不会超过五年级，就会留在那里，从事农耕牧作，想象不出事情会怎样！会真成为土匪，因为不会再有学习机会。进行抗争，要求学习，这是十分聪明的想法，伟大的举动。我们对父亲更多是敬重，对母亲更多是信任，有事总对母亲倾诉。

对此，我确实做出威胁，尽管谈起这事有些残酷。我家房子建筑在桩子上，是木桩子。我做出威胁：如果家里不送我去学校，我要用蜡烛把房子点着。这是我最严厉的威胁。我觉得我不会这么干，我是很严肃说的，但是我是不会这么干的，我相信不会这么干。实际上这么说，证明我的愤怒，我所强调的事情，提出问题的劲头儿。

那时我11岁，还未结束五年级学习。我相信不会付诸实现最后通牒。再说了，我相信这一点，这不是要降低我做出反应的严重性，而是在以十分坦率的方式加以肯定。我以此提出问题，为了加强印象，我说到了，大概家里会相信，但是我十分了解自己，知道自己不会那么做。也许本可以用另一种抗议替代这种方式。我变得真是不可控制，如果不送我去学校，我会是不可控制的。这种情绪因老师对我的虐待，滥用权力，殴打，所有一切深深根植在我心底，涌动着，燃烧着，因为我感到那是一种不公正的措施，我把如此暴怒的反应归因于不公正的待遇。我的态度十分严肃，发生的事情给予我心灵极大创伤。另外，我不是坏学生，我并不厌倦学习，我不憎恨学校和学业，恰恰相反，为之感到亲切，因为我以前经受过最糟糕的经历，就是从此解放出来而去的学校，这对我意味着一种进步。恐怕可以这么说，我所实现的好好的事情突然失掉了。我已经结束寄宿二年级学业，离开家里，也学完三年级，因优秀的学习成绩，跳过四年级进入五年级。我对此感到兴奋，很珍视我的学习、努力和成绩。我当时而且现在也这样认为，所有这一切都由于不公正的待遇而毁于一旦。但是，我所珍视的是我对巨大的不公正具有的信念和坚定性。

我认为这是首要问题：不接受那种惩罚。我被剥夺了自己并没有拒绝的东西——学习，我感到受到伤害，毫无道理的惩罚。也许还有一种想法，一种本能，即我要去学习，这是正确的，因为我一直在学习。这与拒绝接受不公正的待遇交织在一起，因此我要求回去学习。最后，1938年1月11日，我终于回到学校。不，不能回同一所学校，被送到多洛雷斯学校。

  应该是母亲说服了父亲，再次送我去学习。于是，父亲大概去了圣地亚哥，拜访他的教父、朋友、菲德尔·皮诺·桑托斯。我记得当时他在忙于竞选运动，争取当选议员，当然是执政党的候选人。

  父亲的百万富翁朋友，即将做我教父的人，正在为当选议员开展贿选行动，竞选运动就是这样，购买选票。该富翁获得奥连特省第一位的选票，获得选票最多，很简单，因为他是买选票最多的人，最有钱买选票的人。我记得当时正值这位先生的夫人去世。

卡秋斯卡·布兰科：确实，1937年12月19日，唐菲德尔·皮诺·桑托斯的夫人去世。她是加西亚马基亚诺的名字，因此我忘不了：艾克苏佩兰西亚·马丁内斯·干多尔。丽娜带着安赫莉塔参加她的守灵。安赫莉塔一直没有忘记悲伤的场面。

菲德尔·卡斯特罗·鲁斯：父亲在拜访朋友时，肯定向他表示哀悼。家里决定送我上多洛雷斯学校，因此我与父亲一起去了。但是家里的安排再次有所失误，没有送我去多洛雷斯学校住校，而是送到唐马丁·马索拉家里居住，他是居住在圣地亚哥的西班牙商人，开有一家服装店，叫布娃娃服装店。我们在那里买过衣服，与他有商业往来。我不知道什么原因，安赫莉塔与我一同被送去了。安赫莉塔一直与我在一起。我不知道为什么，原来住校的安赫莉塔现在也被接出来，她快要上预科了。拉蒙高高兴兴地留在比兰，劳尔上了一家世俗军事学校，学校是根据农村学校教育规划，由巴蒂斯塔建立的一批学校之一，巴蒂斯塔在蛊惑人心，把这作为其竞选运动的组成部分。他是法西斯分子，已经有 2000 所或 3000 所农村公立学校了，又建立几百个所谓的世俗军事学校。每个学校有军士做教官，教官肯定经过选拔，经过短暂培训成为军士教官。

这些学校很有效果，为什么呢？这被看作是一场宣传运动，提高军队的威望：军队开办学校，军队讲授课程。当然了，巴蒂斯塔的世俗军事学校要比公立学校更有经费。

学校离比兰有 4 公里路程，位于叫作比兰一号的地方。劳尔到那里上学，与老师一家人住在一起，但是还不错，因为他是地主的儿子。军士也想获得好处，他很活跃，由于离我家近，对劳尔很热情，惯纵他。我弟弟是学校中最小的学生。军士大概与女教师对我们的做法一样。劳尔上那所学校却没有挨饿。

卡秋斯卡·布兰科：劳尔在那里没有挨饿。司令，要知道，劳尔也是谋取好处的对象，老师不愿意失去像他这样的学生，一位富有庄园主的儿子来上学，这可以提高老师的档次。老师向丽娜提出要求，让劳尔跟他去马雅里军事技术学校。丽娜同意了，但是劳尔还未满那所学校的年龄要求，教师在没有征求家里意见的情况下，把劳尔送到了古巴圣地亚哥罗斯赫约斯区，当丽娜去看她的时候，发现孩子并没有在那里，而是送到另一个地方，没有征求她的意见。幸运的是，劳尔说并不知道这一切，感觉在罗斯赫约斯区很惬意，做儿童游戏，要求在商店买糖果吃。

菲德尔·卡斯特罗·鲁斯：对我来说，总是存在问题，家里不知道怎么办才好，送我到哪里，不知道为什么送我到马索拉加里，本来我应该做寄宿生。但是，好吧，我抗争取得胜利，回答那个督察员了，离开学校，离开比兰，被送到另一所学校。我不能再有更多要求了。

我去的新学校有更高的社会档次，存在种族歧视，而在拉萨列没有。新学校要求更加严格，更雷厉风行，我头脑中还有以前问题的阴影，任何孩子经受心理创伤后，都不会轻易或很快恢复过来。

我在经历磨难之后，进入一个要求更难适应、更严格的学校。我入校晚了，从接受教育和学习的角度讲，我必须加以适应。但是又把我送到一个家庭，商人的家庭居住。他们家并不那么在意金钱利益，而是考虑与父亲的交情，我父亲支付费用，把学生放在那里。我觉得，这就是最糟糕的制度，一个家庭有一个不是亲生的孩子，这需要巨大的亲情，巨大的爱抚，巨大的无私精神，把非亲生孩子作为亲生儿子对待的能力。这需要一种很高的道德意识、政治意识和社会意识，而不能要求一个资本家具有这种意识。

您可以要求一位革命者，如果他在家里有个非亲生的孩子，要求他比对待自己的孩子还要好：更尊重他，更有亲情，更加关照，但是资产阶级家庭很难做到，除非出于浓厚的慈善传统，出于宗教动机，否则，同自己家的孩子相比，是不会给予其他家庭孩子同等待遇的。

我进入一个有3个子女的家庭，其中一个孩子是西班牙人前一次婚姻生育的。

西班牙人是个劳动者，个子不高，瘦小，是个不壮实的人，女主人是圣地亚哥黑白混血种人，比丈夫个子高，粗壮，乐天的性格，就像加西亚·马尔克斯所说的那样。他儿子在美国攻读民用飞行员专业，是个很好的小伙子，受宠爱的儿子；女儿在上预科，肤色微黑，西班牙人与混血种人生的混血儿，长相漂亮，不胖，很招人喜爱，穿着配有3条杠的学校校服，在上三年级；她比我年龄大，但是这并没有妨碍我对她产生柏拉图式的爱慕之心，尽管我从来未向她表白，她大概也感觉到了。

我们生活在那里，是外来人，属于另一个家庭，但他们对我们不错，我们并未挨饿，他们吃什么，我们吃什么，我们睡觉也很舒适。但是社会类的因素、家庭优越感和其他因素产生影响了。

西班牙人的妻子、圣地亚哥混血女人出身卑贱，地位虽有很大提升，却不属于纯贵族出身。我对她有同情心。记得她好抗争，在家里她是女主人，有权威，尽管不是绝对权威，因为加利西亚人是个稳重、沉静的人，给她带来所有一切，他有才智，有性格。我习惯把西班牙人叫加利西亚人，不知道他是否来自加利西亚，或是西班牙什么地方。他妻子在家里是主事的，但不是绝对主事的人，因为加利西亚人有时会发怒，对她提出要求。他是户主，权力委托给女方，但是保留着自己的权威，不是一个软弱的男人。我在这家住了近一年。

在那里，我开始另一段经历，因为在新学校再次开始上课时已是1月份，我在逐步适应。由于有以前的经历，学习成绩不赖，但是并不良好。

我认为自己被送到那个学校是件好事，尽管让我住校就更好，但是也许我家里认为，不住校而走读，不封闭于学校，生活在一种家庭环境更有好处，因为安赫莉塔是走读。还有，出于我家的上等农民家庭地位，家里认为这样更好些，尽管毫无疑问，但并非如此。我自己并不知道将会发生什么问题，当把我送到那个家里，与一个友好家庭生活在一起，重新开始学习时，我并没有不喜欢。我开始走读，在离住所不远的学校读书，只是在家里吃午餐和晚餐。这并不是不能忍受的生活，但还是出现一些矛盾。

那个家庭希望进入更高贵、更富有的社会阶层。他们没有在经济上剥削我们，有自己的收入。另外，国家经济形势有所好转，计划在维斯塔阿雷格雷富人区建造一个居住区。由于我在多洛雷斯学校上学，在他们家寄宿，是他们与子女在该校上学的家庭建立联系的纽带。这也就成为我的问题，因为他们要求我尽量考取高分，这并不坏，但这纯粹是虚荣心，我在他们家寄宿，就应该成为最好的学生。

我每周的花费是20分钱：10分钱用于看电影，5分买个三明治或冰激凌，5分买本儿童杂志，阿根廷的《麻雀》，我经常阅读杂志刊登的漫画和连载小说。如果我没有获得最高分，就不会给我这20分钱。于是，我被迫向家庭女主人作弊。

我每周必须把成绩簿带回来，等签好字后再带回学校。一天，我在学校说成绩簿丢失了。学校又给我补发新的，并登记上学习成绩。我在新成绩簿上签字，他们在旧成绩簿上签字，上面的分数由我填写。

年终将至，鉴于我获得耀眼的优异成绩，圣地亚哥女人认为，我是他们的天才，幻想着他们家的寄宿生在课程结束时，可以获得各种奖项。

我自己也知道存在困难：我的成绩并不差，能够及格，但是不会获得各种奖项。我真正的学习成绩是不错，但从来都不是学校最好的，我自己写上的成绩却是最好的。当学习课程临近结束时，我知道没有办法解决这个问题。

当时，有一件大事，要举办颁奖仪式：身着半军装式的制服，头戴帽子，白色和蓝色的飘带。她抱着幻想：她家的寄宿生考核分数出众，一揽所有奖项和荣誉。为此，她必须制作一套黑色长礼服，到时候穿。200 名学生及所有家长，所有资产阶级贵族家庭的人都到场。最后举行盛大的期末仪式，还有文艺演出，音乐、歌唱节目，为每位获奖学生和表现杰出的人发奖，一个年级一个年级排下来。我的问题来了……

每个星期，我都到电影院去，买《麻雀》杂志，吃三明治。好吧，这不一定，因为如果包括电影票的话，先是给 20 分钱，然后，再给 25 分钱。推车上叫卖的《麻雀》杂志和猪肉三明治以及冰激凌花 25 分钱，在那时，这有可能是我每周份额的上限。最初一个时期，并不是这样，但是在最后一个季度，我用新的成绩簿解决问题之后，则可以有《麻雀》杂志、冰激凌和三明治的开销：这是上限。

学年结束了，我找不到解决问题的方法。我穿着制服，佩带所有一切，在身材硕大的混血女人陪同下来到学校。她穿着黑色长礼服，身边簇拥着所有家庭成员，十分庄重。他们认为，住在他们家的学生是所有学生中的出类拔萃者。获奖名单开始从一年级宣布："优秀者：××！获 ×× 方面的头等奖；二等奖，诗歌……"一批一批宣读着，直到宣布："五年级，优秀奖：恩里克·佩拉尔塔！"人们掌声四起，也不知给他佩戴些什么。他们看着发生的事情，稍微有些诧异；投来钦佩的目光，好像在询问我，发生什么事情了，为什么头等奖给了恩里克·佩拉尔塔？"一等奖，二等奖……"还是没有我的名字。"历史科目，一等奖，××！"也叫作头等鼓励奖；二等奖……哪里都没有我的名字。我觉得有一两次提到过我，没听清获得的是什么，但是仅此而已。我脸上越发显露出惊恐神色，突然有主意了，说道："现在，我明白了，我是第二季度来的，要平均数，我没有第一季度的成绩。所以不能有任何奖项。虽然我获得一些优秀成绩，却缺了整个一个季度，因此没有奖项。"啊呀，他们明白了，理解了，认为合乎逻辑。我觉得如果我获得我所说的成绩，尽管缺一个季度，也会给我评优秀，授予奖项的。这些直到现在我也没问过。

当时，我举了四则运算、数学的例子，给他们做估算："现在我完全明白了，为什么一个奖项都没给我。"他们确实相信，平静和高兴地离开了。

我记得很清楚，作为这些活动的组成部分，学校建立了一个小型短波广播电台。

多洛雷斯学校与拉萨列学校截然相反，属更高档次，但是却没有一个像法国雷恩特静修院那样的庄园，得带着学生到不同的地方，这次到这里，下次到那里，因为没有那种法国静修院。督察员是一位耶稣教派的神父，叫加西亚。他十分活跃，很有激情，总是发起活动，外出郊游，举办竞赛。其中一个想法就是建立广播电台，还力图给学校购买一辆大巴车。

短波广播电台建起来了，应该是 0.50 千瓦或 0.25 千瓦功率，不过学生家庭都可以收听得到，电台时常举办一些诗歌竞赛活动。我认为埃尔皮迪奥·戈麦斯比我更有诗歌天赋，不过我也写诗作。我忘了我所记得的这些诗歌是埃尔皮迪奥还是我创作的：

秀美之中的秀美

最清纯的柔嫩与狂痴

你的眼睛宛如明星

樱桃小嘴像红宝石般璀璨……

我觉得埃尔皮迪奥写诗确实强于我。埃尔皮迪奥怎么啦？好吧，他来自巴亚莫，巴亚莫人有出诗人和音乐家的传统，而比兰人却没有这种传统。那么，发生什么事情了？诗歌竞赛通过投票产生结果，而我在学生中很有人缘，我对朋友们说："回家跟家长说一下，投我的票。"

诗歌竞赛到了关键时刻。学生们通过广播电台和各种途径号召投我的票，到了竞赛结束时，我记得家长们都说："埃尔皮迪奥的诗歌写得真棒，但是我们当然要投菲德尔的票。"这就是我的第一次政治性竞选活动。每当回忆起这些，我都感到惭愧，因为埃尔皮迪奥是比我强得多的诗歌创作者，但是家长们为了使子女高兴，投了我的票。鼓励是精神性的，但是确定胜者的方式不是十分公正的。我采用政治手段，觉得做得很好，认为是正确的，出色极了，是公正的。因为关键是谁赢得最多票数，是我。当然，当时我大概没有发现，我现在发觉了，埃尔皮迪奥的诗歌比我的好。那时，也许我觉得我的诗歌同埃尔皮迪奥的一样好。但是回忆起来，实际上他的诗歌要更出色。

电影院 神圣的历史 阅读西班牙内战 与厨师曼努埃尔·加西亚的友谊 发表演讲 记忆 致罗斯福的信函 远方的眷恋 学习与思考 幻觉 关于记忆力的传说

电影院　神圣的历史　阅读西班牙内战　与厨师曼努埃尔·加西亚的友谊　发表演讲

卡秋斯卡·布兰科：司令，每个时代都有值得记忆的品位、音乐、音色、电影、书籍、艺术家或历史人物。在我们家里，对于大人来说，班多内翁手风琴演奏的优美曲调，探戈歌词的伤感是他们年轻时代的奏鸣乐曲。对您来说，30年代和40年代的格调是什么？是什么声调？什么香味？有哪些历史侧面？代表性的艺术家有哪些？每秒钟24帧的形象是什么？

菲德尔·卡斯特罗·鲁斯：在初等教育的整个阶段，二年级、三年级直到五年级，我对电影没有很大兴趣。我所说的兴趣就是孩子们面对电影所表现出的一般的惊奇，并不是行家的兴趣。我喜欢牛仔片，那时是汤姆·米克斯和布尔·琼斯的时代，我不知道这些是不是艺术家们的名字；喜欢西部片的电影和题材；还喜欢科幻片，在那个年代还放映星际大战的电影，这是星球大战和反导弹盾牌电影的前身。我喜欢利伯塔德·拉马克的电影和歌曲，卡洛斯·加德尔的探戈曲，那时阿根廷的艺术家十分时髦；还有一些墨西哥歌曲，当时是玛丽亚·费利克斯、阿古斯丁·拉腊、豪尔赫·内格雷特的时代。

我看了电影《600勇士的冲锋》，是最著名的电影之一，是印度19世纪题材的动作片。

在童年时代，我对喜剧电影颇感兴趣。我记得最清楚的是卓别林和坎廷弗拉斯的电影，当然，坎廷弗拉斯的电影要晚些。

关于我在各个年龄段所喜欢的著名演员的电影，现在有查理·卓别林和坎廷弗拉斯，在那个时期看了第一部这样的电影后，就一直没断过。

后来，我喜欢的其他电影又出现了，当然我也很喜欢泰山电影，喜欢泰山与动物的故事。后来，得悉这些电影会产生消极影响，但是对我却没有任何明显的损害。

我一直喜欢西部电影，不同的是，小时候看起来很认真，但是到了青年时期，特别是成年后，把这种电影作为消遣，看到那些野蛮行为，令我忍俊不禁，而在年轻的时候把这种东西看作是真实的。

二战爆发时，我13岁。西方制作的大量电影和纪录片，特别是战争片涌现，涉及各种不同的题材，有二战前的，有西班牙内战的。当时，这些电影在很大程度上激发了我的兴趣。

自我上大学后，有了长胶片电影，像《随风而去》，我对这部电影记忆深刻。

在整个这一阶段，坎廷弗拉斯和卓别林的新电影继续出现。

当时，还没有苏联电影，电影院几乎不播放欧洲电影。在预科和大学阶段，我观赏的都是美国电影。在我上预科时期，40年代和50年代的电影受战争影响很大，后来受冷战影响。这分为两个阶段：战争阶段和战后阶段。在冷战时期，一般来讲，电影流于肤浅，是简单主义的。

没有更严肃、更深刻、历史性的、心理活动的电影，我的印象是，最近70多年来，这种电影出现了，我记得在巴蒂斯塔第一任期，我看了卓别林的《舞台生涯》，它一直是我评价最高的电影之一。当时，卓别林实际上已经遭到美国驱逐。他是进步主义者。

在后来的一个阶段，我看的电影很少。从1953年到60年代初，10多年的时间里，几乎没看任何电影。第二次世界大战后，我的时间都在监狱、流亡地和马埃斯特腊山中度过。也就是说，10多年间我与电影处于隔绝状态。

卡秋斯卡·布兰科：您谈到《舞台生涯》，那时，音乐是电影的主角，当时，也是广播电台的主角。

菲德尔·卡斯特罗·鲁斯：在我生活的第一阶段，我们甚至没有收音机。家里只有一个很老旧的留声机，有几张唱片。每当播放时，必须上发条。尽管我的教母是钢琴老师，几乎整天都在听她弹奏曲符，实际上，我接触音乐不多。我从未碰过钢琴，谁也没有唤起我的兴趣。在我们所说的那个年代，我们学唱的就是一些圣歌，后来在学校，是少量的圣乐、宗教歌曲，仅此而已。

一次，我加入学校合唱团，但总是走调，实际上，我的音乐听力很糟糕。我们在合唱时听到有人走调，于是就让每个人单个试唱，让我只唱那几个音符，后来就把我除名了，因为当我与整个合唱团一起唱时还凑合，但是单独唱时，合唱团的修士团长就把我剔出来了。那大致发生在三年级时候。

我没有表现出很好的音乐天赋，即使有，也没有人开发。尽管我没有唱歌天赋，但这并没有影响我对音乐的兴趣。

卡秋斯卡·布兰科：在阅读方面，您有哪些喜好？

菲德尔·卡斯特罗·鲁斯：在那个时代的书籍中，我最喜欢的是《神圣历史》，因为谈的是世界、生命、宇宙和人的起源，大洪水、诺亚方舟、传说中的动物、莫伊塞斯的历史、红河的汇流和摩西十诫板。包括战争和战役史实录：何苏埃面对赫里科取得英雄业绩，带走号角，桑松具有赫拉克勒斯般的力量，摧毁一座寺庙。我认为是一种奇迹。每年都给我们开《神圣历史》扩展本，即后来成为《旧约》的课程，其中，讲述神奇的故事，总是令我感兴趣。我没有机会阅读《伊里亚特》、《奥德赛》和《堂吉诃德》,或其他类似的古典著作。

当时,我对基础地理和历史十分感兴趣,既喜欢通史也喜欢古巴历史,阅读所有的史实。我想几乎所有人都喜欢那些课程。我发怵语法,但不害怕数学,理解得很透彻,经常获得运算或者叫作数学作业好成绩,当时是这么称呼的。我很擅长绘几何图形,用圆规、数学计算,甚至获得过奖项。我画风景画不好。大自然并没有赋予我灵感:很好的音乐听力和风景画的感受力。我画过风景画:房子、地平线、树木,但是事实证明,我没有特别的天赋,如果有,也没有人真正开发过我。与此相反,无论是素描还是我经常画的几何图形我都获得过奖项。我觉得阅读是我最大的爱好。

我着迷于所有漫画。我可挣得5分钱用于购买阿根廷出版的漫画杂志,古巴没有这种杂志。说实话,我总是十分准时到报摊去,记得从未晚过一次。另外,还喜欢一些西方小说,动作小说,记得我很着迷的一本小说是《有其父必有其子》。

我没有机会学文学。一般来讲,我们可以阅读的书籍限于课堂上的课本。作为公共阅读活动,在食堂里,在午餐和晚餐时候,会给我们朗读一些小说、历史故事。因此,我们必须静静地用餐,我被挑选出来,成为阅读具有某种宗教意味作品的学生之一。

这样,当我在小学学习时,7~11岁,无论在拉萨列学校还是多洛雷斯学校,接触到的文献不是普通文献,而是宗教文献:圣徒和殉难者的历史、神话史诗。

我喜欢新闻。在小学学习时,一般也关心时事,特别是国际时事,甚至在回比兰度假时,那里没有收音机,但是有报刊,我都阅读。

记得我很熟悉历史史实:埃塞俄比亚战争,当时叫阿比西尼亚

(1935年爆发)；意大利人的入侵。1936年，西班牙内战爆发，当时我大约10岁，跟踪对最重要的战役的评述和最新消息。我从头到尾跟踪一场激战，特鲁艾尔战役。西班牙人厨师加西亚不会读书看报，我是他的新闻读报员，每天早晨，给他读当日的报纸。有时与他在一起，读报一个小时或一个半小时。厨师支持共和派，在暑假期间，焦急盼望我给他读每天的报纸。

家里订了四五份报纸，其中有亲佛朗哥的十分反动的报纸《海军报》。该报把共和派称作"赤色分子"、"共产党人"，把佛朗哥派称作"造反派"、"爱国者"、"民族主义者"，消息报道十分敌视共和派。我想尽办法安慰铁杆共和派厨师，向他解释战况，说情势还不那么坏。

当然，其他的报纸并不那么反动。《世界报》、《信息报》和《国家报》刊登的消息更客观。圣地亚哥的一份报纸，我记得好像叫《古巴日报》，以及首都其他四五家报纸也更加现实一些。没有任何左派报纸，清一色的右派或中派报纸。最反动的报纸是《海军报》，我给加西亚读的就是相当片面的报纸，不大客观。

父亲说厨师是共产党人。对他来说，所有站在共和派一边的都是共产党人。这有些像意大利人希奥瓦尼·瓜雷斯奇的作品《唐卡米洛》中的神父和市长的经历，那是一种开玩笑的关系。在比兰的西班牙人之间，没有因观点分歧而发生过战争，在拥护共和派与佛朗哥派之间，是一种友善的对立关系，在那里，西班牙人分成大致势均力敌的两派。他们争论激烈，但是辩论仅此而已。

在那个时代，我很着迷媒体。这是我所阅读的最严肃的东西，因此，我对当时几乎所有的时事十分了解。

我们还学习古巴历史，但是在学校，不给我们提供古巴的文献，也没有关于独立战争的文献。原因是神父属于法国教派或西班牙耶稣教派,实际上,他们丝毫不关心传播我们所说的古巴历史传统的热爱之情和重大事件的知识。我可以自己获得和阅读那种文献,但是这发生在此后很久,伴随我的一生。

在那个年龄,我没有可能阅读大量神奇的书籍,我肯定,这些书籍一定会令我喜欢,因为凡是关于历史、文献或任何这方面的读物,落到我手里,都会令我着迷,但是在这方面,我没有受到任何引导。

卡秋斯卡·布兰科:司令,在比兰,在厨房那么潮湿、味道刺鼻的忙乱环境中,您给极易发火的厨师,患风湿病、走路一瘸一拐的朋友曼努埃尔·加西亚高声朗读关于西班牙内战的消息。后来,还在学校餐厅给您的同学们朗读宗教读物,这些环境会令人想起烟摊前的读者。您是否考虑过,这些经历会影响您的知识、口语表达能力以及演讲才能?

菲德尔·卡斯特罗·鲁斯:我是被挑选出来在餐厅朗诵读物的,也许是因为我的发音很好,抑扬顿挫,有些慷慨激昂,很自然地把我的兴趣灌注到朗读中去。学校不开设演说课程。

当我给厨师读报时,实际上在读给集三类人于一身的他听:读给西班牙人,我看到他急不可耐的样子,十分渴望了解情况,尽管是农民文盲和某种程度上的残疾人;读给无知的人,不识字的人;另外,读给厨师,他以前当过放牛郎,脾气暴躁。

我不记得从什么时候我们开始建立友谊。毫无疑问,我也对这些消息很感兴趣,我来自学校,会读书,会给他念最新的消息,关于西班牙内战的最新战况,毫无疑问,上面有大量报道。我给他读所有关于战争的消息，他对别的不感兴趣。

从那时起，我对历史产生浓厚兴趣，同样紧密跟踪第二次世界大战以及所发生的所有事件。在埃塞俄比亚战争、西班牙战争时期，爆发了第三场战争，即中日战争。从1935年到1940年，在世界上发生了几个重大历史事件。

关于古巴问题，我不会那么感兴趣，消息都是无关紧要的普通琐事。

当然，我在读报时，也有所训练，因为我实际上从未上过演讲课，至多诵读一些诗歌或表演一些十分简单的话剧作品，为学年结束时表演节目做准备。

我在与人交往中，一直讨厌抽象的、混乱的、虚浮的、表面显得博学的表达方式，就像贝达多学校的老师贝朗德·圣佩德罗，他写的书成为贝林学校的世俗教育教科书。我认为，每个人的表达方式是其人格和思维的组成部分。

我习惯于尽量采取简单的方式进行交流。也许有一个阶段，形式成为思想的束缚。随着学习的展开、学业的进步、表达形式的把握，在演讲、口才和讲话艺术的讲授中，形式大概会稍优先于思想，人们常说，一部讲话应该有引言、命题、论证、验证和结论。也就是说，在学习中，老师教我们怎么解释各种问题，进行沟通使用哪些正规形式。我觉得，当我完全从表达的形式中解脱出来，就能够更无拘无束地表达自己，这大概形成我演讲的特点，即高声进行表达。

我在预科学习时，在考试中回答问题，解释我认为已经理解的事情，有时候，有可能在书面语言中使用一些正规的表达方式：精彩的、雄辩的写作，比方说，一种优美的散文体，会使用老师讲授的某些东西。例如，教文学的鲁维诺老师就这样谈论西班牙诗人和文学家。他是一位不错的老师，十分崇拜讲母语的作家，可以是塞万提斯或洛佩·德维加，而我有时候也引用老师使用的若干形容词，这也许是我的一个小小的窍门。我记得当我做书面解答几乎完全采用老师使用的词汇时，他确实很满意。我并不肯定我对人物使用的形容词、赞美之词和人物特点的描述是否正确，但是我觉得这足以受到表扬，受到鲁维诺老师的喜欢，就会给我最高的分数。

我认为还有其他类似的科目如历史、地理和文学。好吧，文学最有普遍性，更加抽象，不像数学考试那样提出问题，你必须加以解答，或用你学过的方程式和公式解答问题；如果没有公式，就像我有时所做的那样，需要进行推理，比方说几何、物理和化学都有精确的公式，不用过多通过理论加以解答。我发现甚至地理也允许使用文学手法，发挥些想象力。我知道这些，因为在一次地理考试中，不知道是在100个或100多个学生中间，只有一位学生获得90分。在学校考试中学生考100分是满分，我考试成绩突出，得了90分。当学校当局对学生们的分数提出问题，学校老师们辩解说使用的课本并不好时，学校方面反驳说："有的学生使用同一本课本，考试却获得90分。"这就是表现出类拔萃的我。

实际上，在那次考试中我是怎么做的？课本可能并不很适合教学大纲，我却发挥想象力，进行发挥，做了某些分析，这似乎是我获得90分的决定因素。尽管我与别的同学学的是同一课本，在100多个学生中我却获得90分，也就是说表达思想、传导思想的形式、使用想象的形式或许起到了决定性作用。

在人文学科如文学中，我使用一些词汇。但是那是涉及老师的心理和偏好的考试。另外，当我的回答展示西班牙人的特点：丰富的语言、有力的想象，等等，老师就会很满意。

应该看到在那些考试中，我是如何进行表达的，为了解答问题，必须加以理解，或认为已经弄懂了。

我一直都排斥言而无物的演讲或讲话，这是一种自然的厌恶和排斥。最初，在公共场合讲话时，我可能还有些受形式束缚，因为我认为，讲话应该从某点开始，使用这种或那种词汇，有强调点，寻求一种效应。后来，我就把所有这些抛到脑后，完全投入思想的表达中去了，不关心使用什么词汇，在哪里进行、哪里不进行强调，哪里加重或哪里不要加重语气，哪里要或哪里不要提高嗓门，哪里需要、哪里不需要慷慨陈词。当我忘记所有这些，忘记雄辩技巧、慷慨陈词，忘记构思句子、词汇效应，而集中于表达思想的时候，就真正获得与听众沟通的方式了。这时，已经不再需要慷慨陈词，不用刻意强调某个词汇，因为我会感到需要加以使用，不是把强调手段视为工具，而是认为表达的思想值得加以突出。

我从上大学开始，就注重遣词用句，表述思想，但是在最初阶段，仍然还是对表达方式、词汇和句子刻意加以某种强调。后来，我慢慢专注于表达所思所想。这是一个演变过程，不是吗？

现在我的演讲就是感受生活，是一种逐步变化和成熟的过程。有时我问自己，界限在哪里？当我毕业获得律师资格时，会专注于遣词用句吗？我觉得已经不用了，尽管我还是稍稍顾及华丽表述，但是基本上说，已经投入主要思想的表达中去了。

在那个时期，当我上学时，已经吸收了马克思主义思想，懂得了问题，理解了我周围的现象。那时，写东西、讲话就更加自然。我越来越不在意形式，忘记华丽词汇和句子，而直截了当切入主题。

我觉得，当我讲话和写东西开始采用聊天谈话所使用的同样形式时，就已充分形成了这种风格。

革命胜利后，我必须向人民发表讲话，解释各种问题，自那时起，我未再遣词用句，顾及讲话形式。面对人民，无论是 100 个人，还是 10 个人、1 个人和 100 万人，发表讲话都一样。秘诀仅在于，向 10 万、50 万或 100 万人发表讲话，要采取同单个人谈话的同样形式。

当我向人民、向民众需要解释十分重大的问题和主题时，只要有了要讲的思想做基础，不再考虑词汇、手势、遣词用句，也不用寻求效果，这时，讲话就充分熟练了。

确实，有人为寻求效果，摇晃着，颤抖着，激动着。我觉得不少人在讲话时，有些像演戏。当我消除了所有演戏的感觉，慷慨陈词做派及其他所有一切，效果就大不一样了。我恰恰就集中于思想表述上，从不用顾及词汇，随着我想解释什么东西，词汇就脱口而出。无论做什么报告，我唯一记住的就是思想，仅此而已。如果说我能够抓住公众的注意力，一个小时，一个半小时，两个小时，甚至三个小时，这不仅是由于我所讲的东西，而且在于公众对所讲的事情感兴趣，完全被吸引住了。另外，如果讲话的人没有资历、权威和威望，听众有可能就会失去兴趣。因此，听众是否关注讲话，不仅与讲的内容有关，而且与讲话者的权威、威望有关。也许任何其他人站在那里，站在同一个位置上，讲同样的东西，10 分钟后听众就会倦乏。也就是说，公众的注意力不仅与你所讲的东西有关，而且与谁在讲话有关。讲话与演讲技巧的关系与时间和地点的关系是一样的，是相对的关系。

有人来讲话，甚至是更有个人魅力的人，谁也不认识他，任何人都不会无缘无故地相信他，因为不知道他是谁，讲同样的事情，甚至讲得更精彩，人们开始问："这是谁？""谁知道他是谁？""为什么他现在谈这些？""为什么谈这么多？""为什么涉及这么多问题？""为什么必须谈国际问题？""谁让他来谈革命历史？"这有可能发生，谈着同样的问题，听众可以关注10分钟、15分钟，此后就会问："他认为他是什么？在给我们讲话，我们搞革命多年，做出那么多贡献，他这么有资历？"甚至面对一位精彩的演讲者，听众仍可能会感到受冒犯了。

我认为，在影响公众、捕捉注意力方面，有很多与所要讲的内容无关的因素在起作用。如果你享有权威、威望和信任，人们对你感兴趣，并具有解释某些事情的最好条件，可以讲具有某种重要性的事情，而且讲得简明扼要，那么，听众就会听你的。

还有一个问题要注意，你对自己正在讲的东西开始厌倦，感到索然无味，认为实质性的东西已经讲完，重要的问题讲完了，下面是没有必要讲的东西。我在做报告的时候，可以发现我的疲倦，而不是听众的疲倦。另外，还有一件事：我重复讲同一些思想感到很吃力，今天在这儿，明天到那儿讲几乎一样的东西。我认为换汤不换药，这是一种欺骗。我有幸了解涉众几百万人的大众媒体、广播电台、电视台的时代，没有像很多政客们所做的那样，每天做10次同一个报告。我可以做5个报告，内容不重复。很少、很少出现同样的东西，再讲第二遍、第三遍……否则，我会发现这是听过的。对我来说，把以前讲过的东西拿来给另一些人再讲一遍，这是不可忍受的。我可以感觉到重复同样东西的效果，我认为这是欺骗。这一直是我的看法，我一直在杜绝这种事情。当然，一个人对成百万人讲话，有广播电台、电视台，他并未被迫在很多不同的地方讲相同的东西。但是因这种或那种原因，必须这样做时，我会使用不同的形式，讲新颖的思想和论据。

每次与一个人或更多人接触，都会激发我新的灵感，我是这样做的：用最简明扼要的方式解释必须要说的东西。对聚在一起听我讲话的听众们，对我的文章《总司令的思考》的读者们我都会讲得完全一样。对我来说，这是一种无言的对话，近距离的讲话，声调尽在语言文字中。

有时候，问题对我来说更加棘手。我可以与100人或1000人开展家庭式的谈话，在会堂中，甚至可以与4000人或5000人进行家庭式的讲话。但是在百万人的集会上讲起来就有些困难，失去亲密接触会拉长人的距离感。因此我不喜欢讲台远离群众，因为我需要近距离看到他们，尽管他们为数不多，近距离进行谈话。面对人山人海发表讲话，却看不到他们的面孔，我会感到更费力气，我需要距离近些，能感受到、看到受话者的面孔，知会其听话时的反应。

能够抓住100万人的注意力，这需要做出努力，运用些特殊技巧。氛围要求我加入语调，有所强调，寻求效应。在公共广场，面对100万人讲话，可以讲得很好，很流畅，有创意，这种场合讲话会有收效，但是从来都不会像对5000人讲话那样有家庭气息，其中的原因是，面对100万听众，你必须花费更多的体力。

没有任何扩音系统能够充分有效地使所有听众同时听到讲话。

很多时候，我在革命广场讲话时，用力讲完一句话后，停顿下来，仍然听到自己的声音，不同扩音器传来的回声，这迫使我使用一种频率，付出更加巨大的体力，如此规模的听众氛围会对家庭气息、沟通效果、近距离效果有所影响，你会本能地求助于技术支持，但是这决不能超出这一原则，即简明扼要、清晰透彻地讲自己理解的东西。

我记得有时候，几乎在两天内，讲话近15个或20个小时，这更加困难。在做党的"一大"报告时，我创造了国家的历史纪录。我一直都没有忘记。

我从来不记得遇到过听众打瞌睡、疲倦的现象。另外，也有这种情况，由于所讲的主题或问题并不十分熟悉，需要讲更长时间，这是不可避免的。现在，我撰写《总司令的思考》，有些文章非常短，有些更长些，这取决于事情及其复杂程度的要求。

我认为，讲话总是比写作更自由。但是有些书面讲话也有优势，即写作的技巧有所不同，书面表述可以更准确，甚至是精确。

书面讲话有优势，对同声传译也是如此。发表没有书面稿子的讲话含有较大的风险，因为翻译会感到费劲，涉及几种语言。如果你想获得更精确、更严谨的效果，使用更短的时间，表述更加准确，那么就使用书面讲话。

在口头讲话中，你可以边讲边斟酌表述方式，遣词用句。因此，口头讲话会更有张力，你会处于一种更加紧张的状态，使出全力，把所思所想变成语言，并表述出来。当你有书面讲话稿，只念就可以了，不用思考、构思想法、遣词用句，仅仅朗读而已。对于登上讲台发表讲话的人来说，这样更舒服些。

我认为，长篇讲话由于涉及各种主题，总能够在每个专题上吸引兴趣。实际上，这不是一篇讲话，而是很多篇讲话，每个讲话都有资料、数据、提供论证，还表达一种激动人心的情感。比如一篇代表大会的长篇讲话就是很多讲话的总汇。

　　但是，我所观察到的是，听众更喜欢听到演讲人即席感发思想，喜欢看到他构思，运作，做出努力，面临挑战。就像诗人、歌手，即兴而发，必须构思，寻找词汇、思想和韵律。听众还喜欢看到演讲人努力创新，表达思想，解释问题。另外，公众还更信任口头讲话，而非书面报告，他们会说："好吧，这是夜晚，清晨，经过平静、冷静思考而来的东西。"

　　如果涉及科学问题，你使用讲话稿，所有人都会认为这是某个顾问、专家写的稿子。如果你进行论证，进行科学、技术性的引证，使用资料，公众就会认为你对这些资料一无所知，就像鹦鹉学舌，重复别人给你写好的东西。特别是你与专家、医生、科学家们聚会，所有人会倾向于认为，政治家绝对不会了解任何这些东西，对此一无所知！那么，他们就不会信任你，不相信你。

　　我不喜欢就我不了解的主题发表讲话。如果你了解这个主题，人们立即就会明白你是内行，讲你了解的问题、研究过的问题，你就会对听众产生更加巨大的影响，甚至专业工作者、技术人员和该领域的专家们都会衷心佩服你这个政治家了解你正在讲的东西。

　　另一方面，我经常看到，公众人物发表讲话，念书面稿子，我立即猜想这人是否懂得他讲的东西，是否掌握这个主题。有时，顾问们要求公众人物发表令人汗颜的讲话，使用本人不会使用的表达方式、与其绝对无关的词汇。我看到过总统、杰出的领导人发表讲话，使用他们不惯常使用的词汇来讲问题，一看就知道，他们对此没有任何研究。实际上，我从不喜欢这样做。如果我去做这样的报告，就会说，好吧，在顾问们的帮助下，我构思了一些关于这个或那个的意见。我很费力讲我所不懂的问题。这些就是这一时期,我在数字报刊上发表的书面文章所遵循的同样的原则。如果说以前我发表讲话,就像在谈话,那么今天我撰写《总司令的思考》就好像给熟人写信。

我从来没有上过演讲课,都是在实践中学会的。我所接受的初等教育远远不足以称为综合性教育,它十分教条。主要的科目当然是宗教历史,对于我们来讲,是十分令人着迷的。

宗教历史是一部斗争、战役和战争纪实。《旧约》是一部战争史。它神奇般地令我着迷,特别是从大洪水以来那段:诺亚方舟的建造,40天连绵大雨,神话般环境下的动物们。

书中的历史还配有图画。不仅是事实的叙述,而且寓言、史诗和故事都配有插图。所有配插图的书籍都让孩子们很感兴趣。可能还有照片、风景画、人物照、地图或图画。图形艺术对孩子们的想象力从来都有极大的影响,是一种深刻的教育方式。只是当我们长大成人后,才使用概念和抽象思维。

很遗憾,我没有学习其他民族古老的历史。实际上,我们接受了一种色彩浓厚的希伯来民族古老历史的教育及其传说,我一直认为,现在仍然认为,这是极好、极为有趣的历史、神奇的历史,但是我们受到很大局限,本可以接受更多的文明文化。

我小学和中学的童年生活经历对我整个一生影响很大,使我关注教育,认识到应该在教育方面做些什么事情。

我对科学和教育一直关注和感兴趣,这恰恰是因为我没有接受科学教育。在我一生中,关于我们所接受的教育,我提出很多重要的思想观点。这种分析帮助我发展了很多在革命后付诸实施的观念。在我们国家,教育是我们获得最大发展的领域之一。在这一领域,我们仍然在发展新的思想和观念。我想以后某个时候，我们可以回顾一下我们关于教育思想的整个演变情况。

例如，性教育，这是当前儿童和少年培养中十分重要的领域之一，我们在学校学习时，这是禁区，是不能触碰甚至不能提及的问题。因此，我们是在街头学校学到这些东西的。在缺乏关于这些问题的科学教育的情况下，我们接受的是传统教育。通过街头学校，口口相传所有这些思想，街头学校十分丰富，很多时候充满大男子主义和偏见，我们也受到这些思想的影响。我记得在自然史课程中，有植物学和动物学内容。众所周知，生命的起源完全是《圣经》说，从来没有给我们讲过任何关于进化论的东西。达尔文仅仅因为提出并捍卫进化论而受到贬斥，是渎神者，被贬到地狱最悲惨的地方，因为大自然和生命的唯一起源来自《圣经》。

我一直对植物学和动物学，各种植物，所有关于自然科学的知识感兴趣。

学校开设3门地理课程：地理概况、宇宙地理和古巴地理。地理概况从宇宙讲起：星球、行星、月球、公转和自转运动，已经谈到光速。物理课当然谈得稍许多些，谈到声音和声速。宇宙地理讲宇宙，我特别喜欢它的一些基本原理。我在五年级第一次获得这方面的知识。在多洛雷斯学校，我学了宇宙地理，讲太空地理知识。我很快痴迷所有那些神奇知识，这真令人难以置信。那时，我们离太空之行非常遥远。那是1937年，在科幻中谈论月球和火星旅行。这主要在书籍、电影和一些科幻电影中有所涉及。已经谈到激光射线，一些武器，如步枪和手枪射出的子弹是激光。

关于宇宙、行星和太空的规律和现象，我很早就有比较实际的了解，是在五年级学到的，此后就再也没有忘掉。

可以说，所有课程我都喜欢，尽管语法比较吃力：语法规则、名词、前置词、动词和动词变位，以及西班牙皇家语言科学院制定的变化规则。对我来说，适应皇家语言科学院确定的语言变化和重音是一件比较费力的事，没有信心学到应有的深度。但是我建议老师和学生们重视语法，在我不幸的学校学习时代，我没有予以重视。

卡秋斯卡·布兰科：司令，我不怀疑您认为各种语言的语法是费气力的，因为确实是这样，尽管如此，您学得很好。您用西班牙语写作简明利落，遵守句法规则和前后呼应。最难能可贵的是，形式和内容保持和谐一致；思想和语言的优美串联起您的语句。

菲德尔·卡斯特罗·鲁斯：我学过书写规则，重音标在哪里，我能够完全正确地使用"v"和"b"这两个字母，所有可能的规则，尽管最后总有一些词汇游离于规则之外。记住怎样书写，这就要通过记忆。当然，我并不总能绝对保证任何词汇书写都不发生错误。在拿不准时，我求助字典，若身边有博学的人，就请教一下解决问题。我一般书写不会错，但并不保证百分之百不犯错误。我很不愿意或拒绝去掉词汇"9月"中的字母"p"。如果某一天，皇家语言科学院强迫我去掉词汇"海湾"中的字母"h"，我会拒绝接受的。

在拉萨列学校学习时，学校安排我们从小学习法语，在耶稣会学校，我们学习英语。当然，当我学习英语语法时，感到很简单，容易多了：动词变位，难点仅在于第三人称单数变位，必须添加一个烦人的"s"，形容词是中性的。我开始接触一种更加实用、更有技术性、更简易的语言。

在法语中，我们遇到所有的变位问题，另外还有西班牙语中没有的问题，即发音。在英语的句子中，动词变位更加容易。但是发音是个大问题，我曾认为，现在依然认为，将来还会这么认为，英语的语音不合逻辑，另外，辨认不出来，我完全坚信这一点。归根结底，我还是选择西班牙语，尽管它有书写和动词问题，它确实是合乎逻辑的语言，每个字母都有发音，我觉得不仅西班牙语，所有语言都应该是这样。这更简便，不会有发音问题。

我在读《圣经》时了解到，语言起源于人们疯狂地试图建造一座通向天堂的巴别塔。现在我知道了，在巴黎公社和近代的共产党人力图到达天堂很久以前，从《圣经》时代，人们就做出尝试，建造一座塔。据说，作为对这种罪过的惩罚，上帝创造了各种语言，让人们之间产生混乱。我认为，用不着发明各种语言在人们之间制造混乱，因为很多时候虽然讲同一种语言，人们之间仍存在混乱；在另外的时候，人们讲不同的语言，却能够相互理解。那是我第一次对语言的起源有了认识。我觉得所有这些都很好理解。后来我学习《圣经》，知道什么是起源，不仅是生命的起源，还有所谓的语言的起源。我在发音和语法学习方面费力气，但是说句实在话，在语言科目考试时，我的成绩并不差，并不令我沮丧。

我记得，在多洛雷斯学校学习时，我曾用英文给（富兰克林·德拉诺·）罗斯福写过信，这证明我的英文水平有很大提高，尤其是，这是一种十分大胆、果敢的行为，敢下决心与罗斯福通信。对我来说，他是当时最著名和最有威望的人物之一。我记不清楚了，我记得给他写了两封信。

我觉得这发生在战争初期，1939年的时候。我们学习英文，不知道是五年级、六年级还是七年级，反正是那个年代。英语被视为第二语言，我觉得这并不坏。我们无法避免，英文十分重要，这是英国帝国和殖民主义的产物。

我给罗斯福写了两封信：第一封练习我的英语，向他致以问候。首先，人们向来尊重美国人，甚至认为他们给我们带来独立。这里掺杂了对历史的曲解，难以置信！客观事实不能证明这一点。

历史课给我们讲美国人是古巴伟大的救赎者，实际上我们变成美国的经济、文化和政治殖民地。我在多洛雷斯学校上学时，尽管我的老师是西班牙人，他们遵从官方的口径，即尊重学校的教学和国家官方历史大纲。他们首先关心其他方面，并不是政治本身，而是宗教方面。我觉得是关心整个社会制度，不让其发生变化。学习英文与现行社会制度并不矛盾。占统治地位的社会阶级和所有因素都处于那种状态之下，绝对不与现存社会制度发生冲突。可以说，我们的耶稣会老师们是右翼的，不是左翼的；也不属于解放神学。解放神学当时还不存在。老师们是十分右翼的。当时西班牙战争已经爆发，他们是耶稣教派，几乎所有的教派都站在所谓的西班牙民族主义者一边，站在佛朗哥一边，反对共和派。共和派被称作赤色分子、共产党人，等等。

在那个年代，人们告诉我们，共和派是共产党人，是赤色分子和苏联的盟友。一般来讲，西班牙共和派和民主派反对法西斯主义。但实际上，在西班牙，所有这些宗教派别都由于某种原因站在法西斯主义一边，其中的原因包括敌视共产主义。

如果他们抨击美国人，并非把美国人作为右翼分子批判，而是因为美国人反对法西斯主义。第二次世界大战已经爆发，说真的，罗斯福尽管还没有参战，却在美国国内外享有支持。他因其美国人身份，而得到拥护。但是实际上，对拉丁美洲来讲，与实行大棒外交和炮舰政策的几届前任共和党政府如(特奥多罗·)罗斯福相比，(富兰克林·德拉诺·)罗斯福是进步总统。在古巴最后一次独立战争中，(特奥多罗·)罗斯福对古巴进行干预，强加普拉特修正案。(富兰克林·德拉诺·)罗斯福实行另一种政策，睦邻政策，对拉丁美洲更具庇护主义的政策。另外，他在30年代大危机时期，于1933年上台执政。

在那个年代，1932年和1933年，由于美国爆发资本主义经济大危机，古巴和拉丁美洲陷入深刻的危机，那是饥饿、贫困和痛苦的年代，蔗糖价格暴跌。罗斯福以凯恩斯主义原则为基础，实行反危机政策，提高民众的购买力。30年代大危机结束后，随着美国经济的复苏，拉美国家经济也获得某种恢复。

在经济方面，古巴完全依附于美国。古巴的生产基本上是蔗糖，主要市场在美国，所有企业，糖厂、公共服务企业、铁路、电力、电话、矿山、大地产几乎都是美国人的。当美国经济开始改善时，古巴的经济也随之改善，从灾难形势慢慢走向剧烈程度较缓的状况。蔗糖价格回升，这主要归因于(富兰克林·德拉诺·)罗斯福的政策。

1934年，《普拉特修正案》正式废除，根据这一法案，美国有权干预古巴。在古巴存在强烈抵制美国这种特权的情绪。实际上美国不需要任何修正案来干预任何国家。

我当时完全不懂政治，对罗斯福怀有好感，他相貌气质高贵，嗓音热情。他是残疾人，活动靠轮椅。在我们国家他是英雄。那时，我在学习英文，萌发想法：给罗斯福写信，当时我十三四岁，在上六年级或七年级，我觉得是在珍珠港事件爆发之前。我在多洛雷斯学校学习，在学英语，使用一本名为《黑人家庭》的教科书，讲述的是一个家庭的生活：居所、餐厅、食品、学校、母亲、父亲和兄弟姐妹。我们在学习货币，我突发奇想，向他索取"10美元绿色钞票"。我还提到用来建造装甲舰的皮纳雷斯德马雅里矿山的铁矿，还有其他类似的东西。

这对我的英文是一种挑战，因为我本身使用的英语出自水平不发达的教学之下。我没有求助任何人帮助。写好信，投到邮局。此后不久，巨大的传闻轰动了学校。我问道："发生什么事情了？"得到的回答是：罗斯福回信了。实际上不是他，而是美国驻古巴使馆的一个部门，一个处做出答复，回复信件，这是一种惯常的礼貌规矩。信中说，收到我写给总统的信件，对此表示感谢。这成为一件大事。罗斯福给我的回信，或他的代表的回信被放在信栏中。我给罗斯福写信，他对此做出回复，这是奇闻，意味着学校的荣誉和光荣。很多年以后，在美国，还保留着这些信件，有人发掘出来并予以发表。有人说，如果罗斯福给我邮寄来那10美元，我就不会给美国带来那么多头疼的事情了。前不久，我记得在我80岁生日时，英国BBC广播公司在其网站上刊登了传真图文。

我确实收到了复函，成为学校与罗斯福通信往来的重要人物。我还年幼，几乎就做好参战的准备了。在古巴洋溢着一种古巴和美国爱国主义气氛。这是古巴资产阶级对儿童的教育。我从那么愚昧无知中解脱出来，多么幸运！但是我认为，富兰克林·德拉诺·罗斯福就像亚伯拉罕·林肯一样，是美国值得肯定和尊重的少数总统。也许冷战本来永远不会爆发，罗斯福善于与苏联发展友好关系。

自小学起，我就敢用英文写信，后来又能讲不少英文。时常阅读英文作品，经常努力增添自己的词汇，我不仅对讲英文感兴趣，知道英文发音不那么容易，而且也有兴趣阅读英文，索取英文作品。我知道大量的著作是用英文写成的，实际上我也懂得，英文作为语言，作为国际交际手段具有重要性。就我个人而言，与美国总统的对抗造成一些消极的心理效应，我不再讲英文。缺少接触、联系和机会也影响了英文的使用。我曾一度练习英文，借助字典，阅读我熟悉的一些材料，有关林肯的两或三部生平纪实，了解一系列词汇和术语。这需要系统的努力，而我没有能够持之以恒，说实话，我有把文件甚至书籍送去翻译的有利条件，失去被迫自己去做的可能性，这方便工作，却减少了我提高语言水平的可能性。

大不列颠帝国在前、美国在后，它们是英文成为通用语言的原因。有时我说，殖民主义为我们很多国家遗留下来的唯一有用的东西就是语言，给我们留下与其他国家进行沟通的手段。这是殖民主义留给我们的少数积极的东西之一。

毫无疑问，在所有语言中，英文是最通用的语言。在古巴我做了大量工作，防止我们对殖民主义和帝国主义的反感，特别是对美帝国主义的反感演变成为对语言学习的排斥，必须坚持这一点，防止忽略语言学习。说来荒谬，我不得不主张保持和发展英文知识，因为我明白且需要指出，每个同胞、科学家、医生，每个技术人员，除母语外，应该学会英文，如果可能的话，尽管更加困难，要学会俄语、法语和其他语言。

英文的通用性不容否认，应该成为掌握的对象。另外我认为，由于它相当具体和精确，是一种科技语言。毫无疑问，在科技研究中，英文适合进行交际。我不了解德文，也不懂俄语，德文令我感到恐惧，德文词汇无止境，一个概念与另一个概念叠加在一起，就形成词汇。我记得在日本、法国、意大利、西班牙、俄罗斯、德国和中国，以及其他很多国家出版的几乎所有的最重要的科技、经济甚至文学书籍很快就翻译成英文。我发现有时候，很多珍贵的文学、历史、科学书籍用英文写成，但没有西班牙语版。

卡秋斯卡·布兰科：我见证了您非凡的记忆力，这种能力是天然的，还是训练而成的？

菲德尔·卡斯特罗·鲁斯：我因很强的记忆力而小有名气。对这些，我要加以肯定和确认。我觉得像很多人一样，我有很好的记忆力，特别是记我感兴趣的事情。现在仍然能够记住感兴趣的事物。如果不感兴趣，就会很快忘掉。给我一个电话号码，我就会忘掉，有些奇怪的名字，也是如此；但是如果是感兴趣的问题，跟我说一次，我会记住很长时间。在这种意义上讲，重要的东西，我会很容易记住。如果努力去记忆，可以记住我不感兴趣的东西。

例如，上预科二年级时，学解剖学，不仅要学习肌肉，还要学习骨骼。没有骨骼图板，所有都是书写概念，最糟糕的是，没有任何骨骼；或许老师使用了某本书来讲课，我可能没有很留意。当准备进行骨骼课程考试时，我不得不用手摸着复习：肋骨、尺骨、桡骨、胫骨、腓骨、手指骨、手掌、头颅、前额、枕骨、顶骨、锁骨、髋骨……这怎么办呢？记住一些抽象概念，一串一串的：前脸或后脸骨骼上部顶端内部骨节。

当考试来临时，没有图板，没有骨骼，没有老师给我讲解我应该学过的东西，老师在讲解的时候，我大概思想溜号了。我不得不自己学习所有的骨骼概念，一块一块地来：骨节接着骨节，骨棱接着骨棱，管口接着管口；骨棱和骨槽。

遇到这种问题，我不得不发挥想象力，强迫大脑背诵概念。但是这并不容易，必须反复背诵两次、三次甚至四次，费尽脑汁，想象是哪里的骨骼，把它找出来，知道是什么骨头。最终我都搞清楚了，但是很抽象，实际上，为什么要了解肌体骨骼的名称，如果你不去当医生的话，尽管我明白，很不错：当别人对你说骨头开裂，或某个人骨头断了，你会大致知道是什么骨头，在什么方位。

如果是一本古巴历史书，通史，宗教历史书，或关于地理的书籍——关于行星，自然界，如月球离地球的距离是30万公里，太阳离地球距离15000万公里——我从来都不会忘记。我第一次读到这些内容后，一直都没忘记；或者说，光速是30万公里／秒，与电的频率相等，这些资料我从不会忘记；或者说，地球围绕着太阳转，月球绕着地球转，还有恒星和行星，最近的行星距离有4光年，只要了解或学习一次，我就不会忘记。当我看到事物，是思想，推理的概念，了解了，理解了，只要读到一次或者两次就没问题了。现在也完全如此。

在地理课上，讲授河流、峡谷、山脉、台地、岬角、港湾、海湾、港口、岛屿、每个国家的首都和各个州。那时候，还没有这么多独立国家，只有几十个。可以大致知道在什么方位，首都是哪里。现在就更困难了，有近200个国家，必须了解每个国家在哪里，怎么样，首都在哪里，国家首脑是谁，每个国家实行什么政治制度。

在那个时代，出版了一些地图，英国国土标成红色；法国是黄色；西班牙，绿色；所有国家都是彩色的，有日不落帝国，它已经占领中国的一部分。那时地理并不很难，内容令人很感兴趣，所有东西学起来都没问题，完全印入我的脑海里。地理、历史和自然科学，根据内容和资料数量，根据使用的术语，我阅读一回、两回、三回。

一般来讲，我必须是自学，不是认真听老师讲课的学生。一般情况下，没有老师能够吸引我的注意力，或让我对他的讲解着迷，对我提供极大帮助。结果是，尽管我承认一些内容我更感兴趣，在课堂上更加关注，考试来临时，我就必须攻读课文。有些老师能够紧紧抓住学生的注意力，在这种情况下，对我来说就很容易了。但是在其他情况下，我必须靠自学。

后来，我不仅自己学习解剖学，而且还有物理、化学、数学、生物学和几何学，复杂的课程和问题，例如各种定理，只要有包含所有理论的教科书就足矣。当考试临近，我的大脑神经细胞就兴奋起来，通过教科书或通过讲座，完全弄懂了几何学、生物学、数学、化学和物理学。

确实可以说，我上课的时间都荒废掉了。应该算一算，我在课堂上花费那么多小时，却不知道老师在讲些什么。我的想象力驰骋四方，我总是喜欢发明游戏，与同桌聊天或思考其他事情。我思考的东西五花八门。从很小起，我就经常想女孩子，柏拉图式的爱恋，思慕柏拉图式的恋人。有时候会爱慕成年人，譬如女青年利泽特·马索拉·维加，我寄居的房东，西班牙商人的女儿。我不敢向她表白，怕不被理睬，遭到碰壁，遭遇推搡，什么事情都有可能发生。很小年纪我就有某种浪漫趋向，这种因素一直存在。

我的想象力也涉足历史、重大事件和战争。在《圣经》中，讲授的首先是冲突、战争和史诗。在宗教历史中，从头到尾讲述的是战争，我也变成战神，参加所有那些战役。当然，一离开课堂，我思绪万千：竞技体育、篮球比赛、足球赛、大海中的搏斗、垂钓和对某位女孩的思慕，想各式各样的事情。上课时，戏耍时，或用字母做游戏时，用图片进行海战时，我思绪驰骋。我想方设法与旁边的同桌或后面的同学玩游戏，什么事情都发生过。

后来，在体育方面我有很多遐想，想到竞技比赛和各种事情。最糟糕的莫过于被逼迫坐下来学习。上五年级时，晚上，我被迫连续学习两个小时，关在炎热的小屋子里，学习几何、历史、数学、语法或任何其他科目的课本。我喜欢发明游戏，自己团一些纸球做军队，进行组织，用一些军队攻打另一些军队，把它们调度过来，调度过去，任意摆布。发明类似的游戏，我想所有的男孩子都这样做过。此时，确实需要动用可观的想象力，因为会持续一个小时、一个半小时，其间，我被关在那里被迫学习，实际上我没有学习任何东西。在西班牙商人家居住时，我浪费了时间，有了这种经历。

如果当时给我好的书籍，没有逼迫我，从很小年纪，我就会阅读大量书籍，但是我不得不把时间用来发明游戏，用随便任何形式消遣。当时，根据课程和其他场合，我以不同形式发挥自己的想象力。

在教室里，有一定的监督，有更多问题，但是当我独自封闭在小屋里，待上一个小时或一个半小时时，情况会更糟糕，我没有漫画册可阅读，也没法观察任何人，所能做的事情就是做发明，打发时间。我有不知疲倦的想象力，会在不知不觉中度过整堂课。我想到的问题各式各样，想到的事情光怪陆离。

那时有十分重要的冠军赛举办。我花费时间想象马上要参加的下一场篮球赛，或下一场棒球赛。谁进行比赛，怎么比赛，要击打多少棒，要打败多少人，会灌进多少球，会上场多长时间。在体育赛季,我花费很多时间干所有这一切。总有某个女孩子,有柏拉图式的爱情相伴随。总之,不知道上课荒废了多长时间,然后,我必须自己学习所有课程,尽管没有办法,我也听了一些课程,如英语课,为了掌握词汇和发音。

但是,我相信,也是我要劝告学生们的,不要在课堂上浪费时间。尽管手头有课本,听老师讲课会有特殊的帮助。我奉劝学生们在上课之前,要读完课本、进行预习;上课时认真听讲,利用时间来巩固知识和扩大知识。如果我有现在的经验的话,会这么做的,因为这会有极大的帮助。

我有能力解决问题,获得好分数,有时获得优秀成绩,但是没利用好时间。我觉得听老师讲课,与老师进行讨论,时间过得飞快。对正在讲的内容进行预习,就能更好地吸收课堂上讲的课文,就能在学校学习期间获得更多的收获,利用好时间,利用剩下的时间巩固和扩大知识。因此,我那时的做法值得进行最严格的自我批评,我绝对不建议任何人那样做,要反其道而行之。

我认为老师应该有足够的技术和技巧抓住学生的注意力,发现所有人都在课堂上认真听讲,孩子们没有顺从自己极大的幻想,思想开小差。我认为这是反自然的,几乎是一种惩罚:10岁到14岁的孩子们,上午坐在那里4个小时,中午4个小时,下午或晚上2个或3个小时,关在教室里。这种年龄,坐在那里10个或12个小时,实际上并未遵从其生物特性进行发展。因此十分重要的是,学习也要与劳动、体育,与生理活动、探索活动相结合。

当然了,我所上的学校远非理想的学校,我也不是学校理想的学生。但是我完全相信,在合适的学校里,我完全可以被有能力的老师征服。毫无疑问,像我们现今的学校,具有丰富的综合多样化:学习——劳动——实习车间——社会服务——体育,我也会很感兴趣,因为我认为这最符合人的天性。

问题不在于强迫学生面对黑板和老师坐多少个小时,而是教育质量,你利用这些时间的强度如何,把这些时间与对知识的渴望结合起来,一直保持对知识的饥渴。我认为,我所经历的"监狱"学校,折磨人的学校,无论对我还是对任何其他孩子来说,都不是理想的教育机构。在这种意义上,我们在革命中做出很大努力,力图创造理想的学校,建立最好的教育机构,培养最好的老师。

我不是特别捣蛋的孩子,也不是十分不守纪律的学生,不那么散漫,我认为所发生的事情与这一点有关,即我的性格和从事方式与学校的类型发生冲突。但是尽管如此,如果当时我有好质量的老师,我就能更好地利用时间。

存在一种传闻,说我学习某本书的一页,只读一次,然后就撕掉它,可实际情况如何呢?我在预科学习时,尽管在课堂上不大注意听讲,分数却很好。我从事体育活动,然后在期末进行强化式学习,甚至压缩睡眠时间,结果获得好成绩。考试在学校进行,因为虽然我在私立学校上学,其教学大纲与公立学校是同一个。我学习成绩很好,好多次超过那些占据头名的学生,因获得好成绩而享有荣誉。

有一次,在第一学期,我的考试成绩大致不错,获得60分,这是通过考试的最低限。这门课叫作民事课,是教学大纲的一部分。教学大纲包括逻辑学、心理学、哲学和政治经济学。贝朗德·圣佩德罗是这些课程的老师,他就教于我前面所说的维达多学校,是学生们必读教科书的作者。在这些教科书中,每本书涉及一个教学大纲。如果教科书有水平的话，这也不坏，但是老师作为这些书的作者的收入有可能高于他作为教师的收入。书很厚，很多页，有 400 页或 500 页，包含很多内容，但我认为内容贫乏，十分抽象。

到了第二学期期末，我习惯于获得好分数，恼火低分数。我自问道，我的答案大致不错，为什么这个人给我打 60 分。在课程学习中，我决定原原本本地把它背诵下来。教科书共有 300 页，我应该是阅读了 4 遍，也许 5 遍。直到期末，情况还算不错：我读了第一遍、第二遍、第三遍，到最后一遍，我对老师、对课程和所有人感到恼火。

一天下午，我在足球场边的树林里阅读，当我最后一遍阅读那本书时，受尊严驱使，一页一页地撕掉那本书。我已经把 300 页都背诵下来，现在仍然记得其中的几页，例如：

当人民强力萌发民族性的理想，努力从妨碍他们自由选择政治自决的桎梏中解放出来时，他们很快就会感觉到争取一种象征标志的渴望，这种标志就是旗帜。

所有这些都是在说旗帜，这用什么方式说旗帜啊！那门课程多恐怖啊！于是我——嘶！嘶！撕书不是在第一遍，而是第五遍阅读的时候。我感到已经百分之百地掌握了这门课。凭着阅读 3 遍，我可以获得杰出成绩，凭着第四遍，可以获得 100 分，但是为了掌握所有细节，我阅读了第五遍。我撕书的频率是 10～15 页／小时，那么，300 页，需要 10～15 个小时；阅读三遍，需要 3 天或 4 天时间。那次，因那门文学课程，我对那位老师有瞧不起的感觉，但是我并不是每天都这样，因为我没有理由老是撕书。

这就是那个传闻的实际情况。人们似乎只看到我在考试前撕书，扔掉书页，仅此而已。

最后，我去参加考试，面对提出的问题，搞不清有多少了，我原原本本地按照课本的内容写上答案，老师又给了60分，同样的分数。他并没有看我的答卷，没有时间看答卷。我照他教科书上的内容原原本本写答案，就像照着课本宣读，他又给我60分。你看，我们国家的人过去就是这样。

那个人做了些什么？他写书有大纲，应该根据大纲写作，没用的东西谈得越多，荒谬绝伦的事情写的就越多，就有更多的废话；书本越厚，卖的钱就越多，挣的钱就越多，而我们花费的工夫就越多。所有这种荒谬的事情我都经历过。我成为可怕的、难以置信的资本主义教育制度的牺牲品。但是我在其他场合已经谈到过，我在对历史进行补偿，用在教育方面做出的努力进行彻底的报复，使古巴成为世界上教育最先进的国家之一，我们还面临着未竟的事业，教育质量水平将愈来愈高，愈来愈高。对所有那种教育，那些老师和那些事情，我进行了彻底的历史性报复。

在我生活过、遭受过、忍受过的所有个人经历中，在教育方面做出的努力中，我具有实质性、绝对的和巨大的兴趣，我不想让这个国家新的一代代青年人像我那样遭受折磨。但愿在其他地方，其他国家，当然是部分国家，不再有这样的学校、这样的老师、这样的书本和小册子，绝对不会再发生任何这样的事情。

确实，这是一种艰辛的经历，是我在公立学校和私立学校、在中学和大学的经历。对那种教育制度存在的问题，我刻骨铭心。

对我不想扩散的传闻，这是客观而清晰的解释，我想这样说：是的，教科书我曾读过。我并没有照相式的记忆力，过目不忘。但是，如果给我一份感兴趣的资料，我就不会忘记，只要浏览一次，就会记住很长时间。例如，任何一份关于我国公共卫生指数、儿童死亡率的资料，关于经济、发展、增长和生产基本指数的资料，我只看一遍就不会忘记。我记得我国经济所有的基本资料。

我也不会在头脑中囤积没有用的资料。我会对这些资料进行筛选，根据我的评估，选择那些感兴趣且重要的资料，完全记忆下来，当我进行分析时，这对我很有帮助。这需要你感兴趣，知道涉及什么问题，浏览一下就足以记住资料。有时候，用几秒钟过目，我就会记住，而且长久记忆犹新。

现在，很难强迫我去学习骨骼的抽象概念。我觉得我已经自主、独立和自由，不会有人强迫我再去背诵骨骼的概念。只有在我14岁或15岁时，才被迫这么做，但是现在再也没有人能做到这点。我自己管理自己，阅读、研究、学习，记住我感兴趣的事情。

哈瓦那．贝林学校．比兰的拳击手．祈祷和祈祷．在耶稣会教徒的伴随下成长．历史．听收音机广播：乔·路易斯与马克斯·施梅林的拳击赛．乌托邦．马克思和达尔文卡秋斯卡·布兰科：司令，对内心来说，首次看到外海，就像发现宇宙的浩瀚无边，您刚到圣地亚哥，就获得这种感受。几年以后，您到了哈瓦那，离比兰的家更远，当您离开多洛雷斯学校，到贝林学校，几乎在岛屿的另一端，这时您有什么感受？这种变化对您的生活意味着什么？

菲德尔·卡斯特罗·鲁斯：到另一个学校去，这是我自己做的决定。我与圣地亚哥多洛雷斯学校的耶稣教徒们度过了五年级的大部分时间，六年级2/3的时间，因为在医院度过了剩下的1/3时间，整个七年级，及预科一年级和二年级，总共5年时间。我在那里的生活十分精彩，没有发生任何问题。那个时期有很多逸事可以讲：从事大量体育活动，得到同学们、学校老师们以及所有人的尊重，学习成绩良好。

我在学校感觉惬意，但是已经发觉，与耶稣会在哈瓦那开办的另一所伟大的学校相比，那里不算什么。时常有关于贝林学校的介绍材料，贝林学校有这些东西：游泳池、田径场那种设备，那么多篮球场，应有尽有，对青年人、学生、田径运动员来说，那里是理想的场所，我兴奋了。

当然，我在迅速成熟。虽然我在耶稣会学校上学，每年却有3次假期：15天的圣诞节假、8天圣周假和3个月的暑假。所有假期我都在家里度过，在比兰我是自由人。我记得在那些无忧无虑的幸福日子里，我们把体育活动带到比兰：踢足球，就带去一个足球，做个大门。甚至在家里的走廊，还安装一个篮球筐。我们踢足球，玩拳击，跑步，游泳，最初使用弹弓，后来用猎枪狩猎。

卡秋斯卡·布兰科：您的哥哥拉蒙记得，您独自去吃甘蔗，然后去比兰河和霍伯湖游泳。

菲德尔·卡斯特罗·鲁斯：有一次，暑假期间，我们不知从哪里搞到钱，买了拳击手套。不是专业性的而是业余爱好者比较厚重的手套。院子围墙是圆形的，我们设置了4个柱子，找来放牧用的十分结实的绳子，串联起来，做成拳击台。把院子改装成圆形体育场！谁也不会拳击，我们也不会，但是每天我们都去那里，上午用来练拳击。只是在对方更换或给我更换拳套时，我才会住手休息。这种拳击格斗不像拉蒙曾让我进行的格斗，使用拳套，我年纪更大些。我的经纪人是拉蒙，他让我做职业拳击手，但是不下赌注。

我的角色是什么呢？早晨很早便戴上拳击手套，3个小时进行格斗，多亏手套相当结实！我与各种对手格斗：像我这样身材的，更魁梧的，更小巧的，更精瘦的。我们不使用保护装置。我至少练就了整个上午与所有人格斗的耐力。

有一次，我险些被击倒。一位联合果品公司的牙买加裔小伙子，粗壮，比我高，击中我的头部，令我眼冒金星。我记得这是我挨的唯一一拳，从上至下击中我。我们继续格斗，我做出反应，但是我险些被击倒在地。后来我们成为很好的朋友，我总是对他说："你还记得给过我一拳吗？"

我从来没被击倒过，因为拳击手套相当厚大。不用说，这种厚度保护了我们，如果是职业手套，我就会经受不住了，会经常被击倒。那些手套击中，会把脸打红，但不是职业拳击使用，实际上是训练使用的。尽管如此，我挨了一拳，险些被击倒。

我还独自远途探险。在比兰，我干事情均独往独来。另外，在家里的威望与日俱增，我进入预科学校，这是一件大事。当时我已升入预科一年级,这简直是特大的事情!我似乎成为家里最优秀的学生,大孩子们中的最好学生,在家里获得很高评价。

我是家里最有学问的成员之一,受到父母亲的青睐和尊重。所有这些使我获得相当大的自由度。我觉得从12岁开始,就可以骑马去皮纳雷斯德马雅里,或到任何想去的地方。到山区,皮纳雷斯劳工们的驻地,到外祖父家去,那时他已居住在离我家4公里远的地方。我可以任何时间起床,卧床休息,随便去哪儿,使用枪支,独自行事。

我是寄宿生,但并不总关在学校。我与大自然进行接触,在比兰过假期时,我拥有自由作息制度,几乎过成人生活。因此,毫不奇怪,当时我受广告宣传的影响,决定到贝林学校去读最后3年的预科。我把想法告诉父母亲,他们很高兴,没有表示任何异议。那个夏季,我已满16岁,是适合上这种水平学校的时候了,因为我已经部分挽回最初荒废的时间。我参加了多洛雷斯学校16岁年龄组的体育队,不过我还是乡村小伙,出生于农村的外省人。

我决定去贝林学校,父母同意了。我开始购置箱子、服装,因为要去遥远的地方,另外,那里花费要昂贵些。多洛雷斯学校的花费是30美元,贝林学校是50美元。不过耶稣会神父们不挣工资,因此可以认为在贝林学校并不那么昂贵。实际上,他们以低廉的成本支撑一所相当有质量的私立学校。当然,要知道在那个年代,50美元可以成为一个教师的工资,很多工人都挣不到50美元。

学校有不知什么年代建造的高大建筑,有1000名学生,150名寄宿生。我从来没去过首都,不知道哈瓦那城是什么样子。虽然假期和无拘无束的生活快要结束,快要开学了,我十分兴奋。我选择了自己的道路,也选择了要经受什么种类的奴役,什么样子的"牢狱"。

我兴致勃勃地走向新的"牢狱"。

在阿尔托塞德罗一家商店，我添置了衣服。此前，在穆涅卡商店已经买了几件，就是那个西班牙人在圣地亚哥开办的商店，我第二次寄宿而且没挨饿的房子的主人那里。我在那里曾进行过抗争，离开了，但是我们保持着友谊，仍然在他的商店购物。当然，我并不大在意服饰。我记得买了一件说不出什么颜色的西装上衣，灰红色，有些奇特，带格子的，款式较长，两排扣。我觉得如获至宝，你会想到，我买的什么玩意儿，我还觉得挺好。还买了内衣、毛巾、床单、鞋子及各种东西。另外在那里，我还购置了一套制服和一件外出休闲装。

买了两箱子衣服后，我独自乘火车奔赴哈瓦那。将要成为我教父的菲德尔·皮诺·桑托斯接到通知，约好去接我。他已经当选议员，住在维塔多区。

我大致中午时分登上火车，经过长途跋涉，次日清晨抵达哈瓦那。我从未经历这样800多公里的长途旅行。我兴奋地观察一切：铁路、城镇和村庄。火车途经卡马圭图纳斯。像16岁这个年纪，我总有胃口，第一次在餐车上点菜单吃饭。吃了午饭，又吃了晚饭。路过卡马圭站时，买了牛奶甜食和大薄饼干，因为我有钱了，揣着200比索。到学校后，我得交纳第一个月的费用，买书、衣服、制服，添置在哈瓦那学习的必需品。

我现在仍然清楚记得，那是1942年的一天清晨，我抵达庞大的终点站，感觉就像6岁第一次到古巴圣地亚哥一样：一座天桥，巨大的车站，十分喧闹。未来的教父在等我。我走下火车，行李员扛着箱子。我们登上公共汽车，沿着经过旧总统府的一条大街开过。我感觉就像在圣地亚哥一样，哈瓦那是庞大的城市，比圣地亚哥还要大得多，

4层或5层的楼房高耸矗立，令我惊奇不已。我们到达教父在维达多的家，逗留片刻，就去学校了。

贝林学校在马里亚瑙区，离热带歌舞厅不远，现在那里是军事大学，以军事技术学院名称为人熟知。

我兴高采烈地到达学校。很高兴从我的假教父那里解放出来，在某种程度上，他有我的保护者身份。在学校我很快与学生们建立接触。当然，我还是外省乡村小伙，来自奥连特省的多洛雷斯学校，刚走出农村。我认识了更加精灵、十分时髦的小青年们，他们出身哈瓦那资产阶级上层和寡头阶层，家里是糖厂的主人，甚至还有来自奥连特省和全国各地的寄宿生。

我在学校度过第一夜，因为我在开课前两三天到达这里。有一天，我独自去哈瓦那市区。我问一辆有轨电车去哪里，哪里有商店。有轨电车从贝林学校开往哈瓦那市中心，路程需40到45分钟。电车底部与两条轨道接触，时常脱轨，中途停车，等轮子接触好后再接着行进。

我在中央公园下车，那天我的活动项目是寻找商店，购买制服，还有制服腰带！我整日都忙于采购，天黑后回到学校。

当然，我记得首次穿上那件长长的奇特西装的模样，同学们都笑话我，说："这是什么呀，整个一乡村小伙？"我并没有发怒，我发现自己与时髦风尚格格不入。那件西装我不记得什么时间穿的，但只穿了一次。我从我的顾问、古巴圣地亚哥商人、加利西亚人马丁的儿子手里买的那件衣服。今天这是件很好的服装，因为愈奇特，愈与众不同，就愈好，愈时髦；但是那时候，还没有嬉皮士，没有长发士，也没有留大胡子的。当时，那些贵族、资产阶级寡头家庭的成员们十分骄傲于他们的习俗和时髦,大大嘲笑我一番。后来我又买了一件衣服,瓜亚维拉衬衫,花费了兜里用来买东西的很大部分钱。尽管我没有很多衣服,却至少有两三件可穿的衣服,直到革命时期来临。我记得我最多有3件衣服:一条裤子,一件瓜亚维拉衬衫,还有一件叫作猎装的衣服。当时你要是有一条裤子加一件同样颜色的衬衫,就是一套猎装。好吧,我拥有了几件新衣服,开始适应穿衣问题。

后来,当我结束在学校的预科学习时,在年末的毕业典礼上,一切都发生变化。我获得一种意料之外的经历。

卡秋斯卡·布兰科:司令,2005年末,我在智利参加国际书展,在孔塞普西翁大学出席《雪松时代》一书的首发式。您的家庭历史受到广泛欢迎,在一次记者招待会上,一位解放神学的神父问我,在您的生活中,耶稣会教徒们具有什么意义?我回顾了1971年11月,就是在智利圣地亚哥那里您与宗教界人士的会晤。您谈到存在着革命者与基督教徒结合、共产主义战士与宗教徒结合的可能性。我在回答中提到几个方面,我特别肯定耶稣会教徒给您带来很多幸福。您同意吗?您是如何评价从他们身上学到、感受到的东西的?

菲德尔·卡斯特罗·鲁斯:耶稣会教徒们实施经院哲学式、教条式的教育,这首先来源于宗教观念和生活。如果从基于信仰的一系列箴言和原则及相关解释出发,你就不会对此提出质疑,不会加以商榷,不会的,甚至会不假思索,你会绝对相信这些箴言和原则。那么你就会说:世界的起源就是这个。我们姑且称之为所有宗教流派的一种共同模式、方式和原则。

在所有那些信条中,没有任何一条可以提出商榷:什么是世界的起源；怎样创造的地球；怎么产生的最早的人，即人类；男人和女人是怎么创造的。在《旧约》中，所有这些都会得到肯定的答复。这样，你就开始了解那些人物，像亚当和夏娃，有血有肉的祖先们；祖母，姨妈，曾祖母，都是有血有肉的人，与你十分接近的人，你的祖先们。宗教教育本身以绝对教条的立场为出发点。在所有讲授给我们的东西中，没有任何东西可以受到质疑，必须相信所有一切。由此开始的教育就不会成为一种合乎逻辑的、辩证的、理性的教育，是一种求助于信仰，而非智慧的教育。我认为宗教教育可以大大实现理性化，而不是把这些东西作为毋庸置疑的真理，必须作为信仰加以接受的真理。

这种教条主义渗透到几乎整个宗教教育，其中包括耶稣会的教育。如果谈论政治，也会具备同样的教条主义性质。关于社会和历史，所有各种观点也都有这种性质；甚至与宗教无关的问题也会进行断然的、教条主义的解释，这种解释不能受到质疑。

也就是说，不能有分析和论证，更不能有标准性的反论和理论的反论，真正能够促进思维、思想和理性发展的反论。

从这种观点出发，我认为，这是一种十分消极的教育体系，因为从起点上就禁锢和禁止人的思考能力。没有教育我们进行思考，而是要我们相信，我喜欢培养我进行思考的教育，对所有问题进行理性的解释。我认为，接受这种教条主义的教育，不给思考留下多大余地，这在某种形式上会扭曲孩子的才智。

从很小时候，我就有能力明白什么是不公正现象，有能力懂得什么是凌辱，看到人类存在某种社会现象令我厌恶，但是却不能进行简明的评判，质疑所接受的教育。我们孩子们接受所有那些东西，如父母和祖父母给我们讲的历史，老师们给我们讲授的历史，给我们做的讲解。在初等教育阶段，我从来都没质疑这种教育，在中等教育阶段也是如此。

我并不轻信别人对我说的事情，最有可能的是产生浓厚怀疑。人在很小的时候相信存在东方三王，这包含些许幻想，不是件坏事，这是他最早学到的东西之一，对此，他可予以或多或少的重视。尽管这并不必然意味着怀疑所有其他传言或讲授的东西，但毕竟是虚假之说。在一年级、二年级和三年级，孩子怀着幻想，十分重视大洪水、诺亚方舟、摩西和伊萨克的历史，把《神圣历史》里面所有人物的历史看作十分真实的，他们在某种形式上是家庭式的人物。

当然，我后来长大了，感兴趣于其他事情，活动，体育，对那些传说和历史的印象开始淡漠，直到不再有虔诚教徒的热忱、灵感或偏好。显而易见，我没有虔诚信教的精神和思维。我开始倾心和关注其他活动。

每天，家里都要带我们非常庄重地听弥撒，进行祷告。祷告时，并不明白说的是些什么，同一项祷告词连续重复50遍。口中念念有词：万福玛利亚，主祷词，教义，到最后，丝毫不知道是什么意思了。祷告词背诵下来，同一句祷告词的重复绝对是机械性的，随意性的，从来不会考虑是什么意思。我认为这是古怪的，有些荒谬和愚蠢，没有理性。只深思熟虑地念一遍祷告词，知道说的是什么，集中思想加以考虑，这远远更合理。它就像田径运动员赛跑前，撑竿跳运动员起跳前，跳远运动员起跑前，铁饼运动员投掷前，要集中注意力一样；这要比重复1500次同一句祷告词，而从不思考在说些什么更加合理。这种做法是在练习声带，而不是开动思想、情感和心灵。就像大多数孩子们，我也是这样机械背诵一切。某些时候，如同根据宗教教育，每天都要做的弥撒和其他礼拜仪式一样，祷告变成一种惩罚，成为每天被迫做的工作。

除此之外，还教我们四则运算，这就是另一个世界了，意味着一种逻辑，一系列更加精确的推理。还有语法，表述形式，规则及其他所有法则，这很具体，也包含着逻辑性、推理和规律。地理学习的是具体存在的东西：山脉、河流、海洋、岛屿、海湾、岬角、半岛、民族、国家、首都、城市、居民、生产，这些都是具体的东西，可以实际讲授，自然科学也是如此，从小就可以讲授。历史也是这样：讲述你认为发生的事实，可以进行解释，不会因为放弃相信这些东西，就成为一种罪过。

历史也有可能向我们传递很多略有想象色彩的事件，甚至有虚假成分，有些事情发生过，有些是编造的。但是在任何情况下，研究证实了很多历史传说。当然，也改变了同一历史的很多观念，对事实的解释是十分不同的，存在很大易变性。

在历史上，最大的风险在于对事件及其原因进行什么样的解释。给我们进行的讲授十分抽象，就像成百上千年以来的各种事实进行序列式更迭，而不是进行真正的阐述和解释，讲解这些事实为什么发生。它们就像受某些聪慧、善良和有才智的人左右，或另外一些卑劣的人摆布而发生的。对首先起决定作用的社会因素不作任何解释，说明那是个什么社会，在社会生活中，生产方式、机构、文化、习俗和法律具有什么重要意义。

有时候，自古以来，自希腊时代到目前，似乎总是同一个社会，同一种社会制度，同一种人和同一些思想，甚至2500年以前的社会似乎比现在还要先进。这是一种美妙的历史，美妙的故事。那时的人们很有理性，开始读书、写字。似乎总是同样的人，有同样的伦理道德，同样的政治思想；只是希腊人更加"民主"，因为他们聚集在公共广场，"十分民主地"进行辩论。罗马似乎也是民主社会。

从来都不是这样。在学生时代，人们对我说，希腊和罗马是奴隶制社会，分为阶级的社会：少数人拥有财富和一切权利；另一个阶级没有财富，不享有所有权利，但没有处于奴隶制下；还有另一个阶级处于奴隶制下，被剥夺所有经济、政治和人的权利。从来没有任何人、任何时候对我们讲过这些，自我上学以后，甚至在大学学习期间也是如此。

我记忆中的历史就是史实纪录，任何事实都不会受到质疑，但是这不是出于信仰；是因为你相信，有相信一切的习惯。

当人生活几年后，经历一些历史事件，阅读很多历史事件的主角做出的解释，你也参加并了解这些事件，是其见证者，此时，你会发现历史遭受着大量谬误的威胁。

很多参加过我们斗争的战士在作见证时，做出的解释不同于你所参加的事件，甚至不同于你为某种特定目标而计划、组织和设计的事件。事实是同一个事实，但是却从不同的角度，从排长、战士、农民的角度加以审视。可以说，每个人从不同的角度看待，趋于得出自己不同的解释。很多时候，我十分关注以什么形式解决这个问题。我撰写1958年夏季粉碎敌人攻势的《战略胜利》一书，这就是我赋予该书的意义（《战略胜利》已于2010年出版）。我对所有那些历史事件都了如指掌，直接参与组织工作，了解行动的目的、事件发生的背景，但是，如果最掌握信息的人们不传播这种观点，那么有人怀着良好愿望，讲述自己的想法，对这些事实，最终会产生完全错误的曲解。这种事情甚至会发生在当代时期。我要自问：如果在500年、1000年之后研究这些事件，对某句话、某个思想、某项计划、某个目标加以肯定，那么怎么来明辨事实，或正本清源？

研究历史可以比历史的主角本身更好地发现和明确历史事实，也就是说，我相信历史研究，相信研究和考证方法，相信文件、证据、事实和有可能留下的痕迹，有很多方法核实事件。历史研究是一门科学和技术，可以探寻和证明记忆所不能留存的东西。

我认为这一点不容回避，即甚至需要怀疑主角们的证词，需要进行历史研究。问题不在于主角们力图撒谎，有时他们会记不清楚某些方面发生的事情，对当时看到的事情有自己的说法，并据此进行解释。我认为可以更多地相信历史研究。

当然，我们作为历史主角，可以提供我们关于那些事实的基本和实质思想、目标和观念作为证词，这些在历史研究中很难考证，除非有书面材料。但是很多时候，必须在没有文件证明的情况下工作，因为当时对某种意见或思想并没有留下书面材料。

也就是说，虽然历史从来都面临曲解、混乱和搞错，但历史研究存在，高水平的历史研究工作者存在。

在出版关于起义阶段的著作方面，我知道，多年以来，塞莉娅在历史事务办公室设立的班子开展文献研究和所有信件、函件和命令文件搜寻工作，这是重要的。这些文献可以准确地考证地点和日期。今年，就是现在，这对我很有用。研究我们的斗争的工作者可以比我们这些主角本人更好地了解斗争情况。不过，对一些基本的实质性思想，研究工作者无法准确、精确地加以确定，只有我们才能提供明证。因此从这一事实出发，我相信研究，相信历史考证。有很多十分敏锐的历史研究工作者从事这种工作。

　　我想以此说明，自从有了技术手段，我不怀疑历史。今天，有了物理－化学方法来确定物品的年代，是否存在了1500年，我认为通过碳14，可以十分精确地得出结论。或在加利福尼亚，可以通过每年春天树干上生长的痕迹，确定红杉树的年龄，确定它存活了500年、700年还是1000年。也就是说，科学有助于历史考证。当然，只有哲学和政治观念可以帮助解释历史。

卡秋斯卡·布兰科： 但是有一点，司令，是不可传授的，无法估量的：亲历和激情。这是主角们的优势。没有任何地点、时间或环境是可以在研究中重复的。

菲德尔·卡斯特罗·鲁斯： 当然，见证的价值就在于此。在历史教学和历史诠释中，存在很多重要成分，在这方面，耶稣会修士们十分教条。但是，在自然科学方面，如植物学、动物学，在精确科学方面，比如后来我学习过的物理学和化学，还有解剖学，没有教条主义教育，因为它们更要求逻辑性和理性，要解释自然现象，所有众所周知和被科学证明的事实，如电力、引力定律、物质、原子和每种物质的特殊比重。

　　也就是说，在科学课程中，我觉得耶稣会的教育是好的，因为他们有经过严格培训的教师，专心致志、潜心研究多年的牧师，他们全身心投入，有牺牲精神，清心寡欲，所有这些品德是不容否认的。作为精确科学的教师，他们是十分精良的，而在哲学、政治学，或者甚至在非精确科学方面，在历史方面，一般都持教条主义立场。

　　在自然科学和精确科学方面，他们是优秀的教师，因为很有造诣。他们严谨，有方法，有组织，有纪律，有方式，能力强，坚韧不拔，要求严格，向学生们灌输应有的伦理道德准则。在这种意义上，向学生们灌输和累积知识，而非教会他们思考和推理，虽然无助于显著培育学生的才智，但却有能力培养他们的个性，或激发他们的某些积极方面。如果你是探险者或田径运动员，成绩突出，他们就会鼓励你，发挥我们认为积极的这些品质：牺牲精神、不谋私利、忍耐力和经受风险的能力。他们和那里的氛围至少在我身上激发了这些品质。

我不认为一切都是积极的，但是也不能说都是消极的。我力图分析在什么领域、在什么意义上他们的教育更加先进，更加积极。当然，我希望从他们身上学习积极的东西，并非消极的东西，而这些消极之处令我忍受多年。儿童和少年未开垦的才智就像一团海绵，能够吸收大量知识，而我后来就是这么汲取知识的。

我很晚才质疑我的耶稣会老师们的教条主义。在这样的教育中，在从事体育活动的过程中，我度过了童年。

我觉得我有一种崇高的情感，是自然的性格，高尚的性格，自我表达的能力，对别人有同情感、正义感和道德感。这是从哪里来的？我认为耶稣会修士们帮助我形成了道德感。宗教也可以发挥这种影响。

最初的道德准则在家中学来，父母言传身教，也从老师那里汲取，或通过宗教教育获得某些道德原则：戒偷盗、撒谎、虚伪、自私，不要一切都想着自己。在基督教本身的教育中，存在重要的伦理要素，但是在家庭中，也有很多家人是你敬佩的，给你以启发，家庭成员向你灌输伦理成分。家里很难要你撒谎、偷东西，总是谴责这种品行。

我认为，在我们的社会中，也有伦理成分，其中部分来自基督教教育。另外，在我们国家也存在世俗的伦理，这来源于几个世纪的政治思想家们。

也就是说,我有了道德伦理观,尚没有哲学观,没有对社会和历史事实的解释。当我离开这种学校,开始拥有真正的政治关注点时,我实际上自己得出所有这些结论,于是,开始质疑很多东西。

我通过学习,自我政治教育得出这些结论,因为我在政治方面实现了自我教育。在所有这一学习过程中,给我最大教益的是马克思主义、列宁主义。马克思、恩格斯和列宁的著作,他们的理论发挥了最大作用,赋予我一种社会思想,形成社会观念。直到此前,我认为社会是一系列事物的组合排列,之所以产生问题都是因为人有好坏之分,残酷和善良之分,存在盗贼和良民之分。一切都源于人的美德或劣行,源于他们的错误或正确、善良或邪恶,这就能解释所有一切,而没有任何其他说道。

当我在大学有机会接触特别是政治经济学时,实际上,我首先是质疑资本主义制度,而不是学习马克思主义,不是的。我通过纯粹的逻辑推理,学习资本主义政治经济学,开始质疑资本主义制度。

我对生产过剩危机问题产生深刻印象,甚至认为荒谬至极,丧失理性,没有道理。如果生产的目的是满足人的物质需要,如住宅、衣服、鞋子、食品、卫生、福利和所有一切,那么为什么生产过剩会造成社会危机——饥饿、失业、贫困增加和人类需求的危机。当我学习资本主义政治经济学时,这就是我首先遇到的矛盾之一。这毫无道理。

另一个很困扰我的问题是劳动者不得不破坏机器的思想,因为机器剥夺了他们的就业和生活手段。我认为这完全是荒谬的,因为机器是人的智慧和才智的产物,是科学的产物,可以帮助人实现幸福,减轻痛苦和劳动强度,提高劳动生产率,增加财富。

在我们国家，我每天都看到这种情况，工人们破坏机器。农业工人们不愿使用甘蔗收割机，不愿听到谈论这些机器。机器一使用，就剥夺了他们的劳动机会，使他们遭受饥饿。劳动者们不愿采用24小时、以蔗糖散装方式装满一艘货船的制度，而坚持要求25天、30天装满一艘船的老制度，即每天8小时，把重350磅的麻袋一袋一袋扛上去。工人们受到摧残，他们的胯骨、肩膀、脊椎遭受各种骨骼问题。但是他们却反对港口实行机械化，反对使用吊车，散装蔗糖，反对所有这一切。建筑工人们反对使用推土机，因为他们会被取代，被剥夺手工劳动筑路的机会。烟草工人和卷烟工人们也反对使用机器，因为他们也受到替代。真是不可想象！

从很早起，在大学一年级，特别是二年级时，我一开始读政治经济学，就开始质疑资本主义生产制度，开始独自想象更加合理的制度，劳动者与机器不成为敌人，生产的扩大和物质产品的增加不会成为失业和饥饿的原因。我开始成为后来自我定义的乌托邦共产主义者。后来，我发现自己处于乌托邦阶段：从理性出发，构思一种生产制度，不同的社会制度，似乎根据完备的逻辑推理，推论出应该如何操作和组织一切，就能解决社会问题，而丝毫不用考虑人的历史、人类社会的结构及其演变、生产力的发展，以及对社会理性主义者、乌托邦共产主义者而言并不存在的所有要素；存在的只是错误、荒谬和愚蠢的东西，应该用其他理性的东西加以替代。这样我经过逻辑和批判分析，以自己的方式得出对资本主义社会的第一次否定。

我很快形成了自己的乌托邦，与一伙8个或10个人聚集在卡德纳斯广场，他们希望听我演说。并非我叫他们来听我演讲，而是我们聚集在一起，我进行评论，特别是对所有那些事务进行评论。

我在开始大学学习之初,得出那些结论,当时并没有接触到任何共产主义文献,也没有接触学生共产党员,当时,在大学共产党员学生少之又少。我形成自己的乌托邦思想,向所有聚集在那里的学生们宣讲,不过并未基于科学论证的视角和推理的历史基础。

我特别记得有一份政治经济学文章,其中谈到这些问题,并不是在读预科时十分浅显的政治经济学,而是高水平的研究,内容更加广泛。该书有1000多页,单面油印品。我们有个严厉、严格的老师,他不是马克思主义者,从事讲授资本主义政治经济学课程。在教学大纲中,他讲到不同的流派,不同的理论,从价值和价格理论讲起,价值怎么形成,价格怎样形成,什么是决定商品价值的要素。他说短缺或生产成本、供求关系决定商品价值,什么是价值的成因,什么是商品,怎样买卖。这涉及其中的一些问题,产生生产过剩危机和失业。根据大纲,他对所有这些进行资产阶级的解释,他认为是一种严格的、命中注定的、无可变化的和不可更改的规律,就像引力定律,像自然规律一样:"这些就是规律,在社会中发生的事情就是这样:存在着,而且永远会存在下去。"他讲的并不是自然定律,而是历史、社会和人类的规律。

当时我认为,在他的学说中哪里有些问题,是荒谬的,我就资本主义问题展开争论。我认为那是我首次质疑制度,于是开始辩论政治问题:政治手腕、腐败、偷盗、贪污、不公正和压迫。很早我就成为所有这些的抨击者。

此前我们就谈论过道德问题。我认为我所有的遭遇也促使我抨击滥用权力、偷盗和不公正现象。我所有的经历有助于形成我的道德观,反对一切形式的滥用权力行为;面对不公正的事实和决策,环境迫使我不止一次地进行反抗，这也有助于形成我的道德观。当然，我具有叛逆精神，它贯穿我的一生。我首先开始质疑的是资本主义生产制度。基于逻辑，形成这是一种没有道理的生产制度的思想，生产资料的私有制是荒谬的，这些生产资料应该为整个社会服务。基于逻辑和理性，形成一种乌托邦社会主义立场。说真的，当时我本身并不知道什么是乌托邦，也不知道乌托邦主义。后来我知道，就像我这样的人，根据逻辑推理，头脑中臆造一种对世界的看法，一种社会主义思想，就是乌托邦社会主义者，或乌托邦共产主义者，譬如托马斯·莫尔、（托马索）康帕内拉等人，柏拉图的《理想国》也是一种乌托邦。我从书中了解了这些创造乌托邦、社会形式、生产和组织形式的人物，这些形式是头脑臆造的，没有历史基础，也没有科学基础。

我的思想是乌托邦主义的。但是这个阶段却十分重要，因为当我第一次接触马克思主义文献或马克思主义理论时，它使我头脑极具接收端口，因为在政治经济学的某些部分中，乌托邦主义者罗列并相当详细地分析了不同的经济理论或流派。于是我产生兴趣，发觉存在不同观点：存在乌托邦社会主义者、科学社会主义者、无政府主义者、资本主义者、资产阶级不同的经济理论和流派。当时我阅读了这些文献。

不仅政治经济学，而且国家通论和工人立法也研究哲学和政治学流派。除了法律，我选择了第二门专业——社会科学，它包括政治学说史和社会学说史课程。稍后些讲授工人立法课程的老师们曾接受马克思主义教育，其中一些人在政治立场和行为中已与马克思主义没有丝毫关系，甚至结盟于资产阶级政府，但是他们在青年时期属于大学左派或共产党人，接受过马克思主义教育，只是少数老师如此。例如，讲授工人立法课的老师叫奥雷利亚诺·桑切斯·阿兰戈，他受过马克思主义教育，这当然反映在他的工人立法著作中。另外，他们也有些自豪地坚持自己的立场，因为他们发现，同其他找不到方向的老师相比，自己的观点要更正确。当时，他们所著的书籍包含很多马克思主义要素。

在我们的老师中有劳尔·罗亚，在反对马查多的斗争中，他是左翼人士，在大学中德高望重。他接受过马克思主义教育，还具有极高的想象力和创造力。他是社会科学教授，出版过一部关于社会学说的著作，该书使用阶级方法分析历史和不同的社会。

有时候由资产阶级老师涉及，有时由接受过马克思主义的老师论及的这些问题使我熟悉了关于历史和社会的各种观点，这种状况一直延续到我首次读到《共产党宣言》。当时大致是1946年和1947年，我读二年级、三年级的时候。我20岁的时候接触了马克思主义文献。当时头脑很单纯，没有受到扭曲，很有接受能力。从6岁或7岁挨饿时候起，在具备了我所有的经历后，经过所有的斗争后，我的头脑就像一块海绵，吸收能力极强。

卡秋斯卡·布兰科：司令，我认为，2003年您在接受法国记者伊格纳西奥·拉莫内采访时，用诗歌方式明确了阅读马克思主义书籍对您生活的意义。您当时说的话我几乎都能背诵下来："这在政治方面揭示了我独自得出的结论。我曾说过，如果乌利塞斯被美人鱼的歌声所陶醉，我则被马克思主义揭示的无可辩驳的真理所吸引……我就像森林中迷路的梅花鹿，或迷路人，不知东南西北。如果你不真正懂得阶级斗争的历史，或至少不清晰懂得社会分裂为富人和穷人，一些人奴役和剥削另一些人的思想，你就会像在森林中迷路，根本无所适从。"

菲德尔·卡斯特罗·鲁斯：是的，我最早读的马克思主义文献是《共产党宣言》，它给我留下深刻印象。它问世于19世纪，1848年，160年前，早于《资本论》和马克思和恩格斯其他的基本著作，我真心地推荐给所有人，劳动者和资产阶级。

卡秋斯卡·布兰科：今年（2010年）1月8日，您对我提到过，您对这一情况感到很惊奇，仅仅在10年内，就产生了两种关于社会和自然知识的关键性理论。一种理论在政治科学领域，即1848年的《共产党宣言》；另一种理论是关于精确科学的，即1858年[1]问世的达尔文的《物种起源》。

菲德尔·卡斯特罗·鲁斯：确实是这样，这两种理论的启示能力令人惊奇，为我们指明关于世界和人类社会的知识。马克思和达尔文的一生，还有他们极大的贡献值得加以研究，没有他们的贡献，我们不仅无法了解今天发生的事情，而且也不会懂得人类未来面临的巨大挑战。就像我对你说的，在大学学习期间，我搞到了《共产党宣言》，对这些问题着迷了。我从中发现了巨大的逻辑性，巨大的力量，雄辩而简明扼要地阐述社会和政治问题的方式。我记得其中有句话是这么说的：你们资产阶级指责我们要消灭私有制，而对十分之九的人口而言，私有制已经被消灭了，只剩下十分之一的人占有财产，而且靠的还是别人一无所有。还说道：你们资产阶级指责我们力图实行共妻，而你们并不满足于共妻，财产所有者的女儿们以相互诱奸为快

---

[1] 原文如此。——译注

乐。其中提到一个伟大的真理，即资产阶级的女儿们为婚姻和社会包括贞操和所有其他品德而接受教育，而贫苦农民们的女儿，工人、无产阶级的女儿们则必须到妓院去，必须到资本家家里去做佣人，受到各种勾引和性施暴。

稍微有些头脑和普通意识的人都会发现马克思说出了真理，那些无中生有诬蔑社会主义想共妻的人，实际上共妻了，还霸占了社会上穷苦人的女儿。

就这样，我日益感受到一系列真理赋予我力量，逻辑性和极大的表达能力，甚至还带有特殊的风趣。谁也没有给我讲解过《共产党宣言》，从未讲解过理论学说。我无须感谢任何人，就这些问题在政治上努力引导我。当然，一经接触这些文献，就像维克托·乌戈说的，"我头脑中便掀起暴风雨"，它就像海绵，贪婪地吸收真理和知识。

由此，我开始了政治－革命觉悟加速提高的进程。当然这不是唯一的要素，我一直沿袭着古巴的历史传统，高度崇敬我们的爱国者马蒂、塞斯佩德斯、戈麦斯和马塞奥。我在成为马克思主义者之前是马蒂主义者，十分崇拜马蒂，经历了马蒂思想教育阶段，我独自阅读他的著作。十分感兴趣马蒂的作品，通过了解古巴历史，开始走上那条道路。

在进入大学之前，我是探险者、登山健将和田径运动员，从事各种体育活动，实际上，没有涉足政治领域，那对我是个禁区。或许以前少年时代对政治有些印象，觉得是武力和滥用权力，看作是巴蒂斯塔军队的极大权势、大男子主义、军阀和军人们的事情。这些因素灌输给我并发展起来，形成我的抵触情绪：看到的是傲慢、权势、大男子主义、对人滥用权威、恫吓、恐吓和实施恐怖。对此，每天我都耳闻目睹，形成一系列厌恶印象，讨厌那种权力形式。从小小年纪，我就十分排斥那种武力权威形式，谁有枪炮，谁就有权力，就可行使权力：士兵们殴打老百姓，为非作歹，留下毫无理由草菅人命的印象。

自13岁起，我就目睹了选举过程。看到军队干预选举进程，用武力阻止成百人投票。这使我产生一系列观念，但是这并没有促成我的革命思想，而是对那种滥用权威的谴责。

1940年，我哥哥佩德罗·埃米利奥竞选某个反对党的议员。我记得那时我在度假，甚至还帮过他，骑马到农村去游说农民们。他们很多人不会读书写字，我教他们填写选票：怎样写选票号码，哪个是该党的标志，因为投的是偏好选票，可以选择一个总统候选人及一个议员候选人。当时那个党是巴蒂斯塔的反对党，我教给邻居们把议员选票投给佩德罗·埃米利奥，顺便也教他们把总统选票投给那个反对党的候选人。

这样，佩德罗·埃米利奥除了是我的哥哥和好友外，还要在那种政治环境下竞选议员。我这么做，是希望佩德罗·埃米利奥当选议员，因为他很看重这些，认为十分重要。另外，虽然他是父亲前一次婚姻生的儿子，对我却一直很友好，十分亲切。

他对我做了些政治工作，讲了不知多少事情，还做了选举许诺，要送我一匹好马。这样，我个人对他当选议员十分感兴趣，为他提供帮助。另外，我动员了成百个农民，所有邻居们都去投佩德罗·埃米利奥的票。选举发生在5月或6月，当时我大概13岁。

选举那天，在比兰的各个投票站，巴蒂斯塔的士兵们端着带刺刀的步枪，把选民们分成两行：为数寥寥的巴蒂斯塔派；10倍之多的巴蒂斯塔反对派。很自然，受到家庭、地主、从政军士们的影响，无论出于任何理由，人们还是希望投佩德罗·埃米利奥的票。这时，士兵们说："来，你们投这个政党的，站在这里；投另一个政党的，站在那里。"他们不允许任何人投反对党的票。我记得看到那些场面，我对选举产生兴趣。佩德罗·埃米利奥的拥护者投票了，人数很少，因为他们被驱赶到巴蒂斯塔那边去了。这种情况发生在所有投票站。仅在那里，他就损失了几百张选票。

最后，佩德罗·埃米利奥没有当选，因为他缺了 82 张选票。仅在比兰 3 个投票站，士兵们就让他损失了五六百张选票。我为此难过，记得自己义愤填膺，当时，士兵们甚至开了几枪。巴蒂斯塔自然赢得选举，在很多地方，不选他就不让投票，他怎么能不获胜呢？巴蒂斯塔就这样赢得了 1940 年的大选。

我 13 岁时就有了这种经历，参加竞选运动，获得了我的印象。懂得士兵们是为非作歹者，用鞭子抽打，用枪威胁人们，这激起我对用恫吓和恐怖手段维持权威的厌恶。作为少年，我心中激发出一系列好恶情感和态度。

从我 6 岁到结束预科四年级学习，国家处于巴蒂斯塔政府虚伪或赤裸裸的统治之下。那是个腐败、黩武的政府，我对所有这一切充满反感，不仅是因为我所说的这些，而且因为每天都可以看到宪兵们依仗武力，傲慢地炫耀权势。我有时看到他们欺负农民，令人惊奇的是士兵们没有与我发生冲突，因为我有朋友。我没有问题缠身，他们对我有所忍让，因为我是唐安赫尔·卡斯特罗的儿子，但是我对他们感到深深的厌恶。庆幸的是当我看到士兵们欺负人的场面时，我没有被卷入冲突。当然，总有人前来斡旋。

也就是说，当我进入大学时已经有了大量经历，鄙弃很多事情，已经有一系列价值观,特别是造反精神。从小我就被迫成为叛逆者。

我第一次造反发生在1936年1月,当时我9岁。我本以为是6岁或7岁的时候,但是更准确地说,从更严格的历史意义上说,这发生在9岁的时候,我在学校上二年级。第二次造反是在11岁时候,当时我在读五年级。第三次造反发生在12岁,那时我住在西班牙商人家里。我没有把我在家里发生的严重抗议行为包括在内,当时,家里力图把我留在比兰,不让我去学习。我总共采取了三次造反行动。

最后一次造反发生在西班牙商人家里,当时,我要求送我到学校住校。我记得那时听到收音机正在广播乔·路易斯与德国人马克斯·施梅林的拳击赛,当时正在打第一回合,乔·路易斯击倒了马克斯·施梅林。这应该发生在1938年夏季。

卡秋斯卡·布兰科: 您所记得的乔·路易斯与德国人马克斯·施梅林的拳击赛是1938年6月22日,在纽约美国人体育场举行的,有8万人观看比赛。那是一场十分有名的比赛,因为要决出黑人还是白人占优的问题,尽管施梅林最后与纳粹德国拉开了距离,最初他被作为其象征。他们两人之间的友谊成为佳话,一直保持到他们生命的最后时刻。当我听说那场比赛是您童年的美好记忆时,我在因特网上搜索所有相关内容。确实,库尔吉奥·马拉帕特在他的小说《卡普特》中,描写了大名鼎鼎的施梅林的情况。根据游击战时的一张照片,您在1958年5月在哈瓦尼塔读了这本小说。

菲德尔·卡斯特罗·鲁斯: 是的,比赛惊心动魄,我一直都没忘记在西班牙商人家里,从收音机中听比赛的实况转播。在那里,我受到恐吓,说如果我表现不好,就把我送去住校,就好像做寄宿生对我是种惩罚。

我在医院住院3个月，在那里显著发展了我与人们的人文和政治关系，我从医院回到家里后不久，就决定打破那种状况，再次发动造反。那不是一种暴力反抗，但却类似于我在欧弗拉西塔老师家的第一次造反。我有自己的准则，必须做几件事情。一天下午，我回到家后，他们对我说："去学习吧。"我答道："我不去学习，我不想学习。"又命令我道："做这个。"我说："我什么都不做，不想做。我已经累了，受不了了，什么都不做了。"我罢课了，彻底违反纪律，当面顶撞。

后来的一天，我被送到学校住校。在此之前，我一直十分听话，顺从所有一切，这次他们没有办法，只好把我送去住校。在圣诞节之前，我被送到学校。这对我如此之好，在六年级时，在没有任何人逼迫的情况下，我学习名列前茅，考试成绩优异。升入七年级后，成为名列第二或第三名的好学生。我离开那最后一个家庭樊笼后，获得最理想的条件，进入另一种环境更优的樊笼：寄宿学校，先是在多洛雷斯学校，后来转到贝林学校。

这样，当我进入大学时，已经具有丰富的个人经历，目睹和忍受了很多事情，处于受束缚的环境中。

我最大的成功之处，如果有的话，就是在十分困难的条件下自我调整方向。我很幸运，实际上，在没有人指导和帮助的情况下，没有迷惘，误入歧途，没有在学习过程中夭折。如果在生活中，有人成为我的良师和引路人，我将多么心存感激啊！我只有一次获得这种机会，大概就是那个女教师，在我一生中，首次有人能在我身上激发浓厚的学习兴趣，有人为我树立了艰难的目标，迫使我去努力，那是第一次。但是真不走运，我失去了这次机会，只是由于一场疾病，也许是子虚乌有的愚蠢的肠胃病。所谓的阑尾炎是否属实，尚有待证明。

如果不是这样的话，那生活将是什么样子？也许我会成为知识分子，我不会后悔成为一个知识分子的，我会学习，也许会更早熟地成为政治家，更有知识的政治家。毫无疑问，女教师是我一生中遇到的唯一能够做我良师的人，我对她心存感激，充满好感。后来，我自己再次做出重要决定：奔赴哈瓦那的贝林学校去学习。

卡秋斯卡·布兰科： 司令，我敬佩弗雷·贝托具有几乎宗教般的虔诚。我从来不会忘记我第一次阅读《菲德尔与宗教》。这是我在大学学习时的绝妙经历。在家里我们争抢阅读。一经提及此事，我要回到耶稣会教士们对您生活的影响。您认为他们锻造了您在远游和体育活动中勇于挑战的精神吗？成为出色的田径运动员或探险将军，这与您在贝林学校学生中脱颖而出有关系吗？

菲德尔·卡斯特罗·鲁斯： 我到贝林学校学习时，16岁，正在迈进青年门槛，告别自己的少年时代。在那所学校里，我从事各种体育运动，还加入探险队。

我记得，第一次探险是到马坦萨斯的尤姆里峡谷，那里风景十分优美。我们寄宿生随身携带帐篷，身着探险服，搭建野外营地，买了罐头，在尤姆里峡谷野营，度过两天或三天。但是发生了些什么？我似乎十分兴奋，十分喜欢这项活动，野营生活，我张罗着所有一切：站岗值班，我一直值班。忙前忙后，昼夜不停，结果凭着表现，我脱颖而出。阿曼多·略伦特神父参加我们的活动，他对我很关注，十分满意活动的安排，很看好这次活动，他交给我一些责任和职务，我不知道是否任命我为中尉，后来又有提升。耶稣会教士鼓励这种生活，这是我应该感谢他们的有益活动之一：你喜欢体育，他们就加以鼓励，探险活动也是如此。他们鼓励所有的健康活动，正派的事情，磨炼人的事情。

我似乎是自发地采取行动，我对此满怀热情，作为自告奋勇的志愿者参与所有任务。他们很喜欢这些，此后不久，任命我做学校所有探险者的负责人，并颁布探险将军头衔。这么说吧，在成为总司令之前，我是学校的探险将军。

自从我开始在多洛雷斯学校学习，在初等教育阶段，我有一个特点，非常喜欢从事体育运动，热衷探险，喜欢登山。

多洛雷斯学校经常组织外出野游；在拉萨列学校，我经常去海边垂钓，到过很多我曾提及的地方。但是在多洛雷斯学校，没有固定的去处，有时去马埃斯特腊山脉的埃尔科夫雷山，或去卡内伊山，一位学校同学父亲的庄园；有时去海边，沿海岸游玩；学校带我们去不同的地方。从那时起一看到有山，我就禁不住跃跃欲试去攀登。有时由于从远处看去不太容易估算距离，回来很晚。有时，大巴车等我达一个小时至两个小时，直到我回来；我觉得会出问题，但是由于我在做学校督察们和校长高兴的事情，他们也不批评我。有时候我们执行任务，到古巴圣地亚哥周边的农村去，大雨瓢泼，河水猛涨，而我十分喜欢穿越河流，进行各种探险。

有一次，我们深入皮纳尔德尔里奥丛山进行探险，沿着峡谷、河流向纵深进发。在返回营地的途中，暴雨瓢泼般倾泻下来，持续几个小时，河流水位高涨，河床不宽，水流湍急，挡住了我们的回路。略伦特神父和同学们力图用绳子渡河，但是无法把绳子送到对岸固定住。他们力图蹚水过河，但却畏惧退缩了。于是，我奔赴上游，穿越激流，到达河对岸，最后抓到一棵树枝，接住他们抛给我的绳子绑牢,所有同学们都渡过河了。这不是任何惊天动地的事情,是我个人的冒险行动。其实最好还是不要穿越任何河流,而是等待河水降下去再采取行动。

实际上,我那样做,把所有同学们的生命都置于危险之中,因为力图渡到河对岸而不计后果,不仅我在冒生命危险,而且也使其他人卷入其中。这样做没有必要,只要等待 2~3 个小时就可以了。略伦特神父认为我挽救了同学们的生命,其实,我所做的是把孩子们的生命置于危险之中。有鉴于此,就像历史上的很多将军一样,我也被授予探险将军的称号。

我穿越各种河流,这是我的一项业余爱好。在比兰,在任何地方,穿越河水涨满的河流。

后来,我自己组织外出远游。登上皮纳尔德里奥最高的山峰。当时,我甚至不是很清楚山峰在什么方位。火车到站后,我们便开始出发,走了 3 天,抵达目的地,向山峰挺进。唯一意外的是我们比预计多花费两天时间,我们有 3 天假期,却花费了 5 天时间。

后来,我们与略伦特神父准备一起去攀登图基诺峰,但是却未成行。我们已经在古巴圣地亚哥整装待发,不料平常用于摆渡的船坏了,打不着火,行程不得不取消。如果不是这样,我 17 岁时就登上图基诺峰,在战争很久以前就了解马埃斯特腊山了。在战争中我真正认识了那里。

这位神父后来在迈阿密生活了很多年,在阿拉斯加有个兄弟做传教士,是位神父,叫塞贡多·略伦特。他写过十分精彩有趣的小说《永远的冰雪之国》,描写阿拉斯加的风土人情,我特别喜欢。书中谈到因纽特人的生活和该地区乡村的风景。学校里流传着那一世界的故事传说，真是令我喜欢、神往。

当时，贝林学校的神父阿曼多还不是神父，处在接受圣职前夕。在培养干部方面，耶稣会教士们很有经验，在赋予神父圣职时，要求他很多年学习基础理论，经历各种考试，需要 3 年到 4 年时间。在这期间，未来的神父们要从西班牙到海外学校去，做学生们的老师、督察员工作。还不是神父的阿曼多·略伦特成为我的至交。他是西班牙人，我不记得是西班牙哪个地区的，是卡斯蒂利亚还是什么地方人。他对我很亲切，在我结束贝林学校的学习时，给我写下褒奖的评语。不知道后来他是否还这样认为，但是，好吧……他曾在迈阿密生活，可能是在移居那里的贝林学校以前的学生们的帮助下生活，在革命之后，我们很少学生留在国内。在探险者中首先赋予我职务的是略伦特神父。

你问起我在学生中的威望，我是田径运动员，他们喜欢我赢得比赛冠军；我还是探险者，进行郊游，到很多乡村去开展活动；我是好学生，学习成绩优良；我觉得与所有同学相处都很好。但是我不知道他们对我的看法如何，我也不关心他们对我的意见好坏。我的人际关系正常，就像其他任何人一样。期末来临，我结束了贝林学校的预科学习，该学校是全国最有声望的学校，毫无疑问，是最好的学校之一。那里几乎所有的学生都受到人们的青睐和十分的爱戴。我记得那次，母亲来到哈瓦那。我还保留着当时母亲的一张照片，她身着礼服，这可能是她一生唯一一次制作礼服，十分精美，是为了那次仪式而做的，是一套晚礼服，深颜色，长摆，就像要毕业的资产阶级学生、地主和贵族儿子的母亲、教母穿的那种礼服。母亲为儿子感到骄傲。在整个家族中，大概 100 年来第一个获得预科毕业证书的人就是我，而母亲来到哈瓦那参加我的毕业典礼，她很高兴，感到幸福。一提到母亲我就特别欣慰。如果加西亚·马尔克斯撰写一部关于我家庭的小说，可能会提及我们家族没有预科毕业生的100年，百年的孤独。甚至也可能多于100年，200年，300年。

毕业典礼之夜来临，在学校的剧院－电影院举行，上下层都摆满椅子。那是1000多学生的学校。整个大厅挤满家眷、知名人士和当局官员，场面十分庄重。我们寄宿生和走读生共100多人毕业。我们也穿上礼服。我记得很清楚，挨个宣读我们的名字，每个人都获得掌声。当宣读我的名字时，学生们、家眷们、全场所有人都给我鼓掌，我记不住掌声持续了多长时间。这是母亲至高无上的骄傲，她儿子收获的掌声持续不知多少分钟。这是一个真正而意想不到的惊喜。我都没想到那么众望所归，也没怀有期望，因为我并没有从事交际工作，也不知道毕业典礼是怎么回事，但是我确实记得在整个学校，收获掌声最多的就是我。

在我一生中，在没有想到的情况下，首次接受一场自发的民意测验，我并不知晓，也没有想到过。但是，好吧，我喜欢同学们表现出的爱戴，特别是母亲和所有家眷们都对此十分高兴。

这与初到贝林学校的情况形成对照。3年前，我是一个初到哈瓦那的乡村小伙，穿着长长的、令人可笑的奇特礼服。若回顾一下，情况至少是这样的：通过开展工作和活动建立关系，获得所有学生们的肯定，可以说一致的肯定，而且他们在那样的场合，最意想不到、最令人印象深刻的场合表达出来，那里，没有任何形式的选举，也没有全体大会来进行挑选；没有办法了解别人对任何学生有什么评价。学生们证明了对我的热情，证明了我的威望，而这绝对没有做任何引导工作。我有些惊呆，感到意外，确实感到进行体育活动、领导由耶稣会教士们支持的探险活动大大有助于提高我在同学们中的威信。

后来，在大学一年级，这样的事情再次发生，当时我开始对政治萌发兴趣。大学学习伊始，我就投入政治活动，要分析一下，是什么原因推动我投入其中。不过不是开展普遍的政治活动，而是决定在我们年级的首批学生中推选代表。

确实，在政治方面我一直表现不错，可那是我首次慢慢对政治感兴趣，成为年级代表候选人之一。每个人竞选一门课的课代表：一位民法课代表，一位罗马法课代表，一位经济课代表，我竞选司法人类学课代表。我第一次在个人竞选运动中开展政治工作。我获得圆满、完全的成功。开展工作，争取支持，必须面对另一对手的挑战，我的对手是这样：他不是像我这样的学生，是马查多时期有来历的成年人，有一定身份。如果说初到贝林学校我是乡村青年，进入大学后，则是什么都不懂的政治文盲，是块纯青料。我开始着手工作。实际上，在竞选中，我获得的选票几乎是对手利萨索选票的6倍。他获得了33张，我不仅个人获得181张选票，而且我竞选名单上的所有候选人都百分之百地以巨大多数票当选代表。我成为一年级的领袖，具有学生们的支持和力量，我对所有其他代表提供帮助，遂被选为年级代表。高年级政治势力做出的所有努力都白费了，因为我几乎获得了全部支持。也就是说，我获得的是80%多的选票，票数几乎是6倍。我做了大量工作，结果获得压倒性胜利。在以争取做学生代表为起点的斗争中，我坚持不懈，持之以恒，精力充沛，有能力开展这种活动，这种努力还只是面向十分单纯和简单的目标。成功是巨大的，但是还不够,因为对此我还不十分成熟。我认为这本可以使我提出更雄心勃勃的目标。第二年,在法律学院,发生了一件前所未有的事情,法学院是学生最多、争论最激烈、有最能言善辩的人、也是最政治化的学院,那里发生了很有趣的事。选举时刻再次来临,高年级的对手们甚至都未能提出与我抗衡的人选。他们未能为其政治路线推举出 7 个或 8 个人来与我对抗,这是一次更大的胜利。二年级没有任何学生愿意加入候选人的行列与我对抗。

这可以称之为单一政党现象,因为他们没推举出候选人。我拥有百分之百的学生们的支持。这在法学院史无前例:一个没有竞争对手的候选人,这使我从一年级开始,就握有候选人资格,开展工作,在先后两个一年级中,均横扫对手,而这两个一年级是学院里学生人数最多的年级。

这发生在我真正开始投入政治活动的时候,在这一领域,我遇到大学中最初的对抗,受到最早的力量考验。

现代氛围．山丘校园．社会丛林中的光明．传说与传统．关于痛苦的诗歌．马蒂：思想的瀑布．共产党人．一年级的领袖．大学的吉诃德

卡秋斯卡·布兰科：有一次，我听诗人罗贝托·费尔南德斯·雷塔马尔说，1945年，大学使您处于现代氛围中，受到最先进思想的熏陶。1995年，您自己坦诚地说："在这里，我发现了我们这个阶段，我们时代最好的思想，我在这里成为革命者，成为马蒂主义者，成为社会主义者。"当时，这些话语回荡在大会堂，就像在百年山丘校园，敲响迎接人生曙光的晨钟，您现在还记得吗？

菲德尔·卡斯特罗·鲁斯：我认为，大学时光是我一生中最困难、最危险的时刻之一。我19岁进入大学。当时，身高6英尺1英寸半，高个子，清瘦，酷好篮球、远游野营，从事田径运动，实际上我觉得吃得不多。胃口一直很好，但从不贪吃，我认为这是个好习惯。以前和现在都如此，很有胃口，从不多吃，现在仍然严格实行健康饮食习惯，估计体重在155～160磅之间。我的外表就是这样。刚进入大学，我是满怀梦想的青年，丝毫不了解那个教育中心或国家的政治问题。进入大学教室，意味着我第一次直接卷入政治问题，即使现在，我仍然记忆犹新。

由于这种原因，姐姐莉迪娅搬到哈瓦那来，租了套房子，我搬去与她住在一起。租的房子位于马里亚瑙区的西埃拉。我们几个兄弟姐妹住在那里。

当时大学没有设立奖学金学生公寓，内地学生必须在招待所租房间，或与家里的亲戚住在一起，没有寄宿生。

确实，为了安顿我们，姐姐付了开支。家里从比兰给我们在哈瓦那生活的兄弟几个寄钱。莉迪娅也有补贴，以此维持房租，但是花费比较大，生活一直比较昂贵。

我注册在法学院，每天都得坐公交车去大学上学，至少坐一次，有时乘两次公交车，公交车乘客总是人满为患，车一到站，一秒都不停,跑着蹿上去,跑着跳下来。下车后再走4个街区。每天早晨8点以前,早早赶到大学,开始上课。中午,再次乘坐人挤人的公交车回家吃午饭,晚上再次返回……由于没有钱在大学吃午饭,才这么安排,回家吃午饭。

另外,当我结束贝林学校的学业后,篮球教练卡皮·坎普萨诺执意要求我与他一起去一家俱乐部,他在那里当教练。坎普萨诺是我的朋友,实际上是他教会我打篮球。那是一家资产阶级和贵族俱乐部,有篮球场,已经是很高级的场地,叫米拉马尔俱乐部,我搞不大懂是什么意思。这里要说清楚,那是一家有钱成员俱乐部,我不是成员,但坎普萨诺把我作为田径运动员带进去,加入体育队后就有权成为俱乐部成员。我对此不感兴趣,但是碍于与他的交情,盛情难却。他教过我很多篮球技巧,由于他我才掌握了篮球技巧,获得名气。我不想驳面子,伤交情,对他说可以去,好吧,继续打篮球。坦率地说,我并不感兴趣,但由于交情原因,我牵扯其中。我很感激他,他很瞧得起我,对我评价很高,相信我会成为那个俱乐部有水平的田径选手。我在预科学校学习时就有承诺,就答应了,继续练。除了每天来回奔波,每天晚上还去挺远的俱乐部,进行体育训练。最初的大学学习和生活就这样开始了,每天必须乘六七趟公交车。

我看了教学大纲,获得教材,开始到法学院上课,在法学院学习的学生很多。当然,我刚进大学时,那里就存在某种政治倾向,还不能准确地说是有意识形态色彩的团体,他们是大学生联合会的学生,还有一些人想成为其成员。

一进大学,就有人靠近我,搭讪交谈。那时,正在开展课代表和年级代表的竞选活动。每个学院,一年级、二年级,每门课程每年都选一位学生代表,叫作某某课程的代表,另外,还要选一位代表本年级所有学生的代表。

课程学习开始时,我在从事体育活动,有些高年级学生走过来,力图拉我加入他们那派,他们的团体。他们已经开始在一年级学生中做工作,各派力量都争抢一年级学生。他们与我谈到学生选举、各种代表等各种有关事情,毫无疑问,我对这种可能性产生兴趣,这样,在我们所称为的学生政治事务方面,我迈出最初几步。

当时,我是个纯真小伙子,刚刚迈出预科学校大门,是个出色的田径运动员,有朋友交往。我已形成性格,很有个性,特别是十分叛逆。还没有形成政治意识形态,仅有政治看法,我在比兰目睹士兵们的所作所为,验证了他们为非作歹的行为,我感到愤怒,厌恶士兵们的不公正行为和专横跋扈,厌恶所有那种暴力气氛。在我进入大学一年以前,已经发生政府更迭。

1944年6月,反对派赢得大选胜利,是反对巴蒂斯塔政府的文人反对派。该政府于1940年实际上依靠武力击败了拉蒙·格劳·圣马丁博士。

在我13岁时,佩德罗·埃米利奥竞选议员、我提供帮助的年代,我目睹选举舞弊和暴力现象。1944年,我年满18岁,尚未结束5年制预科学习,还需要1年,以前预科学业为4年制。

真正革命党力图模仿和选取何塞·马蒂革命党的名称,决定起名古巴革命党,由于内部意见不统一,后来取名为古巴真正革命党。马蒂的革命党组织和领导了最后一次独立战争。古巴真正革命党是拉蒙·格劳·圣马丁的党,对巴蒂斯塔持文人反对派立场,建立从右翼到左翼政党的联盟,因为当时恰逢二战,共产党与中右翼政党甚至也实行联合，是反对法西斯主义广泛阵线和联合时期，因此，甚至包括共产党在内的左翼党与巴蒂斯塔的右翼党也建立联盟。巴蒂斯塔是军事独裁者，具有法西斯主义倾向，是（贝尼托·）墨索里尼的崇拜者，专横跋扈，他也登上了反法西斯主义斗争的战车。

当时是（富兰克林·德拉诺·）罗斯福的年代，他执行进步的国际政策：反对孤立主义政策，带领美国反对法西斯主义。随着美国加入反对德国和墨索里尼的意大利的阵营，尽管巴蒂斯塔持有法西斯主义思想，美国对古巴采取的立场是与巴蒂斯塔这样的军事独裁和贪腐政府站在一起，巴蒂斯塔遂登上反法西斯主义的战车。巴蒂斯塔比墨索里尼还要专横跋扈，或不逊于（阿道夫·）希特勒。在那次大选中，他依托联合阵线，靠舞弊和暴力赢得胜利。

所谓的革命党与其他政党结盟，包括一些右翼政党，也有中派政党，是最有群众性的文人政党。但是在1940年大选中失败，因为选举中存在暴力和舞弊现象。该党产生于1933年反对赫拉尔多·马查多的斗争。

在反对马查多的斗争中，大学生起到突出作用。他们中的很多人遭到镇压和杀害。左翼组织和大学生领导人脱颖而出。当时，突出的人物是胡里奥·安东尼奥·梅利亚[1]。他是古巴第一个共产党的创始人，优秀的田径运动员，出色的思想家和马蒂主义者，他也接受过马克思主义教育，青年时期受到1917年十月革命的影响。十月革命在全世界，特别是工人阶层中产生极大影响。

---

[1] 胡里奥·安东尼奥·梅利亚（Julio Antonio Mella，1903～1929），古巴共产党创始人之一。1922年创建古巴大学生联合会，先后任书记和主席。1925年与卡洛斯·巴利尼奥等创建古巴共产党。1926年流亡墨西哥，1929年1月10日在墨西哥城遇害。——译注

梅利亚与卡洛斯·巴利尼奥[1]，我们独立斗争的老战士走到一起，于1925年创建古巴共产党。梅利亚是一位颇有才华的青年人，十分有战斗激情，很有威望。我在大学时期，梅利亚被看作大学历史上最杰出的人物。还有其他一些去世的领导人，有左派，还有民主派、非马克思主义者，他们都列入大学殉难者的名册。

鲁文·马丁内斯·比列纳也是马克思主义者，是反对马查多斗争的杰出战士。在大学的斗争中，涌现出一批卓越的青年人。其中一些人，如梅利亚，被马查多杀害。还有一些人，像比列纳，他是杰出的政治领袖，共产党领导人，推翻马查多罢工的组织者，后来身患重病，鞠躬尽瘁，死而后已。他是位伟大的诗人、优秀的知识分子，深入工人群众，因病英年早逝。当时涌现出各种不同政治倾向的大学领袖，有民主倾向的和共产主义倾向的。

在那个年代，大学生领导委员会也应运而生，成为反对马查多镇压斗争的学生代表，起到突出作用。它是由学生们成立的，但更多是政治组织，而非学生组织。大学被独裁者关闭后，学生们面对镇压行为，领导斗争，组织罢工和街头示威，与工人们结合在一起。

领导委员会并非由左翼人士，而是由中派、民主、民族主义和反马查多人士组成，在某种意义上，具有反帝性质。不是马克思主义组织，并非严格意义的左翼组织，我们可以将其看作是民族主义、民主爱国学生组织。

左翼组织遭到取缔。嗯，残酷镇压行为肆无忌惮。这一切伴随着

---

[1] 卡洛斯·巴利尼奥（Carlos Baliño，1848～1926），古巴共产党创始人之一。1892年在美国认识何塞·马蒂，并加入马蒂创建的古巴革命党，积极参加争取古巴独立的革命运动。1898年回古巴继续从事革命活动。1925年与梅利亚等一起创建古巴共产党。——译注

严重的经济危机：饥饿严重，失业恶化，糖价暴跌；全国陷于严重贫困，人民遭受极大痛苦。血腥政府镇压工人，杀害工人领袖，特别是左派领袖；迫害记者，将其抓捕入狱，予以杀害；还镇压政治反对派；迫害和镇压学生，杀害共产党人，工会领导人。那是实行残暴镇压的政府，但是并不像后来的巴蒂斯塔政府或智利皮诺切特军政府之类右翼意识形态的政府那样极端，类似于圣多明各的特鲁希略政府、尼加拉瓜的索摩查政府。

马查多是独立战争时期的老战士，曾为独立而斗争，因此获得威望。身处经济大危机，被所谓的自由党选举出来，其实是个政治考迪略，沾满恶习，从事腐败政治，一直受到美国的支持。在那个年代，普拉特宪法修正案还未废除，该法案规定，美国人有干预古巴的权力。那是个腐败的政客政府，就像美国在加勒比、中美洲和拉美普遍扶持的政府。马查多是个低俗的暴政独裁者。

人民处于忍饥挨饿、水深火热之中。主要因饥饿引起的抗议浪潮愈加猛烈，政府的镇压愈加残酷。工人、农民和大学生在反独裁斗争中起到突出作用。

年轻的诗人、共产党员鲁文·马丁内斯·比列纳称马查多是"带爪子的驴"，对马查多不得民心和窃贼政府的这种形象比喻恰如其分。

在其最初执政时期，做了些事情：修建外形像华盛顿白宫的议会大厦，使用美国援助款项铺设中央公路。甚至获得某种民意，后来形势日趋恶化，反对派崛起，而镇压愈演愈烈。

1925 年，马查多恣意延长总统任期。当然，他获得美国的支持，其政府延续到经济大危机，直到 1933 年轰然倒台。

在参与反马查多政府斗争的力量中，有大学生，他们怀有理想主义和献身精神；在大学中，活跃着左派和中派人士，有民主和民族主义爱国人士；由此，领导委员会在大学生中获得全国性的声望。

一些教师与那些学生团体保持接触，其中有哈瓦那大学生理学院老师、西班牙人后裔拉蒙·格劳·圣马丁。有人认为，他出生于西班牙，并非古巴，是支持独立斗争的西班牙人的儿子，但是我不能肯定是否属实。这位教师口讲马蒂主义，似乎经常阅读马蒂的著作，甚至力图使用马蒂的风格和语言，在学生中获得影响，也成为斗志最激昂的学生们的领袖。

马查多被一场声势浩大的总罢工推翻。工人、学生和各种力量组成的运动使政权陷入全面危机。也就是说，其他非学生阶层，如中产阶级，积极进行破坏、搞爆炸的ABC组织的斗争，与学生和其他民族主义组织的斗争汇合在一起。这些行动与总罢工一道，形成广泛的反对派力量，使政府陷入一场无可挽回的危机。

美国仍然握有干预权，罗斯福仍然在台上，他不愿意使用强加给古巴宪法本身所赋予的权力，派遣海军陆战队，而是派出几艘军舰，做出登陆威胁，但是并未决定付诸实施，而是力图通过在政府与反对派间进行调停来解决问题，寻求政治解决和妥协办法。

最后，危机、人民斗争、美国施加压力和军队产生不满共同发挥作用，马查多被迫辞职，美国调停的压力也产生决定性作用。他携带贪污的巨额赃款出逃国外。同样的历史以前均有发生。

马查多倒台后，人民涌上街头，用他们自己的双手伸张正义，处决某些刽子手和犯罪分子，或把他们从家揪出游街示众并加以处决。就像以前一样很多人出逃了，所有的愤怒都抛向那些未来得及出逃的政府官员，处理他们的财产，砸毁暴政的象征。马查多拥有的一些财产和媒体机构被烧毁。马查多的倒台,伴随着自由激情的爆发和社会动荡,这是情势所致:虽然在人口日益增长、国家未实现发展的情况下,饥饿是资本主义经济危机和剥削方式的结果,因国际经济大危机而加重;闻听马查多倒台,看到饥饿有望得到解决,人民欢欣鼓舞。饥饿状况也与马查多有关。人民实际上仍然十分无知,不了解什么是他们所遭遇的形势的真正根源和原因。

8月马查多倒台后,卡洛斯·曼努埃尔·德·塞斯佩德斯组建临时政府,上台执政。他是1868年独立战争第一位古巴领袖、因其为祖国建立的功勋而被永久纪念的领袖的后裔。但这仅仅是政府更迭而已,换汤不换药。

当时,8月底或9月初,一场飓风袭来,造成自然灾难,洪水泛滥,当政府巡视遭灾地区时,一晚一早之隔,军队首领们被罢黜,马查多政权之后的政府随之被推翻,仅仅存在了几天。

军队的士兵们,即军士们,部队和军人阶层在反马查多斗争的影响下,在大学生们说教的影响下,特别是一些军士们也组织起来。一位叫作巴勃罗·罗德里格斯的军士建立组织,其成员中包括巴蒂斯塔。但是他们并未推翻马查多。马查多被推翻的部分原因是人民的斗争和军队高层军官们的不满,但是无论在政治还是社会方面,他的倒台并不意味着重大的变化。军队仍沿用旧军官们,威信扫地,受到人民的憎恶,这种形势有利于军士们实施其阴谋。1933年9月4日,这些军士们发动针对马查多随从军官们的暴动。巴蒂斯塔在反叛军士中脱颖而出,在某种形式上,取代了他们原本的头领、运动的主要发起者巴勃罗·罗德里格斯。

军士暴动发生后,学生们和领导委员会认为这是一种社会运动,一场反对旧军官们的起义，遂向他们靠拢。

其他组织和领袖们也与军士们实行联合。几天之内几任政府更迭。由5个成员组成的5人团政府产生，其中包括教师格劳·圣马丁博士，他被学生们推举为领导人，做他们的代表。

5人团政府面临困难形势。美国军舰停泊在古巴近海，进行干预威胁，当然，面对美国大使萨默·韦尔斯发出的美国染指的威胁，人民坚持抵制态度。5人团政府无法运转，遂由那位大学老师拉蒙·格劳·圣马丁组阁的政府取代。这样，这个人物就被任命为共和国临时总统。

军士们取代了所有的陆军上校和高层军官，履职上任。新政府授予军士们军衔，有中尉、陆军上尉、司令、中校和上校。巴蒂斯塔军士被合法任命为陆军上校和军队首脑，自9月4日政变后，他一直担任此职务。当时他的形象还不差，因为他是推翻高级军官的军士们的首脑，这些高级军官是马查多暴政的合作者。大学生们大致与革命者保持着团结。

这一政府由反对马查多的公民和革命者组成。其中有一位革命领导人，他不是马克思列宁主义者，既不是共产党人，也不是学生领袖，因为他已经毕业，从事药师职业；他是一位勇士、斗士，具有强烈的爱国主义思想、民族主义思想，毫无疑问，是左派，反对帝国主义的战士，他就是安东尼奥·吉特拉斯·赫尔姆斯[1]。他是一个叫作青年古

---

[1] 安东尼奥·吉特拉斯·赫尔姆斯（Antonio Guiteras Helmes，1906～1935），古巴革命者、政治家。出生在美国，1913年回国定居，积极参与反帝和反独裁斗争，1927年加入大学生领导委员会，1932年创建革命联盟，1933年参与领导推翻马查多独裁统治的斗争，1933年在拉蒙格劳临时政府中任内政部长，推行了一些政治经济改革措施，1935年5月8日遇害。——译注

巴组织的创始人,该组织是众多反对马查多的组织之一。

卡秋斯卡·布兰科:司令,吉特拉斯的出身很有意思。我曾收集关于他的资料。他1906年生于美国宾夕法尼亚的费城。父亲是古巴人,叫卡利斯托·吉特拉斯;母亲是美国人,叫玛丽·特里希·赫尔姆斯。据说他从小耳闻在十年战争时期叔叔何塞·拉蒙·吉特拉斯为古巴自由捐躯的家庭历史,还有关于他祖父的兄弟约翰·沃尔什的历史,他是爱尔兰最重要的独立领袖之一。根据生平记载,他父亲向他灌输热爱祖国、热爱民族英雄何塞·马蒂的思想。他的家庭于1913年移居古巴。最初居住在马坦萨斯,后来移居比那尔德里奥。托尼·吉特拉斯崇拜梅利亚,在反对马查多的斗争中,支持他举行反饥饿罢工。我从不会忘记,在革命胜利后,您结束访问美国、加拿大、巴西、阿根廷和乌拉圭回国,那天恰恰是5月8日,吉特拉斯遇难纪念日。那天,您在讲话中,回忆起吉特拉斯并向他致敬。在您组织攻打蒙卡达兵营的行动中,他的榜样对您有影响吗?

菲德尔·卡斯特罗·鲁斯:是的,吉特拉斯是一位非凡的革命者。他走遍全国,建立组织,多次发动反对马查多的行动。在那个时代,主要是进行破坏,引爆炸弹。这是一种陈旧方式,今天这叫作恐怖主义,但却是革命者拥有的唯一手段。

在奥连特省,为了开展反对马查多的武装斗争,吉特拉斯力图占领一座兵营,我认为他甚至成功了。那是圣路易斯的一座小兵营,离圣地亚哥不远。也就是说,吉特拉斯做了类似我们后来做的事情:率领一伙人攻打一座小兵营,推进武装斗争。我要再说一遍,他十分勇敢,主张民主,是个左派和反帝人士。

1933年9月4日以后,几届政府更迭,最后格劳当选总统。巴蒂斯塔、大学生们和革命民主力量实现了联合。格劳政府取代5人团,组织内阁,任命安东尼奥·吉特拉斯为内政部长。吉特拉斯起着举足轻重的作用,当然是因为所有反对马查多的力量和领袖在人民中享有威望。他意志坚定,决断果敢,藐视美国佬的干预威胁,推动不利于美国电力企业和其他垄断企业的一系列激进措施。该革命政府采取关于工人的社会措施:制定最低工资制,实行8小时工作制,采取搁置多时的一系列措施,在吉特拉斯的推动下,格劳·圣马丁临时政府于1933年底批准了这些措施。

在实行的民族主义措施中,包括关于劳工的措施,规定部分雇员应该是古巴人,因为当时有些西班牙企业和商业企业使用清一色的西班牙人,因此这项措施被称作劳动国有化。在力图避免特权方面,它也许是公正的原则,但是却造成这样的事实:对于很多西班牙人或海地人来说,这项法律成为一项残酷的措施,他们失去工作,没有其他收入。最糟糕的是怂恿驱逐海地人。自20世纪初以来,这些海地人一直生活在我们国家。总体说来,那届政府的很多法律是民族主义的,特别是针对美国垄断者的法律,起到社会公正的作用,这使该政府得到民众极大的同情和支持。

但是该政府存在不足4个月。美国做了些什么?美国大使萨默·韦尔斯及其所有追随者做了些什么?美国官员们保持平静,并没有主张进行干预,开始对巴蒂斯塔施加影响,在军队里做工作。

愚昧的军士巴蒂斯塔摇身一变成为陆军上校,手握大权,受到美国外交代表们的纠缠和逼迫,美国不喜欢影响其垄断寡头利益的民族主义法律,劳工法律损害美国糖厂的利润和特权企业的利益。格劳政府第一任期——因为40年代他再次执政——颁布的法律获得人民的支持和拥护,也使寡头、大资本家和美国垄断者忧心忡忡。为了维持现状,他们使用最简单的程序,拉拢新的考迪略、军队首领巴蒂斯塔,吹捧他,挑拨军人与文人革命政府的关系。1934年1月,以劳动者和人民的要求及罢工损害秩序、造成混乱为借口,要求恢复秩序,推翻大学老师和革命政府。人民大致上就是这样看待这些事实。

颁布民族主义社会法律的短命革命政府走到了尽头。巴蒂斯塔开始实施霸权,进行独裁统治。他是爱好虚荣和暴政的人物,手握军队大权,通过不同的傀儡政府镇压工人和学生,甚至镇压革命运动。凭借军队大权,实行军事和政治控制,得到华盛顿的青睐、友谊和支持。

古巴的贵族寡头十分高傲,用蔑视眼光看待巴蒂斯塔,其原因有三:他出身工人,早年曾做过铁路工人;家庭出身卑微,有某种程度的混血成分;另外,是个未接受过教育的军士。这就是说,所有可以使他得到好评的缘由,都与他无关,没有任何原因可以使他得到贵族寡头合法的尊重,美国人也可能是如此,美国感兴趣的并不是他的肤色,而是他遵从美国的利益。巴蒂斯塔是军队首领,愚昧无知,野心勃勃,流氓成性,积极活跃,无比狡诈,特别是对政权和财富满怀野心。

巴蒂斯塔曾几何时贫困潦倒,具有混血成分,这些都不足以使他反对贫困,或对穷人实施救济,反对种族歧视。他从未这样做过,这些反而激发了他对权力、财富和社会升迁的贪婪。

他从来不承认有混血种人血统,认为自己是白人。利用其青年时期的工人经历、低贱的出身、当兵的军士身份,大肆进行蛊惑宣传,在群众面前抬高自己,却从未采取任何措施,反对剥削劳动者,反对国内种族歧视。

美国人很快察觉他的心理和狼子野心，并加以刺激，甚至通过赐予军队首领和陆军上校军衔，把他捧为国家元首。

他自封为陆军上校，其他军士们也自封为上校、司令、陆军上尉、中校和少校。巴蒂斯塔大肆封官许愿，很多士兵成为军士、少校、中校，总之，所有军士都摇身变成军官。

卡秋斯卡·布兰科：我记起劳尔讲的一段历史，比兰第一世俗－军事学校的老师敲着劳尔的脑袋，叫他面对巴蒂斯塔，背诵赞歌，好让巴蒂斯塔提拔自己做军士。

菲德尔·卡斯特罗·鲁斯：这恰恰发生在30年代，很多士兵得到晋升。就此，巴蒂斯塔获得巨大影响力，把持了军队控制权，以此攫取好处。事实上的政府持续了6年多时间。1933年，巴蒂斯塔成为军事政变首领，但是在1933年9月和1934年1月间，他与文人共同执掌政权。后来，自1934年，成为绝对的国家首脑，通过傀儡和镇压手段，实行统治。在这一时期，大学生、劳动者和反马查多老革命者的斗争高涨。一些人——右翼分子——投靠巴蒂斯塔，其他人坚持斗争，遭到镇压和暗杀。大规模罢工运动爆发，遭到血腥镇压。在第二次世界大战前的那个时期，直到1940年，巴蒂斯塔是事实上的首脑，怀有法西斯主义思想倾向。

第二次世界大战来临，美国对德国和意大利开战，巴蒂斯塔成为比谁都更坚决的民主派，反法西斯斗士，美国的盟友。

卡秋斯卡·布兰科：这很矛盾，对吧？一个狰狞的右翼分子，其政府在国际关系中却采取进步政策，这只能从他本人蛊惑人心的品行加以解释。

菲德尔·卡斯特罗·鲁斯：这有其合乎逻辑的解释。美国人的举止就是巴蒂斯塔的法律。当然，他企图实现政权的体制化，因为在反法西斯斗争中，民主呼声日益高涨，形成一种进程，立宪大会于1940年获准召开。

镇压时期过去了。包括共产党在内的所有政党均实现合法化。选举产生了议员，起草了相当先进的可以说是进步性的宪法，这点表现在宪法很多条款中。这部宪法可以证明进步力量的斗争和共产党的影响。他们的几位议员、有威望的杰出人士进行斗争，赋予这部宪法社会内容。

这是一部资产阶级、资本主义的宪法，承认产权的社会功能，坚持土地改革思想，颁布一系列补充性法律，在法律面前所有公民平等，拥有选举权。在民主派和共产党人的影响下，宪法包括了1933年社会方面的斗争成果以及新的诉求。要知道，此时第二次世界大战已经爆发。

1939年反法西斯战争，甚至在那些没有直接参战的国家开展的反法西斯斗争，为制定更加民主的宪法创造了有利条件，因为这是反法西斯主义的民主。当时是反法西斯广泛阵线时期，在战前时期，反法西斯广泛阵线得到拥护。无论是左翼政党，还是共产党本身都成为阵线的成员，其中包括右翼政党以及巴蒂斯塔的镇压性贪腐政党。根据著名的反法西斯联盟的主张，创建了包括所有政党在内的进步民主联盟，包括共产党，这在部分健康民众中造成混乱和反感。

我当时13岁，对政治知之甚少，却亲眼见证了在巴蒂斯塔获胜的选举中存在的巨大舞弊和暴力现象。

在此后的5年中，2年在古巴圣地亚哥，3年在哈瓦那，我结束了预科学业。巴蒂斯塔当总统的几乎整个时期，以及格劳政府执政的1年，我都是在哈瓦那的耶稣会学校度过的。

1944年，大选再次来临，当时离战争结束还有1年，世界充盈着民主、反独裁、反法西斯和反镇压的宣传，人权成为神圣之物，巴蒂斯塔执政已达11年之久，当时，他是宪制政府或合法政府的总统，还是军队考迪略。巴蒂斯塔的联盟并未提名他，而是根据宪法法律，提出其他总统候选人，因为巴蒂斯塔不能连任。巴蒂斯塔认为他会获得民主派的巨大花环，因为其联盟中的另一位成员，当然是他完全信任的人被指定为候选人，他作为军队考迪略，在幕后操控政权。

但是，发生了什么事情？1944年，格劳·圣马丁再次由古巴真正革命党提名为候选人，并赢得大选。巴蒂斯塔遂面临选择：发动政变或引退。国内外形势不利于发动政变，于是他接受了格劳的胜利，但是他仍然是军队的精神考迪略。总统大选于6月，任职仪式于10月10日举行，格劳上任后，巴蒂斯塔离开古巴。我在贝林学校学习的最后1年恰恰是格劳政府执政的头一年。

11年间，巴蒂斯塔行尽偷盗之事，离开总统府时已成为古巴历史上的首富之一。当时，美元币值远远高于现在，物资和食品严重匮乏，四处满目疮痍，贫困交加，巴蒂斯塔腰缠几千万美元定居美国，提高其英语水平。此前，他曾访问美国，在美国国会发表演说，使用的就是英文。巴蒂斯塔讲西班牙语不怎么样，甚至发音都成问题，但是在访问华盛顿时，却用英文发表讲话。1944年，大选失利后，他作为豪门先生和百万富翁，屈就于民意的民主名人，移居美国。定居代托纳比奇，继续学习英文和其他浅薄知识。巴蒂斯塔打算在那里生活一段时间。

卡秋斯卡·布兰科：第二年，您升入大学，进入现代环境，就像雷塔马尔说的。

菲德尔·卡斯特罗·鲁斯：1945年9月我升入大学。这里是开展反马查多斗争的机构，是爱国主义传统的中心，(胡利奥·安东尼奥·)梅利亚、(鲁文·马丁内斯·)比列纳和(拉斐尔·)特雷霍的大学，大学生领导委员会的大学。在那场斗争中，它沐浴了荣耀。大学和大学生们支持格劳，我很高兴革命老师获胜，因为他的胜利意味着军人政府、巴蒂斯塔政府的失败。我衷心地拥护和欢庆这一事实。记得那年夏天，我结束预科学业后回到比兰，属于格劳的党派或支持格劳的人们，即农民和劳工们欢欣鼓舞，兴高采烈。我目睹民众的喜庆，当时我并未参与政治，在耶稣会的学校住校，正在结束预科四年级的学习。当时发生了所有那一切。

我通过收音机，听到格劳的一些演讲。他谈到一系列别人听不懂的事情，发明了一系列词汇，就像来自太空的人物，使用神仙的语言，令凡人难以听懂："因为真正性就是古巴性，古巴性就是博爱……"后来我琢磨，发现格劳在模仿马蒂的风格。马蒂的演说十分复杂，十分高雅，包含真正优美的形象，但是却很难听懂。就像我曾经说过的，马蒂在语言的溪流中，倾泻着思想的瀑布。也就是说，在演说中，语言难以囊括马蒂思想之丰富。他使用十分优美的语言，表述宏伟的形象，伟大的、概念化的深奥思想！一波又一波涌来，宛如瀑布。他的风格是不可模仿的，我从未看到任何人能用简练的语言，表述那么丰富的东西。

卡秋斯卡·布兰科：何塞·马蒂是超常的概括大家。当他写下一页文字，才思已扩展到100页或1000页，于是，集所有才思之大成，给我们呈现长长一段精妙绝伦的浓缩文字,这验证了您对导师作品和演说的看法:潺潺语言溪流,澎湃思想瀑布,这是其作品和演说的独到之处。

菲德尔·卡斯特罗·鲁斯:形象迭至,思想瀑布倾泻,后浪推前浪。这就是马蒂演说的特点,一直令我陶醉和崇拜,我十分喜欢,觉得这是无法模仿的,是他独有的风格。

我跟你提到的老师懂得生理学,但是他可能是在背诵,根据拟态法,进行风格模仿,而马蒂用少量语言,倾泻思想瀑布。后来人们明白了,这位老师是语言瀑布,思想空洞无物。不少人对老师的威望、名声和他颁布的法律即吉特拉斯制定的法律顶礼膜拜,但是人民并不了解这位老师是谁:似乎是一位救世主、预言家,使用马蒂和《圣经》的语言,我们平常人甚至都听不明白,我们在收音机里听得目瞪口呆。那位拉蒙·格劳·圣马丁先生于1944年底就任总统。

这限定了氛围,我在这种环境下进入大学。

1945年我进入反马查多、反巴蒂斯塔的高等教育中心,在大学中占优势的是格劳主义者。

很多参加过反对马查多和巴蒂斯塔斗争的老学生领袖成为部长、参议员或众议员,身居要职。但是,1933~1944年这一时期最优秀的战士们远离了政治。

卡秋斯卡·布兰科:您提到劳尔·罗亚·加西亚这样的宝贵战士,是吗?

菲德尔·卡斯特罗·鲁斯:是的,其中有劳尔·罗亚。

那个领导委员会加入了格劳的政党,致力于毫无原则的传统政治和该党的各种活动,很多最优秀的革命者都离开了,其他一些人留下来,他们适应了那种政治,一些健康、反帝、民主和反巴蒂斯塔人士仍留在该党之中。这样,该党在取得胜利之后,政坛五花八门:机会主义者、在政治中以不同形式腐败变质的革命者,也有宝贵和健康的人士。尽管其中有左派,他们并不必然是左派,而是民主派,他们坚决反对镇压,反暴政,反腐败。在巴蒂斯塔时期,国家曾深陷苦难达11年之久。这样,宝贵人士、政治领袖和德高望重的大学教授们,其中一些人加入格劳的反对派,后来,他们之中的部分人加入革命。在革命队伍中,我们有1944年参加过格劳政党的宝贵人士。

当我进入大学时,格劳·圣马丁政府已执政1年。大学受到其支持者的控制,仍然同情格劳,因为他取得了反巴蒂斯塔军国主义、暴政和独裁的胜利。与广大人民一道,我也分享喜庆。我当时并没有政治意识,没有革命意识形态,但是与人民一起庆祝反对军人、独裁和腐败的公民胜利。

国内没有发生任何异样,政府更迭没有带来任何社会变化,最终是一种人物更迭,说实话,是盗贼替换盗贼。我对此甚至毫无察觉,继续预科五年级学习并获得毕业。进入大学后,我对自己说:这是反对马查多和巴蒂斯塔的学生们的大学,梅利亚、比列纳等人有悠久斗争传统的大学,有烈士和英雄纪念堂。大学生殉难发生在19世纪,1871年11月27日,8个医学系的学生被西班牙人枪决,根据西班牙人的说法,他们的罪名是侮辱、亵渎一位西班牙政客的坟墓,他死心塌地效忠于西班牙,仇恨古巴。你要知道,1871年独立战争已经开始3年,西班牙军人增恨古巴人,西班牙志愿者满怀仇恨。有人揭发一伙青年学生侮辱了记者、西班牙政府的铁杆捍卫者、殖民主义的偶像贡萨洛·德卡斯塔尼翁的坟墓。反对古巴爱国者、保卫殖民地的西班牙武装志愿者产生骚动,要求对学生们实行杀一儆百的惩罚。结果

8名学生被提交战时法庭进行审判，判处死刑。这是一起骇人听闻的罪行，为的是满足武装志愿者混乱人群的要求，惩罚所谓的亵渎宗主国捍卫者纪念碑的罪行。马蒂多次谈到这件事，我们，大学生们听到过被西班牙人处决的学生们的历史。所有这些推动创建了大学生的传统和殉难者名册。

卡秋斯卡·布兰科：司令，马蒂当时在西班牙，听到枪决的消息后，不知道他的密友，也是同一年级的学生费尔明·巴尔德斯·多明格斯是否也在被处决的青年之列。这对他震动极大，他甚至病倒了。在罪行发生一周年之际，他写下震撼人心的诗句：

高贵的遗体，你们会成为我祖国的梦想 / 挥洒吧，用你们的骨灰撒满我的前额 / 用你们的双手敲击我的心灵！/ 在我耳边哭泣吧！/ 定会让每个暴君战栗落泪！/ 在我身边徘徊，回荡吧，让你们的精神成为我的灵魂 / 与坟墓的恐惧，恶劣的奴隶处境相比，哭泣已不足为奇！

我想您会记得，在历史上很少有文字这么撕心裂肺，同时又这么猛烈抨击这一罪行，无可辩驳地证明了无限的痛苦。正如他所说："一旦充满力量和男子气概的人民哭泣，会令不公正颤抖。"

菲德尔·卡斯特罗·鲁斯：这是骇人听闻、刻骨铭心的罪行。他们是哈瓦那大学医学系的学生，我进入的大学是继承1871年英烈传统的大学，是继承为独立、民主、反对马查多和巴蒂斯塔、为人民而奋斗的战士们传统的大学。大学拥有伟大的传统，长期而丰富的历史，当然，所有这些都给我留下深刻的印象。进入那所拥有神圣斗争历史的殿堂影响着我。我从这一大学的历史威望中吸取营养。

我对大学的整个历史十分感兴趣。自从我第一次参加这方面的活动时起，我就感到正在加入这一威望崇高、历史丰富的集体，在这个集体中，学生们起到十分有尊严和杰出的作用；他们是人民权利、民主和自由的捍卫者。我还感到自己将受到挑选，成为传统和光荣的组成部分，也成为大学价值的守护者。

也许是我喜欢引起别人的注目，请求我提供合作，力图升迁我，因为他们在我身上发现某种政治特质，于是，我就与一个正派人组成的小组建立联系，虽然他们受到类似思想和价值的影响，却没有任何政治意识形态、社会和革命意识形态。我就是这么评估二年级和三年级的朋友们。这些和蔼可亲的小伙子们找到我，希望争取我。

我记得他们之中的几个人：巴尼斯的萨尔迪瓦和比亚克拉拉的劳尔·格拉纳多斯。他们两人最早与我建立联系，后来我了解到他们是什么样的人，不是坏人，是那个时代普普通通的人。

虽然大学拥有斗争传统，也发生了可观的变化。自梅利亚、比列纳和像巴勃罗·德拉托伦特·布劳那样的青年人的年代，从开展反对马查多和巴蒂斯塔斗争的年代起，大学发生了很大变化。

首先，我的印象是，由于这种或那种原因，1940～1944年，虽然共产党成为巴蒂斯塔联盟的组成部分，由于政府暴虐和腐败，在该政府与很多青年人之间事实上存在很大隔阂。另外，学生们反对巴蒂斯塔，一般来讲支持格劳。

农村和糖厂的劳动者们对格劳谈论很多，1933年，格劳的政府在执政期间颁布了社会法律：实行8小时工作制，实现工会组织合法化，纳入整个一系列历史性的要求，这是比列纳斗争的结果，由格劳和吉特拉斯政府予以批准，吉特拉斯是其推动者。人民中的很多人，劳动者和工人们支持格劳。

形势出现奇特的情况。共产党在工人中具有很大影响，自它诞生以来，一直为工人的要求和权利而斗争。在工人运动中，涌现出一批宝贵的共产党人领袖：拉萨罗·培尼亚和赫苏斯·梅嫩德斯[1]。也就是说，主要的工人领袖都是共产党人，在与巴蒂斯塔党建立广泛阵线和结盟的整个时期，在资产阶级腐败政府内部，他们一直在不倦地开展斗争。可以说，在制定宪法时，他们为工人的权利和宪法主张，如土地改革进行斗争，将其纳入宪法，为制定一部更先进的宪法进行斗争。在为劳动者谋权利的斗争中，他们从未退缩，一直得到劳动者们的支持，享有威望。但是却产生奇特现象：受国际承诺和联盟所限，他们与资产阶级镇压性腐败政府结成政治联盟。

共产党人终生保持纯洁和忠诚。在一个历史时期内，虽然共产党在工人中扎有根基，由于他们与巴蒂斯塔保持结盟承诺，在某种程度上脱离人民，助长了反共产主义的说教。他们由于与巴蒂斯塔结盟，疏远了部分人民，而这部分人民承认共产党人的忠诚、忘我精神和牺牲精神，却拒绝接受与巴蒂斯塔的联盟，拒绝与其妥协。

这一进程促使广大学生们的政治思想发生右翼倾向，组成格劳·圣马丁党的民主力量出现右翼化。

我要重申，我跨进校门以后的大学已经不再是20年代最后几年、

---

[1] 赫苏斯·梅嫩德斯（Jesús Menéndez，1911～1948），古巴著名工会领导人。糖业工人出身，1931年加入古巴人民社会党（共产党），1941年任古巴全国糖业工人联合会总书记，为古巴糖业工人权益做了艰苦的斗争。1948年1月22日被杀害。——译注

梅利亚那个时代的样子，或30年代的样子，不再是反对马查多和巴蒂斯塔斗争的反帝大学，而是一所共产党人影响甚微的大学，因为共产党人与巴蒂斯塔的党一起，在1944年的大选中败北。共产党人为数不多，甚至我都不认识，因为当时，我没有受到社会和意识形态问题的影响。我进入大学时，以往时代的反帝精神受到削弱，不复存在，是资产阶级和小资产阶级的大学，劳动者家庭出身的青年人为数很少。

上学不需要什么花费，只需交纳少量注册费，但是上大学要求有预科学历，而少有人能满足这一学历标准：学生们出身资产阶级、地主和中产阶级家庭，极少有人是贫贱家庭出身。在比兰，任何农民或劳动者家庭的子女绝对无法完成预科学业。我因是地主的儿子完成了。少有人能获得预科学历，升入大学，而在全国只有一所大学。另外，预科学校只设在各省首府和某些城市，大部分居民生活在国家内地。古巴广大居民没有可能性，在城市居民中，很少有人能够读完预科，因为从十一二岁起，他们必须开始劳动，帮助父母养家糊口。如果不是商人、地主、医生，或显赫的职业工作者的子女，便无法去学校读预科。从来没有农民、很少有工人子女进入大学学习。

在前一个时期，马查多和巴蒂斯塔时期，小资产阶级与工人相结合，扮演活跃角色。我进入大学后，遇到的普遍是资产阶级、地主、商人、小资产阶级和中产阶层出身的学生，那里不是劳动者的大学。当整个国际形势复杂化，巴蒂斯塔实施统治11年，共产党与执政党结盟之后，在大学里没任何人同情共产主义，尽管也没人反对！据我的记忆，存在共产党人，在大学15000名学生中，有40~50名学生是共产党，也许有40~50名反对帝国主义的共产党人。当然，他们后来几乎都参加了革命。只有几十个学生是有觉悟的学生共产党人和反对帝国主义者。也不存在左翼政治思想，一切都围着政府转：政府做得怎么样，做得好还是不好。我进入大学那年，严重问题已在冒头。

仅一年时间，格劳政府就大大丧失了威望，出现严重的裙带关系现象。格劳的弟媳妇保利娜·阿尔西纳丧夫后，成为第一夫人。55岁的格劳为单身，这位女士作为第一夫人，拥有巨大影响力。甚至很多人认为在总统事务中，她拥有决定性分量。因此，从一开始就令人沮丧至极。人们怀有极大的希望，在类似形势下通常如此，但却没有发生任何变化。上台的执政党的领袖们，那位大学教授及其部长们从11年反巴蒂斯塔战士的辉煌时代，蜕变成政治腐败分子，只有少数人除外。他们在政府中任职，地位显赫，滋生了令人难以置信的腐败现象，进行各种各样的交易。在战争末期，物品奇缺，如大米、肥皂、黄油和轮胎等从美国进口。很多贪腐分子从事各种必需品的投机生意，开始非法牟取钱财，想方设法盗窃。该党执政第一年，批评声四起，抗议声不断，人心沮丧，民众梦想破灭，媒体和广播电台进行抨击，媒体也陷入腐败，有时展开批评以便向它索贿，如果不给钱，就进行揭发。在这种博弈中，没有发生任何变化。

所有人都曾预言，格劳的胜利会成为解决国家问题的灵丹妙药和神奇药方，但是事实并非如此，当时正值经济形势一帆风顺时期，战争带来的结果是糖价高涨，蔗糖生产配额取消，美国需要所有古巴蔗糖。日本人占领了菲律宾，德国人占领了欧洲。在整个战争期间，美国基本上靠从古巴进口蔗糖，当时流传一个重要消息："无配额的蔗糖生产"，所有农业生产者可以任其所愿播种甘蔗。"糖价高涨"，

"百万大起舞"再现，就像我们在这里所说的，金钱，美元四处都是，几乎像古巴货币一样在市场流通。我记得我家里使用美元。我在学校上学时，家里给我古巴比索和美元都一样，绿色的美钞，我曾向罗斯福讨要的纸币。无论在哪里都流通美元。虽然物品昂贵，价格上涨，但人们幻想着供应会丰富起来。

贪腐和盗窃与我进入大学同时发生，虽然我尚未选择思想意识，却感到与格劳的真正党相关的人们控制着大学。当我进入那个环境，不能说对所有一切已经有了意识，只知道大学是国家神圣利益的守护者，有些事情不大对劲儿。这并不是说人们是巴蒂斯塔分子，批评格劳也不是要颂扬巴蒂斯塔，而是批评无法解决长期困扰国家问题的政府。

重要的学生领袖在政府中职位显赫，领取俸禄和报酬，甚至占据官位却不履行职责，或在国家中身居要职，控制大学生联合会。在政府拥护者与批评者之间，斗争开始展开。批评者们提出谴责，并不是要与执政党为敌，而是因为不满正在发生的事情。可以说，斗争是在袒护政府的重要人物与批评政府的学生们之间展开。

在最初阶段，我密切观察一切，在大学中发现另一种现象：在全国范围内，存在着假革命组织，即自认为革命的组织。

所有反对马查多或反对巴蒂斯塔的人都是革命者。很多人为此捐躯成仁，还有些人是因反巴蒂斯塔而被捕入狱、惨遭杀害的殉难者的同学，他们安放炸弹，开展破坏活动，进行顽强斗争。我看到，在两个独裁政府期间，所有受到追捕、关押和流放的勇士们受到人们的敬仰。虽然他们很多人曾几何时具有某种革命性，实际上现已荡然无存。当我们进入大学时，各家报刊用饰带标示某某革命组织，这个革命组织,那个革命组织,等等,到此为止吧!

在大学环境中,必须毕恭毕敬,言谈举止礼貌。提到有些名字要恭敬,例如与马查多和巴蒂斯塔进行斗争的英雄们。自西班牙时代到那个时期,大学一直是继承传统和英勇斗争的舞台。我听到这些并深受影响,这个人物怎么样,那个人物怎么样。我还没有条件评判任何事情。我的活动限于大学法学院范围,在那里我认识很多人,有各种出身的男孩子和女孩子,他们来自各个学院,就这样,一直到在那里开展我的政治活动。

那是一年级,第一季度,几乎可以说是第一个月的情况。最初几天我没有去学校,因为那时在对新生搞作弄活动,我觉得这是一种作践,我无法忍受这种情况:给新生们剃光头,涂颜色,捆绑起来,在身上乱画乱涂抹,满大街充斥这种粗俗行为,而在革命时期就不这么做。这对新入校的青年学生是巨大的侮辱,对某些人是残酷的折磨。想到要忍受这些,我就感到很难堪,不能忍受,我采取的对策是最初几天不露面,甚至自己理了寸头,头发留得尽可能短。我觉得从那时起,我就开始理短发了。

虽然我晚报到几天,当我露面时,还是有人进行威胁和暗示,但是他们并没下决心作弄我。我以理寸头作为妥协,安然无恙。

从入校第一个月,我就对各种活动感兴趣。当被提名做课代表时,我选择司法人类学课程,因为它的工作最多,另外,是标志性的课程,所有选择这门课程的代表几乎都成了年级的负责人。我不记得是大家选择我做这门课代表,还是我毛遂自荐。为什么这门课程重要?原因有二:要在实验室做实验,学生可以在这方面为同学们干活,提供帮助;人类学老师很厚道,不妨碍我们为学生们做些事情。

卡秋斯卡·布兰科：那位老师叫雷内·埃雷拉·弗利托特，在哈瓦那大学讲授司法人类学。1946年2月18日，您成为瓜玛团体理事会成员。历史事务办公室存有那位老师的日志片段，其中他几次提到您。1946年2月18日，他写道："给二年级11位学生上实习课。菲德尔·卡斯特罗·鲁斯给我做助理（课代表）。"

菲德尔·卡斯特罗·鲁斯：在大学争取学生们支持的传统形式之一是帮助他们解决问题，保护他们，这就像在工会一样，在困难的考试中提供帮助，帮他们提高分数：如果考试差5分，就要帮他提高上去。也就是说，学生领袖提高在学生中的身份，方法之一是帮助他们处理与老师的关系。

我从法学院其他学生干部中脱颖而出，因为我埋头肯干，从未考虑为自己谋分数，或想办法为不学习的学生谋得本不该属于他的分数。我不是要影响老师，而是在学习方面帮助学生解决实际问题，想办法打印各种内容的讲座教材，告诉学生们什么时候、哪天、几点在实验室做实验。实验课是必须参加的，普通课可以不上，很多学生不去上普通课，因为他们必须去工作，或参加其他活动，无法获得信息。我首先汇总所有学生们的住址，然后通知他们什么时候上实验课，讲授什么内容，书本上哪些内容要考试，哪些不考。对所有那些不去大学上课的学生们，这种服务十分有用，实际上帮助他们解决很多问题。我对老师们不施加任何影响，我作为新学生，在这门或其他课程上，开始系统地开展各种活动，帮助那些听课和不听课的学生们。

我最初的活动是这种类型的，不属于大学改革的纲领，亦非政治纲领。我为学生们提供一系列有益的服务。我不会跟他们说："请投我的票吧。"实际上我与所有学生发展个人友谊，与他们谈论任何主题。几乎从那时起，我就没有去上课，因为我没有那么多时间。我必须通知学生，走访他们，给他们传送信笺和通知单，给他们打电话。在那个竞选运动时期，我开展很多活动，可以说，我的活动要大于在美国传统上开展活动的强度，在美国，竞选人走出地下道，走出工厂，与所有人握手。当时，我已经19岁，精力充沛，卓有成效地投入竞选运动，开展为学生服务的工作，进行探望，寻找他们，详细地通知他们每件事情，与他们谈话，与所有大学生发展友谊。

我比较快地成为最重要的人，成为班里的核心，也就是说，开始成为全身心投入、认真考虑自己所做的事情的人。其他人开始加以理解，高年级的学生们开始关注我在学生中的工作、关系、日益增强的影响和威望。所有人都开始关注我。可以说，从一开始，我就成为一年级的领袖。

在那一时期，我很少或几乎不去上课，就像在预科时期那样做：通过读书、阅读打印的讲座教材自己学习，不去上课。现在，我不再像预科时那样被迫去上课，我很高兴，很高兴不去上课！因为上课真是浪费时间。实际上，一些老师很虚伪，无法唤起别人的兴趣，超出课本或讲座讲义之外，讲授不出任何有意思的东西。学生去上课是正确的，但是我对课堂没有任何兴趣，在讲座课中听不到任何新东西，不得不去履行我所承诺的义务，即分发材料，完成任务。我对所有这些事情都很认真。每6个月或年底进行考试，学生负责人可以获赠分数，经常不用听课就能得到分数。我从来没想过让别人恩赐分数，也不会答应获赠分数，因为在预科学习时，我能获得优秀考核，经常获得比听课的、在学校名列前茅的学生还好的分数。

那时候，我来来回回忙活，结果如何呢？我从事大学政治性的活动，在外面一家贵族俱乐部有参加体育活动之约，在比赛中成为大学队的对手。大学体育队负责人和体育领导希望我参加大学队，与其他俱乐部进行比赛，它们历来是对头。

我一直在亚特俱乐部跟着我在预科时的教练打球，因为我个人很瞧得起他。与此同时，在大学里我为大家做事情感到十分兴奋，自然就产生兴趣。就这样过了几个星期，在学院，大学生联合会控制权的利益争夺业已开始。当我在法学院初露锋芒时，大学领导引发了这一矛盾。这对我来讲是个道德问题，是忠于我所进入的大学，还是忠于曾教我打篮球的朋友。我遇到冲突，该怎么办呢，继续在亚特俱乐部，还是加入大学队？作为大学未来的学生领袖和田径运动员，却与大学进行竞争，这不能不是矛盾的。我感到这是反常状况，在未进入大学之前，碍于教练的压力和挽留，我承诺继续留在田径队中，就没想到会产生这种情况。

面对这一问题，我对体育教练解释我的情况：一方面，我对他有承诺；另一方面，我在大学开展几项活动，希望他能放我一马。他表示不高兴，很显然，担心影响作为俱乐部教练的利益。我与该俱乐部没有任何关系，也不喜欢他们，只是与教练有承诺。

我再次找到他，强调已经发生的特殊情况，由于我在大学学习，最正确、最自然的做法就是加入大学体育队。那时，我感到那个人自私自利，他拒不考虑我的问题和利益，强调他作为教练的利益，不愿失去一位田径运动员。

我本想他会理解我，放我走人，但是他却采取自私自利态度，不听我的解释。于是我做出决定，对他说："你不懂，不想放我，那我就不去你的运动队，我将加入大学队，我在大学学习，应该这么做。"

他自然表示不满，与我发生争吵，不想放我，我被迫决定退出他的体育队。我加入大学体育队，开始几个项目训练，其中包括棒球。我觉得在这里做运动员，很有前途。

　　在第一年，我从事体育活动，但是各种活动占去很多时间，无法继续从事系统的篮球和棒球训练。训练强度很大，占去很多时间，因为我们将参加一项十分激烈的冠军赛。于是，我退出了体育运动队。虽然我迫于很大压力，参加了几周的训练，但是我不能继续撑下去，不得不把所有时间都投入到政治活动中。

　　我毫不犹豫地决定放弃那家俱乐部，我觉得，面对两种自私自利的做法，我做得绝对正确：一方面，有人别有用心，利用这件事分散我在大学的政治精力；另一方面，有人自私自利，力图把我留作其运动队的田径运动员。我加入大学体育队，这确实是自己的义务和愿望，但是随着日益介入自己的政治事务，我不得不放弃体育。

　　体育运动正是我为政治做出的第一个牺牲。我继续从事体育活动，但已不参加重大正式比赛。年级间的、学院间的比赛我还是参加，这不需要进行强度那么大的训练。这发生在第一年，大概到第二年，我不得不因大学政治活动完全放弃体育运动。

　　那时，我还不是乌托邦主义者，后来当我开始研究，在选举中面对作为政治老手却仅获得33张选票的竞争对手，我如何获得181张选票时，我就变成乌托邦主义者了。由于我们开展的竞选运动，我手下所有的候选人都当选了，所有人！学生们投票给我的候选人，很少人把票投给对方。虽然高年级的领导们做政治工作，在我一生中的首次选举中，我获得几乎6倍于对手的选票。

　　竞选运动呈现独特之点：完全抛弃了旧的政治行为和做法，完全拒绝不道德的手法，即用学术作弊、实施恩惠在学生中获取影响。从一开始我就完全有别于其他政治领袖们，从来都未想过以领导人的身份获取考试分数。

在我整个学业中，学习成绩一般都是良好，还有一些是优秀，通过了难度很大的考试，老师给予很高的分数。在大学中，我从来都没有获赠分数，我的分数，几乎所有的优秀分数都是我学习的结果。当然了，我是期末突击手，不过我不建议任何人这么做。我真心谴责和批评这种态度。我主张和建议每个学生从第一天起就下功夫学习，去听课。我讲述了我所做的事情，但是绝对不认为可以推荐给任何学生。我也不想为自己开脱，只是在说我是什么样的人。我觉得教室就像禁闭室，我在课堂上，总在想别的事情，养成靠我自己学习各门课程的习惯，我在大学也使用这种方法。在大学里，我没有被迫去听课，感到很自由。

另外，我使用自学方法，因为在实践中，没有任何人使我对课程产生浓厚兴趣。不幸的是，我没有遇到能把学生挽留在课堂上的出色老师。恰恰相反，我获得一种志向，它占有了我的一生，甚至包括每一分钟。从几乎65年以前，我就没有任何保留地完全献身于革命政治事业。

我为自己制定了清规戒律，拒绝政客们不道德的做法，形成了正派、道德和正义伦理。这种伦理使我拒绝和永不诉诸那种行为。我彻底拒绝学生领袖们在各个方面承袭的传统。我赢得了学生们的支持，但是却从未谋取有愧学生身份的任何考试分数和好处，在整个大学生活中，在为学生提供服务的过程中，我从未涉足那些领域，也从未接受任何赠予分数。这是我与别人不同的一点，这纯粹是我自发的做法，其间，从未随波逐流，也未被别人驱使。

在选举中，我获得圆满胜利。从那时起，我成为我们那个年级的领袖。而且第二年，我的对手们没能提出候选人，没有赢得任何学生的支持。

至此，在学院历史上出现了史无前例的唯一候选人现象，这是二年级的情况。在一年级，我组织支持我的候选人的活动，就需要做的工作进行指导，提供帮助，学院学生最多的两个年级自然就成为我的拥护者。

一年级和二年级占法学院学生人数的80%，我拥有所有他们的支持。我在读二年级时就是这种状况。

我认为大学阶段是我一生中最困难、最吉诃德式、最危险和最英勇的阶段。

这一阶段比马埃斯特腊山斗争阶段更困难，更具吉诃德色彩，更加危险和英勇，因为在山里我还有一支步枪，在大学里，我很少有机会拥有武器，大部分时间完全手无寸铁，因为我在反对政府，政府控制了警察和紧急法庭，它们是进行政治镇压的机构，控制着所有一切。

在大学里，我与格劳政府的激进反对派一起开展斗争。那时，我不仅限于大学范围，而且采取与国内政治有关的明确立场，不过是以特殊方式进行斗争。我开始自己的斗争，处于一生中最吉诃德式、最危险和最利他主义的时期，在这一时期的大部分时间里，我都处于无防卫状态，经历紧张而危险的工作阶段。自1950年我离开大学，到1952年3月10日，在这一时期，我怎么能够幸存下来，几乎令人不可想象。

巴蒂斯塔发动政变后，我开始进行另一种性质的斗争，形成通过革命夺取政权的战略,这发生在开始大学时期6年之后!可以说,在这6年内,我获得经验和政治意识,特别是政治意识形态以及革命战略。

在进入大学6年以后,我制定了夺取政权的第一个革命战略。我经历了十分丰富的学习时期。在进入那个崇高的教育机构之后几乎8年间,发生了攻打蒙卡达兵营的起义。我不是任何军队的指挥官,没有部队可使用,一无所有。在我的一生中,只拥有在异常艰难的斗争中获得的思想、觉悟、态度和道德。这并不是一种功德,倒不如说是一种特权,一种幸存下来的命运。

我在缺乏任何经验的情况下开始从事我所做的事情:在大学中进行斗争,开展军事行动,后来,成为胜利的革命的领导人。所有这些都是从没有经验做起来的。在没有接受任何教育,也没有政治觉悟的情况下,我开始进行这种活动,为时仅仅13年。在没有政治文化和经验的情况下,在这一困难的领域,在开始我的活动13年零3个月之后,革命在1月1日获得胜利。我结束学习,获得觉悟,推动一场艰苦卓绝的斗争,投入一场战争,获得了革命的胜利。

可以说,这经过了实际很短的时间。在6年时间里,从零开始,我锻造政治觉悟和革命意识形态,形成斗争战略。当我进入大学时,仅持有自由、民主和人的权利的基本原则以及正义感,所拥有的基本政治观念是资产阶级的。我认为大学期间,直到那时为止,是我在政治上进步最快的时期。

当我进入大学时,我从未与我认识的共产党人发生冲突。实际上他们为数很少。我们相互认识,相互接触,一直是朋友。我首先佩服的是他们的品质:执着、坦诚和献身精神。我一直尊重他们。在我还未接触《共产党宣言》时，在丝毫不了解共产主义和社会主义时，我关注他们的个人品质，他们获得我的同情和个人尊重。谁都没能在我头脑中毒化共产主义。我从认识共产党人开始，一直把他们作为勇于牺牲、斗争和献身的人加以尊重，我一生中从未在这方面产生偏差！

当我发现那个政府是个灾难，在执政党内部出现反对派，即爱德华多·奇瓦斯[1]反对派时，我第一次做出自己的政治决定。那应该是1945年底或1946年初。从很早起，该党一些正直的人和其他人开始批评政府。我首先做的是立即自发地加入他们反对拉蒙·格劳·圣马丁的首次造反示威活动。事情就是这样。

卡秋斯卡·布兰科：司令，格劳党本身的反对派确实是在1946年产生，一个新的政治团体，古巴正统党［古巴人民（正统）党］[2]于1947年成立。该党的创始人之一帕斯托里塔·努涅斯对我谈了很多怎样以马蒂主义热情捍卫正统党的思想，当然包括他的领袖爱德华多·奇瓦斯。

菲德尔·卡斯特罗·鲁斯：相关的批评产生于早些时候。这时开始了那个困难时期。当时由反对马查多和巴蒂斯塔人组成的大量革命组织如雨后春笋般涌现，出于叛逆性格，我投身到反对格劳政府的斗争中。有几个组织因媒体予以正面宣传而闻名。当我进入大学时，媒体正面报道的调子便到此为止。

所有反对派并不统一，他们之中也有矛盾。我与其中一些人保

---

1 爱德华多·奇瓦斯（Eduardo Chibás, 1907～1951），古巴政治家，1947年退出真正党，创建古巴正统党，主张反帝、反独裁和反对政治腐败。曾任参议员、总统候选人。1951年8月5日，他在电台发表著名的演说《最后的一击》后开枪自杀受伤，8月16日身亡。——译注

2 古巴正统党，又称古巴人民党，1947年由爱德华多·奇瓦斯创建。民族主义政党，主张反帝和反腐败。古巴革命领袖菲德尔·卡斯特罗·鲁斯曾是该党党员。——译注

持接触，与在政府镇压机构中身居要职和握有重要权力以及控制大学的派别发生冲突。我能幸存下来大概纯属奇迹，几乎两年后，我们的力量获得显著发展，我接受了那些人的挑战。那是伟大的吉诃德式的举动，因为我在力量悬殊的斗争中受到洗礼。那是一场绝对没有可能获胜的斗争。

我在手无寸铁的情况下开始反对巴蒂斯塔的斗争，但是与我在大学中反对与政府勾结的黑手党的斗争相比，获胜的可能性还是要大些，因为黑手党控制着一切。实际上，毋宁说我首先做出的反应是反对通过舞弊赢得选举的做法。在大学第二年，问题开始出现。当时，在法学院，主要的学院，学生人数最多的学院，在学院层面，我控制了两个年级。在大学层面，存在政治斗争，政府力图把握大学生联合会，反对派则要打破政府对它的控制。我们学院显得很重要，斗争已在大学层面展开，那些人把我看作是冉冉升起之星，力图以微妙方式影响我，把我拉过去，同时，那些令人生畏的强者对我施加压力。我对此做出反应，藐视大学的主人和绅士们。针对格劳的反对派业已形成，反对政府和大学所有控制者的斗争拉开帷幕。

我认识革命造反联合会的几个成员，他们是一帮青年小伙子，在正统党领导人鲁文·阿科斯塔的斡旋下，实际上帮助过我。一天，他们护卫我来到大学，格劳的黑手党不允许我进去。小伙子们看到我敢于顶撞掌控政府镇压工具的人，感到十分惊奇和佩服。这一黑手党支配着首都的精粹力量，国民警察领导机构，秘密警察局、调查局、司法局、肃反行动局和机械化警察部队。即是说，政府的警察镇压部队支持我的对手，控制着大学警察、大学校长办公室和大学的主要官方机构，这都是他们继承的战利品。另外，在那个年代，一条生命分文不值，随便什么时候就可以杀害任何人。现在我还在自问，我对他们进行挑战的方式是否明智。毫无疑问，我应该这么做，做出挑战，但是也许可以不那么公开化。我们反对派的其他院系的领袖们更加谨慎，引起的仇恨要少些。对手的仇恨集中到我身上。

后来，当我向巴蒂斯塔发起挑战时，与经过挑选的一伙特殊伙伴一起，夺取武器，在圣地亚哥起事。当我进入马埃斯特腊山进行斗争时，我们是82名装备精良的战士们，训练有素，勇敢无畏。在最初的挫折过去后，我们再次开展斗争，手握寥寥几支步枪，考虑如何召集其他人，一小队人马在深山里准备与军队开战也是十分困难的。不过在大学的斗争中，在某些时候，某种形式上，我手无寸铁，一无所有，面临着严峻挑战。我认为坚定果敢、气魄胆略和在学生中的威望使我幸免于难。

我也有所收获：敌人也对我折服，因为没有任何人能够像我这样藐视他们，坚决、果敢地发起挑战。我清楚这点，因为我有证据。在那场斗争中，曾出现关键一刻。在选举大学生联合会主席时，一度达成停战契约，所有企图消灭我的人走过来拥抱我。于是，我有机会看到自己的对手。参与其中的并非都是歹徒，甚至在另外一个团伙中也有心地善良的对手，正派的小伙子，他们自认为革命者，认为政府也是革命的。其中几个人后来加入我们的革命队伍，一些人战死沙场。有些对手站在我们对立面的政党一边，有些人后来与我们并肩战斗，那场斗争促使我在政治上成熟起来。

我认为那是最困难的斗争，我没有被杀害几乎纯属万幸。后来，在普里奥政府时期，我几乎与所有组织，甚至包括曾支持过我的人进行斗争。在大学中曾支持过我或与我为敌的人中也有好青年，他们缺乏政治文化，有人后来加入了革命队伍。

我懂得在那个社会中，很多人为什么迷失在毫无价值的政治进程中，在资本主义社会中，谎言、虚假和欺骗如何横行无忌。革命，什么是革命？所有人都自认为是革命者，是英雄。我感到人们钦佩反对马查多和巴蒂斯塔的勇士们，他们建立了自认为革命的组织，这些组织提出向马查多和巴蒂斯塔残暴政府的杀人帮凶复仇的口号和思想，而后来却蜕变为暴力团伙。

卡秋斯卡·布兰科："正义迟早会到来"，这是由埃米利奥·特罗领导的革命造反联合会的口号，该组织主张清算没有得到惩罚的马查多宪警。

菲德尔·卡斯特罗·鲁斯：这是无政府主义和混乱之源，它也使我懂得，必须用正义平息复仇。这是我从这些事实中得出的基本道理。我们用这种思想教育人民：谁也不能动手抢劫，也不能靠自己复仇，而要靠正义。我们的人民懂得这些思想，没有发生抢劫，也没有发生游街行为。谁也没有破坏这一准则。

在大学里，我学会很多东西。在那一时期，发生了特鲁希略远征行动，我也参与其中。我的对手们领导了这次远征，他们看到我，也表示出尊重。

在领导人中，有主要的大学领袖马诺洛·卡斯特罗，他支持格劳，在政府中身居要职。当我进入大学时，他是大学生联合会主席。

我从一次奇迹到另一次奇迹生还，应该是有守护神保护我，也许是托圣徒菲德尔的福。

卡秋斯卡·布兰科：好吧，如果根据姓名来看，您的守护神应该是圣菲德尔·德西格马林赫恩，就像人们所称呼的，"穷人的辩护神"，但是从出生日期来看，是两个圣徒守护神在保佑您：圣伊波利托和圣卡西亚诺。正因为如此，在教堂和民事登记簿上，他们的名字出现在您的出生和洗礼的日志上。

菲德尔·卡斯特罗·鲁斯：好吧，他们保佑我，使我幸免于难。我认为，自己投身于那么大规模和高风险的斗争，毫无疑问，这是决心、无私无畏、尊严和叛逆的雄辩证明。与此同时，我认为，不畏危险只是出于尊严和荣誉，这未免荒谬。

我认为，这是由于缺乏经验的缘故，如果我政治上老练些，那么艰难险阻的暗礁本可以安然度过。但是面对所有骄横、霸权和恐吓行为，我做出激烈反应，那是小资产阶级的反应。我被这些挑战激怒，当时直面挑战，如果多些经验，尽管不用做出让步，也可加以避免。我所说的是高素质的共产党人。我本可以说"我不同意"，用一些外交辞令，又可以保持我的立场。甚至可以采取某些策略性的退让，这也许妥当些。

我觉得，在类似情况下，如果我要劝告青年人的话，会劝告他做比我更谨慎的反应。更加谨慎，因为实际上还不是孤注一掷的时刻。也就是说，所维护的东西与所冒的风险不成比例。面对挑战、荣誉和尊严，我当时更倾向于做出个人反应。我觉得那是颇具吉诃德色彩的阶段。

一个人如果有经验，进行斗争应该是为了民族尊严或阶级尊严，为了革命，为了事业，为了伟大的目标：我要改变社会！应该冒着我所经历的风险，但并不是出于荣誉、尊严或性格问题，我认为，清醒地认识到我所维护的价值，就可以在不牺牲尊严和荣誉，也不违背性格的情况下，度过整个那一阶段。尽管这是出于特定动机而做出的个人反应，还是与社会和政治价值相关。

　　后来，我又经历很多风险，但都是为了改变社会。在大学学生时代，我采取的几乎是自杀式的态度，殉难者和个人牺牲的态度，准备舍生取义。是牺牲，自我牺牲，虽然还不是为了改变社会而自我牺牲，而是为了对抗某些态度，霸权主义、暴力和滥用权力。如果是为了改变社会，那就值得。它可以考验一个人的品格、性格和某种精神。作为个人的品质还说得过去，但是作为态度范例，我认为有些吉诃德色调，这是游侠骑士、侠义骑士时代，而非那个混乱、复杂的年代所特有的格调。

　　后来，我成熟起来，在攻打蒙卡达兵营几周前，在计划准备最后阶段，面对警察的冒犯、污辱，他们甚至力图殴打我，我能忍耐，笑脸相陪，因为我不能偏离自己的目标，不能被一种个人反应拖累，影响到我们准备进行的斗争，我甚至向他赔礼道歉。可在大学时期，谁能忍耐无理的行为啊？

　　我认为从个人角度讲，最无私、最吉诃德式的阶段就是那时候。后来我胸有需要完成的斗争计划、纲领和历史任务，便开始采取更合理的态度。什么都不能让我偏离基本目标，缺乏经验是没有知识和任何政治经验的特征。但是对过去的所作所为，我并不后悔。

卡秋斯卡·布兰科：我一直记得您说过的一句话："我就像大学中的吉诃德，始终遭受枪击和棒打。"

选举·正统党·吉诃德式行为·
威胁·准确射击·海滩上的哭泣·
藐视和再度藐视·不动声色

选举．正统党．吉诃德式行为．威胁．准确射击

卡秋斯卡·布兰科：在当时的报刊上，我读到关于1947年大学生章程大会的各种报道。您结束了二年级的专业学习，胸怀大学和国家政治生活实现清理和变革的希望。但是这一进程失败。后来，您投入孔菲特斯岛远征。人们会问道："这是从一种历史走向另一种历史吗？"

菲德尔·卡斯特罗·鲁斯：是的。当我开始二年级学习时，政治气氛更加活跃。众所周知，我控制了法学院人数最多的年级，在这一中心争夺多数地位的斗争再次开始。选举不采取直接而是间接方式，5个年级，每个年级有一票。四年级人数较少，从预科升上来就是这样。在教育计划发生变化，中等教育由4年改为5年制时，一部分学生没有继续升学。二年级注册学生比三年级、四年级和五年级加起来人数还多。

一年级学生人数也很多，我与一些同学也制定了候选人名单。年级代表是一位左派青年，他已经去世，整个一生都与革命站在一起。我说的是（包迪略·）比利托·卡斯特利亚诺斯，他是攻打蒙卡达兵营同伴的律师。我采取使用过的办法，指导那些同学：对一年级亲自提供帮助，合作，做工作。在我的年级，对手无法提出候选人名单，甚至无法提出7个候选人，形成候选人名单。必须获得这个人数，另外加上副代表，他们没有成功。这样，我在二年级没有对手，但是在一年级两派展开斗争。

我意识到我很快形成的实力。完全控制二年级，这意味着拥有学院学生的广泛多数。于是，在不同力量的争斗中，我萌发成为学院领袖的雄心。我进入大学仅1年，初出茅庐，在某种程度上，不了解高年级学生领袖们的愿望。我对自己说："我肯定拥有两个年级，即一年级和二年级学生的大多数。"在一年级，谁也无法与我竞争，我提出要成为学院的领袖。我确实比别人力量强大，三年级的领袖们知道

我拥有大多数，退缩了，他们无法与我匹敌，接受我竞争那一职位了。事情果然如此，我在二年级学年之初，如愿以偿。当时，控制大学的斗争尚未达到白热化程度。

关于这种态度，我应该做自我批评。虽然我拥有学院大多数学生的支持，还是应该再多等些时日。我觉得这里有个人虚荣作祟，新学生的虚荣，青年人渴望开展和赢得战斗胜利的虚荣。当时在各种人物间还存在斗争。我认为我在政治上更加健康，更加纯洁，反对为学生们要求分数以及其他类似的做法等陈旧的政客方式。我认为，自己代表着一种更高尚的道德潮流。我们有比对手更优秀的思想，获胜的渴望实际上也起了作用。我觉得我本应该等待，多等一段时间，也许再等1年，获得经验，赢得3个低年级的支持，而不取决于高年级学生领袖们的支持。

在那个时期，反对格劳·圣马丁政府的力量呈现更有力的势头。他们是一些有名望的大学老师，如曼努埃尔·比斯韦和罗贝托·阿格拉蒙特。他们是有威望的大学老师和政治家，在参议员爱德华多·奇瓦斯的领导下，掀起揭露格劳腐败和令人沮丧行为的运动，抨击其裙带关系、盗窃、暗箱操作和各种道德败坏行为。这部分政客靠真正革命党上台执政，正直人都起来反对格劳，由此，产生了正统党。

自这场政治运动开始以后，我与其成员们建立接触。该组织反对真正党政府的腐败和道德败坏行为。报刊报道的消息有：格劳死去兄弟的寡妇，第一夫人拥有极大影响力，指定职位和肥缺；身居总统府，支持令民众愤慨的投机和肮脏交易。在"纯正者"组成的政府内，臭名昭著的腐败行为猖獗。自1933年巴蒂斯塔独裁11年间，这些"纯正者"曾代表着国家实行诚实和清白政治、反对腐败和恶习传统政治的希望。这一政府却蜕化变质，走向人们希望的对立面。

到那时为止，我只是个持有道德观的叛逆者。我开始在大学开展活动，因为毫无疑问，我对政治问题有着连我自己都未察觉的兴趣。最初，我拥护格劳取得胜利，很高兴巴蒂斯塔腐败、镇压和军事政府倒台，但是格劳政府上台 1 年后，人们的批评之声日益高涨。

奇瓦斯和路易斯·奥尔兰多·罗德里格斯发动揭露运动。路易斯·奥尔兰多·罗德里格斯是真正青年运动领导人，后来在马埃斯特腊山加入我们的队伍。我对他们的肯定评价大概始于大学一年级，在大学一年级期末，当执政党内部开始出现这种倾向时，我做出这一政治决定。

卡秋斯卡·布兰科：当然，司令，这是个渐进但不慢的过程。首先，揭露消息公之于众，后来，在官方党内出现这种趋势，最后，该党于 1947 年 5 月 15 日宣告成立。该党成立后，您在党内待了很短时间？

菲德尔·卡斯特罗·鲁斯：从该党成立之初，我就是其成员。在二年级结束时，那一进程在全国范围内就很明显了。从一年级时我就在采取政治选择，到二年级选择确定下来。正统党建立后，采用古巴人民党的名称，称为正统党人，希望以此表示认同马蒂创建的政党的正派、道德品质和管理原则。在那个时期，我还没有受到马克思主义影响，取向基本上是伦理、道德和爱国因素。还没有形成阶级社会的思想，人剥削人的资本主义社会的思想，还没有这些概念，但是已经拒绝和谴责由大多数人民选举出来、却背叛和欺骗所有人的政府。那是一场巨大的骗局，在由美国庇护下的国家中，这是必然现象。

学生们参加了 1933～1944 年的整个进程，最初他们拥护格劳·圣马丁政府。学生中也有共产党人,他们是反对派,不同意格劳政府的政策。他们为数几十个人,另外,也是唯一具有反帝意识和社会主义文化的人。

最初,当格劳当选上台时,我曾是格劳的拥护者,但是在当时我拥护的是那伙造反者,拒绝和揭露现行腐败的人。所有这些都恰逢我上二年级,已经拥有支持我的学生力量。

在大学中,开始出现两种势力,尽管实际上是三种:第一种可以说是官方力量,支持和享有政府特权;第二种力量是反对派的支持者,脱离执政党的正统党;第三种力量是小规模的反对派,大概由老的巴蒂斯塔分子组成。

我来自教会学校,没有接受过政治教育,不具备政治文化,没有革命政治意识,但是有道德意识,因此我很快走向政府的反对派。

最初,我并不感兴趣于大学生联合会,把它的高级领导层看作是十分遥远的事情。马诺洛·卡斯特罗是联合会主席,当选于格劳胜利之后。

在另一个时代,大学因参加反对马查多和巴蒂斯塔的斗争享有盛誉。当时是形形色色的自诩为革命者的假革命者大量涌现的年代。他们进行过斗争,受过镇压,被捕入狱,狱中面临死亡危险,受到所有人的敬佩,也受到我们的崇敬,直到我们意识到,在他们中,革命者为数极少。

那时候,大学生联合会的领导权问题具有重要意义。有些领导成员加入格劳的反对派,拥护正统党。对大学的控制和大学生联合会的领导权变得重要起来,联合会介入国家当时的局势,在各个学院中具有重要性。不仅在学院水平上,而且在各系层面,学生中的各种倾向突出出来。

选举 . 正统党 . 吉诃德式行为 . 威胁 . 准确射击

我是人数最多年级的学生领袖，选票不是直选，但所有人都看到，我很快会成为学院的领袖，大学的主要领袖们开始关注我，力图以某种方式影响我。我第一次发觉大学萦绕着压力和角力的氛围：处于领导地位的人们并未这样做，这并非因为他们在此前反对马查多或巴蒂斯塔的斗争中获得威望，仅仅因为他们已大权在握。那些带引号的很多革命者没有意识形态，在政府和国家安全机构中，他们身居要职，拥有实力，控制着大学当局、校长办公室，以及所有机构，也控制着大学警察力量，是令人生畏的人。人们评论说："谁谁是大学生联合会领导，是革命者。"参与过反巴蒂斯塔的斗争，杀死过某些对手。是拥有武器的人，拥有实力，令人恐惧。

与此相关，在格劳任总统之前，大学生联合会主要领导人马诺洛·卡斯特罗以前曾处决过政府一名重要的对手。

还有一位带引号的革命者马里奥·萨拉巴利亚，他是令人生畏的镇压性机构、敌情活动局司令、局长。在他当革命者的年代，也处决过另一位对手。现在却与腐败政权沆瀣一气，战后，反对共产主义是他意识形态的组成部分。

格劳真正党的几个党员是学生，其他人与学生们走得很近。我并不质疑他们以前作为革命者的政治立场，那可以是正确的。事实是他们加入格劳政府，在那里对镇压机构有影响，对我们来讲，还是可怕的人，不能成为他们的反对派，他们拥有很大权力，野心勃勃。

他们不仅控制着大学，而且还掌握着秘密警察、司法警察及其最强大的部队——摩托化部队。那些带引号的革命者控制着一切，后来，把他们的人最终塞到国民警察总监的位置上。他们因权力之争与军队存在竞争关系。

当时，像我这样的大学生们与巴蒂斯塔和马查多和他们之中的任何人都没有丝毫关系，没有经历那个历史阶段，我们处于这种环境之中。我毕业于一所私立资产阶级学校，与他们任何人都没有关系，与这种环境发生冲突：他们以草菅人命的刽子手、危险分子和恐怖分子著称。他们几乎从不到大学来，人们谈论他们就像提到传说人物，几乎难觅其踪影。他们是教父，黑手党的教父。

我对此十分敏感，不喜欢那种环境。他们是强权人物，令人恐怖，杀人如麻，犯下各种勾当，因此，人们必须顺从他们。他们可能曾有功绩，我并不否认，曾几何时他们立下功劳，但是后来，成为腐败国家和政府的铁杆分子，彻头彻尾地卷入偷盗、行窃、为非作歹的勾当。我们属于另一边，在反对格劳政府斗争中形成的政治运动。

格劳开始在管理机构中驱逐正统党人，剥夺路易斯·奥尔兰多·罗德里格斯真正青年运动领导人和体育局长的职务，用马诺洛·卡斯特罗来顶替，当时路易斯·奥尔兰多·罗德里格斯已经当选为议员。格劳政府创建体育部，大量拨款，设立官位，另外，控制大学。当然，他们必须离开学院，但是力图把跟随他们的团伙留下，以便继续控制大学这一重要的斗争阵地。

卡秋斯卡·布兰科：当时，您对这些人物构成威胁，我的看法是他们想拉您入伙。

菲德尔·卡斯特罗·鲁斯：从很早起，那些假革命者就想接近我，影响我，把我拉进那一光环之中。一天，有人传话给我，马诺洛·卡斯特罗想召见我。真是傲慢至极！几乎就像拜谒教皇。我记得地点选在大学游泳池，上午11点，我被带过去。那个人物十分和蔼，沉静，与我进行交谈，力图拉近距离，这是一种政治交情，因为我已经代表着一种力量，他们力图争取我的支持。

我给予否定答复。他文质彬彬地对待我，力图说服我，支持那伙人中的某某人和某某人，这对大学来说是合适的，而这些人都是他们那派的。于是，我以一贯持有的固执态度，对他解释说不行，并说我已下定决心，无论以何种形式和途径，都不会被说服，哪怕谈上几个小时。

我记得当时他们做的表演之一是射击。过了很多小时之后，他的随从放置几个瓶子，瞄准射击，但屡射不中。凶猛者，可怕者，连只瓶子都打不中！我说道："小伙子，让我来。"砰！我一枪击中瓶子。后来又放上几个瓶子，他们还是打不中，我再次射击：砰！他们放置了40个瓶子，天色已晚，光线朦胧，说来也巧，实际上只有我打中靶子。我在农村时用步枪、猎枪和左轮手枪练过射击，很有准头。

卡秋斯卡·布兰科：他们绝不会想到您从小就会使用枪支。在比兰家中，您父亲的步枪和猎枪就放在枪柜里。他们也不了解您到拉门苏拉探险、狩猎的情况。吓住您的企图没有得逞。您觉得熟练的射击技术和准头镇住他们了吗？就像狩猎者被制服了，不是吗？

菲德尔·卡斯特罗·鲁斯：简直是不可思议的巧合，几乎所有瓶子都是我打碎的，我若无其事，十分镇静地离开了。那是他们多次企图恫吓我中的一次，做了精心安排：有权有势、有影响的政府名人登场。他们的企图显而易见，拉拢我成为朋友。说实话，他们一直未暗示要对我使用武力。

马诺洛·卡斯特罗与我进行了那次谈话，我认为，虽然他扮演消极的政治角色，他还不是最坏的人。他接受了体育局长的职务，相当于体育部长,为所有政客客户提供服务:金钱和公共肥缺,由此,引发大学的斗争。其主要目标是保持大学站在腐败政府一边。

我认为他还不是坏中之坏,没有表现得十分炫耀,生活还算俭朴。虽然我是反对派,他们企图控制大学,他却从未对我动粗,进行直接威胁或炫耀武力。甚至当我们远征孔菲特斯岛时,他来视察训练中心,还对我表示出尊重。在大学斗争中发生了很多事情,但是他表现中规中矩。

因此,我想尽管在大学中他是权力中心人物,还不是最恶劣的人。我参加了远征,因为学生们选举我为支持多米尼加民主委员会主席。

我并没有被说服,保持着立场,当时,第二学年已过去很长时间,法学院和社会科学院将决定谁在大学中占有大多数。在 13 个学院中获得 7 个学院的组织将赢得选举,因为每个学院拥有一票。另外,我们靠法学院和医学院,拥有学生中的广泛多数。

卡秋斯卡·布兰科: 1947 年 4 月至 5 月,法学院选举学生年级代表,并选出学院学生联合会主席。肯定是这时候,您当选法学院学生联合会副主席,主席是费德里科·马林,他仅任职很短时间。三年级、四年级和五年级参加选举情况如何?

菲德尔·卡斯特罗·鲁斯: 我获得一年级、二年级学生的完全支持,但是支持我的三年级学生并没有诚心诚意地开展工作,输掉了三年级的选举。我们本可以赢得三个年级,一年级、二年级和三年级。四年级的学生是独立的,但是我们并没有赢得三个年级,进而获得多数,这决定着在大学生联合会领导机构中鹿死谁手。一位叫作阿拉尼亚的人获胜,他在大学中为人熟知。

选举．正统党．吉河德式行为．威胁．准确射击

那一年，从各种意义上讲，最好应该冷静一些，而非执意谋取胜利，不要那么快就卷入如此硬仗。我并不谋求大学生联合会主席一职，只是想击败对手。我应该支持三年级的领导人，而非自己出面竞选。结果是分化了他们，让四年级候选人渔翁得利，而四年级那个人后来脱离我们的路线，在政府的压力下屈服了。我们没有别的选择，只好在一年级、二年级、三年级和五年级的支持下，罢免他，我们在大学生联合会中获得多数地位。我谋求法学院主席职位有些过早，因为这取决于其他领导人的支持，而他们大概感到蒙羞了。当我进入法学院时，是他们把我带入政治。

后来，我发现他们并不是很有能力的人，但这并不成为我力图替换他们的理由。这样，前两个年级胜券在握。他们接受了这一事实，但没有为之做出最大努力。结果，我们争取到了学生的广泛多数，但是失去了三年级和五年级。四年级是独立的，人数不多。

最终的选举结果并不明朗，法学院是关键。法学院答应支持反对政府的团体。这是条件，我们把法学院主席职务给了四年级的领袖费德里科·马林。后来，他迫于黑手党的压力，背叛了我们。我认为，在大学生联合会的选举中，我们本应该与另一股力量达成协议。不过，这只是一种理论上的可能性。现在，有了更多经验，当时本可以处理得更巧妙些。

法学院存在两股强大力量，也许应该达成某种更加牢靠的协议，结果我们选出了费德里科·马林，他承诺支持反对政府的派别。我成为法学院副主席。

卡秋斯卡·布兰科：根据历史事务办公室的编年录，那次选举发生于1947

年4月25日。我的看法是费德里科·马林不是很能挑大梁的人，甚至都无法履行其承诺。

菲德尔·卡斯特罗·鲁斯：那是当时可以做出的最好安排，虽然我现在并不肯定，当时觉得安排得挺好，因为我们控制了法学院，保证了对格劳政府反对派的支持。

大学生联合会选举临近了，政府、最强大的武装集团和所有官方势力施加强大压力，力图保持对大学的控制。当时，在联合会主席的选举中，我们的代表人数是7名，他们是6名，我们拥有多数票。但是在巨大压力、恐吓和贿赂之下，我们推选为法学院主席的四年级学生被收买了。他没有各个年级代表大多数的支持，难以有所作为，但是，他被收买，背弃了我们选举他时所做的承诺。在当时政府的反对派日渐壮大的情况下，在所有其他年级、一年级、二年级、三年级和五年级的支持下，我做出反应，召集所有其他年级的代表，与法学院中曾是我的对手们一道，罢黜了法学院的主席。根据章程，我们有充分的权利这样做，代表们有选举和罢免权利。

在学院历史上，大学历史上，已经有代表们诉诸罢黜权利的先例，他们有任命和罢黜主席的权利，当时，我们在反对派中又获得多数票。因此我说，在学院并未处于对立的两派力量之间，也许可以有更好的方式解决那场激烈竞争，我认为本可以找到更好的方式，实现我们所达成的目标。在法学院中，政府日益遭到唾弃。

在争夺斗争中，与对手的关系影响了我们选举四年级独立代表的决策。选举他，与我有责任，这在某种形式上，为他后来的所作所为提供了机会。当他背信弃义后，遭到我们的罢黜。

大学上层当局也不得不对此做出决定，迫于控制大学的政府和武装集团的压力，他们做出一种彻头彻尾违法和非法的决议：宣布学院主席的任期是不可废除的。也就是说，选举他的年级代表们不能罢免其职务。上层当局违反章程和最基本的权利原则，宣布罢黜无效，宣布罢黜是非法的，而实际上他们的做法才是非法的。

于是，在法学院存在两个主席，一个是拥有大多数的我，还有马林，他仅在四年级有几十个学生的支持。这与当时那个时期有关，预科学制由4年改为5年，升入大学的学生很少。他成为四面楚歌的主席，我们拥有学院的绝大多数。

由此，几周内形势都处于紧张状态，直到大学生联合会选举来临。这大致是那个学年过半或临近结束的时候，当时形势动荡不定。我谈的是60多年前的事情，也许会忘记某些细节。

卡秋斯卡·布兰科：1947年4月26日，就在罢免事件过去的第二天，在马松街和圣何塞街角处，您遭到3辆轿车用机枪和手枪的枪击，并被带到王子城堡关押起来，翌日被释放。在城堡的大门外，您向报刊记者公布了这一遭遇。消息得到报道。

菲德尔·卡斯特罗·鲁斯：所发生的一切导致我们那天的结果。什么导致了冲突？他们认为控制着大学，突然，我以合法形式，在绝大多数学生和4个年级代表的支持下罢免了主席，这是关键所在。它引起那些人对我的敌视，因为我危及了他们最重要的政治基础：对哈瓦那大学这一历史和有名望机构的控制。多数学生和联合会落到反对派手中。

卡秋斯卡·布兰科：据我所知，在比兰，您的父母通过报刊得知所发生的事情，十分担心您所面临的危险。您当时住在哪里，与谁住在一起？

菲德尔·卡斯特罗·鲁斯：在所有那个时期，第一年，在我姐姐家住了一段时间，整日东奔西跑，从事各种活动，后来，我决定搬到一所公寓楼，住过 2～3 个公寓楼。先是住在临近自由哈瓦那饭店的地方，离大学很近。后来搬到 21 号大街。在 21 号大街，我与很多学生住在一所家庭住宅中，房东是有 3 个女儿的离异女士，她用我们的租金维持那套房子。这栋房子位于 21 号大街与 L 大街街角处，不知道是否还在，我在那里住的时间最长。

当时，家里给我汇款 100 比索，用于支付房租、书籍和学费；还要购买衣服，支付洗衣费用，总之，几乎分文不剩。但是我从来都没想过多要钱，我觉得给我的钱够多的了。能剩下 15 比索或 20 比索，仅此而已。我必须不断奔波，乘公交车访问居住很远的学生，如马坦萨斯的学生。所有活动都靠我微薄的进项，我时间很紧，没有钱邀请某个女孩光顾餐馆、电影院，到海边散步。不要忘记，那是资产阶级和小资产阶级偏见的年代。但是，好吧，当然有时也用些时间陪女孩们，我与所有女孩们相处都很好，与部分女孩有某种柏拉图式的爱情关系。她们支持我，是一种完全的政治支持。我总是具有妇女支持的特权，大概出于这种原因，我这么维护她们。我记得当我开始大学活动时，女孩子们因友谊而支持我。后来，我结识了未婚妻，她是拉斐尔·迪亚斯－巴拉特[1]的妹妹，当时迪亚斯－巴拉特还不是巴蒂斯塔分子，与我们一道进行斗争。他出类拔萃，很有演讲口才，很好接触，曾在新教徒学校、卡德纳斯的拉普罗格雷西瓦学校学习，参加过那里

---

[1] 拉斐尔·迪亚斯－巴拉特（Rafael Díaz-Balart, 1926～2005），菲德尔·卡斯特罗·鲁斯第一任妻子米尔塔·迪亚斯－巴拉特的哥哥，曾任众议员、巴蒂斯塔独裁政府的内务部副部长。——译注

的演讲比赛，较有语言表达能力。

　　鉴于我刚才谈到的法学院的情况，所有黑手党都对我持完全敌视的态度。我手无寸铁，处于四面受敌的境地。因此就像我所说，这是我生活中最吉诃德式的阶段，最危险的阶段。现在我还在自问：为什么？为了获得所有一切而孤注一掷，但是我孤注一掷，只是为了很少的收获。当时，我不是在为自己而战，不是受个人动机所驱使，我放弃了获得法学院主席的想法，目的甚至是让他人承诺在大学生联合会中遵从一种路线，但是他却背信弃义。我们罢黜他，并不是因为我想当学院主席，而是我十分重视在古巴政治斗争中，大学生联合会具有举足轻重的作用，是出于我的反对派情感、对政府的反感，以及对奇瓦斯和正统派政治集团的支持。

　　我十分重视这件事情，但是我认为，自己所面临的风险与问题的重要性不相称。另外我认为，面对那些肆无忌惮的强大黑手党，活下来的可能性很小。我也没有发觉或没有考虑到，在自己参加斗争可供使用的手段与庞大的强势集团之间存在失衡。由于我已经构成严峻的挑战，他们可以轻而易举地除掉我，他们倚仗政府的各种支持，可以这样做。以前就这样做过。如果说他们在尚不强大的时候，就诉诸暴力手段，那么有了政权的庇护，他们更加强大，摇身变成了权力当局。

　　在那场斗争中，不存在任何获胜的可能性，现在想起来，应该更加冷静地对待。如果我有更多经验，就不会夸大问题的重要性。我觉得浓重的主观因素、荣誉感和个人尊严也在起作用，曾让我吃尽苦头。我从来没有，连一分钟都没有屈服于压力，没有逆来顺受。拒绝压力、武力和那种恐怖和压迫氛围，这可能是一种基本因素。我所有的反抗精神，我的性格驱使我决不退让，坚持公开斗争，甚至在没有任何获胜可能性的情况下也是如此。

我有法学院大多数学生的支持，其他大学生们跟随我。这几乎就是一种力量考验。我搞到了一支手枪，武装起来，实行武装自卫的原则。

我认为自己有好枪法，有那支手枪，有了安全感。我只是藐视所有那些人而已。实际上，我有什么可能自卫呢？他们做了些什么呢？这大概是二年级第三季度，进入大学1年3个月或4个月以后发生的事情。由于我随身携带枪支，他们叫来摩托化警察，把我抓走了。

卡秋斯卡·布兰科：《航海日报》和《信息报》发表消息，刊登了温贝托·鲁伊斯·莱罗的声明，他说这都是因为国民警察干预大学政治所致。当您从监狱出来时，说道："我们只是希望大学履行其义务和历史作用。"讲述了事情的经过，揭发马里奥·萨拉巴里亚是从轿车向您开枪的人之一。就这些事实，大学生联合会在1947年4月29日星期二的《航海日报》上发表了强烈抗议。

菲德尔·卡斯特罗·鲁斯：发表声明的人叫鲁伊斯·莱罗，是牙医学院的学生，是我们推选的大学生联合会主席候选人，是个正派人。

黑手党控制了所有的警察机构，国民警察和摩托化警察等机构。有法律禁止随身携带枪支，因此，我必须到紧急法庭回答质询。他们企图以此把我排除在大学政治之外。

在不再使用枪支的司法保证之下，我被释放了。他们也控制了法庭。我在被抓起来时，手枪也被没收了。

卡秋斯卡·布兰科：司令，抓捕您是冲突的关键所在。后来您获得自由之后，紧张状态减缓了吗？

菲德尔·卡斯特罗·鲁斯：没有，形势依然十分紧张。国民警察不能进入大学校园。我有两支枪，我被捕是因为第一支枪。后来，形势十分紧张，我不得不从别人那里借来一支枪，那是一支15颗子弹的勃朗宁手枪。形势确实十分复杂，因为选举大学生联合会主席的时间临近了。他们决定禁止我进入大学校园。由于他们控制了大学警察，他们带着枪进出大学校园。于是，我在校园也揣上那支新枪。

一天，他们的一个头头经过预谋计划，靠近我，要求我交出武器。我拒绝了，我记得这样对他说："我不能给你，除非你打死我！"于是，他对我提出挑战："到体育场去。""去就去。"我答道。"跟着我！"这真是那场斗争中最危急的关头之一，这已经不是第一次了。我沿着大学的一个出口走出去，走过卡利斯托·加西亚医院附近。有人发现后陪我走了一段，劝说我不要去。我到了大学体育场门口。在门口的台阶上，站着10个或12个手拿武器的家伙，我只有独自一人。我走过他们身边，走下台阶，并没有刻意做出动手姿势。我产生蔑视他们的冲动，与他们对峙。我走到台阶最底端的钢柱子边站住了，等待那个挑战我的大学警官。他们大约有12个人。

后来我知道发生了什么事情，几个人要冲我开枪。我有15颗子弹，一支比利时的勃朗宁手枪，是双弹夹式的。他们是一伙人。我很镇静，心想："好吧，他们要除掉我。"但是我也在考虑我要打倒几个。我在那里等待提出决斗的家伙，等了几分钟，他没来。于是，我再次登上大学体育场上方，走过他们身边，用蔑视的目光看着他们，是一种无可估量的蔑视，你可以想象到，那些人没有做任何动作，目瞪口呆。从我一到那里，他们就完全惊呆了。15分钟或20分钟后，我沿着旁边的一条街离开那里。那家伙没有出现。

在那伙人中，有一两个人后来在革命中战死了。在那个时刻，他们胆怯了，十多个人手拿武器，对抗我孤身一人，这在任何时代都是懦夫行为。挑战者没来，他是大学警官，说去脱掉制服，更换平民衣服。这话也许是真的，因为他是勇敢的人。但是，无论是他还是他们中的几个人都无法明白，那个腐败和背叛的政府是无法维护的。

另一个十分紧张的时刻发生在此前不久。那次，法学院的学生们救了我。敌人全副武装，而我赤手空拳。那是叛徒费德里格·马林被罢黜之后。

20多人聚集在法学院大楼前。事实上，我向他们表明的蔑视态度令他们很多人恼怒，因为我没有退缩，没有被武力吓倒，甚至在赤手空拳的情况下，也公开蔑视他们。虽然那伙人身佩枪支，就待在那里，我每天都去大学。一天，他们找茬滋事，派他们中的一个家伙与我争吵。我记得马林本人要求我宣布废除罢黜决定。我对他说："我不会撤回任何东西。"那伙歹徒等在那里，怂恿挑衅者揍我。

那伙全副武装的家伙围着我，企图挑起事端。他们显然歇斯底里了，像疯狗，像嗜血成性的饿狼。由于没有任何风险，他们窥视着手无寸铁、孤立无援的猎物，继续怂恿挑事者："揍他，马林，揍他！"情急之下，我开始呼喊："××！××！"那是一串根本不存在的人的名字。我使他们所有人都迷惑了，东张西望，我对他们说："你们是群懦夫。"我走向法学院，进入一间挤满学生的教室。学生们围住我，有100名或200名学生，他们把我送出大学，护送回家中。

这是武装挑衅中的一次，我还没有搞到用于自卫的新武器。歹徒们拿着枪，而我赤手空拳。

学生们围住我，护送我离开。当时，我肯定穿着一件蓝色衣服；记得地方空旷，人迹寥寥。后来，他们颁布规定，不允许我再进入大学。

又有一天，我带着未婚妻，走到瓜纳波海滩。我默默无语，趴在沙滩上。我在想："我必须去大学，不过不能这样赤手空拳地送死，要搞支枪，死也要让他们一伙人陪着去死。"

我对此有清醒认识，但是我除了去大学，别无他法。这就是我的决定：搞支枪，哪天去大学。我知道这是去送死，但是我不会双臂交叉于胸去死，要同他们对抗，战斗至死。

卡秋斯卡·布兰科： 我可以想象海滩寂静无声，您孤独无援。我想做出这种决定一定是深思熟虑的，不是未经思考的反应。我觉得这反映出您的品性和性格，也反映出您当时缺乏经验。这种决定因其戏剧性和狂热性而令人吃惊。您也是这么认为吗？

菲德尔·卡斯特罗·鲁斯： 是的。由于是一种十分艰难、十分戏剧性的决定，我记得很清楚，我摊开双臂，趴在那里，哭泣着，是的，我哭了。为什么哭呢？这一切令我愤怒：我想象他们将活在世上，以他们的方式捏造事实，讲述我怎么死亡，因为他们拥有权力，政府站在他们一边，媒体会渲染我的死亡。他们将书写我的死亡历史，这些令我痛苦，使我哭泣。

这是最聪明的反应吗？是最正确的反应吗？我不相信，但这是我的反应，殉难者的反应。也许是受到荣誉、尊严和骄傲的强烈驱使所致。

我记得那时，我哭泣片刻，没有任何人知晓，就这样躺卧着，仿佛在沙滩上歇息，思考该怎么做。这是一种反应，是在想到要殉难时十分性格化的反应。我认为，自己夸大了这一切，因为如果有伙人拿着武器阻止我进入大学，我应该制定另一种斗争策略。

后来，当我必须面对一伙更加强大的有武装的团伙时，我明白了，保存自己是最重要的。

如果当时巴蒂斯塔禁止我进入大学，我觉得我不能藐视军队进入大学。而在那一时刻，我就像孤独的斗士、一位游侠做出反应。

卡秋斯卡·布兰科：这是个十分勇敢的决定。

菲德尔·卡斯特罗·鲁斯：已经过了很多年，我也许忘记事情发生的准确顺序了。

当时，我认识一位带引号的革命者，他是正统党人，人不错，想竞选正统党的议员或市政府成员，名字叫鲁文·阿科斯塔。我们在大学认识，成为朋友。他经常到大学去，与学生们交往，对我有好感。当日下午我离开海滩，没有对任何人说任何事情，到他那里去，对他说，我将独自去对抗黑手党，要他给我搞支枪。他是比达利托·莫拉莱斯的朋友，后者是记者，与很多革命组织之中的一个保持着联系。这些革命组织由反对马查多和巴蒂斯塔的老战士们组成，尽管一些人陷入泥沼，那个组织并没有进行暧昧交易，而是坚决维护处决马查多和巴蒂斯塔时期未受惩罚的罪犯的权利，可以说，是最清白的组织之一。他们认为那么做是基本的革命义务，自认为是为英烈们伸张历史诉求的斗士，反对豁免罪犯所犯的罪行。这些是古巴所经历的假革命阶段的产物，这一阶段发生在革命失败之后，即马查多倒台、巴蒂斯塔背叛和美国强加的普拉特修正案废止之后。普拉特修正案使古巴并未获得独立,而是在马蒂牺牲后落入帝国主义手中。

鲁文·阿科斯塔与比达利托·莫拉莱斯进行交谈,告诉他我想做的事情,二人决定想办法拯救我。除了给我搞枪之外,要求我不要独自去,说这是鲁莽之举,还说派一个全副武装的青年小组保护我。他们担心我的处境,认为我肯定会遇害。派来保护我的都是优秀小伙子,年轻,勇敢,坚定。多少年轻小伙子啊!他们参加了所谓的革命组织,坚定,无私无畏。他们甚至不认识我,肯定知道我与萨拉巴里亚和他的强大团伙发生对抗,毫不犹豫地护卫我。

很多正派和宝贵的人都想成为革命者,却没有政治意识,受到公共舆论、媒体和政客们的欺骗,加入那些组织。

那天早晨,八九个小伙子下定果敢决心陪我去大学。这对控制大学的黑手党又是一次挑战。那伙歹徒认为会与我独自对抗,却突然出现增援力量,一伙青年人簇拥着我,个个都以勇敢著称。

我记得自己采取策略,把小伙子们分成小组,一边3个人,另一边3个人,前面3个人,而他们没有队形,杂乱站在一起,处于两个小台阶与后面通向二层楼的长楼梯之间。我们都佩带武器,当我们出现时,他们吓得直哆嗦,亡命之徒,邪恶豺狼,凶猛禽兽,却充满恐惧!看到我们后吓呆了!我记得从他们面前走过,歹徒们你看我,我看你,伸长脖子说:"你看!你看!"一个个目瞪口呆。我的这一举动令他们48小时完全不知所措。我回到大学,他们不得不自食禁令的苦果。后来我继续独自出入大学。那天,控制大学的那个强大无比的政府团伙受到严重挫折。

后来,就像必不可免的结局那样,在厚颜无耻和混乱的政府中,各个组织间发生相互倾轧。那天陪同我的小伙子们,我甚至都不认识,十分优秀,救了我的性命。我很感谢他们。

我唯一见到的政客就是鲁文·阿科斯塔。我认识的领导人为数不多,我与该党基层成员们有联系,但与高层没有接触,只与他们的支持者有往来。实际上,我不得不独自面对这种形势。可以说在十分困难的一天,阿科斯塔帮了我一把。人们也看到我拥有某些支持,对我发动攻击,不会没有代价,会引发某种冲突。

我再次武装起来,这都是几天内发生的事情。大学生联合会的选举日期临近。

体育场事件发生后没几天就进行了选举。

卡秋斯卡·布兰科:据《前进克里奥报》报道,选举于1947年6月6日举行。

菲德尔·卡斯特罗·鲁斯:选举定于下午3点或4点举行。他们拥有多数票,如果把被罢黜的法学院主席计算在内的话,他们掌握了13票中的7票,而这是亲政府的大学校长办公室武断安排的。

我记得,我独自离开21号大街,没有佩带武器,这是决斗挑衅发生之后的事,丝毫不知道那位大学警官发生了什么事情。包括大学警察在内,他们人数众多。我必须回到大学,预定好要召开各个学院的会议,决定大学生联合会主席人选。

我抵达L大街,向上走到27号大街,开始登上台阶。我藐视所有那些人已经好几周,度过大大小小的危险;敌人因决斗事件感到蒙羞。我沿着台阶向上走去,走到台阶三分之一处,出现两个警察,对我搜身并说:"没带武器。"于是我继续向前走。这是什么事儿!突然那个团伙的人从停靠附近的车上走下来,靠过去,问警察我是否带枪,警察告诉他我没带武器。于是他跑到车边,旁边的一个学生听到他说:

选举．正统党．吉诃德式行为．威胁．准确射击

"现在他没带武器，必须杀死他。"情况很危急。当然，我知道谁在车里，这是后来知道的。

搜身后，我继续向前走，他们已知道我没带武器。这时，警察首领走过来，对我说："喂，蒙戈在找你，要与你决斗。"蒙戈以前是个革命者，人们称呼他魔鬼蒙戈，我不知道现在他是否还活着。他在马查多时代十分勇敢，但是受人蒙蔽，被当枪使，他是个警察中尉。于是我对警察说："好吧，我没带武器，用什么决斗呢？"警察说道："他是我兄弟，与他有过节儿，就是与我过不去。"我答道："滚开，见鬼！"我继续走着，"噗！噗！噗！"那家伙令我厌恶。我爬完台阶，走向大学校区。

我进入校园后，收到警察头目的另一个通知，告诉我蒙戈在等我，要与我决斗。我对送信的人说："好吧，告诉他我等过他，现在他必须等我结束大学生联合会的会议，别着急。"通知似乎是捏造的。

那天发生什么事？气氛剑拔弩张，在大学警察头目告诉我蒙戈要与我决斗之后，还发生其他事情。警察发生了什么事情？据说要换成平民服装与我决斗。那不是决斗，如果他出现在那里，他们会向我开10枪或15枪，要杀死我，我孤身一人。但是不知什么缘故，他没去。我在那儿等蒙戈足够长的时间，他没去，我只好走了。我觉得他去过，尽管是在耽搁很长时间之后。我印象中他不是胆小鬼，很有性格，是大学警察中尉，保持着不知什么年代的老荣誉，一种带引号的革命荣誉。问题是所有人都说自己是革命者，但没人了解这意味着什么，当时我自己也不了解。但是我认为当时自己走在学习、成为真正革命者的道路上。

多件事情同时降临：有人要杀我，有人要与我决斗，四周还不知

有多少武装分子，各种带武器的人都在这一带转悠。各种不同倾向的团伙都在这一带游荡，四处都是人，我们各个学院的主席，政府的反对派在那里孤立无援，手无寸铁。

我独自离开家时未告诉任何人，没带枪来到大学，因为我不愿意在选举日让他们以此为借口在大街上逮捕我。

卡秋斯卡·布兰科：司令，我知道你们支持候选人温贝托·鲁伊斯·莱罗。谁是竞争对手？

菲德尔·卡斯特罗·鲁斯：政府那派的候选人是法学院的伊萨克·阿拉尼亚，而我们反对派支持温贝托·鲁伊斯，他是牙医专业学生，好小伙，他兄弟是位颇有名气的医生。温贝托是牙医学院学生会主席，在医学院持独立立场。我们所有人都聚集在烈士纪念堂。那是瞬息万变的时刻，谁也不知道那场冲突结局如何。大部分学生支持我们。

说实话，挽救形势的是拉斐尔·迪亚斯－巴拉特，当时它还不是巴蒂斯塔分子，是正统党人，我们属于同一派。迪亚斯－巴拉特在正统派3年。后来，当巴蒂斯塔从美国回来，他改换门庭了。当时，选举似乎陷入死胡同，谁执大学生联合会牛耳，实属扑朔迷离。迪亚斯－巴拉特使形势峰回路转。

在形势陷入最紧张关头，十分紧张的迪亚斯－巴拉特站起来，做即席发言。他熟悉情况，口才好，语调沉稳，善于辞令，以令人信服的证据介绍那种严峻形势。他向学生们讲述大学生联合会的历史，主张采取办法，进行解决冲突的安排：现有的候选人退出竞选，推举新的联合会主席候选人。在那紧张的时刻，有人建议由建筑学院的学生会主席恩里克·奥瓦雷斯出任大学生联合会主席，他手下学生很少，很平庸，是对立集团中最不起眼的人物。另有人立即提出我方的阿尔弗雷多·格瓦拉[1]做联合会秘书，他是共产党人，哲学文学院的学生会主席。

在剑拔弩张的形势下，迪亚斯－巴拉特提出的建议无异于一种聪明的办法。我不会提出这种安排，因性格和立场所致，不会想到这种建议。但是我相信，在既成形势下，面对那个强大的武装集团，这是一种解决办法，可以说是一种胜利。当然，我没有想到，但是我支持这一即兴的解决方法。迪亚斯－巴拉特与社会科学学院的学生们在一起，他不是该学院学生会的主席，却作为积极支持我们立场的学生参会，那时他尚未在政治上变质。

在极度紧张的情况下，他的讲话产生效果：一方面是资源、权力和武装；另一方面是在困难条件下进行斗争的一伙学生。人们做出反应，所有与会的人，甚至对立派都开始鼓掌。最后选举奥瓦雷斯为联合会主席。

尽管鲁伊斯·莱斯没有获选，会议仍然不失为一种胜利。奥瓦雷斯任职主席；哲学学院提名的阿尔弗雷多任秘书，这是最重要的职务之一，阿拉米斯·塔沃阿达任副秘书。

当时出现奇怪现象：所有学生与想杀死我的人们之间实现和解了。我所藐视的人们来问候我，拥抱我，甚至对我的所作所为表示敬佩。

---

[1] 阿尔弗雷多·格瓦拉（Alferdo Guevara，1925～2013），古巴著名电影艺术家，20世纪50年代初，与卡斯特罗是哈瓦那大学同学，曾加入古巴共产主义青年团，参加大学生革命活动。古巴革命胜利后，1959年创建古巴艺术和电影业委员会，任主任至1987年。1975～1983年兼任古巴文化部副部长。1979年在古巴创办"拉美国际新电影节"，任主席。1983～1991年任古巴驻联合国教科文组织代表。——译注

后来，他们派人去找魔鬼蒙戈，让他与我也实行和解。就这样和解达成了。关于决斗的事情，尽管我从来没认为他是胆小鬼，他还在痛苦、伤心，感觉很糟糕。那天下午，各派力量实现重大和解。

我认为那是一种心理现象，最引我关注的是想杀死我的人们寻求与我握手、拥抱。那天发生的事情标志着大学历史开始了一个新的阶段。

在政治领域，问题依然存在，这是很自然的，但是在心理方面，在大学里出现和解，迎来和平时期。大学生联合会的事情解决后，形成新的领导机构，那个团伙控制大学的局面已不复存在。我们的斗争并没有带来我们候选人的胜利，而是挫败了支持政府的势力。选出的候选人是一个逊色不少的小伙子，就像很多妥协产物的候选人，从来不招惹任何人，既不是活跃分子，又不是好斗者。

产生的是中庸领导，但是政府并没有消除我们的影响，大学生们起着举足轻重的作用，大学生联合会的领导持反对腐败政府的立场。实际上我们选出这一候选人，使大学处于反对派的手中。后来反对派色彩日趋浓烈，我的生活也开启了另一个阶段。

在危险时期力图谋杀我的人中，有些人后来加入革命斗争，因此，我不愿意多谈论。一些人怀着良好愿望，站在这一边或那一边，当一场真正的革命来临时，他们最终确定拥护革命。

问题是谁来领导大学，一些人持有政府的思想，另一些人具有反对派精神。他们认为我们是坏人，因为我们是反对派；我们认为他们是坏人，与政府站在一起。

孔菲特斯岛·奥尔菲拉·跳入尼佩湾激流·比兰·回归大学

卡秋斯卡·布兰科：司令，2004年3月12日晚，在革命宫，您在为智利共产主义战士格拉迪斯·马林颁发奖章后，讲述了孔菲特斯岛远征的经过。我入迷地记住了持续到凌晨的谈话。您在跳入尼佩湾后经历的危险，铭记在我的脑海。后来，我听记者路易斯·巴埃斯谈到，当您参加远征后，您母亲到霍尔金找到您，劝您不要参与，但未获成功。您能给我们谈一谈这整段历史吗？什么原因促使您加入从特鲁希略独裁统治下解放多米尼加共和国的军事行动？

菲德尔·卡斯特罗·鲁斯：二年级期末，我参加了几门课程的考试。我是法学院学生会主席，众所周知，还是支持多米尼加民主委员会主席。我有很多多米尼加流亡朋友，在谈到要组织讨伐特鲁希略的远征时，我感到从道义上讲，有义务参加这次行动。招募成员工作一开始，我便放下尚未参加的考试，参加远征行动。这发生在大学联合会选举获得和解和休战之后。

有必要解释一下，罗兰多·马斯费雷尔、马里奥·萨拉巴利亚和马诺洛·卡斯特罗那个团伙怎么搞政治蛊惑。

例如，马斯费雷尔参加过西班牙内战，支持共和国，是共产党人，后来变质，背叛了共产主义，却保留了使用的马克思列宁主义语言。他是个不错的作家，作为记者，善于写文章，尽管只出版过文章汇集的小册子。最初，他主办一家杂志，我记得好像叫《古巴时代》，无所不做，例如进行敲诈，属于雇佣之笔。后来办起一家报刊。

卡秋斯卡·布兰科：是的，他在古巴圣地亚哥办报，取名《自由报》，评论家们把这看作是巴蒂斯塔独裁时期的讽刺和少见的厚颜无耻。

菲德尔·卡斯特罗·鲁斯：所有那个团伙怀有政治和权力野心。他们没有任何社会和政治意识形态，只有权力野心。在他们之中，最野心勃勃的当数马斯费雷尔，他还是最有政治文化的人，或可以说有理论说教。其他人：(马里奥·)萨拉巴利亚、马诺洛·卡斯特罗等都是干实事的，没有政治文化，也没有经过培训。马诺洛·卡斯特罗是学生领袖，大约40多岁，是个成年人。

我很快发现那一团伙受权力野心驱使，在其斗争中，没有任何其他目标，实际上是蛊惑人心的家伙。马斯费雷尔利用他接受的马克思主义教育，大讲工人、农民和人民事业。

该团伙没能打入军队，却渗透进警察，控制了警察、镇压机构和作为首要力量的国民警察的所有活动，梦想有朝一日攫取政权。他们作为武装团伙势力强大，但是巴蒂斯塔派的军队坚决不接受真正党的政府，只有少数高级军官忠于政府。

当时，巴蒂斯塔已离开国内，但是他所领导的军队仍原封未动。格劳政府实际上对之加以保留，他们飞速提拔一个叫作赫诺韦沃·佩雷斯·达梅拉的家伙，任命他为军队首领。就像政府所有官员一样，这个人是个盗贼、腐败分子。

巴蒂斯塔遵从1944年大选的结果，其决定因素之一是，第二次世界大战结束之际，反法西斯主义、反独裁和军政府运动如火如荼，法西斯主义、独裁和军政府充斥法西斯主义味道，令人厌恶。在这种氛围下，巴蒂斯塔作为为"民主"国家联盟而战的"伟大民主派"，面对铺天盖地的民主，特别是人权宣传，自然不得不接受格劳政府的胜利。

他引退并远赴美国，格劳上台执政，但是军队仍然是巴蒂斯塔派。

巴蒂斯塔为军队带来各种特权、利益、收入和赋闲薪高的肥缺。军人们怀念巴蒂斯塔政府时代，尽管他们仍然在盗窃，保有某些特权，但是却远远少于巴蒂斯塔时期。巴蒂斯塔为他们提供源源不断的收入。

格劳文人政府原封不动地保留巴蒂斯塔军队，实在是荒唐至极。这也为我带来教训，军队随时随地都会夺取政权。

控制大学的团伙和警察希望有朝一日获得政权，在支持多米尼加的事业中看到一种强有力的政治手段，获得威望和武器的机会；获得友好、睦邻政府和革命政府的机会，发展一支军队的机会。这是一种国际经验，是它们以随便任何途径攫取政权的野心的一部分。通过机会主义方式，他们登上多米尼加革命的战车，而这是获取国内和国际威望的一种营生。

战争结束后，面对格劳政府，特鲁希略不得不倒台，但是在中美洲，还有其他独裁者，控制大学的团伙蛊惑人心地扛起支持多米尼加事业的旗帜，用作国内政治目的。

当时，何塞·曼努埃尔·阿莱曼被任命为教育部长，他是彻头彻尾的腐败分子，格劳的盟友，受到格劳嫂子的支持。教育部是具有更多资金的部门之一，实际上并不是特别多，但盗窃来得更容易。萨拉巴利亚、马斯费雷尔和马诺洛·卡斯特罗团伙与阿莱曼紧密结盟，后者力图巩固自己的地位，希望在将来争当总统。他没有任何革命经历，但是在那一政客环境中，用中饱私囊的钱财建造了一部政治机器，他是国家历史上教育部长中最大的贪污犯。这个腐败政客还利用支持多米尼加事业，攫取威望。参加多米尼加运动的所有流亡者都汇聚在这里，开始组织远征。

但是在古巴，谁会支持流亡者远征呢？格劳政府，它通过阿莱曼和控制大学的马斯费雷尔集团及镇压团伙提供支持。政府承担远征的费用：在我国进行准备，自古巴启动远征，大部分参与者是古巴人。某些多米尼加人曾是大地主，拥有财力，其中有前参议员胡安·罗德里格斯，他被选为远征军负责人，但是筹资主要来源于古巴政府。大学生联合会成立了支持多米尼加民主委员会。从很早起，我就参与委员会的工作。委员会不大重要，没有资金，更确切地说，是大学人支持多米尼加事业的一种表达方式，我对这一任务却十分上心。

无论是与阿莱曼还是那个团伙的头目马斯费雷尔、萨拉巴利亚和马诺洛·卡斯特罗团伙，我都没有任何关系，但是我与多米尼加人和支持多米尼加民主委员会有承诺，因此，当事情真的发生，着手准备反对特鲁希略的远征时，我加入远征组织工作，认为这是我最基本的义务。我想我是委员会中唯一参与远征的人。

远征行动开始了，我奔向奥连特省，甚至都未回家一趟。我乘坐公交车到霍尔金，在那里与招募的部队会合，然后开赴安迪利亚，再到卡马圭省西北部的孔菲特斯岛。当时正值盛夏，假期临近，有些课程科目考试完毕，其他未完成的科目考试我放弃了，因为出发时刻来临，我动身出发了。

我也卷入那场远征，这看似奇怪，率领远征队伍的是我的敌人。我与多米尼加爱国者保持着友谊，多年在一起战斗，我很敬佩他们。但是手里握有一切的古巴人和远征的领导者是我的敌人，他们站在政府一边，而我们反对政府。

1947年7月，大学生联合会选举结束后，曾有几个月的休战阶段，恰恰在这一短暂阶段，我卷入了讨伐特鲁希略的远征。

巴蒂斯塔军队不大喜欢讨伐特鲁希略远征这种无秩序局面，他们肯定认为，特鲁希略像巴蒂斯塔，是伟大的"爱国者主义者"。尽管腐败军队的首领是格劳的亲信，他不喜欢远征，对远征并不热衷。

我记得从霍尔金到安迪利亚的路上，我与一位叫曼弗加斯的中尉或军士发生争吵，他们无缘无故地阻拦远征部队的卡车队伍，达几个小时之久。他率领一支士兵巡逻队，而我十分厌恶巴蒂斯塔军队。我在比兰就认识曼弗加斯，他在马雅里警备区服役，是军人家庭出身的准尉，他们家族中的几个成员后来成为宪警。我们发生激烈争吵，我对这一事件记忆犹新。

行动组织得十分糟糕，我跟着他们到达更靠东边的安迪利亚港，没有路过卡马圭，组织者们决定绕行奥连特省，走了更多路程，当天夜里或第二天我们登上几艘船只。实际上我并不记得母亲的事情，因为年代已久。我记得我们乘坐纵帆船，从安迪利亚港出发，航行很多小时，颇费周折，最终抵达孔菲特斯岛。孔菲特斯岛位于卡马圭西北方，距萨瓦纳－卡马圭半岛12公里，是布满岩石的低岛，植被稀少，与陆地遥遥相望。该岛靠近巴哈马旧海峡，邻近英属卡约洛沃岛。那里有必不可少的导航灯塔。在孔菲特斯岛与努埃维塔斯之间，有小型快艇经常往返其间。

当我抵达目的地时，已经有人在那里，马斯费雷尔率领着主舰船。

欧费米奥·费尔南德斯率领第二营。他是那个团伙的成员，其特点与马斯费雷尔或萨拉巴利亚有所不同，他也参加过西班牙内战。

费利西亚诺·马德尔内率领第三营，他是反马查多的古巴革命者，具有军事斗争经历，曾于1931年率领过西瓦拉远征军。那是反马查多斗争时期没有任何结果的伟大壮举，是一次有更多参加者、武器众多的格拉玛式的远征。远征军在霍尔金北部的西瓦拉展开一场战争,后来失败,但却赢得极好口碑。

在那个时代,任何反对马查多或巴蒂斯塔的远征武装行动都享有赞誉。

我们可以把马德尔内看作是左派进步人士,他与其他领导人不同,很正派,是个令人尊敬的爱国主义者和侠客,比其他人更有资历。他曾是士官生和军官,具有军事经验,他率领第三营。

我自然加入马德尔内的第三营,没去马斯费雷尔的营,也没去欧费米奥的部队,加入了自己认为唯一可以去的营。其间,我参加了两到三次重要行动。我们大致是 20 人或 30 人,一个连的规模。我被任命为中尉排长,接受军事训练,进行配有迫击炮的步兵实战演习,以及展开阵形和使用武器的训练。从军事角度讲,所有训练都十分粗略,不大系统,没有训练大纲。最后,我被提拔为上尉,任连长,因为前任开小差溜掉了。这是我第二次领受职衔。

应该说,我大学的对手们一直对我尊敬有加,我从来没有受到羞辱,从来没有,从未有过。我不记得受过任何轻视或非礼,尽管我在另一个单位,与那个团伙没有任何往来。

另外,还有一个迫击炮连,由一个旧军官率领,不知道是尼加拉瓜人还是洪都拉斯人,名字叫里瓦斯。是个不错的人,毫无疑问,是个中美洲爱国主义者。

这样,共计 3 个营,由 3 个古巴人率领,迫击炮连由里瓦斯率领。多米尼加人组成舰队的旗舰,即远征军领导机构,但是古巴人实际上掌握着远征军:后勤、船只、资金和所有的资源,士兵人数也最多。远征军在那里集合,进行训练,向圣多明各进发,推翻特鲁希略。

那是我一生中所知道的组织最糟糕的行动之一:招募以公开方式

进行。在整个哈瓦那，尽人皆知要组织一支队伍，奔赴圣多明各，推翻特鲁希略。招募人员并不是根据思想倾向，没有意识形态基础。招募很多贫苦的失业者，向他们讲解什么是远征军，不知道给他们许了什么愿！没有进行任何筛选，弥漫着冒险精神。没有到山区招募农民，那些熟悉地形的人，没有，没有，都是些最不适合参加革命战争的人！没有政治培训，唯一有幸的是属于民众阶层。从招募形式看，事情就很糟糕，没有进行任何挑选，完全缺乏缜密考虑。当然，在参与者中，很多多米尼加人和古巴人是不错的，马德尔内和里瓦斯都是值得尊重的人，但是大多数人普遍没有经过合乎标准的挑选。

不能说他们是乌合之众，但是缺乏为事业而战的思想，经由鼓动参加进来，为的是解决自己的问题。不知道给他们做了什么许诺，也许是到达圣多明各后会有酬劳。

后来，在攻打蒙卡达兵营之前，我亲自进行招募，组织和训练了1200多人。实际上犹如一个人，一个秘密核心组织，十分保密，在发动攻打蒙卡达兵营时，没有任何人知晓我们去做什么。当时，在那个年代，一切毫不谨慎，缺乏密谋行动方式。

如果此后让我来组织反对特鲁希略的重大远征，我会使用与攻打蒙卡达兵营完全一样的方式，不会让任何人知道。招募1200多人进行秘密训练，而不会成为沸沸扬扬的闹事！当蒙卡达行动进行秘密组织和训练时，得以在48小时或72小时把队伍集合起来，就像我们在蒙卡达行动中所做的那样，秘密进行，以最短时间，最谨慎方式组织起来。那时候，有那么多资源，组织起来要容易得多。

我们这些孔菲特斯岛行动参加者经历了100个小时，至少3个月时间，经受了极其艰苦的条件：没有水，没有宿营地。用石油桶装水运来，石油桶甚至都没有认真刷洗过，满是石油味。饭食极差，必须自己做饭，做成什么样是什么样，也是用油桶蒸煮，费尽力气。

那时正值春夏之交，阴雨连绵不断，无处避雨，只能躲在小棚屋里，棚屋由茅草搭建，可以躲避烈日，但无法避雨。外面一下雨，我们没有雨衣和任何避雨工具，淋得浑身湿透。另外，岛上几乎没有树木，遍布沙砾。岛长 800～1000 米，宽 200～300 米，东南部有一漂亮沙滩，海水更深些，从古巴本岛来的船只可在此靠岸。

部队的物质条件十分恶劣，几乎难以置信！有那么多资金，那么多可支配物资，把人员派遣到一个荒岛上！我认为本可以组织得很好：运输适当的水和食品。部队首领住在茅草屋中……真不知道他们用那么多资金做了些什么！

我从这一经历中获得经验，它实际上向我揭示什么事情不能做。我发觉首领们都庸碌无能，缺乏政治和军事组织能力，是一小撮政治野心家：谋取荣耀、威望、权力、武器和基础。这一黑手党企图在远征结束后回到古巴，衣锦还乡，出人头地。他们与腐败的裙带关系政府，与古巴历史上最恶劣的盗贼人物之一何塞·曼努埃尔·阿莱曼沆瀣一气。

那里发生的意外事件无奇不有：因个人恩怨，士兵之间发生械斗，招致死亡。我记得哈瓦那的卡斯卡利塔因个人恩怨发生械斗，杀死了另一个人。

有一次，马斯费雷尔与欧费米奥的两个营发生冲突。事情很奇怪，虽然双方都属于同一团伙，仍爆发争吵。

欧费米奥给我的印象是更正派些，带领部队更规范。马斯费雷尔是个十足的暴虐者，我记得西班牙内战期间，他是军事头目，使用的是那次战争中的带兵方式。总是前呼后拥带着一帮人，招摇过市，如在虚无缥缈的梦境中，不知他整天想些什么。他是最有权势人中的一个。而欧费米奥属于考迪略一类，在他的营地里，亲近下属，照顾有加。马斯费雷尔讲究戒律，手腕强硬。他的营驻扎在东端，欧费米奥的营在中部。马德尔内的营位于西部，靠近里瓦斯率领的摩托化连，那里还有其他古巴人和多米尼加人。我认为最糟糕的是马斯费雷尔。

当武装冲突不可避免时，我做了安排，悄悄对里瓦斯说："里瓦斯，如果这些人动起枪来，必须支持欧费米奥的营，我觉得他更好一些。如果两人间发生战斗，差劲的是另一个，最霸道、最残暴的那个。"于是里瓦斯把迫击炮架好，以便一旦发生意外，早有准备。我认为，坦率地说，这十分关键。还好，双方讲和，避免了火并。

我不记得什么原因引发冲突，反正是些无足轻重的事情，好像是人缘问题。当然，欧费米奥民怨更少些。马斯费雷尔近乎想靠恐怖手段，把权威和纪律强加于人，是个恐怖人物，真正的狂妄人物。不知道他是否发觉冲突发生时，我倾向于另一边。

在那个时期，仍有更多兵源来自古巴、迈阿密和其他地方。抵达岛上后，来了一帮多米尼加人，其中有胡安·博什。我们很快成为朋友。在岛上那么多人中，我最喜欢与博什聊天，他是给我印象最深的多米尼加人。

我记得他年纪大些。我在岛上过了 21 岁生日，博什三十六七岁。他谈吐风趣感人，颇有情调。与其他人一样生活十分简朴，同甘共苦。我并不了解他，不知道他是个作家、历史学家、知识分子。我把他看成是值得尊敬的多米尼加人，谈吐令人惬意，说话入木三分，富有情感，所有这些溢于言表，一看就知道是个能够体谅别人痛苦的人，因人们的煎熬而遭受痛苦。另外，他是个富有激情的知识分子，总之，一旦战斗打响，他会投入行动，有些像马蒂和我国战争中其他很多知识分子。可以说他是那里最重要、最杰出的人。

我们经常在一起，从岛的一端走到另一端，散步聊天。他的话语令我印象深刻。我们就这样结为朋友。这种友谊十分宝贵，他已经是个知名人物，我是个青年学生，在那么多领导人、校级军官中默默无闻。我是个中尉，领导一个排。但是博什对我十分重视，相敬如宾。

所有人都在焦急等待，每艘船的到来都会燃起希望。这时领导人会走下船，聚在一起商议决策。我到达那里后，最先抵达的是像鱼雷大小的一艘小船。后来唐胡安·罗德里格斯来了，在远征队伍中，他是多米尼加人中最重要的战略家。我认识他，他以前甚至还是个特鲁希略分子，参议员，腰缠万贯，因此较有名望。他乘坐的是一艘叫作"马塞奥号"的登陆驳船，后来成为罗德里格斯将军的指挥船，头衔其实是他自封的。

后来我们就长时间等待另一艘船。每天都传来将要抵达的消息，一经抵达，远征队伍就将开拔。所有人都望眼欲穿地等待另一艘船，因为该岛实属地狱。

"幽灵号"船终于来了。大家这样称呼这艘船，因为每天都盼望它，却总不见踪影。此时，我们都猜想远征时刻即将来临。

当时是1947年，人们都知道，革命力量配备了几架二战时期相当现代化的战机。在美国人的合作下，古巴政府的这些人和多米尼加人筹措了12架或15架战斗机。时常有飞机飞过岛上，似乎在提高部队士气，进行训练，有时还擦顶而过。也许有几次美国战机飞过，我们却以为是自己的飞机。

这对部队当然是个鼓舞，但是我毫不怀疑也有美国佬的飞机，来侦察历史上最为人知的秘密。报刊连篇累牍地报道，街头巷尾议论纷纷。这完全是公共炒作，有些适合拉丁人、加勒比人和古巴人的风格，当然，这么做是荒谬的。

有一天，我必须完成一项任务。我被派到努埃维塔斯和卡马圭，记不清执行什么样的闪电任务。我在卡马圭待了一天，领略了当地的风土人情，与其他人乘同一艘船回到岛上。

当我们驶近岛屿时，那艘船的船长、多米尼加人皮奇利洛（拉蒙·埃米利奥·梅希亚·德尔卡斯蒂略）发现一艘纵帆船从很远处驶来。他是个出色的海员，很好的人，后来与我们一起参加了"格拉玛号"行动。他的眼力惊人，一般人看不清楚的距离，他却发现了："这是特鲁希略的'安赫莉塔号'纵帆船。"我十分惊奇他那么肯定自己的眼力。

抵达岛屿后，他向大家发出警告，特鲁希略的"安赫莉塔号"纵帆船从圣多明各赶过来，从岛的东面绕到西面。不知该船是否携带武器，是来进行侦察，还是到这里有什么其他目的。远征、冒险和战争总是伴随着各种揣测。

在大西洋海面上发生了极大混乱。重大事件要发生，部队首领们召开会议，集合部队，更确切地说，一大伙士兵聚集在一起，征询谁自愿去攻击并俘获特鲁希略的纵帆船。我首先举手报名，去执行抓捕该船的冒险行动。我被列入行动，拿起步枪，做好准备。

当时，准备动用"幽灵号"船，因为它的速度快于"马塞奥号"。我们立即在同一岸边登船，因为它是一艘登陆驳船，船身庞大，我们有20～30人前去执行任务。

"幽灵号"船掉转船头,这时"安赫莉塔号"已驶近,突然,那艘纵帆船似乎发现我们,向远处开去。我们追击了3个小时,逐渐靠近,靠近,几乎贴上它。当我们足够近时,发现果然是"安赫莉塔号"。我们离"安赫莉塔号"仅几米,几乎船挨船,一把抓住配有甲板的船舷,迫使船停下来。

甲板上有人,我们喝令他站住,不许动,但是他转身往回跑,钻进船舱。我离他最近,但没有开火,不知其他人是否向空中开枪,我制止住了。大家猜测纵帆船可能配有武器或炸药,或船舱里有特鲁希略的士兵。我记不清我们是如何做的,只记得我从船头甲板跳到纵帆船的甲板上,第一个登船,冲进船舱,俘获了船员们。但是我发现那个人并不危险,没有人携带武器,也没有炸药和其他任何武器。这是特鲁希略的一艘纵帆船,因为圣多明各的一切都归他所有。该船驶经这里,因为是必经之路。

马斯费雷尔确实被任命为志愿者队伍的指挥。他俨然一副首领相,威严的将军,由船长陪伴,身居指挥要职。我们抓获纵帆船,押着船员们和俘获的船只返回。我记得我乘坐"安赫莉塔号"返回孔菲特斯岛。

"安赫莉塔号"纵帆船的常规航线是往返圣多明各和迈阿密,在迈阿密采购商品。可以推测,它在从事探询和侦察活动,因为行驶靠近岛屿,远征军首领们做出这种推断。马斯费雷尔和他手下的人粗暴对待船员们,暴怒地对他们说:"你们是间谍,如果不说实话,就枪毙!"用话语和实际行动冒犯船员们。我不喜欢以这种方式对待"安赫莉塔号"的船员们。我没有殴打、推搡,也没有粗暴对待他们,因为他们没有带武器，我甚至近乎有负疚感。

好吧，当我们押着船只返回来时，所有人，1000多人都聚集在岸边，等着看这次重大出击会是什么结果。在这次出击中，捕获了一艘纵帆船和倒霉的多米尼加劳工。这就是我们所做的，战绩就是捕获纵帆船和一些并没有进行侦察的倒霉蛋，他们只是往返于迈阿密，运输商品货物，并没有执行战争任务。这是确定无疑的。

他们是无辜者，至多是七八个人。抵达后，走下船，开始与我们生活在一起。他们被视作俘虏，但是无论是纵帆船的海员还是那艘船，最终都加入了远征。

特鲁希略可以用其他形式窥探我们，比如使用侦察机。心理状态促使人们进行猜测。另外，所有人都知道我们在什么地方，特鲁希略和美国也都知道，远征是公开进行的。

还有一件大事情。有一天宣布马诺洛·卡斯特罗要来探访。一天上午，他来这里视察。他要来，这引起极大期盼。每当有领导人、首领或要人来这里，在人们心中都会产生极大的期盼：有可能带来新消息，或很快开始远征行动。人们希望杀进圣多明各，宁愿去地狱，也不愿再待在岛屿上。我当然也十分兴奋，这不仅是因为我觉得那里如地狱一般，而且觉得远征圣多明各是奇妙的行动，肩负着解放者的使命。

在长长列队人群的欢迎下，马诺洛·卡斯特罗走下船，我记得他身着绿色工装裤或类似的裤子。他向我做出可以说是很友好的表示。在像我一样热切盼望不知猴年马月向圣多明各开拔消息的1200多人面前，他向我致以问候，友好地拥抱我，所有人都报以热烈的掌声。他是我在大学的敌手，是政府的代理人，我在大学所有斗争中都反对他。

他不同于马斯费雷尔，而是他们之中值得尊敬的一个。虽然1940年马诺洛·卡斯特罗曾杀死过一位名叫劳尔·费尔南德斯·菲亚略的大学老师，但他没有蛮横霸道的派头和暴力倾向。劳尔·费尔南德斯·菲亚略是拥护巴蒂斯塔政府团伙的成员。也就是说，当时马诺洛·卡斯特罗属巴蒂斯塔反对派阵营。此前，在上世纪30年代，人们把大学里的反对派称为"歹徒"。

卡秋斯卡·布兰科：整个历史多么似是而非啊！那些身为巴蒂斯塔反对派的"歹徒"们不知不觉中又成为他加以利用的工具。我曾读过您的文章《面对所有人！》，在那篇文章中，您揭露巴蒂斯塔对古巴黑社会帮派蔓延应负的责任。通过其合作者、陆军上校海梅·马里内纵容"校园歹徒"。您写道："……真正党中滋长的这一糟糕现象源于11年间，巴蒂斯塔滥用职权和采取非正义行为所激发的不满和仇恨。那些目睹同伴被杀害的人想报仇，而对此，没有能力实施正义的政权则使复仇行为蔓延。罪责不在那些受狂躁本能驱使、受英雄年代传说影响的青年人，他们希望在没有革命可能性的时候，进行一场未竟的革命。他们之中的很多人成为欺诈的牺牲品，成为死去的歹徒，而在今天，本可以成为英雄。"

菲德尔·卡斯特罗·鲁斯：这确实是事件的真实写照。马诺洛·卡斯特罗是投机分子，他亲手杀害了那个老师，这是他革命传说的组成部分。马里奥·萨拉巴利亚当时也曾杀过人，我不知道杀死的是谁。

卡秋斯卡·布兰科：司令，历史事务办公室保留着当时事件的详细记录。

就像您记得的那样，马里奥·萨拉巴利亚在大学卡德纳斯广场射杀的歹徒名叫马里奥·萨恩斯·布洛阿加。

菲德尔·卡斯特罗·鲁斯：马里奥·萨拉巴利亚就是因为这一事件而闻名。马诺洛·卡斯特罗也是如此。但是我记得，在大学游泳池，马诺洛·卡斯特罗与我交谈，力图说服我，表现得很有分寸，没有提高嗓门威胁我，而是通过十分巧妙的方式施加压力，烘托氛围。

他与马斯费雷尔性格迥异，实施的政策却别无二致。他持有十分错误的立场，站在政府一边，身居高位，另外，与阿莱曼结盟，阿莱曼是古巴历史上最为臭名昭著的腐败政客之一。

但是我们一起参加远征行动。在推翻特鲁希略、解放圣多明各的伟大历史事业中，内部的政治分歧退居次要位置，其他问题就失去重要性了。

我感到他们对我持尊重态度，其他人也是如此，我承认他们表现出某种敬佩神情。也许是因为我藐视他们，也许因为他们对那个并不惧怕他们的人心生某种敬佩。他赤手空拳、孤军奋战，反对和对抗武装团伙，还加入以他们为首领的远征行动。我想他们对我坚持这一政治品行且始终如一而心生某种敬佩。

在马诺洛·卡斯特罗做出这种问候举动之前，在大学生联合会选举中也曾有先例。当时，那些企图谋害我的人找到我，拥抱我，就好像很庆幸没有把谋害行动加以实施，多么矛盾的情感啊！

另一次同样的事情也发生在我身上。当时，政府军在巴亚莫向我们发动残酷无比的进攻，战斗结束后，他们是如何对待我的？！这使我想起我与马诺洛·卡斯特罗那拨人的经历。我从未受仇恨、复仇愿望驱使，对他们任何人都未怀有丝毫仇恨，而是把他们看作属于过去的人，以这种或那种方式为我提供知识和经验的人。

好吧，马诺洛·卡斯特罗在那里逗留了几个小时后，离开了。那是另一个重要时刻。

每个事件都会刺激远征参加者的想象，激发立刻启动远征行动的渴望。那些立志投身冒险行动的承诺者们渴望发生情况，可以承受任何事情，却无法忍受永无休止的等待。7月、8月、9月，我们一直在那里等待，一切都在流逝，直到9月15日。当天，哈瓦那传来发生激烈枪击事件的消息，广播电台说在马里亚瑙的奥尔菲拉地区，发生激烈枪战。

埃米利奥·特罗团伙枪杀了一个老马查多或巴蒂斯塔分子，萨拉巴利亚及其手下借机从法官那里获得拘捕特罗的逮捕令。

卡秋斯卡·布兰科：就是这样，遭枪杀的人叫劳尔·阿维拉·阿维拉。那是新一轮暴力和复仇行动的结果，始自那年年初，枪杀奥尔兰多·莱昂·莱穆斯（赤吼猴），后来暗杀特罗，最后枪击阿维拉，直到您提到的那个时候。

菲德尔·卡斯特罗·鲁斯：埃米利奥·特罗·里韦罗是革命起义联合会领导人，该联合会是我前面提及的革命组织之一。特罗是二战的老兵，在美国的伞兵部队服役。他在其朋友家被发现。他在那里与几个人，其实也就两三个人聚会。萨拉巴利亚手下的人控制着摩托化警察力量，他们闯进去，进行逮捕，正如事前所预料的那样，特罗进行反抗。特罗因其勇猛无畏而受人尊敬，他还是享有荣誉的人，生活十分俭朴。寓所受到攻击，交火持续三四个小时。后来，军队军官赫诺韦沃·佩雷斯手抓平底锅做盾牌，把一个陆军上尉护送进去，传话里面停止抵抗。上尉进去后喊话，被困者表示不会向敌人而是向军队投降。他们这样做了，放下武器走出寓所，认为这足以获得救助。埃米利奥·特罗朋友的家人也走出来，但是萨拉巴利亚的手下背信弃义，枪杀了所有人，一位与此毫无关系的孕妇也惨遭机枪扫射身亡。

人们在岛屿上收听电台广播。最后宣布交火以埃米利奥·特罗和另几个人遇害而告结束。早先的消息说他们在交火中被打死，实际上并非如此。

这些消息引起极大震动。没过多长时间，两三天后，从哈瓦那传来新消息。一位名叫醉汉的摄影师，有机会赶到那里，拍摄了屠杀现场。新闻在影院播映，引起全国极大轰动，舆论哗然，对这种残暴行径普遍表示极大愤慨。

结果，政府遭到反对派强烈谴责，格劳陷于尴尬和软弱境地，几乎丧失对局面的控制。于是，赫诺韦沃·佩雷斯出面几天，处理此事，逮捕了萨拉巴利亚、莱昂·莱穆斯（赤吼猴）和所有涉案分子，包括那些在孔菲特斯岛与马斯费雷尔有牵连的人。军队还逮捕了警察首领、摩托化部队首领和此次行动的指挥者，将他们送上法庭。

事态在全国引起极大关注。身在岛屿的人们，马斯费雷尔和所有其他人发现形势困难、紧张，看到素有对手关系的军队在采取行动。

军队则对远征军参与者怀有猜疑，认为他们有可能变成一场反军方的运动。怀疑文人组织远征，获得武器和飞机，以此为基础，建立支持他们的政府。

军方并不看好这场运动，加之特鲁希略十分狡猾、富有，是百万富翁，向军队腐败首领赫诺韦沃·佩雷斯·达梅拉行贿。这是后来披露的。

即使特鲁希略没有向任何人行贿，我也察觉到事态的走向：醉汉拍摄的录像在民众中产生极大反响，引起全国性危机，文人当局威信扫地；军队蠢蠢欲动，在古巴公众舆论的支持下，以维持秩序为名实施控制。当时我发觉远征面临很大危险。

在这种情况下，多米尼加和古巴负责人，马斯费雷尔和所有那些人决定采取行动，也就是说，发动远征。我们所有人都兴高采烈，由于这种或那种原因，远征终于付诸实施。

马斯费雷尔是怎么做的呢？他率领最好的船只，最快的"幽灵号"，运送他手下的营。一般情况下该船可运载 200 人，但实际人数达 500 人。他成为远征军的最高领导人。

马斯费雷尔的营和其他部队，可能包括部分欧费米奥的第二营，乘坐"幽灵号"启程了。我记得当时欧费米奥并不在场，不知执行什么任务去了。我们乘坐另一艘登陆艇"马塞奥号"，它因机器出现故障，速度慢于"幽灵号"。另一些人登上最小的快船，剩下的乘坐缴获的纵帆船。一共是 4 艘船。

在奔赴圣多明各的路途中，我是世界上最幸运的人。手下拥有一个连队，筹划着如何进行战斗。我考虑进行游击战，非正规战争，因为那些人不懂得在圣多明各要进行什么类型的战争。我认为，这支饥饿的部队，即使握有良好武器，在常规战争中仍无法对抗特鲁希略的军队，而我们却可以用手中拥有的武器击败敌人。另外，当时的国际环境有利，特鲁希略名声扫地，陷于孤立。在世界范围内，反法西斯主义的民主运动刚刚取得胜利，在国际舆论、古巴人民和多米尼加人民面前，特鲁希略有些像希特勒和墨索里尼的处境。

我们很好地利用我们的武器配置，本可以消灭特鲁希略。在空中力量的支持下，很好地使用1200号人马，本可以推翻其政权。

应该挑选更加胸怀目标的人，他们有政治思想、爱国主义精神，只追求推翻特鲁希略，为多米尼加人民造福，而非其他任何目的。

我们登上船后，没有向奥连特前进，马斯费雷尔决定向西开拔。去圣多明各本应向西，但是我们却反向而行。走了好几个小时，我觉得抵达了比亚克拉拉北部的一个岛屿。

在我乘坐的船上，设有远征军参谋部，胡安·罗德里格斯，还有马德尔内的营，也许是部分第二营。我位于船头。据说我们向西行驶，要等待欧费米奥，还不知道等什么领导人。我认为这是马斯费雷尔的计谋，这是我当时的看法，现在仍然这样认为。他看到政府遇到危机，赫诺韦沃与格劳，即军人权力与文人权力之间发生争斗，于是决定向西方向做佯动，制造有利于政府、反对军队的行动和干预动向。奥尔菲拉事件对格劳政府造成消极影响，有迹象表明军队采取各种措施拒绝听命政府，力图叫停远征行动。

我们抵达一个岛屿，决定掉转船头，向东方向，向圣多明各进发。马斯费雷尔突发奇想，实验他的领袖品德，或演说才能，或许模仿皮萨罗或科特斯，不知道要学什么历史人物，对大家说："好吧，愿意参加远征的人，留在船上；不愿意的，留在岛上。"于是300多人决定不再转向，留在桂因岛上。他们这样做并非没有理由。当然，说不去，这总是令人羞于启齿，我觉得是在发疯。我决定去圣多明各，不仅做出决定，而且为此感到兴奋。

当300多人放下武器，拒绝从征后，马斯费雷尔带着手持机关枪的随从走下船，留着胡须，仿佛是大人物，旧时的斗士。他召集所有人，给他们一个回心转意的机会，但是没有说服任何人。300多人坚持留下来，他甚至进行侮辱、威胁和口出脏话，但是300多人仍执意留在桂因岛上。此后，我们便向东方挺进。

马斯费雷尔发觉赫诺韦沃·佩雷斯和军队的地位十分强大，由于整个舆论对屠杀义愤填膺，格劳受到严重削弱。当时，他发觉，由于远征处于众目睽睽之下，向圣多明各进发是冒失之举，因此，采取向西进发的伴动。他乘坐速度最快的船，呈身先士卒之状，几乎变成远征军的事实领袖。多米尼加人由于身处古巴，即让古巴人做主。后来部队决定掉头向东方进发。

但是情况怎么样呢？在几个营开小差的人中，有我们连的陆军上尉，于是我被任命为该连的连长。这样，我作为连长，乘坐该船开赴圣多明各。船速极慢。

我没有经历过军事培训，只是在书本上了解古巴历史、战争史，以及在农村和山里学的东西。不过我阅读过历史上的战斗和战役案例，对军事问题有某种本能。据此，我分析了整个形势，发觉那种状态完全混乱不堪。但是我手下掌握着一个连，我考虑在圣多明各开展游击战争。

由于该营的一部分人开小差，我手下只有80多人。参谋部向我提出其作战计划。我们不再拥有飞机，没有古巴政府的支持，军队在蠢蠢欲动。他们的战略是继续向东方向前进，穿过向风口，不是直接进发圣多明各，因为特鲁希略及其手下在那里严阵以待，而是采取迂回战略，突然在海地登陆，沿公路向圣多明各挺进。

这一计划具有某种道理，因为我们没有飞机和任何其他支持，沿原计划路线行动无异于自杀，于是更改为其他战略。甚至德国军队在穿过比利时挺进法国时，即其最有利的时候，都没有这么做！这支由饥肠辘辘、组织松散的人组成的杂乱无章的远征军在理论上要实施这次行动。人们告诉我计划如何行动，在那种形势下，我认为这合乎逻辑，说道："好吧，我同意。"就这样，我们向东方挺进，在王子港登陆，向多米尼加境内挺进。与直接抵达相比，这无论如何都是更加谨慎的，但考虑到我们这样一支部队，这仍是疯狂之举。

于是，无论在哪里登陆，一经到达多米尼加境内，我都会带领连队，形成开展行动的战略和战术，除了愿意加入我们的人，我想进行更多招募。这样，如果能够到达那里，我就会在21岁时，带领一个连开始进行游击战争。那样就好了。

我希望开展反对特鲁希略及其军队的游击战，而非正规战，因为那支部队不能对抗军队。我在考虑如何更好地使用人员和武器配备，在人民的支持下，开展什么类型的战争，以增加赢得战斗胜利的可能性，推翻独裁者。

肩负着一支部队的指挥权，面对身边一群无能的领导，处于荒谬的形势下，对垒特鲁希略的军队，我具有一种清晰的本能。这样，我差点儿在圣多明各，而非在古巴就开始游击战争。这话一点儿不差。

这是梦想。必须构思梦想，因为我们没有食品，没有任何吃的东西，我们的饥饿大军奔赴其解放使命。

我记得正值巴哈马地峡的有利气候，海面风平浪静。与此同时，马斯费雷尔仍然坐镇速度最快的舰船，颐指气使。他抢先一步超出，谁都不知道他在哪里，做些什么。显而易见，所有消息都报道，国内发生危机，军队决定阻止远征行动，他估计风险极大，成功的可能性较低，于是心生一计，逃脱远征行动，继续待在他的快船上，开足马力向前，抢先一步进入尼佩湾。我记得他有亲戚在海军部门做事。马斯费雷尔在结束鼓动演说和所有应做之事后,做出闯入尼佩湾的决定,让对方逮捕他。他不想继续撑下去,以某种借口抢先进入海湾。

远征军指挥部所在的我们的船没有收到马斯费雷尔的消息,经过尼佩湾继续向前行驶,其他几艘船也是如此。在莫阿对面,我们感到伟大的事业正一步步向我们走来:穿过海地领土,把圣多明各从特鲁希略的独裁统治下解放出来。

马斯费雷尔没有说什么,束手就擒。凌晨,当我们穿越莫阿继续向前挺进时,马斯费雷尔发来一条消息:"请在莫阿对面等我,我与你们联系。"他已成为俘虏,背叛了远征军。

我们参谋部指挥船奔赴向风口,打算穿过那里。据说特鲁希略的舰只就等在那里,准备迎击远征军。大约上午11点,在东北方向,马斯费雷尔让我们等待的地方,停泊着一艘大船。远征军采取预防措施,因为不知道是不是特鲁希略的海军舰只。大船发出信号,是古巴海军的三桅战舰,在马斯费雷尔与我们约定的地方等待我们,因为他已经叛变,向我们发出电报。三桅战舰开始发送灯光信号,告知:"后退,后退,进入尼佩港。"这边向该船解释,船只没有多少燃料和用水,甚至无法抵达莫阿港,三桅战舰继续重复"后退,后退",同时抬起炮口,做好射击准备,毫不客气地命令我们转向尼佩湾。

直到那时,我还痴痴地幻想,如何与我的连队开展战斗。我分析了整个情势,得出结论,我们本能的感觉正在应验:军队决定无论如何都要阻止远征行动。

远征军突然成为俘虏,参谋部也被俘获,船只被迫退到尼佩湾。三桅战舰离我们两三海里跟随,而我们从莫阿后退到尼佩湾。我记得看到了奥连特省的山峦。于是我发现一切都完了:人员和武器正在被俘获。我感到这是世界上最大的屈辱,我走向参谋部,说道:"这次远征失败了,军队控制了局势,政府陷入危机,所有人都将成为俘虏,武器会被收缴。"我建议藏匿一大部分武器,提议把武器装到一个大筏子上,靠岸后把武器运进山里,以后再继续进行远征行动。

参谋部慢腾腾地聚在一起,十分庄重地进行分析和审慎的考虑,答复我说:不行,困难确凿无疑,不过一切尚可安排。参谋部成员们,胡安·罗德里格斯、马德尔内、其他古巴人和多米尼加人并未发觉正在发生什么事情。

他们给我的答复愚蠢至极,荒谬绝伦。我的连队位于船头,我手中有一支机关枪式步枪,即所谓的防空机枪。我与我们连队最坚定的士兵们进行商量。根据我的计划,他们与我一道把枪支装到筏子上,避免被缴获。当参谋部的命令传达下来,我宣布拒绝执行。我把防空机枪从船头运到船桥,并给人们配置自动武器。我们宣布不接受命令,不准备做俘虏。

此后,我与一伙人开始准备一只更小的筏子。皮奇利洛赞同我的意见,他当时负责掌舵。参谋部没有对拒绝执行命令做出反应,予以默认,未采取任何动作,与此同时,我准备把部分武器转移到筏子上。

问题是在那段时间,三桅战舰已靠近我们。很难跳到海里,因为会被发现。这时,我们正在抵达海湾。皮奇利洛赞同我们的决定,这难能可贵。

进入尼佩湾后,我们对三桅战舰说,不知道进口处在哪里,我们会搁浅的。三桅战舰答道:"我在前面,跟着我行驶。"三桅战舰开到前面去了。情势很理想。

所有人,皮奇利洛和很多人都与我们配合。参谋部闭门待在他们的房间里。

当我们进入海湾时,我们用绳子拴住筏子扔到海里。4个坚定的积极分子跟随我,我甚至都不很熟悉他们。

三桅战舰在前面领路,进入领航道,天色已黑。尼佩海湾当时以鲨鱼经常出没而闻名。我们4个人登上筏子,我在前面,我们带走5挺机枪,我手中拿着一挺。船在继续行驶,在推力的作用下,随时有掉到海里的危险。筏子几乎没到海水里,我的双腿抵着船头,等待时机割断绳子。这时,我的上司,与之有意见分歧的马德尔内受到拒不执行命令的羞辱,探出身来,抓住机枪。我和4个人坐在仍有绳索绑着的筏子上,我对马德尔内说:"把机枪拿去吧!"对另一个人说:"割断绳索!"同伴割断绳索,我们在筏子上漂浮着。对4个人来说,筏子很小,我们再次拿出枪支、弹夹和子弹。

在萨埃迪亚码头,停泊着几艘战舰。天色已经暗下来,我们看到一只小艇靠近我们,距离30~40米,看不清驾驶船的是什么人。我们用枪瞄准他们,喊道:"靠过来!靠过来!"他们答道:"不行,我们是领航员。""快过来,把我们拖到岸边。"他们向我们抛掷绳索,但是由于绳索湿滑沉重,无济于事。

我说道:"靠过来,我们上汽艇。"他们靠过来,我们带着机枪,爬上汽艇。我命令他们:"把我们送上岸。"港口汽艇领航员回答说:"有很多士兵和海军陆战队队员,会枪毙我们所有人的。"探照灯照亮黑幽幽的海面。我对他们肯定地说:"我保证,如果被发现,我们就跳水。"

在离岸250米或300米处，探照灯射向海面，我向同伴说："快跳到水里。"我们穿着鞋和衣服，穿戴着各种东西。一个人抱着机枪跳到水里，另一个人也是如此，第三个人空手跳下去，我带着两挺机枪跳下去。这时几乎已是黑夜，我开始向下沉，不得不扔掉一支汤普森机枪，抓着另一挺，向前游去。我不知道会发生什么事情，或岸上向我们开火，或海里鲨鱼吞噬我们。

在那个时代，我还不懂什么是海底垂钓，只听过关于鲨鱼的传说。尼佩海湾是角鲨出没最有名的古巴海域，不知道有多少历史、逸事和传说流传！还好我们安然无恙，既没有挨枪打，也没有遭鲨鱼袭击。我们逐渐靠近岸边，终于踏到实地。

我看到了山峦，当我们在东方登陆时，月亮几乎升起来，我们可以用月亮做坐标判断方向。我们认为，只能根据月亮的方位前进，离开这里。大家迅速动身，努力向东方走，甩开军队士兵。到了几乎在尼佩海湾对面的卡约萨埃迪亚岛。在沉沉的夜幕下，我们拨开灌木丛，穿过山冈……4个人中有一人十分不负责任，是疯子，骗子，实实在在的游手好闲者。当时我并不知道，后来才知道他是军队的一个军士。他对我说："我是当地人，熟悉这一地区。"那家伙说我们搞错了，他知道方向。我对他说："好吧，你熟悉吗？你是当地人？那么你来带路吧。"他开始带路。我们走了半个小时，还在原地转，迷失方向了。我对他说："你看，不要着急，你到后面去，我来带路，你把我们搞迷路了。"于是我开始带领大家行进。

一会儿，我们走过军队士兵的身边，听到他们在谈话。月光十分明亮。我们走过几个牲口圈，跳过围栏，沿着小路行进，力图走向东方，隐匿深山。我们走了不到500米，那家伙说："我很累，走不动，不走了。"我自言自语道:"哎呀,拿这家伙怎么办呢?"士兵们在我们身后500米,我不能把他自己留下来,因为不知什么时候他会被抓去,供出一切。

可以猜出,士兵们在搜寻我们。更有甚者,参谋部的人抵达岸边后坦白说,4个人跳到海湾里,不知道会发生什么,并说他们不会对此负责。为了洗清责任,他们告发我们了。

这个家伙不知道这些,但却知道士兵们离这里很近,我们听到他们说话的声音。我们不知道身处一个岛上。他突然说要留下来,累了,想睡觉。我说道:"好吧,我们在这里歇一会儿。"我们来到一棵树下,侧身躺了一会儿。这时,我们遭到蚊虫的袭击,明月当空,还面临附近搜索军队士兵的威胁。我在思考。有些时候,我曾想抓起机枪,给他脑袋一梭子子弹,再继续前进。又过了半个小时或45分钟,我失去耐心,走到那个不负责任的家伙身边,夺下他的机枪,解除他的武装,对他说:"如果愿意的话,你可以留在这里,我们走!"

这是必须对这类家伙采取暴力措施的案例,因为他使所有其他人陷入危险境地。我决定解除他的武装,留他在那里,我们快速赶夜路。当我夺下他的枪,我们动身要走时,他说:"不行,我与你们一起走!"于是赤手空拳与我们继续赶路。仅这一回,那个家伙就做了3件可怕的事情。

我们向东方进发,走了两个小时,当到达一个海湾时,已是晚上九十点钟。这是尼加罗湾,我们看到几丝亮光:那里是美国人在战争年代建造的镍厂。我们不知道为什么向东走,却回到海边。

于是,我们向东南方向出发,因为看到一座像城堡的建筑。到达那里一瞧,发现是所学校,只是其外墙呈城堡颜色。

我们发现一条水道。其实那里不是岛屿,而是圆形半岛,经水道与大陆连接,那里就是海湾。我们来到岸边,看到人了。一艘快艇驶过,可能是军用快艇。我们隐蔽起来,因为月光十分明亮。我们找到一位农民,说服他带我们乘小船渡过水道。

卡秋斯卡·布兰科:唐安赫尔的一位朋友住在萨埃迪亚,是该岛看管灯塔的人,名字叫拉斐尔·古斯曼,人们叫他拉罗。他就是帮助您们的农民。

菲德尔·卡斯特罗·鲁斯:是的,在那个困难的夜晚,他帮助了我们。我们走了很长的路,穿过狭长的半岛。我们采取特殊措施:后面的人带着武器,最前面的人空手,遇到情况就让他说:"不,不,我没有武器。"以备遭遇伏击。我们很幸运地穿越那里,黎明时分到达联合果品公司的甘蔗地,来到一家货栈,甚至还买了些东西。我记不清当时我们身上有多少钱可支配。买了衣服,吃了些东西。很多人看到我们,不过我们已经换上平民衣服。我们把包括一把手枪在内的武器藏在下水道里,我对大家说:"不要带任何武器,以防搜身。"我们又走了很多公里路程。后来,我们穿着劳工服装,乘坐卡车抵达马雅里。我派小组中的一个人与一位了解正统党的司机去寻找武器,我觉得这位司机可以信任。我们没有武器的4个人——据猜没有携带武器——聚在一起,乘上由马雅里开往比兰的汽车。我派去的人并没有完成任务。他回来了,司机却不见了,武器也没带回来。据说司机半路不敢走了,害怕穿越村庄。他害怕了!军队发觉他接触过我们,向他施加压力,他交出了武器。武器丢失了,本来几乎要成为我们的战利品,我们本想不惜一切代价,在不被敌人俘虏的情况下,把武器带回来。

唯一带回来的是游手好闲者身上揣着的一把手枪，当我说"所有人不要带任何武器"时，他偷偷把枪藏在身上。这是他再次不负责任的行为。手枪是唯一带回来的武器。当然，最后我们抵达我家了。

　　我们把不负责任的人派遣回哈瓦那，他是哈瓦那人。还有一个人也是哈瓦那人，他较为谨慎。我们也把他派到哈瓦那去了。第三个人叫卢汉，是曼萨尼略人，也是个慎重的人，我们把他派到曼萨尼略去。

　　军队在搜捕我，但是我对此并不太在意。

卡秋斯卡·布兰科：在比兰，存有您远征回来后的一张照片。照片上，您因太阳照射肤色黝黑，头发蓬乱，没有穿衬衣，一副经受困苦磨难的样子。照片出自您的哥哥拉蒙之手。背景可看到支撑住宅主体的大木桩。您是否感到比兰是最安全的地方？

菲德尔·卡斯特罗·鲁斯：是的。在比兰我躲藏了几天。军队几乎逮捕了所有参加远征行动的人，把他们装上火车货车厢押回哈瓦那，就像运送牲口一样，十分屈辱，他们的经历十分悲惨。

　　我们是唯一逃脱追捕的人，没有成为俘虏，但是不幸丢失了武器。

　　我在比兰逗留了几天，观察有关方面做出什么反应。当我看到几乎所有远征参与者都获释后，得出结论：我不会有任何特殊问题，没有受到追查。无论如何，我决定潜回哈瓦那，那是我平生第一次做了化装。

　　由于我在首都为人熟知，都知道我逃脱并带走武器，我猜想他们一定想搜捕我。于是我戴上一顶矮棕叶草帽，身穿瓜亚贝拉衬衫，戴着眼镜，还不知做了什么其他装扮。就这样，在阿尔托塞德罗火车站登上开往哈瓦那的列车。1942年，我曾在这里第一次乘火车去贝林学校，读预科三年级。我躲在一间有卧铺的车厢里，化装精巧、奇特，让别人认不出来。

我向车厢的尾部走去,突然听到喊声:"菲德尔!!!"是我在多洛雷斯学校的老同学,已经不知多长时间未见面了。他对我说:"我从你的背影和走路姿势认出你了!"我说道:"嘘,别嚷嚷,小伙子,我化装了!"我觉得自己已化装,但是他多年未谋面,居然还认出我来。

卡秋斯卡·布兰科:那么,您决定此生再也不化装了吗?

菲德尔·卡斯特罗·鲁斯:那是我一生首次化装!也是最后一次化装!从那时起,我得出结论,我永远也化不好装,没有这种技巧。从那时起,我决定此生一切都要合法而做,无须躲躲闪闪。我组织的反对巴蒂斯塔的所有斗争都诉诸合法途径。我曾寻求使用其他伪装和化装,最后得出最绝对的信念,在地下斗争中,我无法进行任何伪装,我的身材、走路姿势、臂膀和背影肯定会泄露我的身份。

我就这样抵达哈瓦那,认为军队在搜寻我,其实军队并没有关注我,因为他们缴获了武器和其他一切物品。最终没有发生任何问题,而且远征既未发生战斗也未造成死亡而流产。

参加远征的古巴人和多米尼加人被没收了武器和船只。由于政府和远征军的首领们与相关事情有瓜葛,他们被释放了,但却失去一切,绝对无力回天,并没有人在意谁得以逃脱。

当我回到大学时,意外事情发生了!我下了火车,不知到哪里去,立刻回到大学:噗!噗!我沿着校门口的长台阶走上去。所有人都投来诧异的目光,因为有消息说,我在跳进尼佩湾之后,被鲨鱼吞噬了。所有学生都在为我遇难而遗憾,很多人为我这种结局感到悲伤。他们看到已经去掉伪装的我沿着台阶走上来,就像幽灵再现,感到十分诧异,真令人惊奇啊!人们跑过来,问候我,就像问候起死回生的人。在孔菲特斯岛远征之后,人们就是这样在哈瓦那大学欢迎我。当然,朋友们和同学们十分高兴,唯一的结局是,在那么"光荣的远征"之后,我摆脱了沦为俘虏的羞辱:非但没有成为解放者,反而成为军队用运送牲口的货车车厢押解回来的俘虏。

那时候,我原来的敌人,以萨拉巴利亚、罗贝托,摩托化警察和很多警察首领为首,因卷入杀害奥尔菲拉事件而被捕入狱,受到公众舆论的强烈谴责。

马斯费雷尔归来,力图攫取远征经历的荣耀:解放者,曾经在那里待过的人。他开始利用一切蛊惑人心。在他用政府资金经营的杂志周刊《古巴时代》上,控诉军队而非政府,把远征行动失败归咎于军队和赫诺韦沃·佩雷斯,没有解释自己为什么投降并背叛远征军。

欧费米奥继续在政府中任职,但是后来发展很不光彩。最初他支持革命,后来在猪湾入侵中却与革命为敌。革命法庭对他进行审判并执行枪决。

马诺洛·卡斯特罗回来了。他没有回到大学,在杀害奥尔菲拉之后,威信扫地。这并非因为他自己有直接责任,而是因为他是整个事件的组成部分。我记得他有个小影院。最后他生活安逸,失去了职务、影响力和声望。

我继续坚持反对政府的立场。已经完全懂得革命的问题在哪里,国家的问题在哪里。在大学生们的支持下,发动政治斗争。

在那一阶段,我已经不是正规学生,因为我想读三年级,为此,必须成为自由学生。我在大学享有最大的支持和威望,不仅限于法学院,而且包括大学所有的学生。我决定不谋求任职,因为我不是注册学生,没有竞选资格。为获得资格,我必须在二年级注册,这种事情我从来没做过,因为我一直强烈抨击那些永久式的大学生领袖,那些30岁、35岁或40岁的家伙们不学习,什么也不做,而担任大学生领袖。黑手党人就是这么做的:为了当选学生领袖,进行学生注册。这就是马诺洛·卡斯特罗和其他很多人的例子。

回到大学,在二年级注册,目的是成为学院学生会主席,我不能忍受这样的想法。我可以拥有所有学生们的支持,但是我并不想这样做。这是我的一贯态度,当时我已经没有对手,一直拥有学生们的支持和拥护。

我以自由身份成为大学学生领袖,从那时起,我并非官方的领袖,却组织大学中的重大游行示威、重大运动和事件。这种状况并没有削弱我在学生中的巨大影响。事实上,我一直绝对秉承自己的想法和思想从事,在我一生中第一次证明,对官方职务和荣耀我毫无兴趣。

最后,我保留以自由身份参加考试的资格,完成我尚未结束的那些课程,同时一直保持在大学中的巨大影响。

那些曾经支持我的同学们,那些在奥尔菲拉大屠杀中遇难者的同学们发动了一场斗争,对大屠杀的刽子手团伙展开复仇行动。

卡秋斯卡·布兰科:您是指革命起义联合会的成员们?

菲德尔·卡斯特罗·鲁斯:是的,当然是他们。他们认为自己有理由,针对罪恶滔天的行径进行复仇,这是十分正义的。他们的领导人和很多同学遭到杀害。他们认为进行复仇义不容辞。我认为他们略有偏差。1948年2月22日,他们处决了马诺洛·卡斯特罗,而他在当时已经微不足道，威望全无，已经身在大学之外。在奥尔菲拉事件中，他没有直接责任。他们的行动绝对是错误的，他们复仇的对象是那个团伙中的人物，一个身处狱中，另一个在外地。马诺洛·卡斯特罗作为领导人之一，他们选择了马诺洛，但是他还不是最恶劣者，不是最糟糕的人物。马斯费雷尔要糟糕得多，是个歹徒、法西斯分子、伪君子和叛徒。他们挑选的实际上是失去武装的人，从事正常活动的人。

当处决马诺洛事件发生后，马斯费雷尔抓住不放，力图归罪于我。当时是十分危险的阶段，因为奥尔菲拉事件引发了派别之间的战争。

卡秋斯卡·布兰科：您知道费尔南多·弗洛雷斯·伊瓦拉的证词吗？在证词中，他记述了马斯费雷尔如何建议杀死您。弗洛雷斯·伊瓦拉解释了马斯费雷尔对您怀有一种非理性的仇视心理，"临界强迫性恐惧症"的仇恨，因为在学生中您享有无可争议的领袖地位。马斯费雷尔的意图是施展阴谋，把您卷进马诺洛·卡斯特罗的暗杀事件中，以此为借口杀掉您。弗洛雷斯说他认为指控毫无根据，因为您和他共有的一位朋友，学院的同学贝尼托·贝萨达，在罪行案发后没几天，与弗洛雷斯交谈过，贝萨达说在马诺洛遇害事件发生时，他与您在很远的异地。另外，贝萨达肯定说，所有人都知道您与革命起义联合会，被认定的暗杀事件责任组织没有任何联系。当马斯费雷尔说出他的意图时，弗洛雷斯打断了马斯费雷尔，并告诉马斯费雷尔他与贝尼托·贝萨达的谈话内容，这时，马斯费雷尔失去理智，叫嚣道"这还不够"，要求不惜一切代价杀掉您，至于您是否参与马诺洛遇难事件，无关紧要。弗洛雷斯·伊瓦拉坦白说，他难以想象自己听到的事情，因为不可想象马斯费雷尔在几乎不到 3 年的时间中,发生了什么样的变化,也不能想象他竟能发展到如此卑鄙的程度。弗洛雷斯的书面结论是:"尽管我在内心对菲德尔没有任何好感,当我竞选课代表时,他支持我的竞争对手,但我仍不能想象,有人会利用这一暗杀事件,或任何其他学生的暗杀事件,作为抵消菲德尔威望的唯一手段。"

在《我曾是菲德尔的敌人》一书中,我读到过这段历史,2002年社会科学出版社出版了该书的第二版。

菲德尔·卡斯特罗·鲁斯:在那一时期,马斯费雷尔作为政府的结盟者,通过他手中掌握的杂志发动一场运动,力图把马诺洛·卡斯特罗和其他一些人的遇害,以卑鄙、诬蔑方式归罪于我。这是一场政治阴谋的组成部分。他想煽动反对我的复仇感,给我制造法律问题,甚至包括人身危险,以此为我在斗争中任何时候遇害,或被捕入狱做辩解。这是诽谤我的政治运动。

面对这种指控,我主动找到当局,解释我的无辜,要求他们索取任何需要的证据。我必须对指控进行合法自卫。但是法律事务还不是最严重的,真正的危险在于成为政府借口复仇实施暗杀的牺牲品。当时,情况十分严重,我却手无寸铁。

从孔菲特斯岛回来后,我开展了一场绝对是手无寸铁的斗争,因为连手枪都丢失了。事情实际是这样,提及这事令我羞于启齿。有一天,佩德罗·埃米利奥从比兰来拜访我,说要把枪带到哈瓦那来,把枪放在一家当铺,他当时身无分文,无奈把枪当掉,卖了。这就是我从远征行动中拯救的唯一一件武器的"光荣无比的"结局。

我回到大学,那里正在开展反对政府的激烈斗争,那是一场不幸的战争。虽然他们认为实行暗杀是一种神圣的兄弟情谊和互助义务,我认为，正直和高尚的人采取了绝对错误的方式行事，因为他们没有革命观念做指导。

卡秋斯卡·布兰科：就像您所说的，派别斗争激化了。根据历史事务办公室的研究资料，从1947年5月至1952年3月巴蒂斯塔发动政变，在全国范围内，仅革命起义联合会对其他组织发动的暗杀事件就近乎30起。危险令人毛骨悚然。

菲德尔·卡斯特罗·鲁斯：是的。虽然我不是正式学生，但在学生中已经有至高威望。我继续积极开展反政府的运动。以大学校门口台阶为基点，组织反政府的示威活动。我记得此前不久，发起一次抗议暗杀大学预科学生的示威活动，受害者名叫卡洛斯·马丁内斯·洪科，1947年10月9日，在哈瓦那学院门前遭枪击身亡。示威活动发生在10日，有几千名学生聚集在总统府前。那里还存有一张那次示威活动的照片，我站在旧总统府对面的城墙上，向人们发表演说。为了声讨罪行，我们把学生尸体抬到总统府前面去了。

格劳邀请学生代表与他会谈，我拒绝了，表示我们不想同他见面，要求他辞去政府职务。

在爱国主义精神高涨的情况下，在反对格劳的斗争中，我访问了曼萨尼略，与独立战争的老战士们进行会晤，见到一位反政府的市议会议员，我要求老战士们把卡洛斯·曼努埃尔·塞斯佩德斯曾使用的钟借给大学一用。1868年10月10日，塞斯佩德斯在德马哈瓜糖厂敲响该钟，发出宣布独立的呼声。我说服了老战士们和市议会，把这一文物交给我，用于在哈瓦那组织反对格劳政府的抗议集会。

面对公众舆论，政府因腐败、贪污、盗窃而如此声名狼藉，曼萨尼略市政府把钟交给我,用于组织大学活动,我们乘火车把钟带回来。我们组织了一场大规模的动员活动,很多人前去迎接挂钟。

我还与钟照相留影,乘火车携带钟回来。我们在火车终点站卸下钟,装上汽车,载着经过总统府前,运到大学。

钟怎么了?发生了异常事情。11月3日,钟运到哈瓦那,在大学烈士纪念堂放置了一天,11月5日夜里,民众集会前一天,被政府黑手党分子欧费米奥和阿莱曼盗走了。

当时,没有保安看守大学烈士纪念堂,因为有大学警察,但是他们要看护很多地方。我凌晨得悉钟被盗的消息。最初不知道是谁干的,只知道是政府的人在背后操纵。同一天晚上,我在大学校门台阶发表演说,那是一次庞大的集会和示威。11月27日,我在一次大规模的大会上发表讲话。

我组织了无数次活动,经历了持续的动荡。我只要站在大学校门台阶上,振臂高呼,就会有成千的学生动员起来。群众政治斗争十分高涨。

后来我们得知是孔菲特斯岛时期第二营营长欧费米奥·费尔南德斯及其团伙盗走了钟。在政府的授意下,他凌晨潜入大学,盗走钟,藏匿起来,后来交给格劳,表示对他的支持。那些人就是这样行事的,甚至那些最不诉诸血腥行动的人,个人态度比较好的人,都或多或少是这种德行。

1947年就这样过去了,大规模运动和示威活动在大学里此起彼伏。

1948年1月,共产党的制糖工人领袖赫苏斯·梅嫩德斯惨遭杀害,格劳政府开始对工人和共产党领导人实行暗杀。我们发表措辞强烈的声明,谴责对赫苏斯·梅嫩德斯的暗杀,并参加了他的葬礼。

在所有的示威行动中，警察与学生们总是虎视眈眈地发生对峙。有时，由于学生人数众多，警察不得不放弃拦截，以避免发生更大冲突。有的时候，我们向警察投掷石块。

我记得我们曾做过这样的事情。大学校园在山丘上，有轨电车经过那里，铁轨延伸到两或三个街区下面的圣拉萨罗大街。我记得有一次，我们把汽油倒在电车轨道里，汽油沿着铁轨一直流向警察们待的地方，我们在这一端点燃，一条火龙顺势而下，冲向警察。他们见状四散而逃。镇压者们逃走了，一大丑闻！这是我们的武器之一：推倒汽油桶，在铁轨上倒上汽油，这就像是火焰喷射器喷出火龙。还有时，警察发动进攻，向大学校园开枪。各种事情都发生过。1948年在动荡之中来临。

1948年2月12日，在集会示威中，我们与警察发生冲突。警察用棍子、木棒猛力击打我的头部，使我几乎失去知觉，鲜血如注，我负伤后被带回大学校园。我向政府和各种人发难，完全投身于民众反对格劳政府的斗争中。当时，我获得极大进步，已经懂得民众斗争、运动和示威的各种方式，这来源于一种天性，一种动员人民和民众的强烈的政治本能。另外，我一直怀有这种思想：如果大学被警察占领，必须进行抵抗。我们手无寸铁，但是我一直主张，必须像保卫阵地一样保卫大学。

1947年10月，我从孔菲特斯岛回来后，直到1953年7月26日，我一直赤手空拳，当然也进行过射击练习。从1947年11月到1952年3月10日，几乎4年半时间里，我不断发起各种挑战，反对格劳政府和黑手党。这些团伙抛弃了所有的政治理想，最终陷入内部相互倾轧之中，它们仰赖政府的预算苟延残喘。就是在这个时期，我与它们发生冲突，对它们进行揭露。

卡秋斯卡·布兰科：是的，1952 年 3 月 4 日，您向库恩塔斯法庭提交一份书面报告，并将其发表在第二天的《警报》报纸上，曝光了占据政府各部门 2120 个职位的歹徒集团成员们的姓名。

菲德尔·卡斯特罗·鲁斯：那是一份长长的详细名单。在整个那个时期，我在大学仍保有巨大影响力，更加成熟，向政府展开强有力的斗争，开始引起他们的注意，成为他们巨大的绊脚石。如果我携带武器，警察就会立即逮捕我，把我剔除圈外，使我处于法律之外，而我必须在法律范围内开展斗争。我在政治上迅速成长起来，评估政治斗争、人民斗争和民众斗争。自从圣多明各远征归来之后，我已经在思考如何在古巴进行革命，将来某一天必须进行革命，但是我必须保持斗争。

在那个时期，我进一步巩固了与正统党人的联系。我很早就加入该党，我从一开始就与正统党站在一起。

该组织的形成由来已久。1945 年 3 月 14 日，格劳政权犯下第一桩政治罪行，奇瓦斯首先予以揭露。可以说从那时起，运动就拉开帷幕。

另一事件是用古巴蔗糖交换阿根廷饲料和厄瓜多尔大米的交易。这发生在 1945 年 4 月，是第一桩大规模盗窃丑闻。

1947 年初，正统党的组织开始形成，我从一开始就与持这种立场的人们保持着接触。该党于 1945 年产生于真正党内部，形成反对派小组，1946 年得到发展。1946 年初，我在访问松树岛监狱之后，首次揭露了监狱真相。3 月份，控告马里奥·萨拉巴利亚的谋杀罪行。

1945～1946年，我与正统党人保持着联系。

这种联系经历了一个过程。他们最初是真正革命党内部的反对派小组，但是还未形成政治组织。正统党建立于1947年。

在进入大学以后，我还没有身份证，没有选举权，也没有参加政党的权利，因为只有年满21岁才可获得权利。我只能作为支持者和朋友。

鲁文·阿科斯塔是正统党最初的领导人之一。很多个月以前我就认识他，当我受到禁止回到大学的威胁时，我求助的就是他，他缺失了一条胳膊。也就是说，我与几位正统党领导人保持接触，但是最亲密的朋友之一是鲁文·阿科斯塔，他原来是真正党成员，开创了正统党运动。该党正式成立于1947年5月15日，在孔菲特斯岛远征行动之前。

我作为学生和大学生领导人采取行动，但是在党内没有职责。在公开声明中，在各种场合，我表示拥护，提供支持，但是并不受该党的领导。我独往独来。

卡秋斯卡·布兰科：司令，几年以后，您撰写那个时期的生活，在墨西哥发表的一篇文章中写道："我走在哈瓦那街头，赤手空拳，孤独一人。"我越读那个时期的事情，就越感到吃惊，不禁要问：有多少原因和偶然性凑在一起，使您得以化险为夷？当时，您在学生中起重要作用，不断揭露政府和歹徒集团，危险重重，您能够生存下来，这真是个奇迹，这一奇迹精准至极，您是否与我的看法一致，或还有什么其他理由能够对此加以解释？

菲德尔·卡斯特罗·鲁斯：我一直在给你解释，那个岁月斗争形势如何困难。

在大学中，我的生活发生了重要变化。我与正直的人和伸张正义的人一道，开展反对格劳政府的斗争。我认为，自己参加圣多明各远征，是高尚和无私的举动，没有任何朋友陪伴，孤身一人而去。就这样上路，参加行动，而这次行动却在很大程度上是由我的敌人组织和领导的，我没有与家人打任何招呼，没有告诉任何人。

后来，出于同样理由，我参加了波哥大起义，也是孤身一人。

我可以肯定地说，尽管没有足够理由说我当时所做的事情都是正确的，但却是最利他主义的，最无私的，最有道德的。在做出最大和完全的牺牲与所追求的目标之间，我也应该做更多的思考和评估。那是最利他主义、最无私、最冒生命危险的阶段之一。当时，我刚离开贝林学校时间不长，对我而言，初生牛犊，应对凶险，这是十分艰苦的。

我如何能够从这一切中生存下来？这并不完全是奇迹，我认为，自己的行为是重要的制动器。是什么因素可能多次刹住敌人要开杀戒的手？好吧，就是我所采取的举措：不畏惧他们，我参加了一场远征，得到学生们的爱戴，当时，无论如何，在那个年代，在那种情况下，我如果遇害将会是轰动性的丑闻。我像驯狮师一样进行自卫，用鞭子抽出声响，依靠我在同伴们中的爱戴。我认为自己是得益于独自一人。在这种状况下，他们也许会像巴蒂斯塔所考虑的那样，我单枪匹马不会成什么大气候，但是我至少使他们发怒，狂暴发怒。

他们为什么没杀掉我？一些心理因素应该发挥作用了。巴蒂斯塔也没有杀掉我，我认为他更多把我看作是讨人嫌的死人，而不是没有攻击力的敌人。他面前已经有一个讨人嫌的死人了，有谋杀吉特拉斯的指控缠身。在那个时刻，他不愿意有新的麻烦纠缠在身，这样对他更合适。

他是否会因我们挑战其政权和军队而对我们有某种敬意？会有某种敬意吗？这不是不可能，不是完全不可能。也就是说，巴蒂斯塔没有杀掉我，他的反应与那些人的反应是类似的。不会是一种奇迹，肯定有一种解释，不仅仅是我自己的谨慎。我本可以更加谨慎，却没有这样做，我应该谨慎从事。我认为所有一切本可以实现，而无须冒那么大风险。

如果我当时知道后来了解到的情况，就不会做出那种挑战，挑战成功的可能性并不存在。后来在巴蒂斯塔政府执政期间，我们这样做了：没有攻打哥伦比亚兵营[1]，组织攻打岛屿另一端的兵营，采取另一种类型的战争；我们没有在哈瓦那，也没有在曼萨尼略登陆；我们没有力图占领曼萨尼略，也未尝试攻占古巴圣地亚哥，后来才占领这些地方。我们必须明确要实现什么目标。如果我在进入大学时就有这种经验，嘿！那我的知识会怎么样呢？后来我们学会了这些。现在，革命过去50年了，这些已经没有意义了，但那是在离开耶稣会学校1年半的时候啊！我今天明白的道理在当时会对我十分有用。

在大学的那个年代，在毫无意义、收效甚微的斗争中，很多青年人丢掉性命。后来，在整个革命历程中，我学会很多东西，为保持团结而进行不懈的斗争。

卡秋斯卡·布兰科：司令，1995年9月4日，在大学的主礼堂，我聆听到

---

[1] 哥伦比亚兵营是古巴革命胜利前，古巴历届政府的主要兵营，位于哈瓦那省马里奥纳奥市。1959年古巴革命胜利后，成为学校城。——译注

您令我吃惊的话语:"如果我还有什么要说的,那就是,尽管在这里,在大学里,曾发生我所提及的斗争和冲突,一些人在这里成为敌人,有些人甚至企图杀害我,实施计划暗杀我,他们后来也参加到运动中,投身革命,特别是加入马埃斯特腊山的游击战运动。就是这样,很多在这里是对手的人,强硬对手的人,后来加入了'七·二六运动',进行战斗,一些人献出生命,让你们看到生活的似是而非,时代与时代如何交替。他们建立了信任,参与进来。"

我觉得作为《格拉玛报》记者,有机会参加那次活动很幸运。我永远不会忘记您说的那些话。

15年过后,您还是这样认为吗?

菲德尔·卡斯特罗·鲁斯:我可以确认自己所说的所有那些话。大学的经历,因其产生的影响是十分奇特的,不可想象的。在那里,我还懂得不能高估也不能低估力量。在某些时候,我曾受某种雄心驱使。当我还在学院二年级学习时,就争取成为法学院学生会主席,这有些不成熟。当然,当时我认为自己做得没错,我是最具可能性的人,实力最雄厚,也许有某些道理,但是为什么要着急呢?

实际上,与大学黑手党的冲撞会使我丢掉性命。但是我参加了孔菲特斯岛远征行动,即使我的敌人是那次行动的主要领导人,这也没能够阻止我。

我有大学生们的支持,在正统党人中得到同情,但是我的所作所为并不是该党的行为,该党也不为我的行动负责,我赤手空拳地面对一切。

我不记得某一次,某些时候,在某个地方、某个住宅,我曾携带武器,我几乎总不携带武器,因为我在为政府制造十分严重的问题,他们不会允许我佩带武器，否则他们会以此为法律借口，抓捕我，这是我要避免的。

卡秋斯卡·布兰科：司令，您被马斯费雷尔发起的运动牵扯进去，反对格劳政府的大学斗争如火如荼，您揭露腐败和暗杀行动，在这种危险形势下，您推动召开拉美大学生大会的想法。您能谈一谈什么事情促使您提出这一建议？什么原因推动着您？

菲德尔·卡斯特罗·鲁斯：当时我产生出访想法，这是我的想法。我从孔菲特斯岛回来后，继续支持多米尼加和波多黎各的事业。

在形成马克思主义哲学观之前，我已经投身圣多明各的民主斗争、波多黎各的独立斗争、马尔维纳斯主权斗争和巴拿马收复运河的斗争，我倾力于所有的拉美事业。当时我想组织拉美大学生大会，在我们大陆开展反对非正义的斗争。

这不是一场列宁主义意义上的反帝斗争，而是爱国主义、民族主义和拉丁美洲主义的斗争。当然，我已经明确是完全的左翼人士，但是还不是马克思列宁主义者；我已近乎实现这一点，因为我业已开始进行反对政府腐败、盗窃和侵吞公款行为的斗争，揭露像赫苏斯·梅嫩德斯的罪行，如对工人和共产党人领袖的暗杀罪行。在成为完全的革命者之前，在那短暂的时期，仅仅两年时间里，我是左派人士。

当时，我产生在哥伦比亚组织一次拉美大学生大会的想法。那时，在那里要召开一次十分重要的会议，即第九次泛美会议。我在考虑如何组织拉美的大学生，把斗争扩展到整个拉丁美洲。当时正是冷战时期，我陷入困难境地：为圣多明各的民主、波多黎各的独立、马尔维纳斯群岛的收复，为消灭殖民地和收复巴拿马运河而战。

从很早的时期，当我进入大学刚满两年半时，就力图组织拉美的大学生，甚至都有付诸实践的想法。

在那一时期，庇隆在阿根廷执政，与美国也有冲突，要求收复马尔维纳斯群岛。他的立场是爱国主义和民族主义的。尽管当时关于什么是庇隆主义，还存在某些混乱看法，就庇隆真正实施的社会措施和各种问题，一位阿根廷人伊格莱西亚斯为庇隆主义者四处游说。伊格莱西亚斯与我们进行接触，我对他谈自己的想法，他们对收复马尔维纳斯的计划感兴趣，同意我的想法，希望进行合作，将派遣庇隆主义学生参会。就这样，我组织了这次出访。

没过多长时间，在委内瑞拉，推翻军人政府的革命爆发。我们认为这是一场革命，但实际上是一场政治民主斗争，可以说是民主革命。当时，(罗慕洛·)贝当古领导的政府结束任期，小说作家罗慕洛·加列戈斯当选总统。

在巴拿马，学生强烈要求争取巴拿马运河权利的斗争爆发，这是由巴拿马学生们发起的民族主义、爱国主义的斗争。在哥伦比亚，爆发了一场声势浩大的学生运动，当时第九次泛美会议要在那里召开。

当时，我制订了计划。我们凑了一部分资金，数量很少，我都不记得如何凑起来的，是否向我家里要的，机票不是很贵。我打算从哈瓦那启程到委内瑞拉，与学生们交谈，告诉他们所有计划，寻求他们的支持，再从委内瑞拉到巴拿马，然后计划到哥伦比亚，与学生们接触，争取支持，这十分重要。与此同时，我们扩大与其他国家学生们的联系。

我还要动员阿根廷人，因为我们存在共同利益：这表现在圣多明各、巴拿马、殖民地斗争等问题上，这都与阿根廷人收复马尔维纳斯的斗争相一致。这样，自1948年，60多年前，我就首次捍卫收复马尔维纳斯的事业，我作为学生在捍卫这场事业。

我组织好了出访，但是我造成巨大失误，做了件蠢事。当时是3月，波哥大事件是什么时候？我大致在3月做准备工作。反对特鲁希略的孔菲特斯岛远征过去还不足5个月，我登上配有两个引擎的DC-3型飞机，在圣多明各落地停留，在各个加勒比岛屿停留。当时还没有直飞委内瑞拉的飞机。是的，没有，使用的是那种DC-3型的小飞机。飞机从哈瓦那起飞，降落在圣多明各的特鲁希略机场。

我所做的事情有些愚蠢。我抵达特鲁希略城的机场，觉得我是支持圣多明各民主委员会主席，身份足够让人们认识我。我走下飞机，看看那里是什么样子。几个特鲁希略分子站在那里，他们的标示很明显，我与他们攀谈，没有化装和掩饰。在交谈中，不知道谈的什么东西，那些家伙认出我来，幸运的是停留时间十分短暂！仅仅几分钟，飞机就要起飞，我登上飞机，飞机就升空了，我转危为安。现在我在自问：在圣多明各落地后，我去干什么了，不留在机舱里，默不作声？怎么能决定走下飞机前去攀谈？怎么能让他们认出我来？飞机不知在多少地方降落多少次，终于到达委内瑞拉，当时还没有修建拉瓜伊拉公路。

除了我的理由之外，我没有其他身份。我还拒绝了正式领导人的身份，只是一种精神领袖。在人们的支持下组织整个运动，但是却没有正式身份。主席是建筑系的学生恩里克·奥瓦雷斯，他是个中庸人物，我们选举他作为妥协的解决办法。阿尔弗雷多·格瓦拉是组织的秘书长。而我在准备召开大会，却没有大学任何职务。

无论是奥瓦雷斯还是阿尔弗雷多，很有可能他们都不喜欢这样，说到底，他们是大学生联合会的正式领导，而我只是一位拒绝了正式职务的鼓动者。如果我在大学注册为正式学生，在大学生联合会选举中会得到广大学生们的支持，但是我放弃了，因为我感到没有必要这样做，认为进行斗争更重要。对我来说，实际上什么东西都无所谓，只全神贯注于我在做的事情，为其进行斗争和生存。我认为对任何人而言，当他所做的事情比他本人还重要得多时，这就是其生命中至关重要的时刻。对他而言，解决问题要比自己本人，比追求目标的人还要重要。在人的政治成长中，这是真正实质性的时刻，关键时刻。

我在组织这场大会，不能依靠奥瓦雷斯，说到底，他虽然是由我们选举产生的主席，却是过分老实的人，纯粹的和事佬，不知道该干些什么。我认为阿尔弗雷多对他有影响，因为前者更有素质。阿尔弗雷多作为秘书，甚至都要为奥瓦雷斯起草讲话稿。

共产党人尚未与我实现充分认同，我认为这在情理之中，因为我还不是马克思主义－列宁主义者，但是我要批评他们，没有努力争取我，因为归根结底，我可以发展成为一位共产主义战士，我具有这种忧患、气质和意识。我出身于一所耶稣会学校，这可能使他们怀有成见。你如果毕业于一所耶稣会学校，另外是地主出身，还并不十分通晓马克思主义－列宁主义，自然就会存在某些先入之见，不管你做些什么，是否在反对政府，反对恐怖和暴力，是否在为正义事业而斗争。

我尚没有很多职务来赢得共产党员干部们的好感，或至少是信任，在大学中有十四五个共产党人干部，他们之中有阿尔弗雷多·格瓦拉。在那种环境中，我实际有些忽略大学生联合会奥瓦雷斯的官方领导，这并不是因为我们之间存在冲突，而是因为在他身上，我看不到任何主动性，或能做些什么事情。

令人惊奇的是我抵达委内瑞拉，与委内瑞拉学生们会面，他们同意我的意见。我走访民主行动党的报社，甚至约定与罗慕洛·加列戈斯会面，但是没见到他，他当时在拉瓜伊拉海滨。所有人都同意召开大会。

我在委内瑞拉做逗留，后到巴拿马，走访了大学，当时大学中群情激愤：一位学生遭美国海军士兵枪击，导致瘫痪，他被作为一种象征。我去探望他，与他交谈，使巴拿马学生们也支持大学生大会。我已经获得了委内瑞拉和巴拿马人的支持。

波哥大圣菲、第九届泛美会议和拉美大学生大会、激情菲德尔、盖坦、波哥大事件、身处旋涡、第一次起义经历、热爱哥伦比亚

卡秋斯卡·布兰科：司令，1948年4月3日您身处波哥大。那天，您用克拉里奇饭店信笺，给唐安赫尔写过一封信，讲述截至那时您出访几个国家的见闻。我的印象是您在抵达波哥大市后写的这封信。这是您第一次落脚给家里发送消息。信函的抬头使我们更加贴近您："亲爱的爸爸……"写给父亲。简短的语句揭示出无限的家庭深情、敬重和温馨。

您在波哥大圣菲的逗留也留下文字记录，这就是4月9日，波哥人事件发生之日您被抓拍的形象。您被放在头版，背景是横倒的柱子、倾斜的路灯、破碎的玻璃窗，脚下是瓦砾，而非柏油路面，就好像经历了地震等自然灾害破坏。

菲德尔·卡斯特罗·鲁斯：我在哥伦比亚时，第九届泛美会议恰好在波哥大召开，通过了美洲国家组织宪章。我当时的想法是利用这一形势召开拉美大学生大会，基于反帝立场，要求归还巴拿马运河，归还马尔维纳斯群岛，实现波多黎各独立，声讨特鲁希略在多米尼加的独裁统治。

我到达那里后，向学生们解释召开大会的目的和计划。我们很早就开始进行斗争，从美国召集本地区国家政府开会开始，就着手组织拉美大学生大会，反对独裁统治。特鲁希略及其他所有独裁者都聚集到那里。

我们的说服工作取得成效，大学生们明白了，相信我们做的事情。我是在拉斐尔·德尔皮诺（谢罗）的陪伴下去的，他是我家的朋友，认识我姐姐莉迪娅。我记得他曾在美国军队服役，他的姨妈与一位工会领导人有关系。他来到大学，走到我跟前，似乎对我有好感。他给人的印象是个好青年，很文静。他自告奋勇陪同我。他有些军人素质，我对他说："好吧，可以，我们走。"我们并不是奔赴一场战争，但是我认为他至少是一个勇敢、有用的人，因此与我同去了，否则我会独自去，完全单枪匹马。他成为我的助手。

哥伦比亚处于剧烈的动荡之中。民众运动，豪尔赫·埃利塞尔·盖坦[1]领导的自由派运动如火如荼，我认为他是类似于奇瓦斯的大众领袖，不过盖坦讲话更有思想。

哥伦比亚的大学生们十分兴奋，表示赞同召开大会。想法很快得到落实，建立组织委员会，负责接收巴拿马、委内瑞拉、多米尼加和阿根廷的学生们。大会实际上已经粗具雏形，我继续从事大会的组织工作，几乎成为这次活动的中心，这激起哈瓦那大学官方学生领导人们的妒忌，甚至(恩里克·)奥瓦雷斯和阿尔弗雷多·格瓦拉作为古巴人的官方代表，来到波哥大。他们造成一种模糊的形势，声言他们是大学生联合会的代表，而我不是。

当涉及大会组织的细节时，召开了一次气氛有些紧张的会议，会上，我的权利、作为大会组织者的职务受到质疑。有二三十人出席会议。阿尔弗雷多和奥瓦雷斯也在场。我站起身，做了个简短、干脆的发言，解释我们在做些什么，什么是斗争的内容和重要性，以及我们所处的历史时刻的重要性。我说，这就是我所感兴趣的，而非职务，也非荣誉和代表性，我表示，如果与会者认为我不能继续从事工作，那么我要求他们继续完成任务，我没有任何个人野心。

为此，我真正动情了，好像对他们慷慨陈词，思想明确、言语干脆，说服了他们。我介绍我是什么人，怎样一个人，为什么我不能是

---

1 豪尔赫·埃利塞尔·盖坦 (Jorge Eliécer Gaitán, 1903～1948)，哥伦比亚自由党左翼领导人，法学家。1947年被提名为自由党总统候选人。因揭露美国与本国当权派勾结，反对美国干涉哥伦比亚和拉美内政，于1948年4月9日惨遭暗杀。盖坦被害引起了民众强烈抗议，演变为民众武装起义，史称"波哥大事件"(Bogotazo)，当时，年轻的卡斯特罗正在哥伦比亚访问，亲身经历了这一事件。

大学生选举的官方领导人。与会者报以热烈的掌声,尽管我的职务受到质疑,大学生们同意我继续领导组织委员会。

卡秋斯卡·布兰科:后来,大概是1948年4月7日,您会晤了豪尔赫·埃利塞尔·盖坦。

菲德尔·卡斯特罗·鲁斯:是这样。哥伦比亚大学生们为我联系了豪尔赫·埃利塞尔·盖坦。那天,他们带我去见盖坦,我与他进行了交谈。他是中等身材,像印第安人,聪慧灵敏,态度友善。他那么热情地接见我们!多么亲和!他送给我们他的几份讲话及其他材料,对大会表现出兴趣,答应出席昆迪纳马尔卡体育场民众大会闭幕式。这是他的建议。我们获得了最具民众影响力的领袖的支持,他广受爱戴,具有强烈的人格魅力。这是到当时为止最重大的成果。我记得他交给我他的一些讲话,其中有一份讲话十分精彩,题为《为和平祈祷》。那年2月,在一次有10万人参加的静走抗议罪行游行集会结束时,他发表了这篇讲话。

在古巴,当学生和农民遇害时,通常会引发抗议活动,其他国家也是如此。例如,在委内瑞拉,爆发了抗议罪行的大规模活动;在巴拿马,就学生致残举行抗议示威……在哥伦比亚,我感到很奇怪:报纸天天都有30人在某地遇害、40人在另一地被谋杀的消息。在哥伦比亚每天都发生屠杀事件。

卡秋斯卡·布兰科:司令,您在2008年11月出版的著作《哥伦比亚的和平》介绍会上,在谈到与盖坦会面、提及您手里的自由派领袖的那篇讲话时,我曾说,那篇演讲就像这位哥伦比亚政治家给予您和古巴革命的一份遗志,默默忠诚于此、庄严肃穆的遗志。

在南美洲的这一兄弟国家,目前的暴力根基多么深远,甚至早于1948年4月爆发的事件,了解这些,令人印象深刻。1983年,您在准备出版后来定名为《波哥大事件》的著作时,接受了哥伦比亚记者阿图洛·阿拉佩的采访,您坦言,1948年4月,您初到哥伦比亚首都,便十分迷惘地发现,几乎每天都有农民遭杀害的消息见诸报端。在谈到这些事件时,您认为实际上这就是该国的一场内战。

菲德尔·卡斯特罗·鲁斯:我十分惊诧,社会怎么能忍受这种大屠杀。在那时,自由党是在野派,保守党在执政。保守党犯下很多罪行。当时弥漫着十分紧张的气氛。盖坦已成为领袖,在即将来临的大选中肯定能当选总统。他团结所有自由派人士,是个很有素质、很有才智的人,是哥伦比亚人民的伟大领袖,是民主和进步人士。这就是我所了解的他这个人。他很热情地接待我们,并与我们约定,我记得是两天后,要商定学生大会闭幕式的细节。

这是一个圆满的成果。我们拥有了盖坦的政党,最有民意的政党的支持,他的思想熠熠生辉,面对美国召集的第九届泛美会议,他了解大学生大会具有怎样的重要性。当时,独裁者们聚集于此,制定反革命协定。

那些天,我被捕了,因为我们在进行活动的准备工作时疏忽了,想起要散发一份传单,公布我们斗争的所有原因:多米尼加共和国、波多黎各、巴拿马、马尔维纳斯群岛,反对殖民地和独裁者。这几乎就是我们所准备的玻利瓦尔主义纲领。我不记得是如何印刷出来的,我们采取学生鼓动的方式,从哥伦布剧院最高一层楼上撒下传单,当时正值为所有外交部长举办隆重的欢迎仪式,共和国总统、寡头们,资产阶级，以及那些绝对不喜欢波多黎各主权和多米尼加共和国民主的人们都前来出席。我们抛撒传单，以为这就是我们义不容辞的义务，而没有考虑是愚蠢之举。

我们回到饭店不久，就被捕了，警察一路跟踪着德尔皮诺和我。我们被带到一条灯光昏暗的小胡同，那里是警察机构侦缉办公室，应该是一种侦查共产党活动的镇压机构。我们受到询问，我向他们解释学生大会的事情。他们认为我们是共产党，但是，军官好像对我印象不错，喜欢了解些我们的事业，听完我的解释后，他们释放了我们。他们搜查我们饭店的房间，没有发现武器和炸药，只发现一份计划。他们似乎也认为我们是学生，把我们放了，但是后来了解到我们一直受到跟踪。

我们落脚在一个小旅店，很小、很便宜的旅馆，因为我们兜里没钱了，学生大会几乎组织就绪，我身上连5美元都没有，我们不知怎么办好，怎么付费，怎么回国。事情就是这样。

4月9日，我们在旅店用完午餐，等待与盖坦会面的时间，这时外面发生骚动，人们沿街奔跑。我们走上前去，听到人们在喊："盖坦被杀了，盖坦被杀了，盖坦被杀了。"就这样一切乱起来。人们向这里、那里奔跑，我们跟着靠近中心区。我们住的不很远，离盖坦的办公室五六分钟路程。在那里横向街道称为路，纵向街道称为街。地址可以说某某路，某街与某街之间，或某某街，某路和某路之间。对我来说，这是新东西。委内瑞拉的地址也令我感兴趣，不称作街，称作街角：几号街角，某街角和某街角之间。对第一次到拉美地区的人来说，每个国家所有这些特点都十分奇特。

我从来没离开过古巴，一直认为拉美其他国家与古巴一样，虽然并不完全是这样，还是存在一些相似之处：学生们热情好客，感情奔放。

我看到了一切，剧烈的骚动，没过5分钟，人们就开始投掷石块，闯进办公室。换句话说，不到10分钟，消息就传播开来，人们开始聚集在一起，就像转动一架大风车，刮起一阵旋风。先是占领一个办公室，砸毁所有东西。我到达一个公园，看到有人挥舞棍棒，力图砸碎一部打字机。我看到他费尽力气砸打字机，痛苦无奈，便对他说："等等，不要绝望，给我。"我抓起机器，向上抛起，我在想办法帮助他。

我记得我从那里跑出来，顺手抄起旁边的一根"小铁棒"，以备不时之需。

波哥大，我一生中另一次重大经历！谁也想象不到我在那么短时间里遭遇的重大经历！所有那些经历教育了我，小组斗争、孔菲特斯岛远征和波哥大事件。我在策略和战略方面学到东西。但是我很清楚，那些不是革命，我并不把那些看作是革命：处决马查多或巴蒂斯塔时期的歹徒，或向某个家伙复仇，甚至有人曾企图杀掉我，我也从未产生这种念头。后来他们成为革命政府的部长。我想我一生从未追求复仇，我认为多么荒谬啊！一个政治家怎么能够被这种事情驱使呢？

当我们逮捕某个人，并不是为了复仇，而是为了防卫，是防止发生这种罪恶行径。

革命胜利以后，当我们审判很多战争罪犯时，我们并非怀着复仇或报仇的思想，因为这等于认为人是有罪的，就好像人身处时代、历史、社会和所受的教育之外。很多时候必须惩罚战争罪犯，但是换个年代，换个社会，这个人不会成为罪犯，因为环境和社会造就人。不是人造就社会，而是社会造就人。如果说要实施惩罚，存在着人对其生活环境紧密依赖的哲学，那么复仇就失去意义。认为人是绝对可归罪的，这是荒谬的。

卡秋斯卡·布兰科：司令，听您讲述您经历的事情，就回想起巴黎街头革命者的街垒，这些街垒激发了维克多·雨果创作小说《悲惨世界》的灵感。在您锻造今天政治家品格的道路上，这些经历具有决定意义。

菲德尔·卡斯特罗·鲁斯：那时我是左派人士，后来成为乌托邦共产主义者，最后成为马克思列宁主义者。对于有这种特点的人来说，对于没有方向、头脑中缺乏理论的人，即对我来说，马克思主义、列宁主义思想就像荒漠逢甘霖，发现了可用于解释一切的东西。这时，革命理论与革命志向相结合，因为毫无疑问，我具有革命志向，我对一切都十分痴迷，都十分认真。我的志向是政治。

就是这样，我在成为马克思主义者之前，在某种意义上，是国际主义者和乌托邦社会主义者。对我来讲，掌握马克思主义就好比见到光明，获得甘露，到达绿洲；就是掌握一种理论，对世事有了洞悉。我年轻时缺乏经验的经历，所遭受的危险，一路看到的事情，对我产生了巨大影响。

我本着热烈的天性谈道："这场战争是贫乏的，这种复仇没有意义，革命要从政权开始做起，在政权基础上，可以制定公正的法律。"这还不是社会主义，但是我已经在思考这样一种社会：没有种族歧视，没有盗窃和腐败。尤其是思考一场革命，思考尚不是马克思主义但却不允许犯罪、折磨和盗窃，尊重道德价值的政权；存在着一系列赖以为核心的、进行革命的道德价值。尽管如此，我的思想还不是革命理论。玻利瓦尔在他的年代是革命者，马蒂也是如此。但是在我们这个时代，我不能依据玻利瓦尔和马蒂的思想，或马塞奥的思想而成为革命者，因为他们的思想属于另一个历史时代。我那时拥有的政治－文化知识并不是先进的社会思想。

但是，事情很奇怪，当我着手认真阅读经济学和政治经济学著作时，开始拥有我本人自生的一种思想：社会主义的思想；共产主义的思想。那大致是1947年底，我开始阅读一些东西，更认真的钻研是在1948年，也就是说从波哥大回来之后，当时我潜心进行认真研究，在没有学习马克思主义的情况下，已经在头脑中具备变成社会主义者和共产主义者的条件。

关于正义的思想和社会组织恶劣的思想引导我走向社会主义和共产主义的经济观，当时我尚未了解阶级和阶级斗争，也不了解阶级的历史起源。十分神奇的是，马克思列宁主义的各种观点使我豁然开朗，现在仍然给我带来光明，我拒绝接受的是人们解释马克思主义的形式。这是我的前马克思主义、玻利瓦尔主义和马蒂主义阶段，还不是马克思主义阶段；我是一个民主革命者和爱国主义者，但还不是社会主义革命者。

此前，我曾阅读过关于民众闹事、示威、民众拒不服从的法国革命历史。当我进入预科和大学时，印象最深的就是关于法国革命的书籍。当我亲历波哥大发生的事件时，我具备了与我所高度关注的历史进程有关的一种文化，这就是马蒂思想和玻利瓦尔思想。懂得了什么是革命，但是并不是基于马克思主义的解释，而是当人们反对暴政、反对剥削和非正义而揭竿而起时，以这些重大历史事件为基础的理解。

我尚未接触马克思主义文献，尚未开始认真学习政治经济学。在大学中，那些多少能对我产生影响的少数共产党人把我看作耶稣会学校无可救药的学生、地主的儿子。我必须批评阿尔弗雷多（·格瓦拉），他们本可以与我一起工作，我肯定他们怀有先入之见。

卡秋斯卡·布兰科：司令，关于您对波哥大事件的回忆，1996年8月14日您与您的哥伦比亚朋友加夫列尔·加西亚·马尔克斯会面时，我正好听到您提及这一事件。您当时刚度过70岁生日，在去比兰的路上，我们在霍尔金城逗留。在吃晚餐时，你们两人谈到魔幻般的巧合：1948年4月9日你们两人都身处波哥大，都年满21岁，都攻读法律专业。您谈到如何帮人砸毁打字机时，突然问加夫列尔："你呢？发生波哥大事件时，你在哪里？"对方以诗歌联想式的夸张手法，充满想象力地答道："我就是那个砸打字机的人。"只是确定第二天还会继续去比兰的路程，还可再次见面以后，两人才中断了那部回忆叙事小说。仅在那一晚，两人在不知不觉中就书写了这部小说。您能够接着谈一谈我没听到结尾的那段历史吗？另外，在我所读的小说中，没有任何一部能够带来这种惬意：亲耳聆听主角讲述自己真正令人痴迷的经历。

菲德尔·卡斯特罗·鲁斯：盖坦被杀的那天，我继续沿着公路向下方走去，盖坦的办公室在那里，有两到三个街区的距离。一群人聚集在那里。这时暗杀事件刚发生不久，已经可以看到很多人愤怒发狂。

那条街人流总是熙熙攘攘，大多是身披深色御寒披风的人。某些时段，咖啡馆通常顾客盈门，那里好像也出售啤酒和某些饮料。还有其他商铺，玻璃橱窗比比皆是。

当我到达那条街时，看到人们在打砸玻璃橱窗。当时行动与激动情绪交织，尚未发生抢盗行为。但是人们愤怒至极，遇到什么捣毁什么。我力图说服一些人："为什么这么做？不要这样。"要求他们不要破坏，因为我很快发现，如果开始进行破坏，会造成很坏的影响，引发民众不满。可这就像用双手阻挡暴涨的激流，事态发展超出一个人的能力。

我走了两三个街区。德尔皮诺与我在一起。我们沿着街道，走向议会大厦对面的公园，拉美各国的外交部长聚集在那里。我们沿着那个方向走着，很多人都往那里走去。

我记得公园挺宽阔，面积大致有1.5公顷，也许有2公顷。背景处是议会大厦，门前筑有不大高的黄色台阶，大厦有几层楼高。我们站在议会大厦对面。几栋朝向公园的住宅打开院门，在靠近大厦的另一侧，聚集了人群。我看到有人从阳台上对人群做演讲，一些人在听着，但是几乎没人加以关注。我觉得他没有扩音器，不足以让人们听到演讲，他在讲话却没人理会。很多人在公园奔跑，发疯一般，几百人处于这种状态。人们像疾风一样奔跑，汇集，过了片刻，尚未聚集紧凑的人群开始向美洲国家组织会议会址议会大厦移动。

我靠过去，警察一字排开，守护入口处，我发现那排警察开始松动，犹豫片刻后不见了。面对大量愤怒发狂的人群，他们害怕了，退缩到议会大厦里面。

这时，很多人上到大厦的第二层和第三层，我走上大厦台阶，到达大厦一层，力图进到大厦的内院，这时写字台、椅子、家具及其他各种东西从第一层楼抛下来，我不得不躲开。警察们散开了，人们闯进去，遇到什么砸毁什么。于是我再次回到广场。

这时，在议会大厦外围，我不得不小心行走，因为人们开始向灯泡、照明灯泡投掷石块，向玻璃橱窗投掷瓶子，那是一种疯狂的破坏。必须小心翼翼，因为碎玻璃四处乱飞，很多人因此受伤。形势完全失控，我们离开公园，去找另外两个古巴人：有大学生联合会主席头衔的奥瓦雷斯以及秘书阿尔弗雷多，与他们一起分析，在这种情况下该干些什么。

　　我们奔赴同伴们住的方向，需要走五六个街区。我们想分析和商量一下，应该怎么办，也要考虑一下邀请对方参加任何可能组织的行动。我清楚看到，完全无政府主义的动乱正在蔓延。

　　这时，尚未听闻枪声，因为在议会大厦门口，有可能发生冲突的地方，排成一字的警察表现出犹豫不决，散开了。

　　我们抵达奥瓦雷斯和格瓦拉下榻的寓所，在谈话时，听到一群人沿着寓所窗前的街道走过。我们探身窗外，看到几个人带着武器走过。警察与普通公民混杂在示威人群中，有人端着步枪，有人手持砍刀。示威人群推推搡搡，奔向前面几个街区的警察局。这时我说道："我去参加示威。"我走下楼，加入示威人群。不一会儿我就到了队伍最前面，因为当他们从寓所前面走过时，我就加入了最前面的队伍。

　　我们沿着相当狭窄的街道向前行进，那是几条由较长街区组成的街道。现在我不记得走了2个、3个还是4个街区。大致向前走了300多米，来到位于街角的警察局，那是一栋红色砖砌建筑，几个塔楼尖相隔很近，警察们在上面摆好姿势，用枪瞄准街道，长达几百米的人群长龙继续前进，走到街角，转过弯。我行走着，等着看会发生什么事情，看是否会开枪。幸好警察没有开火。

警察局处于瘫痪状态。人群大量拥进去，因为那里没有任何纪律约束，完全任由事态自然发展。大量人群拥挤着，进入警察局，警察没有开一枪。

我们占领了警察局。一些人从这一侧，有些人从另一侧拥进去。我找到一支枪，枪支大概为数不多，因为警察们也拿着枪。我进入枪库，没有发现步枪，只有瓦斯催泪枪，我从来没见过这种枪，类似于猎枪，枪口直径很大，子弹像木制的，很粗很长，至少有15～20厘米，好大的子弹！每个子弹袋上装6颗子弹，一边装3颗，另一边装3颗。看到没有步枪和其他武器，我抓起一支瓦斯催泪枪，拿了3束子弹袋。我说道："没有其他东西了，我用这支猎枪和大子弹。"

我登上楼梯，寻找步枪，仍然想有所发现。楼上有个房间，但是什么都没有，空空如也。

我穿的是单服，在发现猎枪的地方，拿了一件军大衣，好像是胶皮面的大衣，还戴上一顶没有帽檐的帽子，像贝雷帽。当我爬到大厦一层楼时，在院子里开始有人向空中放枪，我走进一个房间，那是军官们的工作间，寻找靴子，因为我穿的是普通鞋子。我说道："好吧，我已经有武器，有东西了。"我进入军官们的房间，发现几双靴子，当我坐在床边，力图穿上靴子时，警察局的一位警官闯进来，说道："那是我的靴子，别动，我的靴子，不要动！"那家伙抗议拿走他的靴子："我的靴子，放下！放下我的靴子！"那位警察令我发笑，作为警察局的警官，武装队伍的军官，警察局被占领，所有武器被拿走，却还在说"我的靴子，不能动！"真不可想象！丢掉了警察局，丢掉了从属的队伍，丢掉了武器，丢掉了所有一切！当我进去，坐在那里，他还在嚷嚷："不要动我的靴子！"

我看到靴子穿不了，对他说："不要了，你拿去吧。"我再次穿上鞋子，走出军官房间，走下楼梯，来到院子里，在混乱的人群中，看到一位军官力图组织队伍。

我在欣赏和阅读时，了解了法国革命知识，曾梦想过巴黎的街垒，军号吹起，民众揭竿而起。对我来说，人群占领警察局，这与法国革命爆发、人群在巴黎组织街垒如出一辙。我在经历法国革命。

在这种情况下，我了解了什么是革命和人民起义，我知道必须怎么做，知道需要秩序。我有参加圣多明各解放斗争的经验，我是尼佩湾一名失败的解放战士。

当时，我看到那位军官在组织一个排或一个班，大约10人或15人。他们佩带武器，一些人是警察，另有平民。我走上前，想参加队伍，戴着没有帽檐的帽子，端着猎枪，我的巨大猎枪，那支瓦斯催泪枪，背着子弹带，好几条子弹带，全是火药！我加入队伍行列。军官看到我后很关注，上下打量我，说道："这是什么？你用它做什么？等一等，把这给我，我给你一支步枪。"他似乎觉得这很危险，要用步枪换我所有那些武器，那些粗大的子弹。于是我说："好吧，给我步枪。"但是当他给我枪时我不得不动起手来，用力抢夺步枪，因为很多人没有武器，与我争抢。我搞到一支步枪，一条配有16颗子弹的子弹带，子弹非常少。我说道："好吧，我有枪了。"我背上步枪和16颗子弹。

在毫无秩序、极其混乱的情况下，组织队伍费了好大力气。人们东奔西窜，他们已经开始走出去，一些人拿着武器，另一些人赤手空拳走出警察局，不知往什么方向去。我想人群应该立即向总统府进发，占领总统府。

我也离开那里，想去总统府，这时看到几个军官努力让人群建立秩序，我认为这些军官已加入革命，很多人已经起义，我站到他们的行列，帮助组织民众："这里不行，这里可以，有武器的那边站，没武器的不要过去。"

后来我发现军官们并未站在革命一边。他们是总统府的营队，在维护秩序。形势实际上很危急，那些军官们要起什么作用，并不明朗，好像是要保护人群。

有人从附近的一所教会学校，我觉得是圣巴托洛梅学校，向人群开枪。我听到开始有枪声。我站在街角处，完全暴露在外，向那个方向望去，想知道发生了什么，一伙哥伦比亚人把我拽回来，以免丧命。

在帮助完我认为他们与革命站在一起的军官们以后，我们继续前进。德尔皮诺尚与我在一起。我以为那些军官要引导人群避开打枪的区域。当时，他们既未表现出支持还是反对态度，似乎是想避免人群遭到射杀。

我们走了两个街区，这时开来一辆装有扩音器的小卡车。学生们求助于人群，径直进行鼓动。他们也缺乏组织，小卡车拉着几具尸体。有几个学生我认识，我曾在大学见过他们。他们也认出我来，向我问候。这时传来消息，大学生们占领了广播电台，他们在那里受到包围和进攻，需要帮助。学生们在请求援助。

我做出什么决定？我进行了评估：我们只有两支步枪，我握着一支，德尔皮诺拿着另一支；与我们在一起的是部分民众和学生。于是我们决定，去帮助面临危险的学生们。我们到达一条横贯城市的街道，我不知道什么方向或方位，大概是与议会相反的方向，朝向大学区的方向，广播电台位于那里。我们向前步行，沿着不大宽阔的街道大致走了两三公里。

城市各处都在发动起义，四处充满暴力：公共建筑在燃烧，玻璃窗被砸碎，商铺遭到抢劫。事情始于街头愤怒行动和暴力行为，开始转向破坏、抢劫和占领阵地。

人们看到两个拿着武器的人带领一伙人，他们为我们鼓掌，支持我们。可以说，我们拥有普遍的支持和拥护。

我记得我沿着街道行进，人们走过来，向我进行问候，拥抱："喝点儿东西吧。"他们带来了几瓶草莓色的龙酒，红颜色的，说是饮料，味道就像汽油。很多人在喝饮料，他们拿起饮料瓶子，说："喝口吧。"接着就咕咚一口。这就是在那条大街上发生的事情。我目睹所有一切，焚烧的建筑，破碎的玻璃窗，各个阶层的人走上街头，愤怒发狂。一些人扛着商品，大多数人喝着龙酒。

我们继续前进，不知沿着街道走了多长时间，来到一个风景十分秀丽的公园，里面有椅凳，树木茂密。我们很幸运，因为一队士兵迎着我们走过来，前面有坦克开路，与我们有150米距离。我们不知道他们是拥护革命还是反对革命。于是，一些同伴和我躲在椅凳后面，观察他们是否与革命站在一起。

最后，部队径直开过去，甚至都没留意我们。后来我了解到，他们身负加强总统府的任务，一路上，对起义的人群表示出善意。率领部队的军官没有在任何地方管理秩序的计划。民众为他们鼓掌，向他们欢呼。实际上，盖坦在军队中也颇有人缘，因为他作为律师，曾为一位军官进行辩护，这位军官被迫进行自卫，杀死了一位记者。我到达波哥大之后，有机会旁听了那场审判的最后几场辩论。广播电台转播了那几场辩论的实况，这在全国所有兵营都可以听到。因此，很多军人加入起义队伍并非怪事。那个部队肩负使命，但是在任何地方都没有针对人群。他们没有对我们予以任何关注。

当部队开过去后，我们再次回到街上，向那个宽阔的公园进发。走出20米或25米之后，我发现右边有一栋带有外围栅栏的建筑和很多士兵。我以为是部队营房，便走过去，站到对面的椅凳上，开始号召士兵们参加革命，与人民站在一起。我结束演讲之后，继续向前行进，因为我们必须到达广播电台，去支援那里的学生们。又往前走了100来米，走过公园，来到一辆公共汽车前，学生们说已经夺取了汽车，他们在驾驶，我们到达那里，登上公共汽车。

在乘坐公共汽车时，发生了两件有趣的事情，可谓当时的趣闻。我突然发现找不到德尔皮诺了，再也见不到他的踪影，当我追赶公共汽车时，他落在后面了。我想他能赶上汽车，但是汽车启动开走了。另外我被偷了。人们曾对我说，在哥伦比亚不会不被偷，确实如此。什么时候被偷的呢？我在人流中挤上汽车，这时有人偷走了我的钱包，我却没有发觉。我钱包中只剩下五六美元。

我们8人或10人组成的小组前去援助学生们，我记不清是多少人，只有一支枪，我手中那支，十五六颗，不到20颗子弹，我们的枪支弹药就这些，因为我们没有拿到德尔皮诺那支枪。

我以为，站在椅凳上喊话的那栋建筑是个军营，原来是国防部。我不知道，还在那里向国防部的士兵们喊话，呼吁他们投身革命。后来才知道，当我跑去追赶送我们去广播电台的公共汽车时，一辆警车从我后面追来。德尔皮诺落在后面，被警察抓住了，我不知道他的情况如何，只是以为在此前的混乱中，我们失去了联系。

德尔皮诺后来对我说，警察逮捕了他，并说要枪毙，他对哥伦比亚人说，二战时曾在美国军队服役，是马歇尔的卫队。他对我发誓说，他被释放后一直四处找我。所有事情显然都过去后，我们最终在第十一车站会面了。

他奇迹般地获救了，因为在那个时刻，军队并没有实行强力镇压，因为人群愤怒至极，军队忙于进行阻止，费了九牛二虎之力。真是无法阻挡！

公共汽车驶往广播电台方向。我们在某个地方下车，穿过一条街道，到达一条通往广播电台的大街。广播电台确实被包围，一队士兵守在那里。当我们离广播电台还有300米时，密集的子弹射过来。居然没有人被打死，真是奇迹！我们躲在大街旁的椅凳后面，还没等我们探出头来，雨点般的子弹呼啸而过。喘气瞬间，我们唯一能做的就是离开大街，回到刚才的街道。我只有一支枪，手里那支步枪，带着一群手无寸铁的学生。

我们决定到大学去，了解一下发生了什么事情，有多少士兵，那里的力量配备如何。我们走过几个街区，抵达大学校园。我穿着军大衣，戴着无檐帽，手端步枪。真遗憾，当时没留下照片！

当我们抵达大学校园后，那里也没发生什么重要情况。学生们流散到各个地方，几乎遍及整个城市。没有任何力量组织起来，群龙无首，都是各自为战，也许有几百个学生，但是却没有武器，赤手空拳。我们得知附近有个警察局，我没记住叫什么名字，当时的想法是占领它，就像占领上一个警察局一样。我们与甚至凑不成群的学生小组出发了，决定去占领警察局，我手里的枪仍然是唯一的武器。

我绞尽脑汁，思考如何占领警察局，一群赤手空拳的学生情绪激奋，认为他们和我带着我手里的枪，可以占领警察局。我们到了：靠近警察局,幸运的是警察局已宣布起义,这样就不用占领了。我实际上还没考虑好怎样攻打。

我们闯进警察局,起义警察已经推举好领导人。一经到达那里,我立即亮明身份:"喂,我是古巴人,来这里筹备一个学生大会,看到这些,我就加入了。"我确实受到欢迎。

我们轻而易举进去了,我进行了自我介绍,警察首领似乎很喜欢我的态度,立即让我做他的助手。

时刻不要忘记,那座城市完全陷入混乱。你都不知道谁拥护你,谁反对你;谁拥护革命,谁反对革命。人群控制了街头,四处焚烧、打砸。几乎所有的警察局都被占领。当时,警察首领决定到市中心去,与自由党领导层取得联系,因为好像有迹象表明该党,也就是盖坦的党要对此进行组织和领导。警察首领邀请我跟随他,做他的助理。当然,还有其他警察,他说:"我们去吧,到城里去。"我们乘上一辆吉普车,穿过混乱的市区,抵达一栋大楼,这里大概就是自由党总部。我们走上楼,我陪着警察首领走到门口,他交涉了大约15或20分钟,当时天还没黑,我们回到警察局,在那里进行一系列活动,最后决定再去自由党总部。

我们满满地挤坐在两辆吉普车上,警察首领乘坐第一辆,我乘坐第二辆,坐在右边,手握步枪,向自由党办公楼挺进。

当我跟着警察首领前进时,天色黑下来,我们在下午2点开始行动,现在是下午6点或6点半,警察首领的车因机器故障抛锚了。

看到他不能乘坐那辆吉普车继续前进,站在路边,我很着急,暴躁起来。我,吉诃德,理想主义者,走下吉普车,对他说:"赶紧上那辆吉普车!"我与其他赤手空拳的学生们站在一起。我失去与他的联系，想再找一辆车去自由党总部。我们找到一辆停靠在路边的林肯牌大汽车，我问小伙子们是否能开动它。我们准备打开车门，乘车继续前进，这时，看到前面院墙有个小门，有军人、帽子、刺刀和步枪晃动。我本能地感觉到那是敌人。于是，我对哥伦比亚小伙子们说："快走！"当时有辆车驶过，趁着汽车灯光做掩护，我们穿过街道，步行过去。士兵们没有向我们开枪。

我们走了两三个街区，看到有个军人带着一支冲锋枪，我们走上前，我问道："小伙子，你站在哪边？""我站在革命一边。"于是我们问道："你在的第五警察局也起义了吗？"最后，那个军人给我们带路，直到也已宣布起义的警察局。当时天色已黑。

后来我才知道，我们力图开走的是国防部的车，我向士兵们喊话要他们站到革命这边来的那栋大楼就位于我们让警察首领乘坐我们吉普车的地方。我们看到的那些军人是国防部的守卫部队，就是下午力图抓捕我们的人。守卫部队的士兵们被吓呆了，没向我们开枪。我们放弃了汽车，赶到第十一警察局。

另一段经历开始了。我们抵达那里时天色已黑。我一到警察局，再次进行自我介绍："我是古巴人，学生，到这里来筹备大学生大会。"我受到他们的热情接待。人们总是这样，在任何地方大学生大会都受到欢迎。

我们感到饥肠辘辘，经历了那么多冒险行动……但是我兜里分文不剩，连喝咖啡的钱都没有，甚至钱包都丢了！

警察局已经聚集400多人，有很多警察、军官和士兵。大致晚上7点半或8点，我加入那支队伍。那是很有意思的时刻，因为我必须经过一场觉悟考试。

在该警察局，大家进行了组织工作：任命职务，时不时在院子里集合队伍，进行检查，清点人数，有多少人，有多少职务。那天晚上集合过两三次。我在那里度过第一个完整夜晚，等待军队前来攻打，事态已有所明朗，军队随时会前来攻打警察局，因为在混乱中，国防部和一些首领控制了一些部队。他们派遣一个营，前去增援总统府，可能是我遭遇的配备坦克的同一支部队。我没记清是 1 辆、2 辆还是 3 辆坦克。也就是说，军队控制了部分指挥权，由于在全国其他地方没有发生类似事件，他们获得一些部队的支持，调来增援首都。

军队曾有很大犹豫，因为盖坦的政治魅力和为那位中尉军官辩护，获得很大同情。当时，著名的科特斯中尉[1]的司法案件进行了电台实况转播，全国所有兵营都听到盖坦对军官进行的有力辩护。

问题是揭竿而起的民众缺乏领袖和领导，处于无政府状态，开始放火焚烧、破坏和抢劫，军队本着维持秩序的常规意识从事，认为任务是建立秩序。它最关心的是秩序，而非政府。如果人民依靠军队首领实现领导，就可以使很多军官站到反对派这边来。

结果，唯一存在的就是总统府中的政府。国防部首先采取的行动，就是加强总统府的安全，然后着手恢复秩序。军队就是这样介入的。在起义者中，有警察和军人，甚至有成建制的部队，人民占领了所有的警察局，警察站到人民一边，有些地方比其他地方更激越一些。

我身处第十一警察局，几乎位于城市郊外的周边地区，埃尔米塔德蒙塞拉特的对面。埃尔米塔德蒙塞拉特坐落在一个山冈的巨型岩石

---

1 科特斯中尉，是指赫苏斯·科特斯（Jesús Cortés）中尉，他被指控杀害了一名记者。作为律师的盖坦于 1948 年 4 月 8 日出庭，为科特斯辩护，要求无罪释放科特斯。第二天，盖坦遭到杀害。——译注

上。我们等待着军队来进攻。时常有装甲车辆从警察局对面疾驶而过。我们没有反坦克武器，但是不时从柱子后面向外打冷枪。那是个漫长的黑夜。我似乎位于第三层楼，在一扇窗户前选好位置，观察外面发生的情况。形势很诡异，城里在沸腾，但是在警察局的街道，人们像蚂蚁一样，扛着拿到手的东西搬运回家，甚至还有电冰箱！我记得有人冒着危险、起义和流弹，肩上扛着钢琴往家走。

对于大量穷人和失业者来说，那些政治事件成为获取财物的机会。在那些无定向的、五味杂陈、情感交织的民众示威中，发生着无可名状且令人难以置信的事情。这始于人民的愤怒，演变为破坏、盗窃和抢掠行为。人们手拎肩扛，不用钱就可以获取东西。

基于从革命和战争的书籍中获得的知识，根据古巴本身的经验，我知道，任何身处战壕的队伍，一旦被包围就注定完蛋了。那里在等待进攻袭来，刚到那里，我最先做的事情就是找部队首领谈话。我向他介绍我是谁，在那里干什么，说我是古巴人，有经验，根据我的经验，部队不应该消极等待前来进攻，而是应该组织人们，发动进攻，把他们编成小分队，攻击敌人的目标，或攻打总统府。我努力进行说服，同他讲了两三遍，对他说："请您考虑一下。"

那人见了我，接待我，听我讲，似乎表示同意，但却无动于衷。时不时进行一般性检查，清点人数，后来每隔半个小时便宣布："进攻就要来了！""军队就要来了！"临近我的位置还有间寝室，在那里我们度过了最初的三四个小时，有人会突然叫喊："军队来了！"有时候是虚惊一场，有时候是进攻部队从警察局门前开过，这时大致是夜里12点或凌晨1点。我们没有吃任何东西，时间在等待中流逝。

我已经对自己正在做的事情产生怀疑，怀疑是否是正确的。这时又有人喊道:"来进攻了!"因整天的动荡奔波,我感到有些疲倦。这时已是午夜,我倚靠在床边,等待进攻来临,我明白被逼到墙角的队伍,听任被包围的队伍没有可能进行自卫。我相信战斗注定会失败。在这种处境下,在宁静中,我打了个盹儿,想到古巴和家庭,我自言自语道:"怎么也无法想象我现在的处境!在这个起义队伍里,在这个警察局,等着军队来进攻。怎么也无法想象我怎么了!"我自问:"我留在这里,是正确的吗?"如果想交出我的步枪和十几颗子弹,这最容易,总有人想搞到一支枪,我可以去饭店,放弃那个注定要丢失的阵地。

我不停地重复:"这里已经不行了,这场战斗注定要失败,这里不是我的国家,领导这事的人不知道在干些什么,他们没有能力。"我自问道:"我在这里起什么作用?我在干的事值得吗?"于是我开始进行思考,认为那天我是百分之百的国际主义者,因为我说过:"这不是我的国家,但是这里的人民如同古巴人民一样在遭受压迫、剥削、镇压,遭受非正义,他们的领袖遭到杀害,他们在进行斗争,完全有理由追求自由和正义。在所有地方,就像在古巴,在哥伦比亚,在任何地方,人民都是一样的。"我决心已定:"要留在这里。"我孤身一人,没有任何学生做伴,没有任何古巴人,只有自己在那里,在那个警察局,自己会默默无闻地死去,我已自觉地下定决心。

那是关键的一天,因为夜里12点,赶路赶得精疲力竭,身无分文,没有熟人,而且在进行一场注定失败的战斗,我获得足够的激励、足够的合理理由决定留下来。我留下来了。这不是一种没有思考的结果,我决定为了一系列思想和情感,在注定失败的战斗中牺牲自己。

卡秋斯卡·布兰科：司令，因此，在《哥伦比亚和平》一书的介绍会上，我确定说，写作的人不仅是革命者和知识分子，而且还是有一天曾准备为哥伦比亚人民献出生命的人。那天是永远肩并肩战斗的始端，是吗？

菲德尔·卡斯特罗·鲁斯：是的。好吧，我们在那里度过整个夜晚，等待前来进攻，每半个小时就有人喊："军队来了！"就虚惊一场。

我是人民的战士。要做些什么呢？由于冷静地估计到一切都注定要失败，要保存自己的生命？决定在那里默默无闻地死去？我认为自己做了正确的选择。

那一天晚上，我有了某种亲身经历。在那种形势下，人们相互不信任，总认为有敌人和特务。事情是这样，在我所处的同一地方，一些警察抓住一个人，指着他说："他是哥特分子——哥特分子就是保守派，反革命。对，就是他。"甚至虐待那个人。押着他说："别说了，你就是特务分子，哥特分子，敌对分子！"还对他拳打脚踢，说道："看吧，是不是真的，看这些给警察的新袜子，用来参加美洲国家组织会议的保安工作。"看来那些天，美洲国家组织会议期间，警察对议会大厦的保安力量进行过挑选，似乎给他们发了新服装。他们对那个警察说："看吧，新袜子，是发给哥特分子的新袜子。"他们对他进行羞辱。这让我实在不高兴，激怒了我。他们没有杀死他，也没丝毫虐待，但是羞辱他，我记得让我反感，很不痛快。这是那里唯一发生的事情，除此之外，就是无数次发出军队来了的警报。

卡秋斯卡·布兰科：但是，司令，事情之间没有相互关联，就像失去定力的指南针，无法指出任何方向。

菲德尔·卡斯特罗·鲁斯：确实是这样，是吉诃德式的举动，但是我并不后悔。我在捍卫一种信念，发自内心的信念。我做出反应，必须忠于这种信念。

天亮了，城市还在燃烧，军队并未到来，继续在城里集结。我再次去找队长，因为我从战术角度观察到，山冈高处到警察局院子有个倾斜度很大的斜坡，我发现，任何队伍只要居高临下，就可完全控制警察局。我对头头说："您看，那些方位具有战略重要性，应该占领这些地方，布置防卫。如果您给我一支人马，我去守卫这个制高点。"

于是，首领派给我一队人马，8人或10个人，去防守制高点。我这点儿人马当然干不了多大事，但是这证明我对形势判断清晰，知晓军事策略，因为晚上，我一直劝告他组织小分队，采取进攻，不要让军队实施包围。白天，我对他说："你看，这是基本的：谁控制这些地点，谁就控制了警察局。"我对他提出要求，派给我一个巡逻队，他听进我的意见了。第二天早晨，他觉得我有道理，派给我一小股部队，守卫制高点。于是，我在山冈上度过了第二天。

我先是抵达最靠近警察局的住宅，询问是否看到军队的动向。人们对我说："没有，没看到军队调动。"他们马上请我们喝点儿什么，拿来咖啡和红酒，应有尽有。确实，我记得到达山冈顶端后，最靠近警察局的一个住家拿来几瓶不知是意大利还是哥伦比亚产的红酒，酒瓶有树皮包装，房东很热情，对我们说："喝点儿吧！"他们也下去光顾了城市中的商铺，这才有红酒和食品招待我们。

当然，我继续进行勘查。尽管那里距离城市那么近，住宅却不多。农民们对我们确实很友好。

我继续向右侧、山冈顶部延伸地带进行勘查。向邻居们询问是否看到某种动向。我们经过最初的勘查，坐了一会儿，然后我继续前行，沿着城市周边走了1公里路程。

我认为我的武装人马不到10个人，都是哥伦比亚人。很奇怪，他们平静地接受我了，没有在意我不是哥伦比亚人，也不熟悉地形，什么都不了解，在那里进行勘查。

我们又走了大约1公里路，我记得不是很准确，碰到有人在推汽车，力图点燃发动机。我走过去，让他停下来，但是他已经打着火，顺着山麓拐弯走了。我喊叫他，他没停车。我想他是特务，敌人派来的探子，在进行侦察，看看这里有什么。他继续上路了，但似乎变得很紧张，刚拐过弯，就听到"砰！"的一声，大概是撞车了。我跑过去，攀上山冈，大约有15米，力图抓住他。但是当我跑到山顶边缘时发现，道路120米或150米内都是直路，当我爬到山顶时，那人急忙向山下逃窜。我命令他站住，举起手中步枪，瞄准他。那人继续拼命跑，我放下枪，没有开火，因为发现他不会构成任何威胁。

这就像在孔菲特斯岛远征，进攻安赫莉塔纵帆船时的情况。就在那一刻，我发现，那人出现在那里，尽管不会带来危险，却令人奇怪。

从山冈上望去，城市很多地方在燃烧。传来阵阵爆炸声、炮声、枪声和各种战斗的嘈杂声。大概有坦克在开火。城市燃烧着，笼罩在烟雾中。从我所在的位置望去，一切尽收眼底。

那件事情过后，我便返回，在最邻近的第一栋住宅进行询问，问他们是否看到什么人，在那里做些什么，农民们对我说话一字一句，我没有听懂，但我知道他们是想说："那家伙在那里与两个妓女'鬼混'。"我猜想意思是说："与两个妓女发生性关系，与两个妓女'鬼混'。"我还从未听人使用过这个词汇。

令人诧异、非同寻常的是，城市在燃烧，火焰笼罩一切，一片火海，在打仗死人，发生灾难，面对这种情况，一位公民，就像周六下午或周末，到城市郊区与两个女人鬼混。难以置信！

后来我回来了，登门拜访农民，进行更广泛的询问。他们肯定说没看到那里有军队。于是我们选好地方落脚，大致位于汽车发生事故地点与一个制高点之间，边上有几棵树，从那里，我们可以瞭望城市，可以看到向我们方向或其他方向做的任何调动。警察局坐落在最近的制高点，几乎在城市的边缘地带。

时间过去几个小时，大概上午10点或10点半，我们看到一架战机从我们头顶掠过。发生了什么事情，仍然存在疑问。我甚至感到一部分军队或空军有望站到革命一边。几架战机在附近盘旋，巡视我们所在的地方，飞机保持高度，没有低空掠过。我们自问道："这些飞机站在哪一边？"与此同时，我们继续在高地进行侦察和巡逻。

大约下午2点，一切都很平静，从高地望去，600米或700米开外是前一天我曾在那里有过经历的国防部。这时，我突发奇想，尽管我的子弹奇缺，仅有那么十几粒，我向国防部开了4枪。我所开的4枪都是从那个位置射出的。形势令我疲倦，没有任何行动，看不到军队和任何人，看不到对警察局的进攻。我向国防部开了4枪。没有瞄准任何人，只是射向望下去的大厦。另外这是件相当慷慨的事，我至少花费了我所拥有的30%的子弹。这确实是我唯一一次使用步枪。在那52个小时时间里，发生了那么多事情，我还能活着，真令人难以置信！

后来，我又做出吉诃德式的举动。下午5点，几声清脆的枪声传来。我们看到有些军人从警察局走来，大概是骑兵，佩带着精良的武器，他们从警察局向我们的位置走过来，队形并不紧凑，很松散。我问他们发生什么了,他们说军队在进攻警察局。我说:"在进攻警察局?你们为什么要走呢?"

我记得他们有五六个人,一位军官手里握着冲锋枪。我带着两三个人,也许是3个人与我在一起,分别处于不同位置。于是我站在身穿军服并加入起义队伍的那伙军人面前,问道:"发生什么事情了?"他们说:"警察局受到进攻,我们撤退了。"我又问道:"为什么撤退呢?不要撤退。"我批评他们撤退,与他们发生口角。

好吧,他们差点儿杀死我,因为我力图说服他们回到警察局去,不要放弃那里。握有冲锋枪的人将枪口对准我。他竟然没有开枪!当他看到我在说服他们不要离开,他做出挑衅举动,让我不要阻止他们。其他人也这么做了,万幸的是他们没有开枪!

于是,我对他们说:"如果你们想走的话,责任由你们承担。"我这样对他们说,因为我别无他法,他们赶在我之前动手了。我以亲切口吻与他们商谈,没有用步枪加以威胁。但是他们看到我在坚持,就用枪瞄准我。我对他们说:"好吧,你们走吧。"因为我不会向他们开枪,另外,他们先发制人了。他们没有缴我的械,没有对我采取任何行动,只是用武力加以拒绝,用武器瞄准我。

一些人零零散散走掉了。于是我命令我的巡逻队:"我们必须去警察局。"对警察局的进攻并未来自我的方向,挑衅来自下面,可以听到密集的枪声。我们小心翼翼地行进,观察四周。我们走近警察局,我看到在大街上有若干巡逻队在进行调动。警察局没有发生任何战斗,相反,后来我们确实看到在500米或800米开外,成群的警察正在准备出击。

我们几乎抵达警察局,人们告诉我们:"那个教堂在打枪。"确实,从一个教堂在开枪射击,但是离我们很远。警察们决定:"我们过去!"我猜想反动派分子确实在从教堂进行攻击,我说道:"好吧,我们去支援警察们。"我怀着这种想法靠过去,看到他们在向前推进,我甚至乐见他们决定离开警察局。我看到他们在街上分成几个小组前进。夜幕降临了。我们周围是几个手工生产青砖的砖厂的院墙,我朝着警察和起义者混杂的队伍走过去。差点儿向我开枪的是军队的骑兵们,他们甚至装备着冲锋枪。

我们穿过一条街道,一个七八岁大的瘦小孩子用颤抖的嗓音对我说:"他们杀死了我爸爸,杀死了我爸爸!"孩子撕心裂肺地呼喊着,当然,这给我留下深刻印象。那里确实有人被打死,尸体平躺在桌子上,我记得上面覆盖着纱布,人们在为死者守灵。没有人听孩子诉说,他像在寻求帮助或进行控诉。他第一个看到我,向我走来,叫住我说:"他们杀死了我爸爸,杀死了我爸爸!"这事发生在一栋十分简陋的屋子里。也许是一颗流弹。我抚摸着孩子,力图安慰他。他抓住我,拉着我的手进入屋内,家人在哭泣,我哄着孩子。似乎是由于我从街上走过,戴着帽子,披着军大衣,已经过了下午6点,夜色即将降临,当时还有枪声,他在绝望中紧紧抓住我说:"他们杀死了我爸爸!"那么痛苦……那是很难忘却的场面:孩子在枪声中撕心裂肺地呼喊,与此同时,人们靠着墙,小心翼翼地前进。我永远都不会忘记这个场面。我记得很多年过去后,我曾向我朋友加沃的朋友阿图洛·阿拉佩讲过此事。

一会儿,貌似教堂钟楼建筑的枪声停息了。人们说:"已经停止了。"我没有开枪,因为没有任何机会。

我发怒了,有些怀疑,不确信第一天早晨是从教堂开枪,但是我认为第二天下午，有可能是这样。我此前看到发生那么多事情！可以认为是从教堂开的枪。最初听到枪声时，我在观察，对人们的说法感到奇怪：神父们在开枪。可能是神父们，但是也是反革命神父在利用寺院或教堂的有利位置。实际上我一直都没搞清楚他们是神父还是神父反革命分子。

与此前的估计相反，枪声平息了。警察们说："没有任何事了。"我们没有遇到抵抗，在夜晚到来时，开始返回警察局。实际上没有发生任何进攻。夜里传来实现停火的消息，有了解决办法，保守派与自由派领导人正在进行谈判，达成协议。

停火确实实现了，有人发表讲话，广播电台播送了不知什么人讲话的消息，达成了停火协议。为了避免更多流血，自由派领导人与保守派领导人正在进行安排。这发生在那天晚上，警察局一片寂静。于是，那天我留在那里，看看政治形势是否走向停火、谈判和安排。

我睡了整整一夜，很早起来，听到消息公布了，所有人都在重复："达成协议了，和平来临了，必须把武器交回去。"当然，实现了和平协议，必须把武器交回去，这是正确的。好吧，如果实现和平了，如果一切得到安排，必须把武器交回去。我可以离开了，解散人群。这是电台上午播送的消息，人们奔走相告。

于是，我交出了武器，但是我想带走些东西作为纪念，不记得是一把军刀还是什么类似的东西。当时，警察局首领的行为令我感到不快，他就是在那个警察局——当我听说正在攻打那个警察局后，又回到那里，那个注定要失败、人们都退回到那里的警察局——我提出劝告的人，我自告奋勇做志愿者并为他服务和做护卫的人。他对我说不允许拿走任何东西，他很遗憾。我不能带走任何东西，我甚至连件纪念品都没留下。

　　早晨，在原来同一地方，我遇到德尔皮诺。不知道他什么时候，如何到达那里的。他见到我后惊呆了，还以为我已经死了。他告诉我如何四处寻找我。根据德尔皮诺自己的说法，他是更忠诚于人而非思想的人。他谈到我们在个人关系方面存在深厚的友谊。总之，我到哪里他就到哪里。他从我们失散开始讲起，讲述了他的整个经历。我们十分高兴再次相会。我知道他安然无恙，也很欣慰。

　　我们不知道保守党和自由党政治领导人达成什么协议，我们一起回到饭店。尽管和平协议已达成，但是对我们来说危险依然存在。上午9点，在公布了和平状态的命令后，我们在特定的时间离开警察局，沿着街道行进。我没有戴无檐帽，也没有穿军大衣，什么都没拿走。

　　我们向下榻的饭店方向走去，十分平静，因为哥伦比亚人达成和平协议了。我不知道和平是在什么基础上实现的，但是终归实现了和平。我想自由派以最低限度的尊严，以对革命者和人民最起码的保障达成了协议。

　　但是，在去城里的路上，我们沿途看到了什么？看到零星的战斗，听到传来枪声。这是什么原因？在一栋楼的天顶处，在教堂的钟楼，军队还在抓捕狙击手或孤立的战士。我十分痛苦地看到那些被抛弃的人，正在被抓捕。军队在忙于逮捕孤立的革命者，由于各种原因，他们受困于某个住宅，某个大楼或某个钟楼。我们看到军队士兵如何推进，开枪射击，逮捕革命者。

　　这是首先令我们感到痛苦和沮丧的事。人们遭到背叛，孤立的狙击手们遭到抓捕。他们是老百姓，人民中的勇敢者，他们没有得到消息，也没有人加以引导，身陷绝境。

我们刚要走进克拉里奇饭店，听到有人发问："喂，你们做什么？有人找你们，说这里发生的一切都是你们惹的祸，你们是罪魁祸首。"好哇，我们不能待在饭店了，当我们出现在饭店时，所有人都惊呆了。

我们怎么办呢？我们向奥瓦雷斯和阿尔弗雷多·格瓦拉下榻的家庭旅馆，即在遇到游行示威前几分钟我们待过的地方走去。我们抵达那里，敲敲门走进去。我们处于十分不安全的境地。

在家庭旅馆，我们受到热情接待。那里住着一对夫妻，他们同意我们住在那里。我们询问同伴们看到什么，并讲述了我们所有的经历。当时我犯了平生可能犯的最大疏忽。从盖坦遇害，人民起义，大屠杀，达成协议，到遭到背叛，我被激怒了，感到痛苦和愤怒。我清晰地看到什么是剥削社会，穷人与富人、寡头与穷苦人的社会，我清楚地看到所有一切，我处于激愤状态，房东却以同样情绪说自由派是如何令人恐怖："自由派以那种形式……他们……"我没有保持缄默和平静，把话咽到肚子里，这本是我应该做的，我却进行辩解了。

卡秋斯卡·布兰科：您认为这是一种错误吗？

菲德尔·卡斯特罗·鲁斯：我承认这是一种错误。当时已经是下午5点40分或6点，被军队控制的城市开始实行宵禁令。各地军队调集过来，每个街角都有士兵站岗。下午6点过后禁止上街，违者可开枪击毙。那时，保守派房东听到我的控诉，恼羞成怒，因为我对他说："这不是真的，是不公正的，他们是人民，人民领袖被杀害，人民自然起来造反。"我还对他说："人民发动起义，因为他们的领袖遇害，街上所说的不公平。"房东决定驱逐我们,禁止我们留在家中,把我们赶到街上,实际上无异于把我们送给死神,我们还有什么办法呢?

我们走过两三个街区,来到一家名为格拉纳达的饭店,此时我们已身无分文,进去看看是否能找到与我们接触过的阿根廷庇隆分子,因为当时该党的青年十分活跃,我们为解放波多黎各,收复巴拿马运河,废除殖民地,反对特鲁希略,归还马尔维纳斯群岛而斗争,阿根廷人十分喜欢我们的立场,我们有共同的事业。我们在饭店询问参加我们大会事务的阿根廷官方代表团的人,他的名字是伊格莱西亚斯。对我们大学生大会,他有较多参与和合作。

于是,我们去找那个人,向他讲明我们的处境:既没有饭店,也没有家庭旅馆可以栖身,还身无分文,没有任何地方可去。离宵禁还有5分钟时间,突然我们看到伊格莱西亚斯走出饭店,要乘阿根廷代表团的车辆外出,我们叫住他。他看到我们,没容我们开口,惊呼道:"你们卷入了什么麻烦啊?你们卷入了什么麻烦啊?快进来!"一把将我们拽上车。只剩3分钟宵禁就要开始,因为从我们被赶出家庭旅馆,到赶到饭店寻找阿根廷人,时间在流逝。我说:"好吧。"我们登上汽车。

不知道现在伊格莱西亚斯是否还健在,他只是不停地念叨:"你们卷入了什么麻烦啊?你们卷入了什么麻烦啊?"我说道:"什么麻烦啊!"

他问我:"我把你们带到使馆,还是领事馆?"我觉得他把我们带到了古巴大使馆。我们并没有想到要这样做,因为我们是格劳政府的敌人,我们头脑中不会想到寻找任何大使馆,但是阿根廷人带我们去那里了。他对司机说:"从这里走!"军队控制了所有的街角,每到一地，都会拦住我们，进行盘问："阿根廷大使馆，外交牌照，走吧。"他们命令道。已经是6点，天色黑下来。我们进入大使馆，那里的人接待了我们，显露出惊奇："啊！你们是古巴人！"

由于某种原因，我们古巴人出名了。由于人们在警察局看到我们端着枪，沿街行走，出没很多地方，我们古巴人名声大噪。我们还是有罪之人，终归需要寻找替罪羊嘛！国际共产主义挑起所有事端，事实上，在整个波哥大，搜寻的是古巴人，所发生的事情都归罪于我们。

当时人们的心理状态要求寻找肇事者，哥伦比亚政府需要这些肇事者。我们就这样来到古巴大使馆。古巴代表团在那里，吉列尔莫·贝尔特是出席美洲国家组织闹剧的古巴代表团团长。

在机场停着两架古巴飞机，一架是军队的。格劳政府派出一架军用飞机，跟随来的是一些军人：司令，军官和机组人员，他们也住在大使馆。发生了什么？一位上年纪的领事和夫人热情地接待我们，领事大致有60多岁，十分慈祥，他们夫妇是世界上最慈善可亲的人。他们十分高兴地说："你们是古巴人，看到你们很好，我们很高兴。"领事姓塔韦尼利亚，是塔韦尼利亚将军的兄弟。那位将军是巴蒂斯塔分子，当时不知在哪里流亡。领事十分友善地款待我们，准备床铺和饭食，予以所有可以想象的关照。他是世界上最好客，最友好的人。

我记得，我们坐在桌旁，变得老练持重，讲述我们在那种形势下的遭遇。那些刚从古巴来的军人也在场。他们带着一挺汤普森机枪，用于个人防身。突然，使馆对面传来枪声，我们赶过去。我记得那些军人家伙喊道："文人不要去，文人不要动！"那些有名的军人赶过去了。要知道，我们历经48小时，听着四面八方的枪声，度过了各种经历！当时，从那些古巴军人身上，我有种盛气凌人和令人厌恶的感觉。当枪声响起，他们对我们就像对孩子那样的口吻说话："文人原地不要动，不要动！"我们刚刚度过难以想象的经历！我自言自语道："这些军人懂得这些吗？"

那天晚上，十分好客的主人供我们吃了晚餐，照料我们就寝。由于是领事接待我们，最后我都不知道那里是领事馆还是大使馆。我们去的也许是领事馆，大使馆在另一个地方。

晚上，零星的枪声依然不停。我们解释说另外两个古巴人下榻在不远的家庭旅馆，明天一早需要去接他们。

主人当时就派带外交牌照和国旗的官方轿车把奥瓦雷斯和格瓦拉接了过来。

在哥伦比亚，除了军机，还停有一架古巴飞机，理由是物色几头公牛，用作斗牛的公牛，因为有人突发奇想，不知是在体育场还是棒球场，要搞斗牛活动。事实上，尽管马蒂强烈批评斗牛残酷，还是有人计划在哈瓦那搞斗牛活动。

在这种时刻，任何人都不会顾及公牛和任何类似的事情。由于这次大灾难，甚至谁也不知道公牛是否还存活，我国使馆与政府协商，用民用飞机送回一位滞留在这里的古巴人。与此同时，在整个波哥大寻找我们这些肇事的罪魁祸首。使馆派外交牌照轿车送行，我们登上飞机，是一架DC-型飞机，上面甚至已经装配好运送公牛的栅栏。我们4个古巴人登上飞机，在群山环绕的台地起飞，在巴兰基亚短暂停留。

我们仍然不改无法救药的冒失，在抵达巴兰基亚后，我们走下飞机去看热闹，而不是留在机舱，以避免在整个运动被挑起、责任归咎于我们后，人们在哥伦比亚再发现我们。

幸好没发生任何事情，飞机再次起飞，穿越加勒比，降落在哈瓦那。

对我们来说，这是什么状况啊：政府的代表帮助我们脱身！我们也没有感谢政府，相反，像以往一样，继续执着地反对政府。在大使馆或领事馆的帮助下，我们最终归来。受到极好款待、被再次带回古巴的正是我们，格劳政府的死对头。

我带回盖坦送给我的文献。这些文献得以保留下来，因为大使馆或领事馆派人到饭店取回了我们的箱子。我把带回来的文献交给这里的媒体。我还给了何塞·帕尔多·利亚达[1]，他使用盖坦的讲话写了很多传记，介绍盖坦是什么人。我带回盖坦一份十分精彩的讲话，叫作《祈祷和平》。他的演讲慷慨激昂，使用我们不习惯的语言。我们习惯于口气强硬，目中无人，带有辱骂，我们对政府就使用这种辩术。在哥伦比亚，我们听到盖坦的演讲："尊敬的共和国总统……"这是一种十分礼貌的格式，而在古巴却鲜见，公共辩论充满生硬和生涩的语言。

这就是我们那次旅行归来的结局。从我们在圣多明各走下飞机那天开始，直到我们在巴兰基亚着陆，风险重重。我认为另一个风险就是乘坐DC-4飞机，谁也不知道从哥伦比亚抵达这里，怎么能够在加勒比飞行2000公里，飞行五六个小时？那些飞机看来是安全的，

---

[1] 何塞·帕尔多·利亚达（José Pardo Llada，1923～2009），哥伦比亚籍古巴人，记者。生于古巴拉斯维利亚斯省大萨瓜市，曾在电台任主持人和记者，并为多家报刊撰稿。曾加入古巴正统党，作为该党候选人，当选为众议员。一度与菲德尔·卡斯特罗·鲁斯关系密切。1958年加入卡斯特罗领导的游击队。1959年古巴革命胜利后，继续在电台工作，曾多次陪同卡斯特罗出国访问。1961年3月，因意见分歧，离开古巴去墨西哥。1974年加入哥伦比亚国籍，在哥伦比亚电台工作。曾当选为众议员，被任命为哥驻多米尼加共和国和挪威大使。——译注

因为我们结束了整个旅程。

卡秋斯卡·布兰科：司令，您是否认为在波哥大，首次经历了一场革命，或至少有了回顾攻克法国巴黎巴士底监狱的经历，或俄国沙皇帝国动荡之时攻打圣彼得堡冬官时的经历？

菲德尔·卡斯特罗·鲁斯：我只是在书本上感受过革命、起义以及重大历史事件，在古巴经历过很多学生斗争、游行示威，参加过孔菲特斯岛远征，但是并未看到社会革命爆发。那是我的首次经历。

在那个时代，我有人民起义的思想，但都是书本上和理论上的，突然，目睹了一场真正的起义。那更像是一场人民暴动，人民揭竿而起。我看到人民处于爆发状态的所有要素，整个心理和所有规律；看到在这种形势下所发生的一切；还看到一个失去领导的国家，一场群龙无首的运动所犯的所有错误；看到政治领袖们的态度，在那一时刻如何采取那么蹩脚的行动，甚至背叛自由派民众，背叛盖坦派的民众；看到所有那些政治领袖的软弱性，在那种形势下军人首领们的错误。我还认为，当人们把愤怒转变为破坏情绪时，缺乏政治文化和纪律是多么可怕。首先是破坏性，人们最初并不想拿走任何东西，但此后便发展成为抢劫。

民众的第一个反应是进行破坏，破坏官方办公室、商店和商铺。好像是把所有那些具有官方代表性的财产视作仇敌。最初，知道盖坦遇害后，狂躁、愤怒的人群并没有偷盗、抢劫，而是打砸。后来人群的破坏意识转变为把一切据为己有的意识，占有一切，抢劫。发生这些，是合乎逻辑的：如此贫穷的居民，突然看到店门和橱窗洞开，物品唾手可得，这证明民众缺乏政治意识和文化。

这是合乎逻辑的。处于文盲状态、受剥削、思想混乱、受到欺骗的民众并未把斗争看作改变命运的手段,这里,反对统治者的意识转变为破坏情绪和抢劫意识。我想很多人致力于抢劫,也有很多人致力于开展斗争。

我也是第一次看到小股起义队伍,混杂着暴动民众,这是法国革命式的民众。人们手拿铁镐、铁锹、砍刀、步枪及各种武器,聚集在一起发起进攻,进行攻击。

占领警察局就像占领巴士底监狱,我想占领巴士底监狱就是这样:某天,来一群人,进入巴士底监狱进行破坏。那个和其他几个警察局就是这样占领的。人群形成小股队伍,因为根据某种心理规律,他们无须任何人进行组织,有时会聚集100人,向某个方向进发,带动更多人加入队伍,没有任何人加以组织。

我还看到组织性的缺乏,意识、领导和军事战术的缺乏造成政治上的软弱。我观察到所有这一切,这对我至关重要。我对之进行了深入的思考,认为获益匪浅。

不到一年时间,我经历了两次异乎寻常的事件:1947年7月的孔菲特斯岛远征和1948年4月的波哥大事件。二者相隔不到一年,我都经历了。我从远征中获得经验,发现了远征的失误,经历了十分困难条件下的军营生活,以及整个航海过程;分析了首领们的谬误和错误,马斯费雷尔出卖远征的背叛行为,我们跳入海湾逃脱的方式;后来经历了与格劳进行斗争的日日月月;再后来是波哥大事件,这些都发生在不到一年的时间里。在那紧张的时期,毫无疑问,我汲取了经验。通过这些实践,修正了很多想法,强化了我对政治和社会问题、进行革命的形式的理念。

当然，无论在圣多明各，还是在波哥大，我都有清晰的、正确的军事思想和政治思想。在军事方面：在圣多明各，必须做什么，怎么做，面对一支有组织的军队，具备了开展非常规战争的思想。在波哥大，我也持有从书本上学来的正确的军事思想，并有某种天赋。我说过："不能被敌人包围，必须脱身，必须进攻。如果敌人占领制高点，这一警察局很容易受到攻击，必须守卫制高点。"也就是说，每个时刻该干些什么，我都有清晰的想法。后来发生的一切完全证明了这一点。

从资产阶级政治领袖如何背叛人民，背着人民签订协定和进行安排，我还看到他们的软弱、浅薄和缺乏忠诚。我认为，这就是我所获得的主要印象。

基于这些经历，我决定深入研究这些问题。此外，我还欠着自己一笔账，大学学习的欠账。这时，三年级的课程大概已经结束了。

我决定利用必要的时间，结束考试，因为我感到这是一种义务，是必须做的事情，同时也是加强修养所必需的。我的想法很清晰，希望丰富知识，获得更大的培养。

卡秋斯卡·布兰科：司令，您在了解到那些事件之后，是否相信在哥伦比亚可能爆发一场革命？如果盖坦未遇害，是否有这种可能性？

菲德尔·卡斯特罗·鲁斯：好吧，我们谈的是1948年，美国在世界上有无可匹敌的实力，对拉丁美洲有绝对的统治。当然，哥伦比亚要比古巴大得多。在那个时代，尽管庇隆因其民族主义精神、有利于工人的社会法律及与美国的对抗，在阿根廷赢得同情，但是由于他采取民族主义措施，对美国略有冒犯，被指控为法西斯主义者，仍受到孤立。

1948年，盖坦如果上台，是否能够应对所有不利因素，在哥伦比亚进行一场革命？这很困难，可以说这几乎是一个无法完成的任务。他可以进行尝试，最可能的结果是，或迟或早会被杀掉。

他遇害本身就证明，他能走多远的可能性是有限的，因为他被杀害了。但是，凶手是疯子，狂热分子，受到收买？必须知道，寡头和帝国主义不只是组织暗杀，他们还收买和武装凶手，唆使进行谋杀。在历史上，很多情况下，寡头和帝国主义制造谋害的氛围和环境，制造心理条件，促使狂热分子、反革命分子跳出来杀人。也就是说，我认为，不是一定要直接组织杀害盖坦，尽管毫不奇怪，寡头和帝国主义会做出谋害具有这种特性的人的决定。做出杀掉他的决定，将暗杀行动付诸实施，这并不令人奇怪。但这不是杀人的唯一办法，还有一种十分微妙，或并非那么难以捉摸的方法：制造一种暴力气氛来杀人，挑动事端，制造暴力气氛，煽动反革命情绪，用狂热的情感反对某位领袖，直到在几千名狂热分子中跳出某个人，用左轮手枪射杀他。他们培植心理环境条件，以便进行攻击。寡头和帝国主义为这场暗杀培育所有条件，就是这样杀死了盖坦，他是一个身无任何保护的人。

例如在美国，以同样的方式杀害了马丁·路德·金。在美国也培育这种氛围和气氛，培育路德·金是个危险人物和反种族歧视者的思想，于是，受到收买的种族主义者，有组织和武装的种族主义者，或出于自愿跳出来，决定杀死他。

奥洛夫·帕尔梅[1]遇害是另一类例子。我不认为这属于狂热分子

---

1 奥洛夫·帕尔梅（Olof Dalme, 1927～1986），瑞典社民党主席，曾于20世纪60年代末（1968～1976）和80年代中期（1982～1986），两度出任瑞典首相，是当时国际社会威望较高的政治家。1986年2月28日在斯德哥尔摩遇害。——译注

行为，因为在很多问题上，帕尔梅持有十分明确的立场，十分正确的国际立场：反对军备竞赛、维护和平、反对种族主义，还有中美洲问题。他坚持自己的立场，但是在国内并未激发狂热氛围。

瑞典一向是有法律准则的国家。我认为，在帕尔梅遇害的背后，没有瑞典狂热分子，因为那里没有产生狂热主义的条件，毋宁说瑞典是一个习惯于存在分歧、争端和辩论任何问题的国家，并不存在政治掩盖的仇恨，例如那种在美国存在的仇恨，法西斯主义的激烈说教，其政治本身具有的种族主义说教，这种说教造成马丁·路德·金的遇害，甚至一位（约翰·F.）肯尼迪的遇害，或另一位（罗伯特）肯尼迪的遇难。在美国，由于存在狂热的反革命思想，这就得以发生。但是瑞典不是这种气候，谁也不希望帕尔梅遇害。

因此，正如我以前所申明的，我一直认为帕尔梅的遇害是有组织的。当时，唯一受到帕尔梅政策影响的，实际上就是美国的军事工业集团的利益，美国情报集团的利益。里根在中美洲，在世界上，在所有地方的政策是唯一受到帕尔梅活动影响的政策。那里，没有狂热分子开展间接活动的机制，而是有计划、有组织策划暗杀的直接机制，在那里，可以实施暗杀而不受到惩罚。

左轮手枪使用特殊的马格努姆型的子弹，因其制作方式，说明有人安然无恙地采取行动。狂热分子一般不会搞到这种子弹，狂热分子使用口径 32 毫米或 45 毫米的左轮手枪或猎枪。但是这种特殊子弹只有警察、拥有精良武器的团伙可以搞到。因此，经验告诉我，虽然我无法加以证明，没有证据，只是凭本能猜想，帕尔梅的案例是一种有预谋和有组织的行动。这种有预谋的暗杀针对的是有影响力、身居要职的人物。帕尔梅与其他领导人会面，写过很多反对军备竞赛的书籍，是军备竞赛、核竞赛和国际紧张局势的死敌；持有维护发展中国家十分进步的立场，正确的债务立场，支持建立国际经济新秩序，支持第三世界不发达国家；持有反对种族隔离的战斗立场；反对美国干涉尼加拉瓜。帕尔梅的很多政策与美国存在冲突。就像现在，很多政治家揭示气候变化，揭露在资本主义制度下，人类地球生存的不可持续性，与其产生冲突，比如埃沃和查韦斯，就与其有冲突。围绕着这些人物，帝国主义也企图制造一种有利于屠杀的暴力氛围。在2002年4月的政变中，针对查韦斯的令人毛骨悚然的行动差点儿就实现了。

卡秋斯卡·布兰科：司令，您提到奥洛夫·帕尔梅，一位非同一般、几乎被遗忘的欧洲领导人，您很敬重他吗？

菲德尔·卡斯特罗·鲁斯：是的，他很有威望。与乔治·帕潘德里欧、英迪拉·甘地、米格尔·德拉马德里和劳尔·阿方辛一道举行聚会，签署文件，实施十分活跃的政策，我们可以说，客观上来讲，帕尔梅成为美国实行政策的障碍，坏的典型。我的这种天性，长年对形势的感知力，对清晰显露的形势要素的感知力，这种嗅觉和本能从未欺骗过我。

我记得在智利时，看到一场示威游行，我对阿连德公开说："这是美国中央情报局的活动，是由中央情报局组织的，因为是这样，这样和那样。"我谈了所有论据。当时我在那里的一次记者招待会应该还存有录音。在智利所发生的一切我洞若观火，我认为是有组织的活动，我曾说："有中央情报局的幕后黑手。"几年以后，我所有准确的判断得到证实。

奥洛夫·帕尔梅是怎样遇害的，也许永远无法知晓，但是我可以说那次在智利曾说过的话："幕后有中央情报局的黑手。"我肯定自己不会搞错。

卡秋斯卡·布兰科：司令，我认为您热爱哥伦比亚，从波哥大事件时期起，这种情感在您的生活中就早早扎下根。

菲德尔·卡斯特罗·鲁斯：是的。在那个时候，在略微宁静的深夜或凌晨，由于人们采取荒谬的战术，被逼入死胡同，无法解脱，被围困住，战斗已经失败，在这种十分困难的条件下，我想到古巴和家庭，想到一切。记起古巴的历史，只要队伍被困于建筑物中，就都被消灭了。在任何地方，在这种类似的革命形势下，都是如此。

当时，我是声援波多黎各独立委员会成员，声援圣多明各民主委员会主席，支持收复巴拿马运河，参加反对拉美殖民地的斗争，支持阿根廷对马尔维纳斯群岛行使主权，反对泛美会议，反对美国在我们地区进行统治的政策，尚未成为成熟的马克思主义者，尚未加入任何马克思主义政党。在政治方面，还有很多东西要学，但是我从来都没有参与对抗……嗯，在多米尼加共和国确实对抗过，多米尼加共和国不是我的祖国，但是与我国距离很近。这并不是心血来潮，是经过深思熟虑，持续几个月，是我自己决定到那里去的。不仅决定去，而且怀有十分兴奋的心情。

好吧，那里不是我的祖国，但有我认识的人，一切事情都是在古巴组织的，有几百名古巴人参加，还有多米尼加人，我们与他们有较深的关系和友情。但是在哥伦比亚，我孤身一人，身处400多人的队伍之中，不认识任何人，身边没有朋友，远离古巴，家里谁都不知道发生的任何事情，无法想象和怀疑 4 月 9 日至 10 日那个时刻的形势。那是夜里 11 点半，更可能是凌晨 1 点。

当考验时刻来临时，因为所有这些思想和同情都要用你的生命做考验，你会说："好吧，必须牺牲生命了。"

但是我也认为自己做得很正确，做了所能做得最好的事情，当我听说警察局受到进攻，我赶到那里，去解救失去的警察局，而那些哥伦比亚人自己却溜之大吉。我再次真正发觉自己内心的慷慨。我清晰地记得当时的状况，因为那是两次考验的时刻。

那时候，我手下率领着一个小组，他们是哥伦比亚人，对这个巡逻小队，我已经有某种承诺，履行一种使命。当时是凌晨 1 点，在那里我没有完成任何任务，身背 16 颗子弹，身处注定要失败的战斗，孤身一人，不认识任何人，无法完成任何使命。在那更为困难的时刻，我对自己说："我留下来。"我只是扪心自问，不能说自己怀有国际主义精神，就像现在这样；但是一经投入考验，从民主原则，人民的原则，而非马克思主义原则出发，我说道："这里的人民与古巴人民一样，所有的人民都一样，这里的人民遭受剥削……"后来我向家庭旅馆的房东说："能够带来希望的领袖遇害了，人民当然是有理由的。"在此之前，对那个批评前一天民众揭竿起事的保守分子，我也说了几乎同样的话。

各国人民都是一样的，这就是我的自言自语："所有人民都是一样的。"当时我并没有说："应该实施无产阶级国际主义，各国人民应该相互支持。"而是说："所有人民都是一样的，我在古巴怎么做，在这里就应该怎么做。"我得出这样的结论。认为这是国际主义的首要原则，各国人民都是一样的，这是一场正义的事业，这里的人民有道理，因为他们在遭受剥削和压迫。仍然处在民主道路上，这是正义的思想，即所有人民都是一样的。这并不是我现在持有的国际主义，尽管后来……从逻辑上讲，如果我在21岁，当时还不足22岁时，在那种条件下，就践行这种国际主义，那么从历史的角度讲，后来我就会极大地吸收更牢固、更有根基的无产阶级国际主义的思想。

当时，可以说那是更加自发、更符合个人气质的因素，而非政治意识形态观念。如果要说的话，并没有完全超越我的资产阶级民主思想。那时还未涉及无产阶级国际主义问题。

所有这一切都是在毫无准备的情况下发生的，实际上，我曾怀疑自己的做法是否正确，特别是当我考虑古巴和家庭的时候，大家身处的警察局随时都会真的受到进攻的时候，更是如此。那里没有藏身之处，会被彻底摧毁。另外，在很多战争中，俘虏也不会受到优待，那种内战十分残酷无情。但是尽管如此，我留在那里，也许从那时起，我感到与哥伦比亚更加心贴心，这个民族扎根于我的生命，根植于我后来在革命中所做的一切之中。

回到哈瓦那．紧张的学习．学习更多经济学．布斯塔曼特奖学金．结婚．纽约蜜月之旅．哈佛之行．幸福诞生和生命拯救

卡秋斯卡·布兰科：司令，谈起您在很短时间获得的经历，首先是孔菲特斯岛，后来是波哥大事件，您承认这些使您进行深入思考，有了极大收获。您认为，事实证明了您关于政治和社会问题的信念以及革命方式的信念；另外，还使您相信需要深入研究这些问题，完成自我积欠的债务，即继续大学的学业，完成二年级和三年级的课程。这是您回到哈瓦那后制定的目标吗？当时实现了父母要您集中精力于学业的愿望了吗？

菲德尔·卡斯特罗·鲁斯：是的。我从波哥大回来后，制订了雄心勃勃的计划：完成二年级待考的所有课程，从事主要课程的学习，完成三年级学业。另外，选择3门专业：法律学士、社会科学学士和政治学学士专业。这3门专业都是自修性的，这是拿到专业证书的唯一方式。有些课程是这3门学业共有的，但是课程很多，我不记得下此决心的准确时间。首先是进行学习，完成其中的几门课程。

我也没有履行四年级正式学生的注册，因为我计划学3门专业，而做自修生是实现这一点的唯一方式。尽管如此，我与学生们保持着紧密关系，在他们中的人气儿显著上升，唯一的区别在于我不是正式注册的学生。

在1948～1949年学年，我为3门专业注册了大量课程，我想大约有17门，尽管我不能保证在整个学年能学完这些课程，到学年底，我拼命突击。由于没有时间在6月完成所有课程的考试，考试时间延长到9月。我当时的目标是完成这3门学业，以便争取以此为标准的学生奖学金。那是以在国际联盟中供职的法学家布斯塔曼特的姓名命名的奖学金，另外还有一项纪念他的奖项。当时，在经济和政治问题的学习中，我已经取得很大进步，已经接触马克思主义文献。我希望学习政治经济学，在考虑是否可能到法国或美国的哈佛大学去攻读。

实际上，我应该通过很多课程的考试。那一年有17门课程，第二年有29门或30门。当然，我不去上课，完全通过自学。搜集书籍，听讲座，寻找必要的参考材料。

在这期间，我抽出部分时间从事大学活动，完成政治反对派反对格劳政府的任务。基于自由学生的身份，继续进行斗争。

我做出极大努力，保持着在最短时间完成最多课程的学生纪录。当然，我并不是刻意追求这些。在6个月时间里，完成了28门课程。

尽管我对政治很感兴趣，但得出结论，应该更加博学，深化经济学理论知识。在成为马克思主义者之前，我学习了政治经济学，成为乌托邦共产党人。我认为资本主义是荒谬的。最令人惊奇的是我自己得出结论，资本主义完全是荒谬绝伦的制度。

我对所有资本主义问题进行基本分析：失业和生产过剩危机；我发觉产品生产丰富，却存在饥饿、失业和各种弊端。从那时起，在头脑中，我开始构思一种合理的生产制度。

我不知道，在我身上存在的恰恰就是在马克思之前发生在很多人身上的事情，他们构思社会模式，我开始构思我的社会模式。它不是资本主义的，是社会主义社会，是用于满足人的需要的生产资料公有制。当我在这方面开始入门时，得出结论，如果人应该为满足需要进行生产，那么，不可想象的是，这种需要却与生产相脱离，消费者的需要与生产资料所有制相脱离。所有这些令我感到荒谬，开始质疑，开始构思一种理想和完美的社会，其间，不存在任何饥饿、失业、贫困和周期性危机。

我仍然处于初级思维之中，思想还不深刻，但是从很早便开始质疑那整个社会，成为乌托邦社会主义者。在卡德纳斯广场，我与5个、6个、7个、8个或者10个想听我介绍这些问题的人进行几小时的长谈，谈论这些思想。经常是进行几个小时的推理，在我遇到马克思主义文献很久之前，我就这样做了。

后来，我知道有人与我一样，曾这样做，他们以乌托邦社会主义者或梦想者而闻名。我对此理解得更深刻，特别是在着手深入学习政治经济学时更是如此，因为我在大学学到的政治经济学粗线条地涉及到各种不同的政治理论流派。

很奇怪，最初介绍马克思主义的书籍之一是关于工人立法的，作者是奥雷利亚诺·桑切斯·阿兰戈，一位曾是革命者的老师。他曾开展反对马查多和巴蒂斯塔的斗争，但是就像其他有名望的老师一样，没有进入真正党的政府内阁，这使他获得某种威望。他是治学严谨的老师，但是当他成为普里奥政府的部长时，对学生实施镇压。他与奇瓦斯通过广播电台进行著名的辩论，招致奇瓦斯的自杀。后来，当巴蒂斯塔发动政变时，他是杰出的反对者，部分恢复了威望。

还有一本从马克思主义观点出发撰写的著作，作者是劳尔·罗亚，社会科学专业，我记得是社会学说史课程的老师。

我首先是阅读资本主义政治经济学著作，然后是各种大讲政治流派的必读本，开始接受关于马克思主义思想和观点的信息。

我不知道在什么时期自己成为乌托邦社会主义者，几乎是我刚进入大学的时候。直接接触马克思主义文献是在此之后，首先读的是《共产党宣言》。阅读这本书给我带来极大震撼。我不记得是怎样首次搞到这本书的，事情很奇怪，在一个高等教育中心，应该存有很多这种材料。当我进入大学时，有15000名学生，共产党人、反帝国主义者不足30人。这是我的印象，也许会比这多，但是一般来讲为数不多。

我记得，我们后来组织了几个委员会，成员有（安东尼奥）努涅斯（希门内斯）、利昂内尔·索托、阿尔弗雷多·格瓦拉，都是左派人士。当时我在4年级读书。我们开展活动都颇具左派立场。我没有加入共产党，是马克思主义者，但不是共产党党员。

大学弥漫着麦卡锡主义[1]，嗯，不仅是大学，公共舆论都充斥着麦卡锡主义，反共产主义，以及各种各样的偏见，大学基本上是资产阶级和小资产阶级子女学习的地方。在20年代和30年代，梅利亚的年代，大学的政治思想出现退潮。在40年代，当我进入大学时，在政治方面，学校大为逊色、落后了。反帝进步运动和社会主义运动实际消失了。

自独立战争时期起，我记得有一次曾谈过这些，大学生们就具有战斗传统，从被处决的学生们，在反马查多的斗争中献身的学生们起，例如梅利亚或鲁文·马丁内斯·比列纳，他们都有浓厚的传统。鲁文·马丁内斯·比列纳身患重病，后来去世了。但是，我所遇到的大学，在政治思想方面发生了极大的退步。这就像经常发生的那样，经过政治－革命思想进步高潮之后，会产生退潮。当我进入大学时，正值最低潮，不可能发展起颇具规模的共产主义思想。但是我已形成自己的思想，《共产党宣言》极大地影响了我，应该是法学院的某位学生共产党员推荐给我的。从那时起，我开始接触这种文献。

卡秋斯卡·布兰科：司令，您认为《共产党宣言》在哪些主要方面对

---

[1] 麦卡锡主义，20世纪50年代初，由美国参议员约瑟夫·麦卡锡（Joseph Raymond McCarthy）煽起的美国全国性反共"十字军运动"。麦卡锡任参议员期间，大肆渲染共产党侵入政府和舆论界，促使成立"非美调查委员会"，在文艺界和政府部门煽动人们互相揭发，许多著名人士受到迫害和怀疑。——译注

您产生影响？

菲德尔·卡斯特罗·鲁斯：我第一次得到对历史和社会历史事件有内在联系、社会阶级存在的透彻解释，对历史斗争、存在的各种不同的社会类型，马克思做出十分清晰的解释。我感到解释十分清楚，另外我能够加以理解，因为我了解什么是地主，什么是地主产权；什么是地主家庭；谁是一无所有的劳动者和工人，他们创造财富，却无法享有，被剥夺了他们创造的劳动成果。我完全可以读懂，我曾有机会实地进行观察，亲眼目睹。对于我来讲，这些思想是无可辩驳的，就像人权宣言所阐述的真理，因为我完全了解始自法国革命的所有资产阶级革命以及美国革命历史。

在此很久之前，我对这些没有概念。当时，我如饥似渴地阅读能搞到手的法国革命读物。我那时是预科学生，但是已经对这些问题感兴趣。《共产党宣言》对此进行了解释和论证，我能够更加清晰地理解。这些问题是真正显而易见、毋庸置疑的真理。

每当我有机会，都要重温《共产党宣言》，它论述十分精辟，语言那么通俗易懂，直截了当。《共产党宣言》对资产阶级社会的透彻批判，采用的阐述形式，内在联系，阐述所有问题的清晰度，它的雄辩，真正对我产生巨大震撼。

当我在搭建空中楼阁时，突然遇到《共产党宣言》，于是我开始懂得有关问题，发现一种理论，当然，我已经听到"有这种或那种理论"。可以说我开始拥护那些以如此清晰和雄辩方式阐述的思想，这是我一生中读到的最清晰的东西。

我受到条件限制，因为我曾构思空中楼阁式的理论，而这些思想没有社会基础，没有历史基础，仅基于一种造反精神和基本的道德伦理。

有两种理论存在：资产阶级自由派理论和马克思主义理论，其他理论都缺乏牢固基础，例如像始自久远时代的乌托邦，以及最近以来的无政府主义这样的政治流派。那两种理论、两种决定性集团之间的对抗显而易见：有产者与被剥夺者之间，剥削者与被剥削者之间。我的精力和兴奋点完全集中于马克思主义，对政治和经济问题的兴趣倍增。当时，我处于学习阶段，搞到了马克思主义其他著作，但是主要致力于学习所有那些应该通过考试的课程，以便获得申请奖学金所需的3门学业证书。我想完成这一阶段，获得奖学金，去进行政治经济学专业的研究生学习。

我记得，自从阅读《共产党宣言》之后，我与大学的青年共产党员们的联系加强了。我一直十分坦率，与他们共享我的思想。在意识形态方面，这拉近了我与大学中反帝的青年共产党员间的距离。这时我已经不再是来自耶稣会学校的地主儿子。我还不是一位自我皈依马克思主义的人，我同样也不能说已经自我皈依列宁主义，因为我后来才接触列宁主义。所有这些具有一个过程，我们在策略问题上并不一致，我不同意青年共产党员们持有的某种过于自信的立场。我加入了（阿尔弗雷多）格瓦拉、雷昂内尔（索托）、（安东尼奥）努涅斯（希门内斯）等参加的委员会，一起开展很多进步活动。该委员会在大学生联合会拥有很大影响。镇压、屠杀仍在持续，与政府有密切关系的武装组织仍然存在，具有强大影响力。

我与其他学生共产党员和反对帝国主义者一道参加很多活动，但是我不是共产党员。实际上，我自从进入大学后，就与创建古巴人民正统党的人士保持接触，与共产党人保持着良好的关系，我们挑战政府、镇压势力和武装集团。

我记得不是很清楚,在四年级或五年级时,(佩德罗)阿尔维苏·坎波斯在波多黎各发动起义,我们组织了声势浩大的示威游行,前去位于哈瓦那老城区的美国大使馆,那里位于武器广场一侧,离城市博物馆很近。那次游行人数众多。利昂内尔·索托力图取下美国领事馆的馆徽,这时警察来了,挥舞着海牛皮鞭,在我背后狠狠抽了一鞭,当时我用肩膀扛着利昂内尔,帮助他爬上大楼一层。

这可能发生在 1950 年 10 月。1948 年至这一日期那段时间,我们主要开展群众性的动员活动。当时组织了大量类似的活动。我变成组织示威游行的行家里手。我记得海军士兵爬上马蒂塑像的侮辱性事件也发生在那一时期。

卡秋斯卡·布兰科:司令,我查了编年史,那是 1949 年 3 月 11 日。我还读到 1999 年 (包迪略) 比利托·卡斯特利亚诺斯的证词。事件发生后的第二天,他解释事情是如何发生的。报纸《警报》刊载了实施暴虐的照片,反映大学生们从法学院向中央公园进发,并从那里奔赴美国大使馆的情景。他叙述说,当时,利昂内尔站在您的肩上往上攀爬,力图扯下馆徽。用皮鞭抽打、镇压游行示威的是萨拉斯·卡尼萨雷斯中尉指挥的警察。比利托遭到残暴毒打,您把他送到急救诊所,在那里您要求开具受伤证明书,以便指控虐待行为。怀着这种目的,你们来到内政部,在内政部大楼门口,一位有名的军官央求您:"先生,不要伤害我,我要用自己的工资养家糊口。"您安慰他,最后没有提交指控书。后来指控书是在德拉贡内斯和祖鲁埃塔警察局提交的。

菲德尔·卡斯特罗·鲁斯:那个年代,我们进行各种活动,支持所有需要捍卫的事业:反对暴政的人民独立事业,反对种族主义的事业……

我专心于学习,但这并没有妨碍继续履行自己的义务,在大学中,开展反对政府、反对腐败的斗争。当时,我决定与米尔塔[1]结婚,她是哲学院的学生。我的想法是结婚后集中精力学习。这是在1948年10月。

卡秋斯卡·布兰科:这一决定肯定使您父母感到很幸福,他们一直倾力帮助您、支持您。我说得对吗?

菲德尔·卡斯特罗·鲁斯:实际上,父亲帮助我了。当我结婚时,没有钱。这种帮助是重要的决定,因为在那个时期,我到美国去做蜜月旅游。从卡马圭乘飞机到迈阿密,然后乘火车往东北走,到纽约。在那里遇到米尔塔的兄弟,我记不得他干些什么,好像是在工作。我在纽约住了几周。

卡秋斯卡·布兰科:在巴尼斯教堂举行婚礼后,你们踏上旅程。您在1948年10月11日经公证,举行婚礼。第二天,10月12日,举行婚礼宗教仪式。记者玛尔塔·罗哈斯对我肯定说消息刊登在《古巴日报》上,当时,那是奥连特省会的一家报纸。

菲德尔·卡斯特罗·鲁斯:我在天主教堂举行了结婚仪式,这是家里提出的必不可少的要求,在这方面,我没有什么成见,认为这完全是社会性的。我的义务是结婚举办世俗和教会仪式。坦率地说,姑娘对我的吸引力要大于手续。

---

[1] 米尔塔·迪亚斯-巴拉特(Mirta Díaz-Balart,1928~),卡斯特罗的第一任妻子,曾就读于哈瓦那大学哲学系。1948年与卡斯特罗结婚,生有一子菲德尔·安赫尔·卡斯特罗(Fidel Angel Castro)。1955年与卡斯特罗离婚。现居住在西班牙。——译注

她也花费很大力气，遇到头疼的事，遭遇痛苦。在圣多明各远征之前，她就是我的未婚妻，后来发生波哥大事件。我是个不知能否从那么多历险中幸存下来的未婚夫。当然，我家里所有人都迫切希望我结婚，因为他们为我担心。家里人十分高兴我致力于学业、婚姻，认为这会使我远离危险和政治不安。

我制订了利用时间进行学习的计划，在纽约买了几本马克思的英文著作，还有一本英文字典。当时，我埋头于所有那些想法，还到波士顿和哈佛大学，要了经济学的课程大纲。那里是举世闻名的教育中心。

我的胆子很大，作为到纽约的旅游者，用父亲给我的一部分钱买了一辆便宜的二手车，开车沿着公路到达哈佛城。又沿着这条公路从纽约回到迈阿密。

我在美国驾车，带着一张地图以免迷路，有时还开夜车，不知道走到哪里了，不止一次迷路。在纽约，目睹了1948年11月（哈里）杜鲁门的竞选，我记不大清楚了，在那里仅待了几个星期。

卡秋斯卡·布兰科：在我所珍藏的吉列尔莫·卡夫雷拉·阿尔瓦雷斯记者撰写的报道中，有一篇题为《在纽约寻找我的轨迹》。这是一篇搜寻与我们历史有关的值得怀念的空间的报道，在这一世界性的城市，搜寻何塞·马蒂和您的足迹。您还记得在哪里居住，到哪里去过吗？

菲德尔·卡斯特罗·鲁斯：我住在一栋5层的砖楼里。租了一间十分简朴的小房间，其实是一间地下室，它朝向大街，窗户与人行道持平。我第一次度过寒冷的冬天，还未经历过冬天是什么滋味。那里的取暖设备陈旧至极。

我当时会讲几句英语，学会讲副食店和商铺，我很惊奇，在出售药品的商店里居然还卖食品，这对我来说十分少见和奇怪。在古巴，药店就是药店，商店就是商店。

我在副食店买了食品回来烹饪，因为我一直喜欢烹饪，有时自己做饭。最初几天，我妻子的哥哥，拉斐尔·迪亚斯－巴拉特在那里，他也结婚了，已经在那里待了几个月。他是我们在纽约的向导，我们经常与他们一起外出。

我在那个城市逗留的一周中，看到很多东西，参观博物馆，自然历史博物馆，有名的帝国大厦，游览剧院，光顾餐馆。我记得是用父亲给的钱进行支付，因为我的内兄身无分文。我享受漫步，但是却从未放弃在结束法学和社会科学学业后，学习政治经济学的目的，因此访问了哈佛，考虑是否有在那里学习的可能性。这大概是我的梦想，但是在头脑中有这种想法，在法国或哈佛，最好的大学和专业最强的大学学习经济学。

当然，我指的是资本主义政治经济学，我喜欢跟踪知识的发展：数学、马克思主义本身、各种不同理论和资本主义本身的学习，因为没有任何人比卡尔·马克思更透彻研究了资本主义。他透析了资本主义的本质，他的资本主义研究理论使我成为共产党人。我有个决心，坦率的嗜好，投身于政治。在那个时期，我正在从乌托邦共产主义者过渡到马克思主义共产党人、马克思列宁主义者。这是我后来走的道路。

在迈阿密，我们乘坐一艘渡船回到哈瓦那，回来时，身上几乎分文不剩，可以说破产了。我不得不卖掉车，没有其他办法。宽裕的日子实际上很快就过去了。

当我回忆整个 1948 年时，记得 6 月的大选。那是那年古巴发生的最重要的事件。我从波哥大回来后不久，大选来临。我积极参与政治运动，支持爱德华多·奇瓦斯竞选总统。甚至在总统大选前几天，在古巴圣地亚哥参加了一场群众集会和一段游行。大量民众表示支持，鼓掌欢迎。他们没有投票支持奇瓦斯，但却报以掌声。他的选票居第三位，很多次都是如此，选票集中于两个候选人，他们最被看好。

在那里，我发表了缺乏机敏性的简短演说，因为我对总统候选人奇瓦斯采用号召口吻，我对他说："看着人民，支持你的人民，永远都不要背叛他。"这是我缺乏机敏性的巨大不足，但是人们很喜欢这一点。当时，我在那里说，如果有人企图通过武力从他那里夺取胜利，我们将把笤帚换成步枪，用武器夺取政权。笤帚是正统党人的象征，寓意扫除真正党人的弊端。5 月份，在大选前几天，在古巴圣地亚哥的那次集会上，我做出这一声明，圣地亚哥人一直记得这些。由于某种缘故，我被安排为最后向民众发表演讲的人之一。

我想付诸实施我的思想。当然，这一切都发生在一年半的时间里。那是过得很快的学习、激进化的时期；我深入了解马克思、恩格斯和列宁的文献，当然，我继续做出最大努力结束所有那些课程。

那是个困难时期，我旅游归来，身无分文。用卖车的收入和家里寄来的钱租了一套位于密拉马尔区半完工的房子。边学习，边参加政治活动。

在大选结束后，我致力于学习，努力实现获取奖学金的计划。我终于实现了目标，但是必须离开古巴至少 3 年。当时面临这种选择，必须做出决定。

1949年，我结束了17门课程，后来，1950年我注册了为完成3门学业尚缺乏的所有课程。

在2月、3月至7月间，我进行学习，完成所有课程的考试，大部分课程获得优秀分数。必须进行的考试共计47门。

还剩下2门或3门课程，还有3个月的机动时间。那些是难度最大的课程。我已稳获奖学金，因为我是年级中唯一完成政治学、社会科学和外交法专业所有课程的学生，这些是获得奖学金必不可少的条件。

当我制订计划时，需要结束47门课程。在一年半时间里，完成了45门，还剩3个月，只剩下两三门课程还没考试。我甚至已经学好了这些课程，却未参加考试。如果再有两三年用于学习政治经济学，那就太好了，但是我必须做出选择：或去学习，完善我的知识，或积极参加斗争。我决定立即参加斗争，放弃了学习计划，完全投身到革命斗争中。

如果我走得遥远些，到美国或法国去学习，会失去很多，失去革命行动的合适时间。我似乎清晰地看到关键时刻，一个阶段的来临。这时把时间用于学习是不正确的，我拥有所有青年人特有的胆略，认为自己注定要肩负明确的革命目标，从事政治活动。于是，我决定放弃学习，投入斗争事业。这发生在1950年夏季。尽管最后剩下的两门考试是我最熟悉的课程，我甚至都没去参加。尽管我已经对奖学金不感兴趣，也许我应该完成这两门考试，实现通过47门课程考试的目标。

我好多次每天学习16个小时。能够持之以恒，在如此短的时间里完成45门课程，创造纪录。婚姻带来的安宁也产生积极效果，另外，我有自己的学习技巧和方法。

由于我学习和参加政治斗争两不误，敌人继续窥视我。我并没有摆脱危险，完全处于没有武装的状态。在那个时期，我连拿武器的可能性都没有，因为如果那样，就更加不妥。

我记得菲德利托出生那天，9月1日，我本应到大学去，因为这种原因没去成。后来我了解到，那天有一伙人到大学，唯一的目的就是要杀死我。

除了继续投身政治，投身反对政府、反对当时已经任总统的普里奥的斗争外，我没有做其他事情。要杀掉我的原因可能就是因为对待反对派的政策，因为我在大学中与共产党人一道从事各种活动。后来，共产党人为纪念拉斐尔·特雷霍，成立了9月30日委员会，并以此为核心组织起来。

如果那天我去了校园高地，就会遇害。这是一场极大的巧合。可以说，菲德利托出生那天也是我幸免于难的一天。那是1949年9月1日。这完全是确凿无误的真事。

当我在家学习，感受他的哭声时，我便记起那天他来到世界上，挽救了我的生命。

伴随着某种形势或反对派的某些活动，危险处境断断续续发生。在那个时期，发生了学生斗争，一些学生进行交易，达成协议。正值我在美国时，爆发了反对车票提价的运动。一些领导人接受了贿赂，现在我记不清政府出现了什么问题，造成这种情势。

1950~1952年，确实有多次机会可以杀掉我。在那一时期，在1952年3月10日政变中，我为什么没有遇害，这是个很难回答的问题：我有自己的理论，即马戏团驯兽师的理论：驯兽师身处兽笼，被狮子包围着，他越挥鞭做出动静，发出响声，狮子就越感到恐惧。我认为，自己获救的策略就是手握鞭子不撒手，保持发出同样可怕的抽打声。

在经过艰辛努力刻苦学习后，当我所渴望的东西胜券在握时，我却决定留在古巴。我感到国家处于十分重要的时刻，也许我有些夸大，但是当1952年3月政变发生时，也许我会身处国外，失去所有接触，所有联系。在两年出头的时间里，我从古巴的现实中学到很多东西，极大地丰富了自己的革命思想。那时我毕业了，已经是律师，可以紧贴那个时代的现实。

另外，我在潜心学习时，确实可以降低花费。我几乎没有社会交际生活，这是指节日、散步、晚宴、拜访亲朋好友，没有这种习惯。这大概是由于我在农村长大，在那种学校学习，当我进入大学时，是个十分土气的青年，不习惯社会生活。当然，我也有各种关系和友谊，时不时应邀参加一些节日活动，但是却没有这种活动的嗜好。我舞技很差很差，没有音乐细胞。为了应酬门面，我学了一些，需要了解一些，但是很蹩脚。我是优秀的运动员，却是蹩脚的舞伴。

这并不是说我是暮气沉沉、枯燥的青年人。在米尔塔之前，我也有其他未婚妻，很多女朋友。当然，我喜欢女人陪伴，在法学院，利用部分时间与她们聊天，我有很多友好关系。但是，后来我有了未婚妻，对这种关系很认真。当我儿子出生时，我认为自己也履行了做父亲的义务。他的出生与我潜心学习阶段相吻合，我很多时间待在家里，很惬意，十分满意。我认为所有这些帮自己完成了学习计划。

结婚计划作为稳定手段产生效果。我十分顾家，只有需要时我才外出，参加政治活动，我仍然是好学生，也是不错的厨师。很多时候，我在家做帮手，尽管并不是现在家庭法意义上的。我甚至都没有提出这个问题，在这方面，我没有角色意识，因为在那个年代，都没有提及这个问题。很自然，我在力所能及的情况下进行配合，有时候提供帮助，做过一两次饭，但是存在家务分工。在那个家庭中，存在着完全和谐的旧的历史劳动分工。

我不是大男子主义者，而是有传统习俗的人。根据这种习俗，女人顾家、照顾孩子多一些。如果知道需要帮忙，提供配合，我当然要做，不会拒绝，但是我没把这个问题提到像现在的高度。实际上，这不是问题，是那个时代特有的事情。

我不记得具体什么时候，我们从那个住宅中搬出来。我在贝达多区3号与2号街找到一套房子，那里要更好些，空气更清新，离海边近，且不昂贵，对面是个兵营，一堵围墙围揽着现今里维拉和周边建筑群的整个地区。

大学毕业．特哈迪略自助餐．保护穷苦人．外交斡旋．短暂的宽裕．利他主义行为．首次自我辩护．法国式的揭露．站在胡斯塔一边．种族兄弟情卡秋斯卡·布兰科：司令，完成大学学业是您渴望已久的目标，几乎被看作是您父母长久的夙愿。这样，您成为家庭100年或200年来第一个预科毕业生，也许是500多年来第一个大学毕业生。例如，在加利西亚，我记得有古老的孔珀斯特拉德圣地亚哥大学，它创建于1495年。其建筑物和大主教堂十分秀丽、古老，庄严肃穆。至少在加利西亚您父系家庭，从来都没有人获得高等水平毕业。

　　一项研究工作的展示从来都是对毕业学生最终的学业要求。我了解到，您于1950年9月5日进行毕业论文答辩，论文题目是《私法和劳工立法中的语言变化》，您为什么选择这一题目进行分析？这对您有什么含义吗？

菲德尔·卡斯特罗·鲁斯：坦率说，论文比较普通，我没有作任何努力。当时，没有对写作计划进行讨论，任何题目都可以进行研究，论文不起任何作用。是个简且容易的题目，绝对没有任何意义。

卡秋斯卡·布兰科：我知道了，在身处政治混乱的年代，在对您而言是义不容辞、对家里而言是担惊受怕的革命斗争中，更多努力集中于在很短时期完成考试。我现在想起您于1950年12月10日发表在《纪事》杂志上的文章，题目是《菲德尔·卡斯特罗·鲁斯的信函》。在一份可以认为是宣言的文章中，您实际驳斥马斯费雷尔不断的污蔑。马斯费雷尔对您怀有敌意，因为您揭露他在孔菲特斯岛远征中的胆怯态度，向政府缴械投降，虐待远征战士，另外，还与马里奥·萨拉巴利亚狼狈为奸，而后者是欧非拉屠杀事件的主要责任者。您在信中说：

　　我刚结束大学学业，在5个学年中，在从未放弃任何年级的学业、从未停顿的情况下，获得了法学博士学位、外交法学士学位、管理法学士学位；获得了可以自豪地加以显示的学习档案，捍卫了我所秉持的观念。杰出的老师们完全可以对此加以证明，我对他们从来没有三心二意，在考试中，多次得到他们衷心的祝贺。……我从未后悔光明磊落地参与大学斗争，为此，我得到的只是家人的泪水，获得的只是对生命的威胁，以及对我名誉的损害。

如果名誉扫地是对玩忽职守者的惩罚，那么就让名誉成为善于享有荣誉者无愧的奖赏吧。

司令，这个阶段过后，您的生活怎么样？您作为律师做了哪些事情？我想那时，您的父母猜想您应该开始实现经济自立了。

真实情况是这样吗？在某些时候，您又需要他们的帮助吗？

菲德尔·卡斯特罗·鲁斯：好吧，我结婚并到美国旅游，父亲帮助了我，我卖掉此前买的二手车，带着卖车的钱归来。在那个时期，1949～1950年，我百分之百地投身于学习。也就是说，我在没有结束专业学习时，尽管生活开支微不足道，家里继续在经济上支持我。我儿子出生了，我记得父亲给我寄来一笔钱，但是数量有限。

对我来说很自然，毕业后父亲就不再帮助我。我的开支很少，必须支付的有房子的租金和3个人的食品。在那个年代，不像现在这样通货膨胀高企，一家人每天的开支实际不足2或3比索。那时候，有120、150比索就可以维持有限的生活。我没有汽车，什么都没有。如果需要的话，就是支付往返于大学之间的车费。我很少去电影院，时不时在街角的咖啡馆买杯咖啡。

我开支很少，集中所有时间用于学习，不到任何地方去。这样，靠家里对我的资助，就可以度日了。我也记不清那套房子的租金是多少，应该是35或40比索，或大致如此。

家里的资助恰好到我毕业时结束了。那时我仍然在离里维拉饭店很近的那栋一居室的房子里居住，位于楼房的最高层。每层楼有两栋小的公寓。必须攀爬楼梯；很简单，很便宜，住所离大学更近些。

后来，一些同专业的同学和我在哈瓦那老城区的特哈迪略大街开办了一家法律事务所，开始工作。

卡秋斯卡·布兰科：在1979年2月存档于历史事务办公室的一份证词中，豪尔赫·阿斯皮亚索·努涅斯·德比利亚维森西奥博士记得在大学门口台阶上，与您聊天时，您向他和拉斐尔·拉森德·比格阿博士提议开办一家法律事务所。他们同意了，当天，3个人去哈瓦那老城区，创建了法律事务所，办理民事、刑事和社会事务。特哈迪略大街57号罗萨里奥大楼的主人给你们看了204号房间，那是一套面积不大的房子，有个过厅和一个办公间。你们将其租下来，预付了筹措的120比索中的80比索，承诺不久将付清尚欠的租金。后来，由于没有办公桌椅，房东借给你们一个写字台和一把椅子，让你们可以开始办公。阿斯皮亚索还提到，你们还以分期付款方式买了一台旧打字机。

菲德尔·卡斯特罗·鲁斯：这很正常，我们必须筹措资金，租赁办公地点。我的收入十分可怜，实际上没有任何收入，因为刚刚毕业。另外，我作为律师，很快开始为穷苦人作辩护，他们一无所有，没钱支付我。

我有幸通过其他渠道搞到一些资金。例如，有一笔父亲给我买的保险。我记不清我什么时候处理的那笔保险。我必须做出选择：是一旦我发生什么意外，能够有个重要的保险；还是满足生活需要。我不记得那笔保险数额是多少，是 2 万比索，或大致如此。父亲一直在支付这笔钱，积攒下来，20 年或不知多少年后再收回来。我觉得那些保险公司把资金投入房地产了。

我不知道保险公司用这笔钱干些什么，但是，如果您支付了 3000 或 4000 比索，去世了，家庭会得到全额补偿。我也不知道被保险人是否会得到利息，我猜想利息不会有多少。我认为保险吸引人之处在于为被保险人本人及其家庭提供保障。

好吧，我不得不与保险公司谈判保险金问题，因为如果被保险人想收回这笔钱，不会如数还回，只能收回所支付的一部分。无论如何，我收回了部分资金，这样在毕业后，我有些钱支配了。

我记不清作为律师获得多少收入，实际上我没有向任何人索取报酬，这样，我的经济状况十分拮据。后来情况出现转机，父亲要求我作为律师，帮他解决一个十分重要的问题。我不知道原因，几乎从我出生，从来没听说过那些问题。我知道父亲大约有 800 公顷土地，他几个庄园中的一个处于他的好朋友唐菲德尔·皮诺·桑托斯名下。那是该地区最好的土地。唐菲德尔还是个与父亲有关系的银行家，向父亲放贷。如果父亲有需要，就向他借钱，支付利息。我觉得利息不像美国银行那样高，但是，如果我没记错的话，父亲支付的利息是 8%，而一般是 10%。唐菲德尔已经是国会议员。我认为，当时父亲已经加入古巴国籍，尽管最终还是西班牙人，他总是有某种恐惧感，复杂情结。

卡秋斯卡·布兰科：是的，司令，您父亲于 1941 年加入古巴籍。当时他在古巴生活了近 42 年，经个人辛勤努力，生意兴隆，但是自 1933 年，其最值钱的资产，马纳加斯庄园处于唐菲德尔·皮诺·桑托斯名下。唐安赫尔不得不转让给皮诺·桑托斯，1923年和1924年，他是皮诺·桑托斯的债务人，欠其一笔年利为8%～10%的贷款。1924年，唐安赫尔与沃纳糖业公司签订为期20年的合同，沃纳糖业公司是米兰达糖厂的产权所有者，而唐安赫尔是该糖厂的垦殖农。当时据说是朋友间的一种绅士式的合同，而生活证明确实是这样，尽管在比兰，众所周知唐安赫尔是地产的绝对所有者。

菲德尔·卡斯特罗·鲁斯：父亲对租赁和自己拥有产权的10000多公顷土地进行垦殖，一些地产产权属几个人地产主，他们是独立战争的参加者。这些老战士与唐安赫尔达成交易，但是若干年后，交易对方成为老战士们的后代。另外很长时间里，父亲开发广袤松林和马雅里山区的木材。当我小时候，老人在自己和租赁的土地上经营牧群和甘蔗种植田，管理着自己的和租赁的11000公顷土地。

那些土地四邻是美国大地产：有联合果品公司、马尔卡内糖业公司、沃纳糖业公司（米兰达国家糖业庄园的产权所有者）。这些公司拥有大量土地，以十分严格的体制进行管理，在甘蔗收割季节雇用劳动力，在糖季之外的农闲季节，使用很少雇工干农活，雇工们便陷入生活困境。受糖业公司包围的父亲的土地，包括自己的也包括租赁的土地，这时便成为吸引人的去处，周围很多人便来寻找活计或以赊贷方式在商店买东西。美国企业以现金方式进行支付，从不允许向任何人赊贷分文。

另外，大的跨国公司的管理者生活在那里，他们并不是主人，是十分严格的雇员，十分严谨的管理者。产权者是那些股份持有者，或不知道什么人。如果一位雇工找管理者索取什么东西，他们不能借给他分文，因为没有社会用途的资金。

但是有父亲在比兰，他是各种资产的所有者，又是管理者，雇工和农民们前来找他，寻求帮助。那些人无法去纽约，求见联合果品公司或阿尔塔格拉西亚糖业公司的股份持有者，向他们请求在商店里进行赊贷。但是父亲并不住在纽约，在这里可以找到他，人们可以与他交谈，请求他给他们工作。尽管父亲并不十分需要这些人干活，仍会为他们找工作，或在商店给他们赊贷。实际上，对那些向父亲伸出乞求之手的人，他从未让他们空手而归。父亲为人慷慨慈善，同情那些人的遭遇。尽管他是资本家，拥护资本主义，他认为事情不能改善，是政府之过。

在这种情况下，父亲也需要贷款。尽管收入不少，但开支也很大。有两种原因造成父亲欠债：一是他的朋友唐菲德尔·皮诺·桑托斯的政治运动。父亲当然支持唐菲德尔，也就是说，从唐菲德尔那里借钱，支付为他开展政治运动的部分开支，还支付这种债务的利息；这并不是唐菲德尔给父亲钱，而是出于他们之间的交情，父亲向他借钱用于他的政治运动。二是社会状况。父亲必须给那些劳动者活干，或借钱给他们，与此同时，又需要付出大量商品。当然，父亲也借出或借入资金。这样就欠下债务，而这位唐菲德尔·皮诺·桑托斯先生就是银行。

什么是这些债务的担保？就是父亲的庄园，当然庄园的价值要远远大于债务。这种状况十分特殊：一切都基于信任关系，父亲对朋友有无限信任，而朋友表面上对他同样友好；父亲求他贷款、借贷，任何事情，他都痛快答应。我甚至认为，而且事实证明，他在考虑怎样欺骗父亲。事实是，这人病倒，患肝病住院了，在那里待了一段时间。曾一度认为是肝癌。但是，好吧，住院了，动手术了，不知道是胆囊或什么其他问题，因为那时候不做肝手术。

这大概是 1950 年或 1951 年，唐菲德尔的身体状况不断恶化。后来再次住院，生命垂危。父亲的庄园处于唐菲德尔名下，并没有抵押，没有任何文书或受到保障。这样，如果他去世，父亲最值钱的东西就会成为泡影，因为唯一的保障就是唐菲德尔的好意或友情。这是个敏感的问题，因为他是父亲一生之交，生命垂危。在这种情况下，产权问题必须做出安排。

当时，我时常到比兰去住段时间，甚至我从美国回来后，就住在父母家里。

卡秋斯卡·布兰科：是的，司令，在比兰，人们记得您在拉帕洛玛家里做短暂逗留。您父亲修建了那栋宅子，以便您结婚后，大学毕业后住在那里。

菲德尔·卡斯特罗·鲁斯：我有时回家，记不清住多长时间，但是我在家里住段时间，并不给家里带来很大经济开支，这是可以想象的。有些细节米尔塔可能记得更准确。

卡秋斯卡·布兰科：2007 年 6 月，我访问西班牙时，与米尔塔交谈过。她很和蔼可亲，十分高兴回忆起您的父母。我们甚至谈到传记《雪松时代》。

菲德尔·卡斯特罗·鲁斯：好吧，那次我回家探亲，父亲委托我解决这一问题。我是律师，有权并有威望这样做，与此同时，我代表着父亲的利益。事务主要是策略性的。我应该处理这一状况，说服唐菲德尔，鉴于他身体的敏感状况，需要在现实基础上，把庄园恢复到我父亲名下。

这种事情总是有些敏感。也就是说，任务并不容易，不能忽视唐菲德尔的身体状况。由于两家之间的关系，他本应该在家里接待我，却住在医院里，我不得不到医院去探望他，与他交谈，提出问题，解释公正、合乎逻辑的理由。我了解形势，那不是提出抉择的最好环境，但是，由于对父亲、对我全家而言，这是十分严重、至关重要的问题，有必要从他身体状况的现实出发，从已持续多年的情况出发，解决问题。

  毫无疑问，我说服他了。问题并不棘手。他说对情况很理解，我是正确的，完全有道理，他在医院里发出指示解决问题，甚至为此赋予我权力，因为因其身体状况，不能亲力亲为。我不得不处理更多事务，因为这意味着要支付债务，我必须去筹措资金。我现在不记得多少债务数额，关于这些，应该有一些存档文件。我以父亲的名义，办理了所有这些事务。

卡秋斯卡·布兰科：是的，司令，文件仍然存在。根据1951年7月20日的买卖公证书，您的父亲收复了庄园，自把庄园转交给皮诺·桑托斯用于支付贷款之日起，整整过了18年。在古巴圣地亚哥城的公证事务存档中，我们找到了文件原件。

菲德尔·卡斯特罗·鲁斯：我很快动身，奔赴圣地亚哥，后来去其他地方。我记得在很短时间处理了此事。

  父亲是美国大企业米兰达糖厂的甘蔗供应者。他不仅供应在自己田地生产的甘蔗，而且包括在租赁田里生产的产品。每个糖季供应300万或400万阿罗瓦[1]甘蔗，具体数字我记不清了。拉蒙有

---

1 阿罗瓦（arroba），古巴使用的计量单位，1阿罗瓦约合11.5公斤。——译注

很准确的数字。

卡秋斯卡·布兰科：根据每年的气候、播种和收成情况，甘蔗供应量有所浮动。通过那个年代蔗糖生产年鉴的数字，我得知这一情况。在那里，有该庄园在某一时期的生产情况，在国家图书馆，还有一些数据。

菲德尔·卡斯特罗·鲁斯：我必须把数据变换成吨。我把最低数字300万阿罗瓦换算成吨，每年父亲至少供应3.5万吨甘蔗，这意味着每年用这批甘蔗生产5000吨蔗糖。父亲根据供货合同，向该糖厂供应的甘蔗数量十分可观。

米兰达公司加工自己生产的甘蔗，还处理其他地产主田里生产的甘蔗。那些糖厂十分渴望保持甘蔗供应，而父亲稳定地为他们提供原料。从这种情况出发，由于附近有3个重要的大企业，我们向上述公司提出要求，让他们为我们提供贷款，用父亲的土地做抵押。他们不能拒绝提供贷款，因为支付利息，还有其他标准要求。父亲申请5万比索，用于开支和其他事务。他寻找一家业务银行，支付商务账目，转账支票，申请贷款，但不必是一家大银行，因此，我们找到米兰达公司。

银行也可以提供贷款资金，但是最合乎逻辑的是向企业申请贷款，因为企业从自己的利益考虑，感兴趣解决其原料供应者的问题。父亲是供应者，最合乎逻辑的是他们答应提供贷款，他们果然这样做了。

必须履行所有手续，把庄园由唐菲德尔·皮诺·桑托斯名下转到父亲名下，同时签署抵押合同，付清欠唐菲德尔的债务。我出面处理了这一切事务。

美国企业向我父亲要求的是一般的贷款利息,并不高于父亲向皮诺·桑托斯支付的利率。

父亲高兴极了,十分满意我做出的所有安排,一切都完备无缺,于是给了我一笔钱。我记不清是 3000 比索,或近乎这个数额。对我来说,在那个年代,这是一笔巨大数目。父亲很自然地给了我这笔钱,我没有向他提出任何要求,也没有考虑我工作是为了让他给我钱,但是他却这样做了:噗!把钱给我了,我自然不会拒绝,因为我有自己的需要。

在那个时期,我还收回两笔资金。其中一笔钱是因为整理父亲的文件,发现当时签署开发木材的合同时,土地的产权所有者索取了一笔保障金,谁都没再记起这件事情。作为律师,我在整理这些文件时,发现有 2000 比索的贷款担保。所有生意都结束了,担保金却没有归还。于是,我要求父亲允许我收回这笔谁都没有考虑到的钱。父亲同意我的建议,并对我说,我收回这笔钱,可以归我自己。我没有收回所有数额,但是至少收回一半,有 1000 比索。

另一笔钱是这样:我乘窄轨火车,从家里去米兰达处理这些事务,沿途浏览窗外风情,由于我介入庄园事务,不断询问这些甘蔗种植园是谁的。回答令我感到十分奇怪,米兰达公司与垦殖农埃维亚的地界十分不正常。于是我找来地图。父亲有埃维亚所有土地的地图,因为那些土地由他租赁。我发现美国米兰达跨国公司耕种了埃维亚的土地,埃维亚是独立时期老战士的后代。

我在地图上发觉这件事后,便带着所有文件,四处搜寻 15 年间生产多少甘蔗的信息,以便了解美国跨国公司欠那个地产主多少债务。我获得了那些年的必要信息,估算出应该付给土地主人的资金数额，还使他收回至少 70、80 或 100 公顷土地。这部分土地面积并不是很大，但是却证明 15 年来收割的甘蔗至少需要支付 1.7 万比索。另外，还要承认土地的产权，以及今后可以获得的收益。

那块土地属于两个家庭，我带着收集到的资料，与遗产继承者中的一方在哈瓦那会面，给他带去文件。以无可辩驳的方式向他证明，这是毫无疑义的。他们可收益 15000 多比索。我认为，他们至少可以给我涉案金额的三分之一。因这一发现，应该给我些报酬。这并不是一场我参与其中的纠纷，而是由我发现的。但是，他们是那么吝啬，仅给我 2000 比索，也许是 2500 比索，这还不包括收回土地的收益。只是总金额的 1/10 强，另外，事实上，我还付出很大努力收回这笔钱。其中一个家庭首先兑现支付，但是我记得却让我等了很久，最后才给我支付。

出租土地的地产主们做了笔圆满的交易，因为没有纠纷，只是向美国企业出具材料，对方就承认了一切，进行了支付，无须诉诸法庭。

这些运作，一方面，给我带来 3000 比索收入，另有一笔近 1000 比索；另一方面，还有从大地产主收到的 2000 比索。加在一起，在较短时间内，我获得共约 6000 比索进账，据此，我在 23 号街租了一个新办公处。搬到那里，有了更好的条件。办公室位于第三层，租金稍贵些，但条件更好些，因为作为律师，需要有个办公地点。

在此之前的阶段，当我们住在 3 号和 2 号大街之间时，劳尔把家里给他寄的钱也拿出来。我们把钱凑在一起，4 个人挤在那里。劳尔与我们住在一起，那时正是我们经济拮据的时候。

我毕业后获得的那笔收入，如果换算成当时的美元的话，价值应该高出几倍，因为当时比索与美元等值，古巴处于严重危机之中。

当时，我买了一辆米色的雪佛兰轿车。我确实需要开车节省时间，处理各种事务。那是辆新车，但是车型很普通，以分期付款方式购买的。我为这花去 2000 多或 3000 比索，也可能更多些；但我需要支付的是保险费和月供。我记不清是多少费用，合同规定先支付首付，剩余部分分几年支付。我记得月供应该是 60 比索左右。

我通过分期付款获得了汽车、条件更好的公寓和一些钱，当然钱我尽量储蓄起来。我偿还了债主的各种债务：在后来建起的里维拉饭店附近，我们最早居住的房子对面的肉铺的欠账，甚至还有餐馆的欠账。

卡秋斯卡·布兰科：是名字叫作弗雷恩马尔的餐馆吗？每当我经过那里，都可看到建筑墙上的招牌。

菲德尔·卡斯特罗·鲁斯：拐过寓所街角的那个小餐馆的名字就叫弗雷恩马尔。是个不错的餐馆。我记得那里制作甜火腿，做得很精美。还有蒜汁大虾，两种精美的菜。那里供应很多可口的饭菜，我经常光顾那里，餐馆老板是我的朋友，也给我赊贷。

在经济方面，我有了这笔业务收入，获得喘息。在那个时期，我签订了广播广告时间合同，宣传我的信息，开支也增加了。我必须每月支付。最初仅为 15 分钟，后来扩大到一个小时。支付费用 200 比索，包括写广播稿用的信封和纸张的费用，这没有持续多长时间。后来，在我维持电台广播时间段的最后几个月，广播电台对我开办的节目产生兴趣，因为这样可以吸引听众。

这些是我的基本开支：房子租金、食品，还有广播电台费用、信封和信函邮寄费用。其中，不包括必须支付的海报和汽车燃料等。

我们所提到的各项重要经营收入加在一起，能够弥补毕业后最初各个方面的个人开销，以及开展十分紧张的活动。这种状况一直延续到 1952 年 3 月 10 日政变发生，我并没有感受到经济拮据，后来，却经历了经济匮乏的压力。

有些有经济支付能力的人到阿斯皮亚索、拉森德和我 3 个博士于 1950 年在特哈迪略 57 号开办的律师事务所来。但并不是所有来者都是有支付能力的人，例如拉佩鲁萨地区的居民。该地区位于现在的革命广场，他们受到从公寓或居住区的驱赶，大部分是这种人，也有其他人例外。我不知道某天提供辩护之后，是否能够拿到 1000 比索。有时候是刑事案件，为不幸的人提供辩护，当事人如果愿意，会给些报酬，如果没有能力，便无分文支付。这样无法解决任何问题，都是些微不足道的报酬。

1951 年底，我大部分的开支用于纸张和信封以及一个小时的电台广播时间，这延续了几个月，大致是五六个月，花费大约 1000 比索。

另外，我还有房产主和商人们的贷款，有停车场费，商店费用，房租……所有人都给我提供赊贷，他们以为在政治运动过后，我可以偿还他们，因为我在竞选古巴人民党（正统党）的国会议员，是卡约乌埃索区的代表。我命运挺好，人们给予我信任。

在那个时期，我不知疲倦地工作。开展调查，揭露真正党的第二届总统卡洛斯·普里奥政府末期的腐败行为。为此，必须花钱到皮纳尔德尔里约去，花 5 比索租赁一架飞机，带我去拍摄非法的地产和生意，还要支付我使用的一部摄像机的债务。当然，我不用支付雇员费用，因为所有支持我的朋友都是志愿者，其中包括雷内·罗德里格斯。

后来,3月10日政变后的日子来临,从经济角度讲,十分艰难,非常艰难,大概是最艰难的时期。在政变之后的日子里,我身无分文,被迫几次搬家,住到朋友家,直到后来,同伴们把我变成职业革命者,因为阿韦尔和蒙塔内支付我的食品、汽车和房租费用。

卡秋斯卡·布兰科:那个阶段您的生活一定十分艰辛,您可能会记起童年艰苦的生活。尽管如此,您的运气从来没有改变过?

菲德尔·卡斯特罗·鲁斯:确实有机会,但是我忽略了,我给你解释一下什么原因。我总是在对自己说,在那段时间,法学专业毕业后,什么是我最令人敬佩的态度?在我经济十分匮乏、工作那么繁忙之时,什么是我做的最令人佩服的事情?最令人敬佩的事情发生在唐菲德尔·皮诺·桑托斯去世的时候。他是百万富翁,他的资产估计在800万比索。发生什么事情了?父亲的这位朋友很久以前丧妻,与一位圣地亚哥的黑白混血女人生活在一起,唐菲德尔让她成为一家药店的产权主,他们住在一起,未婚同居,常到我家来做客。实际上,从他成为鳏夫后,那个女人照料他多年。根据我的记忆,当时我在多洛雷斯学校读书。他大概是在1938年左右丧妻,我们现在谈的大致是1950年或1951年。他们在一起生活了10～12年,过着夫妻生活。

卡秋斯卡·布兰科:菲德尔·皮诺·桑托斯于1937年12月丧妻,但是唐安赫尔到朋友家吊唁是1938年初,他利用这次拜访,把您和姐姐安赫莉塔带到马丁·马索拉家去。在那次机会中,您在多洛雷斯学校注册入学。

菲德尔·卡斯特罗·鲁斯： 唐菲德尔·皮诺·桑托斯去世后，那位女士安娜·罗萨·桑切斯有权继承可以运作的财产，也就是说，获得唐菲德尔在最后12年间获得的一半财产。在纠纷中，根据我学过的民事法和家庭法，根据相关婚姻案，她有权获得去世的百万富翁可运作的财产。世间最容易的方法就是证明12年间他们在一起生活。

当时，那位女士要求我为她打官司，做她的律师。那确实是个大生意，是一场只要提交诉讼便可打赢的官司。就像我说过的，唐菲德尔去世时，大致有金钱、不动产和抵押财产等800万比索。在这一数额中，属于她的部分大约有150万比索，也可能更多。

安娜·罗萨夫人认识我，因为在他们结合后的12年中，经常光顾我在比兰的家。唐菲德尔拜访我们，我们也到他家走访，保持着友好关系，我的父亲更是如此。如果我接手纠纷案，只要出庭摆出案宗，便可获胜。在诉讼案未了结之前，遗产不得分割。最有可能的是达成庭外和解，在最不起眼的情况下，在寡妇应得的部分中，如果只给我区区10%的话，我就会获得10万比索的收入，而且仅需要搜集必要的材料而已。

我赢得了接手的所有其他纠纷案，无须走上法庭。我所做的首先是近乎策略性的工作。我虽然物质需要极其紧迫，还是对这位夫人说，出于道德原因，我不能接手她的案子，因为涉案家庭，唐菲德尔·皮诺·桑托斯的子女是我们的熟人，从小就保持着友好关系。就是说，无论是与唐菲德尔·皮诺·桑托斯第一次婚姻的子女，还是与其第二个妻子，我们都保持着友好关系。我十分厌恶作为律师介入一场家庭纠纷，不能仅仅因为这场官司对我十分重要，可以解决我所有的问题而接手此案。尽管我需要那笔钱，我更加感兴趣政治、革命和道德，坦率地说,那笔钱可以解决我的所有家庭问题,但是由于有所顾忌和觉悟问题,如果我从小认识他们,既认识这些人,又认识那些人,我认为突然介入家庭纠纷是不妥当的。

我现在仍不知道那场纠纷是如何解决的,也不想知道结果。在那一关键时期,从解决家里的事务,到3月10日发生政变,我有机会轻而易举地获得这笔高额收入。但是,由于我面对金钱的平静心态,对金钱的奥林匹克式的不在乎,我予以拒绝了。如果今天我遇到同样的情况,仍然不会介入冲突,而是采取策略方式寻求达成安排,解决办法,但是决不会作为某一方的律师进行介入。

分析那个时期我的生活,可以说我问心无愧,因为我付出劳动了。我是青年人,活跃,充满活力,生活在一个以金钱为重的社会中,却没有被任何物质利益驱使。如果有人问我,在那个时期什么是我最大的品德,我要说就是这些。

我认为,唐菲德尔的一个子女后来拿走了我父亲将要送给我的钻石戒指。我哥哥拉蒙知道这件事,因为老人临去世前,告诉拉蒙了。

另外,1950~1951年,以及1952年头几个月,我认为,尽管存在为律师服务支付丰厚报酬的传统,但自己以崇高和无私精神履行了律师职业。有时候,出于同一种原因,拥有一位懂法律的智者,这并不是下层人所能炫耀的。

我经常不顾及任何经济目的,而出于维护正义,或为没有钱财的人、为被剥夺公正权利的人打官司。

回忆起那个年代,我记得从未让意外甚至令人吃惊的事实从我生活中溜掉。在特哈迪略律师事务所,我处理过重大案子。在其中的一个案子中,我进行自我辩护。那涉及西恩富戈斯学生反对普里奥政府的示威游行，当时，奥雷利亚诺·桑切斯·阿兰戈任教育部长，丧失了他以前持有的进步和革命立场。关于这个十分有影响力的人物，存在很大争议。后来，他和奇瓦斯之间的辩论导致后者丢掉性命。奥雷利亚诺是个动辄动武的人，在普里奥时期，他已经很危险。奥雷利亚诺因其弱点和所犯错误，对普里奥执政期间人们的遇害事件都难辞其咎。特别是由于普遍化的腐败现象，曾是革命者的人当政后变成了百万富翁。

大概也是 1950 年，我刚从律师专业毕业，应学生之邀，到西恩富戈斯参加一场重要活动。

卡秋斯卡·布兰科：根据哈瓦那律师协会证书注册登记簿第 79 卷第 6 册，您于 1950 年 11 月 10 日加入该协会，同月，(在西恩富戈斯的《通讯》上)发表了一封有您签名的《控诉书》，信中指出："我们大学生们是应学院同学们的邀请而来到西恩富戈斯的，为了在一场活动中发表讲话。众所周知，这场活动的召集符合所有法律要求，唯一目的就是对教育部长现在表现出的蛮横态度表示严正抗议。昨天，他对二年级的教师和教授们表现出这种令人发指的态度。"1950 年 11 月 12 日星期日，事件发生在国家南部的这一城市。

菲德尔·卡斯特罗·鲁斯：是的，我到西恩富戈斯去，目的是帮助他们维护权利。我们到达该城市当天晚上，就被逮捕，并在十分可疑的时间，被从警察局带出来，我觉得是凌晨，把我们从西恩富戈斯带到圣克拉拉，走过好多公里的路，走的是一条荒僻黑暗的小路。

这没有什么可奇怪的：一位上尉军官，或警察或乡警，收到屠杀命令。在当时，真正党政府屠杀工人和政治领导人司空见惯，逮捕我们的那位上尉臭名昭著，善于干这种勾当。

　　事情有可能是这样：政府向上尉或进行镇压的任何其他人发出指令，让他们考虑履行逃跑法的义务。这在当时并不是奇特事例，在古巴，逃跑法是一种针对政治犯的程序。

　　大学生联合会的学生领导人恩里克·贝纳维德斯·桑托斯也参加了西恩富戈斯的那次活动。他记得我们被以不寻常的方式进行转移，确实有人为我们担心，跟踪押送我们的汽车，在关键时刻，出面说情。在那次事件中，我们面临十分严重的危险。

卡秋斯卡·布兰科：是的，1989年贝纳维德斯在接受记者阿尔多·伊西德隆采访时叙述说，11月13日凌晨，根据转移你们的命令，两对乡警来到关押犯人的监狱。他说你们做出反抗，受到枪托的击打并被戴上手铐，带出监牢。乡警们把你们押上车，在另一辆车的护卫下，向不明方向开去。车开了20分钟，在一个群山环绕的地方停下来。乡警们企图把你们赶下车，但是你们拒绝下车，用脚踹，用胳膊肘和拳头进行反抗。在扭打过程中，远处射来汽车灯光，几秒钟后，一辆汽车停在旁边。有人从车上下来，气急败坏地问道："这些小伙子们怎么了？"他是西恩富戈斯的议会主席，害怕你们有生命危险，从城市跟踪到这里。贝纳维德斯还记得，凌晨4点你们回抵圣克拉拉，再次被关入狱。3个小时之后，愤怒人群赶来，高呼要求释放省监狱被关押者。他们不断呼喊："释放他们！释放他们！"在学生和人民的战斗动员下，在爱德华多·奇瓦斯的揭露下，普里奥政府被迫颁布临时释放令。

　　在回到哈瓦那后，你们并没有对遭遇感到恐惧，签署了一项号召

11月27日举行全国学生抗议活动的号召书。拉斯比利亚斯紧急法庭决定，于12月14日就西恩富戈斯事件进行口头审判。

菲德尔·卡斯特罗·鲁斯： 那是我第一次在法庭上进行自我辩护，审判在圣克拉拉的紧急法庭上进行。因此，当我在蒙卡达审判出庭时，我就早已是自己的律师了。在圣克拉拉，我第一次进行自我辩护。幸运的是我获得成功，最后被予以释放。

卡秋斯卡·布兰科： 贝纳维德斯记得你们乘坐的是火车，您几乎没有睡觉，因为几个小时都在阅读何塞·马蒂。

我与贝尼托·贝萨达进行交谈，他是您大学的同学，审判过程中做贝纳维德斯的律师。贝尼托于2005年9月16日去世，在他去世前夕，我们偶然在电话中进行交谈，他清楚记得那天的事情。你们几乎在凌晨抵达，大概是清晨6点，抵达他在圣克拉拉的家。后来不久，他到市政府了解审判程序，制定辩护战略。他回来后，您在打盹，在胸部写着埃米尔·左拉的名言：我控诉！

您的自我辩护给贝尼托留下深刻印象，实际上，从一开始您履行自己的职能，向证人们发问时起，自我辩护就成为深刻的揭露。他回忆道，当让您作自我辩护时，您站起身，略作停顿，充满力量，满怀激情地提到古巴所遭受的弊端，政权犯下的所有罪孽，这使得审判毫无疑问地充满紧张气氛，旁听者们认真聆听，受到震撼。所有人一致认为，从来没有发生过这种情况，也不相信有人会以这种方式进行陈述，这绝对十分新颖。当法官们退席商议时，您对他说："我们会有什么命运，这没关系，贝尼托，必须把真实情况讲出来。"最后，贝纳维德斯和您被宣布无罪。

利他主义行为，首次自我辩护，法国式的揭露，站在胡斯塔一边，种族兄弟情

这样，也可以说，司令，在蒙卡达审判很久之前，您就从被指控者成为指控者，您不这样认为吗？

菲德尔·卡斯特罗·鲁斯：是的，经历了多少种环境啊！对吧？人们会进行思考，评估怎样一点一滴地书写历史。在我所参与的事件中，我还记得在哈瓦那法庭的一次审判，我记得也是在紧急法庭，为受到普里奥政府指控的阿曼多·阿特[1]和一个被捕的大学生小组进行辩护。我为穷苦人进行过各种辩护。当有严重的土地问题，力图把人们驱逐走时，我是他们的代表，与他们进行交谈，组织政治动员，进行揭露。把这提升到政治层面，公共层面；不见得采取传统方式，即司法方式。不再采取严格的法律方式来保护人们，因为从法律角度讲，他们有可能被赶出去，或被驱逐，这同时是滥用权力，这是一种非人道的行为，不公正的行为。

在我为从家居寓所或庄园中被驱逐的人进行的各种辩护中，最突出的案例是为一个十分贫贱的城区进行辩护。该案涉及几千人，1000个或2000个家庭。该区位于现在的何塞·马蒂纪念碑、革命宫、革命广场和国家剧院一带，是拉佩鲁萨和其他地区。从萨帕塔街一端开始，沿着宽阔的大街，居住着生活在贫民区的几千个家庭，普里奥政府力图把他们赶走。

这是一种丰厚的交易。政府在购置土地，但还缺乏那个地区20

---

[1] 阿曼多·阿特（Armando Hart，1930～），古巴革命者、教育家、思想家。就读哈瓦那大学，学生运动领导人之一。曾加入正统党，1955年参与组织"七·二六运动"，成为领导成员之一。1957年被巴蒂斯塔独裁政府逮捕入狱，后越狱逃亡，任"七·二六运动"协调员。1958年1月再次被捕入狱，直至1959年初革命胜利。革命胜利后，先后任教育部长（1959-1965）、文化部长（1976-1997），古共中央政治局委员、人大代表、国务委员等要职，现任古共中央委员、国务委员、古巴马蒂计划办公室主任等职。——译注

或 30 公顷的地段，那里居住着这些穷人。该地段价值几百万比索，因为是实现城市化的地区。政府通过施加压力，以 25 比索的价格，近乎赶走那里的住户。

公共工程部的代表与那里的住户聚集在哈瓦那老城区，马上就要签署驱逐协议，我赶到了，说："谁也不要签，我们来看看。"斗争就这样开始了。我说道："好吧，我们并不反对在这里修建建筑，但是必须为每个家庭修建一个居所。"所有那些人都明白了。我与学生和劳动者组织集会。大学生联合会支持我们，一些广播电台也是如此。所有这些造成动荡。这并不是一种正式的纠纷。也就是说，我在维护居民，但是有时候使用的不是法律方式，而是通过公共渠道揭露滥用权力的行径。当然，在法庭上，也处理过不同的案件。但是所有的社会问题和政治问题，我都从政治的角度加以解决：进行揭露，动员民众，争取支持。在我所接手的各种案件中，毫无疑问，最重要的就是这一例。

卡秋斯卡·布兰科：我知道，当时您还引导律师事务所，在中央公共服务局，对强大的古巴电话公司展开调查。这牵涉到政府向该公司提供的租让，为非作歹行为包括允许它向用户多收费用。该公司诉诸最高法院特别法律法庭和管理争议庭，使用很多手腕，得以拖延法律进程。该起诉讼案直到 1954 年才得以披露，当时，您被关押在松树岛，因此无法出庭。根据您的决定，佩拉约·奎尔沃·纳瓦罗博士与阿斯皮亚索代替您出庭，几年以后，阿斯皮亚索为那段历史作证。他还提供细节，证明判决有利于用户，但是从未付诸实施。巴蒂斯塔独裁政权远未尊重司法判决，1957 年 3 月 14 日，在于 13 日发动攻打总统府之后，卑鄙地戏弄人民，颁布一项法令，提高了价格。在此前一天，突然杀害了现已不大为人熟悉的正统党人佩拉约·奎尔沃博士，我想什么时候，在我们的谈话中，您介绍一下他。

我还了解到，在政变前不久，您作为指控方的律师，为被镇压警察杀害的青年人卡洛斯·罗德里格斯的母亲提出申诉。我读了当时的报道和消息，以及卡洛斯的母亲胡斯塔的证词，她因儿子遭受粗暴攻击遇害而忍受钻心的痛苦。她没能及时赶到拯救儿子，因为她没有足够的钱购买儿子需要的药品而耽搁了时间，当她赶到时，为时已晚。我没有忘记当时公布的令人震撼的记述。这也是一个重要案例，不是吗？

菲德尔·卡斯特罗·鲁斯：是的，正是这样。我指控警察摩托化部队的首领和一位十分残暴的中尉。

好吧，有些提交法庭的案子很重要，因为我不仅提供辩护，而且也提出指控。在我对那个警察中尉和一位司令提出指控的过程中，我得以将他们纳入程序，要求判其谋杀罪30年徒刑。我作为律师从事很多这种活动，发起运动，进行揭露。

我保留的那个时代的一份报纸报道，律师菲德尔·卡斯特罗·鲁斯博士在卡洛斯·罗德里格斯遇害案中，指控拉斐尔·卡萨尔斯司令和陆军中尉萨拉斯·卡尼萨雷斯……

我已经抓住他们，提出指控，进行审判；他们不得不提出保释，临时假释。

当1952年3月10日政变发生时，我指控的那位摩托化部队的中尉，我要求判其30年监禁。参与巴蒂斯塔阴谋的人被任命为全国警察首领，占据最重要职务之一。另一个人是司令，也是一路高升，获得十分重要的职位。中尉跃升为将军和警察首领。我险些把这些人送进监狱。

针对军人,也就是说军官、杀人和策动袭击的警察,我就是发动这种类型的战争,不知疲倦地开展活动,为媒体撰写无数文章和报道加以揭露。

另一份报纸报道希望我作为起诉律师,参与电影制片工人法维奥·佩尼亚尔韦尔·加西亚遇害案件。

那个年代的一份报纸的题目指出:"菲德尔·卡斯特罗·鲁斯参加由圣克里斯托瓦尔庄园穷苦人邻居斗争委员会组织的抗议活动,反对公共工程部长命令的驱逐行动。"在3月10日政变前夕,我开足马力,不断进行揭露,点燃烈火。

1952年3月10日政变发生后,佩拉约·奎尔沃与阿斯皮亚索进行合作,保卫拉佩鲁萨的居民们。佩拉约是参议员,杰出的正统党创始成员,颇具政治威望,十分勇敢,我曾看到他与奇瓦斯一起参加被警察镇压的示威活动。在奇瓦斯遇害和巴蒂斯塔发动政变后,他继续从反对派角度,开展政治活动。当时,我身处马埃斯特腊山脉的加拉加斯山,与一伙战士在一起,从广播电台听到攻打总统府和何塞·安东尼奥·埃切韦里亚遇害的消息。残暴警察逮捕并卑鄙地杀害了佩拉约,报复他作为正统党领袖开展反对巴蒂斯塔暴政的政治活动。

卡秋斯卡·布兰科:回顾大学最后那几年和从事职业的最初岁月,我发现您身处抗议和揭露各种社会非正义现象的剧烈漩涡,还建议创建和积极参与大学反种族歧视斗争委员会,例如,根据当时的证言,黑人被禁止进入大学游泳池，该委员会开展斗争，结果，黑人可以同白人一样进入游泳池。我记得在该委员会创建前不久，1949年4月4日，胡斯托·富恩特斯·克拉韦尔遇害，您认为这也是种族主义罪行吗？

菲德尔·卡斯特罗·鲁斯：胡斯托·富恩特斯·克拉韦尔是一位大学生，大学某个学院的学生会主席，我记不清是否是牙医学院。他个子很高，身材修长，黑肤色，十分贫穷，他能上大学因为是哈瓦那人。他与我们一起开展反对普里奥的斗争。

我确实属于反对种族歧视斗争委员会，一直与他们和反对种族偏见的人站在一起。

我记得有一天，胡斯托和我沿着第23号大街、拉兰帕街走着，我们想进入一个保龄球馆，这时，一个保镖模样的家伙说："不行，不能进入。""为什么不能进去？"我们问道。他回答说："没有地方，人满了。"于是我们走了，胡斯托对我说："这是因为我，没有地方这是谎话，因为我是黑人。"那是个娱乐场所，我几次从那里路过，从未发现这种事情。

此后不久，胡斯托遇害了，我认为这是对他实施的报复行为。在学生领袖中，大概挑选他了，因为他是黑人。有人应该死，他被选中了。

在欧非拉事件之后，埃米利奥·特罗的同伴们认为，他们的使命就是进行复仇，对杀害他的人伸张正义，进行宣战。暴力呈螺旋式上升状态。我认为由于他们政治上的无知，把革命与伸张正义的思想混淆起来。但令我不可思议的是，普里奥政府为了中立化他们，维持秩序，把他们所有人召集来，发放酬劳和赏赐政府职位，以此息事宁人。在政府的控制下，事态就这样趋于平息。最后，当事情结束后，我向他们发起战斗，揭露所有人，包括革命起义联合会的人。

卡秋斯卡·布兰科：司令，前不久，我阅读1949年11月13日的《波希米亚》杂志，该杂志在第78页和79页刊登消息说，由马斯费雷尔领导的匪徒组织，革命社会主义运动的枪手们宣判您的死刑。该杂志报道，奥尔兰多·莱昂·莱穆斯（赤喉猴）的警察刺客们搜查了该组织的窝点，发现的文件宣布，他们判处很多对手死刑，其中，两次出现菲德尔·卡斯特罗·鲁斯的名字。我现在记起来了，因为我们提到胡斯托·富恩特斯·克拉韦尔，我记得第二次出现您的名字是他们讨论要暗杀当时哪些最有名的学生领导人的时候，那是破坏稳定计划的组成部分，因为"环境太平静了"。根据吉特拉斯革命行动组织的成员、后来成为MSR的成员的鲁文·埃尔南德斯的证词，在会议上，马斯费雷尔再次建议杀掉您，当时提到两个可能暗杀对象的名字：您和胡斯托·富恩特斯·克拉韦尔，他是大学生联合会的副主席，革命起义联合会的成员，所有迹象表明，由于种族因素，他们选中了胡斯托。

影像

图片．留存文件．风景．记忆中的面孔和时刻．杂志和报纸摄影记者．研究角度的艺术家．流动或临时摄影师捕捉的时空．形象中的生活．记忆和历史

唐安赫尔·卡斯特罗·阿希斯和丽娜·鲁斯·冈萨雷斯在比兰的家。他们所有子女都出生在这里。照片摄于1926年初。

西班牙加利西亚阿尔梅阿德阿里瓦的圣佩德罗的家。卡斯特罗家族在这里居住200多年,唐安赫尔·卡斯特罗·阿希斯的父亲唐曼努埃尔·德卡斯特罗·努涅斯出生在这里。

安赫尔·卡斯特罗·阿希斯在西班牙加利西亚兰卡拉的出生地

位于比兰的安赫尔与丽娜故居（重新修复）

比兰的雷亚尔路

比兰邮局。在邮局旁边的小房子，居住着厨师曼努埃尔·加西亚。后来，在同一地点，修建了叫作拉帕洛玛的住宅，即安赫尔和丽娜的第二个居所。照片中是电报员佩德罗·博特略和通讯主任胡安·索卡拉斯。

拉帕洛玛居所正面照,1954年卡斯特罗·鲁斯一家迁居至此。

哈瓦那加西亚中心成员身份证主页,证件持有者是唐安赫尔·卡斯特罗·阿希斯,文件颁发于1909年。

唐安赫尔·卡斯特罗在比兰

丽娜和安赫尔合影。照片背面有题词:"怀着亲切之情,将您忠诚朋友的照片送给您。安赫尔·卡斯特罗和丽娜,1925年7月8日,于古巴比兰"。

丽娜·鲁斯,1925年。

丽娜。题词为:"送给我亲爱的朋友帕西阿诺和胡利娅。你们永远的朋友,丽娜德卡斯特罗,1926年4月10日,于比兰"。如果题词日期与摄影师摄影时间相吻合,离菲德尔出生仅相差大约4个月。

赠送给朋友胡利娅·阿尔瓦雷斯·费尔南德斯的照片。签名为:"丽娜德卡斯特罗,1929年2月1日,于古巴比兰"。

安赫莉塔·卡斯特罗。照片背面有题词:"亲爱的朋友胡利娅,怀着亲切之情,送给你我女儿安赫莉塔这张照片,要知道她很爱你。丽娜德卡斯特罗"。

拉蒙·卡斯特罗。安赫尔和丽娜·鲁斯送给朋友帕西阿诺和胡利娅的照片。

菲德尔。摄于1周岁6个月,在比兰的家,着正装。1928年4月16日拍摄。几年后,为证实照片的真实性,菲德尔在照片背面留下签名。照片发表于1955年7月3日的《波希米亚》杂志。

菲德尔，摄于2周岁。

菲德尔，摄于3周岁。头抹发蜡，衣服上浆，手拿书本，双眼紧盯魔幻般的照相机镜头。1929年拍摄。

菲德尔与姐姐安赫莉塔、哥哥拉蒙合影。1929年摄于比兰。

比兰第十五农村混读小学外景

菲德尔曾就读的比兰农村小学教室

比兰农村小学学生注册登记簿复印件。菲德尔列97位,时年6岁。

唐安赫尔·卡斯特罗拥有产权的铁路运输车厢,用于连接与米兰达糖厂的交通运输。

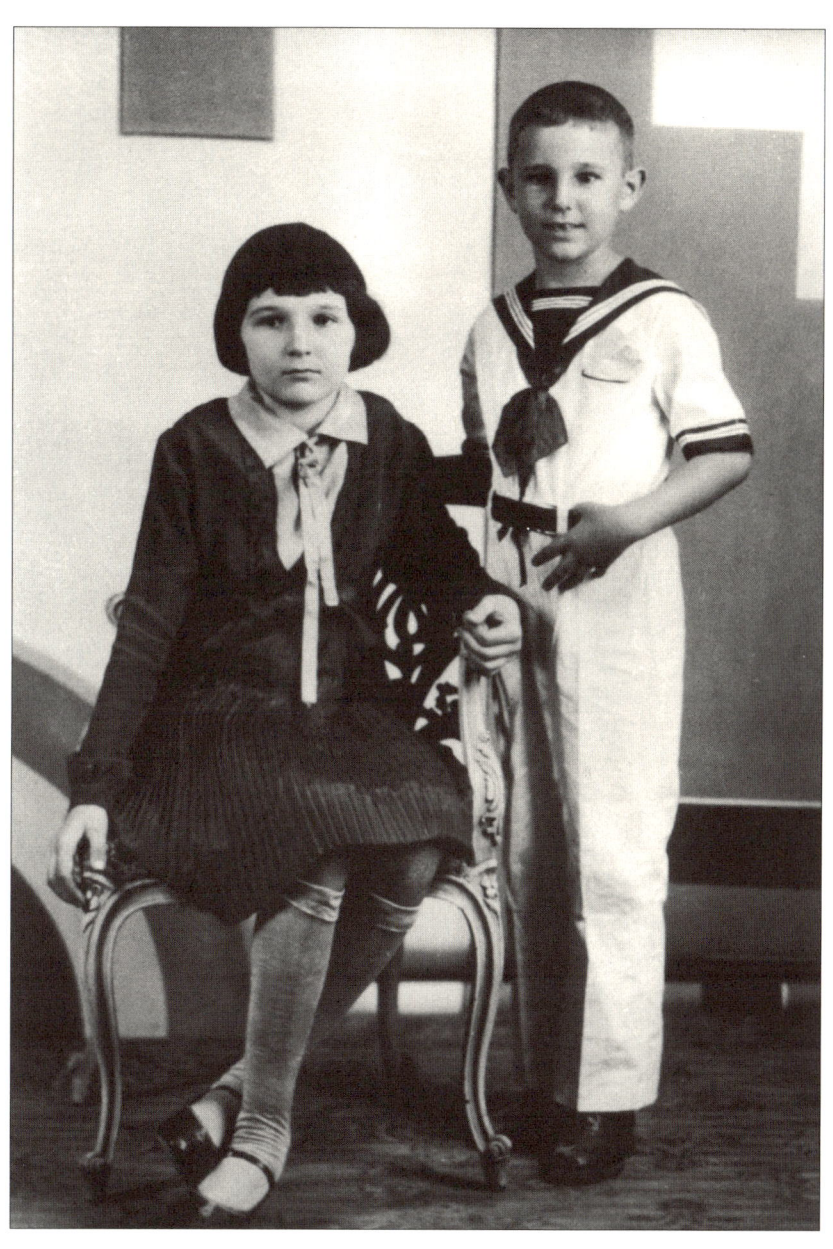

菲德尔,7岁,与姐姐安赫莉塔合影,当时,他们在古巴圣地亚哥上学。

菲德尔,位于右侧,8岁,与姐姐安赫莉塔和哥哥拉蒙合影。摄于1934年,古巴圣地亚哥。

自左至右,拉蒙·卡斯特罗、克里斯托瓦尔·博里斯和菲德尔·卡斯特罗,坐者为劳尔·卡斯特罗。摄于在古巴圣地亚哥拉萨列学校学习时期。

爱玛·卡斯特罗·鲁斯。照片背后有题词:"赠送给亲爱的玛丽亚·胡利娅·鲁斯姑姑。爱你的侄女爱玛·卡斯特罗,周岁照"。

丽娜和她的女儿爱玛和阿古斯蒂妮塔

1936／1937学年拉萨列学校学生合影。菲德尔位于第一站立排,自左至右第六位,位于弟弟劳尔身后,拉蒙位于坐排自左至右第一位。

摄于拉索卡帕海滩,该海滩位于塞韦拉海军司令与美国军队海战遗址。

拉萨列学校学生自该校野营度假村返回伦特半岛拉阿拉梅达码头。劳尔位于人群最高处,手举贝雷帽。拉蒙在劳尔右边第三位。菲德尔位于最右端,在头戴帽檐上翘帽子的儿童前面,挥手致意。

摄于拉索卡帕海滩拉萨列学校度假村

摄于伦特拉萨列学校后花园。自左至右：劳尔、克里斯托瓦尔·博里斯、学院院长莱昂·马里、菲德尔、克里斯托瓦尔·博里斯的父亲和拉蒙。

菲德尔进行篮球练习。根据安赫莉塔证言,菲德尔在照片背后写道:"投篮命中"。

菲德尔骑着坐骑"白脸驹"。拉蒙在马鞍后面做下蹲姿势。摄于1937年12月假期。

6岁的劳尔·卡斯特罗,摄于1937年古巴圣地亚哥。

7岁的劳尔·卡斯特罗,在比兰世俗-军人学校就读。

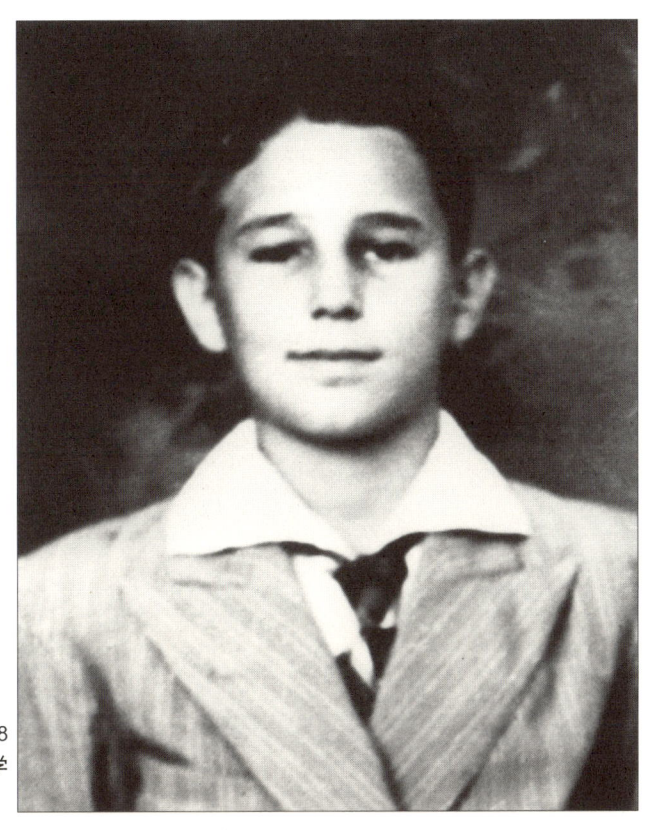

11岁的菲德尔。1938年入学多洛雷斯学校学生证照片。

1938年野游合影。菲德尔自右至左第三位,呈双脚叉开姿势,直视镜头,面带微笑。

1938年，贝尼托·萨尔盖罗修士与多洛雷斯学校学生野游。

1940年在恰科莫诺野游时在多洛雷斯学校校车前合影。菲德尔位于中央，一条裤腿卷到膝盖；拉蒙位于最左边，坐在地上，头戴草帽；劳尔位于穿工装裤学生旁边，也坐在地上。

1939~1940学年，在多洛雷斯学校屋顶平台上，左侧为菲德尔。

1940年在多洛雷斯学校学习时，在古巴圣地亚哥湾泛舟。菲德尔呈站姿，劳尔在划桨。

1939~1940学年，菲德尔与同学和老师贝尼托·多明格斯·索托神父合影，位于前排自左至右第二位。当时，他13岁，进入多洛雷斯学校接受中等教育。

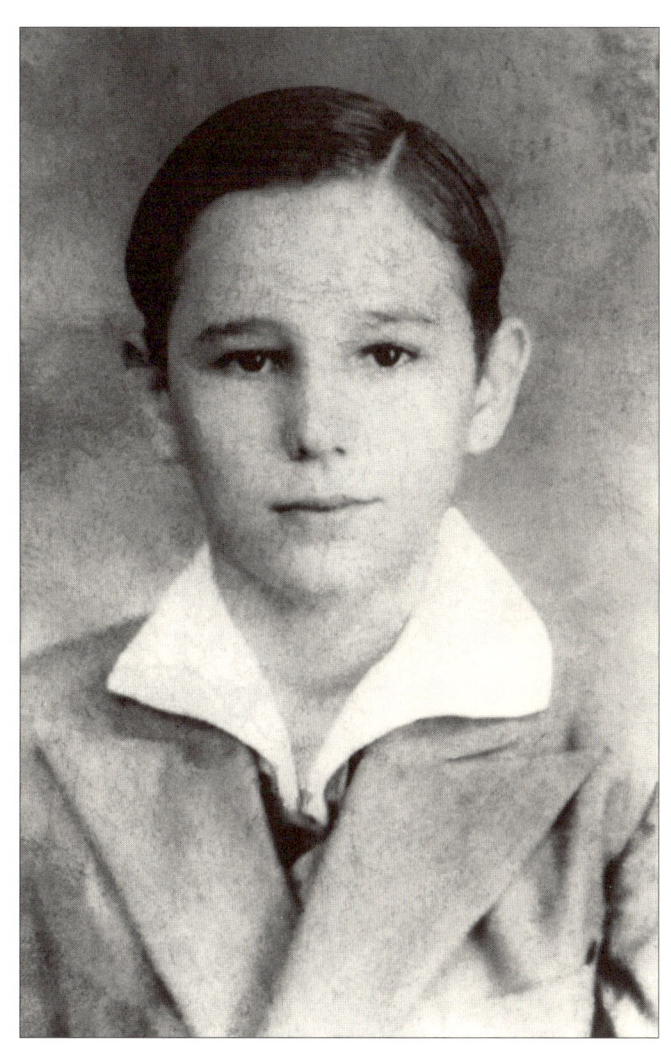

13岁的菲德尔，接受中等教育时的留影。

1939~1940学年,在多洛雷斯学校,菲德尔与几个学生合影。他位于最右侧。学校数学老师,阿斯图里亚斯人,何塞·马里亚·帕塔克神父拍摄。

摄于多洛雷斯学校庭院,菲德尔位于最下排螺旋梯旁,自左至右第一位。

1940～1941学年,自左至右,菲德尔、劳尔和拉蒙,身穿多洛雷斯学校校服。

摄于1940年古巴圣地亚哥姐姐莉迪娅家。站立者：菲德尔、安赫莉塔和拉蒙；蹲坐者：劳尔、莉迪娅和胡安妮塔。

多洛雷斯学校鼓乐队在古巴圣地亚哥沿街列队表演。菲德尔为小鼓手，走在鼓乐队指挥后面。

1939～1940学年，菲德尔和吉列尔莫·马丁内斯·阿拉勇（番石榴），身穿童子军服装，摄于多洛雷斯学校。

12岁的劳尔，1943年寒假摄于比兰。

17岁的菲德尔,1943年12月度假时在比兰狩猎。

菲德尔与多洛雷斯学校排球队队员合影,手持学校队旗。位于右侧第一位。

1941~1942学年菲德尔学生证照片

17岁的菲德尔,1943~1944学年,贝达多第二中等教育学校档案照片,用于学院注册申请表和美洲足球大西洋联赛成员注册申请表。

菲德尔,左起第一位。哈瓦那贝林学校学生,1943年赴皮纳德尔里奥的索罗阿野游。

1943年贝林学校16岁以下径赛运动队成员合影。菲德尔位于第四排,左边第一位。

1943年贝林学校足球队合影。菲德尔位于站立排,自右至左第五位,位靠足球队领队何塞·巴尔韦托神父。

1943~1944学年,在皮纳德尔里奥埃尔番德瓜哈翁野游中,菲德尔与贝林学校两位探险者合影。他位于最左边。

1943年11月27日,菲德尔与同学在哈瓦那中央公园何塞·马蒂纪念碑前合影。他位于左侧第一位。

1943年12月圣诞假期前夕，贝林学校学生合影。菲德尔位于第三排，自左至右第二位。

1943~1944学年，17岁的菲德尔在贝林学校篮球场上。

1944~1945学年，哈瓦那第二中等教育学校申请注册表上菲德尔的照片。时年18岁，摄于1944年10月20日。

1944~1945学年，历史课小组讨论。菲德尔位于中央右侧，身穿深色衬衫。其左侧是安赫尔·费尔南德斯·巴莱拉博士。

1944~1945学年,贝林学校棒球队合影。菲德尔位于站立排,自左至右第五位。

贝林学校篮球队合影,球队获全国冠军。菲德尔位于站立排,自左至右第四位。

1944~1945学年，在各个学校田径比赛中，菲德尔获得800米赛跑第一名。摄于贝林学校。

1945年6月，贝林学校预科学生毕业典礼。菲德尔在母亲丽娜陪同下出席仪式。

丽娜身穿盛装,参加菲德尔预科毕业典礼。

贝林杂志《回声》发表的菲德尔照片,1945年摄于哈瓦那。

1945年9月29日,哈瓦那第二中等教育学校为菲德尔颁发的语言预科毕业证书。

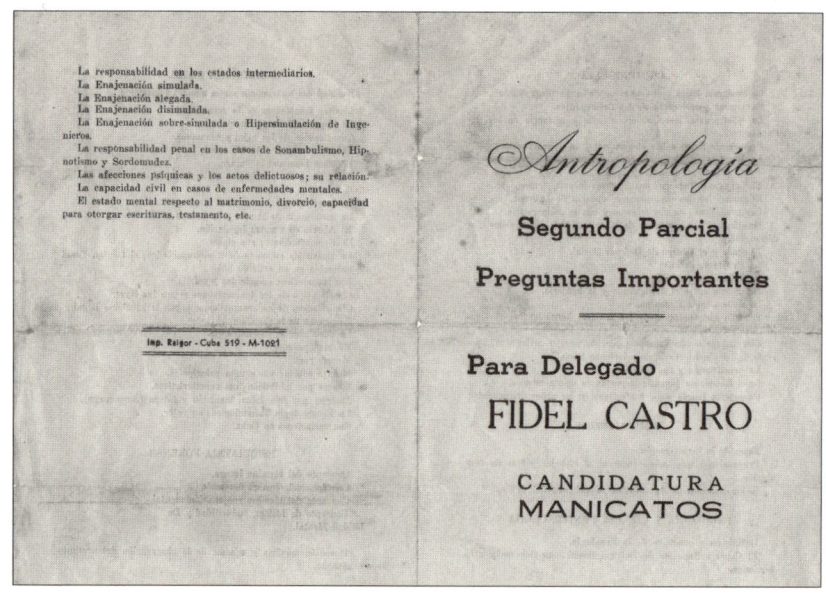

在哈瓦那大学法学院,菲德尔向同学们提供的司法人类学阶段考试成绩证书复印件,用以在该课程课代表竞选中争取同学们的支持。

1946～1947学年,菲德尔20岁时就读于法学院二年级。照片背后有菲德尔的马雅里字体签名,并附有1946年9月12日日期签章。

根据国务委员会历史事务办公室档案记录,这是菲德尔在大学校园之外的学生斗争中发表讲话最早的照片。时年20岁,就读于1946~1947学年,法学专业二年级。

1947年1月18日菲德尔驾照申请表上的照片

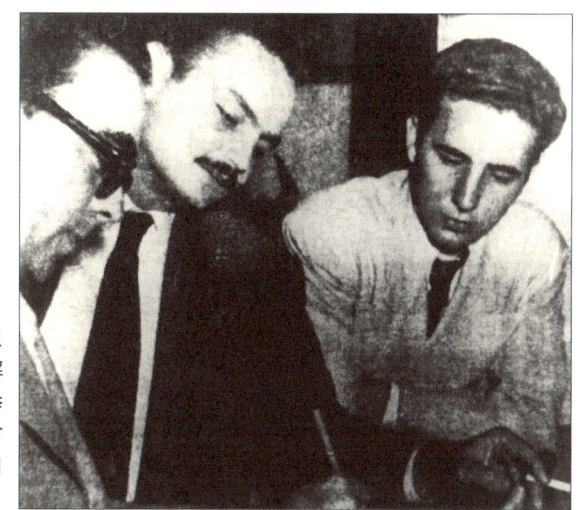

菲德尔和学生领袖温贝托·鲁伊斯·莱罗向记者解释大学生联合会主席选举中达成的冲突解决方案。方案发表于1947年6月5日《自由日报》。

1947年10月10日,在总统府对面,就卡洛斯·马丁内斯·洪科遇害事件,菲德尔在学生抗议集会上发表演说。

作为卡约孔非特斯远征战士,在阿乌罗拉舰船上。菲德尔位于左侧第一位。照片刊登于1947年11月30日《波希米亚》杂志。

菲德尔在比兰。背景为出生地家里的地下室和储水罐。1990年11月,拉蒙·卡斯特罗·鲁斯证明,此照片由他摄于1947年10月,菲德尔自卡约孔非特斯远征归来后。

丽娜和安赫尔在比兰

1947年11月3日,菲德尔护送拉德马哈瓜挂钟乘火车抵达哈瓦那。

1947年11月6日,在揭露挂钟失窃集会上菲德尔发表演讲。

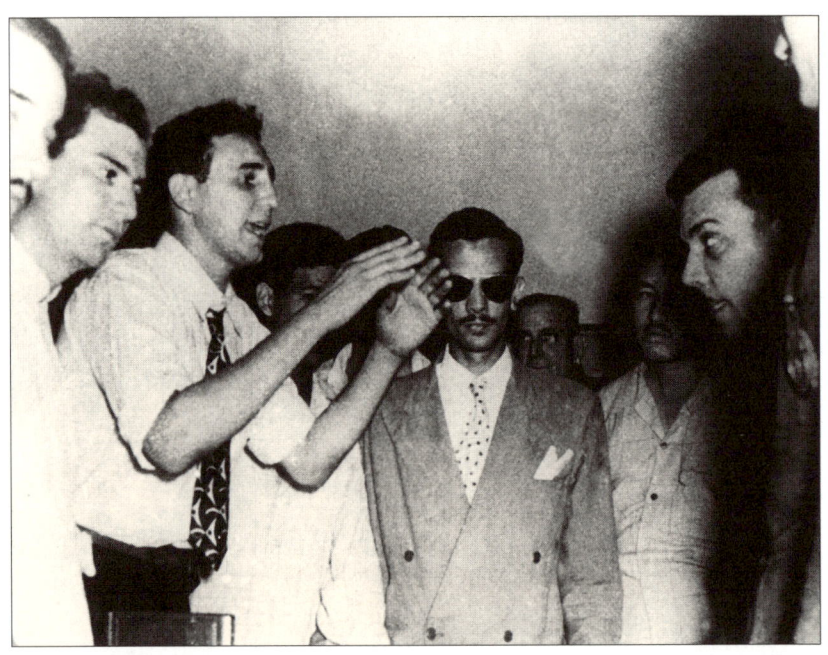

菲德尔强烈谴责盗窃拉德马哈瓜挂钟的行为。

菲德尔与其他几位大学领袖因虚假指控被捕入狱,后来被无罪释放。为配合指控,他的敌人罗兰多·马斯费雷尔于1948年2月27日在《人民报》上发表此照片。

1948年4月,菲德尔在哥伦比亚波哥大。

1948年4月9日，在哥伦比亚波哥大，因自由派领袖豪尔赫·埃利塞尔·盖坦遇害爆发人民起义。菲德尔在起义中心地区的一条大街上。菲德尔位于最靠近镜头的位置，另外两人中，一位是恩里克·奥瓦雷斯，还有一位是出席大学生大会的墨西哥代表。

1948年5月4日，菲德尔申请再注册表的照片。

1948年7月21日，菲德尔申请护照档案中使用的照片。

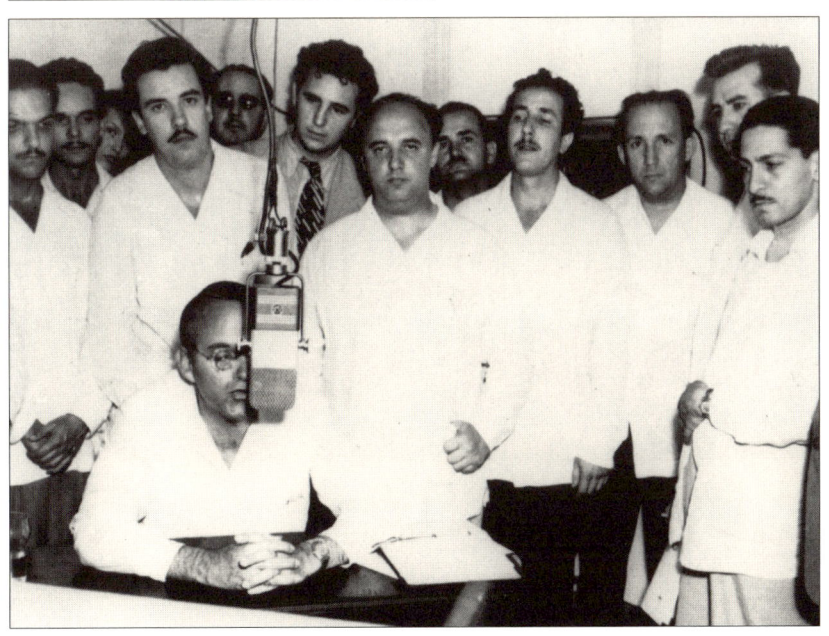

1948年，菲德尔认真聆听正统党领袖埃德华多·奇瓦斯的讲话。

1948年10月12日,菲德尔与米尔塔在巴尼斯教堂举行宗教婚礼。

大学反对种族歧视斗争委员会成员合影。菲德尔为领导班子成员。照片摄于1949年3月13日。

菲德尔与法学院学生在一起

反对种族歧视斗争的参加者们。照片摄于1949年3月13日,哈瓦那大学校门台阶。

1950年10月13日哈瓦那大学为菲德尔·亚历杭德罗·卡斯特罗·鲁斯颁发的博士证书

1950年11月1日,在圣拉萨罗大街,哈瓦那大学校门台阶对面,菲德尔与警察总监基里诺·乌里亚·洛佩斯将军进行辩论。

反对生活匮乏斗争委员会合影。委员会由学生、青年职业者和工人组成，目的是反对黑市交易。照片于1951年6月12日发表于《警报》。

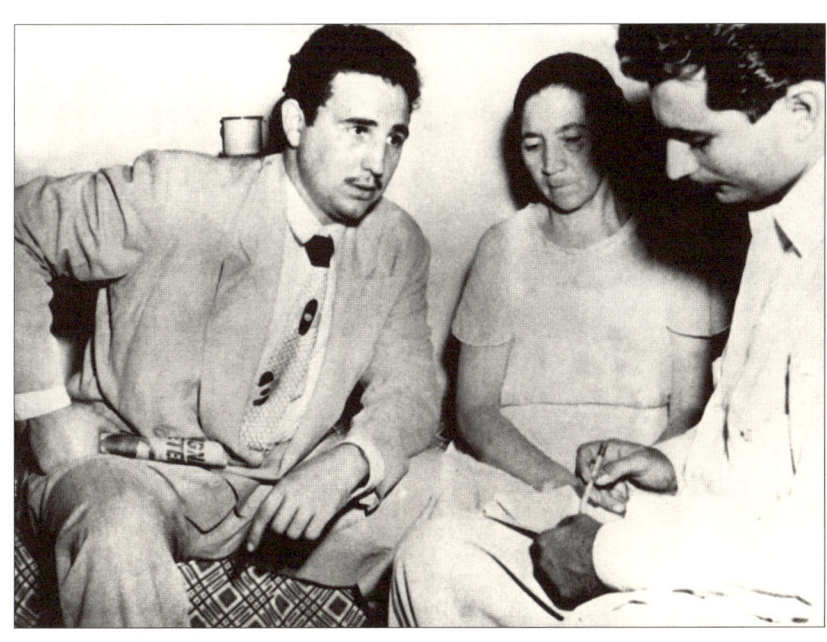

菲德尔陪伴遇害工人卡洛斯·罗德里格斯的母亲胡斯塔·罗德里格斯在记者招待会上发表声明。报道刊载于1951年9月16日《真理》报。

在1951年政治运动中,菲德尔代表正统党发表演说。照片摄于圣何塞德拉斯拉哈斯。

抗议公共工程部的集会。菲德尔谴责对圣克里斯托瓦尔庄园穷苦居民的驱逐,作为居民们的律师,对公共工程部提出指控。照片刊登于1952年1月21日《警报》。

在竞选集会上，菲德尔发表演说，为正统党竞选国会议员。

新 闻 出 版 广 电 总 局 " 中 古 经 典 互 译 出 版 项 目 "

献给
·
惊涛骇浪中我的亲爱的祖国古巴

献给
·
永不停歇的征程战士菲德尔

献给
·
我的孩子
伊莎贝尔、帕特里西亚和埃内斯托

FIDEL CASTRO RUZ
GUERRILLERO DEL TIEMPO
CONVERSACIONES CON EL LÍDER HISTÓRICO DE LA REVOLUCIÓN CUBANA

菲德尔·卡斯特罗·鲁斯
时代游击队员
——古巴革命历史领袖访谈录

(古巴)卡秋斯卡·布兰科·卡斯蒂涅拉 著　徐世澄 译

第一部 ★ 第二卷

人民日报出版社

目录

1
正统党党员与共产党人在一起·奇瓦斯像罗伯斯庇尔·"最后的一击"·巴蒂斯塔胆战心惊·帕尔多·利亚达和奇瓦斯的时刻·吉诃德和他的助手·想当众议员·革命战略·他的政治对手的兄弟·猜测会发生政变·确信与痛苦

2
巴蒂斯塔：政变·推断它，但又不能揭露它·武装斗争·消息·地下·"这不是一场革命，而是一场政变！"·拿起武器：这是唯一的道路·一无所有，独自面临对手

3
改变战略·政治阶层的惰性·阿韦尔和蒙塔内·迫害开始·普拉多大街109号·法律系青年们·在大学的训练·职业革命家·人民社会党书店里的书·瓜纳博庄园·最崇高的阿拉伯商人·安迪诺旅馆·应对的时刻

4
普拉多大街109号·同革命青年人的最初约会·困难的一天·失望·行动的准备·比兰·对拉蒙的请求·火炬游行·渗透到真正党内·在大学训练·加西亚·巴尔塞纳及其失败·进行革命·蒂索尔在武器商店·用海明威的猎枪射击·完美的行动

5
128

运送武器．劳尔的回忆．雷纳托·吉塔特：被挑选的人．计划采取行动．兵营的地形图．细节．秘密．从哈瓦那到圣地亚哥的旅行．特奥杜里奥·米歇尔．为革命献身

6
150

两块手表．在圣地亚哥的访问．蒙卡达：行动和不再进行偷袭．菲德尔独自在兵营．劳尔在历史上．继续在山上斗争．萨利亚中尉：思想是杀不掉的

7
178

平静的挑战．有荣誉感的军人．与劳尔的相会．很高尚的道德．马蒂的教导记心间．"判决我吧，没有关系，历史将宣判我无罪！"．通往松树岛监狱．孤独的开始和结束

8
202

思考《历史将宣判我无罪》．芒比和马克思主义的根源．说话的谨慎和实质．用柠檬汁写的信．共产党的支持．爱与痛苦的信件．面对巴蒂斯塔的抗议．孤立和无灯光．一生都给"七·二六"

9
232

学习是斗争．疑问．睡觉前的一个习惯．"人不可貌相，但我是穷人"．大赦．感激．到大岛的旅行．热烈的欢迎．重新确定战略和现实．对古巴的宣誓

10
258

墨西哥：历史和革命的目的地．沿着先驱者在美国的足迹．经济的拮据．圣塔罗萨庄园．阿尔贝托·巴约．埃尔夸特．我们窥探．武器．帐篷兼宿舍．好枪法．被捕．一位墨西哥当官的朋友．切的争论．墨西哥给我们的庇护

11
/296

劳尔的努力・死亡的危险・拉萨罗·卡德纳斯对菲德尔的姿态・兑现诺言・要不要进行革命・越过布拉沃河・同普里奥的会见・安赫尔的信任・在《波希米亚》杂志上的辩论・正统党的党员・反对巴蒂斯塔和特鲁希略・一场真正的革命・人和武器处于危险中・叛变・最后的时刻・启航・发给古巴的电报

12
/320

悲伤・告别・不安・离开图斯潘・冒着狂风暴雨的横渡・登陆—遇难・打散・F-47 轰炸机下的地狱・死亡还是成为旗帜・游击队・劳尔的日记・危险・西罗·弗里亚斯的痛苦・战斗・卡米洛・艰难的 4 月・进攻与反攻・胜利

影像
/363

图片・留存文件・风景・记忆中的面孔和时刻・杂志和报纸摄影记者・研究角度的艺术家・流动或临时摄影师捕捉的时空・形象中的生活・记忆和历史

正统党党员与共产党人在一起．奇瓦斯像罗伯斯庇尔．"最后的一击"．巴蒂斯塔胆战心惊．帕尔多·利亚达和奇瓦斯的时刻．吉诃德和他的助手．想当众议员．革命战略．他的政治对手的兄弟．猜测会发生政变．确信与痛苦

卡秋斯卡·布兰科：司令，在您毕业的时候，1949年9月成立了一个纪念拉斐尔·特雷霍委员会，目的是想恢复大学生联合会的权威。您从一开始就参加了该委员会。由于组成该委员会的成员大多是年轻的共产党员和激进左翼分子，因此，以恩里克·奥瓦雷斯为首的7名学生对他们进行猛烈攻击。在争论中，您警告说，如果成为共产党人有罪的话，那就得将梅利亚的像从烈士大厅里取下来。我之所以提及此事，是因为当时情况复杂，而您一方面同情共产党人，另一方面您又参加了正统党，而这对不了解我国历史的人来说，似乎是矛盾的。您能对此做一个解释吗？

菲德尔·卡斯特罗·鲁斯：9月30日成立的委员会主要是由共产党人组成，这充分说明我对马克思主义路线的革命态度。梅利亚与巴利尼奥一起创建了古巴共产党，他将马蒂的思想与马克思主义思想相结合。巴利尼奥曾是何塞·马蒂创建的革命党的党员。在古巴革命的队伍里，马蒂的思想与马克思主义思想没有发生过矛盾。我曾在麦卡锡主义和反共主义盛行的气氛中同共产党人一起进行斗争，但是，我喜欢保持我行动的自由，此外，我当时已经加入正统党，正统党得到人民的支持和同情。

我当时主张革命应该使人民群众参与，而共产党却处于孤立状态。共产党本来可以在青年中赢得更多的人，因为青年们都很诚实、具有牺牲精神、坚持不懈进行斗争。而共产党人训练有素、纪律严明、组织性强、表现出众。然而，发生的一些事件使共产党人处于孤立。成立多年的共产党在上世纪30年代和第二次世界大战时期经历了组成反法西斯人民阵线的进程。当时的国际政治形势，面临希特勒、墨索里尼和纳粹法西斯主义的威胁，号召全世界组成联盟，甚至美国和苏联都一起组成反法西斯阵线。在古巴，人民阵线意味着不同的政党组成联盟，其中包括巴蒂斯塔的党，这对社会条件产生影响，因为巴蒂斯塔政府是一个专制政府，一个腐败的政府。因此，这个由巴蒂斯塔与共产党组成的阵线使很多人存有疑心，因为人们仇恨巴蒂斯塔的腐败，他们不明白世界战略的理由，因为他们关注的重点是本国的问题。

卡秋斯卡·布兰科：司令，我的祖父是吉特拉斯派，他尊重古巴的共产党人，但是批评共产党与巴蒂斯塔结盟。

菲德尔·卡斯特罗·鲁斯：的确，人民阵线的政策使古巴的马克思主义政党付出了政治代价，因为公众舆论、人民阶层和许多年轻人不可能有足够的政治觉悟和能力，对所有当时发生的事件进行历史性的分析，因此，他们的反应是反对这一政策。

我认为，这一进程对大学生产生影响，同时有助于麦卡锡主义的反共运动。随着冷战的开始，反共运动得到加强，使共产党更加孤立，当时，对共产党的迫害更加加剧。从上世纪40年代冷战加剧时起，在真正党执政期间，特别是在普里奥政府时期，一些杰出的工会领导人、共产党人，诚实、富有战斗性和牺牲精神的人惨遭杀害。真正党政府想通过镇压手段，特别是对共产党人的镇压，来赢得美国的同情与支持。

我把共产党人视为烈士、牺牲品、原始的基督徒，因为他们遭到迫害和杀害。他们不屈不挠的坚定的反迫害、反罪行的斗争立场使我对他们表示同情。此外，我们在思想方面也接近。当我大学毕业时，在思想方面与他们已完全一致。没有人向我灌输这一思想，是我自己彻底地觉悟。我清楚地明白这是历史的需要。

共产党人是最优秀的工人干部，他们在工会中总是捍卫工人的利益，但是，在我们的社会里，他们是孤立的少数。我明白，在古巴的条件下，在帝国主义和资产阶级影响和统治下，革命不可能由陷入完全孤立的共产党一党来进行，这样做，在政治方面是没有可能性的。而正统党恰恰相反，它得到民众的支持，应该把民众引向革命的路上来。

在奇瓦斯去世前，我就这么想，当时我希望奇瓦斯的党会与体制发生矛盾，正统党能通过奇瓦斯这样富有战斗性的、诚实的、得到人民同情的领导人发挥历史性的作用。这不过是我的一种希望，因为奇瓦斯更像罗伯斯庇尔[1]，与腐败和国家的恶习格格不入。他的威信和权威已建立多年，毫无疑问，他对共产党抱有成见。当失望发生后，我们就进入国民生活的另一个阶段。人民不再对具有老的政治观点的领导人寄予幻想，也不再想拥有一个首领，一个头目，或一个公众舆论的主子。难以想象奇瓦斯会做出格劳所做的同样的事情，因为他们两人性格很不相同。如果奇瓦斯这位民众首领使民众感到失望的话，那么民众的立场将更加激进。所有的力量和阶层：农民、工人、其他劳动者、大学生、自由职业者和进步的中间阶层会投入一场真正的革命。

卡秋斯卡·布兰科：司令，我有幸认识正统党的创始成员帕斯托里塔·努涅斯，她曾同我谈到奇瓦斯，谈到当时的历史进程。奇瓦斯的人格魅力是如何形成的？他遇到了哪些挑战？您如何评价奇瓦斯？您对他曾寄予什么希望？

菲德尔·卡斯特罗·鲁斯：在很短的时间里发生了整个进程：1944年，格劳在大选中获胜，人民感到非常失望；奇瓦斯成为经常的谴责者；

---

[1] 马克西米连·佛朗索瓦·马里·伊西多·德·罗伯斯庇尔（Maximilien François Marie Isidore de Robespierre，1758～1794），法国杰出的资产阶级革命家，法国大革命时期雅各宾政权的领袖。他支持男性公民普选权、反对国王否决权、支持赋予犹太人民权、呼吁废除奴隶制和死刑、反对新闻审查。——译注

1950年举行局部选举；1952年举行总统选举。

1948～1950年间，正统党领导人奇瓦斯病了将近8个月，瘦了许多。他曾任参议员，1948年，他想竞选总统，因此，1948～1950年间他没有再担任国会议员。但是，1950年他再次代表哈瓦那竞选参议员。当时，哈瓦那市和哈瓦那省是一个行政单位，称为哈瓦那省。他本可以轻易地获胜，因为他名声好，又有许多同情者，他为人诚实，诚实是他一生的特点。他从未盗窃，从未利用公职发财。

我记得，大约在1950年4、5月间，当时我正在紧张地学习，我注意到国会的选举。当时并不是举行大选，而是补缺一名参议员的空缺席位。政府提名的候选人是比尔希略·佩雷斯，他是一名腐败的政客，曾是马查多独裁政府的拥护者，在马查多独裁政府里当过警察等差使。

1944～1950年间，古巴发生了一系列事件，格劳领导的真正党成为执政党，但党腐败变质，许多投机分子和钻营者加入该党。奇瓦斯的竞争者的名声并不好，也不是什么政治权威，他只是一名不道德的政客，根本不是奇瓦斯的对手。而协助奇瓦斯竞选的是哈瓦那正统党支部，这些人为人正派，其中有哈瓦那大学的教授、正统党优秀的干部和领导人，1948年正是他们没有签署协议，提名真正党另外一位候选人竞选总统。

然而，在补选议员的过程中，奇瓦斯出现了尴尬的局面。他每个星期天在电台有一小时的节目，在节目中，他常常抨击真正党候选人比尔希略·佩雷斯。在一次节目中，他指责比尔希略·佩雷斯在马查多时期曾与两个妓女有过绯闻。奇瓦斯对比尔希略·佩雷斯在马查多时期的丑闻进行了揭露，他直接引用了当时报纸上的报道，提及两名妇女的名字。结果如何？其中一名妇女是良家妇女，曾向警察告发丑闻，当时，她是令人尊敬的家庭主妇。

于是，奇瓦斯面临尴尬的、痛苦的局面，他的揭露被政府和媒体用来制造一场严重的政治危机。奇瓦斯被指控犯有诬告罪，利用丑闻使一个家庭蒙受冤屈……它们把奇瓦斯的疏忽说成是别有用心的诬告。于是，便开始把他作为靶子，对他发动攻击。以至于整个媒体，甚至包括一向对他友好的报刊，都抨击他。

情况变得越来越糟糕，客观上发生了不愉快的事情，但是，这并不是故意的，而是一时的疏忽大意，没有预料会出现这种后果。事情发生在1950年，说的是30年代的往事，已经过去了这么多年。奇瓦斯在辩论时习惯将多年前报刊上刊登的报道翻出来，连细节都不放过。但是，他触犯了敏感区，遇到了麻烦，公众舆论反应强烈。在选举前夕，所有的媒体都严厉责备他的指控，这引起了许多人的反响。

因此，竞选参议员变得困难重重。奇瓦斯差一点遭到失败，差一点从此告别自己的政治生涯。如果参议员竞选失败，就不可能再去竞选总统。

但是，哈瓦那市区的居民依然坚定地支持奇瓦斯，尽管他的政敌在其他地区赢得了许多选票，奇瓦斯在哈瓦那还是获得了多数票。他在哈瓦那农村地区的得票占少数，因为，在哈瓦那农村，其政敌大肆开展竞选活动。竞选十分激烈，直到选举当天，其政敌仍在就前述问题攻击奇瓦斯。但是最终，奇瓦斯还是获胜，他恢复了健康，继续进行战斗，开始竞选总统。

1950年竞选总统时，奇瓦斯揭露教育部长奥雷利亚诺·桑切斯·阿兰戈在危地马拉有一座豪宅，政府指责这是奇瓦斯对这位部长的污蔑和造谣，双方发生争论。政府方面要求奇瓦斯拿出证据来。奇瓦斯答应拿出证据，因为有人已经向他提供有关信息。但是，又发生与上次事件一样的情况。对方指责他："你是污蔑中伤者，是造谣者，你答应拿出证据，又拿不出来。出示证据！出示证据！"这使他再次陷入危机，在他做了最后一次自我辩解后，他朝自己腹部上开了一枪，几天后，他不治身亡。

卡秋斯卡·布兰科：于是，形势突然发生了变化？是吗？

菲德尔·卡斯特罗·鲁斯：的确，1951年8月，奇瓦斯自杀后，形势急转直下。奇瓦斯在电台《最后的一击》的演说中发出了号召，在争论中，他开枪自杀的殉道者事件在广大民众中的影响越来越大。奇瓦斯死得如此悲壮，事实上，他把执政的希望交给了他的党，因为从那一刻起，他的死在人民心中引起的激情，足以带来胜利。他留下了一笔财富，他将胜利留给了他的党，使他的党得到了许多诚实的政治家组成的光环。奇瓦斯牺牲了自己，使人民产生了犯错误的感觉。这产生了一种崭新的形势。

卡秋斯卡·布兰科：您还记得奇瓦斯去世的细节吗？有一张照片，使我想起当时的情景，照片上您正在聆听奇瓦斯的演讲，奇瓦斯正通过电台的话筒向听众发表演讲。我想，那天他的演讲一定使在场听众产生了巨大反响。

菲德尔·卡斯特罗·鲁斯：反响是巨大的。我当时正在场。我认为当时奇瓦斯一定感到十分压抑或者感到非常痛苦，否则他不会自杀。当时，我根据他使用的方式，就立刻猜想他一定希望以他自己的生命为代价引起民众的震惊。应该承认，他达到了他的目的。此外，他不得不隐瞒自己的意图，因为在电台播音室狭窄的空间里，他的座位前后，都挤满了人。根据他演讲的内容，他在最后开枪自杀。他随身携带着手枪，谁也没有觉察到。在他结束激动人心的演讲时，他朝自己的腹部开了枪。我不知道他腹部的子弹有多深，但是，他的伤势是很严重的。从第一时间起，他的状况就很危险。他的行动反响非常强烈，因为当时收听他演讲的有数百万人。我记得,当时人们感到出现了一片空白。这使全国感到震惊。当他死后,人们把他的灵柩带到哈瓦那大学。我设法让大家都去瞻仰他。所有的报刊和电台都派人去了,24小时全天做了报道。当时电台都干了些什么?大的电台都想方设法找人接受采访,但是,没有人愿意接受采访。我不得不接受国内电台不下12次还是15次的采访。我认为CMQ、CMKC和其他一些电台是主要的电台。当时,还没有电视台。

我发表了不同的、简短的、反对政府的讲话,我将奇瓦斯的死以及腐败归罪于政府。

从8月5日奇瓦斯住进医院到16日他去世,我一直关注奇瓦斯的伤情,并一直在进行煽动。

卡秋斯卡·布兰科:司令,我这里有几份您当时发表的关于奇瓦斯去世的声明:

奇瓦斯自我牺牲的英雄行为与伪君子们的邪恶和卑鄙行径形成了一个鲜明的对照。它仿佛是神话中的一个场景:从他圣洁的五脏六腑中流淌出鲜血来清洗古巴人对祖国严重的危害无动于衷的错误。奇瓦斯的伟大与他的对手的卑鄙无耻形成鲜明的对照。正如马蒂所说,有很多无耻的人,但也有许多有廉耻的人。无论是活着,还是死后,奇瓦斯都将继续是我们党的主席。无论是活着,还是死后,他都是我们的领袖,我们的旗帜,他将带领我们党继续夺取政权,带领我们朝向古巴的伟大目标和理想进军。

8月17日,在公墓,您发表声明说:"这是我国历史上最重要的一次悼念。这足以使共和国罪恶残酷的政府无耻的代言人惊恐万状。"

菲德尔·卡斯特罗·鲁斯：我记得很清楚当时我发表的声明。我的声明很短，有煽动性，表达了当时民众对一个腐败的、盗窃的政府的看法，正是由于政府的过失，迫使奇瓦斯这位廉洁的、诚实的领导人自我牺牲。我发表多次演讲，因为我意识到当时各大媒体都迫切想得到有关消息和看法。当时，还没有电视台，电台是主要的媒体，全国都处在震惊之中，我进行了煽动。我的声明引起了巨大反响。

我当时都干了些什么？我快速撰写我简短的声明，往往只有一段或几段话，但不是即兴的。我只讲5分钟，最多7分钟。我深感愤愤不平，全国人民都普遍感到十分愤怒。我的讲话有着一个革命的目的，因为我注意到当时在人民中间产生了巨大的震动，而军队和政府处于瘫痪和灰心丧气的状态。

奇瓦斯葬礼那天，许多民众聚集在第23号街哈瓦那大学台阶上下，我向正统党的领导人帕尔多·利亚达和埃米利奥·奥乔亚建议，不把奇瓦斯的灵柩直接抬到陵墓，而是带领参加葬礼的民众去总统府，占领总统府，推翻政府。但是，帕尔多·利亚达及其他领导人反对我的提议，他们感到害怕，他们认为我的提议是鲁莽的行为，他们感到吃惊。他们想按习惯做法行事：举行一次接一次的、无休止的选举，继续无用的周期，但是，仍远离现实十万八千里，幻想当选总统和获取其他的利益。

奇瓦斯真的赢得了民心，这在很大程度上，是由于他多年来，每个星期天晚上8点到8点半[1]在听众最多的CMQ电台做节目。这是

---

[1] 原文如此，此处卡斯特罗说奇瓦斯每星期天做半小时节目，与前面卡斯特罗所说每星期天做一小时节目有矛盾。——译注

他雷打不动的节目,这恰恰说明,在电视出现之前,在媒体中,电台要比报刊更有影响力、更有效。他从未缺席过。他以道义为基础,针砭时弊,揭露腐败、盗窃、滥用职权。他不进行说教,而是宣讲政治道义和政治价值,他不停地宣讲。

他拥有跟随他的广大的民众,但是他缺乏对国家形势的革命意识。在他的演讲中,把所有社会的坏事都归咎于执政者,但是,他没能看清社会制度是不幸和问题的根源。他揭露盗窃、腐败的官员、惯偷、恶习、任人唯亲、欺骗和说谎。

民众不清楚,社会制度是他们苦难的万恶之源,他们认为这一切是由于坏人和政府的恶行造成的,而不是制度和制度的因素。失业、贫困、剥削、没有土地的农民、孩子们不能上学、人们失去工作、病人看不起医生,所有这些社会的悲剧,民众都认为是由于执政者不作为,对资源管理不善,甚至盗窃资源所造成的。

我从现实中所领悟到的一件事,是民众中间存在一种巨大的误解,他们把制度所造成的后果全归咎于人。而我则深信,即使政府很廉洁,如果制度不变,社会形势依然不会好。

卡秋斯卡·布兰科:在奇瓦斯去世后,正统党领导是如何改组的?这是否也决定了党的路线?

菲德尔·卡斯特罗·鲁斯:是的。正统党确定罗贝托·阿格拉蒙特为党主席的候选人,阿格拉蒙特是一个心平气和、动作缓慢的人,不能做出果断决定的人。之所以选他为党主席候选人,是因为他是一位没有偷过东西的教授,是一位什么事都没有干过的人。他的优点是没有污点,从事他的大学教学,他所面临的是想同传统的势力,即主张搞政治交易的人结盟的政客们。推举他为党主席候选人，可以说是成功的。正统党提名埃米利奥·奥乔亚为党的副主席候选人，奥乔亚本来想当党主席的候选人。就这样，党开始了一个新的阶段。

在奇瓦斯去世后，一切都发生了真正的变化。此前，正统党是一个得到广大群众拥护的党，拥有巨大的政治资本。但是，除了在哈瓦那省外，几乎在其他所有的省，党的领导都已经在地主手里。在党的领导层里，帕尔多·利亚达也是党的喉舌，他每天两次，共1小时在电台做节目，一次在下午1点播放新闻和评论，另一次在晚上7点发表一个简短的社论。他的嗓门高昂、声如洪钟，他具有某些演戏的技能，善于撰写新闻、讽刺文章和吸引人的趣闻逸事。他在电台的节目以抨击格劳政府开始。年轻时，他接受过马克思主义教育，具有社会阶级的观点，尽管他的利益并不是为了广大民众。因此，他做的电台节目离他年轻时的马克思主义的想法相去甚远，但他还是有某些素养的人，因此，他开始成为民众事业的代言人。每当发生罢工，他总会出来说话。

他的新闻节目听众很多，所有遇到问题的人都可以到他的这个节目进行申诉：罢工的工人可提出要求；无论是司机、烟草工人还是其他行业的工人的罢工。他支持罢工，捍卫工人；他也反映中产阶级的诉求；同时，他也激烈批评政府的不道德和盗窃行为。

他是一位好的电台记者，他的嗓音好，表演能力强，他学过一点戏剧。他把马克思主义同一点戏剧、许多机会主义的野心融合在一起，逐渐出了名。他的电台节目成为听众最多的节目。

他接近奇瓦斯，接近正统党人，他看到正统党和运动是有希望的。我甚至认为，在1950年他竞选众议员时，他的得票率创纪录。在正统党内，在哈瓦那市，他获得了很多票，大约有 7.1 万张赞成票。我之所以与他建立关系，是因为我们大学生常常向他提供消息和控诉。

也就是说，奇瓦斯在电台做节目时所产生的新的现象，帕尔多·利亚达的节目也产生了同样的现象。奇瓦斯之所以这么出名，不仅是由于他的政策主张和他大学生时代所进行的反对马查多和巴蒂斯塔的斗争，而且是由于他在电台所做的节目。自从他利用电台这一大众媒体以来，有数百万听众聆听他每周一小时的节目。他不是今天发表一篇演说，然后，相隔 3 个月后再发表一篇演说，而是每星期天一个小时，他的节目知名度和听众很多，不仅在城市，而且在农村，甚至在山区都有听众。

当时，在古巴文盲很多，许多人不识字，没有文化，遇到许多各种各样的问题。无论在什么地方，只要有一台收音机，人们就习惯每星期天晚上 8 点聆听奇瓦斯的节目，因为奇瓦斯的节目有政治内容。

帕尔多·利亚达利用电台这一大众媒体所做的节目也产生了同样的现象，这是由于他的节目每天两次，再加上前面所述的他的特长和能力，他逐渐赢得了民众的信任。

当然，两人之间有很大的区别。奇瓦斯曾参加过大学生的斗争，进行过反对马查多和巴蒂斯塔的斗争，曾反对格劳多年。他立场坚定、始终不渝、毫不妥协、勇敢顽强。

帕尔多·利亚达不具备奇瓦斯这些品质和优点。他具有一些马克思主义知识，他知道社会分成对立的阶级和存在着截然对立的利益。作为记者，他的政治计划是往上爬，成为巨大利益和中间阶层的捍卫者。此外，他继承了奇瓦斯批评盗窃、腐败的政策，批评政府所采取的不得人心的措施。

他与奇瓦斯一样进行批评，但是，他是作为电台的记者和评论员提出批评的，他在上午节目中播出的社论，在下午再重播一次。帕尔多·利亚达不具备奇瓦斯所具备的任何优点，尤其是，他缺乏斗争的勇气。帕尔多·利亚达不具备奇瓦斯的品质，他野心勃勃，一心想当共和国总统。

我对这个人十分了解，他是一个投机分子，一个野心家和胆小鬼。但是，当奇瓦斯去世后，很自然地，正统党把奇瓦斯自杀身亡时所做的星期天的电台节目，交给帕尔多·利亚达去做，因为他当时很有名望和很受欢迎来做这一节目。

党的领导落在知识分子、教授和好人手中，但是，不能期望他们能进行一场革命。对党的未来的主席不能抱有希望。

卡秋斯卡·布兰科： 帕尔多·利亚达接手后，星期天的节目做得怎么样？

菲德尔·卡斯特罗·鲁斯： 奇瓦斯揭露巴蒂斯塔时，是穷追猛打，而帕尔多·利亚达不是。奇瓦斯无情和系统地抨击政府，也抨击巴蒂斯塔，因为巴蒂斯塔的回归带来风险。但是，在奇瓦斯去世后，帕尔多·利亚达接手了奇瓦斯原来星期天的节目，再也听不到对巴蒂斯塔的批评声，因为，他们两人曾经建立了某种关系，帕尔多·利亚达收到巴蒂斯塔的礼品和小恩小惠，他怕别人知道。巴蒂斯塔使帕尔多·利亚达免开尊口。

正因为这样，正统党一向以反对格劳和普里奥，同时也以反对和仇视巴蒂斯塔著称，但是，到后来，该党的发言人却不再抨击巴蒂斯塔了。

也可能是由于他害怕与巴蒂斯塔这么一个拥有各种手段、军事力量和影响的政客发生问题。这些也许是帕尔多·利亚达不敢攻击巴蒂斯塔的原因。

奇瓦斯开枪自杀前，他在电台演讲中说，必须避免让将军们回归政治，避免逃跑法和令人生厌的人再回来。但是，帕尔多·利亚达也从来不敢抨击马斯费雷尔，因为马斯费雷尔敢作敢为，是一个危险的、有争议的、富有进攻性的人物。帕尔多·利亚达不敢冒犯他，因为他还是普里奥的爪牙，武装集团的头目之一。他也不敢揭露充当政府同谋的其他匪帮和发起无政府和犯罪行动的任何组织。这些是帕尔多·利亚达成为正统党发言人之后的特征。

卡秋斯卡·布兰科：当时巴蒂斯塔在何处？在奇瓦斯去世前，巴蒂斯塔在古巴政治中构成真正的威胁或危险吗？有人预见到后来发生的事吗？我的印象是，当时他在暗处窥测，我说得对吗？

菲德尔·卡斯特罗·鲁斯：奇瓦斯在世时，巴蒂斯塔多少有些怕他，因为这位正统党的领袖犹如一条鞭子，不断地抽打他，责备他犯罪、杀人、偷盗和滥用职权。奇瓦斯在世时，巴蒂斯塔尊重他，不敢发动政变，因为将会是一场血腥的政变。巴蒂斯塔内心深处是一个谨慎小心、狡猾和胆小的投机分子。奇瓦斯把他视为危险的政治对手，奇瓦斯明白，巴蒂斯塔可能成为一个阴谋家，为了防止他搞阴谋，必须经常敲打他。

当不被揭露时，阴谋容易实施；反之，当有人敲打他们时，阴谋策划者受到惊吓，以为阴谋已被发现。这一点很重要，因为有助于确定我制定的整个战略，我的计划就是从那时候制订的。

奇瓦斯在世时，巴蒂斯塔不可能策划政变，我们也不能确定一个不考虑奇瓦斯的革命战略。必须等待时机，在夺取政权后，等待形势的自然进程。

正统党领袖去世后，巴蒂斯塔实施他的阴谋已经完全没有障碍。于是，我也开始制定我的战略。假如说，奇瓦斯是一个未知数，在他去世后，阿格拉蒙特、帕尔多·利亚达、埃米利奥·奥乔亚等这些人都不是当正统党领袖的料。我确信，这将是一场政治灾难，因为在一个迫切需要进行一场革命的国度里，正统党领导层这些人什么事都干不成。

卡秋斯卡·布兰科：您正是在那时候制定了革命战略的吗？

菲德尔·卡斯特罗·鲁斯：是的，我正是在那时候开始考虑革命夺取政权的战略。我很清楚，如这些人赢得大选，将是一场灾难，因为事实上，他们难以维持在党内的领导地位。我开始制定整个政治进程的战略，考虑到未来的阶段，我计划进入正统党的机构，作为党提名的议员候选人参加竞选，进入国会。我预见将会发生什么。然后，向国会提出正统党的革命纲领。

我破坏了党的纪律，提出了战略。根据宪法和其他法律，我打算提出一个类似蒙卡达纲领的纲领。我想把所有我后来在《历史将宣判我无罪》中所提出的重要问题作为法案向国会提出来，我相信，我在党内提出的这一计划将会成为革命群众的纲领。它在国会不可能通过，但是，它将成为动员所有社会和政治力量、所有武装行动力量推翻政府的纲领。

当人们大失所望时，我不会重复习惯的做法，即去建立一个新的党，另一个正统党。我自忖：当时机成熟时，必须将所有这些人都清除掉，夺取权力，但是必须依靠民众。因为在第二次失望之后，很难使民众相信某个政治领导人，相信某个新的政党，这将产生毁灭性的后果。

我的思想很明确，革命必须掌握政权，古巴革命不可能通过合法或立宪方法来进行。在很久前,在我成为马克思主义者前,我就对此深信不疑。这是我对这个头等重要问题的最早的革命思想,弄明白国家的作用,所有这些宪法的内容,弄清楚所有的障碍。

卡秋斯卡·布兰科:我从未忘记您的这句话:"……使我对此深信不疑的,不是某个理论,而是我多年的经历,我所亲身体验过的激动人心的经历。"司令,您能肯定,正是您的亲身经历使您制定了您的这一战略吗?

菲德尔·卡斯特罗·鲁斯:是的。我经历了1940年的立宪大会选举,我看到了巴蒂斯塔统率的武装部队和陆军扮演的镇压角色。我感到,政府所维持的军队,是滥用职权和违法乱纪的主要工具。因此,我很快就对军人和军队产生反感。因为我看到他们所犯下的倒行逆施。我看到他们的砍刀计划,他们用枪敲打民众和吓唬老百姓。我清楚地看到国家如何通过军队耀武扬威。

我感觉到,虽然巴蒂斯塔离开政府,但他依旧掌控军队,而格劳又管不了军队。

我当时不需要阅读列宁的著作就明白军队是国家政权的工具,用来对付民众,为最有钱有势的人效劳。一场革命必须解决军队问题。这就是我所亲身经历的现实。

到后来,我更好地明白,资本家和资产阶级的国家的实质是富人阶级、剥削阶级统治平民阶级的工具。这一切也使我更容易地明白列宁关于国家及其在社会中的作用,明白所谓代议制民主的实质是为统治阶级服务的专制制度。

我的亲身经历和所见所闻使我对这些事情有比较早的认识。

当后来发生政变时,我曾想分化军队。这个念头有些奇怪,因为当奇瓦斯去世时，我曾想占领总统府。当时军队曾出现士气低落，采取中间立场。因此，在夺权后，可以掌控军队的指挥权，可以做格劳政府和真正党政府没有做到的掌控军队的指挥权。必须控制军队才能改变它，使它为革命服务。基本的力量依然是人民、广大的民众能够夺取政权，在夺取政权后，可以采取所有的措施。

卡秋斯卡·布兰科：也许您会记得盖坦曾赢得哥伦比亚军队一些人的同情，因为他捍卫了科特斯中尉。您至少明白，如果有一项恰当的政策对待军人，崇高的愿望也会渗入军人心中。我再次想到您有过这样的经历，会有这种基本考虑。

菲德尔·卡斯特罗·鲁斯：的确如此。我曾经独自一人、手无寸铁反对政府，反对警察，反对镇压部队，反对雇佣的匪帮，反对准军事力量，反对敢死队；我参加过孔菲特斯小岛的行动，我甚至还参加了波哥大事件，这些经历使我成为一位乐观主义者，我相信，只要有人民支持，并拥有一定数量的武器，就可以战胜一支军队。如果您掌握一部分军队，如果您得到人民支持，您可以武装人民，此外，您有条件解决武装力量问题，并创建一支为人民服务的军队。

当时我是乐观主义者。我曾想：如果我们夺取政权，必须掌控一些具有某些特长的、某些军种的军官。他们与人民要打破以前的平衡。

当时我熟读有关革命的书籍，从关于法国大革命的书到布尔什维克革命，我也有过丰富的经历，我持乐观的态度，我相信当时在奇瓦斯去世后时，我们可以夺取政权，也可以巩固政权。

当我制定革命战略时，我对人民已很了解：我了解他们的心理，了解他们的愿望，了解他们的苦难。我还明白，人民将他们所受的苦难归咎于当局。人民具有阶级的本能，但还不具备阶级的觉悟，因此，不懂得社会的现象，不明白国家是为维持富人、地主、剥削者和外国垄断资本的统治而服务的。总之，我认识到，人民是在受苦受难。

只有一部分人民有阶级觉悟，小部分人民，他们是共产党人，共产党领导的工会的骨干，还有受他们影响的工人。但是，他们没有大众传播媒体，如电台、报刊，他们买不起书，看不起电影。在古巴有一部分人具有阶级觉悟，但是，广大的劳动群众缺乏政治修养，不了解所处的社会，也不明白政权和国家问题以及紧迫的事情，而这些问题和事情，马克思主义和列宁主义都已清楚和有说服力地向任何想学习的人做了解释。

当时，我曾想向国会提出一项土地改革法案和一项降低房租法案，随后，将后者变成一项城市改革法案。我还想提出对小业主、小商人、教师、医生和全体人民有利的法案。

我设想了一系列起码的法案，后来，我把它们都纳入我提出的蒙卡达纲领。它不是一个社会主义的纲领，但是，我相信，我提出的这些法案，包括土改、降低房租、降低电费、电话费和居民基本需要的费用等法案，有利于欠债人的法案，给各种劳动者，包括教师、医生、军队的士兵而不是军官增加工资和薪俸的法案，都会得到人民的支持。我认为士兵也是受政客们和军队高官剥削的人，正因如此，我发起了揭露士兵受压迫的运动，我揭露政客们、上校们和首领们迫使士兵们在他们的庄园里和产业里干活。我得知我的这一运动受到士兵们的欢迎。

卡秋斯卡·布兰科：您是如何开展这场运动的？

菲德尔·卡斯特罗·鲁斯：我采取了一些行动……我潜入在哈瓦那附近普

里奥的庄园，我拿着摄影机和照相机，给在庄园里劳作的士兵们拍了影片，照了相。我豁出了自己的生命。我唯一的本钱就是我的生命，我相信，每天我的生命都面临危险。我在埃尔奇科租了一架小飞机，我驾驶飞机，飞到普里奥庄园的上空。从飞机上拍电影！我把身子伸出去拍下面的镜头，我差点掉下去，我相信当时我真的很可能会掉下去，因为我缺乏经验，我是一名摄影学徒。

当时，我有几位合作者，几位朋友，他们把摄影机借给我，我用来拍片子。我没有摄影机，因为摄影机很贵。雷内·罗德里格斯总是跟着我，我好比是堂吉诃德，雷内便是我的助手。

在普里奥庄园的上空转一圈和飞行我只花了5个比索。我在普里奥总统的庄园的上空和陆上拍了士兵们干活的影像。这个庄园名叫"露水"庄园。普里奥拥有3个庄园，我在他比那尔德里奥省山区的那个庄园从海上和陆地拍了影像。我乘坐小艇在庄园的河滩里拍了有关的影像。

我是这些影像的导演、制造商、摄影师、作家和编剧。所有这一切都是我一人在几位朋友的帮助下完成的。

有一次，我潜入比那尔德里奥省一个团长的庄园里，拍摄了士兵们干活的镜头，雷内被抓住了，关进监狱，而我则带着所有拍摄的胶卷逃了出来。

我在士兵中间开展紧张的公开活动，我是那个时期士兵们唯一的维护者。我对军队产生了影响，但我没有搞阴谋，我是想让国会通过一系列法案。我的基本思想后来都包括在《历史将宣判我无罪》的纲领之中。

我预见到这一纲领将会产生影响，我清楚，它的影响一定会很大。

这样的纲领从来没有人提出来过，此前，没有一个人曾表示有决心为之斗争。我将成为一位得到民众有力支持的斗士，我将手无寸铁地应对各种挑战，我将拥有国会议员的豁免权。如果我当选国会议员，我可以使用武器，我还会拥有其他权利。而此前，我进行斗争的手段很少。

当时，有一位政客提出一项法案，在年末发 5 个比索的奖金。由于他提出这一法案，他成为真正党的总统候选人，他的名字叫阿图洛·埃尔南德斯·特莱切。

我知道我国的农民和工人群众想些什么，因为我到处活动，我到贫民窟的穷人中间，他们对我说：当提出一项真正认真的纲领，提出能够解决国家广大民众问题的法案，人民会有什么反应？会发生什么？

卡秋斯卡·布兰科：司令，您难道不清楚，国会是不会通过这样的纲领的？

菲德尔·卡斯特罗·鲁斯：国会当然不会通过这样的纲领，但是，它将成为动员群众依靠全体人民、使用武器、包括招募士兵们参加群众运动以夺取政权的革命纲领。这是明确的战略，我一辈子都深信这是正确的战略。我相信，如果我再生活在那个时期，我会做同样的事的。我对当时的思想一点也不后悔。

我不想同士兵们进行正面的斗争，而是将他们引导到这一纲领，引导他们提出自己的诉求，捍卫和收复自己的经济利益。为此，我逐渐地创造条件。

然而，当时谁也不知道我的这一战略，因为它不是公开的。即使在正统党内部，有的干部也对此产生怀疑。有些人还指责我是共产党人，因为我说起话来相当自由，而且批评得相当厉害，尽管我小心翼翼。但是，由于我的性格，我的有些批评十分严厉，不留情面，因此，有人说我是共产党人。

不管怎样,我在正统党的党员群众中逐渐扩大了影响,需要解决的问题是,必须召开一次党的代表会议,提名我为正统党众议员的候选人,因为我在党内没有政治机器,我是独立工作的,即我不属于任何派别、集团,在党内,我也不担任任何职务。

我首先得成为党的代表,才能参加党的代表会议,我必须得到党的基层组织代表们的支持。

哈瓦那的党组织没有掌握在政客的机器手中,它相当自发和独立,是正统党最好的党组织。它没有像比那尔德里奥省的党组织那样,被地主控制;也没有像其他省的党组织那样,被政治利益集团所控制。哈瓦那的党组织的党员更为正派,没有束缚,尽管也出现了通过关系致富的候选人。

我是无财无势的人,但是,我有几位伙伴的支持和越来越多的人的同情。于是,我必须提名自己为候选人,并决定在什么地方竞选党代表。

如何使选民对我投赞成票呢?我有过类似的经验,因为在上大学时,我曾首次自我提名。

我组织了一次电台会议。我开始试验我的新的政治技巧。在会上,我列举了有历史意义的日子,分发了数千封信件。我开始寄数千封信件,我发现党部有一本地址簿。党部有7000～8000个曾经为党捐过三五个比索的人的卡片。我并不在花名册上,因为我那时没有钱,没有捐款。他们是党最虔诚的党员,最自觉,摆脱了政治机器的束缚,党性最强,他们是把自己所有的东西全部都贡献出来的人。我的一些朋友就在这本花名册上。我到他们那里,组织他们,并对他们说:"鉴于发生了某某历史性事件,必须召开一次电台会议。"我一边组织会议，一边写信给哈瓦那市和省（当时是一个行政单位）的党员。

正统党是在哈瓦那诞生的，大部分党员都在哈瓦那，我写信对他们说："几月几日将召开一次电台会议，目的是什么？我要求你们传播这一消息，通知大家，集合民众，听取电台会议。"当他们收到我的信，要求他们予以合作，开展活动时，都感到很高兴。我组织电台会议，并立即写了8000封信。所有这些党员都变成积极分子，因为有一个人给他们写信，这个人想起他们，向他们报告情况，要求他们予以协助，于是他们就开始工作。我在农村和工人区开展所有这些工作。

因此，由于上述原因，无论我选择在哈瓦那任何地方竞选我成为出席正统党的党代会的代表，我都能当选。

我发表激烈的演说，揭露政府，揭露巴蒂斯塔，揭露马斯费雷尔，揭露匪帮和武装集团。我同大家一起进行战斗，揭露所有那些不再是革命者，而是到朝里当官的人。我认为，任何人都不能像这些人那样活着从冒险行动中逃脱。我手无寸铁，犹如手持鞭子的驯狮师，面临狮子发出吼声。

每次电台会议之后，由于我捍卫农民、捍卫数千居民和各阶层，进行系统和热情的活动，许多人找我解决社会问题。

我选择卡约乌埃索区作为确保我当选代表的地方，这是一个普通的居民区，那里有党的组织，其领导人是阿道弗·托雷斯，他后来投身于革命。我到该区后，与他交谈，我对他说："阿道弗，我想当选为代表，我需要选择一个地方，我选择这里参加竞选代表，请您不要认为这是针对您的举动。"实际上，我并没有影响他，因为我只想当选为党代表，而他已经是党代表。他或多或少掌控这个区的党组织。

于是，我开始工作，我有正统党的选民册，我把该区的党员名字抽出来，一个一个进行拜访，拜访了很多人，同他们进行谈话。

当然，我不可能拜访所有的党员，因为有的党员虽然在该区登记，但实际上，他们已移居其他地方。我拜访了数百名党员，此外，由于我有他们的地址，所以，每次举行电台会议，我都写信告诉他们在什么地方开会和举行活动。

在那里，共有900名党员参加选举。在哈瓦那省，共有8万名党员。后来，我又设法找到他们所有人的住址。这是我的活动的最初试验。在选举党代表之前，我写了一封信，进行了复制，把信寄给8万党员的每个人，要求他们投我的票，这种方法在古巴还没有人使用过。我邀请他们收听电台会议。

由于区内有阿道弗和我两种力量，每种力量可推举两名党代表候选人，获多数票的两名候选人均当选，获少数的，只能当选1名。阿道弗感到我的力量比他强，所以建议我们不必进行竞争，这是符合情理的。在很多情况下，也是正常的。于是，由于我的力量比他强，我同意他的提议。于是，总共3人作为党代表候选人，他、我的一名同伴和我。

我们做了这样的安排，在投票时，我们3人是A、B、C，投票人投票时，需按AB、BC或CA三种组合来投票。根据我们的约定，必须举行正式的投票仪式。投票进行得基本正常，不管怎样，票必须得投，但是，我们之间没有竞争，只有协议。

选举那天发生了什么？收到我写的信的党员纷纷来到投票现场，想投我的票。由于事先约定的投票办法是投两人组合，因此出现了问题，许多人说："我来这里是想投您的票，无论如何，我就是想投您的票。"由于是两人组合,他们不愿意。来投票的人有数百人之多,我的收获很大,他们来自各个居民区,都投我的票。当然,他们之所以投我的票,不仅仅是因为我给他们写了信,而是因为我在信中提醒他们的存在,在政治行动的时刻,他们前来投一位正在进行斗争、揭露一切不公正现象的人的票。

与此同时,帕尔多·利亚达每个星期天,在原来奇瓦斯做节目的时段里,装腔作势地发表演讲,但他不敢得罪巴蒂斯塔,不敢得罪其他人,因此,他的节目影响有限。

人们前来投一位进行战斗的人的票,不仅仅是因为这个写信给他们的人,在有一个星期天,从瓜纳瓦科阿或从马里亚瑙或从城市其他遥远的地方到哈瓦那市中心来。在我作为大学生参加竞选之后,这次选举是对我的第一次考验,我取得了完全的成功。这是1950～1951年间发生的事情。

1952年3月10日,正当大选的竞选活动即将结束时,巴蒂斯塔策动了政变,真正党人指责我瓦解了政府,差一点把政变的罪名加在我的头上,因为我的竞选活动声势浩大,使普里奥政府摇摇欲坠。但是,这不是政变的原因,这只不过是巴蒂斯塔的借口而已。问题出在正统党领导人身上,其中包括帕尔多·利亚达和阿格拉蒙特和所有那些人。当我提醒他们巴蒂斯塔正在筹划阴谋,我要求允许让我在电台一小时节目中予以揭露时,遭到他们的反对。

卡秋斯卡·布兰科: 司令,当时您努力地不停止您的揭露和政治宣传,您是如何解决开支和您的经济拮据的?

菲德尔·卡斯特罗·鲁斯: 我当时经济总是很拮据,总是欠债,尽管我写信和寄信花钱不多，因为向我提供通讯录的部门，也准许我在信封上盖有众议院"免付邮资"的章，我不用花邮票钱。我只需花钱买信封和信纸。一共50～100比索，尽管如此，我自己没有那么多的钱，总是得想方设法找钱。

　　当时，我的汽车的钱还没有付清，我的住房的家具的钱还没有还，我还欠肉店、杂货店、加油站的钱。但是，大家都相信我迟早会还钱，同时，他们也看到我在进行斗争，看到我遇到困难和问题。

　　我的开支增加的原因之一是我必须每月支付我在电台做的节目所占用的时间。时间不长，但每月得支付200比索。一开始，我得支付15分钟节目的钱。后来几个月，电台本身对我做的节目感兴趣，因为吸引不少听众。

　　我积极地开展活动。每天工作十七八个小时，到处活动。我记得，在圣诞节时，我向所有人都寄信表示祝贺。我的信不再是油印的，而是铅印的，看似真的信一样。

　　我是12月31日写的信，内容如下：

1951年12月31日

同志：

　　值此圣诞节之际，我写信对您以及您尊贵的家人表示衷心祝贺。

　　最近悲伤的回忆使我们在这个圣诞节过得不高兴，但是，奇瓦斯的牺牲点燃的黎明前的最初火花燃起新的令人鼓舞的希望。

　　从8月奇瓦斯去世到现在12月，只过去了4个月。我指的就是奇瓦斯的牺牲和他的《最后的一击》演讲。

　　对我们来说，最好的、希望新的一年的可能的方式是回想起马蒂在他为自由而奋斗的最后一个圣诞节说过的话:"对一个受苦受难的人民来说,新的一年就是要在敌人的队伍中,用自己臂膀的力量杀出一条血路来。"我就用马蒂的这段话,向您告辞,此致

敬礼!

菲德尔·卡斯特罗·鲁斯

  我同一些朋友一起,写地址,将信装进信封里,一直忙到天明。如果还要支付邮资的话,我不可能寄出这么多的信。一张信纸和一个信封只值不到1分钱,信纸和信封加在一起大约花了200比索,一共是8万封信。如果每封信需要贴2分邮票的话,需要1600比索。我到哪里去找这笔钱呢?唯一能依靠的是党内朋友的帮助。

  我有权这么做吗?我不太清楚,我是否有权这么做,但是,当时所有的党都利用免付邮资寄信。我在信封上盖上"免付邮资"的章,因为正统党在国会中有一个党团……此前,从来没有人这么去做,因为没有人发起或愿意这么做。

  1951年年底,我的主要开支都是用在支付信纸、信封和电台节目上。我在电台一共做了几个月,大概五六个月的节目,共花了1000比索。

  后来,发生了3月10日的政变,对我来说,这是我经济最拮据的日子,我非常困难,身无分文。

  在政变前,除了电台节目外,我还在报刊上,特别是在古巴发行量最大的《警报》报上进行无情的揭露。我的揭露曾四次在周一的特刊中占据显要位置。巴斯孔塞洛斯是记者和该报的社长,是正统党党员,但他曾是巴蒂斯塔的拥护者。他与帕尔多·利亚达一样,不敢得

罪巴蒂斯塔，后者是出于害怕，前者是因为与巴蒂斯塔是老朋友。巴蒂斯塔手头有支付给帕尔多·利亚达支票的存根，如果帕尔多·利亚达胆敢攻击巴蒂斯塔，巴蒂斯塔可以拿这些存根来告发他，将它们公之于世，使他名誉扫地。这就是问题的实质所在，也是表明他为什么在某种程度上与巴蒂斯塔沆瀣一气的主要原因。

当时我通过我在报刊上发表的文章和我的一系列行动，如寄发8万封信等，已经赢得了人们的同情和支持。我每天在电台发表强硬的讲话，攻击我的对手利用奇瓦斯去世后在电台留下的空当时间所做的节目。我的力量发展神速。我有效地利用大众媒体和通信。我已经不能停下来。

我认为，我慢慢地已学会掌握形势的趋向并仔细观察周围情况。我认为，我的政治素质已逐渐成熟，我已不再是1945年刚入大学时的青年了，时间已经过了6年，我知道的东西多了，我的阅历也更丰富了，我不知疲倦地阅读。此外，奇瓦斯和帕尔多·利亚达两人的例子向我表明，某些人是如何通过电台赢得力量的。这些都是我证实的现实。

此外，还有一件奇怪的事情：通常所有的人都同他的竞选对手对着干，但是，我的竞争对手、其他候选人们却邀请我到他们组织的会议上去为他们说话，讲述他们的优点。我的对手们邀请我在他们组织的所有会议上讲话。也许他们并不计较我通过讲话，会在支持他们的党员中，赢得更多的支持和威信，因为我没有攻击其他人，也没有使用卑鄙的政策，这说明我不怕承认他人的优点。

其中有一个人想当选为党代表，她曾是奇瓦斯的秘书孔奇达·费尔南德斯，她后来跟随革命。从某种意义上说，我们是竞争对手。作为奇瓦斯的秘书，她会得到很多选票。我很乐意地参加她组织的集会，同这位杰出的人以及其他候选人说话。我的处境是多么的特殊，我的对手们邀请我参加他们的集会，而我居然去参加支持他们当选的集会！我预计到这次选举会有什么结果。我估计我至少会获得2万张选票，我会获得第一名，我的得票数会是当选党代表所需选票数的两倍。我已拥有巨大的力量。

奇瓦斯自杀是因为他拿不出证据证实奥雷利亚诺在危地马拉购买了一个庄园，这是一次政治上的失败，因为他不能证明自己的揭露是不是事实。那么，我都干了些什么？我设法找到政府官员在古巴拥有的庄园。我表示"不必到危地马拉去寻找"，于是，我就去找财产登记册，上面有确凿的资料。我去寻找共和国和各省的财产登记册，这工作是我一人所做的，我还去查找公证书上的庄园契约。

卡秋斯卡·布兰科：在《菲德尔记者》一书中，收集了您写的所有的文章。在一篇文章的片段中，您提到："在一个省就购买了34个庄园。"在1952年1月28日您写的第一篇文章中，您写道："普里奥降低了我国武装力量的地位"，"让他们到自己的庄园里去从事生产。他鼓励大庄园制，将士兵们变成他广阔的成本颇高的庄园里劳作的雇工、长工、短工"，"作为总统，他赦免了一位被处罚的律师，但是，没有宣判这位律师无罪"。

菲德尔·卡斯特罗·鲁斯：我最初所揭露的事情十分严重，因为民众都知道普里奥有一个登记在册的价值连城的庄园。我说：我将发现是谁把这庄园送给了普里奥。我设法寻找，终于发现，"露水"庄园原来是属于来自拉斯比利亚斯的一位百万富翁所有。这位富翁因强奸一名少女被判刑，而当时，普里奥是这位富翁的辩护律师。我找到了判决书，看清楚被判刑的理由，我调查这位富翁是在何时被判刑的，普里奥是何时赦免他的，富翁的庄园是如何转到普里奥·索卡拉斯手中的。这等于是向一位共和国总统扔了一颗炸弹。此前，在古巴没有一位政治家的文章上过头条。

应该看看我是怎么做到的。我在文章前面写道："《警报》独家文章。"这是我第一次上头条。从此，我的文章总是排在第一版。在为我第一篇文章所写的前言中说："文章对共和国总统数家庄园的获取和在庄园里劳动的军队士兵们的处境进行了严厉的问责（还特地拍了相片）。士兵们像雇工和短工一样劳作。前大学生领导人、菲德尔·卡斯特罗·鲁斯律师在对《警报》报所做的独家声明中，还揭露了对庄园里劳作的农业工人使用违反所有社会法的暴力行为。"

"下面，我们将全文刊登独家声明……2000万人离开了国家。"[1]我总是写道：奇瓦斯揭露说，但他们说这是造谣，我将说明，这是真的。

"好的，我将全面地揭露一件最不道德的行为……我发起挑战，看谁能说明我是在造谣，这次，我手中掌握确凿证据来进行揭露。"

我有我拍摄的影像和照片，我保存的这些证据足以证明我的揭露。我还有充足的材料，包括庄园的全部历史为证。这里，我列举一些材料："戈迪利约庄园，1946年9月10日购于拍卖市场。"我进行了细致的调查："1月18日，第89册，第73页，卡洛斯·普里奥。""1949年7月8日，由公证员马里奥·佩雷拉·加利亚多出具购买公证书第292号；6月29日，公证书第545号。"所有我提交的材料都是无法否认的证据。

---

[1] 原文如此，此处疑有误，因为古巴当时全国人口不到1000万。——译注

据说，普里奥面对这些证据，差一点要疯了。我不清楚那天为什么没有把我杀死。我想，也许是因为我的揭露是公开的，如果把我杀死对他不利。

因此，奇瓦斯自杀的原因是由于他做了揭露，但又不能出具证据证明他的揭露，当时我提出我的看法是："不必到危地马拉去。"

我当时写的最后一篇文章因为没有能发表，所以我手头没有。这篇文章揭露普里奥·索卡拉斯是如何通过购买和出售位于现在革命广场的一块地皮赚了数百万比索的。我发起了猛烈的进攻，而他们无法阻挡，因为我有确凿证据。他们唯一的手段是杀死我，他们之所以没有杀死我，是因为这是全国最有威望、发行量最多的、顶级的报纸所揭露的丑闻，因此，当某人在该报特刊头版头条发表文章后，这个人就有巨大影响。作为记者，我写的文章是不可辩驳的。我至今仍保存着我当时所写的揭露文章，例如，我揭露政府将2000个职位分配给所谓的革命组织。我也揭露警察如何杀害无辜。总之，我揭露这一切。

我的计划正在一步一步的进行中，当年6月的选举，我稳操胜券，我得到广泛的支持。

这时我紧张地开展活动。有一次，我到达一个名叫圣安东尼奥·德尔里奥·布朗科的村庄，当时大家都邀请我参加集会，集会原定在下午5点，但是，由于公路不好走，我差一点在路上丧命！我凌晨1点才到达该村庄，集会早就结束，村民们都已入睡。但是，当我到达后，大家都爬起来，我不得不发表讲话。

卡秋斯卡·布兰科：帕斯托丽塔·努涅斯曾告诉我一件趣闻。在第一次集会上，几位正统党的领导人讲了话。您是后来到的，您到的时候，人们都已经走散了。但您一到,人们得知后,又重新集合起来。在深夜举行的集会热闹起来,您在讲话中谈到您那几天在报刊上所做的揭露。她对我说,凌晨的集会比第一次集会要精彩得多。

菲德尔·卡斯特罗·鲁斯:我所做的努力,首先是为了正统党的党员群众,其次是全国民众。没有一个政治家,包括帕尔多·利亚达在内,能像我这样,在报刊上有这么大的影响。当时,可以说,我在《警报》每星期一的头版上独占鳌头。

为此,我必须进行大量的工作。事实上,我不停地工作,当然,我得到群众有力的支持,那些收到过我的信的数千民众成为活动分子。

当时,帕尔多·利亚达、阿格拉蒙特以及正统党其他领导人知道我在全国的影响,但是,他们都忙于竞选总统的活动。我不知道帕尔多·利亚达想干什么。他们都忙于自己的事,我想他们当时并没有完全觉察到他们脚下的火山。我当时威信、声望和权威很高,他们也许想到,我有朝一日会被杀害。我想,之所以没有杀害我,是因为把我杀死后果会不堪设想。

我在3月10日发表的第五篇文章中,揭露一笔价值数百万比索的交易,在第六篇文章中,出示证据揭露总统府是如何在幕后出钱雇人谋杀一个人的。随着我的揭露,越来越多人自愿地向我提供消息,许多人与我合作进行调查和收集材料。

我当然不会像奇瓦斯那样,陷入拿不出证据的窘境,恰恰相反。在奇瓦斯出事后,我说:"不必去危地马拉,在古巴就可以找到证据……"于是,我一个接一个,进行揭露。我写文章揭露一个女孩被强奸,我没有提那个女孩的名字,以避免出现奇瓦斯遇到过的窘境,在一次辩论中,奇瓦斯提到一位妇女的名字,使这位妇女的尊严受到伤害，我说明："出于明显的理由，我没有提受害者的名字。"在这方面，我的行为如正人君子，因为我有经验。我对所发生的事情进行观察和分析。这不是我一时的所作所为，而是对经历过的事情深思熟虑的结果。此外，有好多事情是逐步学会的。我刚上大学时，有谁教过我？什么政策，如何做，如何取得民众的支持，如何争取民心，这里面既有政治因素，也有心理因素。民众喜欢有人想得到他们的支持，喜欢有人要求他们支持。

3月10日那天，本来应该发表我的一篇颇有争议的文章，真遗憾，文章没能发表！我以各种证据记录一笔价值数百万比索的土地交易。但是，这次，没能像以前那样，让原住民都搬走，他们廉价购买了地皮，然后，开始在这块地上盖房子，并开始销售。3月7日，我去审计机构告状，并把揭露材料提交给《警报》。这一揭露是十分危险的。我揭露了所有这套把戏，涉及那些所谓的革命组织与普里奥通过贿赂达成的约定，这项花钱达成的约定。我对此做了无情的揭露。

后来，我担心巴蒂斯塔会策动政变，我去了正统党党部，对党的领导成员说，巴蒂斯塔正在阴谋政变。我没有在我的电台节目中揭露政变阴谋，因为这不是全国性的电台。巴斯孔塞洛斯也没有敢在他的报上刊登我的这篇揭露巴蒂斯塔的文章。

我唯一的手段是利用正统党在电台一小时的节目中做揭露，于是，我向党的领导提出要求，他们对我说，要做调查。由于正统党内有几位是军事学院的教授，他们做了调查，回答我说："什么都没有发生，绝对没有。"他们明确地对我说，什么也没有发生，这使我迷惑不解。他们肯定地说："我们同军队的要人谈话，什么也没有发生。"

他们说这些话是在发生政变前两三个星期。

如果我对政变阴谋的揭露得以发表，也许政变不会发生，因为所有的政变分子可能会惊慌失措，胆小地逃走。如果政变阴谋败露，巴蒂斯塔会胆战心惊，因为他是胆小鬼。如果阴谋被揭露，参与阴谋的人会闻风丧胆和失去信心。如果做此揭露，将会震惊全国，向全国发出警告。阴谋家最害怕的是对他们阴谋的揭露。这些阴谋小集团会溃不成军，因为这算不上是一次谋反，他们只是一些军官和军曹而已。政变本来也许不会发生。

从1月28日到3月10日的38天中，我总共发表了7篇文章。

后来，真正党人、普里奥和他的这帮人，责怪我是政变的罪魁祸首，因为是我破坏了政府。这是3月10日政变发生后，我遇到的问题之一，我被迫重新改变一切。

当我预料巴蒂斯塔阴谋发动政变时，我正在从事捍卫士兵的运动，我正在为军队的一部分人、军队的基层着想，想争取他们参加革命。然而，突然间，士兵们参与了巴蒂斯塔的军事政变……这一现实使我完全改变了进行革命的计划。

现实情况是，原来因被控告犯有杀人罪、被判处30年徒刑的罪犯，3月10日政变后一夜之间，成为警察头目或摩托车巡逻队的队长。

巴蒂斯塔：政变。推断它，但又不能揭露它。武装斗争。消息。地下。"这不是一场革命，而是一场政变！"。拿起武器：这是唯一的道路。一无所有，独自面临对手卡秋斯卡·布兰科：在多个场合，我听您说，您推断巴蒂斯塔在密谋，可能会策动政变。您当时是如何觉察到的？有哪些现象使您觉察到有政变的可能？您又做了些什么？能否避免它？

菲德尔·卡斯特罗·鲁斯：巴蒂斯塔先是在1948年6月当选为参议员，他代表拉斯比利亚斯省，得票率相当高。当时说年底回国。他是由传统的右翼政党提名的候选人。后来，他创建了统一行动党，再次全心投入政治，或者确切地说，再次玩弄政治。

巴蒂斯塔拥有自己的信徒，这些人拥有特权，受到追捧。他甚至还赢得一些好心人的选票，因为他创办了数百所乡村学校，任命军曹当教师，他还发放书籍和教学用具，当时，古巴许多乡村学校都缺乏书和教具。他也参加了国际共产主义运动在第二次世界大战前推行的广泛阵线。工人运动曾经获得某些合法的成果，为工人提高了工资。由于他给予军队特权，许多军人家属对他有好感。因此，他的政治支持者人数不少，占全国总人口的10%～15%，甚至更多，其中包括社会上的富人和特权阶层。

我认为巴蒂斯塔得益于以下情况：尽管在吉特拉斯的革命临时政府之后的10年实施了镇压，但是，以革命的外表出现的格劳和普里奥政府更加坏，因此，当巴蒂斯塔在美国待了将近5年回国时，正值冷战时期，他披着尊重民主和公民宪法的外衣，因为在1944年，他把政权交给了他的对手拉蒙·格劳·圣马丁。巴蒂斯塔回国时，装得像绵羊一般。他慢慢地树立自己的形象，尤其是因为他在政府中的像他一样腐败的对手，制造了无政府状态、贪污和暴力盛行。

上述因素使巴蒂斯塔当选为参议员，得到一部分居民的支持。在总统候选人的民意测验中，他位居第二。正统党候选人所得支持率更高。奇瓦斯总是在民意测验中名列第一，其支持率高出巴蒂斯塔很多，其得票率为巴蒂斯塔的两倍。

奇瓦斯去世后，正统党力量加大，正统党的总统候选人的支持率是巴蒂斯塔的两倍。也就是说，假如正统党候选人得票率为30%的话，那么，巴蒂斯塔的得票率为15%左右，应该研究一下当时的民意测验情况。

卡秋斯卡·布兰科：司令，1951年12月，奇瓦斯去世后，报刊上曾公布了当时民意测验的结果：奇瓦斯的接班人罗贝托·阿格拉蒙特得票率为29.20%，真正党候选人卡洛斯·赫维亚得票率为17.53%，巴蒂斯塔的得票率为14.21%。根据《公告》周刊，东部地区的民意测验结果，更有利于巴蒂斯塔。但是，巴蒂斯塔的得票率总是低于阿格拉蒙特：阿格拉蒙特25.75%，巴蒂斯塔23.14%，赫维亚18.95%。这是合乎逻辑的，因为巴蒂斯塔生于巴内斯，很可能用他蛊惑人心的语言，在他出生的地区，赢得更多的支持率。总之，民意测验的结果说明，您的记忆是正确的。

菲德尔·卡斯特罗·鲁斯：巴蒂斯塔在大选中不可能战胜正统党的候选人，根本不可能。尽管《公告》周刊并不是表达民意的一份严肃的刊物，阿格拉蒙特也不是奇瓦斯的影子。

我知道巴蒂斯塔是一个自负的、自我满足的人，但是，他在士兵中颇有影响。在他担任总统期间，曾给陆军、警察、海军和军队所有的人特权。但是，后来格劳政府对军人的政策就大不一样。当我回到故乡比兰时，我就发觉到这一点。我在比兰认识一些军人，他们到我家里做客，与我聊天。所有同我聊天的军人都是巴蒂斯塔的信徒，都无一例外地同我谈起巴蒂斯塔，谈巴蒂斯塔主张的秩序。他们十分留恋巴蒂斯塔执政的时期。

然而，巴蒂斯塔没有任何在大选中获胜的可能，但他不会屈从失败，他不能屈从失败，我对他的感受很清楚。

我看到他拼命花钱，为参加竞选，他花钱越来越大手大脚。

他此前盗窃来的钱财失去了一大笔，由于他与妻子离婚，不得不分一部分财产给前妻，因此，他的财产减少了相当大的一部分。他正处在破产中，但他又面临着竞选的政治斗争，获胜的可能性很小。我当时想："他这个人在军队中影响很大，又想当总统，他唯一的出路就是发动政变。"这是我的判断。根据我的逻辑推断，巴蒂斯塔没有别的选择。如果奇瓦斯还活着，巴蒂斯塔可能不会发动政变。因为，奇瓦斯是唯一会奋力起来反对，使政变流产失败的对手。巴蒂斯塔是一个狡猾的、经验丰富的人，但内心又是小心翼翼和胆小怕事的。

古巴人民党（即正统党）在它的创始人和领袖去世后，处在上升时期。因此，巴蒂斯塔没有获胜的可能，因此，我清楚地看到，在这种情况下，巴蒂斯塔唯一的选择是发动政变。这是起码的估计，是合乎逻辑推理的，不需要什么证据。

在这种形势下，出现了下面的情况，1951年年底或1952年年初的一天，我的内兄拉斐尔·迪亚斯－巴拉特向我提了一个非常有意思的问题，引起并增加了我的怀疑。他刚进大学时，曾参加了正统党。后来，尽管他的父亲在巴蒂斯塔的故乡巴内斯一家美国公司里当律师，我们的亲戚关系没有发生什么变化，因为对我来说，他的政治立场并不重要。他在大学与我在同一个专业学习，我甚至帮助他复习过功课。他学习不太努力，我常常帮助他。我唯一一次就我的考试成绩向老师提出申诉，是因为曾出任巴蒂斯塔政府驻德国大使的刑事法课任教授费尔南多·孔切索在给迪亚斯－巴拉特打考试分数时，由于他们属于同一个党，给他打最高分"优"，而只给我打"良"，而就在考试前一天，我还专门到迪亚斯－巴拉特家帮他复习刑事法内容，因为他什么都不知道。考试那天，当我们书面回答问题时，我还向他详细做了解释。但是，老师没有给我打"优"，只是因为我是正统党党员。

我对此感到不满，我对老师说，我想找他谈谈。老师让我到贝达多区的网球俱乐部去找他。我去到那里，对他说："教授，您看，我的成绩一向是很好的，我考得很好，答卷很完整。"——我没有提他给迪亚斯－巴拉特打"优"的事——"我感到奇怪的是，我考得这么好，而您却没有给我打'优'。"他厚脸皮地回答我说，是出于政治理由，给我降了分："你考得确实很好，但是，你是大学生领导人，所以我故意给你降分，尽管你的确考得很好。我给你改一下你的分数。"最后，他给了我最高分。这真是无耻到极点！这是我一生中唯一一次要求更改我的分数。尽管没有给我不及格，但是，我对这位老师这一不诚实的行为感到愤愤不平。

尽管有分歧，我和迪亚斯－巴拉特还是互相往来。他其实是一个投机分子，喜欢钱，对物质利益感兴趣。当巴蒂斯塔决定回国，并竞选参议员时，迪亚斯－巴拉特觉得这是一个政治发迹的机会，因为巴蒂斯塔有自己的追随者，迪亚斯－巴拉特的父亲就是其中之一，于是，迪亚斯－巴拉特就加入了巴蒂斯塔的青年组织。由于他口才很好，能言善辩，又是年轻的大学生，曾加入过正统党，人很聪明，巴蒂斯塔需要年轻人的支持，于是，乐意接纳他和重用他。迪亚斯－

巴拉特曾任巴蒂斯塔的发言人。

后来，巴蒂斯塔成为反对派的候选人，而迪亚斯－巴拉特加入了巴蒂斯塔的党，但是，我和迪亚斯－巴拉特的亲戚关系并没有中断。我知道他有野心。当时 1950 年和 1951 年间，古巴的反对派中间，有正统党，有共产党，也有巴蒂斯塔派，都是反对普里奥政府的。大学生举行的一些反政府活动中，不同反对派的大学生常常协调行动，共同反对政府，其中包括共产主义青年团、正统党青年和巴蒂斯塔青年组织，尽管它们之间有分歧。

卡秋斯卡·布兰科：是不是在那时候，把您带到巴蒂斯塔的库奇内庄园去的？过去我问您时，您曾对我说起过，您说，在事先没有告知的情况下，把阿尔弗雷多·格瓦拉带到库奇内庄园，并建议他当统一行动党[1]青年的领导人。

菲德尔·卡斯特罗·鲁斯：我想不起来曾经向他提出过类似的建议，但我敢肯定，他是不会接受的。我的确在以前对你说起过，有一次，他们把我带到库奇内庄园。这是在巴蒂斯塔于 1948 年当选为拉斯比利亚斯省推举的参议员之后。在所有的候选人中，他得到的票数最多，因此，他匆匆忙忙回到古巴。我估计，他大约在 1949 年年底或 1950 年年初回国。时间过了至少 60 年，因此，回忆一些细节不太容易。当时我已经明显地接近马列主义思想，我与共产主义青年团的关系一直不错，关系密切。真正党政府正在屠杀勇敢的、不可替代的共产党员

---

[1] 统一行动党（Partido de Acción Unitaria），1949 年 8 月 1 日由巴蒂斯塔为再次竞选总统而创建的政党，1952 年 3 月 10 日，巴蒂斯塔发动军事政变，该党解散。——译注

工会领导人，而巴蒂斯塔在二战前和二战中反法西斯主义阵线期间，没有屠杀共产党员工会领导人。他接受了1944年总统选举对他不利的结果，格劳·圣马丁在大选中获胜。美国尚未发动冷战。巴蒂斯塔本人带着数十亿美元的资产去美国佛罗里达州的戴托纳海滨别墅。当时共产党的路线是谋求反政府力量的策略上的团结，而共青团根据党的路线，在大学生宣传协调反政府行动的思想。尽管我一点也不喜欢巴蒂斯塔这个人，因为他滥用权力、弄虚作假和镇压无辜，但我并没有因此与大学共青团干部产生分歧。一天，他们有一些人与右派推举的总统候选人巴蒂斯塔会见。巴蒂斯塔后来创建了统一行动党，他在1952年总统选举中的反对派候选人中排名第二。我非常仔细地观察巴蒂斯塔，他是一个蛊惑人心的人物，一位政客、乔装师和野心家，尽管他具有丰富的经验和狡猾多端，他是一位不可低估的敌人。我认为，人民社会党很快就会觉察到，巴蒂斯塔和美帝国主义是一丘之貉。我很快就形成了一个符合我国历史和特点的战略思想。

这一战略思想很快就成为一个正确的革命观。后来革命的胜利是我贪婪地阅读马蒂的著作以及古巴的爱国者们为争取独立进行艰苦卓绝的英雄斗争的结果。至于其他，就像所有人类的事业一样，是偶然的结果，它把在历史事件中起过一定作用的人的自我满足和自鸣得意的理由降为零。

那时候，我正在埋头从事我的政治工作。在奇瓦斯去世后，连瞎子都清楚，巴蒂斯塔不可能在大选中获胜。在我收集资料之后，我认定，巴蒂斯塔唯一的出路是搞阴谋诡计。但是，当时我还没有掌握足够的证据，但在3月10日巴蒂斯塔策动政变前几个星期，我已掌握了足够的证据。

我们再回到前面我讲的战略思想。迪亚斯－巴拉特从家属的观点出发，对此感到担忧，他也许为他的妹妹考虑，因此，一天，他找我谈话，他向我提出了一个荒唐的、物质方面的问题，他表示很感兴趣，似乎对我选择什么道路感到担忧。他不知道我在想些什么，不知道我有些什么计划，我也不会告诉他我的计划，我当时内心正在思考古巴整体的形势，但是，自从他加入统一行动党之后，我不再像从前那样信任他。在这种情况下，他问我："告诉我，你现在所作所为有什么前途？"我立即明白他的用意，他的问题十分可疑。因为他对我十分了解，他知道，对我施加压力或用高官厚禄来进行收买是没有用的，但是，他仍然向我提这样的问题，似乎对我的前途、对家属的前途感到担心。对于"有什么前途"的问题，我本来可以这样回答他："最没有前途的是你。"我本可以这样回答他。但是，当他问我有什么前途时，我保持沉默，因为他的问题提得很奇怪。

我认为，最没有前途的人就是他，而不是他与之结盟的巴蒂斯塔。由于他在圈里身居相当的高位，而当时古巴的政治斗争正在进行中，我看到在这些巴蒂斯塔的头目脑子里想的是想谋反，想搞政变。他同我谈话之后，我所领会的他们的第一要素就是想发动政变。我什么也没有说，但是，我在思考，我的第一印象是这帮人想谋反，因此，迪亚斯－巴拉特，突然地向我表达他的担忧，这一担忧是同古巴政治变化有关，而这一变化是不可能通过选举途径来实现的，而是需要通过策动政变来完成。他什么也没有对我说，也没有觉察到我的警觉。

但是，在这场开展的战斗中，随着在《警报》上争先恐后发表文章，另一位巴蒂斯塔分子为我提供了新的证据。他是巴蒂斯塔青年团的一位领导人，名为豪尔赫·埃内斯托·克拉克。几年后，他参加了雇佣军入侵吉隆滩。

我是在什么时候认识克拉克的？是在1947年参加孔菲特斯岛远征时认识他的，那时候，他还不是巴蒂斯塔分子。作为孔菲特斯岛远征的老战士，他见到我时，总是会向我问候。他知道我后来设法逃脱，跳入尼贝海湾。一天，克拉克到23街房子，当时我正忙于政治活动。我正在刮胡子，有人通知我说："克拉克想见您。"我比较精明，当这些人想找我谈话时，我就让他们说话。那时候，我对他疑心重重。克拉克急着想见我，这正是在3月10日政变前几个星期。我说："让老的远征军克拉克进来。"我急着要去比波拉参加正统党一个集会。他对我说，是菲格罗亚让他来见我的，想与我谈谈。菲格罗亚是巴蒂斯塔的一个重要人物。我回答说："有什么好谈的呢？同这样一个巴蒂斯塔分子，同菲格罗亚有什么好谈的？"

这一切使我感到很奇怪，一个重要的、出类拔萃的巴蒂斯塔分子想与我谈话，我同他没有什么关系，他知道我的性格。我认为，他并不是想收买我，或者想讨好我，我们两人之间格格不入。我感到有些奇怪。我对克拉克说："我认为没有必要，有什么好谈的？"

但是，克拉克感到不太高兴，还想继续与我交谈。但是，我得去参加集会。我对他说："克拉克，我得去参加集会，如果你愿意的话，可以与我一起去。"一路上，他喋喋不休地对我说："你为什么要攻击巴蒂斯塔呢？你为什么在电台如此猛烈地攻击巴蒂斯塔呢？你不觉得，如果有一天，巴蒂斯塔当了总统，你会遇到非常大的麻烦的？"当克拉克与我谈话时，巴蒂斯塔的民调支持率只有正统党候选人的一半，他不可能摆脱这一处境。克拉克与我谈话时，把我当作朋友，当作同情者，他重复说："你为什么与巴蒂斯塔为敌呢？你难道不认为，他有朝一日会成为总统的吗？"我笑了笑，对他说："你知道我对这些事情不感兴趣，也不关心，你应该了解我。"

这是那天晚上他向我提出的第二个问题，他看到我不想与菲格罗亚见面，于是便直截了当地问我，我是否准备像揭露普里奥那样揭露巴蒂斯塔。我对他说："克拉克，你应该明白，如果我想揭露他，我不会告诉你的。"

我意识到，他的到访不是偶然的，是有目的的，他提出的三个问题也不是偶然的。有人派他来见我，是想试探试探我。是因为巴蒂斯塔感到焦躁不安。

就在那几天，发生了哈瓦那一位市议员被杀的事件，他的名字是阿莱霍·科西奥·德尔皮诺，他是被逍遥法外的黑手党杀害的。

卡秋斯卡·布兰科：是在1952年2月11日，我看过记者西罗·皮安基·罗斯写的报道。

菲德尔·卡斯特罗·鲁斯：我记得我去参加在英方塔街举行的葬礼。阿莱霍·科西奥·德尔皮诺是帕尔多·利亚达做节目的电台的老板，他的交际很广。我参加了他的葬礼。参加葬礼的有各种各样的人，由于我正在进行竞选，不同派别和政党的许多成员都靠近我，向我讲述各种消息，其中包括巴蒂斯塔正在策划一项计划，用炸弹进行一系列谋杀行动以制造混乱，他正在谋反。

那一天，我收集了各种情报，的确发生了奇怪的事件：一些爆炸和谋杀事件使民众感到局势的混乱和无政府状态。这一切，包括人们所说的，以及事件本身都说明，确实存在一场阴谋。

于是，我记得有一天，我与帕尔多·利亚达谈话，我对他说：

"帕尔多·利亚达,在参加葬礼时,我听说巴蒂斯塔正在策划一场阴谋。""是的,大家都这么说。"帕尔多·利亚达回应说。

当我结束收集所有这些迹象时,我确信,巴蒂斯塔是在策划阴谋,他将发动一场政变。我记不起是克拉克与我谈话在先,还是阿莱霍·科西奥·德尔皮诺遇害在先。我是根据逻辑推理,根据种种迹象得出这一推论的,因为我收集了各种情报,感到这种征兆,了解到种种细节,使我对此深信不疑。

卡秋斯卡·布兰科:司令,很难想象,您所在的党没有支持您去揭露巴蒂斯塔正在策划的阴谋。

菲德尔·卡斯特罗·鲁斯:我可使用《警报》这一可以揭露阴谋的论坛,但是,发生了什么事?巴斯孔塞洛斯曾经是巴蒂斯塔分子,尽管后来加入了正统党,并揭露政府。但他同当时一些政客一样,仍对过去有某些留恋。帕尔多·利亚达没有攻击他,巴斯孔塞洛斯对巴蒂斯塔仍保持尊重。也许他对未来有过某些冷静的估计,估计到会出现某种可能的情况。因此,我没有打算与巴斯孔塞洛斯谈此事,尽管他为我敞开了《警报》的大门,对我态度很好,表示同情。但是,我不能利用他的报纸来揭露,因为证据还不足。为此,还需要发现进一步发现证据。

我分析了形势。如果我在《警报》上予以揭露,会产生影响。但是,由于巴斯孔塞洛斯与巴蒂斯塔是老朋友,他不会允许我在他的报纸上揭露巴蒂斯塔。如果我在地方电台一小时的节目中予以揭露,哈瓦那地区能听到,但是,其他地区听不到。

我甚至打听到可能参与阴谋的一些军人的名字。于是我决定到正统党总部去见党的领导。我与阿格拉蒙特谈了话,与党的领导人、与教授们谈了话，我要求他们让我在晚上 8 点的电台节目中发表讲话。我对他们说，巴蒂斯塔正在策划一场阴谋，我把蛛丝马迹一五一十地对他们讲了。

我到了正统党的总部后，对领导人说，我确信巴蒂斯塔正在策划一场阴谋，正在准备发动一场政变，应该予以揭露，予以制止，防止政变发生。他们对我的揭露感兴趣，对我说："好的，我们将进行调查。"这是在 1952 年，很可能是在 2 月份，就在政变发生前不久，可能是在政变前三个星期。

发生了什么情况？有些大学教授，如加西亚·巴尔塞纳斯等，他们到一些兵营或军事研究中心讲课，同军人有关系。一些大学有声望的教授与军方有关系，他们说："我们与军方有关系，我们将进行调查。"此外，由于正统党有希望在大选中胜出，所以，可以利用这些关系。他们对我回答说，将进行调查，然后，再做决定。两三天后，我又去正统党总部，正统党领导人对我说："我们已经做了调查，同所有我们的关系进行了谈话，没有发现有策划阴谋的迹象，一切都平安无事，没有阴谋。"他们向我担保说，这就是他们给我的回答。他们得出的结论是，巴蒂斯塔没有策划阴谋，所有的关系户都对他们这么说。我不知道他们的关系户究竟是些什么人。

这产生了两种效果，一方面，对我起了一点阻止作用，使我放心了一点，因为他们向我担保说，没有任何迹象表明军队在策划阴谋。另一方面，我继续在进行逻辑推理，我准备继续调查。他们说没有任何策划阴谋的迹象，但是，我深信确实是在策划阴谋，但我的印象是，不会马上发生，我想需要几天时间继续进行调查研究。很可能他们的关系户都是一些高级军官，而巴蒂斯塔是同掌握军权的低级军官一起谋反的。

当时我正在忙于调查真正党领导人，政府要员的调查。我已经写好第五篇揭露文章，并准备写第六篇，第六篇揭露性文章将是一枚重磅炸弹，主要是展示共和国总统下令出钱雇凶杀人的证据。我对调查巴蒂斯塔政变花的精力不够，而政变已有预兆，我当时认为政变不会马上发生。正是在这种情况下，在大选50天前，发生了3月10日的政变。

我曾提醒过帕尔多·利亚达、阿格拉蒙特和正统党的领导，我对他们说："他们正在策划一场阴谋。"很明显，他们轻信了那些教授的关系户，那些高级军官所做的担保。要知道，他们是如何进行调查的，同谁进行了交谈。但是，当我提醒他们时，他们却对我说，一切都平安无事，没有任何谋反的迹象。

如果他们给我机会在正统党一小时的节目中进行揭露，那么全国都会收听到；如果正统党的领导人具有一点敏感性，有一点预测能力，如果我做了对巴蒂斯塔谋反的揭露，政变可能不会发生。

如果巴蒂斯塔分子听到有人在电台揭露政变阴谋，他们可能会士气低落，其阴谋可能会流产。我深信，其政变阴谋可能不会得逞，因为政变阴谋并不牢靠。尽管巴蒂斯塔得到军人的同情，组织策划了这场政变，但是，他依靠的是少数尉官，少数驻扎在关键部门和要塞的军官的支持，正是他们为巴蒂斯塔打开了哥伦比亚兵营的大门，该兵营今天已成为学校城。

在陆军军官中，有一些人是同情正统党的。如果对巴蒂斯塔的阴谋予以揭露，会使他们动员起来，保持警惕。另一方面，所有参与政变的尉官们也会士气低落。他们人数不多，但是，却是一支敢于拼到最后时刻的队伍。

当得知 3 月 10 日发生政变时，我感到无比的痛苦，因为我曾经觉察到巴蒂斯塔在策划政变，尽管如此，政变还是突然发生了。我一生感到最痛苦的事之一就是 1952 年 3 月 10 日政变的发生。

卡秋斯卡·布兰科：那一天，我母亲只有 7 岁。她一生都记得那天早上发生的事，大清早，一个婶母到家来，与我的祖母拥抱，与此同时，她边哭边说了一遍又一遍，说巴蒂斯塔发动了政变。也许家里感到有些害怕，因为我祖父是吉特拉斯派。

在历史档案馆保存的雷内·罗德里格斯的见证中说，3 月 9 日，您很晚才回到贝达多区，第 24 街和 26 街之间的、23 街 1511 号大楼第 2 层您的小套间。我想问您，您是如何得知政变的消息的，当时有什么感觉，您有没有为您的家人感到担忧，您当即做出什么决定。您能讲述一下您当时的感觉和反应吗？

菲德尔·卡斯特罗·鲁斯：好的。那天，我从《警报》报社回家很晚了。我在《警报》写了最后一篇强有力的揭露文章，期待第二天，即 3 月 10 日文章刊登后，会有什么反应。我完成了我的任务。这些天，我开足马力，我的计划执行得十分顺利。

大约凌晨 5 点，天还没有亮，有人使劲敲门：嘭，嘭，嘭！猛烈的敲门声把我给吵醒了。我爬起来，开门，想看看发生了什么事，是谁在敲门。是拉斐尔·迪亚斯－巴拉特！他是来告诉我，提醒我发生了什么。他这么做是出于好意，因为他十分担心，他说："巴蒂斯塔已经占领哥伦比亚兵营！萨拉斯·卡尼萨莱斯被任命为警察头目，卡萨莱斯是摩托巡逻队的队长！"这两名警察都是我揭露的对象，他们与一件凶杀案有牵连，法院起诉他们，并要求判处 30 年徒刑。

随后，他提议说："如果您愿意的话，我们一起去哥伦比亚兵营。"

我训斥了他，我十分激动和愤怒，要他滚蛋。他的提议对我来说是一种羞辱，是莫大的背叛，因此，对他跑来告诉我、多少为我的生命表示担忧，我连谢都没有谢他。我也感到非常苦恼，因为我曾觉察到巴蒂斯塔在策划阴谋，如果准许我予以揭露的话，政变可能不会发生。在那天之后，我再也没有见到迪亚斯－巴拉特。我与他是完全和彻底地决裂了。

我穿好衣服，在天亮前离开家，我谁也没有告诉，去了离我家只有几个街区的莉迪娅家。到她家后，天亮了，我不断地听新闻，观察和分析事件的发展。我想了解有些什么反应，是否会有一部分陆军反对政变。我看到武装人员乘着各种车辆、军警们乘着汽车沿着23号大街频繁地、迅速地来回调动。我听说，清晨在总统府发生了一些事件，普里奥总统没有作抵抗就撤退了。

在一开始，许多真正党人、马斯费雷尔及其一伙人，去了大学，似乎表示某种反对的姿态。后来，来了武装人员，发生了一些骚乱。

我一直在关注事态的发展，整天在听广播。在中午时分，听说在东方省可能有抵抗，圣地亚哥驻军忠于宪法，孔特·阿圭罗不知在何处发表了讲话。总统府的一个士官对追击者开枪，但是，没有任何陆军部队进行抵抗。直到最后一刻我一直在观察，是否会有有组织的抵抗。我清楚，政府已经完全土崩瓦解，不作抵抗。东方省的军团团长是唯一进行对抗的，一直到中午，后来，尉官们和士官生们听说巴蒂斯塔得到了所有军事指挥官的支持，他们解除了军团团长的武装，也加入了政变队伍。

马斯费雷尔及普里奥的许多人，大清早便聚集在大学，到晚上6

点，他们到哥伦比亚兵营支持巴蒂斯塔。而那些拿着武器集合在大学的真正党人，最后也离开了大学，去了哥伦比亚兵营。他们这种机会主义的表现，令人作呕。

所有的军队都屈从了，普里奥没有抵抗。

当天，我开始思考，为什么谁也不抵抗：正统党和所有人都若无其事。正统党的领导对政变毫无准备。而本应进行抵抗的政府，也没有抵抗。普里奥躲到一家外国使馆避难。支持普里奥的军人最终加入了政变队伍。而唯一有所抵抗的军团也只是坚持到中午。到了晚上，巴蒂斯塔已经完全控制全国。而我本人，在3月10日那天，手中没有任何武器，连一把小刀都没有。这是我最悲伤和难过的时刻。我如同平时那样，身无分文，又没有武器，处于地下状态，我所面对的是政府和警察局的敌人，他们野心勃勃、嗜权如命。

我下一步的反应将会是什么？说实在的，我连躲藏的地方都没有，我不知道我去哪里，去哪里藏身。我甚至不知道是否有人在追踪我。我推测刚刚被巴蒂斯塔任命为警察头目的前中尉警察萨拉斯·卡尼萨莱斯是否在追踪我。我猜想这些心怀仇恨和渴望报复的人可能会追踪我。但是，幸运的是，他们对自己的业绩和成功兴高采烈、欢欣鼓舞，一时想不起我来。这就是当时的形势，在这一形势下，我开始了斗争的新阶段。

卡秋斯卡·布兰科：糟糕的是，巴蒂斯塔把他策划的政变说成是一次革命，是3月10日自由革命。

菲德尔·卡斯特罗·鲁斯：是的，因此，我首先考虑的是撰写一份宣言书，揭露巴蒂斯塔提出口号的实质。第二天，雷内·罗德里格斯把我接到安第诺旅馆,他自前一天晚上起就住在这一旅馆。雷内已经做了一些调查,他曾与一些正统党党员在一起,在阿格拉蒙特家碰头,但是,没有做出什么具体的决定。于是,我们到正统党党员埃瓦·希门内斯家里,在她家里,我开始起草宣言:《这不是一场革命,而是一场政变!》我让雷内到我家里给我拿一些纸张和拿打字机,但是,没有成功,因为迪亚斯-巴拉特和几名警察在那里,不许他碰任何东西。

晚上,我的弟弟劳尔也到埃瓦家来避难。12日一整天我都在起草宣言。但是,宣言的发表由于新闻检查而推迟。是正统党党员劳尔·德阿吉拉尔在尼科·洛佩斯和劳尔的帮助下,得以秘密地将宣言印出来。埃瓦又把宣言复制了数百份。

我在宣言上签上我的真名,我没有用化名。宣言写道:"这不是一场革命,而是一场政变!""他们不是爱国者,是扼杀自由的人、篡权者、倒行逆施者和满怀仇恨的冒险家。"我清楚地记得宣言的一些片段:"这不是一场反普里奥总统的政变,而是反人民的政变……这场篡权缺乏合法的原则。"我认可造反有理的理论,我想表达的意思是,造反可以有理。"现在是做出牺牲和进行斗争的时刻,如果失去生命,什么也不会失去。偷生在枷锁下不如死,谁愿在耻辱中忍气吞声?为祖国献身,就是永生!"

这是我第一次起草一份宣言。我在奇瓦斯墓前散发了这份宣言。我们正统党党员每个月都在他的墓前聚会。政变发生后,我们又在他墓前聚会。在奇瓦斯墓前,我发表了简短的演说,然后,我散发了宣言。后来,警察来了,大家都来了。政变分子称,是普里奥想谋反,想策划政变,因此,巴蒂斯塔抢先了一步,并声称这是一场革命。但是,我在宣言中裁定:"这不是一场革命,而是一场政变!"许多正统党人在奇瓦斯墓前，首次听到我起草的宣言，其中有梅尔瓦和阿韦尔[1]。我就是在这次聚会时在年轻人的人群中认识他们的。

我记得3月16日那天，我到了公墓，非常有意思的是，大家都设法保护我，因为那里有数千人，我的到来引起大家关注，给人们带来希望，人们对我的关注和声援要胜过对任何其他人。可以说，人们在保护我，对我十分关心。警察不得不保持中立，因为公墓里集合了许多人群。

在那里，我使接受政变的共和国法院处于尴尬处境，因为巴蒂斯塔违背了所有的法律。当时，已经有革命有理的理论，因此，我说这不是一场革命。我的理由是："光听叛乱分子现在自鸣得意地说革命有理是不够的，他们是一伙刑事犯。"

卡秋斯卡·布兰科：我是第一次了解这一历史的细节。我记得您在所提到的《这不是一场革命，而是一场政变！》的宣言中，有这么一段话，您预见将会发生的形势："但是，真理将照耀古巴的命运，将会在这困难的时刻引导古巴人民，你们不允许说出这一真理，但是，大家会知道这一真理，真理将会秘密地传到每个男人和女人，尽管没有人会

---

[1] 即梅尔瓦·埃尔南德斯（Melba Hernández, 1921～2014）和阿韦尔·圣玛丽亚（Abel Santamaría, 1927～1953）。梅尔瓦·埃尔南德斯是古巴著名女英雄、律师、外交官。毕业于哈瓦那大学法律系，获博士学位。曾加入正统党。1953年7月26日，参加卡斯特罗领导的攻打蒙卡达兵营的革命行动，是参加这一行动的两名女战士之一。这一行动失败后，被捕并被判处6个月的徒刑。1954年2月20日被释放。释放后，继续从事革命活动，1955年参加菲德尔·卡斯特罗·鲁斯创建的"七·二六运动"，成为运动的领导成员之一，后参加卡斯特罗领导的起义军。1959年古巴革命胜利后，先后当选为古巴共产党中央委员、全国人大代表、古巴驻越南和柬埔寨大使等职。被授予"蒙卡达女英雄"等称号。阿韦尔·圣玛丽亚是古巴革命者，菲德尔·卡斯特罗·鲁斯的战友，1953年7月26日，阿韦尔和他的姐姐艾德·圣玛丽亚一起参加卡斯特罗领导的攻打蒙卡达兵营的革命行动，行动失败后，被捕，遭到敌人的拷打，并被杀害，年仅26岁。——译注

公开说出来，也没有人会公开在报刊上发表，但是，大家都会相信真理，英勇起义的种子将会在每个人的心中生根发芽，会像指南针一样指引着每个人的良知……"

菲德尔·卡斯特罗·鲁斯：3月24日，我在哈瓦那紧急法院提出上诉，起诉巴蒂斯塔刚建立的政权违背了宪法。这是一项司法行动。在上诉中，我回顾了巴蒂斯塔的所作所为和所有盗窃行为，我问道，普里奥与巴蒂斯塔有什么区别，我自己的回答是："没有任何区别。"

巴蒂斯塔是大家的公敌，在所有的问题中，我一次又一次地问同样的问题：他们之间有没有区别？

有一天，散发由帕尔多·利亚达签名的传单，上面刊登了一篇演说，但是，我认为上面刊登了两项最重要的东西，一是我写的《这不是一场革命，而是一场政变！》的宣言，二是我向紧急法院提出的上诉。当然，没有人会理睬我，有人会说："这是一个疯子。"而我不在乎别人怎么说我。我依然在为我将进行的反巴蒂斯塔武装斗争做法律和政治方面的准备。

我在政变发生后不久，就为《控诉者》报撰稿。

卡秋斯卡·布兰科：我读过您1952年8月16日在该报上发表的《我控诉》的文章，您文章的署名是亚历杭德罗。

菲德尔·卡斯特罗·鲁斯：我写此文是为了激起民众的斥责和揭露，因为我不断地揭露，仿佛在说：当革命者为进行起义而自我辩护时，法院们会说些什么？

我相信，这打下了基础。所发生的事情是不同寻常的。形势完全是新的，它改变了国家的政治版图。我从思想方面谴责了这场政变，确立了政治的、法律的基础,包括使用武力进行反巴蒂斯塔斗争的根据。我不再考虑使用另外的方式。

在此之前,我曾有过一整套战略和革命纲领,但是,政变彻底改变了我的战略和纲领。

我设想全国各种政治力量会团结起来,恢复过去的状态,即恢复宪法,自从3月10日政变后,宪法已经消失了。

正当我拥有一整套革命战略,拥有一系列明确的、清楚的进行革命、夺取革命政权的思想时,巴蒂斯塔篡夺了政权,深入实施其反革命计划。

因此,我想,民众自然的回答是团结起来。首先,我想到正统党,因为它是一个大党,我也想到其他被政府排除在外的政党和所有的社会力量,它们都面临巴蒂斯塔不光彩的重新掌权和他违宪的反动政变。尽管这部宪法从来没有完全执行过,但是,这是一部进步的宪法,是一部相当先进的宪法。这部宪法和宪法规定在我国有着崇高的威望。可以说,它受到所有人的遵守,所有人都支持它,它结束了帝国主义强加给古巴的专制政府暴力、凶杀和犯罪的漫长时期。从本质上来说,在短期内,宪法和政治进程依然维持着。

普里奥不可能策划政变,因为他没有力量发动政变,跟随他的人只占不到5%的民众。他在军队中没有任何威信,他既得不到军队的拥护,也得不到人民的拥护。而巴蒂斯塔却得到最反动和最坏的人的拥护,占居民和军队的15%～20%;特别得到处在冷战中的帝国主义的支持。普里奥本来是等待当年6月大选结束后,任期届满后卸任,只差两个半月。

在我国,制度的进程和选举已经是一个现实。尽管大部分报刊是反动的，大众传媒掌握在私人手中，其方针是麦卡锡主义、反共和反动的。但是，像我个人还是可以在电台做一个小时的节目，在报刊上可以写文章，还允许存在一个政党和一个合法的渠道。也就是说，进程还没有终止，但是，在不远的将来，有一天，当一个领导有方的、强有力的人民运动打破这些合法规章时，它会终止。

在政变前我的战略是在政治进程相当成熟的形势下制定的，设想可依靠群众去对抗古巴的经济政治制度。政变迫使我必须重新创造起码的必要条件来团结人民和通过其他的道路来进行斗争。宪法是当时唯一能团结人民进行革命斗争的因素。当时的形势就是这样。

我设想，最起码全国所有的力量应该起来反对政变，重新恢复宪法，也就是说，反对政变应成为团结人民的主要因素。

我认为，有足够的力量：人民党（正统党）、受剥削的工人、无地的农民、学生和生活在极恶劣条件下的广大人民群众，他们将成为斗争的中坚力量。

另一个重要问题是工会的领导权问题。真正党格劳和普里奥政府任内，建立了官方的工会领导，强制把共产党人赶出工会领导，并且杀害了像赫苏斯·梅嫩德斯[1]那样诚实的、有威信的许多工会领导人，而使一些屈从官方路线的腐败分子把持了工会。当时的古巴工人联合会被腐败分子强行把持，成为普里奥执政党的工具。政变后，古巴工人联合会腐败的领导很快就倒向巴蒂斯塔。巴蒂斯塔控制了国家、军队、大众传媒，建立了新闻检查制度，控制了工会领导，工会领导已

---

[1] 赫苏斯·梅嫩德斯（Jesús Menéndez，1911～1948），古巴著名工会领导人。糖业工人出身，1931年加入古巴人民社会党（共产党），1941年任古巴全国糖业工人联合会总书记，为古巴糖业工人权益做了艰苦的斗争。1948年1月22日被杀害。

经不能代表工人阶级。

我设想，工人、学生、农民和所有全国正直的政治家都会团结起来为恢复宪法而斗争。我撰写了宣言书，我正在准备条件开展革命武装斗争，但是，我身无分文，没有武器，也不能指望正统党，因为正统党在它的创始人去世后，缺乏坚强的领导。我当时已经相当出名，在群众中，特别是在正统党的党员群众中，有一定的威信，但是，仅此而已。我开始为斗争而工作，我设想，所有反对巴蒂斯塔政变的组织和政党都会投入斗争。

我想到了正统党的领导人和其他的政治领导人。我自问道：米略·奥乔亚会干什么？阿格拉蒙特会干什么？所有这些政治领导人都会干些什么？作为正统党的领导人，帕尔多·利亚达会干什么？当然，我对帕尔多·利亚达并不抱有多少希望。但是，在这种情况下，只要有起码的正义感，起码的尊严，就会开始反对巴蒂斯塔的斗争，因为不可能设想，我国人民会屈从于巴蒂斯塔的政变，会屈从于亲美的粗俗的独裁政权。

然而，几乎所有的阶层，富人们，企业家协会，炼糖厂老板，美国公司，所有人都对巴蒂斯塔拍手鼓掌和支持他。

巴蒂斯塔侈谈秩序，使用反共的语言。他开始使用这种语言，以博得工厂主、庄园主、地主、房产主、买卖人和商人的欢心。这是因为普里奥政府任内，国家处于无政府状态，混乱不堪、暴力活动猖獗。巴蒂斯塔举起维护秩序的旗帜，令资本家和剥削者满意，他们反对工人的罢工和各种行动。因此，巴蒂斯塔得到民族资产阶级、地主和富人的支持。

美国当然感到兴高采烈！因为尽管人民党（正统党）不是共产党，但它不受美国政府的欢迎,所有与人民沾边的东西都值得怀疑和不合时宜。而巴蒂斯塔那样的政府对美国的利益来说,更为可靠。

当时,对人民提出一项挑战,尽管从我国人民的内心来说,是决不会接受巴蒂斯塔的所作所为的。

在这个完全不设防的时刻,我深信,我国人民是不会接受这次政变、这次变故、这次叛变的。我国人民当时还没有先进的、社会主义的、马克思主义的觉悟,但是,他们起码有长时间形成的足够的政治和民主的觉悟和有着自由的传统,他们是不会屈从于巴蒂斯塔的政变的。

卡秋斯卡·布兰科:司令,当时的政治形势相当复杂,您当时还相信正统党能够起作用吗?

菲德尔·卡斯特罗·鲁斯:我当时处境非常特殊,因为巴蒂斯塔是我的敌人,而真正党和被推翻的政府也是我的敌人,因此,有人责怪我,说我应为政变的发生负责,因为是我反对被推翻的政府,才给政变打开了方便之门。当时我谁也不能指望,我是所有这些力量的敌人,我是正统党的党员,但我不是党的领导人,该党的领导人十分迂腐,主张讲和。但是,我认为党将进行斗争,我认为党会投入斗争,我认为党的领导人对人民有起码的承诺,他们应该使用唯一的斗争方式,即通过武装斗争和使用武力来回答巴蒂斯塔的政变。除了武装斗争外,我认为没有什么别的道路可走。但是,我设想这一斗争还是应该由这些政党的领导人来领导。此外,我明白,巴蒂斯塔政变后想维持其统治,以再次掠夺国家,建立一个强势政权。

这是我当时的想法,我并没有想领导一场革命和进行一场革命,而是想通过党进行斗争,因为在当时情况下,我一个人,是没有能力单独进行斗争的,我没有自己的政党,没有钱,没有手段,也没有报刊,什么也没有,只有一些同情者。说实在话,我的许多同情者,从一开始起,就相信我,就希望我不满现状,能根据我的原则来采取行动。

这使我的任务不那么困难,我开始在正统党的同情者中组织最初的战斗小组,同其他政治力量团结在一起共同进行反对巴蒂斯塔的斗争。在斗争中,涌现出阿韦尔·圣玛丽亚和赫苏斯·蒙塔内[1]等勇敢的战士,他们找我,对我表示支持。正如我设想的那样,在正统党党员群众中间,有非常勇敢的人。

一般来说,大学生联合会的一些领导人通常十分看重其权力,他们想重复1933年反马查多斗争的历史,即大学联再次领导斗争。因此,大学联的领导人对我的妒忌心大发。在3月10日政变前,他们与我的关系不错,但是,政变后,对我产生强烈的心理反应,使我准备进行的任务更加困难。

当时,在反对巴蒂斯塔政权的人中间,一些被巴蒂斯塔撤职的人责怪我促使政变发生,而一些大学生领导人则认为我会妨碍他们。他们担心会出现某个人领导斗争。

正因如此,我不得不从零开始。我被迫几乎秘密地同真正党人打交道,因为他们拥有资金,争取他们加入组织,增强力量。大学生领

---

[1] 赫苏斯·蒙塔内(Jesús Montané,1922~1999),古巴革命者。曾加入正统党青年组织,1953年7月26日,参加卡斯特罗领导的攻打蒙卡达兵营的战斗,战斗失败后,被捕入狱。1955年5月,获大赦释放,出狱后不久,加入卡斯特罗创建的革命组织"七·二六运动",并与卡斯特罗一起赴墨西哥组织秘密武装。1956年11月24日与卡斯特罗一起乘"格拉玛号"游艇,离开墨西哥的图斯潘港,12月2日清晨在奥连特省登陆,后随卡斯特罗一起上山打游击,直至1959年1月1日古巴革命胜利。革命胜利后,曾任古共中央委员、全国人大代表、交通部长等职。1999年病逝。——译注

导人甚至不愿意听别人提到我的名字。

一些大学生领导人不愿意寄人篱下，他们想自己领导革命。在他们眼里，我不过是一个"政客"而已，他们就是这样贬低我。

而唯一具有革命社会观的人民社会党，尽管在大学里总是对我彬彬有礼，但是，他们一直把我看作是一个地主的儿子，是一个毕业于有钱人的子女才上得起的贵族中学的毕业生。他们具有制定自己路线的长期的政治经验。我在读大学时，就是在该党开设的书店里，读到了马克思和列宁的著作，获取了我最初的理论知识，如果没有这些知识，现在我不可能成为一个真正的革命者。

所有这些现象我都是在3月10日政变后突然觉察到的，当时问题越来越困难，正是在这种情况下，我开始了斗争。

我没有想领导一场革命，我的立场是无私心的，我不想当什么领导或头目。我只是分析如何为我们反巴蒂斯塔的共同斗争做些贡献，以及如何为在我参加的党内树立起革命精神。我设想我应该做些什么和怎么去做，在行动中与所有的力量联合在一起。

我不想当什么革命的领导或头目，我准备与所有人一起为推翻巴蒂斯塔而斗争。这就是我的态度，我毫无私利的态度。但是，当时许多人都在为将来的名利考虑。有的人在我的宣言书上签字，为的是表明自己的立场，而不是隐瞒立场。此外，我必须引导民众，在谁都什么不敢说的时候，我得说话。

最初几天，我得小心翼翼行事，不能随心所欲，因为我不知道巴蒂斯塔会如何反应，他的仆从们会如何反应，因为他们把我视为潜在的敌人。

他们当时为轻易、成功地再次掌权感到兴高采烈，甚至想给人们留下温和的印象。巴蒂斯塔拥有 11 年的执政经验，他熟知古巴人的心理，因此，他最初下令要使用温和的手段。巴蒂斯塔自我吹嘘、自我赞扬、大唱爱国主义赞歌，他的支持者们大肆吹捧巴蒂斯塔，赞扬他是救星，说是他把祖国从血流成河的状态下解救出来，是主张民主的人，是好人，说他反对暴力，反对仇恨，尽管他取消了宪法保障、个人权利等一切。他们想方设法向人民推销说这场政变是件好事，在开始时并没有使用镇压手段。甚至我所控告的警察对我表示某种尊敬，而不是仇恨，他们的反应是对我表示某种尊敬，某种慷慨。"他们不是嗜血如命的人，不是报复性强的人。"巴蒂斯塔指责普里奥报复性强，"巴蒂斯塔想与所有的人和平相处，他不仇视任何人，不想报复任何人。"这就是他们力图制造的巴蒂斯塔的形象。

他们大权在握。在执政初期，采取了温和的、小心翼翼的、非镇压的政策。当大学生们组织抗议游行时，巴蒂斯塔分子并没有占领大学，没有破坏大学的自治，刚开始时，他们尊重一切。他们谨慎地欺骗、糊弄民众，使他们安于现状，因为他们知道，他们所犯下的罪行非常严重，民众很难接受。

我认为，巴蒂斯塔低估了人民，而我并没有高估人民，而是给予客观的评价。

政变后最初几周，甚至最初几个月，为政变成功感到欢欣鼓舞的政变分子，行动谨慎小心，企图平息抗议、消除不满。他们对民众对独裁统治和政变的不满行动，并没有使用暴力。

这对我来说是有好处的，因为，他们一直企图找到我，我不知道为什么。我不能再待在自己家中，不能再住在自己家里，此外，我也没有钱付房租。于是，我先是搬到我姐姐莉迪娅家中，后来，又同家人一起搬到其他地方。

有一阵子，我住在哈瓦那郊区埃尔卡诺的一个正统党党员、我的一个朋友的家里。她有几个缺乏教养的孩子。在政变后，我和米尔塔和小菲德尔在她家住了几个星期，她的家很大，是一个小庄园。我经常出出进进，到各处去进行联络。我行动很小心，因为巴蒂斯塔的军队在跟踪我。在这种情况下，最可怕的事是，有人告发。有时，告发的人是投机分子。我不清楚当我居住在埃尔卡诺时，是谁告发了我。一天，我出门后，军人进屋，带走了米尔塔和小菲德尔，当时，小菲德尔还很小，军人把他们两人带到哥伦比亚兵营，关押了几个小时。

后来，我开始更加自然地活动，我的活动不很公开，我仔细观察形势，开始时，我活动频繁，但是，是秘密地进行的。后来，我的活动比较公开，因为政府想给大家制造一种有保障的气氛。

我的另外一个窘境是我没有钱。面临新的处境，我没有钱支付杂货店，也没有钱还债。唯一能够说的是，等我有钱时，我再还债。但是，我不能再欠债了。我既没有房子，又没有钱，什么都没有。这就是我当时的处境。

改变战略．政治阶层的惰性．阿韦尔和蒙塔内．迫害开始．普拉多大街109号．法律系青年们．在大学的训练．职业革命家．人民社会党书店里的书．瓜纳博庄园．最崇高的阿拉伯商人．安迪诺旅馆．应对的时刻卡秋斯卡·布兰科：司令，巴蒂斯塔的政变使正在进行中的政治进程终止，这一进程本来可以给国家的未来带来变革的前景，这是否令人感到沮丧？

菲德尔·卡斯特罗·鲁斯：当然，我感到痛苦、难过，非常苦恼。3月10日前，我的革命战略非常明确。但是，政变不仅终止了可给国家的未来带来变革前景的立宪政治进程，而且使国家倒退到没有法律、没有宪法，一个军政府、独裁、反动、反革命、腐败政府掌权的形势，倒退到了过去。因此，在3月10日政变之后，必须立即忘掉过去任何的战略，去工作，去斗争。

当时，我设想，只有联合所有力量才能消除这个毒瘤，改变这一不正常的形势，回到3月10日前的形势，即回到立宪制度，允许各政党的存在，回到原来的政治进程，尽管这一进程还没有展现它的成果，还没有完成，但是，我认为，这是走向革命的道路，为此，我曾制定了明确的、清楚的战略。

卡秋斯卡·布兰科：应该回到过去……

菲德尔·卡斯特罗·鲁斯：我想必须重新创造条件，当时我认为，谁也不会不考虑要消除这个政变政府，以恢复宪制和开辟政治进程，这应该是大家所关心的事。我把这一进程视为革命的道路。

鉴于当时古巴的条件，我没有制定一个战略，而是立即开始战斗。首先，是反对巴蒂斯塔，这是起码的义务和责任，这是原则问题，揭露他，谴责他，采取各种行动反对巴蒂斯塔政府。我对自己说："这已经不再是一个政治进程，而将是武装斗争的进程。必须推翻巴蒂斯塔。"于是，我开始在正统党党内组织革命支部进行反巴蒂斯塔的武装斗争。

我丝毫不怀疑,推翻巴蒂斯塔必须使用武力,因为他篡夺政权也是使用武力。我了解他这个人,了解历史事件和古巴历史,我十分清楚地看到,巴蒂斯塔重新夺权是想让自己和同伙无限期长期执政,以便重新掠夺国家。因此,我深信,要推翻巴蒂斯塔必须采取革命的方式,才能恢复宪制。

但是,我并不想由我们小组制定一个进行革命的战略,因为,我在此前根据当时的情况制定的战略,没有什么用。当我开始在正统党青年建立革命支部时,并没有背着党以及党的领导人去制定什么革命战略。我是想正统党比其他党更有责任,因为它有自己的旗帜,有自己的道德立场,自己诚实的政治立场,党没有变质,党被篡夺了政权。我相信,正统党、它的领导人和它的党员群众,会在斗争中起重要的、决定性的作用。由于党已经没有领导,没有指导方针,党的领导人什么也不干,我开始培养干部,建立战斗支部来完成任务,一旦党的领导人决定开始斗争,党已具备条件,投入斗争。

他们知道我的看法、我的立场和我斗争的决心。我并不保密。我也不是笨到非得等待他们给我下指示,而失去时机。在这一前提下,我立即开始工作,指望着正统党会进行斗争,其他的党也会进行斗争,不应当失去时机。必须开始把党组织起来,因为党并没有准备与巴蒂斯塔进行对抗。

我依然相信党的领导人帕尔多·利亚达、米略·奥乔亚和阿格拉蒙特等,甚至那些最软弱的领导人,会有起码的责任感、荣誉感和尊严,来开始为进行一场革命而工作。

然而,不是他们找我,而是我去找他们,要求他们、鼓励他们开始工作，进行斗争。

在这一时期，米略·奥乔亚开始进行某些组织活动，开始进行反对巴蒂斯塔的斗争行动。尽管他是属于保守的、谨慎的政治家，但他还是采取了斗争的立场。我记得，他是我最早与之建立联系的正统党领导人之一。

当时，有几位领导人开始活动。他们并没有组织斗争，而是准备谋反。他们与被撤职的前军人及其他活动分子联系。他们并没有想进行一场武装斗争，而是想策划一场反政变。

其他政党也在行动：普里奥真正党的人，开始聚集军队，准备进行反巴蒂斯塔的斗争。还有其他一些政党，但不是所有的党都采取行动。另一些人开始与巴蒂斯塔密谈，企图寻找政治出路；格劳·圣马丁等领导人想通过选举的道路，但是，他们都遭到了反对派几乎所有人的拒绝，后者采取了更加激进的立场。

卡秋斯卡·布兰科：司令，能否说，在最初时刻，普遍的反应是手足无措。是这样吗？然而，在最激进的正统党人中间，从一开始起，就产生了用武力对付巴蒂斯塔的思想。我记得拉米罗·瓦尔德斯[1]司令写过一篇证词说，他从巴蒂斯塔发动政变那一天起，就认为只有通过武力才能推翻巴蒂斯塔。

---

[1] 拉米罗·瓦尔德斯（Ramiro Valdés，1932～），古巴革命主要领导人之一。1953年7月26日，参加卡斯特罗领导的攻打蒙卡达兵营的战斗，战斗失败后，被捕入狱。1955年5月，获大赦释放，出狱后不久，加入卡斯特罗创建的革命组织"七·二六运动"，并与卡斯特罗一起赴墨西哥组织秘密武装。1956年11月24日与卡斯特罗一起乘"格拉玛号"游艇，离开墨西哥的图斯潘港，12月2日清晨在奥连特省登陆，后随卡斯特罗一起上山打游击，曾任起义军第八纵队副司令（格瓦拉为司令），从古巴东部一直打到西部，直至1959年1月1日古巴革命胜利。革命胜利后，曾任内务部长，一直担任古共中央委员，现为古共中央政治局委员、国务委员会副主席和部长会议副主席，1976年获"革命司令"称号。

菲德尔·卡斯特罗·鲁斯：在最初手足无措的时刻，我开始进行活动，如征集宣言书的签名，力图办一份报纸，不断地揭露。正是在这时候，我认识了阿韦尔、蒙塔内和梅尔瓦，尤其是认识了阿韦尔和蒙塔内。

卡秋斯卡·布兰科：在历史事务办公室保存着蒙塔内写的一份证词，蒙塔内回忆说，你们是在1952年5月1日，在公墓参加纪念卡洛斯·罗德里格斯遇害一周年的一次集会上认识的，杀害他的凶手是拉斐尔·萨拉斯·卡尼萨莱斯和拉斐尔·卡萨莱斯，您当时要求因杀人罪判处这两人各30年徒刑。根据蒙塔内的回忆，当集会结束后，你们两人互相交谈，很快，你们围绕国家政治事件，进行了生动和友好的交谈。你们一致同意必须采取行动同巴蒂斯塔独裁政权做斗争。你们都对反对派中某些人不组成战斗阵线，按兵不动表示遗憾。你们得出结论认为，面临这么多人光说不做和犹豫不决，青年人应该行动起来。他说，从那时候起，您开始成为组织人民同独裁统治进行殊死斗争的领导人。

菲德尔·卡斯特罗·鲁斯：是的，我记得是在5月。阿韦尔和蒙塔内接近我，我们开始一起工作，旨在通过武装斗争推翻巴蒂斯塔，为了这一个目标，我们必须好好组织起来，开展共同的斗争。那几天，我们主要是想办一份报纸，但是，被警察发现，我们小组的一些成员被捕。我们给我们的报纸起名为《控诉者》。

卡秋斯卡·布兰科：您到卡斯蒂约德普林西佩监狱去探视他们，被捕入狱的人中，有阿韦尔、蒙塔内和劳尔·戈麦斯·加西亚……他们的被捕是否意味着追捕的开始？

菲德尔·卡斯特罗·鲁斯：我们开始遇到问题。除了报纸外，警察还占领了我们想播放我们节目的电台。警察跟踪我们。有时候，有些支持过我们的人在被捕后，因害怕，就告发我们。恐怖的气氛很浓厚。因此，我们最初的活动，主要是与宣传有关的活动，常常遭到警察的破坏。这对我们来说，是非常重要的教训，尽管敌人低估了我们，这对我们是好事。

很快，我得出结论认为，不能根据朋友或亲属关系，就相信某个人，而是要根据每个人对斗争必要性的认识来判断一个人。在这种情况下，当我开始工作时，我是根据人们的动机来选择人的。我首先选择的人中间，有阿韦尔、蒙塔内和其他一些我欣赏的人。

谋反的方法问题变得十分重要。我们工作的方法是要防止被告发，被出卖。我们开始使用严格的方法，因为形势是新的，我们中没有任何人曾经在巴蒂斯塔那样的军事独裁政府中生活过，我们没有谋反者旧的经验，可以说，没有任何经验！因此，我认为这是一个需要解决的问题，我认为我们解决得不错：我们在选拔人时，非常严格，要求必须遵守纪律，谨慎小心。

卡秋斯卡·布兰科：第一个听您谈招收人的是拉米罗·瓦尔德斯司令，他一直记得您同他第一次在普拉多大街109号的见面。参加会见的还有何塞·苏亚雷斯·布朗科。后来，帕斯托丽塔也叙述了这个时期的经历。

菲德尔·卡斯特罗·鲁斯：我开始亲自选拔头几个人，随后，我同第一批选拔出来的人一起，选拔所有其他人。我们选拔的人，有这里的，也有那里的，根据条件进行选拔，其中有的是正统党党员，有的是普通人、劳动者，他们对巴蒂斯塔的所作所为真正感到愤恨。我们选拔出小组长，然后，由小组长负责选拔5～7人组成一个小组，这些人中后来又有人成为组长。

组成一个小组需要具备一些条件：谁可以成为小组成员，如何进行选拔，所有这一切，都是有严格的规定，这些人不能参加其他组织，也不能是知名人士。我后来一个一个挑选各组成员，并同每个人谈话。

我们挑选人的基础是，准备与独裁政府做斗争，在当时，这还不算是一项罪名。巴蒂斯塔小看他的对手，小看我们，因为当时我们缺乏资金，他瞧不起我们。可以说，巴蒂斯塔本人，以及他的警察和他所有的人，都低估了革命者的力量。

但是，我一个个地进行评估，同他们谈话，了解他们的动机，我这么对他们说："好的，你到这个小组，他到另外一个小组……"

然后，下一步，是在大学里，对他们进行训练，但光练瞄准，没有实弹练习。

我们是从5～6人的小组开始活动的，当时，我已经出名，许多年轻人了解我的立场，他们对我寄予希望，信任我。我意识到，人们感到失望，他们想起来斗争，但是，正统党的领导人什么也不干，或者很少采取行动，这些年轻人对于能够把他们组织起来展开斗争的人，表示十分欢迎。

当然，还有别的组织，如正统党，一些领导人和其他一些青年，他们成立了自己的组织，他们是正式的领导人。但是，我是从做无名的群众工作开始的。我们开始做工作的人，没有一个是知名的。

5个月过去了，这一进程逐渐成熟。8月16日，是奇瓦斯逝世一周年，我说话的语气已经不同寻常。我看到党的领导人什么也不干，我依然设想所有人团结起来，共同斗争。我开始呼吁正统党要在斗争中起主要作用。只有这样，当宪法秩序恢复时，党将会有新的、不同的力量，来进行革命。

卡秋斯卡·布兰科：因此，8月16日奇瓦斯逝世一周年那天，您向党的领导人发出呼吁。我念一段您当时写的、发表在《控诉者》报第3期，也是最后一期上的题为《古巴人民党批判性回顾》文章的片段：

> 现在是革命时刻，而不是政治的时刻。政治是拥有财富和资金的机会主义者的事业，而革命则为真正愿意建功立业的人，为那些具有勇气和真诚思想的人，给那些赤手空拳、高举旗帜的人开辟了道路。一个革命的政党应该拥有革命的、年青的和平民出身的领导，才能拯救古巴。

菲德尔·卡斯特罗·鲁斯：我对不采取行动的党的领导提出了一点挑战。我并没有与他们决裂，而是对他们施加压力，要求他们起来斗争。但是，他们8月16日那天，什么活动也没有组织，他们失去了5个多月的时间，5个多月的时间！正因如此，我才使用了这样的语气。

与我一起开始工作的小组中的无名年轻人信任我。于是，我们同几个朋友一起，从零开始工作。在运动所招募的1200多名青年人中间，我认识的人很少，只有二三十人，其中有希尔多·弗莱依特斯、劳尔·德阿吉拉尔和尼科·洛佩斯[1]。其他人我不认识。这说明这些都是新人，来自正统党，是底层的青年，还不具有阶级觉悟、社会主义或马

---

[1] 尼科·洛佩斯（Ñico López），即安东尼奥·洛佩斯·费尔南德斯（Antonio López Fernández，1932～1956），古巴革命者。曾参加正统党青年组织。1952年5月1日，认识卡斯特罗，并一起准备武装斗争。1953年7月26日，参加卡斯特罗领导的攻打蒙卡达兵营的战斗，战斗失败后，得以逃脱。1955年加入卡斯特罗创建的革命组织"七·二六运动"，并赴墨西哥参加卡斯特罗组织的秘密武装。1956年11月24日与卡斯特罗一起乘"格拉玛号"游艇，12月2日清晨在奥连特省登陆，登陆后不久，12月7日，被叛徒告发遭杀害。——译注

克思主义觉悟，但是，他们都认为，是巴蒂斯塔政府造成了偷盗、不道德行为，他们都仇恨巴蒂斯塔；他们是具有道德的人。我就是在这些人中间，与阿韦尔、蒙塔内和我后来认识的人一起，开展工作。

我寻找那些不知名的青年，他们既不是领导人，也不是干部，是普通党员，是最诚实、自愿和健康的人。

当我竞选众议员时，我也是与具备这样品德的人一起工作，我当时有8000人的住址。我所有的工作都是同志愿者一起做的，他们并不谋求什么名利，但是，他们能斗争。我了解民众、人民和青年们的情绪，他们的愤怒、失望和痛苦交织在一起。

我走这一道路时，没有得到党的领导的支持，也没有得到大学联的支持，不可能得到他们的支持，他们不会支持我，我只会遇到敌人，一些真正党人把我视为政变的罪魁祸首，而嫉妒心重的大学联领导人害怕有人会篡夺他们革命的领导权。

大学联的确取得了威信，此外，他们也得到豁免，因为警察没有进入大学，大学成为大家集会的场所。我没有利用大学，因为人们并不看好这一方法。但是，当我们开始招募和组织人员时，当政治家、领导人、政党或大学生们进行的一场大革命来临时，无论愿意还是不愿意，大学对革命还是起点作用。

后来，我不知道是如何搞到了一支斯普林菲尔德步枪，一支汤普森机枪和一支M-1卡宾枪，这些枪都放在大学烈士纪念堂里。在那几天，我认识了小佩德罗·米雷特[1]，他帮助我们训练人员。这些年轻

---

[1] 佩德罗·米雷特（Pedro Miret, 1927～），古巴革命者，工程师。1953年7月26日，参加卡斯特罗领导的攻打蒙卡达兵营的战斗。战斗失败后，被捕并被判处13年徒刑。1955年5月，获大赦释放，出狱后不久，加入卡斯特罗创建的革命组织"七·二六运动"。1958年3月，参加起义军。革命胜利后，先后任古共中央委员，政治局委员，农业、矿业、冶金工业部长，部长会议副主席等职务。2009年后，因患阿尔茨海默症，而退出政坛。——译注

人从来没有见过步枪,不知道如何使用武器。通过各种关系,我把这些人送到大学进行训练。大学里有各种组织,大学联是最著名的。小组的一些成员,如阿韦尔、蒙塔内和尼科等,教他们如何使用斯普林菲尔德步枪和 M-1 卡宾枪。这就是当时大学的情况,大学有自治权,巴蒂斯塔披着羊皮,企图制造一个不进行镇压、负责的政治家的形象,他没有入侵大学,也没有必要这么做,因为大学虽然是一个煽动的中心,但也仅此而已。

我们把烈士纪念堂变成了训练场,在那里向所有愿意学的人教授如何使用步枪。

我指挥的小组的一些成员,如阿韦尔、蒙塔内和尼科等,开始出名,因为他们非常认真。他们不是光说不干的,而是纪律严明、不善言谈的人。他们在成长,而佩德罗充当教练,他很可能不知道,所有这些人都与我有关系。

我记得,在一个恰当的时候,我们不是招募,而是把佩德罗争取了过来。我往他那里派了几组人,设法把他争取过来。把他争取过来的人主要是尼科·洛佩斯。这非常重要,因为佩德罗是大学的教练。他没有名气,专心致志,学的是工程学。当我在拉佩鲁萨举行反对裁员的罢工时,他与不少其他大学生正在公共工程工地工作,以挣钱养活自己。他负责遥测工作,当举行罢工时,他便失去工作。他对我说,是我使他失去工作。

佩德罗是古巴圣地亚哥人,他家在圣地亚哥。很快,我发现他办事认真,责任心强,他全心全意投入教练每个来到大学的人训练工作。因此,我们下决心要把他争取过来。当我们达到目的后,我们就掌握了大学这座享有自治权的圣殿的训练的钥匙。而巴蒂斯塔继续充当好人的角色，对大学生们的所作所为漠不关心，因为他知道，大学生们没有武器，也没有钱，什么也没有。

说真的，巴蒂斯塔最担心的是普里奥前政府的真正党人，如奥雷利亚诺，因为他们有钱。巴蒂斯塔感到害怕，因为奥雷利亚诺声望越来越大。形势非常困难，这位曾经与奇瓦斯发生过争执的人，只要他与巴蒂斯塔斗争，只要他有点反对巴蒂斯塔，那么，失望的人们对奥雷利亚诺就会表示钦佩和赞赏。

当我们争取到佩德罗这个大学的唯一的教练后，我们运动的阀门就打开了，我们在大学训练了1200人，我记不清是花了多少时间，可能是不到6个月时间。当然，我们不断地选拔谁愿意投入斗争，谁更有能力和条件。

大学联所有的领导人都不愿意我到大学去，他们妒忌心强，但是，他们没有想到，我背着他们，在大学训练了1200人，更没有想到，我还创建了一个运动。唯一系统地、正确地利用这种可能的，是我们。

佩德罗的学生都是我们派到大学的。大学以为自己训练了一支队伍，因为每天都培训20人、30人、40人，而我本人从未露面。

当时，我们没有武器。我那时主要在哪里工作？当时我已经比较合法，我已经成为专职干部。我得到了蒙塔内和阿韦尔的资助。蒙塔内他很节省，他大约积蓄了2000比索。而阿韦尔工资比较高，两人都有较高的收入。他们两人都尽可能帮助我，帮我摆脱困境，支付欠债和房租，购买食品。

我很穷，没有房子，是正统党的一位夫人，在政变后把她在瓜纳博的房子租给我住一段时间。我记不起是在几月份，可能是在6，7月份，当时我们正在组织起来，阿韦尔、蒙塔内和我，还有尼科，我们组织了马克思主义研究小组。早在3月10日前，在马克思主义和列宁主义思想指导下，我就经常同尼科、蒙塔内、阿韦尔以及其他同志进行讨论，培养他们的思想觉悟。他们是沃土，我向他们不断灌输我的思想、革命的思想、社会主义的思想、马克思主义和列宁主义的思想。

当我与阿韦尔等人接触时，我向他们解释，什么是社会，有什么问题，主要原因是什么，有些什么阶级，工人所受到的剥削，以及所有我以前学到的东西。由于我们在一起谋反，一起斗争，我与他们无所不谈。很快，尼科、蒙塔内和阿韦尔赞同我的思想。当然，我们人数很少。我们知道同谁可以说上话，知道同谁可以无所不谈。有的人在政治、思想方面考虑比较多。有的人重视行动，渴望斗争和行动，但不大关心政治和思想问题，对他们来说，斗争的目的就是要推翻巴蒂斯塔统治。

在瓜纳博我们组织了几个学习小组，我记得我们使用的介绍马克思传记、生平和思想的书籍中，有一本是弗兰茨·梅林[1]所著的、著名的《马克思传》(《卡尔·马克思和共产国际初期》)。

我在前面谈到，我很早前，就在人民社会党在卡洛斯第三大街上开设的书店买书。这家书店里有很多莫斯科出版的西班牙文的马克思、恩格斯、列宁的著作，我不知道书店是如何购置这些书的，但是，很久以来，就出售这些书。由于我同书店的关系不错，尽管我不是人民社会党的党员，他们愿意向我出售这些书籍，而且允许我分期付款。

---

[1] 弗兰茨·梅林（德语：Franz Erdmann Mehring，1846～1919），德国政治家、历史学家、国际工人运动著名活动家、德国社会民主党左翼领袖、理论家、德国共产党创始人之一。其最后一本著作是《马克思传》。——译注

我认为，卡洛斯·拉斐尔·罗德里格斯[1]与这家书店有关。由于我当时靠分期付款过日子，无论是在商店、肉铺、车库，还是在书店，都一样。书店给我提供各种书籍，然后，我借给阿韦尔、蒙塔内和尼科看。革命的、社会主义的、马克思主义的思想在这些人的脑海里生根，像烈火点燃炸药一样，熊熊燃烧。

在我一生的一个时期里，我开始用这些思想说服很多人，我意识到，不需要很多时间，就可以把一个诚实的人变成共产主义者。

与我交谈过的这个小组的很多成员，后来几乎都成为杰出的革命者。当时在我国的形势下，思想是多么有力，多么合乎逻辑，多么吸引人，只要向同志们解释情况、概念，他们就会立即成为革命者。

攻打蒙卡达兵营后，政府军没收了不少马克思、恩格斯和列宁的著作，特别是列宁的著作。在《列宁选集》两卷本中，我们读过《帝国主义是资本主义的最高阶段》。另外一本列宁的书很流行：《怎么办？》。因为许多人以为，在列宁这本书中，可以找到"怎么办？"的公式。我没有读过他的全集，因为我当时分期付款购买的只是十来本书，不可能购买全套书。

几乎从我认识阿韦尔和蒙塔内起，我就具有革命的热情，至少我可以把这一热情传播给别人，尽管当时并没有提出立即进行革命。对我们来说，革命就是社会主义，对我来说，相当久以前，我就这么认

---

1 卡洛斯·拉斐尔·罗德里格斯（Carlos Rafael Rodríguez，1913～1997），古巴政治家。20世纪30年代，参加反对马查多独裁统治的斗争。1933年，年仅20岁，就当选为西恩富戈斯市市长。1937年加入古巴共产党（后改名为人民社会党），曾任该党全国执行委员会委员、古共中央机关报《今日报》社社长。1939年获哈瓦那大学政治学、社会学、经济学博士。1942年任巴蒂斯塔第一任政府部长。革命胜利后，先后任全国土改委员会主席、国务委员会和部长会议副主席、古共中央政治局委员等重要职务。1997年因病去世。——译注

为了。当时，我认为，一个真正的革命者应该热情地工作，为的是对社会进行彻底的改造。

把瓜纳博房子借给我住的夫人名字叫布兰卡，我不记得她的姓了。她曾参加反对马查多的斗争和后来的斗争。我对她的生平不太了解，但是，我知道她是正统党人。她肯定出身于有钱人家庭，但是，后来她家破产了，她保持着资产阶级的习惯，但没有什么钱。她已婚，有3个孩子，她的孩子缺乏教养，是我见到的最没有教养的孩子。这是一个疯子的家庭，因为，这些孩子为所欲为，毁坏一切，甚至会烧毁房子，什么坏事都干得出来。最大的孩子名叫埃里克，后来，曾作为雇佣军入侵吉隆滩。

我记得，当我们从埃尔卡诺搬家到瓜纳博时，我带了一些原来的家具，其中有一套相当朴素的大厅家具。布兰卡夫人有时候带着她的3个孩子到家里来，孩子们闹翻了天。他们拿着小刀，乱划乱刮，把椅子弄坏，把一切都毁坏，而我们只能忍气吞声，因为他们是房东的孩子。

一天，小菲德尔差一点被一辆汽车轧死。这3个大孩子（分别为9岁、10岁、11岁）在我家里闹翻了天，小菲德尔独自一人跑出门，穿过马路，他差一点被一辆汽车轧死。

我再也无法容忍，因此，我说："我得搬到别的地方去。我不能再继续住在这里了！我最多只能在这里再待3天！"这简直是一场灾难，不能再忍受了。我决定搬走，尽管不知道往哪里搬。

在瓜纳博我遇到了十分奇怪的事，令我难忘。阿韦尔和蒙塔内在经济上经常帮助我，以保障我的基本生活。但是，我总是有一些特别的需要。我经常向一位阿拉伯老板赊欠一些食品，在我搬走前，我没

职业革命家 ｜ 人民社会党书店里的书 ｜ 瓜纳博庄园 ｜ 最崇高的阿拉伯商人 ｜ 安迪诺旅馆 ｜ 应对的时刻

有钱还债。我不知道该怎么办，我感到十分羞愧，因为他相信我会还债。我去看他，对他说："我要搬走了，但是，我欠了您不少钱，我现在没有钱还您，我感到很遗憾。"这位阿拉伯人回答我说："您需要钱吗？您还需要别的什么？请告诉我。"他的这种姿态令人难以相信。这位阿拉伯人是我见过的最高尚的商人。

这是1952年的事，几年后，1955年5月我出狱后，我想："我应当去看看谁，我应当去问候谁，我应该去感谢谁。"我去了瓜纳博，去看那位阿拉伯商人，去问候他，我对他说："我现在依然没有钱还给您，但是，我到这里来，再次向您表示感谢。"我刚出狱，我想到的是，我应该去看他，对他的姿态再次表示感谢。

卡秋斯卡·布兰科：司令，这位您难以忘怀的商人名叫安赫尔·查尔居帕·巴尔克特，外号叫"土耳其人"，但实际上，他是黎巴嫩人。他的杂货店就在您在瓜纳博家的街角，在第5街与480号交界处。您的家也在第5街，但是，是在478号和480号之间。据"土耳其人"的妻子、大家都称她为"加西塔"的阿尔塔格拉西娅·卡拉说，当您出狱后，您去看望他们时，您欠他们50比索。她说，她丈夫要您把欠钱一事忘了吧。

这一故事的所有细节是由历史事务办公室埃尔萨·蒙特罗、吉列尔莫·阿隆索和胡安·何塞·普霍伊研究员调查的结果，他们于1986年找到了当时买卖的记录。"加西塔"证实说，革命胜利后，1959年2月23日，您又去看望他们。"土耳其人"开了一瓶专门为您留着的拿破仑牌的香槟酒，与您干杯。他于1963年去世，享年63岁。在去世前，让她妻子把在瓜纳博的一幢房子送给政府，作为招待所。

菲德尔·卡斯特罗·鲁斯：我清楚地记得，我出狱后，就去看望他，再次对他表示感谢，这仿佛就像在今天发生的事情一样。

我从瓜纳博布兰卡家搬出来后，到大学对面的安迪诺旅馆居住。我记得也是靠分期付款。我在第4层还是在第5层租了一间房间，这是在1952年夏天。我与米尔塔、小菲德尔一起住在一间小房间里，房间里很热。我记得，我的食品储藏室里只有洛克福牌的干酪。尽管我已没有经济的帮助，但是，我与老哈瓦那的一些比兰供应商人的关系不错，他们与我的父亲保持良好关系，我可以到他商店去买葡萄酒，他们也卖进口的干酪。这一年的夏天，我买了一些葡萄酒和难闻的洛克福牌的干酪，放在食品储藏室里。因此，至少我有干酪。

当时，我的日子过得很艰难，我感到很伤心，也许是因为看到自己的处境不好，而面临的任务又是那么艰巨。

普拉多大街109号．同革命青年人的最初约会．困难的一天．失望．行动的准备．比兰．对拉蒙的请求．火炬游行．渗透到真正党内．在大学训练．加西亚·巴尔塞纳及其失败．进行革命．蒂索尔在武器商店．用海明威的猎枪射击．完美的行动

卡秋斯卡·布兰科：有关您那时候经常去普拉多街第109号的情况，我听到不少故事。拉米罗·瓦尔德斯司令回忆说，您同运动的青年人的约会是在左边，穿过中央大院大阶梯拱门后最里面。帕斯托丽塔叙述说，尼科和阿韦尔·圣玛丽亚在祖国日时，鼓捣她在那里讨论何塞·马蒂。您曾对我说，您离开那里时，几种情况汇聚在一起，使您度过了困难的一天。您能否回忆一下，司令？

菲德尔·卡斯特罗·鲁斯：好的，那几天，我在街上走不少路，因为我经常去普拉多街第109号办公室，在那里有许多人聚在一起，好像一个俱乐部。人们到那里，想探听消息，一去几个小时，进行交谈，发表评论，尤其在晚上，人更多。到那里去的，有男人，也有女人；有青年人、党的同情者和不满巴蒂斯塔的人。每天都有60多人聚会在一起。

政府对此一点也不感到担忧。政府曾得到消息说，有人在谋反。但是，政府调查的是前军人，想知道他们是否与军队有接触。政府担心的是前政府可能进行的谋反活动，因为他们拥有武器和钱，对于大学和正统党政府很少关注，也不关注那些每天聚会的人。因此，普拉多街第109号倒是一个进行谋反活动理想的地方，可以进行接触，这样可以避免在这家或那家的家中碰头。在这个公众聚会的场所，可以约会，可以看同伴。当时，我们正在全力进行组织运动的活动，正在培训人员。

我倒霉的一天可能发生在政变四五个月之后。因为我记得，这一天，是我最后一次丢失汽车。我开着我的雪佛兰车，可随意地去任何地方，这辆车是我为父亲付出劳务后，他给我买的。上午，我同平常一样，去正统党办公室。这是夏日的一天，天气很热。我到达后，没有把车停放在普拉多街，而是停放在稍远一点的邻街孔苏拉多街，这里更加安全一些。我在正统党办公室待了约两个小时,同我的同伴接触,组织活动。中午,我感到有些饿。我自语道:"还是回旅馆去吃午饭吧。"自然,旅馆费里包括午餐。

于是,我离开普拉多街第109号,到孔苏拉多街去找我的车,车没有找到,我猜想,会不会某家停车公司的雇员,把拖欠汇票的人的汽车拉走。看来,他们有把万能钥匙,当他们发现拖欠汇票的人的汽车后,就把车开走,但这是不合法的。后来与我们一起斗争的、在游击队里表现很突出的埃菲赫尼奥·阿梅赫拉斯,当时就是停车公司的雇员,也许他能帮我找到我的汽车。但是,我的汽车是被人偷走了,这使我感到很难过。我当时身无分文,连买公交车车票的钱都没有,只好步行。

我走出去,很想喝杯咖啡,抽支烟,思考一下我怎么会丢失汽车的。普拉多街第109号正统党党部旁边有一家小咖啡店,过去咖啡店对正统党党员,他的老顾客很热情,然而政变后,他对我们的态度来了个180度大改变,再也不像过去那么热情了。我在他那里也赊账,我本可以不做任何解释,向他要点什么,但是,我想还是实话实说。我对咖啡店老板说:"我想要一杯咖啡,但是,我现在身无分文。"老板过去一直对我很友好,然而这次,他却对我说:"不行!"我既没能喝上咖啡,也没能抽支烟。这样,不顺心的事接二连三,先是丢失汽车,后又没能喝上咖啡和抽上烟。

我什么也没有说,站了起来,沿着人行道,从普拉多街上行,身无分文。我继续走,穿过科伦街,向左走两个街区,我看到了总统府,巴蒂斯塔就在里面。总统府四周都是荷枪实弹的卫兵。这一威风凛凛的情景是权力的象征,正是我们要推翻的。这时候,我清楚地认识到,我们想要做什么。

　　我接着走，走到中央公园附近的普拉多和内普图诺街，我过了马路，在街角处，即如今是哈瓦那大剧院的地方，当时有一个售报亭，销售着六七种报纸，所有这些报纸都是吹捧巴蒂斯塔的。我在报亭前停了下来，看看报纸的标题。正在我看报纸的时候，看报亭的瘦小黑少年用好奇的目光瞧了我一眼，对我说："走吧！走吧！"直截了当地把我轰走。

　　在不到45分钟时间里，我连续发生了四件事：丢失了汽车，没能喝上咖啡和抽上烟，经过总统府近距离地看到巴蒂斯塔权力的象征和被赶出报亭。但是，我并没有气馁，此外，我领教到某些人态度的变化，几个月前对我很友好的人，现在居然连一杯咖啡都不愿让我喝。

　　我沿着内普图诺街往大学走。这个中午我走了两三公里路。我经过熙熙攘攘的商店……边走边想，真倒霉！但是，我没有气馁。这对任何人来说，都是考验，但是，它却使我更加坚定了信念，我继续向前走。走到旅馆，回到我的房间，躺下，睡了三四个小时。我在炎热的小房间里闷头睡觉，忘却了当天所经历的所有痛苦。当我醒来时，感到心情舒畅。

　　随后，我与阿韦尔通话，与蒙塔内通话，告诉他们，我的汽车被偷走了。他们设法给我一笔钱，帮我支付欠账，帮我买了车。还帮我找了一个小套间。自那天起，我的小组支付我的汽油费和生活费。

　　真难想象，我不止一次地讲述那天我在短时间里所接连经历的四件事，这是对一个人意志的考验。我当时是那么穷，而总统府又那么富丽堂皇。这不由得使我想起，我们未来的任务是多么的艰巨。

卡秋斯卡·布兰科：司令，您那时候已经制定了自己的战略了吗？

菲德尔·卡斯特罗·鲁斯：在当时困难的条件下，我们准备进行斗争。但是，还没有制定自己的战略。然而，根据当时的情况，我们考虑，在处于瘫痪状态的党内，应该成立一个组织，并领导这个组织。当然，这不是与党决裂。

当时，党的一位领导人、保守政客提名的副总统候选人米略·奥乔亚在一次收视率较高的电视节目中露面。当时巴蒂斯塔允许人们在电台和报刊上发表意见。米略·奥乔亚在节目中，对巴蒂斯塔政府提出了尖锐的、无情的批评。当他做完节目，离开电视台时，即被当局逮捕受审，在监狱里关了几天。他因此而出了名。

帕尔多·利亚达又能在电台做他的节目，我们建议他在节目中为被处罚款的米略·奥乔亚募捐，每人捐1分钱。募捐结果，有几万人参与，募集了几千比索。许多人说："如果是为了进行革命，我准备捐10个或更多的比索。"

我记得，我曾去找帕尔多·利亚达，我对他说："您可以发表一篇社论，提出人们所希望做的事——进行革命，这么做，也许会使他们再次不让您在电台做节目。"

我们本可以募集到数十万比索，但是，帕尔多·利亚达不接受我的提议。他说："不，我不同意！"他不愿意失去他在电台一个小时的节目。但要是这么做的话，我们会募捐到更多的资金。因为，每人捐1分钱，我们就可以募捐到几千比索。

那时我与他们仍保持关系。米略·奥乔亚的罚款支付后，他出狱了,成为一位发表过激进革命言辞的、众人关注的人物。似乎我们将拥有一位决心进行斗争的、有威信的党的领导人。他承诺说,他将开展工作,组织革命,并开始展开活动。

我明白,斗争的战略应该是组织起来,与准备斗争的人进行接触。我记得在我联系的人中间有一位哥伦比亚兵营的军士长,他给我的印象是一位值得信赖的人。

卡秋斯卡·布兰科:他是不是帕斯托丽塔·努涅斯同我谈到的那个人?也许她并不知道他的故事。

菲德尔·卡斯特罗·鲁斯:我记不清了。我尽可能多接触一些人,以便使他们将来投入斗争。他说他想提供帮助,于是,我把他介绍给我们小组的成员。随后,我又安排这位军士长与米略·奥乔亚在老哈瓦那一幢有多家律师事务所的大楼里见面。大楼有四个入口处,米略从一个门进,军士长从另外一个门进。见面是在4层。会见时,我也在场。米略开始谈话。从谋反的角度来讲,我看到,他在谈话一开始就犯了一个错误。他这么问军士长:"你认识某某吗?你认识某某吗?你对他们有什么看法?你认识他吗?你认识另外一个人吗?"米略向他提到了那些反巴蒂斯塔军人的名字。他这么做是多么不谨慎。我想,这位军士长一定吓坏了。

但这还不是最严重的。米略·奥乔亚对军士长都说了些什么?他说:"你和你的小组应该做好准备,我们要做工作,如果举行选举那天,不承认选举的结果,就把枪炮给人民,举行起义。"

请注意他向军士长在说些什么!他开始谈的是选举,要求军士长予以合作。我感到吃惊,给我的印象是,他对军士长说,他正在思考一个选举的公式，准备与巴蒂斯塔一起竞选。说真的，很令我失望。

会见结束，我们相互告别。后来，我没有再与这位军士长说话，因为我安排他与米略·奥乔亚见面，但米略什么正经话都没有同他说。只是与他谈选举，谈如果遇到问题，怎样采取预防措施。说真的，我感到羞愧，我觉得这是在浪费时间，然而，这位军士长倒是对此感兴趣。

我不认为这是一种策略，我的印象是米略·奥乔亚真的是想举行大选。看来，他在电视台露面后，被捕入狱，这使他出了名，得到广泛支持，于是，他立即想到大选。这使我对他感到非常失望。

卡秋斯卡·布兰科：司令，当时，您并不是头，您还没有名气。您从一地到另一地，您到过阿特米萨、科伦、比那尔德里奥，甚至还到过比兰的老家。您还激动地记载了您回老家的情景：

一切同 20 年多前一样。我读过的小学比从前更旧，我的步伐显得更加沉重，而孩子们脸部的表情显得更加吃惊，仅此而已！

很可能从共和国诞生时起，就是这样，一直是这个样子，没有什么变化，谁也没有认真地想改变这种状况。我们幻想我们具有正义感。如果不彻底改变国家和民众的经济状况，所有在教育技术和组织方面所做的一切都是徒劳的，因为我们悲剧的根源就在于此……即使在每个学校都有一位天才在教书，有富余的物资和合适的地方，给孩子们吃的和穿的，但是，贫苦农民的孩子，或在这个阶段或在那个阶段，迟早会因家庭的经济条件的限制而辍学。我还承认，在国家的帮助下，青年人获得了真正的技术培训，拿到了学位，但他们因受我国经济和社会状况的限制，会像一条纸糊的船一样，沉没下去。

对我来说，您在攻打蒙卡达兵营前，就是一位革命家和马克思主义者。

在为攻打蒙卡达兵营做准备的最后阶段，您访问了东方省。拉蒙总是回忆说，您老是称呼他为马尔卡内，要求在奎托看望他。然后，与他一起去奥尔金。据说，您想在路上，在一小时时间里，使他成为革命者，但是，您又不告诉他，你们在准备什么行动，不告诉他行动的细节，而只是对他说，你们需要武器和钱。您还向他提出要求，在银行里要办一张比那尔德里奥水稻种植者的信用证，但是，他没能办到，因为，这必须同安赫尔先生说。这需要2500比索。于是，他对您说："必须去看老父亲。"由于怕老人不理解，你们没有去。您要求他不要把此事同他的朋友说。最后，您建议他成立一个支部，想办法搞一些武器。拉蒙在1997年对我说，他完成了您的建议，他建立了12人的支部，并搞到了一些武器，其中有一支高质量的30—30型的来复枪。但是，在攻打蒙卡达兵营后，这些武器东藏西藏，给弄丢了。司令，在这个紧张的时期，您有没有被捕过？

菲德尔·卡斯特罗·鲁斯：我曾同警察发生过几起小的事件。1952年9月8日，我和阿韦尔曾被捕过。我们被带到调查局，被关押了一整天。但他们证实我们没有携带武器，于是，释放了我们。他们低估了我们。但我认为，这是骚扰我们的一种措施。

这一年，发生了一系列的事件。我记得，11月27日那天，我小心翼翼地去大学，因为，一般来说，我不在大学采取什么行动。

我不需要在大学搞活动，因为我是在普拉多大街109号工作。我同我的同志们在院子深处一个安静的地方会见，向他们解释哪些是必须要做的事情。我就是从普拉多大街109号把他们派到佩德罗那里去的。我们没有写名单，所有的资料都记在脑子里。加入我们运动的人越来越多。

在这一时期，我们开始进行另外一种培训，培训指挥的战术和技术。我们对这一科目的教练不完全信任，我们不了解他的经历，不知道他是在哪里学到这一技能的，我们担心他会不会是一个潜入的间谍，他很可能与美国大使馆有联系。他的思想和动机不很清楚，但是，我们还是用他给我们的人传授知识。事实上，这并不危险，因为我们的活动并不是保密的，因为我们的活动被低估了，被当作是在练习，我们既没有钱，也没有武器，一切都是理论，因此，没有引起关注。

这位教练名字叫桑托斯·哈里曼。我们之所以找他，是因为他总是在大学里，他自告奋勇地表示愿意当教练。我记不得第一次是在什么地方见到他。但是，我具有观察人们心理的能力，能分析他们的动机，能看出是否适合斗争。通过与他们的交谈，听他们发表的评论，我就会心里有数。而他给我的印象是不太好信任，因此，我什么情况都没有对他说。他对我们的计划一无所知。我们也不知道他在想些什么，他在替谁干事。

大学里继续在骚动。我们的人经过了武器使用的理论训练，我们想让他们做实弹练习，但是，这是非常严肃和危险的事情。我们从我们数百人中间认真地挑选了一些人，后来，经过实弹训练的人数，曾达到600人，700人，乃至800人之多。

1953年1月28日那天，我们的实弹练习从大学转移到离大学阶梯几个街区的马蒂炼狱，马蒂在因政治问题被关押入狱时，曾在此服过苦役。这一天，正好是马蒂100周年诞辰。

这一天是考验我们组织的一天。我们表现出某种实力，这是必要的。当时，真正党人有钱，也有武器。从1952年8月起至12月，我们紧张地工作。

我们组织1月28日火炬游行时，晚上我们先在大学集合。这对我们的人是一次考验，因为举行游行，就会与警察交锋，而警察常常出动消防车和巡逻车等来镇压游行队伍。

那天晚上，我们决定动员300人到大学阶梯下面的一边集合。3个人一组，从阶梯最下面的一级往上排，排成一个长长的纵队，我们没有武器，但是，我们的队伍很整齐和壮观，毫无疑问，是当晚唯一有组织的队伍。于是，我派了一位同志找游行的领队，要求让我们走在游行队伍的最前面。我们与警察交锋，占据了警察的消防车，充分利用了时机。但是，由于嫉妒，不可思议的是，他们没有接受我们的请求，也不同意我们与警察交锋。

劳尔总是记得，当时有人提心吊胆地要他控制这些人的作为，不料，这些人不是别人，正是我们。

我与大伙一起参加了游行，他们没有让我们当先锋，因为这是一种荣誉。我们是第二支队伍，排列整齐，举着火炬。

好奇的是，许多人关注我们，但他们不清楚我们是什么人，排列这样整齐，沿着圣拉萨罗大街游行。有些人议论说："他们是共产党人。"每当在某处看到有组织的队伍，人们就说是共产党人。当晚，只要看到人群里举着火炬的、排列整齐的、有组织的队伍，那就是我们。

最后，达到了目的，警察没有干预，允许游行。那天，我们展现了自己朝气蓬勃的力量，我们的人也认识到自己的力量。尽管参加游行的只是我们中的一部分人，但是，取得了效果。我们总是组成小组，1953年1月28日那天，我们表明我们是唯一有组织的力量。

警察是怎么想的？我不知道，但是，很可能警察认为我们是一支政治力量，与其他所有的政党一样，具有政治的目的，选举的目的或其他的目的，都是在玩革命的把戏。正是在这样的气氛中，在不完全是镇压的形势下，利用政府最担心的是有武器和钱财的反对派，我们获得了行动的某种自由。

几个月来，我们紧张地工作和训练，还没有进入实弹训练时，奥雷利亚诺开始获得秘密人士、三A组织领导人的威望。奥雷利亚诺和普里奥的人招募了许多被巴蒂斯塔开除出军队的军官，其中有校官和将军。真正党号召成立由他们建立的革命组织，即奥雷利亚诺的组织。他们有钱，有武器，但他们完全反对我们参加反对巴蒂斯塔的共同斗争，因为正统党人曾揭露过他们。

谁也不知道在武装斗争领域会发生什么事件，因为在政治斗争领域发生了一些事件。我记不清具体是在什么时候签订了《蒙特利尔协定》，这是一个政治协定，在协定上签字的有米略·奥乔亚和帕尔多·利亚达等正统党领导人。他们去了蒙特利尔，同普里奥等真正党人签订了政治协定。这一协定的签订违背了正统党一贯的不同其他任何党，尤其是不与无数次被揭露的真正党签订政治协议的路线。这样，米略·奥乔亚的人便遭到有威望的正统党阿格拉蒙特的人反对。

卡秋斯卡·布兰科：是在1953年5月30日签订的这一协定。我曾对协定签订的日期做过一番调查，因此，我记得它的日期。

菲德尔·卡斯特罗·鲁斯：是的，这是在攻打蒙卡达兵营之前。在政治领域发生了一些反巴蒂斯塔的密谋。真正党人有武器，也有钱，具有优势。他们企图拉拢许多人，包括招募大学生，他们在大学里拥有各种力量，但是，他们排斥我，企图把我排除在斗争之外。

早在他们签订协定前，1952年年底，我们就已制定了一种战略，已拥有六七百人。由于我们没有钱,也没有武器,他们垄断武器,把我们排除在斗争之外,我们采取的对策是,打入到真正党的组织内部。我们有 360 人打入了三 A 组织内部。我们的意图是利用他们的武器进行斗争。由于他们不愿意听到菲德尔·卡斯特罗·鲁斯的名字,我们利用他们需要人员,就让阿韦尔、蒙塔内和劳尔·马丁内斯·阿拉拉等其他领导成员带人打进他们的队伍里。

我们运动所进行的第一件事,就是确立一个领导小组和一个执行小组,执行小组主要由 3 人组成:阿韦尔、阿拉拉和我。说真的,他们完全服从领导,对我完全信任,对同我一起工作,从未有任何怀疑。

卡秋斯卡·布兰科:司令,马丁内斯·阿拉拉是什么样的人?您为什么选他成为领导成员?

菲德尔·卡斯特罗·鲁斯:马丁内斯·阿拉拉参加过一个反巴蒂斯塔组织,该组织很多成员与正统党关系密切,反对格劳政府。他代表的是会计、小学老师、一些私立学校的老师和自由职业者,典型的中产阶级和小资产阶级。正是由于他的代表性,所以我们选择他作为领导成员。

劳尔·马丁内斯·阿拉拉是一位十分活跃的同志,有干劲,有决心。他很仇恨巴蒂斯塔,认为巴蒂斯塔腐败,是一个军事独裁者,一个镇压者……阿拉拉说起话来慷慨激昂,能打动数千人。他对纲领、革命理论和思想问题不太关心,但是重视行动,他是一位行动者。我们很信任他。

在攻打蒙卡达兵营的行动失败后,他没能看到这次行动的历史功绩,他只关心行动本身,由于行动失败,他失去了同我们的联系,没有等到指示。当时我们被关押在监狱里,在这种情况下,也没有考虑下一步的武装行动。他后来流亡国外,也许寻找能够确保他进行反巴蒂斯塔行动的人,他对其他事情不太关心。但是,他在我们运动时,工作很出色,也很守纪律。

卡秋斯卡·布兰科:我刚才打断了您的话,您说你们有很多人打入了真正党组织,你们是如何做到的?

菲德尔·卡斯特罗·鲁斯:当时真正党人正在把大量的武器运进国内,并且在做被巴蒂斯塔开除的军人的工作,准备攻打哥伦比亚兵营的行动。当时,他们需要人,需要在大学生和各种反巴蒂斯塔组织中招人。这时候,我决定派以阿韦尔和马丁内斯·阿拉拉为代表的人去同真正党人联系,对他们说,我们有训练有素、组织性强的人,都是好人,勤奋、独立、准备合作并愿意进行反巴蒂斯塔斗争的人。

由于他们正迫切需要人,而且有几十个组织,他们怎么办?他们建立了一个教练员小组,其中有一些前陆军校官,他们同各种组织的头进行联系,把他们叫到某一个地方,来看看他们具有什么知识,有些什么经验,然后再进行选拔。

阿韦尔和马丁内斯·阿拉拉也作为准备斗争的、由严肃的成员组成的小组的头头出现。真正党人对他们先进行检查。我们没有什么野心,对他们说,可以集合120人:"或许,我们可以集合120人。"

检查是如何组织的?我找我的朋友,有些是在大学的朋友借房子,我们借到了3间房子,负责人告诉检察官,把地址告诉他们,约好一个时间。我事先把他们两人叫到普拉多大街109号,告诉小组成员说,可能会发生什么,并警告他们,不能有任何闪失:"今晚将会有接触,将会进行检查,谁也不能说出你们是什么人,千万不要提起我的名字或其他人的名字，我们的目的是，当他们分发武器时，我们有条件占有这些武器。"我给他们下达指示："你们应该到达那里，然后，两人两人一起走出去，不要分开，任何人都不要打电话，必须直接到那里。"这样，在不同的时间各组都与我会聚。

我们的目的是要给革命的组织者留下好印象，结果果然不错。因为他们见惯了许多无组织的、说得天花乱坠的小组，当看到我们的人时，感到很吃惊。我们的人听从了我的劝告："你们要保持沉默，只回答问题，什么也不要提，只解释你们所知道的事，说这，或说那。"对那些具有校官军衔的教练来说，如此的谨慎给他们留下了深刻印象。

我和小组领导人就是这样指挥我们的同志的。阿韦尔是他们的组长，他很严肃。我们开始行动的那个晚上，我们采取了安全措施，军人到我们的第一间房子来看马丁内斯·阿拉拉。他们看到我们的人之后，问会使用什么武器，如何使用，都做了些什么准备……这就是检查的情况。

结束对第一个小组的检查之后，他们对如此严肃、有教养的年轻人赞不绝口。我们的人对他们说："这还没有完，我们还有人，你们来看。"于是，把他们带到第二间，后来，又带他们到第三间。这些教练对所见到的人以及他们严肃的头目留下了深刻的印象。他们说："好的，你们属独立人士，有些人是正统党人，你们被招募了，归我们领导。"这些前普里奥政府的军人对我们很满意，因为我们与其他人完全不同。几天后，他们又同我们联系，问我们还有没有人。我们回答说："还有，我们都很努力。"

在第二次检查中，我们采用同样的方法。我们再次聚集了120人。

后来，真正党人不想要别人，只要我们的人，因为我们的人组织性强，谨慎小心，纪律严明。他们不想再要别人，他们对有关人员说，不需要别人了。

他们又进行第三次检查。他们去了不同地方。似乎是开玩笑似的，我们又展示了120人，打入了真正党组织中。

但是，发生了什么事？是什么引起了他们的怀疑？

第三次检查是在贝拉斯科阿因那里的房子，很可能是在如今阿梅赫拉斯医院所在的地方或再过去一点的地方。这家房子是属于巴卡廖姓的一些年轻的女友们所有，她们都是正统党人，大学生，其中有一位已经是律师。她们把房子借给我们，但是派了一位兄弟看家。这位兄弟看到我们有40人集合在房子里，便害怕了。尽管当时镇压并不厉害。当军人们结束了检查，正在走下台阶时，他慌里慌张地对阿韦尔说，不能再这样了。在不满声中，他提到了我的名字。阿韦尔要他不要再说了，但是，有一位检察官好奇地问道："你说谁，菲德尔？"后来，阿韦尔告诉我此事。这一事件可能使他们后来对我们失去了兴趣。

我不清楚是什么原因，他们中断了与我们的联系。有可能他们知道我们是什么人，也许他们改变了计划。当然，我们也不想再这么干下去了，我们已经有360人打入他们内部，他们做梦也没有想到，这些军人从来也没有见到过，有组织得这么好的平民百姓！

当1月28日那天我们以某种方式展现自己之后，我们就不再想从真正党人那里缴获武器。无论如何，在这力量的较量中，必须使我们的人对自己的实力有所认识，尽管我们还没有动员我们所有的人。

我自己也说不确切，我们招募人和派人到大学去训练一直到几月为止，但是，我清楚我们一共组织和训练了1200人左右，超出我们实际的需要，并且有可能获得武器。到1月份，我们仍对正统党会采取什么行动，会以这种或那种方式进行反巴蒂斯塔的斗争，使我们能以某种方式投入斗争抱有希望，但是，我们越来越感到失望。说实在的，我们比大家更感到失望。虽然我们已有过与米略·奥乔亚的经验教训，但我们仍然准备在党内与大学生们或任何革命力量一起进行斗争。

2月，斗争开始了一个更加艰难的阶段。在1953年上半年，我们进行的活动比较危险，我们要教我们的人实弹练习。在什么地方？有好几个地方：一个地方是如今的列宁公园，当时是一个杂草丛生的地方，离市区比较远。在那里，我们是用从武器商店购买的几支22毫米口径的步枪进行训练的。在哈瓦那西部的阿特米萨，那里有我的几个熟人，我们是在农村进行射击，但是，没有使用22毫米口径的步枪。有些小组学习过射击，但是，放的是空枪，从未进行过实弹练习，他们知道如何射击，但是，之前从未打过枪。我们有组织，有分工，组织这些熟悉的、严肃的人进行实弹练习，这是一次非常危险的行动。

在这个时期，可能是在1、2月份，在大学里，我们已经训练了六七百人。这时候，非常看重权力的大学生某些领导人，其中有一位名叫莱斯特·罗德里格斯，得知我是这些人的组织者，我不知道他们是如何得知的。于是，就发生一个问题，他们企图停止我们在大学的训练。我不得不去找莱斯特，因为，我考虑："这个家伙将坏我们的事，会中断我们所有的进程。"

莱斯特缺乏教养，十分傲慢。今天我情绪好，才这么说。可以说，他是一个拿破仑式的人物：个头小，但是，脾气很大，很难与他打交道。

我记得那天晚上，我与他谈事情。我们是在卡德纳斯广场对面的自然系2层见面的。我与莱斯特和其他几个人一起见面。他毫不留情，一脸的不高兴。训练不能再继续进行。我非常耐心地容忍他的坏脾气和抗议，我对他说："您瞧，我们组织了一支力量，一支巨大的力量！而这支力量可由您支配。如果你们想进行革命，所有这些人，他们人数众多、组织严明，将听您指挥。我们服从您的领导，但是，请您不要停止这支力量的训练，这将是一支重要的力量，很可能是一支决定性的力量，它将完全听您的指挥，站在大学的一边，推翻巴蒂斯塔。"我强调说："如果您什么也不干，如果真正党什么也不干，如果谁也不干，那么我们将干革命！"

我说服了他。最后，他同意我们继续在大学训练。从那时候起，大学的力量更加强大，因为有了我们这支力量，他明白，我说话是算数的。

我就是这么说服他的，因为他要比佩德罗强，他被公认为领导人，而佩德罗只是一名狂热的、着魔的学生，虽然在学生中很出名、很受爱戴，但他不是学校的权威。而莱斯特不一样，我不记得为什么他是大学的权威之一。也许是因为他的性格特点，他的坏脾气，他是大学的权威，他可以给我们制造难题，不让我们利用大学的有利条件、大学的自治和方便条件进行训练和进行准备活动。我们的组织还从来没有在大学里进行准备活动，而是在外面，在一些看来是老实人中间，特别是在普拉多街第109号内交谈的人中间进行的。

我和莱斯特就是这样达成协议的。

卡秋斯卡·布兰科：您当时还是在想，应该信任一个有威信的政治领袖来进行革命，是吗？

菲德尔·卡斯特罗·鲁斯：是的，正因为这样，在2月还是3月底，我又同拉斐尔·加西亚·巴尔塞纳[1]进行了联系。

加西亚·巴尔塞纳是大学教授，正统党人，是一位有威信的知识分子，参加过反对马查多和巴蒂斯塔的斗争，他是一位严肃的人。他是正统党的领导人之一，但在当时情况下，他另立山头。

1952年3月10日巴蒂斯塔在古巴发动政变的同时，维克多·帕斯·埃斯登索罗及其领导的民族主义革命运动在玻利维亚进行了一场革命。矿工们拿起武器，在高原上，用炸药，推翻了政府，摧毁了玻利维亚的军队。这个革命运动赢得了巨大的威信。

卡秋斯卡·布兰科：在今天埃沃和印第安人主政的时代[2]，当人们想起，兄弟的玻利维亚革命在那时候就与我国的历史以某种方式联系在一起，特别是与后来攻打蒙卡达兵营的行动的进程相联系，令人感到震撼。

菲德尔·卡斯特罗·鲁斯：当时，这正是我们在古巴所需要做的。于是，加西亚·巴尔塞纳决定在古巴也创建一个类似的运动，他也将之命名为民族主义革命运动，与在玻利维亚领导革命的组织的名字一样。

---

[1] 拉斐尔·加西亚·巴尔塞纳（Rafael García Bárcena，1907～1961），古巴革命者、哲学家、诗人。毕业于哈瓦那大学哲学文学系，获博士学位。积极参加20世纪30年代反对马查多独裁统治的斗争，主编大学生联合会刊物《自由古巴》。1946年加入正统党。同年，创建《古巴哲学杂志》，任主编，并创建古巴哲学学会。其诗歌和哲学著作多次获全国诗歌和哲学著作奖。坚决反对1952年3月10日巴蒂斯塔发动的政变。1952年5月20日创建民族主义革命运动，旨在用武力推翻巴蒂斯塔独裁统治。他原计划攻打哈瓦那哥伦比亚兵营，后被告发，于1953年4月5日被捕并被判两年徒刑。1954年6月5日被提前释放，10月流亡国外，后回国继续斗争。他的不少战友后参加卡斯特罗领导的游击战。1959年古巴革命胜利后，被任命为驻巴西大使，1961年6月13日因脑溢血去世。——译注

[2] 指玻利维亚现总统埃沃·莫拉莱斯。——译注

他招募了大学生、青年和其他许多人。假如我没有记错的话,阿曼多·阿特曾加入该组织。最起码这个运动已有雏形,它有一些知识分子和一个受玻利维亚革命启发制定的纲领。

加西亚·巴尔塞纳也在军事学院教课,他好像与哥伦比亚兵营中对巴蒂斯塔不满的一些军人有接触,他决定组织一些人在这些军人的配合下,攻占哥伦比亚兵营,我是他最早把此计划透露给少数人中的一个。

我们在马里亚纳奥一所房子里会面,有电车经过那里。应该是在1953年3月。3月是重要的日子,因为就在3月我们决定制订自己的计划。

在会见时,他向我介绍了他的关系,他的军事小组,他的想法,他说,他正在找人,他需要民间力量参加他的行动。我对他说:"教授,我认识所有在首都和全国的小组和组织,如果您真想认真地干点什么的话,您不应该让任何人知道您的想法,不要让人家知道您的地址,要注意保密。我建议您不要把计划透露给任何其他小组,不要再同任何人谈您的计划。我们有您所需要的人,他们比其他所有的人加在一起还要多:他们严肃认真、纪律严明、组织有序、言语不多,而且都学会了使用武器。"我强调说:"如果您需要,我们有人。只是需要一些武器,您有关系,我们可以想办法搞到一些钱,购买一些武器,这是最起码的。但是,如果您真的在哥伦比亚兵营内部有重要关系的话,您不要再同任何人去说,否则会丧失机会。"

这就是我与加西亚·巴尔塞纳的谈话,以及我对他的忠告。然而,后来发生了什么?他所做的与我劝他的恰恰相反:他同在哈瓦那的所有组织及其头目谈及他的计划,没过几天,大家都在谈论加西亚·巴尔塞纳的谋反。整个哈瓦那都知道他在组织一个运动企图在一些人的配合下，攻占哥伦比亚兵营。由于计划的公开暴露，失败是必然的。于是，我们拒绝加入这样的计划。这是我们最后一次相信他的能力和计划。

当时，我们已经不再信任正统党领导以及其他领导人。我们看到他们是在玩弄革命玩弄战争。我们对加西亚·巴尔塞纳那样的知识分子也失去信任，我们尊重他，因为他有威信，但是，我们不能跟随他，因为我认为他干的是傻事，他没能很好地利用机会。如果确实有些军人准备打开大门的话，我们本可以攻打哥伦比亚兵营。

卡秋斯卡·布兰科：那么，是不是到了您制订革命计划、独自承担主角的时刻？

菲德尔·卡斯特罗·鲁斯：是的，在与加西亚·巴尔塞纳交往之后，我召集了我们的人，对他们说，到了我们自己制订计划、承担进行革命责任的时候了。政变一年后，我重新制定了夺取政权的革命战略。这是在 1953 年 3 月，当时我们已经拥有比其他任何革命小组加在一起的力量还要强的力量了。

我放弃了在首都举行起义的计划，因为我看到首都不具备客观和主观的最起码的条件。为出其不意地举行起义，需要大量的武器和资金，我们没有。当时，我确定了这么一种想法，后来我们付诸实践：攻打蒙卡达兵营，发动古巴圣地亚哥市起义，战胜敌人的抵抗，提出革命的纲领。早在 1952 年 3 月 10 日政变之前，我在发展思想的时候，我就从政治角度，思考政治社会纲领了。

我与其他领导同志达成一致，制订了攻占蒙卡达兵营的计划。我们的设想一直是先从那里开始，占领所有武器，如果我们推翻不了巴蒂斯塔，就带着我们 1500～2000 名武装起来的人，到马埃斯特腊山。

今天可以说,我们的设想是好的,是完美的,也许可以更加保险一点,不要如此大胆。

卡秋斯卡·布兰科:司令,您是不是指直接到马埃斯特腊山建立游击队一事……

菲德尔·卡斯特罗·鲁斯:是的,有一个问题,我难以忘却。当时我们有100多个小组,有较量。当我们的人组织起来后,其他组织向我们炫耀他们的武器,说我们是在浪费时间,因为我们既没有武器,也没有钱。

我们已与圣地亚哥的一个人进行了联系,他曾是民族主义革命运动的成员。我记得当年4月我曾到圣地亚哥去,探看地形和形势,考虑如何攻打圣地亚哥。我已经开始为攻打蒙卡达兵营做一些准备。当我从奥连特省沿中央公路回哈瓦那时,大约是4月5日或6日,我听到加西亚·巴尔塞纳及其部下不少人被捕的消息。全哈瓦那都知道这一消息!这是预料之中的,他被捕了,被捕的还有他周围所有的人,他们刚开始行动,就被一网打尽。

卡秋斯卡·布兰科:司令,记者吉列尔莫·卡布雷拉·阿尔瓦雷斯在谈到蒙卡达兵营的历史和攻打蒙卡达兵营的战士的历史时,总是对我说,阿特米萨之所以产生许多英雄的青年,是有原因的。他说主要是由于在那里有一位年长的阿斯图里亚斯教师,他是何塞·马蒂第一部传记的作者。吉列尔莫认为,正是马蒂的教导深入当地年轻人的心坎,因此,他们迅速地投入运动。我知道拉米罗·瓦尔德斯是最早进入运动的人之一。吉列尔莫还提到胡利奥·迪亚斯和西罗·雷东多等就是在政变发生三四个月后最早同您见面的人。你们的小组是如何开展活动的?你们是如何取得武器和资金的?

菲德尔·卡斯特罗·鲁斯： 开始时，我们得到了一些帮助，但是，数量不多，当时，我们的开支也很少。后来，我们需要很多资金用来购买攻打兵营需要的武器。因此，不可能依靠真正党人或其他组织供给我们武器。需要我们自己设法搞武器。

每个小组都有一个组长。有的地方的小组，如阿特米萨小组人数很多，都很严肃，这个小组的组织不止一个。

有一个我年轻时认识的小伙子，是正统党青年党员，名叫何塞·苏亚雷斯·布朗科，他介绍我认识拉米罗、胡利奥和其他阿特米萨青年人。我们在阿特米萨和瓜纳哈依共有四五十人。

有好几个参加攻打蒙卡达兵营的小组是内地的小组，他们来自更为健康的环境。而大城市小组的成员比较复杂，什么样的人都有。前面提到的密谋小组就是在首都的环境中活动，在阿特米萨的小组成分更好一些，而那里也是我们进行实弹训练的地方之一。

我很看重阿特米萨的小组，因此，许多攻打蒙卡达兵营的战士来自阿特米萨的小组，他们都是经过严格挑选的。我们总共约有1200人，包括各种干部。我们没有一份名单，没有也不可能有一份关于参与攻打蒙卡达小组及其人员的资料，当时都是记在脑子里的。

我确实同所有的干部一个个谈话，一些干部向我介绍了另一些干部。当我们被检查时，我同他们不止一次地谈话，他们接受训练之后，我又去见他们。我到哈瓦那东部阿特米萨的所有训练场地去过。1953年1月28日我曾同他们在一起，我同他们中的很多人经常见面。

总的来说，他们之间互相不认识，在大学里，可能有二三组，在训练场地，还有一组。他们也许能见面，但是，没有人知道组织结构情况，也不知道领导成员的组成情况。此外，我们是在绝对秘密的条件下工作的，我们工作的方式方法是严格遵守秘密活动的要求的。我们处境之所以比较安全是因为独裁政府低估我们，他们只是担心拥有武器的真正党组织，担心前军人和与军队的联系。

但是，当我们开始进行实弹训练时，我们的工作更加困难，更加秘密。

1952年12月，巴蒂斯塔统治期间，我不得不使用某些合法的活动来掩饰我的活动。从那时候起，我们开始进行谋反。我们打入一名巴蒂斯塔分子的办事处，这是我们最好的伪装，办事处位于正统党总部附近，孔苏拉多大街22号。这位巴蒂斯塔分子是我贝伦中学的同学，名字叫作胡安·索萨。他不光是一名巴蒂斯塔分子，而且与海军日报的老板有亲戚关系，他还认识希尔多·弗莱伊塔斯，贝伦的打字员和速记员。索萨是一位自负的资本家，花钱如流水，但是，他想做各种生意。希尔多与他有长期交往。我很久没有见到他，但是，我们互相认识。根据这种情况，我们三人决定一起工作，我还把阿韦尔介绍进来。这已经是我们密谋的后期。

我们分工的职务是：希尔多是秘书，阿韦尔是会计，他们两人有工资。我是律师，免费工作，不领工资。这就是当时的情况，但是，我的所有时间都用在密谋上，实际上，我并没有干任何属于律师的工作，这不过是一种掩护。索萨与另一位巴蒂斯塔分子的女儿结婚，她做进口拖拉机的生意，由于巴蒂斯塔当政，所以她专门同军民学院一起为巴蒂斯塔蛊惑人心的计划销售拖拉机。她在附近有设施，在马莱孔和普拉多大街有仓库。

索萨崇拜巴蒂斯塔，他根据形势，想利用巴蒂斯塔政府控制的开发银行的钱建立水稻种植园。我的部分时间用来到比那尔德里奥省农村去看他准备购买的土地，检查土地证，以便了解土地的情况，值多少钱。我名义上是律师，但是，实际上，并没有支付我工资。但是，我和阿韦尔在索萨办事处工作给了我们合法的掩护，我们当时正在紧张地开展秘密活动，这也使许多知道我们革命活动的人感到迷惑不解。他们开始说："菲德尔已经放弃了所有的革命活动，专门在比那尔德里奥省为准备种水稻的土地买卖当律师。"毁谤我的人这么说我，我反而感到很高兴。

当年12月，我永远也忘不了1952年12月，我经济非常拮据，全靠阿韦尔和蒙塔内的接济，他们帮我支付房租和汽车费。当年的圣诞节我身无分文。我记得这位资本家买了几套家具，给他夫人买了礼物，花了许多钱，买了20多样东西。我没钱购买圣诞节礼品，我有基本的东西：汽车的汽油，我不挨饿，但我没有钱过圣诞节，圣诞之夜我什么也没有买回家。这位资本家利用我是他中学老同学的关系，剥削我，不给我工钱，我也从来没有要求他支付工资给我。我只是得到希尔多和阿韦尔的帮助，他们两人干活是有工资的。这一年的圣诞节我过得很困难。

我也帮助了一些农业劳工，维护了他们的权益。他们与佃农和地主发生冲突。我说服了地主，让他们给农业劳工支付了工资，没有打官司，我是凭着我的三寸不烂之舌，说服各方兑现各自的诺言，解决了问题。

当时，我们已经不再暴露自己，我们不再参加游行，一切都顺应形势的需要。我们越来越谨慎，几个月之后，我们已经拥有一批干部，他们纪律严明，值得信任，当我对他们说："几点钟，在某地。"他们一定会准时出现在那里，我们对他们十分放心。

卡秋斯卡·布兰科：这是一个越来越严肃和越来越危险的进程。

菲德尔·卡斯特罗·鲁斯：是的，进程加快了，特别是人员的培训和选拔，因为攻打蒙卡达兵营的计划只需要10%的人。于是，我进行了选拔。从中选拔出最好的组长，最严肃认真的人。为攻打蒙卡达兵营，我选拔了160人，而我们拥有1200人。有可能某些小组发生过动摇，被真正党的小组收买过去，因为他们有武器，但是，将参加攻打蒙卡达兵营的人，是经过我们精心挑选的。

为了完成这一使命，有160人应该是足够了。问题在于如何给这160人配备武器来攻打两个兵营，一个是在巴亚莫的兵营，另一个是在古巴圣地亚哥的兵营[1]。我们的组织没有名单，没有任何正式的名单，而只有决心。我们之间有着亲密的关系，像一个大家庭，没有任何形式主义，我们的关系又是严肃认真的，是建立在为反对巴蒂斯塔共同斗争的愿望基础上的。为获得武器、弹药和军装，有些士兵给我们提供了帮助，但是，总的来说，我们并没有求助军人，尽管这可能是一种选择，因为当时的古巴，军官和士兵都是职业的，大多数军人是巴蒂斯塔分子，但是，还是有些军人如加利西亚人费尔南德斯和恩里克·博尔波内特等对巴蒂斯塔是不满意的。然而，我不认识他们，而与我们联系的任何10人、15人、20人的军官集团，都会同米略·奥乔亚、阿格拉蒙特或加西亚·巴尔塞纳建立关系。但是，他们不会与我建立联系，因为我没有钱，也不是什么政党的领导人。我的组织小，

---

[1] 即蒙卡达兵营。——译注

成员都是经过精心挑选的，可以说是精华，受到正统党的部分影响，但是，并没有领导正统党。

另一方面，军队是巴蒂斯塔的，我的想法是要建立一支新的军队，要与人民一起进行革命，这些都是马克思主义的观点。我没有设想依靠旧的军队可以进行革命。必须同人民一起进行一场革命，并且建立一支人民的军队。这并不意味着不能在必要时刻利用部分旧的军队。

但是，我已经具有革命的观念，而不是政变的观念，我是反对政变的观念。我要进行的是一场人民的革命，而不是一场政变。

此外，军队深受巴蒂斯塔蛊惑人心宣传的影响，对巴蒂斯塔十分顺从。这是一支职业军队，享有特权。巴蒂斯塔本来就是军队的头目，政变后再次掌管军队。

在3月10日政变前，当士兵们受剥削时，我把他们看作人民的一部分。我考虑在革命斗争中可以指望他们参加运动。但是，在政变后，我明白，革命不能让军队参加，不仅不让军队参加，而且要反对军队。对我来说，这是十分清楚的。

有人说过，也许是墨索里尼说过，革命可以依靠军队或不依靠军队，但是，决不能反对军队。而我们要进行的革命，要反对军队。当然，可以与军队的一部分进行合作，但是，军队已经深受影响，而且趾高气扬。

表面来看，巴蒂斯塔发动政变的方式很神奇，没有遇到抵抗，他完全控制了军队，他似乎是一个魔术师，他在军队里享有很高的威望。是我们的战争毁坏了他的威信，此前，他在军队里的威信达到了顶点，除了少数军人，主要是一些年轻的军官，他们具有共和国的别样的情感和观念，其中有些人后来起来谋反。

但是，我从来没有想策动政变，也没有想过同军队一起谋反。此外，我们认为，军人常常瞧不起百姓，因此，我认为解决古巴的问题不能只是一个将军替换另外一个将军，一个政府替换另外一个政府。我当时已经具有马克思主义的观点，我明白，必须进行一场人民革命。在3月10日政变前的条件下，可以考虑得到部分军队的支持，但是政变后，这是不可能的。因此，我分秒必争地准备军事起义。

有两个马克思主义的观点我十分清楚，一是进行人民革命，而不是政变；二是进行人民革命，而不仅仅是把暴君杀死。对我来说，作为一个革命者，我的思想十分清楚，问题不是把巴蒂斯塔杀死就能解决的。我们国家的问题是制度问题，不是某个人的问题，必须摧毁这个制度。我从来没有设想要谋杀巴蒂斯塔，这完全可以做到，只需派50人拦截总统的车队，把他杀死。但这不是革命，这是政变。实际上，我们需要留住巴蒂斯塔，因为他是旧制度的象征。

我脑子里充满马克思主义列宁主义的基本思想，并且把它们与古巴的实际相结合。

我也认为在当时形势下，我们也做出了自己的贡献，因为我们的行动并没有刻板地按照马克思列宁主义的策略，如果按照正统的马克思列宁主义策略，我们必须等待经济总危机的爆发，才能进行斗争。我们使用了马克思列宁主义的许多基本原理，但是，我们结合了古巴的实际情况。

卡秋斯卡·布兰科：司令，我认为你们的行动是与人们设想的马克思主义策略截然相反的，而马克思主义者应该像你们那样根据实际情况来采取行动。

菲德尔·卡斯特罗·鲁斯：如果我们照搬照抄正统马克思主义的做法，我们很可能会做出错误的结论，例如，必须等到一场总的经济危机的爆发，才能开始斗争；必须等到所有的社会条件都具备，所有的客观条件都具备，才能开始斗争。

我们一直认为，革命必须依靠群众。但是，如何发动群众，这是我们需要解决的问题。我认为我们的武装行动——后来我们的游击斗争也一样——将成为一个小的马达，它将带动群众的大马达。

卡秋斯卡·布兰科： 司令，那么，攻打兵营是不是得到人民支持的起义行动的开始？

菲德尔·卡斯特罗·鲁斯： 如果没有群众的支持，我们不可能夺取政权，不可能进行革命。最初的小组起导火索的作用。我们所做的，就是解释马克思列宁主义的基本思想和原则。我们设想在古巴可能进行人民革命的方式，尽管客观条件并不完备，并不理想：当时在古巴没有发生深刻的危机，糖的价格相对比较高，巴蒂斯塔掌握政权时，国际储备有5亿美元。人民是在受苦，但是，并不存在20世纪30年代马查多统治时期的危机。也不是（美国军事）干涉时期的形势，而是国内经济相对比较繁荣的时期。

但是，我们相信人民的能力和精神，尽管当时不具备理想的进行革命的社会、经济条件，我们还是相信，从爱国主义、尊严、传统、人民的起义、对独裁的仇恨出发，我们可以动员人民，领导人民的斗争取得胜利，即进行一场人民战争，一场消灭旧制度的革命，一场依靠人民的革命，一场依靠群众的革命。这是很重要的。

在3月10日前，我们曾揭露在校官的庄园里，在政客的庄园里，士兵们受到剥削，我们曾企图赢得士兵群众的支持。在奇瓦斯去世后，我曾提出，向总统府进军，依靠群众占领总统府，我指出，政府士气低落，军队无所适从，我们需要解决的问题是如何控制军队。

这一切是因为不能失去时机依靠军人进行谋反。

卡秋斯卡·布兰科：司令，既然没能得到其他组织的武器，也没有得到军队的支持，那么，你们是如何得到武器的？

菲德尔·卡斯特罗·鲁斯：在加西亚·巴尔塞纳被捕之前，在他向大家说他正在组织谋反反对巴蒂斯塔和攻占哥伦比亚兵营时，我就开始制定战略。我已经不能再信任他，于是，我们开始做准备。事实上，由我制定战略，然后，得到阿韦尔和马丁内斯·阿拉拉的批准，他们两人是我的小组成员，小组执行在军事方面的计划。

领导小组的其他成员并不知道战略是什么，他们推测是一项武装行动，他们相信是我制订的计划。

必须解决武器的问题。我认为，我们的武器就是军队兵营里存放和擦好油的武器。我们没有必要费这么大劲去购买、进口武器，去秘密地活动，因为武器就在兵营里。我们要做的，就是想办法把武器从军队手里夺过来。为此，我们需要最起码数量的武器。

这是我的基本设想，我制定的战略的根据是，必须依靠人民、同人民在一起，拿起武器进行斗争。这不是一场谋反，也不是一场政变，而是一场人民起义，我们的作用是发动这场人民起义。

我们所有的计划、我们的战略，是要进行一场人民武装革命，而武器必须从军队那里夺取。

我们没有打算攻打哥伦比亚兵营，因为这需要拥有大量的武器，这不是我们的设想。我们没有设想依靠一组人就可以夺取政权。此外，从实际出发，这么做需要很多武器。从人数来看，我们的人数是足够的，但是，我们没有这么多武器。这个任务将是更加困难的，因为在首都集中了很多军队。即使我攻占了首都的主要兵营，我们也立即得与首都其他驻军交战，而我们想发展的主要力量——人民参与的机会很小。

此外，在首都的敌人有很多资金，有众多的情报人员，监视更加严密，有摩托化的警察部队，总之，计划攻占哥伦比亚兵营需要更多的资金、更多的超出我们所能提供的训练有素的人员。所有这些因素决定我们不准备攻占哥伦比亚兵营这个首都的主要军事堡垒。

我考虑再三，得出结论是，人民若依靠一组人去反对一支拥有坦克、武装到牙齿、拥有飞机的职业军队，其行动胜利的可能性是很小的，这绝对不符合我们的设想。

我们可以用较少的资金，较少的人，出其不意地攻打古巴东部的一个兵营。这符合我们的设想，即东部省份有独立斗争的传统，东方省有地形的优势，它离首都1000公里。在那里夺取兵营，等于立即可以控制城市，而其他部队不可能予以抵抗。

此外，我们可以使从属于东方省军团的、许多小的部队投降，使它们很快中立，同时号召人民，武装人民，组织人民。我们可以有更多的时间组织人民参加起义，我们的先决条件是民众的情绪，我们拥有24小时的时间动员人民和武装人民。对这一点我们是完全有把握的。我们有古巴圣地亚哥学生、工人、居民和正统党人的支持。一旦我们攻占了兵营，他们会很快涌到那里。我记得很清楚，3月10日政变发生后，居民支持蒙卡达军团，因为他们没有响应政变，他们是在最后才这么做的。

我了解圣地亚哥居民和东方省居民的特征，他们具有战斗的传统，具有"造反"的精神。此外，我还设想可以立即得到一些有威信的政治人物的支持。我没有事先与他们说，但是，我相信，一旦我们攻占了兵营，他们会支持我们。

我估计，巴蒂斯塔需要将近 24 小时，才能到达圣地亚哥进行反攻，在全国范围来说，圣地亚哥是比较小的重要目标，是我们的力量可以拿下来的。哥伦比亚兵营太大，拥有陆军、炮兵、坦克兵。攻占哥伦比亚兵营要困难得多，需要很多训练有素的人，而古巴圣地亚哥兵营要简单得多，也更有把握。当动员男男女女的人数更加少时，此举是更为有效的。

从一开始起，我们的基本想法是攻占兵营，然后，把驻军变成俘虏，我们将趁他们熟睡时，将他们一网打尽。提醒我们的人，不必打多发子弹，因为驻军不可能抵抗。实际上，我们是想俘虏他们，然后，夺下他们的武器。此外，我估计，可能会派飞机来轰炸兵营，因此，最初的计划是，在攻占兵营之后马上撤离，将武器分放在城市的主要建筑物里，而不要放在部队里，这样，敌人就不会知道武器藏在什么地方。如果很快有飞机来轰炸，轰炸的是一个空的兵营。

但是，我们这一行动不可缺少少量的武器，于是，我们制订了一个完美的计划。

我注意到，巴蒂斯塔担心的是真正党人从美国带来的武器，并没有注意武器商店。无论是他本人还是政府的官员都没有注意武器商店。武器商店出售猎枪，22 毫米口径的步枪和 16 毫米、12 毫米和 22 毫米口径的猎枪。古巴与美国不同，对武器一向有控制。而在美国，武器是自由买卖的。在古巴，不允许持有手枪，认为手枪是危险的武器；不允许持有口径为30.06毫米的来复枪以及加兰德步枪。一支M-1卡宾枪被视为危险的战争武器。巴蒂斯塔、他的军队、镇压机关、警察和所有的人都担心这些武器。但是，没有人关注武器商店合法出售的猎枪。购买这些猎枪需要得到准许，需要许可证。如果某人以革命者的身份去购买猎枪，是不会卖给他的，如果引起疑心，更不会卖给他。

在首都有几家武器商店，在古巴圣地亚哥也有一家。我熟悉武器，我少年时，在家里就学会了使用武器，知道如何开枪。

我记得，因为我曾试验过，一支22毫米口径的步枪能够打死一头牛，如果你的子弹命中牛的脑袋的话。我曾拿着猎枪在比兰打猎。我知道一支口径为12毫米的自动猎枪可以干什么，因为我家里就有一支这样的猎枪。一支装有9发子弹的猎枪可以致命。有时候商店出售的装有子弹的猎枪可以打鹿、野猪，正是为此目的，武器商店出售这种猎枪。在古巴这种猎枪为数不多，虽然没有几千支，但几百支还是有的。

射击在古巴是一种运动，有射击俱乐部，在射击俱乐部里，用猎枪来打猎，打鸽子。许多有钱人拥有猎枪，他们在俱乐部里使用猎枪。射击是有钱人的一项运动。他们打鸽子、鸭子，到射击场去射击……甚至使用22毫米口径的步枪去射击场打靶，这是一种运动。

谁也想不到我们会用猎枪来当武器，但是，我知道这些猎枪在某种情况下可以完成战争的使命，如用来攻占兵营。用猎枪在阵地上作战不是很理想，但在森林中和在游击战中，是有效的武器。我知道，在武器商店出售的武器，有哪些是我们所需要的。

我制订了两个计划，一个是筹集资金，另一个是购买武器。运动的人数在增加，我们需要筹集资金。我同几位正统党的领导人谈话，并向一些人募捐。有的给我 100 比索，有的给 200 比索。但是，数量都不多。因此，我不得不让我的伙伴做出巨大牺牲，我在《历史将宣判我无罪》中有详细的记述。他们出售了自己的工具，甚至辞去了自己的工作，出售了自己的汽车等物品。尽管如此，资金还是不够。我们需要的资金约为 2 万比索，主要用于购买武器和弹药、租房子和庄园。

我们一直强调一位同志的作用：埃内斯托·蒂索尔，他是一位青年，有一个小的养鸡场。他的妻子是马丁内斯·阿拉拉的妹妹，他加入了我们的运动。他个子很高，人很瘦，金发，很严肃、冷静，做一点小生意。他住在哈瓦那郊区，那里有他的养鸡场。他穿着讲究，经常穿一双高筒靴。蒂索尔帮了我们很多忙，帮我们买了大量武器。他成为我们射击俱乐部的成员，他有证书，一切都是绝对合法的，我们派他去联系。他看起来像一个英国人，一个资本家和商人，因此，没有人怀疑他是一个革命者。根据我们当时的处境，需要聪明才智。

我们也以他的名义在银行开了账户。我们有几个账户，钱不多，但是，有几个支票账户。有时候，雷纳托·吉塔特于某个星期五在圣地亚哥买一支枪，开一张支票；于是，我们对他说："您开一张支票去买或者去支付。"而在周五和周一之间，我们得想办法，把钱存到银行里去。

我们同蒂索尔一起到过几家武器商店。他有射击俱乐部的证书，一切都是合法的……此外，他善于与商人打交道，商人也愿意把武器卖给他。因此，作为买卖人，他在比那尔德里奥颇有名，他有畜牧业主和工业主的朋友，他在一家武器店购买了第一支步枪，一支自动猎枪；后来，在另一家、第三家店买武器。假如一支猎枪 100 比索，我们给他 80 比索，当他去买猎枪时，他掏出钱包，支付 80 比索，然后，签一张支票。

在好几个月里，蒂索尔跑来跑去，购买武器，主要是在三家武器商店里购买。他在买武器时也赚一点佣金。他说他是给他的一位朋友购买猎枪的，要求店主降点价，他说："我有一位朋友在比那尔德里奥某某地方。"然后，他到店里，支付 70% 的现金，其余 30% 用支票支付。就这样，他取得了武器店老板的信任，允许他用支票支付。但是，总的来说，购买的武器并不多，只是几支枪。因为我们还得买军装，还有其他的开支，同志们的努力，还不是很够。

我认为，我们干得出色的是，提前好几个月制订了计划，根据计划，我们通过赊欠购买了许多武器。大部分武器，约三分之二，我们是在 7 月 24 日，即行动 36 小时前购买的。

蒂索尔的任务完成得很完美。当然，有人帮助他，他在几个月里一直装成富人。我们募集了一些资金，用这些资金购买了约三分之一的武器。由于一切准备行动都是在 7 月 24 日周五和周六凌晨组织的，我们在第二天，就把三分之二的武器从哈瓦那运到古巴圣地亚哥，多么难以想象！是一件一件运到的！

武器店的老板成为蒂索尔的伙伴，他们完全信任他，信任他做买卖态度严肃认真。我们真正考虑的是，在攻占兵营后如何把钱还给人家。我们没有想不还武器的钱。我们准备在攻占兵营后，向古巴圣地亚哥银行申请一笔贷款，我们不想欺骗他们，伤害他们。

那么，我们都做了些什么？最后一天，我们支付了 20% 的现金，其余 80% 用支票支付。在 7 月 24 日那天，我们在哈瓦那和圣地亚哥的武器店里购买了几十件武器。这是我们在几个月内所做的组织工作。

说真的,这一行动的关键人物是蒂索尔。此外,他还是我们在哈瓦那各射击俱乐部的联络员,就像他与各个武器商店的联系一样。我们将许多同志注册为射击俱乐部成员,我们最后的实弹训练就是在射击俱乐部里进行的。我们的人学会用飞碟作为猎枪的靶子,就像奥林匹克射击手一样,在空中把飞碟射破。他们很好地掌握了射击。

卡秋斯卡·布兰科:您和其他蒙卡达兵营的战士们,在1953年,在事先不知道的情况下,曾使用美国作家欧内斯特·海明威使用过的猎枪进行过训练。2007年《起义青年报》发表了费尔南多·西尔瓦诺·佩雷斯写的一篇访谈记,他曾经在塞罗的猎人俱乐部管理过海明威的枪支,他在回忆录里提到您、佩德罗·米雷特、奥斯卡尔·阿尔卡德等人的名字。他负责出借武器,将武器出借给懂得使用的人。

费尔南多·西尔瓦诺·佩雷斯写道,你们中有的人要求他,在出借枪支时,不要记下他们的名字,因为他认识他们,他就这样做了。他说,您什么样的猎枪都会使用,但是,他愿意把海明威使用过的猎枪,特别有一支叫作"母马"的猎枪借给您,这是一支12毫米口径的双筒猎枪,其枪声如"响雷"。他认为您比他还熟悉枪支的性能,但是,您只是满足于借给您的枪支。

在接受路易斯·埃尔南德斯·塞拉诺记者的采访时,费尔南多·西尔瓦诺还说,他曾借给你们几支双筒猎枪,一个筒在下,另一个筒在上,这是著名的上下双筒猎枪。

菲德尔·卡斯特罗·鲁斯:是的,我读过这篇访谈记。多么巧合!是不是?当时,谁会想到是这样!

此外，我们到过所有的射击俱乐部和只要有靶子的场所训练我们的人打步枪，不仅仅是到农村某些地方。我们的人哪儿都去，跑遍所有的射击场，就像一个普通的公民，去练习射击。

巴蒂斯塔、他的警察、军队和所有的人，每天过着花天酒地的生活，深信自己的政权已固若金汤。而与此同时，有一小组人，利用一切可能在进行训练。我们的人在出色地练习打枪，在认真地做战斗的准备。

除了少数几支手枪、比兰的几件武器和佩德罗·米雷特用来进行训练的枪支外，其余所有的枪支都是我们在武器商店里购买的。而我们的人的基本训练都是在射击俱乐部里合法地接受的，甚至还是通过赊欠购买的。

我认为，我们在武器商店购买武器的计划是我们所干的最完美的事情之一。当我们认识到，虽然我们做了很大努力，我们还是没有必要的资金购买武器时，我们提前几个月就策划好这一计划。

直到7月24日最后一小时，我们还没有买到大部分的武器。当然，我们已经买到了30%的武器，并已经提前运到了圣地亚哥。但是，大部分武器是在25日星期六晚上才运到古巴圣地亚哥的。一切都非常好，非常完美。

运送武器.劳尔的回忆.雷纳托·吉塔特:被挑选的人.计划采取行动.兵营的地形图.细节.秘密.从哈瓦那到圣地亚哥的旅行.特奥杜里奥·米歇尔.为革命献身

卡秋斯卡·布兰科：司令，2003年7月劳尔告诉我说，是何塞·路易斯·塔塞特通知他行动的时间的。1953年7月24日星期五晚上8点，塔塞特喊他，其他什么也没有说，让他到L点（在大学附近的莱斯特家）集合，在那里拿起最后一包武器，运送到火车站，并乘坐去东方省的火车。他们带着装满拆散的猎枪的箱子。他对我说，当时，包括他本人在内，在火车站一共集合了18名战士，当然，这不包括在别的时间走同样路线的其他战士在内。我想有些人就是在星期五同一天到达圣地亚哥的。劳尔和他的同伴们于7月25日星期六到达了东方省省会。1963年《波希米亚》杂志发表了被关在松树岛监狱里的劳尔于1954年写的一篇日记，日记说："在旅途中，我们一点都没有睡，重大事件发生前的这个炎热的星期六的黎明显得格外安宁。实际上，这是一个普通的黎明，但是，我觉得它不同寻常。"劳尔的叙述像一部小说。司令，武器的运送是如何组织的？有没有在圣地亚哥招募人员？

菲德尔·卡斯特罗·鲁斯：我们在古巴圣地亚哥只招募了一个人雷纳托·吉塔特，我是在1953年1月经佩德罗·米雷特介绍认识他的。我们不想在当地招募更多的人，免得引起怀疑，我们也不在那里建立组织，免得有人打入我们所进行活动的内部。我们的计划是在7月26日行动之前，不在当地招募任何人，我们的设想是将我们的力量调动过来。必须采取非常谨慎的措施。我们的运动是在首都组织起来的，在圣地亚哥，一切都很安宁。我认为，如果我们在圣地亚哥招募20人、30人或40人，我们进行武装行动时，就会引起怀疑。我们在当地只招募了雷纳托·吉塔特一人，他的工作干得很出色。他与米雷特一样，是一位很积极、很有干劲的青年，因此，我们招募了他。他在古巴圣地亚哥是一个关键人物，他还在那里购买到武器。

当行动的日期临近时,我们派阿韦尔到圣地亚哥,负责西波涅养鸡场。阿韦尔也伪装成为一位资本家,一位商人,在古巴圣地亚哥郊区建立了一家养鸡场。他负责接收武器,给120人预订旅馆或招待所的房间。有些人是直接来到圣地亚哥,但是,也有些人是在不同的时间到的,有的乘汽车,有的乘火车,必须给他们事先安排好住处。阿韦尔和雷纳托工作得很出色,他们负责接待人员,接收武器,起初是一件一件,零散的武器,但到了最后一天,7月25日那天,运来一大批武器。

哈瓦那距圣地亚哥有1000公里,但我们的行动协调得很好。人员和武器是在攻打兵营的行动开始前几小时到达的,试想,1000公里的距离,多么艰巨的任务!巴蒂斯塔有那么多的密探、警察和卫兵,我们又是处在地下状态,这多么不容易呀!这的确是一项艰难和危险的使命。人员的训练,武器的购买和运输,人员的转移,这一切看似很困难,但是,完成得很出色。我们人员的调动,像时钟一样准确,我们的人全心全意投入斗争。

在古巴革命历史上,我们完成的最复杂的任务就是7月26日前的准备行动,因为此前所有的革命尝试刚开始时就被发现。我们在开始时,也遇到很多困难,如要找一台打字机、一家电台和准备出版一份报纸等,但我们很快就解决了。我们采取措施,确保这一大规模的运动处于绝对秘密的状态。当然,我们的人都准备完成自己的使命,尽管他们并不清楚要干些什么。"您到那里去,这是您的车票。""您到了那里,有人在某某地方等您。"我们的人纪律严明地完成了自己的使命。

卡秋斯卡·布兰科:我很难想象你们是如何把这么多武器运到那里,而并没有引起怀疑。多么勇敢！多么镇静！好像是电影一般。

菲德尔·卡斯特罗·鲁斯：负责运送这批武器的有几位同志。梅尔瓦和"耶耶"（即阿韦尔的姐姐艾德·圣玛丽亚）在完成这项任务中起了非常重要的作用，因为在每一件箱子里都装有五六支猎枪，箱子很重。我记得"耶耶"曾请一名士兵帮她扛箱子。我们的人就是这样无私无畏。他们都是经过挑选的人，我对他们的品质做过仔细观察。我认为，小组的组长很重要，组长好，这个小组一定很好。我总是在观察谁最坚定，最有干劲，谁准备最充分，谁枪法最准，谁最想干，从他们中间选拔最好的人。有些小组的成员缺乏信仰和信心，还有些小组去同其他组织进行联系。

当然，对于挑选出来的人，我们对他们进行更紧张的训练。我们没有让1200人都去进行实弹练习，而是让挑选出来的人进行实弹练习。他们习惯服从调遣而不问要去哪里。采取这些措施是为了防止有人潜入我们的队伍中来。这些措施确实非常严格。我们的同志们已经习惯随时投入行动，他们接到通知说，不知道几点钟和在何处，只是让他们应该严格按照要求到指定的地方去。

我们就是这样选拔最好的人，我们主要是按照小组来挑选，而不是按照人。我们总是对组长说："如果您发现某个人立场不坚定，无论什么原因，您就把他除名，不要再去动员他。"我们挑选组长时，通过对该小组组员的调查，考察其态度。

我们挑选的人中间，很少有大学生，因为我最了解大学生。我知道大学生有热情，他们参加游行，进行斗争。但是，总的说来，他们不像工人和农民那样谦虚谨慎。我国的大学是小资产阶级的大学，大学生们都有"造反"精神，都很勇敢，但是，纪律性不强，不适应工人和农民的纪律。这是大学生的特点。此外，由于哈瓦那大学本身存在的问题，所以，我不愿意在大学生中间挑选人员。我认为，一般来说，大学生缺乏士兵具备的纪律性。而工人、农民，生活使他们有纪律，一般来说，他们出身于贫困家庭，比大学生们更无产阶级化。大学生在斗争中具有好的品德："造反"精神强，勇敢，敢于在游行中挑战警察，但是，他们缺乏我们所需要的纪律性。大学生们是知识分子，而工人、农民更接近无产者，这是事实。我了解他们之间的区别，他们各自的特点，我在选拔人员时，进行全面的考察。

卡秋斯卡·布兰科：司令，您是怎么会想到要攻打兵营的？您真的想在最初时刻就通过电台播放奇瓦斯《最后的一击》的演说吗？

菲德尔·卡斯特罗·鲁斯：我们的设想是穿着政府军的军装攻打兵营，以制造混乱，不让他们知道是谁发动进攻，以制造绝对混乱局面。我们将穿着带有军士长领章的军装，这样可以在士兵中产生某种影响，此外，在开始时，我们不说这是一场平民的运动，而说这是一场军队里的军士长运动，目的是在军队中引起混乱。因为1933年巴蒂斯塔就发起一场军士长运动，有过先例。因此，人们不会感到奇怪和不寻常，而是过去曾经发生过的事。

我设想我们可以在兵营里抓几个真正的军士长，甚至可以让他们在声明上签名，使人觉得他们似乎就是我们运动的成员，目的是可以产生使整个军队瘫痪的效果并赢得几个小时的时间。这一切都得在最初的时刻中完成：招呼军团的卫队，告诉他们说，军士长们已经占领了兵营的指挥部。开始时，我们保持沉默，但是后来，我们立刻与古巴圣地亚哥的政界人士和所有人联系。

在全国范围内，我们先不发表演说，而是在当天某个时候，通过电台播放奇瓦斯本人发表的《最后的一击》演说的录音，先不在电台发布消息，而是重复播放奇瓦斯的演说作为告人民书。由于电台里翻来覆去播放奇瓦斯的《最后的一击》的演说，而不播放消息，这等于告诉人们，这是一场由正统党人组织和领导的人民革命。

也就是说，先在军队中制造混乱，然后，不是直接地告诉人民，发生了一些不太清楚的重要事件。这一切有利于争取时间集合民众和从兵营撤退。然后，我们可告诉民众，我们占领了圣地亚哥兵营，以发动全城起义，号召民众举行总罢工，颁布一系列革命的法律，这些法律在我后来发表的《历史将宣判我无罪》中都提了出来。这是一场运动，是一场人民革命，将号召全体人民起来革命。所有这一切行动结合在一起将可以消灭巴蒂斯塔政权。

我相信，当时是有可能使国家陷入瘫痪状态的；我相信，当时我们可以控制国家！事情的发展会使全国发生动荡，陷入瘫痪。

现在，从军事角度来看，当时最坏的情况可能是，我们占领了兵营，夺取了全部的武器，但是，我们遭到了巴蒂斯塔的反击。于是，我们在东方省两条主要交通要道上进行对抗，一条是中央公路，一条是铁路。巴蒂斯塔可能通过这两条交通要道派军队来进行镇压。不可能有别的道路。不可能从空中派飞机来，因为我们会阻止飞机在机场下降。

我们设想在离圣地亚哥中央公路200公里远的考托河进行抵抗。我们计划炸毁从考托到奥尔金公路段上横跨考托河的桥梁。在圣地亚哥，以及在离圣地亚哥几公里处的圣路易斯区，我们将选择几个战略要点去抗击沿铁路线过来的政府军。如果事情的发展不像我们所设想的那么顺利的话，我们将在中央铁路和中央公路这两个战略要点、这两个关键点、这两个重要的点，也是政府军必经之地组织抗击。这样，我们才有可能为行动在未来几天时间里取得发展争取时间，避免城市被占领。我们将拥有从政府军夺来的武器，我们会在许多地方组织抵抗。

另外一种可能发生的情况是，我们没能抵御政府军的反击，也没能守住城市，不得不带着二三千跟随我们的人和夺来的武器到马埃斯特腊山上去进行非正规战争。我们估计能占有二三千件武器。如果能有这么多武器开始在马埃斯特腊山进行非正规战争，这将是一支巨大的力量！

我认为，历史证明这一设想是完全正确的。我们在随后几年所干的事，顺序正好相反，条件更加困难。因为我们乘坐的"格拉玛号"游艇登陆后，在马埃斯特腊山开始斗争时，只有7个人和7支步枪。此前，我曾独自一人，后来，我们3个人，两支步枪。因此，原来设想在攻打蒙卡达兵营之后，带着二三千人上山，实际上，我们上山时，只有7个人，7支步枪。很难做比较。

卡秋斯卡·布兰科：司令，计划是完美的。我记得您后来在狱中写道："对我来说，我一生中最幸福的时刻是1953年我投入战斗的时刻；而最艰难的时刻是我遭遇到失败困境的时刻……"您能仔细讲述一下当时发生的事件吗？

菲德尔·卡斯特罗·鲁斯：随着我们准备工作的进展，我们在创造所有的条件。我们已拥有训练有素的人、武器，因此，我们开始考虑行动的具体日期。在四五周前，我们就决定了日期，我们想越早越好，因为，时间拖得越久，计划被发现的危险性越大。当时，我们都已经伪装好，我们很好地伪装在巴蒂斯塔分子胡安·索萨办事处打工。我们已不再参加1月28日的游行及其他可能会与警察或其他镇压机器发生冲突的游行示威活动。我们行动的确切日期是根据我们准备工作的进展决定的。

我们记得我们在选择日期时，考虑到狂欢节。因为我们要给参加行动的人找住处，要租房间，而且要确保不引起怀疑，狂欢节传统的节日吸引了当局的注意力。

这正是我们选择狂欢节为行动日期的决定性因素。我在行动前四个、五个、两个星期前就决定行动的确切日期，我们很早就为这一天的行动做准备。我们攻打蒙卡达兵营的日期正是我们事先计划好的日期，正如我们乘坐"格拉玛号"游艇的启航日期一样。我们准备占领圣地亚哥市的日期也是事先计划好的。我记得，当巴蒂斯塔组织对马埃斯特腊山发动最后一次进攻时，我曾给胡安·阿尔梅达·博斯克写信说："大约1月1日，我们将打回圣地亚哥。"当然，这不是一个确切的日期，这是一个估计的大约的日期。但是，我们攻打蒙卡达兵营和"格拉玛号"游艇的启航日期都是几个星期前就已确定的，我们也按照原定的日期采取行动了。

卡秋斯卡·布兰科：司令，我不会忘记您从监狱里写给雷纳托·吉塔特父亲的信："您有充足的理由完全可以为您的儿子感到骄傲。我从内心深处希望古巴总是有像您和您儿子这样的人。"是不是雷纳托·吉塔特向你们提供了蒙卡达兵营的地形图？为此，他冒着生命危险在几个月时间里，对兵营进行了仔细观察，才绘制了这张地图。

菲德尔·卡斯特罗·鲁斯：是的，正是他。我们仔细研究了这张由吉塔特给我们的兵营地形图以及他的观察：岗哨的位置在哪里，入口在哪里，但都是粗线条的，画得不是很细致。我最感兴趣的是，指挥部在何处，武器库在何处，宿舍在何处，我们并不需要一张十分精确的地图。吉塔特比阿韦尔向我们提供了更多的情况，因为阿韦尔没有这么多时间去观察兵营，免得引起怀疑。我们不可能派许多人去实地观察，我们就是根据吉塔特提供的情报、他的观察来行动。从医院、兵营附近的几座高层建筑和司法大楼，可以看到兵营的分布情况。我们了解行动目标的基本地形，而这都是吉塔特提供给我们的。他小心谨慎地完成了他的任务，直至他最后牺牲，他赢得了我们对他的信任。

在行动开始许多星期前，在准备行动期间，我曾对兵营周围环境做过一番实地考察。我转了一大圈，分析了各个方向的地形，我清楚，必须把我们的人集中在某一个点，必须确定在哪一个点，是在中央公路入口的埃尔科布雷方向，还是埃尔卡内伊方向，莫罗方向或者其他五六个不同的方向？我选择了一个最直接的、距离最短的、在市区耗时最短的方向，即不需要走很多路的方向。我选择了距离城市出口处最近的、可以伪装成一个农场的地方。我研究了各个点，最后选择的点可以很快到达，可以租到房子，是去海滩的必经之地，可以租到度假房。那里比较不引人注目，更方便在晚上进入和集中人，以及黎明时可以出入。我经过研究所挑选的地方是最合适的地方，那里有公路可以沟通农村和城市，离兵营只有五六个街区，在到达兵营前，可以在一个侧面攻打兵营。

我不能进入兵营里去，也不能在兵营附近的大楼前久留，因为不少人认识我。如果被人发觉我在观察兵营，那么，我们的计划会暴露。我还是不去实地观察为好！我研究了周围的情况，此外，我熟悉圣地亚哥。我努力寻找圣地亚哥居民去西波涅海滩或其他海滩必经之地的一个庄园。

当时，那里有一条路通往格兰佩特拉（"大石头"），这里是圣地亚哥市最隐蔽、最理想的地方。

在圣地亚哥一切都已安排好。在哈瓦那，我们从武器商店购买了一部分武器，武器商店的存在使我们得以购买部分武器。我们也在哈瓦那准备好军装准备运往圣地亚哥，其中一部分军装是在梅尔瓦的家里缝制的，其余军装是购买的。我们也从一些下级军官手中购买了不少军装、军帽和军士长的领章和帽徽，甚至一些武器。这一切都在攻打蒙卡达兵营、在军队中制造混乱的计划之中。

我们的工作十分紧张。在行动前一个星期的最后几天和周末，我们已购买好全部武器，通过各种途径和从各地把大部分武器运到了圣地亚哥。按照计划，应该把所有武器都运到圣地亚哥。

在绝对秘密的状态下，我们挑选了参加行动的战士，我们给即将从哈瓦那到圣地亚哥参加行动和组织动员的小组组长下达指示。我们租了20辆汽车，让好几个组的战士乘坐去圣地亚哥。我们是通过赊欠租的车。我们拥有训练有素的干部，他们同出租车的人家建立了关系。当然，我们缺乏资金租车，也缺乏资金购买武器。

所有的汽车都是租来的，从哈瓦那出发。每个小组一辆车。有些我们最信得过的小组乘大巴，也有的小组乘火车，但是，大部队是乘汽车去圣地亚哥的。无论是小组成员，还是司机，都是经过严格挑选的。一个人数很少的小组组织这一切：确定确切的时间去迎接到来的战士们，弄清楚他们出发的时间、到达的地点、谁负责去接。战士们并不知道究竟哪天开始行动，我们曾多次动员过他们，他们已养成遵守纪律的习惯，他们不知道哪天开始行动，在哪里行动。他们不像真正党人，他们从未见到武器，也没有见到武器库，但是，他们相信他们所干的事是正确的，认真的，尽管从未向他们同时展示过20件武器。我们是白手起家，既准备好武器，又训练了160名战士来攻占巴亚莫兵营和古巴圣地亚哥兵营。

我记得，这是艰难的、相当紧张的一天，我经历了一些事情。在攻打蒙卡达兵营几星期前，我在雷依纳大街驱车……我的车在3月10日之前已经跑了4万公里，而在3月10日到7月26日之间，又跑了4万公里，我几乎环游了世界一大圈，我是为了组织运动和为攻打蒙卡达兵营做准备，才跑了这么多的路。计划十分周密，一切进展顺利。但由于我在拐弯时，没有给附近的警察打信号，警察向我追过来。过了两个街区，我停下车，像任何其他公民一样行事。警察推了推我，又打了我几下，差一点打我耳光。我十分镇静地对他说："警察先生，对不起。我不想让您生气，您别见怪。请原谅，先生。"这是一位警官，他为我的交通违规而生气。我不得不忍耐这一切，心想："不用担心，要不了多久，我会回敬你的。"

还有一次，我们驱车经过波耶洛斯，一辆巡逻车示意我们，让我们停车。我不记得那天我们去干什么事。我开的是租来的车，因为我的车烧坏了。巡逻车下令让我们停车，进行调查，我不清楚出于什么原因，我们没有携带武器，我们出门总是不携带武器，以免引起怀疑。发生了什么事？难道他们发现了什么？会不会逮捕我们？气氛十分紧张。还好，我们出示了身份证，他们问了几个问题，我们一一做了回答。最后，他们对我们说："走吧！"离蒙卡达行动只有几个小时了，很快就要实施攻打兵营的计划了，在这时候，发生这样的事，真的令人感到非常奇怪。7月24日星期五是决定性的一天。

我亲自关注骨干们向圣地亚哥转移，我给他们每个人都下达指示，告诉他们应该做些什么。我是最后一个，起码是最后离开哈瓦那的人中的一个。

汽车在中央公路上行驶，车上挂有巴蒂斯塔党的标记和 3 月 10 日的小旗。许多巴蒂斯塔分子喜欢在他们的车上挂上 3 月 10 日的小旗，在车窗上贴有象征巴蒂斯塔政权的标记。我们开往圣地亚哥的所有的车也一样。因为他们不为人知，而要驱车 1000 公里，难免会遇到什么交通事故或其他意外的事情，这些标志、9 月 4 日[1]的小旗、巴蒂斯塔的小旗和标志可能会帮他们的大忙。

因此，采取了各种措施。决定好出发的时间，在什么地方可以下车，必须小组集体行动，禁止任何人随便离开车，总之，下达了具体的指示。

大家是分别旅行的。一辆车开走，半小时后，另一辆车出发，还有一辆车两小时后再出发。他们都是在星期五晚上动身的，车上都没有携带武器，怕在沿途引起麻烦。

唯一没有插巴蒂斯塔小旗的车是我的车，原因很简单：因为我在国内有一定的知名度。大伙都知道我与巴蒂斯塔没有任何关系，尽管我在一个巴蒂斯塔分子的办事处工作。认识我的人都知道，我不可能成为一名巴蒂斯塔分子，因此，如果有谁在中央公路上看到我驾驶着一辆挂有巴蒂斯塔标志或 9 月 4 日小旗的车，反而会觉得可疑和奇怪。因此，我的车不挂巴蒂斯塔标志，并不是出于偏见，正因为我没有偏见，所以在行动时，我还穿着军士长的军装。

---

[1] 1933 年 9 月 4 日，巴蒂斯塔作为中士领袖发动 "中士兵变"，推翻了卡洛斯·曼努埃尔·德·塞斯佩德斯（Carlos Manuel de Céspedes）的临时政府，随后政权落入拉蒙·格劳·圣马丁为总统的五人委员会，巴蒂斯塔出任陆军参谋长，提升自己为上将，并实际控制了政权。——译注

我是最后离开首都去圣地亚哥的,在我之后,有一辆车跟着我,怕我在路上发生什么问题或车出什么故障,以便帮助我。我是在星期五晚上离开哈瓦那,星期六凌晨到达圣地亚哥。白天时我想起来,我有点近视,所以在经过圣克拉拉市时,在一家眼镜店配了一副眼镜,然后继续朝卡马圭开去。这时是 25 日晚,天已经黑了,我到达圣地亚哥时,狂欢节已经开始。阿韦尔、吉塔特和圣地亚哥小组的成员都已经在那里了。

卡秋斯卡·布兰科:我很荣幸小时候就知道您驱车到圣地亚哥的经历。我母亲是那天给您驾驶别克 52 型汽车的司机特奥杜里奥·米歇尔·巴尔班的同事和朋友。当年我只有七八岁,我非常认真地听他给我讲你们一路上的经历。据他说,你们两人是在 7 月 24 日深夜,从哈瓦那霍维利亚尔路 107 号出发的。1977 年攻打蒙卡达兵营 24 周年时,记者苏珊娜·李发表过一篇访谈,详细地记载了特奥杜里奥的回忆。许多年之后,我得知,您认为,总的来说,特奥杜里奥的回忆是确切的。他是一位个子高高的黑人,我全家都很热爱他,这不仅因为他是蒙卡达战士,而且因为他失去了他的妻子,他仔细地照顾两个孩子。也许,他的个子不太高,但是,因为我当时年纪小,感觉他形象很高大,不仅个子高,他劳苦功高。对我来说,他的叙述令我感到震惊,特别是他讲到,在他逃避连续 15 天的跟踪之后,在自己的家乡被捕。他是帕尔玛索利亚诺人。在家乡,在他的手上用石蜡做试验,检查他手上有没有炸药的残余。如果有的话,说明他曾经打过枪。我坦白,这是最使我感到吃惊的事情,怎么可能在这么多天之后,可以查出某人曾经使用过枪呢?我怎么也想不通,好像是谜一般，简直是神话，我感觉仿佛是加西亚·马尔克斯在讲述他小说里第一个僵局的情节。

至今，当我回忆起这位穷苦的好人，依然使我感动，他在光荣地、负责地把您从首都驱车送到圣地亚哥之后，他的日子仍旧过得十分简朴。在我眼里，他是一位英雄，能有机会认识他，让我永远感到幸福。

菲德尔·卡斯特罗·鲁斯：我感到很吃惊的是，他脑子这么清楚，能在24年之后，记得几乎所有的细节。在路上，我们没有遇到什么麻烦，在圣地亚哥，武器都已准备就绪，房子也都租好了。我们在圣地亚哥所做的一切，在巴亚莫也同样做了，只不过规模小一点。我们的人都已在几个旅店住下了。阿韦尔已经安排好我们每个人的住处，一切都按计划完成，没有发生什么意外。我按计划做了一切，下达了指示，我从圣地亚哥城里去了养鸡场，到养鸡场之后，我们在一起碰头。大家都认为是开始行动的时候了。经过了1000公里的路程，该行动了。

我记得从哈瓦那一路过来，我们进行了登记，遇到过警察和军队，他们似乎很警觉，似乎有些疑心。我一路上都在仔细观察人们的情绪。到了圣地亚哥，人们都沉浸在狂欢节的欢乐之中。正因如此，我们的人才能不费劲地进入圣地亚哥，因为是节假日，来往人很多，熙熙攘攘，热闹非凡。我们大约120人，纪律严明地来到圣地亚哥，分别下榻在各处、休息、动员和再次集中。

这是一次成功的行动，在整个这段时间里，我们没有出现任何一个小小的失误。

阿韦尔去火车站迎接多位携带武器来的同志，他们多数人是在25日星期六行动前几个小时到达的。当然，此前有些武器已经运到，并已藏在养鸡场的井里和其他地方。我们有蒂索尔作为养鸡场的顾问,而农庄伪装成养鸡场。在养鸡场里盖了一些围墙,可以遮挡住停放在里面的汽车,从中央公路往养鸡场看,看不见里面停放着汽车。一切都安排就绪,凌晨2点,大约在攻打蒙卡达兵营行动前4小时,我到达养鸡场。我对大家做了动员,下达了指示,向大家分发了军装、武器和弹药。

时间过得特别快。经过几个月的组织、培训和准备,我们这些决心大、信心足的同志们情绪高涨。突然,行动的时刻来到了!这是大家最激动的时刻,大家第一次看到这么多的武器。此前,只有少数人在进行实弹练习时见到过枪。我们根据每个人不同的使命和所受过的训练情况,分发武器。把最好的武器分发给训练最有素的同志。很快,发好了军装。一切都完成得很认真。气氛感染了所有的战士,大家都认识到,我们将完成一项使命。我们了解我们所做决定的细节。我挑选了一些人跟随我,任命了几位小组长。我派阿韦尔占领市民医院,派劳尔和莱斯特占领司法大楼。我们挑选好各小组成员和汽车,下达了指示。我强调要出其不意,尽量不要开枪,除非遇到非开枪不可的情况。

如果我们穿着士兵的军装,拿下岗哨和指挥所,敌人就不可能反抗。我们想把驻军都俘虏过来,甚至想让他们中的一些人与我们合作,至少让一些主要的、真正的军士长与我们配合,在我们给军事单位的最初的公告和分发的宣言书上签字。

这是一次完全针对各个军事单位的行动,因为我们想使东方省的部队都投降。我们想使所有的军事单位按兵不动和投降,向他们发指令,在军队中制造混乱。因此,我们的基本设想是俘虏一些士兵,如果他们反抗,就收拾他们。要使他们大吃一惊,措手不及,无法做出反应。这样，我们可以避免双方人员的伤亡。我们的估计是正确的，绝对正确的，因为一旦他们见到有约 100 名军士长造反的话，他们不会进行抵抗。在天亮得比较早的 7 月份狂欢节那一天，在拂晓前，对熟睡的士兵来说，遇到这种情况，一定会手足无措。

我们事先都了解清楚，几点钟天亮，士兵们几点起床，我们设想在拂晓前 40 分钟拿下兵营。此前，我们将先占领指挥所和控制所有出入口。如果遇到抵抗，就予以回击。

今天，我认为会发生一场激烈的枪战，与当时我们所设想的不同。因为，尽管我们的计划是正确的，条件也具备，我们的战士也很有决心，很勇敢，但是，我们缺乏战斗经验。如果我们的战士曾经参加过几次战斗，是老战士，我们就有获胜的把握，因为战士们以及他们的首领，就会控制局势。

我说这些话，是因为所发生的情况。当第一枪打响后，所有的人都开了枪。但是，当时我们还没有进兵营。如果具有战斗经验，就不会这么紧张，就会等待时机。但是，第一枪一打响，所有的人都开了枪。

很难完成我们将兵营驻军俘虏的设想，这是可以预料到的，但是，我们的人会毫不犹豫地采取行动，抗击驻军的反抗。我们的决心很大。我在养鸡场讲话时，没有必要鼓励我们的人，只要让他们树立信心，行动的时刻到了！让我们鼓起勇气，确保行动的安全，坚持一起行动，完成指令。

在这关键时刻，我强调说，除非遇到非开枪不可的情况，尽量不要开枪。在这即将行动的庄严时刻，我提起我国的历史。我记得，在 120 人中间，有三四位大学生害怕了。他们在平时总是要求参加行动，显得十分勇敢，但到了真正行动的时候，却退却了。我对他们说："你们别慌乱,先留下来,在我们离开之后,你们再走。"我们没有指责他们,大家的觉悟很高。

我清楚地记得,我在讲话时提到,我们正在为我国的历史书写新的一页,我给我的战士们树立信心。

我还记得当时我的手表停了,要完成预定的计划,时间显得十分紧迫。在4个小时内,我们要分发军装、武器,要组织这一切,我们不得不紧张而有序地工作。也许我们应该提前一个小时去做,因为要做的事情实在太多：在井里寻找武器,把武器从井里取出,一件一件清点,分发给每个小组,分发弹药。在很短的时间里,一个组、一个组地下达所有的指令。我对所有的人都讲了话,我按组分配了汽车：这个组上这辆车,那个组上那辆车。

为占领岗哨,我征集了志愿者。一些志愿者上了第一辆车,另一些志愿者同我一起上了第二辆车。

去不太危险地方的车先走了,他们的任务相对比较容易完成,但是,他们应该同时到达目的地。当我攻入蒙卡达兵营时,预计他们已经攻入医院里面的大楼；另一组人已经到达司法大楼。我们曾经研究过这些地方的位置,研究如何同时攻占这些地方,我们计算过汽车到达这些地方需要多少时间。

阿韦尔和他的战友乘坐3辆汽车。另外一组人去攻占司法大楼。当第一辆车开走后,我的车也跟着出发,与第一辆车保持100米的距离,然后,其他的车辆出发。我们这些人的目标是占领岗哨和兵营,进入兵营。

当然,对梅尔瓦和艾德,我们想保护她们。我对她们说,你们可以去,但是,你们可作为护士,参加攻占医院的小组。因为,我们想让她们看护我们受伤的战士。医院成为我们攻占的目标是因为医院位于兵营的后面,马里奥·穆尼奥斯医生会帮助梅尔瓦和艾德照顾伤员。

我明白,我们的任务是非常危险的,我并不是不知道。但是,我感到很幸福。在我一生中,很少像当时那样感到如此幸福。在巴蒂斯塔策动政变16个月之后,我们就将采取行动。我对我们的行动充满信心。

我们所有的努力都没有失误,我们解决了无数个出现的问题,我们已经朝向我们的目标。我信心百倍,无限喜悦的心情油然而生,心想我们将没有任何失误实现我们的目标,使巴蒂斯塔和他的军队惊慌失措、措手不及,使人们大吃一惊。可以说,这是我一生最激动人心的时刻,最幸福的时刻。我知道我们的行动很危险,但是,我更清楚这一行动完成的意义,我们在这么长的时间里,这么辛苦地努力,就是为了进行斗争,实现我们的目标,我们受到所有那些参与攻打兵营的平民百姓的精神的鼓舞,对我们来说,危险算得了什么。我在考虑我们的行动和我们需要做的事,我一点也不担心,我对我们的行动抱有信心。

至今,当我回忆起从哈瓦那到蒙卡达的经历,一切仍历历在目,仿佛刚刚发生的一样,感到非常幸福。

兵营离我们下榻的地方几公里远,十多分钟便可到达。沿途车辆很少,几乎没有什么车辆,只有一辆吉普车在远处行驶。但是,我们还是停了下来。吉普车开走后,紧跟着是最前面的一辆车,然后是一辆圣地亚哥的汽车。我们的车拐弯进城。

这是我所经历的最紧张的时刻,也是最激动的时刻、最特殊的时刻。我想不起类似的时刻。当1956年12月2日,我们乘坐的"格拉玛号"游艇终于抵达古巴,我们登陆时,也是一个特殊的时刻,情况相似,因为我们经过了长途的航行,而且在登陆时又遇到了一些麻烦。但是,我想不起有什么类似的时刻,因为我们实现了盼望已久的愿望,我们长期为此准备,付出了巨大的努力,这是我们的意愿。我们将攻占蒙卡达兵营,这意味着我们负责的、没有真正党人和其他人参与的、拿起自己的武器、在几个月前就下定决心的行动承担起了革命的重任。正因如此,可想而知,当我们没能实现自己的目标时,对我们的打击是多么大。

卡秋斯卡·布兰科:您的姐姐安赫拉对我讲起过,在攻打蒙卡达兵营前几天,您、劳尔、其他青年人和朋友曾在尼卡诺尔·德尔·坎波区的一户人家举行闭门会议。她和米尔塔曾不断地问您,你们都谈了些什么,都讨论一些什么事情,如此神秘。后来你们攻打兵营后,她在比兰听到圣地亚哥发生的事件,立刻就联想起,您、劳尔和其他人卷入了这一事件。难道米尔塔对此也一无所知吗?特奥杜里奥·米歇尔回忆说,在您赴圣地亚哥前曾回家拿了一件瓜亚贝拉衬衫和一本书,让他把衬衫和书放在车里,对他说:"请替我亲亲我的儿子,我不知道什么时候能再见到他。"而特奥杜里奥并不知道行动在即,对您说:"不会的,律师,您下星期就能见到他!"司令,您当时没有为您的家属感到担心吗?您是如何忍受的?

菲德尔·卡斯特罗·鲁斯:我的一生都贡献给了革命和革命的未来,革命高于其他一切。这对我来说,几乎是自然的事,无论是在我的老家比兰,还是在我的小家,他们都十分理解我。当时,小菲德尔还小,还不能理解,但是,米尔塔知道我已投身于斗争,她对我十分了解,对她来说,我的牺牲精神她一点也不感到奇怪。我承认我也感到痛苦,感到担忧,我相信在任何时代,对所有的人来说,做出这样的抉择都是件难事。但是,我们有远大的目标,有充足的信心。我们决心贡献自己的一切，我们感到心安理得，因为我们是在做应该做的事，这是正确的，因此，我们可以忍受心灵上的矛盾，而不会感到过分痛苦，而我们的亲人们对此也早已理解。从个人来说，我并不否认我感到悲伤，但是，从道义和精神上来说，我毫不犹豫我的所作所为。我明白这一切，因此，不得不这么做。

在我国历史上，在不同的年代，不同的情况下，所有的伟大的爱国者、伟大的战士和我们所有的榜样，如马蒂、马塞奥、梅利亚和其他所有的爱国者和战士，都有过相似的经历，这仿佛是革命的公式。如果考虑到整个形势，就不能考虑个人的事，考虑个人的生命。这是必须优先考虑的因素。我们个人知道有危险，但是，我们深信，我们所干的事业是正确的，我们正在履行自己的责任，正在完成最光荣的事业。在我家里，没有人知道我正在采取行动，没有人能与我告别，没有人为我伤悲。

我不能说我不感到担忧，但是，我尽可能正常和自然地离开了家，踏上我的征程。

事实上，离家出走是困难的，此外，我没有把最起码的情况告诉我家人。但是，为了确保行动的成功，我不得不严格遵守纪律。的确，我没有违反任何规定，我们参与行动的人只知道该知道的事情。谁也不去过问与自己的任务和工作没有关系的事情。我不记得我们中有谁违反过这一原则。看来，我们所使用的技术，我们所进行的纪律教育，我们对大家提出的要为行动做必要的准备，不要打听不该知道的事情，如行动的确切日期、动员人员的方式、动员人员是为了演习还是为了行动、选拔人员的要求、大家的情绪和心理状态等，所有这些因素，是我们成功的基本保证。毫无疑问，这是我们攻打兵营前所有准备工作成功的原因。

两块手表。在圣地亚哥的访问。
蒙卡达：行动和不再进行偷袭。
菲德尔独自在兵营。劳尔在历史
上。继续在山上斗争。萨利亚中
尉：思想是杀不掉的

两块手表．在圣地亚哥的访问．蒙卡达：行动和不再进行偷袭．菲德尔独自在兵营

卡秋斯卡·布兰科：我清楚地记得，2003 年 9 月 23 日您母亲百岁诞辰，您去比兰的前一天傍晚，在奥尔金，几乎快到晚上，我们在一起谈论《雪松时代》这本书，第二天早上，这本书将举行首发式。您对我说，您已经读到第三章。然后，您看了看手表，发现您的手表停了。您的卫兵马上给您找来一块手表，但是，您没有把原来这块手表摘掉，而把第二块表戴在手腕上。我记得您往后靠了一下，就像靠着一棵大树一样，您把手腕上的两块手表挪了一下，深深地吸了一口气，然后，又静默了一小会儿，若有所思地对我说："您瞧，正如您在书中所写的那样，我在马埃斯特腊山时，总是戴着两块手表。我觉得，如今我多少有点迷信。"司令，您能谈一谈，您是如何养成戴两块手表的习惯的？

菲德尔·卡斯特罗·鲁斯：在去蒙卡达之前的几个小时非常紧张，时间不够用，而我的手表又停了，因此，我实际能支配的时间比原来设想的还要短。尽管如此，我们还是按原计划完成了任务，但是，很紧张地按时抵达。从那时候起，在我的一生中，特别是在战争时期，我一直戴两块手表，以确保在任何时候都掌握好时间。

卡秋斯卡·布兰科：司令，您说过，在攻打蒙卡达兵营后，您想得到东方省一些正统党人的帮助。这是不是您在攻打兵营前几个小时，想去拜访玛丽亚·安东尼娅·菲格罗亚和路易斯·孔德·阿圭罗的动机？您是想告诉他们你们的计划吗？

菲德尔·卡斯特罗·鲁斯：是的。在我们原来的计划中，包括准备让路易斯·孔德·阿圭罗宣读一项宣言，因为他在东方省电台有一个小时的固定节目，就像帕尔多·利亚达一样，但是，他是在省一级的电台。他揭露过普里奥的腐败，但只局限于在东方省的范围之内。他善于表

达，嗓门好，想获取一官半职。帕尔多·利亚达评论能力比他强，比他更有记者的才能。孔德·阿圭罗批评政府，常常引用马蒂的话，他的风格更具文学性，他抨击恶行，他是正统党的党员，在政变后，他颇有威信。我同他关系不错，政变发生后，我们的关系更加密切。

在巴蒂斯塔发动政变时，古巴圣地亚哥驻军是唯一在开始时没有支持政变的部队。而孔德·阿圭罗正确地利用电台揭露政变，煽动并动员民众到兵营去声援士兵们。事实上，他在1952年3月10日这一天起了重要的作用。他作为电台的评论员和鼓动者，号召人民到兵营去，不是去占领兵营，而是去对反对巴蒂斯塔政变的部队表示声援。许多人被动员起来。当政变已经巩固时，一些军士长和军官掌握了指挥权，罢免了驻军上校司令。

古巴圣地亚哥是唯一组织反抗政变的地方，孔德·阿圭罗在其中发挥了作用。后来，当巴蒂斯塔提供保障的情况下，孔德·阿圭罗又继续在电台做节目，我与他保持友好关系，与他接触。

他没有参与我们的密谋。但是，因为他在圣地亚哥，而且在当地电台有节目，我计划在我们攻占兵营后，利用他做鼓动工作。利用他在电台的节目，号召人民响应我们。他是圣地亚哥正统党的知名人士，当时，他对我们来说是非常有用的。我想找到他，向他做一番解释，希望他加入到我们的队伍中来。找到孔德·阿圭罗和拜访玛丽亚·安东尼娅·菲格罗亚的家，是我们在一切就绪后最后想在圣地亚哥做的事。能够得到孔德·阿圭罗的支持是很重要的。但是，由于我们不知道他的活动情况，在此前，没有同他和任何人进行过联系，我们没能找到他，他去了哈瓦那。但我可以肯定，如果找到他的话，他会加入我们的队伍，因为他有政治抱负，反对巴蒂斯塔，同我关系不错，我相信他会加入我们的队伍。相信他会对参加我们的使命表示十分感谢。在攻打蒙卡达兵营失败后,我们被捕时,以及我们在地下活动时,他尽可能替我们辩护。但是,后来发生了变化。当我们在马埃斯特腊山斗争了一年多的时候,他仍继续在电台做节目,他主张和平选举的道路,然而,当时这条道路已经行不通。这表明他非常缺乏政治远见,当然,这符合他的利益。

卡秋斯卡·布兰科:司令,我注意到孔德·阿圭罗曾发表一封信,要求您放弃武装斗争,当时你们已经胜利在握。

菲德尔·卡斯特罗·鲁斯:孔德·阿圭罗认为,我们只有数百人在马埃斯特腊山战斗,不可能取得胜利。于是,他把我们看作一个反抗的标志、一个反对巴蒂斯塔斗争的标志。他利用他的政治资本,在《波希米亚》周刊上发表了这篇文章,要求我们放弃武装斗争。在文章中他赞扬我们,文章的标题是:"致爱国者的信"。文章是在巴蒂斯塔取消新闻检查后发表的。巴蒂斯塔根据形势,实施新闻检查,后来又取消了新闻检查。

在信中,他劝我放弃斗争。其理由是,我已经写下了英雄的篇章,为了谋求一个出路,建议我放弃武装斗争,投入政治活动。也就是说,随着时间的消逝,孔德·阿圭罗过分资产阶级化,充满个人的野心,回避牺牲。于是,便写了这封《致爱国者的信》,我当时懒得答复他。

在此之前,他对我们表示友好,捍卫我们。当然,他也因此赢得信誉。

革命胜利后,他自然很快参加了革命。我没有把他的那封信放在心上,我已经忘了。我本着宽大和团结的精神,把人们的缺点放在一边。为了团结一切愿意团结的人,我原谅了他们的弱点。

但是，我很快觉察到，孔德·阿圭罗已经不可救药了。他的所作所为都是出于个人的政治野心，他已经没有一点反帝的精神，相反，在我的一次旅行时，他想让我会见一些美国的政客，但不是进步的政客。

他建议我与约翰·福斯特·杜勒斯[1]进行接触，当时杜勒斯正在住院，他希望我去探望杜勒斯，遭到我的拒绝。我记得我对他说："他是一位反动派，麦卡锡主义者，冷战中的反共分子。"他想当我的顾问，建议我采取某些一点革命精神都没有的政治措施。

也是这次出访，当我访问阿根廷时，他建议我与海军上将、前副总统、领导反庇隆海军叛乱的伊萨克·罗哈斯会见，我认为这是一位反动派，反共产党分子，我拒绝会见他。

无论是孔德·阿圭罗，还是帕尔多·利亚达，都发表过支持革命的演说，他们支持所有的革命措施，甚至当革命法庭处决战争犯时，帕尔多·利亚达、孔德·阿圭罗和卡洛斯·弗朗基都表示很高兴。在公众眼里，他们是极端分子。

他们三人中，没有人知道我是怎么想的，他们甚至想影响我。我对他们格外小心，因为，我非常了解他们内心深处在想些什么，他们在做些什么和说些什么。我明白，与他们难以继续相处。

后来，同其他一些小资产阶级分子、政客一样，他们开始以反共为借口，不再沿着革命的道路前进，因此，他们脱离了革命队伍，我

---

[1] 约翰·福斯特·杜勒斯（John Foster Dulles，1888～1959），美国政治家、国务卿（1953～1959），曾任律师，1944年起为共和党外交政策的主要发言人，他一贯敌视社会主义国家和民族解放运动，坚持不承认中国、非法排斥中国在联合国的合法地位、对中国实行封锁禁运，明目张胆地进行制造"两个中国"的阴谋活动，直接参与策划1950年对朝鲜的侵略战争。在1954年的日内瓦会议上，他命令美国代表团成员不得与中国国务院总理周恩来握手。——译注

早就看透了他们，我看到的比他们想象的要多，我知道他们是怎么想的。这些人已经不起作用，他们已难以改正、无药可救。

帕尔多·利亚达跟随革命的时间相对长一些，因为他不那么反共，在某种程度上，他与共产党人保持着比较好的关系，他更懂得政治。

总之，我相信，孔德·阿圭罗在攻打蒙卡达时期是反对巴蒂斯塔的，他谈论独立战争、马蒂，他本来可以与我们合作，但是我当时没能找到他，让他加入我们的队伍。

事实上，在我们眼里，他还是有功的，因为当谁也不敢谈论我们，所有的人都害怕我们时，他在东方省电台赞扬我们，承认我们。他没有揭露罪行，但是，当我们被捕后，他至少替我们辩护。当时人们把他视为我们的发言人，出于各种原因，我们与他联系。他为我们依靠他、曾经找过他、成为我们的朋友和辩护人感到骄傲。他拥有公众的讲台，他提到我们，为我们辩护。在当时，我们非常珍惜他的态度，因为我们需要传播我们的思想，揭露罪行。

当然，蒙卡达战士们通过武装斗争反对巴蒂斯塔的军队的决心，赢得了许多人的钦佩。总之，此前，没有谁敢这么做，通过这次行动，形成了一个果断的运动。我认为，在古巴历史上还没有像攻打蒙卡达兵营那样行动的先例。

《致爱国者的信》是他的大错误，在此前，他是我们的代言人。

卡秋斯卡·布兰科：司令，您找到玛丽亚·安东尼娅·菲格罗亚了吗？

菲德尔·卡斯特罗·鲁斯：玛丽亚·安东尼娅·菲格罗亚是圣地亚哥正统党人中最革命的人士之一，她支持反对巴蒂斯塔的激进的斗争。我得到过她的帮助。但是，正如我前面向您说明的那样，在圣地亚哥，只有一个人，就是雷纳托·吉塔特知道我们在东方省开始斗争的计划。因此，我们对其他所有人都守口如瓶。同样，尽管我们得到她的支持，因为她在反对3月10日政变的斗争中发挥了圣地亚哥正统党青年组织领导人的作用，但她对我们的计划却一无所知。因此，在武装行动前数小时，我想知道她是不是在圣地亚哥，我并不想告诉她我们的行动。

从那时到现在已经过了半个多世纪，我对那天晚上，在攻打兵营前数小时我所做的事的具体细节已经记不准确了。我干了许多事情，主要是为黎明时攻占兵营的战斗做准备。但是，有一点我是明确的：我严格遵守定下的纪律。我与玛丽亚·安东尼娅·菲格罗亚的接触是想多了解一些情况。

卡秋斯卡·布兰科：蒙塔内和拉米罗是志愿者，他们占领了蒙卡达兵营的主要岗哨。我记得拉米罗在回忆录里写道，他们是如何进入兵营和如何抵御营房里的一些士兵的，也讲述了在攻占岗哨的战斗中，子弹是如何击中雷纳托的前额和后背的。司令，您能叙述一下当时的情况吗？

菲德尔·卡斯特罗·鲁斯：枪战持续时间不长。事实上，后来发生的事是我们有些同志处境孤立。他们在相当长的时间里在兵营由孤军抵抗和坚持战斗。攻打医院的小组，他们不知道究竟发生了什么情况，我本来以为攻打医院的任务比较容易，但他们的退路被切断了，战士们进行了抵抗。

蒙卡达行动的特点本应是出其不意、偷袭。如果不是出其不意、几分钟内偷袭的话，就不可能攻占兵营和俘虏驻军。我们总共只有120人，要应对1000多名武器装备精良的士兵。攻打兵营要靠出其不意，要乘敌人处于完全混乱的状态时，首先到达兵营，然后，夺取指挥部和营房，营房里士兵们正在呼呼大睡。一旦驻军动员起来，就不可能夺取兵营，因为我们没有迫击炮、大炮和火箭筒。如果我们拥有 10～15 门无后座大炮，六七门迫击炮和自动步枪的话，也许我们能攻占兵营。

但是，我们的武器只有猎枪和口径 22 毫米的步枪，这些武器应该可以很好地完成我们的计划，即突然地攻占兵营，占领指挥所和营房所有的进出口，在近距离交战时，俘虏一些士兵。这些武器可用来完成上述任务，但是，要攻克整个兵营，靠这些武器不行，我们的战士们也没有受过这样的训练。从人数来说，是 1 比 15，从武器来说，他们拥有战争的武器。也就是说，我们不是要强攻兵营和占领兵营，正如我们后来在战争中所做的那样，我们预先设想的是，展开一次袭击行动，出其不意地、突然地攻打兵营。由于没能做到出其不意，我们没能攻占兵营。

我们曾提前观察和研究过兵营所有的情况：地形、岗哨、操练、时间表……那么，遇到了什么没有预料的事情？为什么我们没能攻占兵营？我敢肯定，百分之百的原因是，我们遇到了兵营指挥部于狂欢节期间在主要门岗附近加设的巡逻队，这个巡逻队由头戴钢盔、身穿不同军装、携带机关枪的卫兵组成，他们来回在门岗前的大道上巡逻。他们是军事卫兵，专门负责社会秩序。看来是一项安全措施，主要是担心士兵们在节日饮酒过度、不省人事，而不是预防有人攻打兵营。由于是主要入口处，巡逻队从主要门岗到大街大约两个街区来回巡逻。

我们的计划是先沿着西波涅公路，再顺着加尔松大街，向右拐，到离大街约 200 米处的蒙卡达兵营的大门，然后进入兵营。最前面是开往医院的车,那里危险比较小。阿韦尔就在其中一辆车里。我估计时间,他们可与我们同时到达。紧随其后的是准备攻占司法大楼的车辆,然后,是我率领的纵队,准备占领指挥所和营房。

如果我们能身穿军士长的军装进入兵营,拿下指挥所和占据营房的进出口,里面的士兵正在酣睡,我们可以给他们来个措手不及。当他们醒来时,看见有一些军士长用枪对准他们,朝他们喊道:"举起手来,到院子里集合!"等他们来到兵营深处的院子里,我们的战士们将从司法大楼和医院的高处、从兵营的指挥所和营房将他们团团包围。院子四周将被我们控制,我们将把兵营的士兵全部俘虏。

在我前面约100米的战士们的任务是,下车后,解除岗哨的武装。而我率领约90人的纵队的任务是,进入兵营,拿下指挥所和控制营房进出口。我挑选了志愿者,要他们占据岗哨,在他们的车里有行动的领导人之一蒙塔内、雷纳托·吉塔特、何塞·路易斯·塔森德、拉米罗·瓦尔德斯和其他几名干部和战士。

谁也不知道会有巡逻队恰恰在我们到达兵营的时候,从加尔松大街到兵营的门岗来回巡逻,两名卫兵,手持汤普森机关枪,手臂上戴着臂章,头戴钢盔。在此之前,我们的一切都很顺利,如愿以偿。

第一辆车拐弯、向前,都很顺利,但是,到大门口时,巡逻队已经离大门很近。当我的车拐弯时,我看见第一辆车已经到达目的地,距离我的车约100米,车停了,车上的先锋战士们没放一枪、轻易地拿下了岗哨,但是,巡逻队发现有车,停下来观察。我的车在后面,车开得很慢,我注意到,这两名巡逻兵发现离他们60米远的门岗有情况,他们惊呆了,正准备向我们的战士们开枪射击。

我的纵队共有10～12辆车,约90人,其中包括前面车上下车拿下门岗的战士。我们有一辆车在中途轮胎炸了，但是，为了完成我们的使命，这算不上什么损失，其实我们只需要60人就够了。当我看到巡逻兵可能要向我们已经拿下门岗的战士开枪时，我感到我必须阻止他们。

我开着后面一辆车，手里拿着手枪和自动猎枪。我决定保护第一辆车的人，此外，我想从巡逻兵手中夺取机关枪。突然，两位巡逻兵转向我们的车，他们离我们只有2米，他们的机关枪对准我们。看来，他们听到了汽车的声音，所以转过来，对准我们。我把住方向盘，向他们开去。

在我右边的车门已经打开，下来两个人，其中一人开枪射击。巡逻兵吃了一惊，没有开枪。由于下车的一位战士开了枪，枪声一响，后面车上的战士都拿着武器，下了车，他们占领了面前的大楼。他们此前得到的指令是，当我拿下指挥所，他们就往营房冲去。他们以为他们就是按指令做的。当第一声枪响起来，到处都是枪声。

我明白，我们仍在兵营的外面，但是，我们的战士们并不清楚，当他们下车后，立即进入并占领一栋军事大楼，然而，他们占领的是位于兵营外的军事医院。此外，他们还控制了这个大街。请看一看这栋大楼！它的确像兵营，因此，我们的战士们果断地、迅速地按照原来的指令行动。有多少人参加行动？大约有60人，因为不是所有跟在我的车后面的车都拐了弯，只有一部分人跟了过来。我不能确定有几辆车跟了过来，是6辆，7辆，还是8辆。很可能有些人跟在超车抢道的、那几位胆小的大学生开的车后面，迷了路。实际情况是，到达兵营的人比预计的要少，但是，人也够了。如果占领的不是兵营外的军事医院，而是兵营里面的设施，不需要这么多人。

后来，我多次反思这次战斗。我所作所为是正确的，我力图保护我们的战士，并想解除两位巡逻兵的武装，因为他们朝我们的人开枪。但是，在认真思考和研究这一问题时，我现在认为，当时最好的保护我们战士的方式是，不要去理会巡逻兵，而是迅速地向前推进。这样，后面的车才能跟上。我们当时已经打开了兵营的大门，这样我们的计划就能如愿实现，因为在此之前，一切都很完美。

我意识到出现的形势，我做出特别的努力来重组纵队。我走进军事医院，我们的战士很快就拿下了底层，我下令让他们撤出医院，去攻占敌人的指挥所，我喊道："这不是兵营，是医院！"我记得，一开始，有一个人探出头，受了伤。他是唯一在大楼里的人，是离我很近的一个人开枪打伤了他，也差点把我耳朵打聋。我企图让他们再次上车，但是，当时子弹到处飞，子弹很厉害。尽管如此，我力图再次组织进攻，越过围墙。我差一点成功，我已经重新安排好汽车，让我们的战士上车。但是，其中有个人，出于某种原因，向前走了一步，后来又往后退，同我的车相撞。

事实上，我为重新组织纵队的一切努力都白费，因为已经不可能了。当我几乎已经成功的时候，发生了这样一件意外事件，我的一部分战友走散了，走到附近的小街上去了。

就在这个时候，兵营惊醒了，警报拉响了，声音非常刺耳，不知响了多少时间。可能有谁拉响了警报，或者是自动的警报。警报的声音十分难听，是我一生听到的最难听的声音。8~10分钟时间，或者在更短的时间里，驻军都醒来了。有位士兵爬到一个制高点，架起一挺口径50毫米的机关枪，对准在大街上走动的我们准备扫射。我记得我下决心要收拾他。他企图抓住机关枪，像一只小猴子，蹦来蹦去,我朝他开枪。他趴下去,又起来,企图抓住机关枪,我又拿起我的猎枪,朝他开枪。我朝他开了好几枪,不让他靠近和使用机关枪。我不让他再重新抓住机关枪。总之,我们在场的时候,他没能开枪。

这位多次想向我们开机关枪的士兵究竟是死了,还是撤退了?我们不得而知,不知道他究竟怎样。但是,他终于没能用口径50毫米的机关枪开枪打我们。

我意识到,攻占兵营已经绝对不可能了,因此,我下令撤退。这时候,我在想,不知巴亚莫那里的行动怎么样了?

在所有人都撤退后,我准备乘最后一辆车,当我已经上了车,我看到我们一位战士出现在那里。于是,我下了车,对他说:"快上车!"我一个人留在那里。我没有看见别的人,显然,可能还有我们的人留在那里,但是,我没有看见。我一个人站在马路中间,几乎面对着医院。

这时候,发生了一件不同寻常的事。我一个人停留在那里,在大街上没有看到任何我们的同志。然而,突然开过来一辆车,开车的是一位比那尔德里奥的小伙子,他把我拉到车上。后来,他牺牲了。车从加尔松大街上路,这时,其他的车都已开走了。此前,我曾对大伙说,让大家在大街上等我,这位年轻人等我,把我拉上了车。这位勇敢的青年人叫里卡多·桑塔纳。我不知道他是从哪里过来的,但是,他的行动很危险,非常危险。如果不是他把我拉上车的话,我很可能就地被打死了。

战斗进行了大约10分、12分或15分钟。我撤退时惦记着巴亚莫的小伙子们,我本想沿着同一条大道到距离只有几分钟路程的埃尔卡内尔兵营,去那里攻占一个中队,另开一条战线,因为我以为攻打巴亚莫兵营的战士们已经占领了兵营。然而,我突然发现,只剩下我们这些人了。由于我们没能攻占蒙卡达兵营,我们必须撤退,开始军事行动,才能作为剩下的人的支柱。

当我们沿着大道前进时,前面的车辆在开到维斯塔阿雷格雷入口处时没有停留,继续前进,并向右拐弯,开往小农庄,距离只有10分至12分钟路程。车没有在维斯塔阿雷格雷停留,从那里往前可直接通往小镇和埃尔卡内尔兵营。由于我坐在后面的座位,我没能纠正我乘坐的车的方向,更没能纠正其他车辆的方向。我们本可以出其不意地攻打埃尔卡内尔兵营驻军,当时我们还穿着军士长的军装。可以说,正是这套军装引起了军队的混乱。我们之所以没有在战斗中死伤这么多人,原因也在于此。我们制造了一场大混乱,只有我们自己知道发生了什么事情。当然还有那位架起50毫米口径机关枪想扫射我们的士兵,他知道我们是兵营的攻打者和对手。

失败的原因是巡逻队的突然出现。我为我们没能实现原计划感到十分遗憾。如果什么时候再重新制订计划的话,我还会制订同样的计划。今天,我们有了失败的经验,我会让巡逻队从前面过去,不会开枪,而我们纵队的车队会收拾他们。

卡秋斯卡·布兰科:这样,您不得不上马埃斯特腊山进行斗争。

菲德尔·卡斯特罗·鲁斯:实际上,我们一些战士仍孤军奋战,战斗延续了一些时候。吉塔特和塔森德独自进入兵营,佩德罗和其他一些人在附近的街头进行巷战。但是,我们几十人,没有战争的武器,想去包围1500名士兵已经失去意义,因此,我下令撤退。

显然,我们不可能攻占蒙卡达兵营。我企图攻占另外一个兵营,但是,前面我已经向您说明,我们的人从大道返回时,开往西波涅的农庄。当回到农庄时，由于行动失败，大家士气不振。一些人脱下了军装，穿上平民服装，放下了武器。

唯一能去的目的地只有山上了，我集合了一组人，我同他们一起离开了西波涅，向山区挺进。我们还带着一两个伤员。在途中，有一个人子弹走了火，这样，我们有两三个伤员。蒙塔内身体很虚弱，因此，我让他回去照顾伤员。我指示他们想办法回到城里。这时已经是攻打兵营后的第三、第四天。

攻打兵营的失败在我们的人中产生了巨大影响。许多同志灰心丧气，包括一些过去在其他形势下有能力进行冒险行动的人也不准备继续斗争了。我记起我们的战士们在攻占兵营对面的军事医院时，个个都英姿勃发，他们很快下车，下定决心，骁勇善战，好像老战士一样。他们大吼一声，攻下了军事医院和遇到的一切障碍，并加以控制。

经历了这次行动，我在想，如果在兵营里发生枪声，情况会变得更加糟糕。我不清楚发生了什么，当第一声枪响后，大家都开了枪。我不清楚为什么开枪，朝谁开枪，反正大家都开了枪。幸好在这15分钟的主要行动中，我们的人之间没有互相残杀，因为从一开始，我们的计划并不是要围堵和包围兵营，而是出其不意，进行突袭，如果不是突袭，就达不到目的。

我认为，我所做的事是正确的。我撤退了我们的人，力图保护他们。我自责的是，我企图解除卫兵的武装，企图以此来保护我们的人。我本不应该理睬巡逻兵，而去保护我们的人，当时我缺乏经验。这是我要责备自己的。想保护自己的人，目标正确，但是，我实际上使用的方法是不合适的，应该采取不去理睬巡逻兵的方法。

我后来研究了战争行动的许多实例，才得出上述结论。

我一直感到很悲伤，因为我真的想攻占兵营。几年后，我不仅攻占了蒙卡达兵营，而且攻占了整座有 5000 名兵力防守的城市，这是非常困难的。在战争快要结束时，我想攻占蒙卡达兵营，但是，驻军投降了，不需要我们去攻打了。

卡秋斯卡·布兰科：司令，您不知道，但是，我知道，在同时攻打司法大楼的行动中，劳尔表现出勇敢和决心。他是作为普通的战士，归莱斯特·罗德里格斯指挥，他完美地完成了原计划规定进攻的任务，并且在危急的时刻，大胆、果断地救了好几位小组的战友。他的事迹使他成为攻打临近蒙卡达兵营的司法大楼杰出的起义力量的首领。为了获得参加行动的权利，劳尔在战斗中表现突出，他在历史上占有主角的地位。他不仅仅是您的弟弟，您不能否认，他参加了攻打蒙卡达兵营的行动，尽管他在家里与你们的父母亲闹矛盾，因为你们的父母亲和您本人都害怕劳尔会遭到不测、遇到危险。塔森德捍卫劳尔参加行动的权利，他有充足的理由说服你们：如果劳尔不参加行动，他在哈瓦那很可能会被杀害。劳尔在最后时刻，拿着一支斯普林菲尔德步枪。此前，他拿着一支比兰老家的温彻斯特步枪，因为他会开这种枪，但是，米雷特对他说："放下这支步枪，还是拿斯普林菲尔德步枪，它的性能更好一些，也更保险，因为它射击的空间更大。"他乘坐的汽车，从西波涅农庄开到司法大楼，在前面坐着的有司机、莱斯特和劳尔，后面坐着三名攻打司法大楼的战士。由于您和劳尔都曾在圣地亚哥念过书，劳尔很熟悉路。"从这里过，从这里过。"他对司机说。到了火星广场时，他对莱斯特说，这里已是圣地亚哥，他对司机说："我们走过头了，得往后退一点。""对了，在这里拐弯。"莱斯特命令司机说。

劳尔感到,拐弯并进入一条岔道,浪费了宝贵的时间,这不合适,是难以挽救的错误,会影响整个行动,因为如果不延误的话,就可以及时到达,对支持和确定事件的发展进程有利。

在到达目的地之后,劳尔第一个下车,他用枪敲了一下一位向他靠拢、拿着口径38毫米的手枪的班长,手枪的枪柄上刻有9月4日和一面小旗。在紧张而艰巨的情况下,这一细节深深地印刻在劳尔的记忆中,它像一个镜头使他在一生中回忆起当年危急的时刻。他进了大楼,解除了那位班长的武装。然后,他又轻轻地敲碰到的第一扇门。这时,枪声响起。他拿起了步枪和手枪,而卫兵被另外一位战士用枪指着,面对着墙。劳尔用枪托敲门,突然,在他面前出现了一位不带武器的、年纪很大的巡逻员,满脸惊慌。劳尔问他:"这里还有卫兵吗?"他反问道:"你问这里还有卫兵吗?"接着,他简单回答说:"还有。"同时,他指了指大门口、右边和另外一扇门。劳尔朝门踢了一脚,门被打开了。在另一边,有一间带卫生间的房间,在房间里有几个卫兵在慢吞吞地穿衣服,这与当时的形势不相称。这表明他们不愿意出去巡逻。劳尔缴获了他们的步枪和两支左轮手枪,然后,把他们关在房间里。"你们老老实实在这里待着。"在一片混乱中,劳尔对他们下令说。看来他们不知道发生了什么,因为看到劳尔他们穿着带有军士长军衔的军装。

这时候,劳尔爬上屋顶的平台。在爬楼的过程中,通过百叶窗想了解在蒙卡达兵营内发生了什么情况。当他爬到楼顶时,枪声越来越密集。他想向位于正下方、兵营一个塔楼上的军人开枪,但由于这位军人背对着他,所以他没有开枪,把枪放了下来。后来,这位军人转过身子，在一个设防的位置开始朝高处开枪。这时，劳尔拿起自己的斯普林菲尔德步枪准确无误地开枪，并躲避从司法大楼后面射过来的子弹。他一直战斗到最后撤退。他指挥其他战士说："你们先下去，我留下来。"他尽可能在大楼里焦虑地观察攻打兵营行动的进展。劳尔确实不清楚，他的战友们是否已经从楼梯下了楼，而他自己是乘电梯下去的。当他到了门厅、走出电梯门口的拐弯处，他大吃一惊。6名手持汤姆逊冲锋枪和步枪的卫兵进入了大楼，正用武器对准莱斯特及其他年轻人。穿着军装的劳尔突然走出来，乘着卫兵们正犹豫不决、不知所措时，在短短几秒钟里，夺走了卫兵队长的枪，向他们大喊道："趴下！"6名卫兵趴倒在地上，他们被缴了械。劳尔把他们押到关押其他士兵和那位老的巡逻员的房间。"你们老老实实在这里待着，不要乱动！"劳尔对他们说，接着把门给锁上了。他对年轻的战友们说："我们把武器扔到门外去！"他下此命令是不让卫兵们很快再拿起他们的武器。"莱斯特去哪里了？"劳尔问。一名战士说："我在这里见到过他。"司机在等待着他们，车还在那里。所有的战士都听从劳尔的命令，劳尔对他们说："你们赶紧出去，穿过马路，在街口等我。"战士们走出大楼，他开始在前厅寻找莱斯特，有人在这里见到过他。"莱斯特！莱斯特！"他高声地喊了几秒钟，但是，没有找到他，时间不允许劳尔继续找他了。劳尔决定离开。一排子弹朝他扫射过来，他迅速行动，越过坡面，跑到马路中间，与其他4名战友会师，这4名战友严格服从他的命令，在街口等着他。"找到莱斯特了吗？"他们问。"没有，不知道他到什么地方去了？让我们再在这里找找看。"他回答说。只有劳尔熟悉圣地亚哥。于是，他们又开始在城里四处寻找，好像乘坐旋转木马一次又一次来回转悠。他们到了海洋城,劳尔建议说:"我们还是离开这里吧,不然我们会迷路的。"他们没有想回西波涅农庄。我敢肯定,如果他们得知您回了农庄,他们一定也会回农庄去的。他们认为,政府军很可能会到西波涅农庄那里去,但是,实际情况是,政府军迟迟没有走上街头。劳尔他们回到圣地亚哥市中心,到了塞斯佩德斯公园,车主达尔莫对他们说:"我认识这里一家人家,主人叫门德斯·科米切斯,就在这附近。"他知道这家人的地址。劳尔对他说:"我们有不少人,不能都去一家。"另一名战友说:"我认识这里另外一家。"这样,他们有两三个去处,劳尔问道:"你们肯定我们能去这几家吗?""是的,可以去。"回答说。他们都认为,分散逃跑的可能性更大一些。因此,他们就散伙了。劳尔决定去安娜·罗萨·桑切斯医生家,他的这一选择使你们比兰老家的父母更加不安。

司令,劳尔和您都下达撤退的命令,因为你们都认为,已经不可能攻占兵营,您当时想到什么?您是怎么想的?

菲德尔·卡斯特罗·鲁斯: 面临失败,我确认发生了可怕的情况。我们长时间的努力遭到失败。但是,在这关键时刻,我没有停止反思,我为攻打巴亚莫的战友们感到担忧,因为他们将孤军奋战;我想通过另外一次军事行动即攻打埃尔卡内尔兵营来支持他们。当然,在我们夺取武器后,将上山继续斗争。我在前面已经提到过我的这个想法,我曾认真地思考这些事情。

我的反应不是犹豫不决或者停滞不前,而是立即开展斗争。当然,我们不能再按原计划行事,因为这已经不能给巴蒂斯塔以致命的打击,也不能成为有巨大影响的运动,我们必须彻底改变战略。

在西波涅,我集合了条件比较好的战友,我决定同他们一起上山进行斗争。我们清楚，我们所拥有的武器在新的条件下是没有效的。我们拥有的左轮手枪、22毫米口径的步枪和猎枪在野地作战中不是很有用的。实际上等于我们没有武装，但是，至少可以用来在二三十米范围内防御敌人的袭击。

在山上，我们好几天没有睡觉。

卡秋斯卡·布兰科：司令，根据历史事务办公室的大事记，在西波涅集合后，有19人同意您的选择，同您一起上山继续斗争。但是，三个小时之后，有一人不干了，剩下18个人。

菲德尔·卡斯特罗·鲁斯：在我们上路时，飞机开始在空中盘旋。我们走到一个地方，吃了一点东西。我们打算爬山到山那一边，以避免切断我们的退路。我们做出了巨大的、超乎寻常的努力，特别是在第一天。

我记得在一家农民家里，我们换了衣服，因为穿军装已经没有什么作用了。有人给了我一件衬衫，几天后，在警察局，有人给我照相时，我就是穿着这件衬衫。

我们走得很艰难，但是，我们没能到达马埃斯特腊山，因为在我们到达之前，已经是傍晚，军队已经占领所有高地，我们在距离200米处看见了士兵。200米远，我们的武器就失效了。如果我们在200米距离与士兵发生战斗，我们的枪弹就无法命中他们。他们拥有30.06毫米口径的斯普林菲尔德来复枪或同一口径的加兰德步枪。奇怪的是，士兵们居然没有发现我们。我们不熟悉这些地方。我们期待着夜晚的到来，因此，我们尽可能爬到高处，但是，我们没能爬上去，因为我们看到了灯光。为切断我们的退路，政府已派数百名士兵到所有关键的地方。当时，我们正在往马埃斯特腊山南边走，一路上，遇到许多困难，我们又累又饿，在山坡上睡觉，条件很不好。我们都累得要命。伤员的状况更加糟糕。当时由于发生一件事故，又有一人受伤。我们决定让伤员回城里去。因此，继续上路的战士人数更少了。

我们在山路上走了将近一个星期，企图找到一个突破口，以绕开敌人。但是，我们发现，要做到这一点非常困难。我们曾想走到海湾，乘小船摆渡到对岸。

卡秋斯卡·布兰科：司令，在你们攻打兵营后几小时，大众传媒就谈到了所发生的事件，说是造成了大量的死亡和伤员。你们如何听到有关死伤这么多人的消息的？您听到后，当时是怎么想的？

菲德尔·卡斯特罗·鲁斯：在那几天，从第二天星期一开始，通过收音机，差不多一天24小时连续播放官方新闻说我们死了80人，政府军士兵死的人很少，伤22人。新闻还说："这些人可能是在最初的时刻在那里死去的……"

在听到攻打兵营的战士死去80人的消息之后，我意识到残酷的现实：他们抓了人，把抓的俘虏全杀死了，这是他们使用的一贯伎俩，是巴蒂斯塔历来的做法：杀害俘虏，甚至杀害了那些没有参加行动的无辜者。大部分迷路的人都被杀害了，所有被抓住的人都被杀害了。攻占医院的战士，他们是最早被抓的，先把他们俘虏，然后全部杀害。在行动后第三、第四天被抓的人，也都被杀害了。在巴亚莫，由于发生一件事故，我们的战士们也没能攻占兵营，他们和我们一样，有各种遭遇。但有些战士从死神手中逃脱，奇迹般地活了下来。

五六天之后，气氛发生了变化，逍遥法外地杀人变得比较困难。教会出面干预，圣地亚哥大主教进行干预，要求保护被捕的人的性命。民众对无辜杀人表示极大的谴责，并争取到某种担保。我向一些不具备条件打破包围的人提出可以接受大主教的庇护，而我同两位组长则继续前进。

　　大部分同志由于身体比较虚弱，留在一个农民家里，这位农民答应与圣地亚哥大主教联系。我们其余人则远离农民家 3 公里远，这是我们能达到的最远的距离。为了我的声誉，我决定继续斗争，而不去寻求任何保护。此外，一种最起码的直觉告诉我，对我来说，任何保障、调解和"停火"都是不起作用的。即使我的生命有可能受到尊重，我也决不会接受。我可以绝对肯定。我感到自己负有巨大的责任，我不能放弃在山上斗争的可能性。在孔菲德斯岛事之后，我曾想上马埃斯特腊山继续斗争。此前我的经历给我指明了这条路。我出生和生长在农村，我经常一个人爬松树，松树很高大，很难往上爬，但我从来没有害怕过。此外，我从小就生活在圣地亚哥，我曾多次远足，我熟知港湾。直到今天，我闭上眼睛，就能想象出一条理想的路程：沿着公路往圣地亚哥市的方向走，从那一边，向西可到达港湾，再乘一条渔民的小船，在晚上，穿过海湾，到达港湾的东边，往里走，可到达马埃斯特腊山继续斗争。从山区可征募人员，而武器也可以慢慢搞到。

卡秋斯卡·布兰科：当然，您是想乘渔民的船穿过海湾，您的愿望使我想起民歌手辛多·加拉伊小时候，在海湾口最狭窄的地方，游泳到另一边，即西边，给芒比[1]起义战士送信。他是马蒂主义者，他一生都回忆起曾在海地达哈波认识了马蒂，当时马蒂正准备回古巴参加独立战争。

---

[1] 芒比（Mambí），指 19 世纪古巴独立战争时期的起义战士。——译注

两块手表　在圣地亚哥的访问　蒙卡达：行动和不再进行偷袭　菲德尔独自在兵营

去年（2009年）年初我曾到过港湾的出海口，在远处，我欣赏那里的景色，因此，我能想象到您闭着眼睛就能想象的计划。但是，当时您没能实现您的计划，由于疏忽大意，你们被抓住了，是吗？

菲德尔·卡斯特罗·鲁斯：星期六我们被抓住了，攻打兵营是在7月26日，我们被抓是在8月1日。当时，由于饥饿，我们身体很虚弱，又是在晚上，什么东西也没有。但是，尽管这样，我的决心还是十分坚定的，我感觉不错，还是能继续下去。当时，我只有27岁。

在离开留下准备接受大主教庇护的战友们3公里远之后，我们犯了一个此前没有犯过的错误。我们只能在山上睡觉，为了能休息一会儿，我们在地上找到一根车辕，想在上面休息一下，可以避开潮湿、冰凉的土地和拂晓时的露水。我们在一间茅屋里躺下睡觉是一个极大的错误。后来在战争中，我们再也没有犯过同样的错误，因为，痛苦的经验总是会教训人。

我们睡得很香，没有派人值班。我们三人何塞（佩佩[1]）·苏亚雷斯·布朗科、奥斯卡尔·阿尔卡德和我，都躺下睡大觉，手里拿着步枪和手枪。佩佩是阿特米萨小组组长，而奥斯卡尔是劳尔·马丁内斯·阿拉纳小组的重要成员。

这一天，士兵们比往常都早，在拂晓前就出发去找我们。我半醒半睡、迷迷糊糊感到有人在打我，好像是一匹马在踢我似的。原来是巡逻兵到了山上，用步枪敲打我们。

我感到很奇怪，因为时间这么早。对我来说，那天发生的事是一个谜，因为，毫无疑问，好几队的巡逻兵接到命令，让他们当天很早

---

[1] 佩佩（Pepe）是何塞（José）的小称。——译注

就出发寻找我们。他们没有到 3 公里远的农民家里去找我们,而是径直跑到我们睡觉的茅屋。士兵们使劲推开门,搜查茅屋,用枪敲打我们的胸部把我们吵醒。我们就这样落到我们的敌人、政府军的手里。

接下来的几天时间里,我感到非常痛苦和极端愤恨,因为我知道,政府军已经把所有的俘虏都杀害了。我感到恼火、愤怒和痛苦。但是,我没有灰心丧气。尽管许多战友都牺牲了,失去了这么多宝贵的生命,但是,我依然有决心继续斗争下去。

毫无疑问,这是困难的时刻,士兵们用枪敲打我们的胸部,我们不能做任何抵抗,因为我们睡着了!这是可怕的时刻,但是,我突然忍受住了。我为我所犯的错误,感到无比的痛苦和愤恨。我感到自己仿佛已经死去。我想他们之所以没有把我们杀死,是因为我们一开始没有告诉他们我们的名字。与那些杀人如麻、嗜血如命的士兵相比,黑人中尉萨利亚成为关键人物。他劝士兵们说:"思想是杀不掉的。"他一遍又一遍地对士兵们说:"不要开枪,不要开枪,思想是杀不掉的。"然而,士兵们开始说,我们到马埃斯特腊山是要杀士兵们,他们说话的声音很响,而且理直气壮。"你们来这里就是要杀害士兵们!"这时候,我与他们开始展开辩论。

卡秋斯卡·布兰科:这是大胆的行为,这同您在波哥大事件中的行为相似,当时,您同您下榻的宾馆的老板争论起来,老板突然把您从宾馆赶走,您不得不走到街上,而这时全城处于警戒状态。

菲德尔·卡斯特罗·鲁斯:是的,是大胆冒险的行为,几乎是自杀的行为。我对他们说:"我们不是来杀害士兵们的,我们是来解放这个国家的。"他们说:"不是,我们是解放军的后代。"我再次与他们争辩:"你们是西班牙殖民军的后代，解放军的后代是我们！"我与他们展开了严肃、激烈的争论，因为我感到我死到临头了，豁出去了。我不能忍受他们所说的话，我对自己说：随便他们怎么说去吧。这时候，萨利亚一次又一次地说："思想是杀不掉的。"他说话声音很低，但其信念不可动摇。直到今天，当我想起这位正直和勇敢的人在重复这句话时，仿佛在坚持一项原则和高举一面旗帜。

士兵们用步枪顶着我们的脑袋。他们的血管快要被愤怒崩裂了，杀人的欲望十分强烈。因此，萨利亚的在场非常重要。我至今不知道萨利亚是如何镇住这些士兵们的。士兵们知道，军队已经杀害了很多我们的战士，因此，他们也想把我们杀死。在这样紧张的气氛中，奥斯卡尔·阿尔卡德对萨利亚说，他是共济会会员，也许，他的这一承认救了我们。

卡秋斯卡·布兰科：萨利亚从一开始就怀疑是您。一次，他对记者拉萨罗·巴雷多说："多年前，我在大学就认识菲德尔。我记得他就住在我下榻的工程兵大楼的对面。因为，我是军人，当我到哈瓦那时，为了省钱，我不住在旅馆，而是住在工程兵大楼的兵营里，大楼在贝达多区第三至第二个街角。我在那里住了15天至20天，在那里学习、考试和休息。菲德尔就住在对面的一间套间。这是1949年或者是1950年，我开始学习法律专业，而菲德尔即将在法律系毕业……当时，我还没有中断我的学业，我们经常在大学相遇并谈一点什么。当我把我的手放在菲德尔的脑袋上时，我的士兵们不知道我想干什么，但是我想，菲德尔应该明白。很可能他想到，我已经认出了他，但是，他没有说。"

这是当时萨利亚所推测的。但是，根据我听您说的，司令，您当时并没有认出他来。您不知道萨利亚在大学时就认识您。您当时是如何看的？

菲德尔·卡斯特罗·鲁斯：在我说完话后，他们把我们绑了起来，当他们把我们扶起来，准备开路时，离我们很近的地方响起了枪声。有人喊了一声，让我们趴在地上。但是，我当时想，这很可能是骗我们，想把手无寸铁的我们杀死。于是我说："我不会趴下，我不趴在地上。如果想杀死我，就杀我，但我要站着。"萨利亚听到了我说的话，说："你们非常勇敢，小伙子们，你们非常勇敢。"我看到他的这一姿态和君子般的表现，我决定向他说实话："中尉，我是菲德尔·卡斯特罗·鲁斯。"他立即请求我说："请不要对任何人这么说，请不要对任何人这么说。"他的话的每个词仿佛就是在今天说的一样。我还对他说，我是我们三人的主要负责人。我对他说，我不骗他。

萨利亚中尉成为我们的保护天使，他仿佛是从天上降临，专门保护我们的。

卡秋斯卡·布兰科：在你们去警察局的路上，没有经过加尔松大街，而是从另外一条路绕的，这样可以不靠近蒙卡达兵营。

菲德尔·卡斯特罗·鲁斯：确实是这样，萨利亚没有把我们带到蒙卡达兵营。在去圣地亚哥警察局的路上，还在西波涅公路时，遇到佩雷斯·乔蒙少校，他以杀人不眨眼而臭名昭著，他下令要把我作为俘虏交给他，遭到萨利亚的拒绝，萨利亚说，是他逮捕我的，应该由他负责。如果我被押送到蒙卡达兵营的话，谁也不可能把我从政府军杀人狂手中救出来。在一开始，把我放在这个组，当然，我不能说话，他们没有虐待我，对我还比较尊重。但是，那些士兵们抓住我感到很满意，他们不停地敲打我们。

卡秋斯卡·布兰科：听您讲述萨利亚率领的巡逻兵的愤怒，我想起有一次，您对我说，巴蒂斯塔是使士兵们对你们如此残忍的罪魁祸首。我说得对吗？

菲德尔·卡斯特罗·鲁斯：巴蒂斯塔使他的士兵们相信，我们是一群魔鬼，曾经在医院里杀死生病的士兵，这是弥天大谎。因此，责任主要在巴蒂斯塔，因为是他毒害了士兵们，让他们仇恨我们。此外，士兵们也非常生气，因为，居然有一些平民胆敢反对他们。他们的军人荣誉和优越感受到了打击。这不由得使我想起哥伦比亚军人对古巴驻波哥大使馆的平民，特别是对我们的傲慢的态度。在盖坦遇害后出现的复杂形势中，可以想象我们经受了多大的苦难。

　　巴蒂斯塔用编造的谎言欺骗士兵们，使他们对我们的仇恨倍增。确实，我们有一组战士进了医院，但是，他们没有开枪，他们没有到有生病的士兵的病房里去。唯一在医院被打死的一名士兵是在战斗中，从窗户探头的那位士兵，他是唯一在医院被打死的士兵。我们的战士们没有拿刀，他们拿的是枪。

平静的挑战．有荣誉感的军人．与劳尔的相会．很高尚的道德．马蒂的教导记心间．"判决我吧,没有关系,历史将宣判我无罪!"．通往松树岛监狱．孤独的开始和结束卡秋斯卡·布兰科：司令，您在圣地亚哥警察局最初几个小时是如何度过的？我想当时气氛一定很紧张，可不可以说，让人喘不过气来。但是，我想您当时一定是外松内紧，内心十分愤怒。您当时是如何看周围现实的？您都做了些什么？您的态度是什么？您的情绪又如何？

菲德尔·卡斯特罗·鲁斯：我总是记得我在最初几个小时里我的思想。我知道巴蒂斯塔的士兵们因萨利亚中尉把我带到位于圣地亚哥市中心的警察局感到担心，因为居民们已经知道我被关押在警察局，因此，他们很难再把我送往蒙卡达兵营。他们犯有屠杀的罪名，到处都在谈论他们犯下的罪行，因此，对那些警察局的头头来说，让我活着对他们更加合适，因为，可以以此为理由反驳对他们的谴责。

杀害我的攻打蒙卡达战友的主要凶手阿尔韦托·德尔里奥·查维亚诺来到圣地亚哥警察局审问我。在这次审讯中，有一位摄影师，不知他是有意还是完全巧合，他拍了一张我的照片，后来，这张照片成为一种象征，因为，在我身后的上方，有一幅我们的先驱何塞·马蒂的像。应该想象到，对反对独裁统治的古巴的爱国者们来说，这张照片意味着什么。这张照片后来几乎成为一面旗帜，因为我在审判中指出，马蒂是攻打蒙卡达兵营的主谋。正是他，在1953年1月他百年诞辰日，激励我们高举火把，从哈瓦那大学一直走到马蒂炼狱。马蒂在16岁那年，就被关押在这里服劳役，练就了他刚强不屈的性格，这一性格在他短暂的一生中一直保持着。

在审问中，我记得主要内容是我申明我们对行动承担责任，我澄清普里奥和真正党人没有参与这次行动，我们没有与他们签署任何协议，没有与他们采取任何联合行动，没有接受过他们的资助；我说明我们是如何组织这次行动的，我对这次行动负全部责任。这对我来说并不困难，我对情况一清二楚，我主要是想明确我们的政治立场，因此，在审问中，我做了充分的说明。当然，我不会给敌人提供方便，但他们已经了解许多情况。敌人所不知道的事情，我什么也没有说；而他们已经知道的事情，我就放开同他们谈，一五一十地告诉他们细节，如我们是如何在武器商店购买武器的，是如何在农场进行练习的，是如何集资的，攻打兵营号召圣地亚哥市民起义的计划、革命的纲领和我们想颁布的法律是什么，总的设想是什么，等等，我说的要比已知的要更加确切一些。我把我想要讲的事情都讲出来，因为敌人企图制造混乱，他们欺骗士兵们说，我们的目标是想杀害士兵，说我们与上届腐败政府有勾结，总之，他们散布了许多谎言。

我有意解释我们的计划，因为这样可以戳穿所有巴蒂斯塔编造的有关我们斗争目的的谎言。巴蒂斯塔所犯的最大错误是，在审问我之后，允许报刊和电台的记者进去采访我。我认为，敌人之所以犯这一错误，是因为他们在抓到我之后得意扬扬，但很快，他们就感到后悔了。

我记得，除了查维亚诺，那天参加审问的还有一位少校，在我们攻打蒙卡达兵营时，他的一位兄弟被我们打死，应该说，尽管这样，他对待我还是比较尊敬，我还记得，其他几位军官对我的举止也比较规矩。

卡秋斯卡·布兰科：在您1955年5月29日走出监狱后写的《查维亚诺，你在说谎！》的文章中，谈到这些人时，您写道：

我对所有那些不抱仇恨和愤怒，懂得如何履行自己职责的军人寄予真诚的同情，因为他们懂得在战斗中牺牲，而从来不会去杀死一个手无寸铁的俘虏。

我对萨利亚、坎波、塔马约、罗赫尔·佩雷斯·迪亚斯和所有具有荣誉感的军人表示尊敬，尽管他们与我的思想不一致。我对慷慨大度的古巴圣地亚哥警察局局长伊斯基耶多少校表示钦佩，尽管在战斗中他失去了一位兄弟，他依然同我友善地谈话，不抱有任何仇恨，因为我们反对的是一个统治制度，而不是某个军人。

菲德尔·卡斯特罗·鲁斯： 是的，当时有好几位军官审问我。实际情况是，当我回忆起那一天，我感到神思恍惚，当时，许多奇怪的情况交织在一起，我周围的人的情绪各种各样，有些人因抓到了我感到扬扬得意；有的人重申军队是不可冒犯的、不可战胜的；有的人想处罚我，想吓唬我；有的人表现得慷慨大度；也有人对我的镇静、沉着留下深刻印象。当时，我一人在场。8月1日那天同我一起上山、一起被捕的战友，也被带到警察局。但是，后来我们被分开了，我不知道他们被带到哪里去了。我成了军人的俘虏。当报刊和电台的记者们被允许进入审问室后，我回答了他们所提出的所有问题，我向他们简要地解释我都干了些什么，我们是如何依靠自己的资金组织运动的，我们制订了什么计划，准备颁布哪些有利于农民、工人和人民的法律。他们问我官方是如何对待我的，我回答说："对待我宽容大方。"这是真话。他们问，我们是否杀害了士兵，我斩钉截铁地回答说："没有。我们对在战斗中倒下的士兵表示遗憾，我们不得不进行斗争。是死了一些士兵，但是，我们的目标并不是杀害他们，我们的目的是进行一场革命。"接着我向他们讲述，为什么必须进行一场革命，为什么武装斗争是革命的唯一可能的道路。我给他们进行了广泛的解释，第二天星期一早上，在《熔炉报》上详细报道了对我的访谈。

我的所有解释都引起了巨大反响，在报刊上以醒目的标题刊登，电台在黄金时段播放，直到军队的高层以及巴蒂斯塔本人觉察到自己犯下的错误，便赶紧回收相关的报纸和禁止电台播放有关新闻。从那天起，我的政治斗争开始获胜。

当天晚上，将我关押在波尼亚托监狱，在那里我得知，15～20名我的战友还活着，其中有些人被捕，另一些人逃脱。在被捕的人中，有些人受了伤。

卡秋斯卡·布兰科：当劳尔被押送到波尼亚托监狱时，您已经在那里了。那天，他是他们一伙人中间最后一个被押到监狱的。他步履维艰，因为他搀扶着一条腿中弹受伤的战友雷依纳多·贝尼特斯。雷依纳多在攻打蒙卡达和卡洛斯·曼努埃尔·塞斯佩德斯兵营时受伤后，好几天没有得到治疗，伤口敞开着，走路一瘸一瘸。在进入波尼亚托监狱时，劳尔抬起头，一眼就见到了您。本来巴蒂斯塔的军官和士兵们也许很想在监狱里羞辱您，但是，正如劳尔回忆的那样，您坚定的目光、昂首挺立的姿态、尊严和大度的表现给熟知您的弟弟留下了深刻的印象。敌人没有允许你们两人接近和讲话，但是，你们两人在得知对方还活着时的喜悦心情是确凿无疑的。劳尔永远不会忘记在最艰难的时候，在最困苦的情况下，看到您那激动的时刻，以及您给他留下的坚定、勇敢的形象。我想，您看到劳尔之后，不仅感到高兴，也会感到无比的欣慰。在此之前，您也许不是很明显地意识到，但您一定很为您的弟弟担忧，因为您非常爱他，而且当您把他带到哈瓦那时，您曾向你们的父母亲保证，要保护好他。不久前，我读到有些材料，证实了这一点。一位在萨利亚逮捕您之前，曾经保护过您的农民说："菲德尔一看见我，就问我知道不知道蒙卡达事件。我回答说，我知道。他接着又问我，知道不知道首领菲德尔·卡斯特罗·鲁斯的弟弟有没有遇害，我说我不清楚。"这位农民名字叫作皮尼亚，8月1日黎明时，您同他在曼普利萨庄园交谈过。

菲德尔·卡斯特罗·鲁斯：我对我的父母亲是做过承诺，因此，我没有让劳尔直接参与行动。

劳尔同参加革命活动的同伴关系很好，他受到了邀请，在这一年的年初，去奥地利参加世界青年联欢节的筹备会议。他带的钱很少，但是访问了几个国家，我记得有罗马尼亚、匈牙利、原捷克斯洛伐克、法国和意大利。在乘船回国途中，在库拉索和委内瑞拉停留了一下，由于在港口声援乘同一条船结识的危地马拉青年，劳尔被捕。这些危地马拉青年在参加进步青年的会议后，因携带了一些杂志、奖章和书而被捕。在关押了几个星期后，劳尔被释放回国，当时他已经是共产党员。[1]

劳尔是我们兄弟姐妹中最小的一个，我对他承担责任，因为两年前，是我把他带到哈瓦那读书的。但是，他愿意参加革命活动。他对我说，如果我们进行什么活动，叫上他，他感兴趣，他也想参加。

我很担心会对劳尔进行报复，总之，当初是我说服了父母亲，把劳尔交给我负责，把他带到哈瓦那读书，因为我发觉父母亲总是埋怨他不好好读书，老是调皮捣蛋。于是，我对父母亲说："那好吧！不

---

[1] 劳尔当时是古巴人民社会党（原称古巴共产党）青年团的团员。——译注

要再埋怨了,如果你们愿意的话,把他交给我,我来管他。"

就这样,我劝他与我一起求学。他没有读过中学,但是,当时大学有与社会科学有关的管理专业和与法律有关的外交法专业,不需要中学毕业证书,只要通过入学考试,就可以入学。我说服了他去投考,于是,他到哈瓦那与我们一起住在贝达多区,第3街第2拐角处,他开始学习,并通过了入学考试。

正因为这样,我十分担心他,我确实打听过他。后来,我在波尼亚托监狱见到他和其他战友们,我们的人斗志昂扬。

卡秋斯卡·布兰科:是的,劳尔给我讲了在7月26日行动之后所遇到的种种艰难,特别是他被捕后被押到蒙卡达兵营的经历。他被押到了蒙卡达兵营,几个小时前,他的战友们在兵营被处死,其中就有他亲密的朋友何塞·路易斯·塔森德。在登上司法大楼,在楼顶平台上看到你们撤退后,在缴获了巴蒂斯塔士兵们的武器之后,他逃了出来。他先到了安娜·罗萨·桑切斯医生的药店,安娜是已故菲德尔·皮诺·桑托斯的前妻,后来的男友是普里奥政府的一名警察,名叫克萨达先生。安娜医生的儿子托马辛把劳尔带到克萨达的亲戚家中,后转移到埃尔克里斯托附近的另外一家人家,那里一位老太太和她的耳聋的丈夫给他提供了庇护。托马辛表现得很友好。劳尔在老年夫妇家的时候,得到克萨达被捕的消息,于是,他决定逃走。聋哑老头给了他一件衬衫,劳尔开始往比兰的方向逃去。但是,他没能逃脱,在从多斯卡米诺斯镇到圣路易斯的路上,他被捕了。在圣路易斯兵营被关押数天后,有一人告发了他,指认劳尔说:"他就是安赫尔的儿子,菲德尔的弟弟。"据劳尔说,此前他虽然被捕,但那些人不知道他是谁。在被告发后,劳尔承认说:"我是菲德尔的弟弟,我是劳尔。我参加了攻打的行动,我占领过司法大楼,但是,你们可以去调查,我抓了9个士兵和1名巡逻兵,一共10个俘虏,他们都活着。"劳尔说,随后,包括一名手拿汤姆逊机关枪的士兵在内的军人们开始改变对他的态度,对他表示尊重。一辆吉普车把他押送到帕尔玛兵营,那里驻扎着一个中队,士兵们对待他都比较客气,因为他们都认识他父亲。后来,他又被坎比托上尉押送到蒙卡达兵营。劳尔回忆说,在到达蒙卡达兵营之后,他经过两排士兵跟前,士兵们进行骂人比赛,骂他,看谁嗓门最大,但他们没有动手碰他。后来,把他押到平台上,那里堆着沙袋,上面有血迹,架着机关枪。蒙塔内和伊斯拉埃尔·塔帕内斯也关押在那里。蒙塔内的嘴唇都干裂了,他小声地对劳尔说:"劳尔,他们不给我水喝。"于是,劳尔对蒙塔内说:"等着,伙计!卫兵,卫兵!我的同伴口渴了,请拿点水来!"一位卫兵回答说:"让他喝尿去吧!""他妈的,住嘴!"于是,您的弟弟对蒙塔内说:"忍一下!"后来,劳尔被带去审问。但审问劳尔的不再是查维亚诺,而是巴蒂斯塔专门派来的迪亚斯·塔马约。面临对他无端的指责,说他处死了士兵,并做了似乎他已经承认罪行的记录,劳尔驳斥道,这是谎言,他提到,被他俘虏的9名士兵和1名巡逻兵都活着,他们可以做证。迪亚斯·塔马约对他吼道:"住嘴!不然就枪毙你!"随后,又要劳尔签字,并下令道:"把他押走!"由于几个小时过去,没有给他们送过一滴水。劳尔回忆道,他对蒙塔内说:"我很遗憾,可怜的同伴。"蒙塔内的一生都很坚定。他自告奋勇地去放哨。凌晨三四点钟时,接到命令:"快走,快!"蒙塔内对劳尔说:"劳尔,当他们枪毙我们时,我们一起高唱国歌。"

劳尔回答说："同意。"当他们以为将把他们押送到码头，扔入大海时，他们被押送到警察局，在那里遇到了西罗、拉米洛和其他战友，这些战友讲述了被杀害战友的遭遇。当他们到警察局时，听说菲德尔也被押送到这里来了，但是，你们互相没有见到。后来，当他们被押送到波尼亚托监狱，在经过大楼的行政办公室时，您刚好在门口，而劳尔还以为您仍在受审。他记得您见到他还活着时脸上露出惊讶的神情。这一切都说明蒙卡达战士们崇高的道德精神，沉着地、自豪地应对挑战，随时准备做出牺牲。我想他们一定满腔怒火。后来几天，专家们到牢房里拿他们的手做试验，看手上有没有石蜡的痕迹，而您对专家们说，没有必要做这种试验，因为您承认您曾开过枪。

菲德尔·卡斯特罗·鲁斯：我被关押在波尼亚托监狱一个牢房中，离其他战友的牢房不远，在那里还关押着一些政治犯，他们被指控有牵连，但是也没有任何证据。我特别记得拉萨罗·佩尼亚。这是一项深思熟虑的行动，目的是企图将"七·二六运动"[1]与共产党人混淆在一起。我们只是说明我们是如何行动的，我们没有对共产党人做任何批评。在同一个监狱里，除了关押着被指责与我们有牵连的政治领导人外，还关押着梅尔瓦和艾德。我记得不是太清楚，也许劳尔可能说得更加清楚。我认为梅尔瓦和艾德·圣玛丽亚即大家所称的"耶耶"的在场对我来说是十分重要的。她们向我提供很多情报，尽管当局千方百计想孤立我，从一开始，就把我与其他被关押的战友分开，但是，她们总是想方设法靠近我的牢房，通过某种方法与我取得联系。开始时，

---

[1] 这里叙述似有误。"七·二六运动"组织是1955年5月15日卡斯特罗及其战友在大赦中获释后，于同年6月12日晚，由卡斯特罗和一些革命者在哈瓦那创建的。——译注

这比较可行，因为看守我的卫兵们很快就成了我的朋友。但是，后来被发现后，换了一批精心挑选的充满仇恨的卫兵来看守我，他们火气冲天、怒发冲冠，不被我们所影响。此后，我们的处境变得十分困难。

我并不为我个人，而是作为革命者，为失败、被捕、入狱感到痛苦，此前，我已经知道当局的罪行，但当我从囚犯那里，特别是从梅尔瓦和"耶耶"那里得知对阿贝尔、对博利斯·路易斯·圣塔科洛玛和其他战友的罪行时，我感到特别愤怒。

此外，我依然被隔离起来，因此，我做了一件最大胆、最冒险，也许是最不负责任的事情：决定宣布绝食，而我这么做，没有任何宪法保障，也没用一家报刊或媒体发表新闻或报道。这是一次挑战，一次叛逆行动，是一种道德压力，因为，它不是一次消极、无声的绝食。当给我拿早饭时，我吼道："我不要早餐！"我大声地喊道："我不要早餐！把早餐送给查维亚诺这个狗养的去吃吧！"当局一时不知拿我怎么办。大家都可成为我不服从的见证人，在囚犯中间有被捕的政治领导人和各种人物。我不怕把我杀害，我向这里的最高当局发起挑战。查维亚诺是古巴圣地亚哥市的主子，他掌管生命与财产，是他杀害了我的许多战友。我认为我的举动使他们士气低落，他们把我视为天不怕、地不怕的人，这使他们军心涣散、理屈词穷。

过了几天，对我做了调整。来了一位长官，有礼貌地对我说："你进行绝食，这可以，但是没有必要说这些话。你是一个有教养的人，应该注意你的言行。"这位长官对待我像对待一位先生一样，他要求我的行为举止要有规矩。他态度和蔼，道理也说得过去，我对他说："好的，我不再说这些粗话，但是，我还是不想吃饭，我将继续绝食。"

这位长官几乎是哀求我不要这样说话，于是，我对他说："你放心吧。"这是我对这位军官有礼貌的落落大方的态度的回答。我不再说粗话了,但我继续绝食。

一周之后,由于监狱里许多政治人物在场引起的复杂政治情况,于是又派人来见我,并通知我停止对我的隔离措施,允许我与梅尔瓦和"耶耶"见面。我这里说的隔离是相对的,因为关押我的牢房有铁栅,我可以看得见经过我牢房的所有人,并可与他们聊天。

但是,在48小时或72小时之后,我又被隔离了,我只是感到对他们的蔑视,我蔑视他们。我相信,审讯的日子快要到来了,我集中精力准备自我辩护。我认为这场简短的战斗是有点堂吉诃德式的,也许阻止了他们想消灭我的企图。

卡秋斯卡·布兰科:这些日子是非常困难和危险的。从您的窗户,您可以看到剽悍的卫兵在阳台上监视您。高处,架着一挺口径30毫米的机关枪,枪口对准您的牢房,还有几盏探照灯不停地照着您的牢房。

菲德尔·卡斯特罗·鲁斯:那时候,通过口信,我已经与所有的难友们取得联系,我向他们提出我们的战略,我们统一口径,承担责任:"是的,我们到蒙卡达兵营,是为古巴的自由而斗争。"即我们采取战斗的姿态,揭露敌人的罪行,捍卫我们的行动和斗争的正义性。

卡秋斯卡·布兰科:我得知您曾处于隔离状态,您的最小的妹妹阿古斯丁娜曾到监狱去看望您,但是,他们没有让她进去。您给她写了一封令人感动的信。这封信不像是一个关在监狱里的囚犯写的,相反,信中的字里行间充满了自由的精神。在那些天里,您也给您的家人,给您的妻子、父母亲,您的哥哥拉蒙写了信,尽可能安慰他们。这些信都是在您准备接受审讯时写的。

菲德尔·卡斯特罗·鲁斯：在我被隔离时，我收到几本书，其中有社会科学的课本，十分有用，是关于社会思想史、政治思想史的；还有马蒂全集中的一卷。我一共收到六七本书，对我来说，这些书都很重要，当时，我正准备接受审讯，因此，我必须背诵书中的一些片段和一些语录。除了拉蒙之外，谁也想象不出我在准备干什么。

卡秋斯卡·布兰科：拉蒙之所以知道，是因为他给您写了信，1953年9月5日，您给他回信说：

您对我的自我辩护提出的建议很好，我从一开始也是这么考虑的。审讯现在定在21日。

在另一段中，您写道：

此外，我并不感到任何后悔，我完全相信，我是为我的祖国而做出牺牲的，我在履行我的义务，毫无疑问，这对我来说是一个极大的鼓舞。使我悲伤的并不是我个人所受的苦难，而是在斗争中倒下的我的优秀的战友们。但是，各国人民之所以能够前进，是由于她的优秀的儿女们做出了牺牲。这是历史的规律，必须接受它。

您必须让我们的父母亲认识到，监狱并不像人们所说的那么可怕和可耻。对那些因为做了不光彩的事情入狱的人来说，监狱是可怕和可耻的；但是，对那些具有崇高和伟大目标的人来说，监狱是一个非常荣耀的地方。

在另外一封给您哥哥的信中,您评论说:

我接到父亲的一封电报,问我们有没有衣服,我立即回答他说,我和劳尔都有衣服。米尔塔给我寄了一件西服,是我向她要的,准备在出席审讯时穿的……今天下午,我想给父母亲写一封信,问他们是否安心?知道不知道我被捕是因为我在履行我的义务?

我不知道在审讯结束后,我最后的命运将是什么,但是,我想不管怎样,在审讯结束后,我们能够见面的……

我没有能够与劳尔说话,因为我被关在单独的牢房里,但是,我想他也会给您写信的。

此外,您对拉蒙给您寄烟一直是很感激的。

1953年9月23日,您在接受审讯期间,曾给您的父母写过一封信,信中说:

希望你们原谅我迟迟没有给你们写信。你们不要想我会因为忘记或因为不爱你们而没有给你们写信,我十分想念你们,我担心的是你们身体是否健康,你们会不会因为我们而受到连累。

两天前,审讯已经开始。进展顺利,我对审讯的进程感到满意。当然,我被判刑是不可避免的。但是,我应当文明行事,使所有无辜的人得到释放。总之,不是法官在审判,而是历史在审判,而历史的审判毫无疑问是有利于我们的……

我最大的希望是你们不要以为监狱对我们来说是一个难堪的地方,不是的,当蹲监狱的人是为了一个正义的事业,并代表着民族的合法情感时，就不是这样。造就祖国的所有的伟人都像我们现在那样经受过同样的苦难。

谁为祖国而受苦，并履行自己的义务，谁总会找到足够的精神力量来沉着、冷静地应对命运的逆境，这不仅仅是一天的事情，今天我们忍受着痛苦的时刻，但未来美好的前景在等着我们。

我完全相信，你们一定会理解我，一定会明白，对我们来说，你们的安心和赞同是最好的安慰。

不要为我们操心，也不必为我们花钱和浪费精力。他们对待我们还不错，我们什么也不需要……

今后，我会常写信给你们，好让你们知道我们的情况，免得你们担心。

热爱和想念你们的

儿子菲德尔。

司令，每当我阅读您的这些信件时，我能感受到您对您父母亲的爱和您安慰他们的愿望。您在信中避而不谈危险，尽量缩小您的痛苦，而是表现得比一般的谨慎和您自己期待的还要乐观，这一切是为了不让他们为您担心……

您的这种态度是否对所有的人都一样，如对待莉迪娅，也是这样吗？

菲德尔·卡斯特罗·鲁斯：是的，在我被关进警察局牢房那天，她曾看过我。后来，她又立即去圣地亚哥，因为劳尔被关在那里，她去看望劳尔，看看究竟发生了什么，她可以给我们提供哪些帮助。

卡秋斯卡·布兰科：司令，在读了您在拉斯比利亚斯紧急法院上的自我辩护词之后，能否说，法庭上对您的口头审讯是对独裁政府的一次有力揭露？但是，他们事先并没有料到，这是由于他们愚笨，还是因为巴蒂斯塔低估了你们？当审讯来到时，您是不是感到有些焦虑？您是如何计划以达到目的的？您对审讯开始头一天的情况还能记起什么吗？尽管从逻辑上说总是会急躁，您那天保持镇静了吗？您有没有想过，他们会把您从法庭上带走？我认为，您当时是做好牺牲的准备的……

菲德尔·卡斯特罗·鲁斯：是的，我认为，我迫不及待地等待这一时刻的到来。我在狱中待了50天，就等待着审讯这一重要的时刻，这一重大事件的到来，因为我们准备在这一天展开进攻。我们在法庭上将承担所有的责任，我们将从被告变为法官来揭露独裁政府所犯下的所有罪行。我们通过梅尔瓦和艾德得到了足够的证据和情报。另外一个主要问题是机会，在这么多天被隔离之后，我又可以与我的战友们相遇了。

此外，庭审将是口头的和公开的，尽管有新闻检查，但不能让我们在这么多人面前闭口不言。审讯是一个很好的法庭。

我记得很清楚，当审讯那天到来时，我们已准备好去审判大厅，我们被带到那里，我手上还戴着手铐，并被单独带到大厅。当然，我们谁也不知道在去法庭的路上会发生什么，他们会不会制造任何借口把我处死，比如，他们会借助臭名昭著的《逃跑法》，说："卡斯特罗企图逃跑，所以被打死。"这一切都是可能发生的。但是，幸亏因为有这么多人在聚精会神地等候着，特别是圣地亚哥市民积极地动员起来，保持警惕。应当承认圣地亚哥居民对革命的同情在上升。圣地亚哥市民用其智慧破解了事实，他们对巴蒂斯塔的镇压表示悲伤，并与蒙卡达革命战士们的谦虚和恭敬进行比较。从审讯开始那天起，我们就得到圣地亚哥市民的同情和动人的支持。

审讯是在一个大厅里进行的。我记得不很清楚，我记得我们是戴着手铐步入大厅的，进去后，手铐被打开了，可能是这样。但也可能是我在某个时候要求打开我们的手铐，因为我挑战的姿态在庭审中继续。我以无可辩驳的证据控告巴蒂斯塔政府，揭露其罪行和暴行。我丝毫没有感到害怕，相反，我的自然反应是挑战、挑战、挑战，用明确的语言、尽量高的嗓门揭露所发生的一切可怕的事情。

我不知道为什么当时没有把我处死，也许是因为我的这种态度使他们放弃了这个念头，当时的情况好似一个驯兽人的鞭子声吓坏了野兽，这是因为巴蒂斯塔在历史上杀害了古铁雷斯，成为他的沉重包袱，也许他不想另一个不舒服的阴影笼罩着自己的命运。

庭审现场到处布满了士兵，在每个角落、每张椅子和板凳背后、每排座位背后：士兵、士兵、士兵、士兵，更多的士兵充塞在豪华的大厅，我们就在这里进行揭露。

检察官开始带着某种傲慢的语调进行审问，而我坚定地予以回答，我承担起全部责任，在回答他审问的同时，我揭露罪行。我不仅使检察官，而且使整个法庭处于非常困难和尴尬的地位。在归纳对话时，我提到，他们在没能将我们与腐败的前政府相联系的情况下，又企图给我们戴上一顶"共产党人"的帽子，因为他们没收了我们拥有的列宁的书……

卡秋斯卡·布兰科：他们是在搜查阿韦尔和"耶耶"在贝达多第25街和O街的住处时发现列宁的书的……

菲德尔·卡斯特罗·鲁斯：我们经常携带列宁的书，不仅是我，还有阿韦尔、劳尔和其他同志，因此，他们搜查到列宁的书，并把它作为我们"犯罪的证据"。

我记得检察官问我，有没有读过列宁的书。也许他本以为我会避开回答他的这个问题，但出乎他意外的是，我回答说："是的，我们读过列宁的著作，因为他是世界社会主义运动最杰出的人物之一，谁要是没有读过列宁的书，谁就是一个无知的人。"我的回答使检察官目瞪口呆，也许他以为我在回答时会贬低列宁或否认列宁，我会说"这本书不是我的，也不是我们的人的"，或其他的借口。面对我如此的坦诚，法庭感到不悦。

卡秋斯卡·布兰科：当您在说话时，我在想弗里德里希·恩格斯的《自然辩证法》这本好书，这本书像列宁那本书一样，也是值得肯定的。您的坦诚富有挑战性，在当时麦卡锡时代，是勇敢的回答。

菲德尔·卡斯特罗·鲁斯：审讯的高潮是，当检察官问我："谁是主谋？"我回答说主谋是何塞·马蒂。检察官原来以为我会保持沉默，但是，我回答说："主谋是何塞·马蒂。"

之后，他们不想再问我什么问题，因为他们感到我的回答不合适，因为我的回答站在历史的高度，表明我们的爱憎感、我们对古巴战斗传统的忠诚和我们这一代人对古巴先驱们及其传奇式斗争的敬意。我捍卫了我们所使用的暴力和武装斗争的方式，因为马塞奥、马蒂他们也采用过它。我抓住每个缝隙，利用为数很少的机会来抨击政权的合法性。当我要说的话差不多已经都说完时，我表示，我要为我自己进行辩护。

我想不起来我出席了几次庭审，我记得只有两次。第二次，我是以律师的身份出席的,一开始,我就审问军人,审问军官和士兵,当他们开始谈战斗中死去的人时,很明显,是他们杀害了人。我实际上成为审判官。我揭露了他们的罪行,我要求做记录,把证词记录下来。他们所有的罪行都暴露无遗,因为军官们的供词互相都是矛盾的。一些人所说的与另一些人所说的不一致。实际情况就是这样。这使所有在场的人感到吃惊,特别是军人。他们又让我沿着同一条路回牢房,我有点担心,不知道在回程路上会发生什么。

当举行第三次庭审时,他们不敢让我出庭,于是便做出非法的决断,不让我出席庭审,尽管我是主要的被告。应当指出的是,在我做出供词后,我所有的战友都一致强调:"是的,我们攻打蒙卡达兵营,是为古巴的自由而战,我们为此感到骄傲,我们不会后悔,我们为所做的一切感到自豪!"他们在当着所有的军人、出席庭审的公众和法官们面前使劲地声明,嗖嗖嗖!就像勇敢和真理的子弹一样。这是令人印象深刻的姿态,令人难忘的事件,这使我对这些参加行动的勇敢的青年人刮目相看。他们先是默默地做准备,后来,又参加行动,最后,又有尊严地、勇敢地面对遭到的挫折。从他们的言行中看到他们的豪迈精神,他们几乎都是贫苦出身,在落入敌人手里后,他们准备贡献出自己的一切。

巴蒂斯塔及其政府、军队面对我们雪崩式的共同举止,感到害怕:我作为律师所发挥的作用,蒙卡达战士们决心不顾一切,承担起参加斗争的责任。巴蒂斯塔军队因原来打算把逮捕和审判我们作为他们的胜利象征的计划落空,感到害怕。因此,他们派了两位法医到我的牢房里来,想开一张诊断书,说我生病,不能出席庭审。

"我们来给你做一个检查。"医生对我说。我回答他们:"我身体很好,你们为什么来给我检查身体?我不需要任何体检。"这时,其中一位医生对我说了实话:"你看,实际情况是,查维亚诺说——我不太清楚他是什么官——你在庭审中对巴蒂斯塔起了很大的破坏作用,因此,不能再让你出席庭审了,要求我们两人出具诊断书,证明你病了。"听他这么一说,我对他对我说实话表示感谢,并对他说:"你们知道什么是我的义务。我没有生病。你们完成你们的职责,我知道我应该如何完成自己的职责。"

他们到我牢房里来,是要开一张诊断书说明我有病,这是上面要求他们这么做的,他们没有别的办法,只好奉命去做。因此,我斩钉截铁地回答了他们,并请他们回去。我们克服了一个道义的问题,与我们相比较,军人们的处境不利、不舒服,不仅仅是军人,法庭上的法官们、法医也一样。他们不想让我再出席庭审。

医生们走后,我写了一封信,信中揭露了他们的计划以及企图杀害我的计划,因为我估计,他们在绝望中很可能要杀害我。我在信中写道:来了两位法医,想开一张证明我生病的诊断书,而我什么病也没有,身体很健康,他们想不让我出庭,怕我揭露他们。于是,我想起马蒂的一句话:"……从山洞深处出来的一条公正的原则要比一支军队还要强。"这是我想交给法庭的一封信。我设法把这封信交给梅尔瓦。在3号大厅,主要的被告没让出庭。当庭审开始时,梅尔瓦站起来说:"法官先生们,我这里有一封信。"她掏出这封揭露的信,一封揭露真相的信!这封信引起了巨大的反响。法官们不知所措。他们屈服了,没有再做什么,也没有做任何的调查,他们军心涣散,但是,还是坚持在我缺席的情况下继续开庭,剥夺了我出庭的机会,把我排除在庭审之外。

这种情况即使在审判格奥尔基·季米特洛夫[1]时都没有出现过。审判他时，所有的人都在场。而审判我时，却把我排除在外，他们的横行霸道有目共睹。我认为，他们这种做法很愚蠢，很粗鲁。这不仅是出于低估我们，而是担心和害怕，所以才干出如此愚蠢和无耻的行为。

　　庭审继续进行，最终判处了我的战友们，因为他们中没有任何人逃避责任，他们都自豪地声称自己参加了行动，因此，对法庭，对军人，对巴蒂斯塔政府来说，他们是罪犯。这次审判，就产生的影响来说，我们是打了一次胜仗。最终，政治犯被释放了，我依然被关押在那里，但把我与刑事犯关押在一起，他们与我的关系不错，这是狱吏们事先没有想到的。囚犯们对我很尊敬，很友好。

　　后来，他们在一个很小的地方对我进行审讯，目的是限制参加庭审的人数，那样，我的揭露就会无声无息。这是1953年10月16日。除我之外，也把路易斯·克雷斯波和古斯塔沃·阿尔科斯押到那里进行审判。他们在市立医院对我们三人进行审讯，没有把我们带到检审庭或法院的大厅里进行审讯，而是押送我们到医院的一间很小的房间里进行审讯。出席庭审的人数很有限，其中有比利托·卡斯特利亚诺和记者玛尔塔·罗哈斯。就在那里，我发表了《历史将宣判我无罪》的自我辩护词。他们不准我将我的书和我自己有的刑事法典带到法庭。我表达的所有思想都是靠记忆。

---

[1] 格奥尔基·季米特洛夫（Georgiy Mikhailovich Dimitrov,1882～1949），保加利亚共产党总书记（1946～1949）和部长会议主席（1946～1949），国际共产主义活动家，曾任共产国际执行委员会总书记（1935～1943）。1933年2月27日，震惊世界的"国会纵火案"发生，3月9日，纳粹警察局以"参与纵火"的罪名逮捕了当时正在柏林的季米特洛夫。9月21日，德国在莱比锡开庭审讯季米特洛夫。季米特洛夫在法庭上宣称纵火案是纳粹的策划。最终，法院宣判季米特洛夫无罪释放。——译注

卡秋斯卡·布兰科：是的，您在辩护词中说："……不许我得到马蒂的著作。看来，监狱的检查当局认为这些著作是太富有颠覆性了。也许是因为我说过何塞·马蒂是 7 月 26 日事件的主谋的缘故吧？此外，还禁止我携带有关任何其他问题的参考书出庭。这一点也没有关系！导师马蒂的学说我铭记在心，一切曾保卫各国人民自由的人们的崇高理想，全都保留在我的脑海中。"

菲德尔·卡斯特罗·鲁斯：是的。我不得不依靠我准备了许多小时保存在我脑海中的思想的顺序。我应该指出，在 3 月 10 日政变几天后，我向法院所提交的许多揭露材料对我很有用。当初所说的理由，在我后来的揭露中是必不可少的。在替我的战友辩护时，这是及时、有效的武器，我谴责巴蒂斯塔政府篡权，是一个不合法的政府。我质疑这个政府的道义，我的辩护集中在政治、哲学、道义和法律方面。

在庭审中，我挨个地审问了所有的见证人、军人，我指出他们提供的证词的巨大矛盾，他们的坦诚值得怀疑，这使他们大吃一惊。但是，这一切都是在一个很小的厅里进行的，几乎没有什么民众，因此，我说正义在生病。我讲了大约 15～20 个小时，我记不清我是当着谁的面说的话，无论如何，他们都会判我。

卡秋斯卡·布兰科：是的，我相信您从被捕的时刻起，您就明白您会面临什么情况，您就开始为庭审做准备。您在自我辩护词的最后说："至于我自己，我知道我在狱中将同任何人一样备受折磨，狱中的生活充满着卑劣的威胁和残暴的拷打，但是我不怕，就像我不怕夺取了我 70 个兄弟生命的可鄙的暴君的狂怒一样。判决我吧，没有关系，历史将宣判我无罪！"

菲德尔·卡斯特罗·鲁斯：庭讯似乎是不太现实的事情，最后，我得知法庭对我的判决：剥夺我15年的自由。

卡秋斯卡·布兰科：15年后才能回到大街上，整个生命都得在牢房里度过，但是，我知道，您的斗争从未停歇过一分钟。司令，当时在这么不利的条件下，如远离亲人、隔离和孤独，您为什么还要坚持斗争？

菲德尔·卡斯特罗·鲁斯：我始终对未来抱有绝对的信心。我提出了一个要实施的纲领，为此，我们进行了不屈不挠的战斗。从我被捕的时刻起，到我在小厅审讯时说的那些话，是我向人民进行广泛解释我们斗争的第一次致辞，我一直说，他们犯了一个错误，让我说话，从那天起，我们开始赢得了战斗。我们始终显示出我们的尊严和不妥协、挑战性和叛逆的精神。

卡秋斯卡·布兰科：我多次想问您，当飞机起飞，将您从奥连特省的监狱押送到莫德罗监狱时，您在想些什么？

菲德尔·卡斯特罗·鲁斯：我记得有一天，他们把我再次从监狱里提出来。他们从来不告诉我，要把我带到哪里去，去干什么。他们把我从监狱里提出来，带我到机场，押送上飞机，我不知道要把我带到哪里去，在这些人手里，他们什么事情都干得出来。飞机起飞了，后来，在松树岛降落，把我押送到莫德罗监狱。我第一次与所有被关押的蒙卡达战友们会面，终于结束了2个月零17天被封闭和隔离的日子。

思考《历史将宣判我无罪》●芒比和马克思主义的根源●说话的谨慎和实质●用柠檬汁写的信●共产党的支持●爱与痛苦的信件●面对巴蒂斯塔的抗议●孤立和无灯光●一生都给"七·二六"

卡秋斯卡·布兰科：司令，您在蒙卡达审判的讲话使我想起何塞·马蒂和马克西莫·戈麦斯两人在《蒙特克利斯蒂宣言》中所写的话："经过光荣和残酷的准备，在亚拉开始的独立革命在古巴已经进入了一个新的战争时期。在古巴重新开始的战争中，革命看不到能使鲁莽的英雄主义充满欢乐的原因，看到的是人民的奠基人应当承担的责任。"今天，《历史将宣判我无罪》已经是古巴历史上最重要的文献之一，它表达了一个现实的实质和古巴的一个梦想。我读到了对您的自我辩护词的许多评价。但是，我能不能听听您自己是如何评价它的？我们能不能就这个问题交谈一下？

菲德尔·卡斯特罗·鲁斯：的确，长期以来，芒比的根源一直鼓舞我国人民为争取独立和正义而英勇地斗争。而马蒂思想和原则的无穷无尽的源泉影响着我们在马蒂百年诞辰所出生的这一代人。在我的这篇辩护词里，我为起义的权利进行辩护和立论，我是以所有的自由哲学为根据的：正是在这一哲学的指引下，爆发了法国大革命，爆发了美国革命。而在很久以前，欧洲的百科全书派和哲学家们就捍卫反独裁起义的权利。我在辩护词中所暗示的社会主义革命，绝不是对法国大革命哲学的一种否定。社会主义和社会主义思想是法国大革命思想在另一个历史时期的继续，它的很多思想被社会主义所重新提出：关于自由、平等和博爱的思想。资产阶级革命不允许实现这些思想，不允许它们全面发展，于是需要进行社会主义革命。在资本主义社会，不可能实现真正的平等，只有在社会主义社会才有可能实现真正的平等。对大多数民众来说，真正的博爱和真正的自由也只有在社会主义才有可能实现。如果存在不平等，就没有博爱。如果存在经济压迫和政治压迫，就没有自由。只有在社会主义才能高举法国大革命的这三面大旗。这就是为什么两者之间没有矛盾的原因。在某些方面，法国大革命和资产阶级革命的哲学家、所有这些思想家，如让-雅克·卢梭和其他人的思想都是相当激进的，还有百科全书派人物。正是他们影响了美国的独立战争，他们都否认权力的神圣起源，反对君主立宪，主张权力来自人民，自由来自人民，主张反独裁统治的起义权、造反权。

卡秋斯卡·布兰科：是的，他们的追随者主张建立一个理智殿堂，事实上，他们在巴黎专制主义君主国的圣地圣但尼圣殿建造了理智殿堂。

菲德尔·卡斯特罗·鲁斯：在《历史将宣判我无罪》中就谈到社会主义思想和起义权的政治和历史基础的关系，这是社会主义学说的重要部分，就是反对压迫和剥削的起义权。

尽管它还不是一个社会主义纲领，但是，它在经济和社会方面的论述是很明确的，是基于社会主义思想，其主导思想是社会主义思想。

在我的辩护词里，我使用了《圣经·旧约》中的一个形象：不能崇拜《旧约》上说的"金牛犊"[1]，等待资本主义的奇迹、富人的奇迹，等待"金牛犊"。我的反对是通过《圣经》里的一个形象，使用了容易懂的语言，以向文化程度不高、受盛行的麦卡锡主义影响、尚未接受马克思主义的大多数民众来表达。我没有说人民是地主，是富人，是工厂主。"人民正在经受着所有的不幸，因此，他们能有勇气进行战斗。"对这个正在充满欺骗和虚假承诺的道路上行走的人民来说，

---

[1] 金牛犊是当摩西上西乃山领受十诫时，以色列人制造的一尊偶像。金牛犊是亚伦制造，以取悦以色列人。根据《圣经》，当摩西上西乃山领受十诫时，他离开以色列人40昼夜，以色列人担心他不再回来，要求亚伦为他们制造神像，摩西与上帝交谈时得知消息，愤怒地摔碎写有十诫的石板，砸毁了金牛犊并杀死3000名背叛者。在现代西班牙语中，意为钱财。——译注

我不会对他们说"我会给你",而是说:"你们要以你们全部的力量去斗争,实现自己的自由与幸福。"

任何一个认真读过我的辩护词的人,都能够觉察到,这是一个社会主义的纲领,表达了社会主义的思想,因为我在辩护词中说,我不相信供求法则,不相信自发解决。我提出,应该利用资金,把资金投到有利于人民的国家发展计划中去,不应该相信《圣经·旧约》上提到的"金牛犊",不可能有奇迹,不要相信富人和资本家。毫无疑问,这是对资本主义的批判,对资本主义思想的批判,对资本主义制度的批判。

卡秋斯卡·布兰科:但是,这个纲领您是谨慎地提出来的,是吗?马蒂在谈到他当时的目的时,总是指出,对革命来说,在事件发生前,急于抢先说出来,是有危险的。因此,马蒂在写给曼努埃尔·梅尔卡多的信中指出:

……现在我每天都可能为我的国家和责任而献出生命——我了解这一点,并且有决心把它实现——我的责任是通过古巴的独立,及时防止美国在安的列斯群岛的扩张,防止它挟持这一新的力量扑向我们的美洲。我到目前为止所做的一切,以及今后要做的一切,都是为了这个目的。以前我们对这一点不得不保持沉默并采用暗示,因为有些事情必须隐蔽些,如果公布的话,可能引起过分巨大的困难,从而不易实现。

菲德尔·卡斯特罗·鲁斯:《历史将宣判我无罪》作为革命的纲领,我在起草时,确实很谨慎。是的,我先是发表了辩护词,后来,把它记录下来。我没有使用马克思主义的词汇,但是,它的实质是马克思主义的思想。可以说,辩护词是马蒂思想和马克思主义思想的结合。

它是马蒂思想和马克思列宁主义思想的继续,是适合有帝国主义和资本主义存在的这个时代的,这个现象不仅古巴有,全世界都有。如果说,马蒂在那个时代能具有那种思想,那么在今天,毫无疑问,马蒂就会是马克思列宁主义者,就会是共产主义者。然而,在他所处的时代,这不可能。但在当时,他的思想是先进的,是光辉的。在他所处的时代,一个人具有这样先进的思想是令人吃惊的。

卡秋斯卡·布兰科:司令,我认为,您小时候在比兰度过的日子,对您起草纲领经济部分的内容、革命的法律,甚至直到今天,对如何看待拉丁美洲突出的尖锐的土地问题,都有着明显的影响,对吗?

菲德尔·卡斯特罗·鲁斯:是的,您说的特别可以从革命的第二项法律得到体现,这项法律规定,将土地的不可剥夺和不可转让的所有权交给所有的佃农、二佃农、承租农、分成制佃农和暂耕农……在革命的第四项法律即农业法规定,一切佃农有权取得甘蔗收益的55%和至少4万阿罗瓦的甘蔗份额……

我在自我辩护词中所建议的所有的法律都十分重要:

第一项革命法律是把最高权力归还给人民,并宣布以1940年的宪法为真正的国家最高法律……至于这部宪法的实施和对违法的人进行惩罚,由于还没有人民选举出的机构来执行,作为这个最高权力的暂时的体现者和唯一合法的权力机构的革命行动,拥有除去修改宪法之外的符合宪法的权利:立法权、行政权和司法权。

这个纲领符合我国相当先进的宪法。

……一个受到广大的起义人民群众欢迎的政府,将有一切必要的权力来切实实施人民的意志和真正的正义。从那一刻起,3月10日以来一直违背和脱离宪法的司法权力机构将停止行使这一权力,并在它重新掌握共和国最高法律所赋予的权力之前,立即对它进行彻底的清洗。如果没有这些预先的措施,就恢复法制,把维护法制的责任交给那些无耻的违法乱纪的人手中,就等于是再一次的欺诈、拐骗和背叛。

第三项革命法律规定,在包括糖厂在内的一切大工、商、矿业企业中,工人和职员具有分取30%利润的权利。

当时我考虑,如果提出将所有的企业都国有化可能太过头了,所以当时我提出上述主张。这一看法是否正确,在政治思想方面,在革命学说历史上曾经发生过很多争论。尽管我对此有自己的保留看法,我还是偏向于国有化。但是,由于当时公众舆论尚未理解它,因此,我只是提出社会的参与,即分取30%利润的权利。

第五项革命法律规定,通过特别法庭来没收历届政府的一切贪污犯的全部财产,没收其继承人的一切来源不正的遗产或法院判予的财产……收回的财产一半用于充实工人的退休基金,另一半用于医院、养老和慈幼机构以及社会福利机关。

一旦战争结束,在这些法律基础上,接着就会颁布另外一系列的基本法律和措施,如土地改革、全面的教育改革,以及电力托拉斯和电话托拉斯的国有化,并把它们以过高的价格非法向人民多收的钱还给人民,把一切偷漏的税收交给国库。

所有这些和另外一些法令的动机,都是在严格地执行国家宪法规定的两个基本条款,其中之一规定禁止拥有大庄园,并为此目的规定了每个人或每个单位经营每一种农产品可以拥有的土地最高限额。这正是后来革命胜利后所做的。

另一个条款明确规定,国家必须采取一切可能的办法,向一切没有工作的人提供工作,并保证每个体力和脑力劳动者能够过上温饱的生活。这两条中的任何一条都不能被指责为不合宪法。紧跟着,将出现的第一个由人民选举的政府必须尊重这些条款,这不仅因为它对民族负有道义的责任。

纲领分析说:土地问题、工业化问题、住房问题、教育问题和人民的健康问题,这五个具体问题是经常性的问题。这也是今天我们所遇到的问题,区别在于,这些问题在当时是必须要着手解决的问题,当时我们必须集中力量解决这五个问题以及恢复公众自由和政治民主。

我也提出,要在体育、文化和科学研究方面开展工作的建议。我揭露说:如果不了解古巴除了最可耻的政治压迫外在这五方面所面临的触目惊心的悲剧的话,也许这样的叙述显得太冷淡和理论化了。

我指出:

古巴85%的小农要交地租,经常遭受着被夺田的威胁。一半以上的最好的耕地在外国人手中。在东方省这个最宽阔的省份内,联合果品公司和西印度公司的土地将南北两海岸连成一片。有20万农户没有一寸土地可为他们饥肠辘辘的儿女们种些粮食作物,相反地,在富豪们手里却有近30万卡瓦耶里亚的肥沃土地闲置不用。如果说古巴是一个以农业著称的国家,它的大部分人口是农民,城市依赖于乡村,是农村人民争取到了国家的独立……那么，这样的状况如何能继续下去呢？

除了一些食品、木材和纺织工业，古巴仍是一个原材料产地。出口食糖而进口糖果，出口皮革而进口皮鞋，出口钢铁而进口犁耙……大家都一致认为国家工业化是迫切需要的。认为必须建立冶金工业、造纸工业、化学工业；应该改良牲畜的饲养、农作物的耕种，以及改进我们的食品工业以及美国罐头工业所进行的破产性竞争；认为我们需要商船；认为旅游可能是一个很大的财源。但是，资本家却要求工人在绞架下走过，国家袖手不管，于是工业化也就束之高阁。

我也质疑这些疑问的荒谬的逻辑：

在那些农民不是土地主人的乡村，干吗要农业学校呢？没有工业的城市干吗要技校或工业学校呢？

我强调许多人的命运不公正的性质：

人们只有死去才能摆脱这种贫困；而在死亡这点上，国家确实在帮忙。90%的农村儿童都在被那些……寄生虫所折磨。一个绑架或杀害婴儿的消息会使社会震惊，但是由于缺少生活资料，每年有成千上万在痛苦中呻吟挣扎的孩子被屠杀的时候，社会却罪恶地置若罔闻……当一个家长一年只能工作四个月时，他拿什么去给他的孩子们买衣服和药物呢？

在这样的情况下，从5月到12月有100万人失业，一个550万人口的古巴，失业者比有4000万人口的法国或意大利还多，这难道还不能理解吗?

卡秋斯卡·布兰科：司令，毫无疑问，您的纲领是符合马克思列宁主义的思想的，尽管当时您没有加入共产党。但是，当时或后来你们有没有得到共产党的支持呢？

菲德尔·卡斯特罗·鲁斯：《共产党宣言》指出，共产党应该同社会最进步的力量一起斗争，尽管它们不是共产党。《宣言》建议建立联盟。而毫无疑问，我们是最进步的力量之一，尽管当时我们并不是以马克思主义运动的面目出现。

而做到这一点自然需要时间。在 1958 年 4 月时，我们在马埃斯特腊山区的力量还不到 300 人。而在 4 月罢工前，我们的战士人数很少。共产党与我们一起工作，一起合作，是我们的盟友。当然，无论在平原还是在城市，共产党与"七·二六运动"的领导、行动和破坏小组进行争论，因为他们对我们很不信任，这也不是没有理由，因为我们的力量本身也不统一。在我们中间有些人对共产党有成见和不满，如卡洛斯·弗朗基，他原来是人民社会党党员，后来退出该党，被我们在平原地区不知是谁吸收到我们的队伍中来，他对人民社会党充满仇恨，我后来观察到这一点。类似这样的事情使该党对我们不太信任。但是，说真的，该党对我领导的马埃斯特腊山第一战线还是相当信任的，在山上，他们对我们的人是信任的，我同他们党领导派来的干部进行了不少交谈。从 40 年代末起，我们就是朋友。

在"格拉玛号"远征前，我们也有接触。我们的看法不尽相同：我们认为，我们应该采取行动，而他们认为主观条件还不成熟，主张我们还要再等待。该党领导的这些意见是由与我保持友好关系的弗拉维奥·布拉沃¹向我转告的。这样,就在我们准备重新开始行动的时候,我们之间出现了意见分歧。但是,他们很诚恳地对我们说:"我们相信你们。"我们之间有过较多接触,当我们还只有几百人、力量还不够强大的时候。在4月罢工前,我们继续有接触。

1956年我们在墨西哥时,条件非常困难。当时我们在墨西哥共有将近100名战士,尽管我们行动十分小心,但是,巴蒂斯塔还是通过特工了解到我们不得不开展的某些活动,并且告发了我们。

有一天,出于偶然,墨西哥联邦调查局几名特工发现了负责我安全的几名战友活动的迹象,他们觉得这些人的行踪可疑,于是决定抓捕我们。他们的动作很敏捷。这时天色已晚,有一位战友跟随着我。我们两人都带着武器。另外一名带着武器的战友在我们后面几米远的地方,保护我们,他被训练有素的墨西哥联邦调查局特工就地抓捕。当时我们两人在一栋正在建设的房子的柱子后面,防备有人强占我们刚刚发出嘈杂声停靠在房子前面的汽车。这时,在我们后面的联邦特工用手枪顶住我们的后脑勺。我们采取这些措施是因为我们观察到在我们驾驶的汽车周围有好几辆车正盯着我们,我想这也许是巴蒂斯塔买通墨西哥警察企图杀害我们,但实际上,联邦特工主要是要对付与美国交界地区的走私活动。当时,贩卖毒品还很少见。墨西哥秘密警察与巴蒂斯塔结盟,联邦特工没有。但是,我们的被捕引发了多名古巴革命者的被捕,对武器的搜查与缴获使我们的任务更加困难。幸运的是,领导联邦调查局的是一位军事学院出身的军官,该局的特工都

---

1 弗拉维奥·布拉沃(Flavio Bravo,1921~1988),古巴革命领导人之一。曾任古巴社会主义青年团领导人、古巴人民社会党中央委员,1956年11月10日,受人民社会党委托,与卡斯特罗在墨西哥会见,转达该党对武装斗争的不同意见。古巴革命胜利后,曾任古巴共产党中央委员、国务委员、部长会议副主席、全国人民政权代表大会主席(1982~1988)等职务。——译注

是专业化的军人。拉萨罗·卡德纳斯¹刚刚上台执政,墨西哥革命的精神还在发扬。很快,他们明白,他们抓到的人是有深刻信念的革命者。他们对我们很尊敬,并且还多次与我们交谈。

我们的处境很困难,但是,在拉萨罗·卡德纳斯将军这位杰出的墨西哥人的帮助下,我们出了狱。尽管我们的条件越来越困难,但是,我们还是继续我们的工作。我坚持认为,在古巴这样处在持续贫困与持续依附的国家,进行一场革命的主观条件完全是可以发展的,不能再等待下去。

在50年后的今天,我更加相信,不能一直等待下去,我认为,当初我们不怕危险,决定起航的决定是绝对正确的。

两年后,1958年年中,在巴蒂斯塔向我们发动最后一次进攻时,共产党领导人卡洛斯·拉斐尔·罗德里格斯登上马埃斯特腊山。他上山时,进攻已经开始了。他正好可以看我们能否抵挡得住巴蒂斯塔派出的大批军队的进攻。他上山时不是我们胜利的时刻,而是我们的运动在4月罢工之后挫折的时刻。

在罢工发生之前,正在马埃斯特腊山上的人民社会党两位领导人奥斯瓦尔多·桑切斯和恩里克·奥利维拉不同意举行罢工,甚至警告我说,"七·二六运动"的负责人以不适当的方式在组织罢工。他们认为,我根据得到的情报所起草的宣言过于激进。我接受了他们的建议,我起草了另一份内容更广的宣言,由起义军一位女信使送下山。

---

1 拉萨罗·卡德纳斯(Lázaro Cárdenas,1895~1970),墨西哥总统(1934~1940)。1910年参加墨西哥革命。历任少校、中校。1924年晋升准将,任米却肯州驻军司令。1928年升少将。1931年任内政部长。1933年任陆军和海军部长,后任第十九军区司令。1934年任总统,在任期间实现了墨西哥石油国有化,实行土地改革。总统任期届满后,1940年任太平洋特别防卫区司令。1942~1945年任国防部长。1955年当选为世界和平理事会副主席。对中国友好,1959年1月访华。——译注

在这份宣言中，我吸收了他们向我提出的某些观点。那天，他们也评论说："应该更好地组织罢工，罢工还没有准备好。"

卡秋斯卡·布兰科：根据政权来自人民，只可能来自人民的观点，您认为这是特别重要的，是吗？

菲德尔·卡斯特罗·鲁斯：是的，请注意，我说："当我们说人民时，我们想到的是工人、农民、学生……"我以自己的风格和大众与人民易懂的方式，在《历史将宣判我无罪》中，对大庄园主、富人和整个殖民政策进行了抨击和批判，可以清楚地看到这是一场人民的革命。

但是，我的纲领并没有引起不安，我认为，这是因为人们印象最深的是事实，是抱着正义的目的对罪行的揭露，如果有人在社会方面有所保留或对我的这种提法感到恐惧——因为里面包括进行一场社会主义革命的先决条件，尽管我没有使用社会主义这样的词汇——如果有人对我使用的语言感到害怕，很可能是因为他没有好好看，认为这是哪个年轻人参考了过去设想的、从来没有在古巴实现过的纲领后所出的主意。这是可能的。我多次自问：为什么，甚至资产阶级分子看到我的纲领后，也表示同情。很可能他们认为这些思想是实现不了的，是年轻人的梦想，是心血来潮的梦想家的狂热。

纲领清楚地表达了我们斗争的马蒂思想与马克思主义的思想，当然，应当慢慢地去解读，才能看出纲领虽然没有使用马克思主义的词汇，但却包含着社会主义的思想和马克思主义的思想，因为它将社会分成了阶级，并且指出：

人民就是所有这些阶层，他们总是被各种诺言所欺骗，因为这些

> 诺言从来没有兑现过……对这样的人民，我们不会对他们说我们要承诺给他们什么，而是对他们说，你们要全力进行斗争捍卫生存的权利……

这就是我们的蒙卡达思想，纲领的实现还得依靠人民作为主人的参与。

当然，当我决定为自己辩护时，我紧张地工作，准备我的自我辩护词。我拥有自己主要的思想、战略、观点、揭露，我认为最重要的是要分析事件、制定纲领，找到行动的法律、道义、政治、哲学依据，最后，我不仅没有向辩护律师要求赦免，我要求判决我。

卡秋斯卡·布兰科：您的妹妹爱玛对我说过，为什么没有留下您以信件的方式记述您《历史将宣判我无罪》的原件。1956年她去墨西哥之前不久，她把您的一些原件藏在她上学的教会学校的一本音乐书里，后来被一个职工发现了，把这些原件带回到自己家中。一天，警察搜查她附近的人家，她吓坏了，便把这些原件烧毁了。就这样，这些珍贵的文献被付之一炬了。

司令，您能不能谈谈您是如何努力完成这项任务的？您花费了许多时间来完成这项任务的吗？您是如何设法把这些记录带出监狱的？

菲德尔·卡斯特罗·鲁斯：我的辩护词有失去的危险，因为我没能录音也没有书面记录，因此，只能重新追忆。由于我被关押在牢房，只好一点点用柠檬汁写在信纸上，以逃避检查。

我很重视追忆、出版和发行这一辩护词的工作，以及所有揭露敌人罪行的工作。

我不得不用柠檬汁写在信纸上，您知道柠檬汁干后，可用熨斗熨信纸,把所写的字给显示出来,很难相信会一字不差。我把追忆的片段写在信纸上。同时,我也写信给爱玛说:"亲爱的爱玛,我很好,我在学习……"或写另外的内容,写四五行字,或起草一封电报,让她帮我去发,与此同时,我再在信纸上用柠檬汁写追忆的片段。我必须利用光线和合适的时间来写。

这项任务很困难,因为时间一长,前面写的内容就记不清楚了。如何继续写下去,因为我手里只剩下刚刚写好的几行字。我只好先用铅笔画横线,然后用柠檬汁一行接一行写下去,两面都写。中间用笔给爱玛或莉迪娅写一封短信。信上只是写道:"这是一封短信。"

我很关注,会不会有一天被发现。然而,难以相信的是,竟然没有被发现,甚至也不知道我曾经写过信!收到我用柠檬汁写追忆的人莉迪娅、米尔塔、艾德、梅尔瓦保密做得很好,在两年期间她们陆续收到我的信件,从来没有透露过,尽管我被隔离,我的信件还是不断地送出去。当我的同志们收到我的信件后,或放在炉子上,或用熨斗将信上用柠檬汁写的片段熨显出来。

那时候,我的父母亲已经年迈,尤其是我的父亲。他们已经不再去哈瓦那旅行。对他们来说,去一趟松树岛[1]等于去一次西班牙。他们已经不再离开比兰老家。我们子女们也劝他们不要再出门。此外,我们这么劝他们,还有一个实际的用意,监狱规定,父母亲每个月可探一次监,我同外界的接触机会很少,我可以利用我父母探监机会,让别人来。对我来说,每次探监,都是与外界接触的机会。

很难想象我是如何在两年内一直与外界保持联系,而从未被巴蒂斯塔发现!

---

[1] 松树岛在1976年以前属于哈瓦那省,1976年成为特区,改名为青年岛。——译注

我也用洋葱造的很薄的纸,用墨水书写很小的字,在一页纸上写得密密麻麻的,然后把它折叠成小长方形,放在双层的火柴盒里的里层。当时的火柴盒要比现在的稍大一些。

对一个整天关押在牢房里进行如此精细的工作的人来说,从事这样的任务必须得格外小心和耐心。要知道我是在洋葱造的很薄的纸上,书写这么小的字!

尽管我被关押在牢房,但是,还是有机会到院子里放风,我就趁机把装有我写字的火柴盒放在网球里,外面用橡皮膏粘好,从一个院子扔到另一个院子。有时候球扔到屋顶上,人们就喊道:"球扔到屋顶上了!"

佩德罗和其他战友被关押在另外一边,由于探监时,探监的亲人与他们没有墙相隔,他们一边抽着探监的妻子或母亲带来的香烟,一边把火柴盒交给她们。有时候,我把几个火柴盒同时交给他们,再由他们转交给莉迪娅,莉迪娅是我写的信的主要接收人之一。我写的信有一部分是用柠檬汁写的,还有一部分是用墨水写在用洋葱造的很薄的纸上的。

我用柠檬汁写的、通过这一办法传递出去的并不单单是《历史将宣判我无罪》,还有我用柠檬汁写的大量的其他信件。我每天都写,我的邮局运转得很好,我写的信都顺利到达目的地,从来不需要我再重写一次。一切都组织得很好,没有发生过一次差错,没有遗失过一封信。但是,我付出的努力是巨大的,我得一行接一行地写,一个字接一个字地写,我不能忘记一个字,一句话。这项工作的确很费力,我不得不花时间去写信和做各种事情。

当《历史将宣判我无罪》的小册子印出来后,在各地发行,人们互相传递并争相阅读，这迫使巴蒂斯塔不得不释放我们。

我们知道巴蒂斯塔不得不释放我们，我们已经制订了一个出狱后将干什么的计划。我思考这一切，当时只有劳尔与我关在一起。我同其他人见面是在出狱之后。在狱中，我同他们在不同的院子里，但是，我们保持联系。劳尔与我在一起，尤其是在牢中最后几个月，我一直与劳尔在一起。

卡秋斯卡·布兰科：司令，您在写给您父亲的信中说，莫德罗监狱与波尼亚托监狱不一样。我想您这么说是想安慰他，但是，我想你们在那里，从许多方面来看，你们是命悬一线，是吧？

菲德尔·卡斯特罗·鲁斯：这确实是一个危险的监狱，因为它与政府和当局的冲突是不断的，我们也受到牵连。但是，我认为这是一个体面的监狱，其他革命者被关押的监狱不能与之相比。在那里，我们从来没有受到过拷打，其原因我前面已经叙述过，能尊重我们，我们高尚的品德对他们起了影响，但是，监狱里不平静。当然，我说的尊重是相对而言的。在一段时间里，狱吏们与我们的关系不错，但是，我们的行动不可能与他们保持良好关系，这是绝对不可能的。

在古巴，一般都认为监狱里的日子很艰难，但是，与一般普遍的情况相比，我不能说，我在监狱里将近两年的日子是一种巨大的牺牲。

后来，我们搞到了一部收音机，我们可以收听新闻。当然，有时候让我们听，有时候又把收音机给拿走了。

开始时，对我们比较尊重，甚至允许家属到牢房探视。他们想与我们保持良好的关系，但是，我们常常发火，不与他们和平共处。事实上，是我们使形势复杂化。我被关进监狱的那一天，同监狱长卡博特少校发生了第一次冲突。狱吏们正等着我,根据他们的看守制度,把犯人分成几个等级,有一个犯人的头目,负责犯人的一切事务。也就是说,他们利用犯人来维持监狱的纪律。我一到监狱,监狱长就找我,对我说:"让你当头。"我对此不感兴趣,对他说:"不,这么做有什么必要?"他回答说:"这里需要有人负责维持纪律,并代表犯人。"于是,我对他说:"那好吧。"两三天后,我对他说:"既然我是头目,我代表其他人。"——我感到自己似乎是工会领导人——我继续说:"首先,我要求晚上牢房里要熄灯,因为灯光散发出来的热影响我们,使我们彻夜难眠。其次,要让我们放风,现在我们没有。"司令表现出非常傲慢,对我说:"不行,灯必须亮着。你不明白什么是牢房,牢房里的灯必须亮着,不然会出问题……"他暗示是为了防止犯人中间会发生鸡奸。我反驳说:"难道说你想采取这些措施来对付我们犯人?"他对我说:"难道说,你们不知道什么是监狱吗?监狱里的日子是很艰苦的。"我对他说:"司令,你听我说,我注意到,在兵营里,晚上是熄灯的。难道说,士兵们会发生鸡奸吗?"他哑口无言了,只是重复说:"你们瞧吧,你们不明白什么是监狱。"

就这样,他们任命我为犯人的头目,这在某种程度上是好事。事实上,麻烦是从巴蒂斯塔要视察监狱开始的。

我们总是有点造反的精神。每个月的26日和27日,我们都会做两件事,一是纪念斗争,二是悼念牺牲的战友。两天中,一天不吃饭,另一天静默。在两三个月内我们采取集体行动,我与同一监狱的战友一起行动。

平安夜那天,卡博特少校自鸣得意地夸耀自己管理有方,监狱的伙食搞得不错。他善于谈判,他让犯人生产粮食,收成归他,由他卖给国家。他想办法使犯人吃好,他负责所有的农业生产,他利用犯人作为劳动力。他以有效的管理者和仁慈家出名,因为他向犯人提供好的伙食。监狱里总共有数千名刑事犯和少数革命者。伙食不坏,犯人们引以为傲。他是一个治理有方、有成效的军人,但是,也是一个贪得无厌的军人,他的利益在吃饭问题上与犯人的利益相吻合,因为犯人们吃得不错。

他还开设商店。不少犯人的家属给犯人寄钱,他开的商店,利润自然归他。因此,犯人收到家属寄来的钱之后,就会到他开的商店去买东西。当然,他的买卖为我们提供了方便。商店里货物应有尽有:雪茄、香烟、火柴、各种罐头食品,甚至有橄榄油、粮食等我们所需的物品。这是军人们的买卖。

快到年末了,他吹嘘说,平安夜将提供丰富的大餐。然而,我们宣布:"我们不吃大餐。"我们蔑视年末的大餐,第二天,我们也拒绝吃新年的大餐。这一切冒犯了他,使他感到很生气。

另一方面,巴蒂斯塔喜欢到松树岛——当时的名称——去视察。有时候,他乘坐游艇去,钓钓鱼,他在岛上有一栋别墅。一天,他到莫德罗监狱视察,参加监狱一家小型的、发电量只有100~150千瓦的发电厂的开工典礼,这家发电厂主要是在监狱断电时备用的。

巴蒂斯塔要到监狱来,成为监狱的一件大事,大家议论纷纷,监狱当局感到很兴奋,认为巴蒂斯塔的到来是监狱的荣幸,应该好好接待,准备打出"欢迎巴蒂斯塔视察监狱!""巴蒂斯塔,犯人们向您致敬!"等标语。这时候,我们对监狱当局说,我们不会出来欢迎巴蒂斯塔,我们将抗议巴蒂斯塔的到来。我们不会向他致敬,我们不同意。我们开始表达我们的不满,我们抗议监狱里的欢迎气氛。当然,现在我认为当时对这位少校监狱长来说,他组织人欢迎是自然而然的事，也是不得不做的事情。但是，当时我们总是与他作对，我们表示抗议，因为这是我们斗争的组成部分。

卡秋斯卡·布兰科：巴蒂斯塔视察监狱的情况如何？你们从一开始就对此表示抗议。

菲德尔·卡斯特罗·鲁斯：他到监狱的那天，不是我们放风的日子。我们被关在牢房里。有一位外号叫"小手枪"的警察一手拿手枪，另一手拿着警棍，他以凶暴、残忍著称，他被派到我们牢房门口监视，牢房的门上了锁。阿尔梅达在紧挨着我们牢房的一栋楼里观察巴蒂斯塔进入发电厂的情况。突然，他喊道："巴蒂斯塔已经到了，他已进厂！"于是，我们都坐了起来，等着。阿尔梅达又通告我们说："现在他正在出来！"当巴蒂斯塔出来时，我们开始齐声高唱《七·二六进行曲》："我们朝着一个理想进军……"

巴蒂斯塔善于演戏，他无论走到哪里，总是笑眯眯的。他匆匆忙忙走出发电厂，这时，他听到了"进军……"，感到很高兴，以为是在欢送他，于是，他对随行人员说："等一下，等一下！"他停下来笑眯眯地想听一听他以为是欢送他的赞歌："我们朝着一个理想进军，胜利必定属于我们……燃烧起熊熊的烈火，要烧死那可恶的政客，是他们制造了灾难；要烧死那罪恶的暴君，是他把古巴拖进痛苦深渊！"他一开始感到美滋滋的，边走边听，后来越听越不是味，越听越不高兴，特别是听到"可恶的政客"和"罪恶的暴君"时，据旁观者后来对我们说，他勃然大怒。

当我们在巴蒂斯塔经过的牢房里唱歌时，"小手枪"警察打开了我们牢房的门，进入牢房，在过道里用警棍"啪！啪！啪！"敲打地板，但是，我们继续高唱。当时，谁也不知道这位"小手枪"警察会不会掏出手枪杀人。但是，什么也没有发生。"小手枪"只会吹牛。他连手枪都没有掏出来，没有敢杀任何人。而我们却继续把《七·二六进行曲》唱完，"小手枪"警察没有敢动我们一根毫毛。

我们这第二次抗议使卡博特少校火冒三丈。事后第二天或第三天，他把我叫去，把我带到监狱当局，对我破口大骂，把我隔离起来。由于监狱的发电厂恰好就在我们牢房旁边，我们那天的抗议结果是，我被隔离起来，这是对我的宣战。

《七·二六进行曲》的作者卡尔塔亚和其他一些战友遭到了惩罚，被拉出去拷打，而我被隔离。对我们的看管更加严了。

我被关押在殡仪馆对面单独的牢房里，那里只有在死人送葬时才有动静，这是我长期被关押在那里的唯一的伴侣。由于我们被关押的地方是在监狱的医院区，与刑事犯不在同一个区域，在我被关押的区域有一个灵堂。此外，我还受骗上当。一位名叫佩里可的瘦高个子、大鼻子、坏脾气的中尉警察带了几个犯人和一把梯子进了我的牢房，把我的灯泡换了。我问他们："我的灯泡怎么啦？"他回答说："给你换一个灯泡。"

他们没有敢对我说要取走我的好灯泡，不让我有电灯。他们给我安了一个烧坏了的灯泡。他们没有敢对我说："听着，我们将不让你有电灯。"由于我不怕他们，而是蔑视他们的所作所为，因此，他们不敢威胁和吓唬我。我不断地向他们显示，我不怕他们。而他们害怕我们的抗议，因此，不敢对我说实话。当我去开开关时，灯不亮。当我告诉他们灯不亮后，他们不理睬我。因此，我好多天被隔离在没有灯光的牢房里，大约有两个月时间。

卡秋斯卡·布兰科：您在天黑后没有电灯光的情况下，自己制造了一盏光线暗淡的、颤动的油灯。我脑子里浮现出这样一个场景：一张狭窄的床张着一顶蚊帐，您在蚊帐里暗淡的油灯下低头看东西。

菲德尔·卡斯特罗·鲁斯：床很窄，牢房里没有电灯。但是，在牢房里最难受的是蚊子，一群蚊子在我头顶上飞来飞去，经久不息，像在地狱里一样。这些讨厌的蚊子迫使我在大白天也得张蚊帐。我睡觉还可以，在牢房里能这么睡觉已经算是不错了。我在睡觉时常常做梦，梦见我走在大街上。但是，当我醒来，发现我还在这个鬼地方。这是我最难熬的经历。

那些军人们不能理解我们。我们是有道理的，我们对道义的追求要比他们强，他们自叹不如。在道义上，他们比我们要弱得多。这是必然的，因为我们的斗争是有意义的，是正义的，从本质上说，是以马蒂的道义价值为指导的。

卡秋斯卡·布兰科：10多年前，我在西班牙 ABC 报上读到了几封据说是您写的美妙的情书。我当时想，西班牙这份报纸好比古巴的《海军报》，它发表这些信件的目的是为了诽谤您，但是，适得其反的是，这些情书恰恰反映了一个男人的魅力。没多久，您在古巴对记者们说："这些信件确实是我写的柏拉图式的情书……"我认为您这些情书是文学的瑰宝。

菲德尔·卡斯特罗·鲁斯：是的，我这些信件是写给纳蒂·雷韦尔塔[1]的。我记得有一次，在监狱里，有人故意把我写的信件错寄给不同的收信

---

[1] 纳蒂·雷韦尔塔（Natalia "Naty" Revueta，1925～2015），娜塔莉娅·雷韦尔塔，纳蒂为娜塔莉娅的爱称。卡斯特罗的情人，曾一度支持卡斯特罗领导的起义运动。2015年2月27日在哈瓦那去世。卡斯特罗与她生有一女，阿莉娜·费尔南德斯·雷韦尔塔（Alina Fernández Revuelta，1956～），阿莉娜1993年离开古巴，现居住在美国。——译注

人。这是他们对我所干的最卑鄙的、不诚实的事情。他们把我写给纳蒂的柏拉图式的情书寄给了米尔塔。

事实上,我的行为很自然和自发,我写信表达我的感情。但是,问题是当时我还关在监狱里,我写的信都得经过检查。因此,我写信时,得使用形象的语言。我得小心翼翼地写信和表达我的感情,不能让敌人知道我的真实感情,因此,我使用的语言都是转义的,有点诗歌的味道。我有写诗的天赋,但这也是环境所迫。但是,他们知道我有一个不合法的传递渠道,有某种婚外的感情,但是这种感情是健康的,可以认为是一种精神上不忠的表现,但是实际上,什么事情都没有发生,在当时,这种感情纯粹是柏拉图式的和无私的。从革命的观点来看,她给我提供了很多帮助,她把书寄到监狱,我不想把革命活动与个人感情这两者混淆在一起。可以说,我的行为是无可指责的。我不想把我的政治生活与我的个人生活混淆在一起。这种关系是在革命活动和"造反"过程中产生的。这种关系并没有任何扭曲、卑鄙之处,没有任何使我感到羞愧的地方,我重申,这是柏拉图式的感情。我给她写过几封信,使用的都是诗歌和文学的语言。

有一天,他们进行密谋,把我写的信,故意更改收信人。他们这么做,是要制造问题,他们很卑鄙,十分卑鄙。他们把我写给米尔塔的一封信寄给了纳蒂,把我写给纳蒂的一封信,寄给了米尔塔。他们的所作所为没有一点绅士风度。尽管我写的信或多或少是文学的、诗歌的、是富有感情色彩、浪漫主义的和柏拉图式的。

我的信中确实有对纳蒂协助的感激和感谢,也流露出我对她的爱慕之情,我的爱慕之情是纯洁的,是严守纪律和品行端正的。

我从来不是唐璜[1]，也没有充当过任何唐璜的角色。我同纳蒂的联系是与革命事业相关的，是健康的，没有任何不忠诚。当然，符合逻辑的是，我的妻子在看到我写给纳蒂的信后感到不高兴。他们之所以这么做，目的就是要制造冲突。他们究竟是如何干的？我从来没有因自己在这个世界上受到的侮辱进行过报复，我也没有进行过调查，我继续干我的革命，我没有调查是谁错寄了我的信件，为什么这么做。

说真的，我认为政府对我又做了一件卑鄙的事情，特别是米尔塔的家属表现很坏。如果他们真的想帮助她，他们是可以做到的。当时她的处境非常困难，几乎到了忍饥挨饿的地步。我不需要他们的帮助，绝对不需要，我也绝对不会接受他们的帮助，他们都很清楚。毫无疑问，他们是想利用我家经济困难的处境、小孩的问题和其他的问题：危险、饥饿、惊恐等，而我只有最基本的、很少的东西。于是，他们就开始阴谋破坏我家庭的和睦。

我不清楚是在攻打蒙卡达兵营之前还是之后，实际情况是，他们借口要帮助米尔塔，毫无疑问是故意想制造冲突。早在3月10日政变之后，即在攻打蒙卡达兵营之前，我同他们的关系就已经很糟糕了，由于米尔塔家属中有几位在巴蒂斯塔政府里占有重要位置，我在她家人的眼里成为问题。使我担心的是，米尔塔的一位哥哥拉斐尔当了内务部副部长，他将米尔塔安置在内务部的花名册上，领取一份有限的工资。但实际上，米尔塔并没有在内务部工作，这叫吃空饷。这一现象在古巴受到普遍抨击，他们明明知道我是绝对不

---

[1] 唐璜（Don Juan）源自西班牙传说中的人物，多次成为文学作品的题材。传统的唐璜形象是个玩弄女性、没有道德观念的花花公子。如英国著名诗人和作家拜伦的代表作之一诗体小说《唐璜》(1818～1823)。——译注

会接受这种做法的。

我不知道米尔塔是否领取过这份空饷,我也没有问起过或与她谈起过这件事,但是,实际情况是,内务部领取工资的花名册上有她的名字。

她的家属明明知道我是不会接受这种事情的,我绝对不会接受。这是对我的严重冒犯。他们是利用我家里遇到的巨大的经济和失去保障的困难。

卡秋斯卡·布兰科:我在准备与您访谈过程中找到了您1954年7月17日写给米尔塔的一封信,信是这样写的:

米尔塔:

我刚从CMQ电台晚上11点的新闻节目中得知,"内务部长已决定将米尔塔·迪亚斯-巴拉特解职……"我无论如何也不能相信你曾经是内务部的职员,你应该立即起诉,让罗萨·拉维洛或其他律师状告这位先生的诽谤罪。也许是他们伪造了你的签名,或者是某人假冒你的名义领取工资,这一切都会很容易弄清楚。如果这是你哥哥拉斐尔所为,你应该要求他无论如何要同艾尔米达部长公开澄清这个问题,尽管这么做会使他丢失官职,甚至失去生命。因为是你的名声受到伤害,他不能推卸责任,他应该知道,这件事对他唯一的早年丧母的、丈夫被关押在监狱的妹妹来说是多么严重……

我认为你的悲伤和痛苦是严重的,但是,你可以无条件地得到我的信任和爱慕。

菲德尔·卡斯特罗·鲁斯:这是我写给米尔塔的信。我知道她是她家的牺牲品，他哥哥的牺牲品，他们毫无顾忌地利用她。我希望这一切都弄个水落石出，因为她曾经同我们合作，我知道她正在做出巨大的牺牲，因此，在她做了这么多工作之后，我没有任何理由放弃她。

我从来没有认真地调查过究竟是怎么回事，他们都做了些什么，是在什么时候，我对调查此事没有予以重视。他们认为这么做是在帮助她，对此我一无所知。如果他们告诉我，她的父亲有一天给了她50比索或100比索，我不会拒绝，也不会认为这不好。我有可能不喜欢或不同意这么做，但是，我会觉得这是合乎逻辑的，当她父亲对她说："作为你的父亲，我给你一点帮助。"如果给她一点帮助，给孩子一点帮助，这是符合逻辑的。但是，我什么都不知道，甚至连想都没有想过类似的事情。

她的哥哥对我比较了解。我想他这么做——我不清楚是在什么时候，在什么时期，应该是在政变之后——是想制造冲突，因为，他这么做一点意义都没有，真是荒谬之极。是一次挑衅。

那么，究竟发生了什么事？当时，我不知道是否发生过公众抗议，米尔塔对犯人的处境的揭露和抗议声明是什么，内务部的部长埃尔米达是如何声明解除米尔塔职务的。在与犯人们的冲突中，这位部长通过这种卑鄙的手法、这种报复的手段来进行对付。他知道米尔塔在内务部花名册上榜上有名，于是便公开地把她除名，毫无疑问是想羞辱我，伤害我，攻击我或攻击她。我记得不是很清楚当时的背景，但是，记得她曾就对待犯人的态度发表过抗议声明。她一直声援我们，到监狱来探视我，一切都很正常。无疑地，她的哥哥和家庭想用这种方式来"帮助"她，她应该拒绝这种帮助，然后，使她处在一种十分尴尬的、道义上不利的局面。

我不知道他们对她都说了些什么，她又知道些什么，我也没有去调查或打听过这个问题。

这时候已经发生了错寄信件的阴谋，米尔塔的家属几乎把她控制住了。当发表声明时，她已知道对我来说是一件严重的事情。她的家庭已经找到她头上了。她可能想，无论以什么为借口，以什么理由，我都不会接受已发生的事情。对她来说，确实是一个非常困难的时刻。

我对此反应非常激烈，非常艰难。尽管我反对政府，全力投入斗争，我仇视和反对独裁政权，我并没有认为这是一个不可解决的问题，本可以更加冷静地、心平气和地、考虑到当时的处境来加以解决。本来不必非离婚不可。当然，当时的问题是严重的，因为她出现在内务部的花名册上，但是，我们没有机会就此问题进行讨论。而她的家属，消息一公布，便把她实际上控制住。他们利用一切理由：信件、困难等，展现出一幅非常负面的、困难的局面，他们决定让米尔塔带着孩子离开古巴到国外去，而米尔塔本人接受了这一决定。当时我还关在监狱，她带着孩子去国外。在我看来，她已经落在她家人的手中。我与她之间没有交谈，也没有互相说明，什么都没有。这就是事情的真相。

消息一出，没过几天，他们请了一名律师，利用家属和政府的权力达到了想要的结果。他们想让我们离婚，他们达到了目的。此外，为了伤害我，发动了攻势，他们不仅使她出走，而且还带走了孩子，让母子俩去了美国。这一行动十分卑鄙，是由政府和她家属一起策划的。他们实现了阴谋，说真的，他们没有什么理由，他们不得不以信件为借口，仅此而已。

在这个阶段，政治上的污蔑对我的伤害比对我私生活的污蔑的伤害还要大，因为在我看来，这一切都是政府和巴蒂斯塔分子搞的阴谋，我对他们及其使用的手段十分厌恶。他们干过更坏的事情，因为他们杀害了我的数十名战友，先拷打他们，然后又残酷地杀害他们。他们干了很多更坏的事情，他们在我国建立了独裁政权。

这些伤害比我私生活的伤害更大，对我的作用更大，因为我反对这个政府，我为之斗争，为之付出我的全部力量，甚至我的生命也在所不惜。我仇恨巴蒂斯塔和巴蒂斯塔分子。当然，我对我私生活发生的事也感到伤心，这是自然的。

我的愤怒主要是源自政治原因，因为他们的行为是卑鄙的、不光彩的、粗暴的。我反对政府还有其他充足的理由，我对独裁政权的印象极坏。因此，所有这些政治方面的伤害大大减轻了对我私生活方面的伤害。

卡秋斯卡·布兰科：司令，您在一封信里所表达的感情给我留下了深刻印象：

我之所以活着是因为我得完成我的义务。这一年，我经历了许多恐怖的时刻，我曾想过，我要是死了，会多么轻松愉快。我把"七·二六"置于我个人之上，一旦我知道我对为之受苦受难的事业已经无用时，我会毫不犹豫地死去，尤其是在现在，因为我已经没有什么理想需要牵挂了。我以无数的牺牲和崇高的愿望所做的微不足道的事情，不会毁坏我的名声……

工作使我远离他们想让我怀有的刻骨仇恨。我不知道是否有人像我这样在过去的日子里，经受过如此恐怖的、决定性的考验，这些考验足以使一个人失去心里最后一点善良和纯洁，但是，我已经对自己发过誓，我将一直坚持到死……

菲德尔·卡斯特罗·鲁斯： 我可能写过这样的信件，揭露当时他们的所作所为，对我个人来说，是痛苦的，但是，我曾经应对过更艰难的、更痛苦的问题，我决不会将革命的政治事务服从于我个人的处境。

说实话，我全身心地投入到我的政治和革命任务，对我个人的恶意行为，我感到愤怒。

也许对我遇到的问题有些夸大，50多年过去了，今天我看事情更加心平气和了。当时，我可能夸大了政府和米尔塔家庭对我的伤害，认为是多么残酷。但是，我认为，尽管这样，我很快就振作精神，这是可以解释的，因为我继续斗争，我认为这是我精神百倍的原因所在。

其实，所有事情都可以得到解决，本来可以不离婚，离婚不是不可避免的，我本来可以理解她在何种程度上是被操纵和阴谋的牺牲品。

后来，在迈阿密，我又见到了米尔塔，当时我刚流放到墨西哥不久。我们谈了谈，仅此而已。我一直想发生过的事情，认为她是牺牲品，事实上也是如此。当我冷静下来看事情便更加清楚，她是在忍饥挨饿、孩子还小的非常困难的情况下，成为牺牲品的。你知道对一个母亲来说，孩子的问题，孩子的安全问题影响有多大，所以会有忧虑和痛苦。

她的家属利用了她，利用当时的特殊情况和她的贫穷和急需物资的处境。他们本可以干干净净地帮助她，谁也不会指责他们，更何况她需要的东西并不多。

如果当时他们向我咨询的话，我自然会说不需要，我会表示反对。但是，从家庭的角度，就会有更好的理解。如果他们以干干净净的方式每个月资助她50比索或100比索，那么，就不能质疑她的父亲愿意帮助自己的女儿；也不能质疑她的哥哥愿意帮助自己的妹妹。

卡秋斯卡·布兰科：这一历史使我想起马蒂和梅利亚更加困难和痛苦的一生。我知道那位声称米尔塔曾领取内务部工资的部长埃尔米达曾到过监狱，是真的吗？

菲德尔·卡斯特罗·鲁斯：是的，有一天，他到访了监狱。事先没有人通知我。突然，我的牢房门给打开了，他走了进来。我记得，当时劳尔好像与我在一起。我记不清楚，当时他是与我关押在一起，还是我一个人单独被关押。有一个时期，我被单独关押，我被完全隔离，不让我放风；后来，我的处境略有改善，我可以出去放风，可以与别的牢房的犯人交流；再后来，他们将劳尔同我关押在一起。我记不清楚，当天，劳尔是否与我在一起。当牢房的铁门被打开，内务部长进来，向我问好，我便指责他的所作所为，指责他那时候的声称。他企图进行解释，他对我说："我也曾是革命者。""我也曾被捕，因为我曾安放过反对马查多的炸弹。"

    这位部长似乎要向我表示敬意，他对我说："我也曾被关押过，我对你们表示理解，因为我曾经是革命者。我被捕，因为我安放过炸弹，你看，我现在在此。"他几乎想对我说，他理解我们所做的事情，因为他也曾经干过，他认为我们有一天会离开这里。说真的，他几乎是向我表示敬意，他对我说——我再重复一遍——他也曾被关押过，他理解我们。这就是他所说的全部的话，他没有对我说别的什么，也没有建议我做什么或交谈什么。他想见我，好像他对我感到好奇，于是便进了我的牢房。他是内务部长，负责所有的监狱，而我只是一个囚犯。

    此外，我三言两语批评监狱的专横跋扈，他做了一番解释，想获得我的好感。但是，我明白这是所有狱吏们的道德问题。这是面对我们，他们在道义上感到低人一等的表现。

9

学习是斗争．疑问．睡觉前的一个习惯．"人不可貌相，但我是穷人"．大赦．感激．到大岛的旅行．热烈的欢迎．重新确定战略和现实．对古巴的宣誓卡秋斯卡·布兰科：司令，您在监狱里写道："……想知道更多，想做更多的事情，想得到更多的东西的渴望会使一个人不断地创新，在这个监狱里我的生活就是思考和学习。我需要将我的精力和我的渴望投向某个方面。学习就是斗争。"我想您从不安分的、放荡不羁的和日常生活不拘小节，如抽烟时将烟灰随便乱扔的性格，走上了集中精力阅读的正道，认识到学习是斗争的一种方式使您狱中生活有了意义。证明您的疑问的是您写的如下的话："我读完《空间与时间的美学》后，便睡着了……康德1使我想起爱因斯坦2、想起爱因斯坦的时空相对论和他的著名的质能方程 $E=mc2$，相信两个可能对立的物体是相关的，相信已经找到明确的观点来拯救受实验科学斥责的崩溃哲学和他发明的巨大成果。康德有没有像笛卡尔3那样想到过，他的哲学不能经受事实的考验，因为违背了经哥白尼4和伽利略5证实了的规律？但是，康德没有企图解释事物的本质，而是说明事物本质的知识，是否可能掌握知识，哪些知识是正确的，哪些知识是错误的；一种知识哲学，而不是知识目标的哲学。据此，在康德与爱因斯坦之间不应有什么矛

---

1 伊曼努尔·康德（德语：Immanuel Kant，1724～1804），德国思想家、哲学家、天文学家、星云说的创始者之一，德国古典哲学的创始人。其学说深刻地影响了此后的哲学，开启了德国唯心主义和康德主义的诸多流派，被认为是对现代欧洲最具影响力的思想家之一。——译注

2 阿尔伯特·爱因斯坦（Albert Einstein，1879～1955），世界十大杰出物理学家之一，现代物理学的开创者、集大成者和奠基人。出生在德国，拥有美国、瑞士双重国籍。作为20世纪犹太裔理论物理学家，爱因斯坦创立了相对论——现代物理学的两大支柱之一，以质能方程 $E=mc2$ 而著称于世，并因为"对理论物理的贡献，特别是发现了光电效应"的规律而获得1921年诺贝尔物理学奖。——译注

3 勒内·笛卡尔（Rene Descartes，1596～1650），著名的法国哲学家、科学家和数学家，对现代数学的发展做出了重要的贡献，因将几何坐标体系公式化而被认为是解析几何之父。他还是西方现代哲学思想的奠基人，是近代唯物论的开拓者，提出了"普遍怀疑"的主张。他的哲学思想深深影响了之后的几代欧洲人，开拓了所谓"欧陆理性主义"哲学。——译注

4 尼古拉·哥白尼（Nicolaus Copernicus，1473～1543），文艺复兴时期波兰数学家、天文学家和经济学家。曾任执政官、外交官。40岁时提出了日心说，著有《天球运行论》。其"日心说"沉重地打击了教会的宇宙观，是唯物主义同唯心主义斗争的伟大胜利。——译注

5 伽利略·伽利莱（Galileo Galilei，1564～1642），意大利物理学家、数学家、天文学家及哲学家，科学革命中的重要人物。其成就包括改进望远镜和其所带来的天文观测，以及支持哥白尼的日心说。

盾。但是，爱因斯坦关于时空的概念是他构成其哲学体系的基本观点。他们之间究竟有没有矛盾？当然，要弄清楚并不难，但是，当我提出这个问题时，还有其他许多问题继续困扰着我，我在想，知识是无穷无尽的，在这无边的广阔的知识原野上，几百年来，我们人类用自己的智慧和努力耕耘着。我们掌握的知识是相对有限的，这使我们感到悲伤……在这种情况下，我不停地想，应该把时间投到好好学习这些事情上去，这样才能解决当前许多问题……"

我想您最后的话是对的，应该潜心读书，就像到大洋里去探求奥秘一样。您曾提到过您为了准备自我辩护词所参考过的一些政治书籍，但是，据我所知，您还读过许多其他书籍，使您增长知识，面向未来，驱走孤独，逍遥自在。前些时候，我在历史事务办公室的桃花心木玻璃柜里看到了您当时阅读过的部分书籍。司令，我承认，我看后心里感到非常激动。我在那里读了好几天。其中有《麦哲伦》、斯蒂芬·茨威格[1]写的《巴尔扎克传》。找到您读过的书是美妙的事情，我一边阅读，一边设想您当时读书的情景。我先是读书，然后，我用手去触摸这些书，我仔细地检查，发现在书的扉页上有您的签名，我阅读您在书上写的批语和您用笔画出的句子。我在那里找到了传教士塞贡多·略伦特牧师从阿拉斯加写的信札，他是您贝伦中学老师的兄弟，这些信札使您着迷，因为您上学时，曾听这位老师给你们朗读过这些信。我一直想与您谈谈您在监狱里读过的书，因为我认为这些书对您的一生很重要。

菲德尔·卡斯特罗·鲁斯：对我来说，看书是我在监狱里最重要的盟友。

---

[1] 斯蒂芬·茨威格（Stefan Zweig，1881～1942），奥地利著名作家、小说家、传记作家。

在书上画一下重点和写几句批语一直是我的习惯。这样可以突出其主要思想，尤其是当您对书中所叙述的或表达的事情特别感兴趣时。我是喜欢有条不紊地、系统地读书的。我一边阅读，一边画重点，有时候，我画的是整个一段的话，因为我对这段话的思想感兴趣。

如果我看的书的内容是我熟悉的，我看得很快，这取决于是什么类的书。有时候，我读科普作品时，我常常会画一些重点。

有时候，我先通读一遍，当我有时间时，再细读一遍，因为读第二遍时，我对书的内容能更好地领会，我还记笔记。我先了解书的主要内容，书的价值，如果内容比较复杂，例如一些科技作品，我会再次阅读，并写内容提要。

如果想从某本书里吸取精华，应该重读这本书。当然，不是总会有时间去重读的。

我每天睡觉前都得阅读一两个小时，读书时间的长短取决于当天疲劳的程度如何。

卡秋斯卡·布兰科：不久前，您对我说，您读完了巴拉克·奥巴马写的传记《我父亲的梦想》，最近，您又对我说，您近来睡觉前读的、您感兴趣的书是弗莱·贝托的《艺术家的作品：宇宙完整的视界》。

菲德尔·卡斯特罗·鲁斯：我总是有几本备读的书，现在备读的书更多了，我认识到在狱中我花数小时读书的重要性。开始时，我主要读的是与我自我辩护有关的书的要点和材料，因为这是我阅读的主要目的。当我被带到莫德罗监狱同其他战友在一起时，我们力图进行系统的学习，因此，我们成立了阿韦尔·圣玛丽亚学院，面向所有被关押的战友。我们系统地学习了各种学科，包括哲学。我教哲学，蒙塔内教英文，佩德罗·米雷特教另外的科目。我们的宗旨是提高所有战友的水平。不久后，我们阅读历史、政治著作，包括哲学著作；此外，也读一些人物传记和世界文学名著。阅读文学作品在某种程度上也是一种消遣。

我收到了罗曼·罗兰[1]杰出的、优秀的10卷本的巨著《约翰·克利斯朵夫》。

我记得在这一时期，我还重读了维克多·雨果的《悲惨世界》及其他作品，也重读了《堂吉诃德》。

卡秋斯卡·布兰科：我记得有一次，您认为维克多·雨果在《悲惨世界》中对滑铁卢战役的描写很精彩。您接着问我喜欢《悲惨世界》的哪一部分。我回答说，我为主人公冉·阿让被珂赛特遗忘的悲惨结局感到伤悲。于是，您令人钦佩地觉察到我们关注点的不同，打动您的是作品中有关历史大战役的回顾，而我关注的是主人公人性的悲剧。

我知道您对书着迷，这里我引用您从狱中写给您姐姐莉迪娅的最后一封信，日期是1955年5月2日，信中谈到了您一生的"十诫"原则：

如果我忘记可以放弃一切也不会感到不幸福，而习惯于需要越来越多的东西生活的话，我就会失去价值。我已经学会如何生活，这使我无所畏惧，热衷于捍卫明确的、愿意为之献身的一种理想。我可以

---

[1] 罗曼·罗兰（Romain Rolland，1866~1944），法国现代著名文学家、传记作家、音乐评论家、社会活动家。1915年获诺贝尔文学奖。

用自己的榜样来进行说教，因为它更有说服力。我越是不受物质生活的束缚，越独立，就越有用。

为何要做出牺牲去购买瓜雅贝拉衬衫、裤子和其他东西呢？我从监狱里出来可以穿着我的灰色西服，尽管已经穿旧，尽管是在盛夏。难道我没有另外一件西服？因为我并没有要，而且我也不需要。你不要以为我是一个怪僻的人，或我变成一个怪僻的人，人不可貌相，但我是穷人，我一无所有，我从没有偷过一分钱，从没有向任何人乞讨过，我的一生都贡献给了我的事业。为什么非穿瓜雅贝拉衬衫不可呢？我又不是富翁，又不是官员，更不是贪污犯。我现在没有任何收入，我要什么，得靠别人施舍，我不能，不接受，也不应该成为任何人的负担。自从我被关押到这里，我一直坚持说，我不需要任何东西，我只需要书籍，我把书籍看成我的精神财富……我希望我的书籍安放得整整齐齐、排列有序，使我感到舒服、欣慰、高兴，它比其他所有东西都能使我感到幸福，它不会使我悲伤、痛苦和难过。我不能有丝毫的软弱，如果我今天有任何微小的软弱的话，那么明天就不可能指望我干什么。

司令，时至今日，您的斗争态度是完美无缺的，是严于律己的。很明显，您对物质不感兴趣，只有书籍能使您感到欣慰。是谁给您寄的书？您的小小的，但是宝贵的图书馆是如何建立起来的？

菲德尔·卡斯特罗·鲁斯： 一部分书是我向我的家人和各种人士要的。其余的书是给我寄来的，但不是我要的。

与我们一起为革命而工作的女战友，即前面我提到的我给她写信的那位战友，她给我挑选并寄来了我在狱中所读的许多书。

她有一定的经济能力，在攻打蒙卡达兵营时也曾帮助过我们。她是正统党党员，是对我帮助最多的人之一。在我关押期间，她给我寄来很好的书。我的家人，特别是莉迪娅，还有我的朋友和战友也给我寄来书，是我向他们要的，通过各种途径，书寄到了我手里。

我们遇到的主要问题是如何使这些书进入监狱。卡尔·马克思的《资本论》，进入监狱没有问题，因为书名有"资本"两个字，所以，我们没有遇到任何障碍就收到此书。但是，有一天，有人给我寄来了一本我读过的，我认为对我来说，政治和社会方面价值不大，但从文学角度来说，有一定可读性的书，作者是库西奥·马拉帕特，书名是《政变的技术》。这是一部小说，描写的是1917年十月革命的技术，是杜撰想象的，仅此而已。作者认为，夺取政权只是一个技术问题，而不是政治问题。但是，由于这本书的书名是《政变的技术》，所以被扣下了。

另外一本被扣下的书是列夫·托洛茨基的《斯大林传》，因为被认为是具有颠覆性内容的禁书。

卡秋斯卡·布兰科：是的，后来您竟成为审查官马里亚诺·里瓦斯的朋友。据我所知，您影响了他，使他对你们有利。是这样吗，司令？

菲德尔·卡斯特罗·鲁斯：我与审查官里瓦斯先生建立了友好的关系，我成功地影响了他。由于监狱里的军人们对文学、经济和哲学所知甚少，所以任命一位受过良好教育的官员当审查官。我对他说，把《政变的技术》这本我读过的，没有什么价值的书视为禁书是可笑的，因为这是一本小说。我还对他说，《斯大林传》的作者是斯大林最不可调和的、凶猛的敌人，这本书是反对斯大林的，因此，仅仅因为书名,就把这本书列为禁书是没有道理的。我就是使用这些理由来嘲笑他们扣下寄给我的书,并要求把扣下的书还给我,以捍卫我接受他人寄来的书的权利。

总的来说,我接收了数百本书没有遇到什么困难。我收到的书中,有巴尔扎克的小说,有陀思妥耶夫斯基全集——我不乐意在监狱这样的环境下读陀思妥耶夫斯基的小说,因为监狱不是读他小说的合适的地方,他的小说很出色,写得也很好。此外,还有除《战争与和平》以外的托尔斯泰的全部著作等。我在狱中的大部分时间都用来读书和写与革命有关的信件。

当然,我读的部分书籍是消遣性的,但是,都是有益的。对一个囚犯来说,在心理方面,总是有些伤悲,我不是说,当时我在狱中学习的条件是多么理想和完美,我必须为之努力。但是,毫无疑问,读书是有益的。里瓦斯在通信方面,也帮了我不少忙,他一直站在我们这边。

卡秋斯卡·布兰科:我们已经谈及有关您花时间写信的问题,包括您用柠檬汁写秘密信件。司令,我这里有您写的一封信,这封信是您从狱中写给监狱外的战友的,信中谈到了任务和指示,我认为这封信十分重要,我念一段:"你们对我说,你们斗争的热情很高涨,我为我没能在场感到遗憾。我想有些我认为重要的事情提醒你们一下。"您提到了宣传问题,您认为宣传是斗争的灵魂,您还指出,要协调在国内和在国外的人中间的关系,您强调,在最困难的时刻,不要为任何事情或任何人而泄气。您是否在重组运动?

菲德尔·卡斯特罗·鲁斯:自从我们一起再次被关押到监狱后,我们又开始重组以继续斗争。最初，我们在审判中一起斗争，后来，我们为所有被关押的在松树岛的战友制定了一个斗争纲领。我们建立了一个新的领导，其成员有一部分是被关押在监狱的同志，还有一部分是监狱外的同志。事实上，在监狱中的同志领导下，运动很快就开展起来了，因为大部分同志被关押在监狱里，关押在监狱里的我们实际上就是运动。

卡秋斯卡·布兰科：我认为"七·二六运动"是在普拉多街109号诞生的，在那里您招募了人，并派他们到大学去接受训练……

菲德尔·卡斯特罗·鲁斯：是的。在蒙卡达行动之后，渐渐地又有其他同志加入我们的运动。梅尔瓦和阿韦尔成为运动的领导成员，我们从狱中制定斗争战略。

我们的第一项任务是揭露所有的罪行，这是首要的使命；第二项任务是通过揭露的材料和文章，公布运动的纲领。在审判我们的过程中，我们已经在法庭上揭露了巴蒂斯塔及其军事首领的罪行，但是，我们需要让公众舆论广泛地得知他们的罪行以及了解我们的纲领和思想。因此，重新回忆和记录我在蒙卡达审判中的自我辩护词的工作十分重要，因为它可以完成这两项任务。因此，我花了不少时间和精力把它记录下来，设法送出监狱，并秘密地印制发行。

一开始，笼罩在周围的气氛是沉默，全国几乎没有人敢出来说话。巴蒂斯塔以为他的政权已经巩固，开始为竞选总统做准备。因此，有一段时间，他再次允许新闻和电台自由。于是，帕尔多·利亚达、孔德·阿圭罗又重新在电台发表评论。但是，人们自己管制自己，因为他们害怕谈论蒙卡达行动，害怕揭露政府的罪行。许多人知道这些事情，但是没有人敢直接、公开地予以揭露所发生的这一切。而我们通过发表声明来进行宣传。

可能街上的民众低估被关押在狱中的我们，虽然他们对我们寄予很大的同情，因为我们与巴蒂斯塔进行斗争挽救了国家的名誉，但是，由于我们被判多年徒刑，他们看不到行动的可能性。

唯一有信心的是我们自己。我们准备揭露和宣传计划。为此，我们依靠朋友和我们的声明。我们的战略是动员公众舆论支持我们，在民众压力下获得自由。要让民众要求释放我们。从某种程度上，这与巴蒂斯塔想使局势正常化和给自己一个合法门面的意图不谋而合，这是他策略的组成部分。巴蒂斯塔想把自己打扮成一个想通过选举来使政变合法化，东山再起的人。

他曾多次这么做：巴蒂斯塔曾多年掌控政权，尽管他不当总统，而是陆军司令，他更换政府。后来，在二战结束后出现的民主浪潮形势下，他又赶上反法西斯斗争的民主大宣传的列车，于1940年颁布了宪法，竞选总统。由于他赶上了民主的列车，成为美国的盟友，在同年当选为总统。

他再次想长期控制国家的政治，先是发动政变上台，然后想在其余反对派缺席，只有真正党候选人格劳·圣马丁一人与之匹敌的情况下，通过操纵选举当选总统。他面临的只有一位弱势的反对派。巴蒂斯塔想制造某种表面上的正常化，但是，与之格格不入的事实是镇压、罪行和关押犯人。

随着我们不断揭露罪行和民众对我们这些被关押的革命者支持的增加，巴蒂斯塔的战略遇到的困难越来越大，他若不释放我们，就不可能实现他的计划，因为由于我们的揭露和我们的斗争，民众要求释放政治犯、释放攻打蒙卡达战士的呼声越来越强烈。于是，巴蒂斯塔说，他准备颁布大赦，但蒙卡达犯人除外。

而我们的运动已经开始实施，我们给我们所有的朋友，给所有的同情者传达指示，在各处组织同情者小组，招募人员，进行斗争。

我曾经在其他场合承认，马里奥·门西亚研究员对我们这一战略理解得深，他撰写的《丰收的监禁》一书很好地反映了我们的这一战略。

我曾多次提出："不要与其他组织签约，不要相信其他组织，不要相信那些老党。"我提醒民众说，它们甚至不敢揭露巴蒂斯塔在蒙卡达兵营犯下的罪行，我们才是先锋队，才是革命的力量，我们需要耐心，必须执行斗争的纲领，发展思想，建立组织，斗争的重点是争取我们的自由。

我们从监狱领导战斗，我们的运动不断壮大。尽管我们被隔离，我们设法打破被隔离的状态。我写了许多信件和指示，坚持我的基本主张：进行揭露和制定革命纲领。就这样，支持我们事业的人越来越多。

我了解我国人民的心理，他们仇恨独裁政权和镇压，他们越是仇恨独裁政权，便越是同情与独裁政权做斗争的人。

巴蒂斯塔执行的路线导致出现这样的情况：他竞选的对手是真正党名誉扫地的前总统拉蒙·格劳，但即使这样，巴蒂斯塔也不准备进行一场干干净净的选举。而被1952年3月10日巴蒂斯塔政变所推翻的前总统格劳，最后在选举前几天，也退出了竞选。

卡秋斯卡·布兰科：司令，记者西罗·比安基·罗斯在他写的一篇报道中说，在巴蒂斯塔1954年11月1日选举失败的马坦萨斯，在选举前几天，格劳的追随者中有500人被捕。此外，在选举前，巴蒂斯塔向《波希米亚》周刊宣称:"我不会认可我会输给格劳的推测。"

菲德尔·卡斯特罗·鲁斯:巴蒂斯塔成为唯一的候选人。我记得在古巴圣地亚哥,被容忍的反对派举行一次集会,与会民众齐声呼喊:"菲德尔!菲德尔!菲德尔!"一次合法的反对派的群众集会,人们居然会呼喊一个因反对巴蒂斯塔而被关押的人的名字,真是令人感动!在我被关押了好几个月之后,在1954年巴蒂斯塔进行竞选时,我从收音机里听到了呼喊我的名字。

我们最终赢得了胜利。当巴蒂斯塔进行竞选时,我们仍被关在监狱里,但是,国家政治生活仍未正常,形势越来越复杂。由于他当时曾在蒙卡达审判中造谣污蔑我们杀死了士兵和医院里的病人,因此,他不得不说服士兵们同意赦免我们,如果他不释放我们,国家的政治生活就无法正常化,反对派力量会增长,要求释放我们的呼声会越来越强。最后,为了使国家保持平静,他决定颁布大赦,并把我们也包括在内。

在镇压了蒙卡达起义之后,巴蒂斯塔显得不可一世,飞扬跋扈,感觉自己已经功成名就。对他来说,我们这些人,既没有武器,又没有钱,成不了气候。他低估了我们,这正是我们所预见的。

卡秋斯卡·布兰科:他释放你们的条件是要你们放弃斗争,对吗,司令?

菲德尔·卡斯特罗·鲁斯:是的,释放我们的条件是要我们放弃武装斗争。

作为回答,我写了一封公开信。信中说:"我们不要毁坏我们声誉的大赦……我们宁愿再坐一千年的牢房也不会忍受羞辱!我们宁愿再坐一千年的牢房也不会损害我们的尊严!"我拒绝了巴蒂斯塔的条件。我这么做是基于原则,因为我相信我们的斗争一定会取得胜利。

我发表的每一封信都打动了公众舆论，民众对我们这些囚犯越来越表示钦佩。终于巴蒂斯塔再也不能忽视我们，如果不大赦我们，"国家就不得安宁"。他考虑释放我们，他可以展现他"仁慈"的面貌，他的大赦决定会给他带来红利，他低估了我们。

卡秋斯卡·布兰科：司令，您以前对我说过，在狱中最后的日子里，您的弟弟劳尔被转移到您的牢房里，尽管你们继续与其他战友隔离。而此前90天里，您一直是被单独关押着。司令，我被您在被关押的不同时刻所写的信所打动，您写道：

我已经40天没有电灯，我学会了认识电灯的价值。我永远不会忘记电灯的价值，就像我不会忘记黑暗对我的伤害一样。我自制了一盏油灯，其光线暗淡、颤动，但是，我用它与黑暗做斗争，从黑暗手中夺回了约200个小时，我的眼睛在燃烧，我的心愤怒得流血。在他们犯下的暴行中，我最难想象的是这种荒谬的……

折磨我的或是不知所措和烦恼，尽管我努力想克服它们：你不知道孤独是多么耗费精力。有时候我感到筋疲力尽。当一个人对一切都感到厌倦时，就很难与烦恼做斗争。他的敏感性变得迟钝，日子过得浑浑噩噩。说真的，我总是在做些什么和开辟新的天地，总是在思索，但是，正是因为这样，有时候我感到筋疲力尽。他们是如此折磨我！几天前，把我带到法庭。好多时候不让我放风，我看不到天地和地平线。这里的风景非常美丽，阳光明媚，光线充足。在阳光下，我与和蔼可亲的初级法院的职员们聊了一会儿天，聊了国内的事情。当我回到牢房时，我感到不太舒服。我思考我对他们发表的见解是迅速而明确的，但是，我发现我说话的方式有些机械。我感到，光线、景色、视野，这一切对我来说，似乎是另外一个遥远的、被遗忘的世界。

如果只看您的政治信件就不能想象您在狱中困难的精神状态。此外，您的其他一些信件也无法原原本本地阅读，因为真正的信件是用柠檬汁写的，而能看到的是为了糊弄监狱当局检查而写的。您写给战友们的信只是谈到了斗争，您为运动的未来操心最多。对您来说，没有时间去考虑痛苦和沮丧，您自己也不允许您这样做。我这里有您写给梅尔瓦和艾德的一封信，信中您劝她们，"必须善于等待时机"。我读几段：

我对真正党人依然没有任何信心，我认为他们做事马马虎虎，丧失了时机。最近发生的事件证明我的看法是有道理的。谁会把所有有关的人的名单都装在一个手提箱里的？现在我看到真正党已经四分五裂，缺乏理想和道义，已经腐败透顶……

请你们记住，在我们出狱之前，你们不要采取行动，必须善于等待时机。你们的使命是准备道路，坚持价值观……你们要采取一切防范措施，不让敌人发现任何储存室，不让敌人抓走任何人。

菲德尔·卡斯特罗·鲁斯：是的，因为当时的形势很复杂，真正党人继续想拉走我们的人，幸亏没有人叛变，我们所有的合作者都立场坚定。《历史将宣判我无罪》的辩护词和其他一些信件都完整无缺地送出监狱，没有遇到困难。

卡秋斯卡·布兰科：您在另一封信中写道："他们的唯一目的是掌握政权，而我们的目的是进行一场真正的革命……除非事先接受我们的纲领，否则不能达成任何协议。这不是因为是我们的纲领，而是因为它意味着唯一可能进行的革命。"

司令，我知道1954年5月12日那天，您在监狱里满90天。在这种情况下，您的信件成了新闻报道的对象，成了一场非常特殊的战争的消息。

菲德尔·卡斯特罗·鲁斯：是的，当正在讨论大赦时，我写了一封气势汹涌的信，挑战巴蒂斯塔。我把信寄了出去，刊登在1955年3月27日《波希米亚》周刊上。他们威胁要杀害我！

卡秋斯卡·布兰科：是的，1955年3月19日您在信中写道：

……今天，他们当着人民的面想使我们垂头丧气或找借口让我们继续关押在监狱里。

我对要求政府颁布大赦丝毫不感兴趣，我对此并不在意，我感兴趣的是，要揭露政府的虚伪、言不由衷和对待我们这些囚犯的卑鄙和怯懦的花招。

他们说他们是慷慨的，因为他们感到强大；但是，他们又是心怀仇恨的，因为他们感到虚弱。他们声称他们不记仇恨，但是，他们在我们身上所发泄的仇恨是过去对古巴人从未有过的。

当有和平时，就会有大赦……在关押了20个月之后，我们坚如磐石，完整无缺，就像第一天那样。我们不要毁坏我们声誉的大赦。

我们不会在卑鄙的压迫者的"卡夫丁轭形门"下屈辱地通过[1]。我们宁愿再坐一千年的牢房也不会忍受羞辱！我们宁愿再坐一千年的牢房也不会损害我们的尊严……

菲德尔·卡斯特罗·鲁斯：多么气派的信件！为此，卡博特少校与我大吵了一架，甚至威胁说要杀害我。是的，他的确很生气。看来，巴蒂斯塔狠狠地把他骂了一通。因为，当我的这封信刊登出来后，事情就闹大了。巴蒂斯塔发了火，卡博特感到被嘲弄，他满腔怒火，满腔仇恨，想杀害我。他对我说，不要再写这种信了，不然就杀害我。

我立即又写了一篇厉害的文章，揭露这一切，但是，《波希米亚》杂志社社长克维多不敢再发表了。可能他想，他们会杀害我，所以没有刊登这篇文章。

实际情况是，我们搞坏了巴蒂斯塔的气氛，他知道必须释放我们。我们已经制订了一个出狱后的行动计划。

卡秋斯卡·布兰科：司令，我记得很清楚，1997年8月11日我采访赫苏斯·蒙塔内同志时，他说到您曾给他父母亲塞尔希奥和塞奈达写过几封信。他们常住在松树岛，他们对所有被关押的蒙卡达战士，特别对您，一直予以支持。他们与你们的关系非常密切，像一家子一样。我这里有您1955年5月10日快要出狱时分别写给他们的信。我想引用几段，因为可以看出您当时为有可能被释放并与战友重逢的激动的心情，此外，也可看出当时您艰苦的处境和尽管您身处逆

---

[1] 公元前321年，在第二次萨姆尼特战争时期，意大利中部亚平宁山区的萨姆尼特人在古罗马卡夫丁城附近的卡夫丁峡谷击败了罗马军队，并迫使罗马战俘从峡谷中用长矛架起的形似城门的"轭形门"下通过，借以羞辱战败军队。从此便有了通过"卡夫丁轭形门"的说法，指蒙受屈辱之意。——译注

境，依然满怀柔情。

亲爱的塞尔希奥：今天早上我见到您有些伤悲。我没有与您说话，因为怕引起注意，但是，我见到您感到十分高兴。当我们上大巴时，我得到准许用手势向您问候。您也许还在为我在上一封信中对法律的评价感到担心，也许您迫不及待地盼望我们能早日获得自由……

我已经16个月没有见到我的战友，而我与他们之间只有相隔几米的距离。这些事情往往很难相信和很难理解，当我们相距遥远时。我设想现在是一块飞快的陨石，很快地远离我们的记忆，就像一艘船把我们载到古巴，但是，船迹却已消失。我指的是在今天看来是不可理喻的、痛苦的事。但是，我永远不会忘记您千方百计想让我们在监狱里的日子尽可能过得好受一些的操心。这很好记，因为很少有人像您这样为我们操心……

您接着写道：

对不起，我的纸写完了，再说，您这时候也不愿意读长的信。我差点忘了，我想向您要三小瓶维生素C，因为我有点感冒。不要忘记，请继续给我寄柚子。请原谅我的请求。拥抱您，菲德尔。

您1955年5月10日写给塞奈达的回信说：

我不知道你们是怎么想的，为什么我写给你们的信这么少，我认为我没有必要经常写信给你们，你们完全可以放心，我对你们怀有深情。我对我自己的家人也是这么说的。为什么写这么少的信？这可能是因为一个被隔离的人，不愿意去回忆分界线之外的世界。我总是沉浸在阅读一本书中，懒得动笔写信。我一读起书来，我的思想就好几个小时离开牢笼；但是，相反地，我一写信，就会回忆起一切，特别会回忆起我们领导过的斗争和为我们吃了不少苦的人。我们这一态度有点自私，但是，也有点慷慨大方，我们希望自己不要受苦，也希望其他人既不要受苦，也不要为我们费心。

读您的信我了解这些天来您的激动心情。我把您的这种心情看作母亲渴望和爱的生动的象征。使我特别感动的是，您说您将在监狱门口等着我出狱，并把家收拾好准备接我回家。

司令，我想知道你们出狱的情况，你们是几点出狱的？出狱后，去了什么地方？同谁见面了？总之，你们被释放后，最初几个小时和头几天是如何度过的？

菲德尔·卡斯特罗·鲁斯： 5月15日我们是分三个组先后出狱的，第一组，上午11点半出狱；我所在的第二组是中午出狱的；第三组，稍后出狱。在监狱门口，我们同按原定出狱时间等我们出狱的、我们的部分家属会见。我们互相拥抱。我记得在监狱门口，我同罗赫尔·佩雷斯·迪亚斯中尉亲切握手，他是一位有荣誉感的军人，随后他挨了骂，遭到迫害和报复，最后，他被捕，被开除出军队。在监狱门口，我对记者们发表了声明。

然后，我就去了蒙塔内的家。其他战友分散开来，有的去了熟人的家，有的去了埃尔阿布拉庄园，或在大街上漫步。我在蒙塔内的家待了一会儿，后来步行到位于新赫罗纳主要大街的松树岛饭店，在那里举行记者招待会，发表了由所有战友签名的《告古巴人民宣言》，第二天，《宣言》在《拉卡列》报上全文刊登。此前，在我到达蒙塔内家的同时，我派人去找曾经在监狱里看守过我的名叫孔拉多·塞列斯的狱吏，他是一位正派的、和善的人。我把我收听新闻的收音机送给他留念。这是在星期天中午时间。

卡秋斯卡·布兰科：司令，25年后，塞列斯还保存着您送给他的收音机。

菲德尔·卡斯特罗·鲁斯：后来，我去了松树岛饭店，在那里举行记者招待会，招待会结束后，我又回到蒙塔内父母的家，在那里，我见到了马里亚诺·里瓦斯，我的审查官朋友。当我们所有的战友又重新会聚在一起时，天已经黑了，我们又一次出门，走到拉斯卡萨斯河的码头，乘上"皮内罗号"轮船去哈瓦那。我的船舱是18号。

卡秋斯卡·布兰科：在《告古巴人民宣言》中，您认为大赦是三年斗争的巨大胜利，是全国范围唯一对和平的贡献，因为，事实上，由于民众的压力，政府不得不在不附加任何不体面的条件下，颁布了大赦令。原本政府是企图要附加条件的。此前，在不同情况下，您曾向民众发表过宣言，但是，这一次，您在进行了武装斗争，并关押了22个月之后，您声明将继续斗争，但是，您又重申了您说过的，如果形势发生变化，建立了一个有积极保障的政权，那么，您将服从民族的最高利益，改变斗争的策略。您真的相信这种可能性吗？我认为，就像您对我说过的那样，这是符合从狱中制定的战略的，是吗？

菲德尔·卡斯特罗·鲁斯：我们在狱中所制定的战略是在国外准备进行一次航海远征，然后，大约300人在古巴登陆。我们没有设想要使用大炮和迫击炮,而是使用自动武器来抵抗飞机。但是,在这之前,需要进行非常重要的政治工作,表明与巴蒂斯塔不可能有政治解决的可能性。这是一个关键问题。需要向人民说明,这也是古巴历史和传统的组成部分,如果没有别的道路可走,就得拿起武器。

另一方面,我们之所以被释放,是由于民众的强烈要求,是在寻求和平的气氛中被释放的,因此,我们不能一出监狱,就举起武装斗争的大旗,我们是想表明,如果不能和平解决,责任不在我们,而是在巴蒂斯塔。

我们的战略正是表明我们是准备继续进行政治的、公民的、有起码保障的斗争的。这正是我最早提出的建议之一。尽管我们深信没有任何这种可能性,但是,我们还是想向古巴民众表明,我们并不爱好战争,我们准备继续走公民斗争的道路。但是,说实话,我们不相信有这种可能性。巴蒂斯塔不准备做任何微小的让步。开始时,他的立场是低估我们,即如果我们选择另一种斗争方式,就打垮我们。他想他能做到这一点,因此,从政治上来看,他并没有准备进行让步。

卡秋斯卡·布兰科:司令,您在发表了《宣言》后,就登上了"皮内罗号"轮船,你们在海上的旅行怎么样?我得知,你们到达哈瓦那时,受到了极其热情的欢迎。您当时的印象如何?

菲德尔·卡斯特罗·鲁斯:当我们走上街头时,民众沸腾起来。我们到达哈瓦那时,许多人迎接我们。我们从松树岛出发,乘坐"皮内罗号"轮船到达巴塔巴诺港。我记得轮船走了许多小时,我们所有的战友以及在监狱门口等我们出来的家属都乘坐着这条船。在到达巴塔巴诺港之后，我们又乘火车到哈瓦那。我们到达哈瓦那的当天，民众在火车站欢迎我们，民众把我高高举起，举在他们的肩膀上。最后，我终于回到了家。如同以往几次一样，当时，我身无分文，也没有枪。

我所做的第一件事，是去拜访瓜纳波的阿拉伯商人，在攻打蒙卡达兵营前，我没能偿还欠他的债。我去向他表示问候，感谢他，并告诉他我还不能偿还欠他的钱，但是，终有一天，我会还清欠他的债的。他很激动，因为当时我已经非常出名，我去拜访他，再次对他的帮助表示感谢，他很感动。于是，他又问我是否需要什么，但是，我没有再向他借钱，尽管他主动问我的慷慨姿态令我终生难忘。

随后，我去了第23号街莉迪娅家。令我吃惊的是，一群不安分的人进进出出，我们反倒是非常安分，非常和平。当然，很快，我们就开始揭露问题。千万双眼睛在盯着我，要想捍卫我们的思想，需要克服一个又一个障碍。我在路易斯·奥尔兰多·罗德里格斯主编的《拉卡列》报上进行了揭露。您难以想象，其影响有多大！

大学生们想在大学阶梯广场组织一次集会，遭到政府的禁止，政府派人包围了大学。我对报刊发表了有关现状的一些平静的、公正的声明，揭露了蒙卡达所发生的情况。我接受了记者的几次采访。

《拉卡列》报刊登了我对军队、查维亚诺和巴蒂斯塔犯下的所有罪行的揭露，引起了巨大的反响。当时，我成了不可冒犯的人，他们不敢轻易碰我，我得到了民众的保护，因为我的揭露在民众中引起了震动。

我想利用政党在电台一小时的节目时间发表讲话，遭到禁止。我去电视台，也不让我讲。他们并没有关闭电台和电视台，但是，却不让我说话，禁止我发表演讲，这是专门对我的禁令。此前，我在审判过程中，在狱中，在各处都对当局进行过挑战。政府害怕我，因此，他们总想与我作对。他们最后查封了《拉卡列》报。事实表明，公民斗争已经失去起码的保障。既然不让举行公众集会，不让在电台和电视台发表讲话，既然查封了唯一可以刊登我的文章的报纸，这一切都是我预料会发生的事情，这一切都表明我想表明的事情。

与此同时，警察开始制造一种迫害的气氛，如果在某处爆炸一颗炸弹，就会归咎于"七·二六运动"成员；他们曾归咎于劳尔和其他几位同志。因此，我开始实施预先制订好的计划，把人送到国外去。我送到墨西哥的第一批人中间，就有劳尔。

当时，我坚信，在古巴已经不可能有任何政治解决的办法，没有道路可走，只有通过武装斗争才能推翻巴蒂斯塔统治。

在监狱里我就知道，我在古巴国内已经很难进行工作，因为政府已对我严加监督，不可能再次出现攻打蒙卡达兵营前的形势。我的想法是离开古巴，到墨西哥去，因为古巴自独立战争时起，有一种传统，墨西哥是古巴革命者常常避难的国度。

卡秋斯卡·布兰科：我想起马蒂说过："墨西哥是所有朝圣者避难的地方，在那里能找到兄弟。"

菲德尔·卡斯特罗·鲁斯：事实上，墨西哥奉行的独立外交政策是很有名的。它也是西半球唯一承认西班牙共和国的国家，在西班牙共和国存在的许多年间，一直保持着与它的关系。

我们的想法是在墨西哥组织一支能够通过武装斗争推翻巴蒂斯塔的力量。当时设想组成300人左右的队伍，购置相应数量的自动武器，进行远征，在马埃斯特腊山开展斗争。

卡秋斯卡·布兰科：司令，我得知劳尔在去墨西哥之前，回到了比兰老家。他对我说，你们的父亲一开始不乐意，不愿他去那么远的地方。他们两人谈了好久。只有当老父亲从收音机里听到把在托斯卡电影院放炸弹一事归罪于劳尔时，劳尔终于说服了他。劳尔压根儿没有去过那个电影院。于是，安赫尔顺从了让劳尔离开古巴，因为他希望这样能保全劳尔的生命。不久，劳尔到墨西哥使馆避难。司令，对您来说，您在去墨西哥之前，没能向您的父母亲告别，您一定很难受。

菲德尔·卡斯特罗·鲁斯：是的，我很难受。因为当时，我已成为关注的对象，我考虑如果我回去看我父母亲，政府将来很可能会对他们下手，会报复他们，对他们动武。当我证实危险已经降临到我的一些同志的身上，其中包括劳尔等优秀的干部，我便开始送他们出国，这是我们计划的组成部分：派蒙卡达的干部和久经考验的人去墨西哥。

在那几天里，加西亚·巴尔塞纳斯领导的民族革命运动成员阿曼多·哈特和福斯托·佩雷斯也加入了我们的运动。随着他们和其他很多人的加入，"七·二六运动"的队伍越来越壮大。我们召开了几次会议，建立了新的领导班子，其中有些人仍被关押在监狱里。

在53天里，我展开了一场巨大的道义之战，因为正像我在上大学时期一样，如果我带着枪，我就是非法携带武器，我就有可能遭到逮捕。因此，我不得不像在3月10日政变前那样，挑战自己，不带武器在市里活动。只有一个区别：我现在不是孤立的。从道义上来说，我的对手是明显处于下风，他们不敢杀害我。当时，由于既不让我写文章，又不让我发表讲话，那么，我就大大方方，领取护照，买了机票，乘飞机去墨西哥。

卡秋斯卡·布兰科：在您去墨西哥之前，您认识了胡安·曼努埃尔·马克斯先生，是吗，司令？

菲德尔·卡斯特罗·鲁斯：是的，他是一位有威信的正统党的领导人，是一位很好的演说家。在我们出狱后，参加了我们的运动。有一次，他挨了警察的打，我们予以揭露，我还到他住院的医院，在马里阿纳奥的圣塔埃米利亚医院去看望他，与他长谈。从此，他加入了我们的队伍，他的参加，对我们在墨西哥准备远征的工作，起了重要作用。

卡秋斯卡·布兰科：司令，1955年7月7日，您乘飞机先到梅里达。在您动身前，您对媒体发表声明说：

我现在正在整装待发，准备离开古巴，尽管我购买护照的钱都是借来的，离开古巴的我不是一位百万富翁，而是一位把自己的一切都已经并将继续献给古巴的古巴人。进行公民斗争的所有的大门都已对我关闭。作为马蒂的信徒，我认为已经到了行使权利而不是要求权利，夺取权利而不是祈求权利的时刻。古巴人的耐心是有限的。

我将居住在加勒比的某个地方。

我的这次旅行是回不来的，除非我回来使独裁者人头落地。

您的这一承诺是一种誓言，这使我想起玻利瓦尔在圣山的誓言。

菲德尔·卡斯特罗·鲁斯：最后这句话是马蒂的话，他说的正是玻利瓦尔，我引用他的话，主要是想说要推翻独裁统治。

我的声明很简短，但是，当时，我做出了很大的承诺：我的这次旅行是回不来的，除非我回来使独裁者人头落地。

自我离开两年半之后，1959年1月8日，当我进入哈瓦那时，独裁政权已经垮台。当时我说此话是抱有巨大的信念。这是我对自己和对古巴的誓言。

墨西哥:历史和革命的目的地。沿着先驱者在美国的足迹。经济的拮据。圣塔罗萨庄园。阿尔贝托·巴约。埃尔夸特。我们窥探。武器。帐篷兼宿舍。好枪法。被捕。一位墨西哥当官的朋友。切的争论。墨西哥给我们的庇护

墨西哥：历史和革命的目的地　沿着先驱者在美国的足迹　经济的拮据　圣塔罗萨庄园　阿尔贝托·巴约　埃尔奇

卡秋斯卡·布兰科： 司令，我第一次去墨西哥是从海路去的。我们一组青年人从哈瓦那湾出发，经过墨西哥湾，抵达贝尔德斯岛南岸。黎明使圣地亚吉里约灯塔的灯光显得暗淡，1992年11月20日，我们到达韦拉克鲁斯港。我们去墨西哥是想从图斯潘出发，经过5天航行，按着"格拉玛号"远征的历史航行的路线回古巴。因此，我没能去墨西哥城。后来我是2004年11月到墨西哥城访问的。我印象最深的是远处看到白雪皑皑的火山口。在这两次去墨西哥旅行时，我都想起何塞·马蒂写给玛丽亚·曼蒂莉亚的信："而我，害怕你不像这里的人那样爱我。"墨西哥这里的人，如曼努埃尔·梅尔卡多和他家里的女孩如此热爱马蒂，对他无微不至的关怀。司令，历史对您去墨西哥有没有影响？您是如何抵达墨西哥的？您最初的印象如何？您是一开始就在墨西哥城吗？

菲德尔·卡斯特罗·鲁斯： 我想说，我当时首先想到的是把墨西哥作为我的目的地，理由是从争取独立的斗争起，古巴和墨西哥革命的关系有着历史的传统。何塞·马蒂和胡里奥·安东尼奥·梅利亚就是这种关系的象征人物。古巴人在墨西哥总是受到热情的接待。此外，我们也很赞同墨西哥声援民主事业、反对独裁统治的国际政策，如西班牙内战结束后，墨西哥是唯一在战争结束后很长时间内不承认佛朗哥政权，而与西班牙共和国保持关系的国家，这说明，它的外交政策是严肃的。

不应忘记，在20世纪第二个十年，墨西哥爆发了一场伟大的革命，这场革命具有很高的威望，给墨西哥留下了进步的思想和一个稳定的政府，而在其他拉美国家独裁政府接连不断。

在这一时期，统治多米尼加共和国的是特鲁希略，牙买加尚未独立，中美洲只有哥斯达黎加这个小国由菲格雷斯民主政府执政，但是古巴与它没有建立外交关系，其余国家均为军事独裁统治。

此外，墨西哥从地理位置来说，离古巴近，文化也比较相近。墨西哥是一个大国，尽管我们与墨西哥的政治家们没有什么关系，但是，相信墨西哥与古巴的传统历史关系，相信墨西哥的政治。我们也相信墨西哥人民的好客。

我们并不期待墨西哥政府与我们的合作，我们也没有考虑进行公开的活动，使墨西哥政府受到牵连。我们没有什么关系，没有什么认识的人，但我们也不需要。我们需要的是有一块地方，可以开展工作，可以集合我们的人，进行训练，成为我们的起点，我们可以在那里秘密地、谨慎地活动。尽管不是故意的，我们这么做，从形式和技术上来说，违反了墨西哥的法律，但是，从历史角度，根据墨西哥革命和古巴革命的理想角度来看，我们相信我们行动道义上的合法性。

我是第一次访问墨西哥，此前，只是在书本上了解它的历史、它的革命，对它寄予同情。我在墨西哥一个认识的人也没有，因此，我到的是一个没有熟人的、一个崭新的世界。墨西哥人有自己日常操心的事情，他们的脑子里不会考虑古巴的问题，他们知道，在古巴有一个军政府，但是，几千万墨西哥人关心的是自己的问题，而我的脑海里只有一个目标：准备远征。我记得，维克托·雨果有一次谈到脑海里的风暴，我们的脑海里只有革命，但是，革命是我们的事情。墨西哥人在考虑自己的问题，对他们来说，我们是外人，是陌生人，也许他们曾听说过蒙卡达事件。

我乘坐的是一架DC-6的两个发动机的小飞机，每个机场都停。

在飞行了一个半或两个小时之后,我到达梅里达,飞机飞得很慢,一小时只飞 200 公里。飞机降落后,我下飞机观看了一下环境,这是我见到的墨西哥的第一个地方。

接着,我们又飞到卡门市。我记不清我们停了几个地方,至少在尤卡坦半岛上停了三个机场。傍晚,我们到达了韦拉克鲁斯。在那里,可看到热带的风光:河流、湖泊、茂密的森林。我们每停一处,几乎都有虾出售。看来这一带盛产虾。我记得这里出售辣的虾冷盘。在韦拉克鲁斯,我找到了一家经济的旅馆,住了下来。我身上总共只有 100 比索或 150 比索。

韦拉克鲁斯港与哈瓦那港有相同之处,西班牙式的建筑,西班牙的气氛,我到了码头和港口。我认真地观察港口,因为,我们将离开墨西哥,从海上返回古巴。

我一边想着这些事情,一边观察尤卡坦的地形,热带的雨林、河流,各个点,是否有人居住,交通的道路等。开始,我想是否可以从尤卡坦出发,因为这是离古巴最近的半岛,因此,我考察半岛的地理情况。我并不想在此工作,因为在这里很难开展我们想要进行的活动。而联邦区墨西哥城是一个大城市,在那里开展活动比较容易。但是,最后,我们还得找一个出发点,我已经开始关注这一切。在韦拉克鲁斯我观察了港口和其他地方。我记得我还找到了菲达戈,一位因受到巴蒂斯塔镇压而被迫移民到这里的古巴雕塑家。

卡秋斯卡·布兰科:是的,1953 年年初,在马蒂诞生 100 周年,菲达戈雕塑了一些马蒂的塑像,在塑像的底座上刻着"献给正在受难的古巴",因此,巴蒂斯塔警察查封了他的工作室,当时,您去拜访他,并写了一篇报道，予以揭露，这篇报道发表在《波希米亚》周刊上。切纳德·皮尼亚拍了照片。据记者玛尔塔·罗哈斯回忆，这篇报道在公众舆论中引起巨大反响。

菲德尔·卡斯特罗·鲁斯：是的，从那时候起，我认识了菲达戈，于是，我便去看他，但是，由于我在韦拉克鲁斯时间不长，总共才 24～48 小时，所以我们见面时间很短，我急于想早点到达墨西哥城，研究形势，开始工作。而劳尔和其他几位同志已经先期到达那里，我得与他们接头。

第二天一早，我就乘大巴上路，总共四五百公里路，我好奇地观察着沿途的风光、居民、习俗、建筑和民族。公路很窄，当时的路不像后来的高速公路。公路盘山而上。

卡秋斯卡·布兰科：司令，我知道那个地区植物的风采。我们曾经专门步行到奥利萨瓦市，同名的山峰就在附近。该山峰给何塞·马蒂也留下了深刻印象。他出色地描绘了东格朗马德雷山脉的风光，他是从他乘的火车的车窗观察景色的，他与您一样，目的地也是墨西哥城。在他给他的朋友曼努埃尔·梅尔卡多写的信中，谈到了马德雷山，谈到了梅尔卡多的妹妹安娜的未婚夫画家。"曼努埃尔·奥卡兰萨需要走在这条路上：那些对大自然有灵感的人有义务爱上它。晨曦和落日是一个艺术家真正应该研究的，一个关在自己画室里的画家是一只生病的鹰。告诉她奥利萨瓦的日出是多么的美，欣赏这个美景将会纯洁您的灵魂。观察无限的风光，会使人心胸开阔。"

菲德尔·卡斯特罗·鲁斯：是的，我回忆起陡峭的山脉和茂密的森林，一个令人惊叹的地方。经过七八个小时的旅行，傍晚，终于到达墨西哥城。使我不由得想起我第一次从比兰到圣地亚哥，第一次从东方省到哈瓦那，和这一次，第一次离开古巴到墨西哥。我对这个著名的阿兹特克城市十分好奇，我无数次听说过这个城市。我们经过各个市镇，其中有一个叫乔卢拉的镇有 365 个教堂，这么多教堂，平均每天一个，所有这些以前听人说起过，因此，特别引起我的关注。

我现在想不起来，是有人带我去的，还是我自己直接去的玛丽亚·安东尼娅的家，那里已经有一些古巴人居住。我是一个世界公民，独自游历这些地方，对所有的事物都感兴趣，我心安理得，无所担忧，我对我要做的事情信心十足。但是，首先，我得适应环境，适应新的情况，适应这个城市，这个国家及其习俗。

也许韦拉克鲁斯多少有点像哈瓦那或古巴圣地亚哥。但墨西哥城则大不相同，它是一个大城市，其居民与古巴的居民不一样，有印第安人、白人、西班牙人与印第安人的混血种人。墨西哥城的人文景色与古巴也不尽相同，也许古巴人更喜欢热闹，而墨西哥人喜欢安静，这是墨西哥土著居民印第安人的特征。他们身穿外套，身上裹着斗篷。这里的建筑和民居也不一样。这个城市的生活是艰难的，当然，这里也有有钱人。

居民中对比十分鲜明，有的居民为了生存必须得艰苦劳动，这里有高楼大厦，有漂亮的、现代化的、昂贵的、各式各样的建筑。

在墨西哥有美元日子就好过，1 美元等于 12.5 比索，美元的价值高。这是墨西哥国家为吸引旅游者的政策，我在旅行中也注意到这一政策。带着美元在这个国家旅行，可得到一些优惠。

当时，旅游是墨西哥的主要收入之一，而石油的发现和开采是后来的事情。

墨西哥革命干了不少事情，革命确实为国家发展做了巨大努力，墨西哥取得了无可争辩的进步。但是，事实上，由于墨西哥人口快速增长，广大民众的生活水平相对还是比较低，这在墨西哥一目了然。这里的生活条件还是很艰苦，要比古巴的城乡劳动者还要艰苦。

事实上，我们喜欢这个城市，喜欢墨西哥人。也就是说，尽管我们是外国人，我们对墨西哥人寄予同情。他们是穷人，但是，是高尚的人，这是我当时的感觉。为生活而奋斗是艰苦的，但是，这种奋斗会创造出一种精神，使人们为了生存去努力。

1955年我到墨西哥，最引起我注意的是公路，许许多多的公路和饭店，交通十分方便。我想这与当时墨西哥的主要外汇收入来源是旅游业有关。在墨西哥修建了许多水库和水电站，既可用来发电，又可用来灌溉，在城里，可以见到大的、重要的和发达的工厂，有的是墨西哥本国的，有的是跨国公司的。所有的汽车企业都有分公司，有装配厂，跨国公司同样参与墨西哥的汽车业。

可以觉察到墨西哥人巨大的、牢固的和强烈的民族感情，爱国主义的感情和民族的自豪感，特别反映在两个方面，一是对革命的自豪感，二是对美国的仇恨要比古巴人更深。当时，我还不太了解墨美两国关系史、美国对墨西哥的侵略和夺取墨西哥一半以上的领土，以及美国对墨西哥的干涉。所有这一切都造成了对美国的反感，这在墨西哥公民身上很容易觉察到。

墨西哥人为自己的革命感到自豪，对受到民众爱戴的政治人物拉萨罗·卡德纳斯表示同情和尊敬。

当时，拉萨罗·卡德纳斯得到墨西哥各阶层人的一致支持，享有很高的威信，尽管他已经不当政，但是，可以看出对他的巨大的尊重，所有的民众都为卡德纳斯感到自豪。许多民众谈起他,就会称赞他的爱国主义的、民族主义的立场,特别是将石油国有化的立场。

当然,墨西哥拥有石油,我不太清楚当时它是否出口石油,但是,至少石油可以自给,在墨西哥城有大量的汽车,有的是进口的,有的是在墨西哥组装的,有的是旅游车。也可以看到有许多饭店、旅馆,这在韦拉克鲁斯的公路两旁可以看到。到墨西哥旅游的主要是美国人,他们到墨西哥来,主要是喜欢这里的气候,观看这里的风光、丰富的考古资源、多彩的墨西哥文化和习俗以及这里的海滩。

我没能了解这一切,因为好多地方我没有去过,如阿卡普尔科。因为我感兴趣的不是旅游景色,我的思绪主要集中在我到墨西哥来的工作上,集中在为远征的准备工作上,我得关注来自古巴的消息、革命工作的进展。对我来说,不是享乐的时候。如果我处在另外一种情况下,我可以享受墨西哥一切美妙的、有趣的事情,因为墨西哥具有许多非常特别的东西:绘画、历史、文化、建筑、艺术、考古,以及自然风光和非常漂亮的地方。还有墨西哥的饭菜,非常丰富,就是太辣。我非常爱吃墨西哥美食。

卡秋斯卡·布兰科:司令,2004年我尝了尝据玛丽亚·安东尼娅介绍说是您最喜欢吃的维拉科恰玉米饼。她说你们经常在斗牛场门口的小摊上买这种玉米饼吃。

菲德尔·卡斯特罗·鲁斯:是的,我们经常在小摊上买玉米饼吃,我非常喜欢吃,这种玉米饼到处都能买到,非常好吃,是墨西哥特色的食品。

对我们来说,斗牛是没有看到过的新鲜事,劳尔特别爱看,他甚至想学斗牛。我们都是生平第一次看斗牛这样的场面,给我们留下了深刻印象，我们喜欢看，它形式多样，色彩鲜明，激情洋溢。我分不清楚斗牛士的好坏，在我们看来，他们都精通自己的职业，观众情绪高涨。有几个星期天，我们观看了斗牛。

但是，事实上，我对墨西哥的主要印象是，这是一个非常有意思的国家，它有着悠久的、丰富的历史。对我们来说，我们在墨西哥的主要任务是准备革命。

卡秋斯卡·布兰科：司令，您在墨西哥时曾写信说："我住在一间小房间里，有空闲时间时，我用来看书和学习……我的活动准则是格外小心和绝对谨慎，就好像是在古巴一样。"

在另外一封信里，您写道："最初几天，主要是找合适的住处和适应新的环境。我正在逐步适应和稳固立足点。至于资金，我依靠最后的基金。我个人的开支很少，我还得负责在这里的两三个人的饭费。我们是在一位古巴女士的家里做饭的，饭足够我们吃的。我尽量省着花带到墨西哥的每一分钱，以确保大家现在和将来都不会挨饿。至于住房，每个人都自己想办法，各自已经解决。"

当我读到这封信时，我可肯定，你们当时在墨西哥的经济状况是十分拮据的，我不禁要问：你们是如何在那里待了这么长时间的？你们是如何租借帐篷房子的？如何购买武器？又是如何维持战友们的生活和购买游艇的？这一切看来很难做到。

菲德尔·卡斯特罗·鲁斯：说实话，最初我们的经济状况是很拮据。我记得当时我们想印制和散发一些声明，但是，我们没有钱。于是，我们只好抵押某些东西。

我们没有挨过饿，因为我们是在玛丽亚·安东尼娅家吃饭。可能是头几个星期，或是头几个月。后来，状况好了一些，我们没有挨饿也没有去乞讨，当然，我们的钱不多。我们的人数不断壮大，从古巴给我们寄来了一些钱，我们募集到的资金也逐渐增加，使我们可以解决生存的问题。此外，我们的生活是简朴的，我们全心全意投入我们的事业中去。

在墨西哥的生活不是很昂贵，如果有美元，买东西时还有一点优惠。由于当地的工资低，所以物价不是很高。在墨西哥，1美元能买到的东西要比古巴多得多，也比美国要多。从古巴给我们寄来的是美元，这对我们有利。我们总共不到20人，所以开支也不算多。

花费最多的是购买武器和实弹射击，但是，也不是很贵。玛丽亚·安东尼娅的家是我们碰头的地方。我们几乎每天都去她家，在她家吃午饭。

玛丽亚·安东尼娅煮米饭和豆子，有时候，我也煮饭。在监狱里，有时候我也煮黑豆、米饭和面条。但是，由于墨西哥海拔2000多米，水的沸点不是100度，只有90度，所以煮饭比较困难，必须先把米炒一炒，然后再煮。这是墨西哥人根据本国特点发明的煮饭技术。

我一开始住在附近的一间小房间，一个人住。吃饭时，我去玛丽亚·安东尼娅家。我的房间很小，是在一栋楼里，房租很便宜。

当我们的人数增加、活动频繁时，我们不得不在各处租借房租比较贵的套间或住宅，房租成为我们花费最大的一笔开支。由于我们人数的增加，不得不分小组居住。一般来说，出租房子的人都是中产阶级，很难找到其他的房子。中产阶级居住的公寓楼房的套间比较适合我们居住，因为有车库。这样，如果需要的话，我们可以直接把车开到车库，取出武器，运到其他地方去。因此，我们需要有车库的、相对独立的房子。

吃并不贵，但是，武器昂贵。我们到武器店按市价购买，因为武器店出售的武器不是战争的武器，而是打猎用的武器。我们把这些打猎用的武器变成打仗的武器。我们也花钱买弹药和租汽车。汽油不贵，汽车租借费也不贵。我们不买汽车，因为我们从事的活动需要不断地更换汽车。起初，我们一辆汽车都没有，当我们的人数增加到数十人，我们得搬运武器时，我们有了自己的车辆，尽管是租来的，但是，更安全。

事实上，开支最多的不是吃和穿，而是住，我们租的房子都是在居民区里，其理由前面已谈及。

卡秋斯卡·布兰科：司令，既然墨西哥是你们准备远征的理想之地，这是否意味着你们没有遇到什么危险？

菲德尔·卡斯特罗·鲁斯：尽管是一个合适的地方，但这并不意味着没有危险。我们受到持久的监视。负责监视我们的是巴蒂斯塔驻墨西哥的外交使团，他们在墨西哥享有各种特权。由于墨西哥国家大，人口多，他们想杀害我们并不难，因为过去他们杀害过梅利亚，杀害梅利亚的是马查多从古巴派到墨西哥的杀手。在古巴，暴力是司空见惯的，但是，在墨西哥，凶杀会引起震动。这使我们必须采取十分谨慎的措施来防止凶杀。我们必须注意巴蒂斯塔派来的特工，因为他们可能会向墨西哥当局揭露我们的活动或侵犯我们。我们必须小心行动。形势迫使我们转入地下，这对我们来说，并不太困难，我们已经习惯了，因为我们在古巴时就受到巴蒂斯塔政府的监视。

我们行动格外谨慎和小心。

卡秋斯卡·布兰科：司令，对古巴革命者来说，墨西哥是全世界进步人士避难的地方，如西班牙和危地马拉的共和国人士，主张独立的波多黎各人，意大利的起义者，美国的左派等，这种声援的气氛是墨西哥革命的一项成果吗？

菲德尔·卡斯特罗·鲁斯：墨西哥是一个具有善待拉美和世界民主和进步人士传统的国家，尽管它不同历史时期各个政府的态度不尽相同。在墨西哥革命之后，这一传统得到发扬。墨西哥革命是一次深刻的、反封建的、有重大意义的社会革命。

我们抵达墨西哥时，墨西哥已经将石油国有化，这又是一项具有巨大意义的措施。墨西哥的宪法是全拉美地区最先进的宪法，墨西哥的农民运动是拉美最有威信的运动。墨西哥革命是拉美独立战争之后最重大的历史事件，我认为也是拉美当时最激进的革命。我们在墨西哥的时候，有许多拉美国家的团体在墨西哥，这些国家都处在军事独裁统治之下：有多米尼加人，古巴人，委内瑞拉人，秘鲁人，尼加拉瓜人和危地马拉人和来自各国的人，因为墨西哥是拉美受迫害的政治犯避难的地方，自革命以来，墨西哥的政局一直比较稳定。

当然，我们在某些时候，在墨西哥也遇到过困难。如果在墨西哥工作不下去的话，我们会寻找另外一个地方，也许是哥斯达黎加或其他国家。但是，最理想的地方、离古巴最近的国家是墨西哥，尽管发生过严重的困难，我们不得不改变原来的计划。如开始时，我们设想在当地居民的协助下募集资金，但是，我们没能募集到我们想要募集的资金数，也没能得到我们所想要的所有人的帮助。

问题主要是在资金方面,尽管我们原来设想的方案并不是很庞大,但是,我们还是没能实现原有的计划。这是一项美好的并非是雄心勃勃的计划。

卡秋斯卡·布兰科:您在到达墨西哥之后,曾第二次去美国。这使我再次想到马蒂,想到马蒂作为古巴革命党的代表所做的工作和他在美国各城市与古巴侨胞的广泛接触。我的看法是,我认为您是盛大典礼的主持者,是忠于爱国精神遗产的人。我的印象是您随着先驱者的足迹,通过为古巴做动员,向马蒂表示敬意,我说得对吗?

菲德尔·卡斯特罗·鲁斯:是的,我的美国之行是受某种历史的影响,是回顾马蒂的斗争,马蒂曾组织古巴侨民为古巴的独立而斗争。

我们后人常常喜欢重复历史,尽管条件已经很不相同。我考虑,在美国有数十万,也许更多的古巴侨民,他们仍居住在最后一次古巴独立战争时侨民居住的差不多的地方。他们中大多数人离开古巴是由于经济的原因,所以被认为是经济移民。我认为最起码应该组织这些移民在政治和经济上支持我们的革命斗争。历史的因素可起点作用,它不止一次地在战争中影响我们。在某些时候,我们想再现从东部向西部"远征",但后来,我发现这不是正确的战略。

历史事件总是会起很大影响,特别是对年轻人,我们先驱们的业绩仍在发光,并不在意过去和现在时代的区别。

我确实去了马蒂去过的城市:纽约、费城……与我同行的是胡安·曼努埃尔·马克斯,他是在我们出狱后加入我们的运动的,他是正统党在马里亚纳奥的领导人,是一位非常勇敢的年轻人。

除了追随何塞·马蒂踪迹的爱国主义动机外,我还出于募集资金的需要,尽管最后没能募集到大笔资金,但是,我们还是得到了一些赞助。古巴侨民赞助了我们这次美国之行的费用。实际上,不能期望在他们中间募集很多钱,但是还是募集到了一些钱,给我们提供了帮助。古巴侨民资助我们一个比索,他们就得做出很大的牺牲。美国的生活费用很高,而他们的工资并不高。他们工作在饭店、餐厅、工厂、企业,收入都很微薄,他们不可能赞助我们很多的钱。但是,无论我们到什么地方,他们都很慷慨,很热情。我们不可能同所有在场的人一个一个地交谈,我们大约与数百名古巴侨民进行了交谈,我们在侨民中建立了运动组织,这样,无论是在政治方面,还是在经济方面和人员的招募方面,都将有助于革命力量的发展。

我们美国之行的另外一个目的是要宣传国内的形势。美国与古巴的沟通十分便捷,从美国与古巴沟通要比从墨西哥与古巴的沟通来得方便。此外,与我们在古巴的人沟通也很方便。

我记不得更多的有关美国之行的细节了,我记得我到过纽约、费城、韦索角和迈阿密,我是从迈阿密乘飞机回墨西哥的,但我记不起来乘坐的飞机是哪家航空公司的。

在纽约,我们受到古巴侨民的热情欢迎。我们在纽约停留了几天,在侨民家吃饭。他们组织了一系列的集会,成立了与"七·二六运动"合作的小组,因为当时运动是一个新的组织。我们多少有点模仿马蒂当时所做的工作,即建立小组,我们也采取马蒂的组织方式,成立支持"七·二六运动"的合作小组,于是,成立了由同情者家属组织的第一批小组,正如当年马蒂领导的古巴革命党成立的革命俱乐部一样。

我们的工作主要是政治工作:寻找支持,宣传古巴革命计划和募集资金，不仅是当时，而且也为随后几个月。我真感到不好意思向这些古巴人募集资金，尽管我们募集的钱并不多，但是，这些古巴人多数都是穷人。

我们在不同的地方拜访了很多人，我们举行了集会，尽管人数不多，有时候有数百人，有时候只有几十人。

我发表了讲话，并同另一些人谈话。我发现，古巴侨民们的生活条件很艰苦，他们都是穷人，许多人来自古巴的内地，少数人来自哈瓦那，他们移居美国主要出自经济的原因。当然，在革命胜利前，移居美国的人数是有严格限制的，每年大约5000人，也许还要少一些，我记不起具体限制的人数了。每年想移居美国，并打算在美国找工作的人数很多，但是，当时古巴革命还没有发生，美国对吸收大量古巴移民不感兴趣，怕影响本国人的就业，不像后来。

总的说来，他们是非常简朴的人，必须辛勤地工作，他们中有不少人需要干两份工作才能维持生计。他们每天的时间都耗费在长时间的劳动和从住处乘坐地铁去工作地点的路途上。说真的，他们的生活很艰苦，他们为自己没能在祖国找到工作而痛苦。

失业使他们背井离乡来到美国，他们生活在纽约、新泽西，定居下来后，想方设法把家属带到美国。但是，仍没能适应在美国辛劳的生活。

一部分到美国的古巴人后来又回到古巴，还有一些人留在美国，但是，他们都同情革命。老一代的侨民是革命的同情者。而后来移居美国的古巴人，至少有一部分，是以革命为借口，要求移居美国。

然而，我们所到之处，纽约、新泽西、费城、韦索角和迈阿密，我们都受到热情接待。在费城，古巴人不多。费城自独立战争起，一直是一个很有名的城市，因此，我们决定要访问这个城市。我们建立了第一批小组，吸收了运动的成员。

我去美国前，办了一个有时间限制的签证。我难以解释为什么在蒙卡达行动和我的《历史将宣判我无罪》发表之后，美国还会给我签证，而没有禁止我进入美国？我不知道为什么，也许，美国低估了我，当时，可能把我视为一个理想主义者，一个浪漫主义者，不可能会掌握政权。可能认为巴蒂斯塔政府是稳固的，不可动摇的，他们只是担心大的政党。而古巴国内的主要政治家在我们攻打蒙卡达兵营前，都小看我们，因此，美国对我的美国之行不予重视，认为我们的组织不值得关注。

我注意到美国当时的反共气氛，但是，对我是忽视的，我对自己不受关注、被完全遗忘感到高兴，这对我们反而合适。幸亏他们对我们的运动不予重视，甚至到我们战争结束时，也不重视我们的运动，尽管制订了谋杀我的计划。对他们来说，这是一种特殊的情况，他们为别的问题操心。在我们革命胜利后，继续忽视我们。

开始，他们想不到早在1955年10月，就有一些在墨西哥的流亡者会到美国来游说，他们不认为这会对巴蒂斯塔政府构成威胁，更不会对美国在古巴的利益构成什么威胁。

我们在美国的活动并没有见报，没有人关注我们的活动，无论是美国政府还是报刊。也许在某张西班牙语的小报上刊登过某条关于我们的消息或简短的声明。但是，我们没有出现在日报的头条位置上，最多在古巴人办的报纸上登过一张照片或一条消息。此外，这些西班牙语的小报有一部分是巴蒂斯塔出资赞助的，是替他说好话的。

当我的签证快到期时，我回到了墨西哥，我从来没有想留在美国，无论出于什么动机，因为我感到，在墨西哥要安全得多。我知道，在美国不可能组织到古巴的远征，由于语言和安全方面的许多其他因素，这是非常困难的，可能性很小，当时，在美国麦卡锡主义相当盛行。

很可能我在美国时，有人监视着我的活动，但是，我并没有遇到什么困难，我正常地完成了原来的计划，结束了美国之行，回到了墨西哥。我对我们受到的接待感到很高兴，很满意，我们受到古巴侨民的欢迎和支持。我们的美国之行非常成功。

从政治角度来看，我们的美国之行很成功，从经济角度来看，收获有限，因为我们接触的古巴人都是很穷的人，是平民百姓。我记得我们总共只募集了1000美元左右。

在墨西哥，我们只能使用信贷，就像我们在攻打蒙卡达兵营前的情况一样，因为我们购买武器，进行训练，维持人员的日常生活，租房子等，都得花钱。

最后，我们回古巴时总共有82人，一件自动武器；我们剩下的人更少，只留下一个小组。这说明我们的思想是正确的，因为当初我设想以300名战士，300件自动武器，开始游击武装斗争，但实际上，我们开始时只有82名战士，一件自动武器，后来，只有7支枪，但是，我们进行了斗争，并取得最终胜利。这说明，我们的思想是非常正确的，至少我们没有过分乐观。实际情况要比我们在监狱里设想的计划要乐观得多。当然，上山进行非正规战争的想法是在制定蒙卡达行动时就作为一种选择预见过的，当时考虑，尽管1953年7月26日的行动会给巴蒂斯塔政府沉重打击，但它可能还能挺得住。

卡秋斯卡·布兰科：司令，2004年11月，我在安东尼奥·孔德（埃尔夸特）的陪同下访问了墨西哥城，您接下来可能会谈到他，我去了很久以来一直想去的许多地方：恩帕兰街49号，查布尔特佩克森林，佩德罗·巴兰达大楼，革命纪念碑，改革大道和起义者大道，一些帐篷住房的地址，拉斯安蒂利亚斯商场，索奇米尔科，奥尔奇德亚·皮诺和阿方索·古铁雷斯（福福）曾经居住过的圣安赫尔公园漂亮的房子，埃尔夸特的武器商店，波波卡特佩特尔和伊兹塔奇华特尔火山，阿尔萨西奥·巴内加斯的家和圣塔罗萨庄园等……

我参观查尔科圣塔罗萨庄园那天，在奶酪之家小餐馆吃午饭。我记得在饭店的墙上有反映墨西哥城旧貌的版画、插画和地图等。有人解释说，古时候，山上的水都流到特斯科科湖。我记得有几张镀铬的纸画，上面描绘墨西哥节日欢庆的场面，这是墨西哥古老的民间传统，有宗教游行、祈祷和唱村夫歌谣等。把这些传统的场景展现在食客面前，想让他们不要忘记传统。在这家饭店，埃尔夸特向我谈了关于阿尔贝托·巴约和他是如何帮助租借圣米格尔庄园的。为了安全起见，你们未来的远征战士们称呼它为圣塔罗萨庄园。一批古巴青年和一个阿根廷青年在这里的出现是传奇性的。在这里，至今仍流传着关于他们的真实的和想象的故事。

菲德尔·卡斯特罗·鲁斯：阿尔贝托·巴约是西班牙共和派人士，被我们聘请来传授有关游击队的知识和经验。他是军人，曾在摩洛哥与摩洛哥独立派作战，摩洛哥独立派使用的是游击战术，因此，他取得了游击战的经验。此外，他是一个劲头十足的人。通过他的一个熟人，我们租借到了圣米格尔庄园，用来进行训练。我总是说，他有点像吉诃德，同时又具有桑乔·潘扎的处世哲学。他是一个有精神、性格、意

特．我们窥探．武器．帐篷兼宿舍．好枪法．被捕．一位墨西哥当官的朋友．切的争论．墨西哥给我们的庇护

志和守纪律的人，善于交谈的人，总之，是一个地地道道的西班牙人。

卡秋斯卡·布兰科：你们招募的外国人很少，是吗，司令？

菲德尔·卡斯特罗·鲁斯：我们的战士是在古巴招募的。刚开始是26人，包括几位比我先到墨西哥的战士。外国人很少，切是例外。还有一位是墨西哥人塞拉亚，他是一位好小伙子，有干劲。我们还招募了一位多米尼加人皮奇利洛（拉蒙·埃米里奥·梅希亚·德尔卡斯蒂约），他是航海家，我是在参加孔菲特斯小岛远征时认识他的。他们三人是仅有的外国人。后来，你有一次问我时，我得知还有一位意大利人。

卡秋斯卡·布兰科：是的，司令，这位意大利人是古巴"七·二六运动"作为古巴人推荐的，也许，正是因为这个原因，您不知道他的国籍。我记得1994年1月我们谈话时，您告诉我您先是问"老战士首领"赫苏斯·蒙塔内，后来，又问佩德罗·阿尔瓦雷斯·塔皮奥研究员，了解这位参加过"格拉玛号"远征的意大利人的经历和下落。您得知这位游击队员希诺·多奈·帕罗在阿雷格里亚德皮奥遭遇战[1]之后，得以逃脱巴蒂斯塔军队的追捕。几年后，他曾写信给塞莉亚[2]，表示愿意到古巴参加保卫古巴、抗击美国入侵的斗争。1994年他移居美国

---

1 1956年12月2日凌晨，"格拉玛号"在古巴原奥连特省、现格拉玛省南岸科罗拉多滩涂（又译"红滩"）地区搁浅，随即被巴蒂斯塔政府军的巡逻艇发现。卡斯特罗等远征者不得不冒着敌机的扫射、轰炸，涉水登陆。12月5日，上岸后又在阿雷格里亚德皮奥同政府军进行了一场遭遇战，队伍被打散。战斗中，17名战士被俘，许多人惨遭杀害和失踪。在当地农民的协助下，12月21日，卡斯特罗与陆续到达的劳尔、阿尔梅达、格瓦拉等人会合，共12人7支步枪，他们登上马埃斯特腊山，开始游击战争。——译注

2 塞莉亚·桑切斯·曼杜莱（Celia Sánchez Manduley, 1920～1980），古巴革命者，曾参与策划"格拉玛号"远征，参加马埃斯特腊山的游击战争。古巴革命胜利后，长期担任古巴部长会议国务秘书，是卡斯特罗的亲密战友。1980年病逝。——译注

佛罗里达，由于这个原因，我们对他的居住处保密，免得引起仇视。也是由于这个原因，从来没有写过关于他的报道。尽管一位名叫吉阿弗朗哥·希内斯特里的记者从意大利给我寄来了关于希诺的材料，这位记者是意大利声援古巴运动的成员，他从事研究和调查这位唯一参加被格瓦拉称之为"世纪冒险行动"的欧洲人的亲属。希内斯特里慷慨地把他研究的成果和收集的有关资料寄给我。我知道，希诺已经去世，但是，他去世前曾到过古巴，古巴承认他是革命战士和"格拉玛号"远征参加者。

菲德尔·卡斯特罗·鲁斯： 实际上，对我们将进行的行动来说，最好是挑选古巴人。当时的古巴人都不愿意任何外国人来指挥他们。

我记得有一次我任命切负责看管藏有子弹、武器和进行训练的房子。我们选择他，是因为他办事认真，责任心强。当时，有些古巴人不同意，他们提出，切是外国人，战士们不愿意服从他的命令。

卡秋斯卡·布兰科： 是的，这是在圣塔罗萨庄园。拉米罗·瓦尔德斯少校给我讲过这一情况。他当时是切的副手，他记得，当时切感到吃惊，他认为不应该任命他，因为他指挥的人中间，有蒙卡达行动的参加者，他认为这些人有着杰出的战斗经历。他的这种看事情的方法使他更有威信，是吗，司令？

菲德尔·卡斯特罗·鲁斯： 当然，我支持切，我严厉地批评了那些战友，他们不愿意服从一个外国人的命令。在一个政治、民族的革命运动中，最好还是依靠本国的公民，因为更容易处理关系，进行组织、隶属和服从。

一般来说，人们不喜欢别人给他发号施令。但是，如果下命令的是本国同胞，而不是外国人，那么，总是好接受一些。当时，我们的人思想不够先进。后来,情况就不一样了,没有人不愿意与切在一起,没有人不愿意服从切的命令。因为切是优秀的战士,一位勇敢的人,他有崇高的威信。但是,刚开始时,大家还不了解他,我任命他是因为他守纪律,有文化,有政治觉悟。当时,人们服从他还不太容易。

对我们即将进行的任务来说,在我们所处的形势下,最适合的是在本国人范围内进行,因为我们要实施的不是国际主义的行动,也不是在西班牙内战时期国际纵队要进行的行动,而是一项在本国领土上履行的国内的使命,因此,最好是使用古巴的人员。

在很多情况下,给我送来的是在地下斗争中遇到问题的同志。在古巴的"七·二六运动"所挑选的同志,总的来说都是非常好的、决心大的同志。最后,我们决定人选时还得考虑到身体的因素,因为要打仗,需要挑选体质较好的同志。由于参加远征的人数有限,所以有一些人得留在墨西哥。还有几位同志,如佩德罗·米雷特在"格拉玛号"出发时,仍被关押在监狱里,所以也没能入选。

"格拉玛号"容纳不下我们所有的人,我们只能进行挑选,首先,是挑选在训练中表现突出的人,最后,还得根据体重。在那些训练中表现并不突出的人中间,我专门挑选个子比较矮小、人比较瘦的人,这样,可以容纳更多人,大约有8位同志是由于体重轻才入选的。

我认为在82人中间,大约有40人是有条件当指挥官的,他们表现突出。其余同志虽然没有同样的素质,但是,都是训练有素,准备就绪的。

有些同志,如卡米洛,当时是在加利福尼亚,在出发前几天,把他派到墨西哥。人员的挑选,主要是参加过古巴的"七·二六运动",

而运动往往挑选一些在古巴遇到危险的同志。

卡秋斯卡·布兰科：司令，在切写给您的激动人心的告别信中，他回忆起在玛丽亚·安东尼娅家里认识您时的情况，虽然话很短，但是寓意深远，他勾画了您的形象，您是否记得这位您在玛丽亚·安东尼娅家认识的青年？为什么您同他只进行了一次长谈，就批准他参加运动？

菲德尔·卡斯特罗·鲁斯：当我抵达墨西哥时，先期到达的同志已经认识切。我记得劳尔和尼科·洛佩斯都谈论过他，谈到他是一位到过危地马拉的阿根廷医生。

当我见到他时，他身无分文，干很多活。他在一家医院有一份收入低微的工作，做试验，作为医生进行研究，但是，他也在首都联邦区街头为一家拉美通讯社拍摄运动照片。

我记得他穿着很普通，患有哮喘病。实际上，他很穷。当时，他对美国人入侵危地马拉感到非常愤怒。此外，他每星期天都到波波卡特佩特尔火山去爬山。

他的性格和蔼可亲，思想很进步，他是真正的马克思主义者，尽管他没有加入任何政党。我听他讲话后，觉察到他能使人同情他。正因为我对他的情况有所了解，所以我争取他参加我们"格拉玛号"的远征，加入我们的革命团体。

他非常谦虚、友好和高尚，正是由于具备这些优秀品德，引起人们的好感和喜爱。当时谁也不会预见到他后来所做的一切，今天，他已经成为世界的象征。

他是一位拉美的流浪者，他走出来认识世界，在沿途碰碰运气，他年轻，进步，革命，他来自危地马拉，他对在危地马拉发生的事情感到愤怒。

  我们招募他的主要目的,是让他当我们远征军的医生。

卡秋斯卡·布兰科:司令,你们在墨西哥的地下行动是如何组织的?你们是在哪里开会的?

菲德尔·卡斯特罗·鲁斯:我们的碰头会几乎都是在恩帕兰街49号玛丽亚·安东尼娅家召开的,后来,是在圣安赫尔区的阿方索·古铁雷斯(福福)及其妻子奥尔奇德亚·皮诺的家召开的。在这两家我们开的会最多。

  当然,我们还在其他许多人家开会,因为我们需要藏武器,在很多情况下,武器得从一家搬到另一家。此外,我们得利用帐篷房子,那些准备参加远征的年轻人住在这里。

  除了上述两家是大家集会和交换意见的场所外,其余的住处只有住在附近的人才知道,一般不是用来接头或开会,因为我们必须保证我们在地下进行秘密活动。有些房子是为了确保我们同志的安全,另外一些房子是为了确保我们购买的武器的安全,这些地方只有很少的同志分别知道。

  所有从古巴来的人都到玛丽亚·安东尼娅的家,而不是到圣安赫尔的福福家,后来,我的姐妹和小菲德尔曾在福福家住了一段时间。

  有一段时间,我们与警察没有发生麻烦,但是,后来发生了问题。这一情况改变了我们在墨西哥的生活,使我们的生活彻底地改变了。从一开始,我们就小心行事,但后来,我们更加小心,因为巴蒂斯塔的特务跟随我们。他们有可能绑架我们,甚至可能杀害我们中的某个人。这是有现实可能的。他们也可能利用墨西哥的犯罪分子、黑手党人来干这些事,墨西哥专有人愿意干这种事。因此,我们的行动必须得格外小心。

所有的武器和弹药我们都分别负责保管。一些同志知道某些地方，另外一些同志知道另一些地方。除我之外，没有人知道所有藏武器的地方。知道所有藏武器地方、总共有多少武器、我们总共有多少人、分成几个组、都住在什么地方的人是我，还有与我在一起的我的保镖和司机坎迪多（冈萨雷斯）和（赫苏斯·）丘丘·雷耶斯。坎迪多是卡马圭人，是该省的一位出色的干部。

我们也应该保护我们的人。至于我，据推测巴蒂斯塔计划中的任何行动的主要目标都集中在我身上，我的行动不是秘密的。因此，在墨西哥头几个星期之后，我从不单独住。我出入玛丽亚·安东尼娅的家和到所有的地方，我经常搬家，改变住处，总是有人与我在一起住。在蒙塔内与梅尔瓦结婚后，我就住在他们家。

我不能携带武器，除非格外小心，因为携带武器会给我带来问题，尽管有时候我携带武器，这是在形势非常危险，我不知道是否有人想谋害我的情况下携带的。面对墨西哥的任何当局我们搞不清楚，究竟是墨西哥政府的行动，还是墨西哥某个警察兼巴蒂斯塔的特务的行动。

我们所采取的措施是坚持谨慎行事，不断更换住处，我们从一家搬到另一家。有时候我们分乘两辆汽车，以免发生意外，我们经常遇到巴蒂斯塔特务的冒犯和墨西哥警察的干扰，特别是我们与他们发生麻烦之后。

卡秋斯卡·布兰科：当我在墨西哥时，我坚持要去参观洛斯卡米托斯射击场，但是，这个射击场已经不存在了，在原址上已经建起了一座城市。

我知道，你们泛舟在查布尔特佩克森林湖中，爬山，在革命纪念碑的广场上散步，你们拥有教练员阿尔萨西奥·巴内加斯和玛丽亚·安东尼娅的丈夫迪克·梅德拉诺。司令，您能不能详细谈一谈你们训练的情况？你们是如何进行训练，特别是实弹训练，有没有惊动他人？

菲德尔·卡斯特罗·鲁斯：说实在的，我们的体能训练和实弹训练以及其他活动都是合法的。当时有一个洛斯卡米托斯射击场，我们通常是在那里进行实弹训练。

后来，我们在图斯潘北部离海岸不远的地方拥有一个庄园，我记不起它的名字了。我们主要在三个地方进行训练。此外，巴约还给一个小组开设游击队的课程，这个小组的成员有切、劳尔和其他同志。

洛斯卡米托斯射击场位于墨西哥城的北部，射击爱好者们经常到那里去进行各种射击，有100米射击鸡的，200米射击火鸡，300米或400米射击羊羔。那里有不同的射击场地，有山岗，也有谷地，有好几个山岗，是一个很美丽的地方。

我们装成射击爱好者。在那里，我们认识了一些人，掌握了各种武器和望远瞄准器。有时候，我们也参加射击鸡、火鸡和羊羔，这是一种困难的射击，因为无依托、凭腕力射击是困难的。我们进行战争的射击，狙击手的射击。我们很少用动物作为靶子，我们进行100米、200米、400米和800米的打靶训练。我们训练的主要科目是有依托的狙击手的射击。我们使用望远瞄准器打碎600米的靶盘。我们获得了经验和射击技能。切是一位很好的射击手。

每当有新人从古巴来，我们就把他们带到射击场进行训练，这是我们要进行的首要任务。

我们希望我们的人都成为射击专家，成为我们将进行的战争所需要的射击专家。我们对进行这种战争缺乏经验，只有设想。很快，我们得知要搞到自动武器非常困难，唯一能搞到的武器是火力强大的猎枪。购买自动武器是我们最早"失去的希望"之一，我记得巴尔扎克有一部小说的标题就是《失去的希望》。我们想拥有一批带有望远瞄准器的步枪，使我们每个人都成为狙击手，成为射击能手。我们可以逐渐购买到一些猎枪，即海明威在非洲使用过的，可用来猎取大象、野牛、狮子的，带有望远瞄准器的猎枪，把猎枪变为打仗使用的枪。

当有新人从古巴到墨西哥来时，为了取得他们的信任，我派一位来自东部奥尔金省的同志陪他们，这位同志名叫米格尔·桑切斯，外号叫"朝鲜人"，因为他参加过朝鲜战争，但他反对巴蒂斯塔。

"朝鲜人"不太喜欢思考问题，他喜欢行动，他对我的枪法非常信任。我们把他安排在离打靶的瓶子12英寸的地方，我开枪打瓶子。新来的人看后很是吃惊，当然，我开枪时特别小心，我使用的是我常用的步枪，我事先确认准星没有问题，使用常用的子弹，避免发生意外，然后，才有依托地、摆好狙击手的姿势进行发射。我从来没有失手过，把子弹打在"朝鲜人"与瓶子之间。我曾经发射过数十次，主要是向刚来的人表明这种枪的功能。我们把靶盘放在800米远的地方，或放在600米远的地方，射击靶盘的侧面，侧面！我们使用这种猎枪达到绝对精确的程度，我们希望我们的战友都能掌握射击的技能，我们希望他们有这一信心。

"朝鲜人"想把瓶子放在他的两条腿之间，让我开枪打瓶子。但是，我没有接受。

我们几乎每天都到洛斯卡米托斯射击场去打靶，一去就是三四个小时，时间不知不觉过去。后来，由于出了点问题，我们不得不更换训练场地，换到人少的、比较偏僻的地方，以避开警察的监视，但我们继续组织和训练我们的人。

你想象不到，我们这些人拿起这些武器有多么厉害。如果想开枪射击 600 米远的人，会百发百中，甚至射击 800 米远的目标，也会弹无虚发。我们还学会了一种专门的技术，就是使用带有望远瞄准器的步枪。我认为，这是我们的强项。这就意味着，我们可以在任何远的距离射中任何目标。当然，我们考虑的主要是开展游击战。

我记得在攻打蒙卡达兵营之后，我们想上山继续斗争，我们当时只有 22 支步枪和几支在近距离都射不到敌人的猎枪，如果当时能够搞到我们后来在墨西哥所搞到的武器的话，我们就会有很大的优势。

我们十分强调在训练中作为狙击手，枪法一定要准。我们没有自动的战争武器，因此，我们必须最有效地利用我们所拥有的武器来弥补。后来，我们搞到了两支二战时使用过的反坦克步枪，但只有 5 发子弹。很难搞到这种步枪的子弹。这是外号叫埃尔夸特的安东尼奥·孔德帮我们搞到的，为了安全起见，我们这么称呼他。

墨西哥人埃尔夸特帮助我们搞到武器，他是一家武器商店的老板，因此，他对武器十分内行，此外，他在这一圈子里很有人脉。

在洛斯卡米托斯射击场和其他地方，谁也不会疑心我们是革命者，在那里射击的人，他们什么也不关心。他们不注意我们。好长时间一直是这样。我们看起来很有钱，酷爱射击，因为我们是射击场的老顾客，射击场指望我们这样的顾客来维持。一般我每次带 6～10 人去射击场，轮流去，以免引起怀疑。

埃尔夸特对我们很有用，他帮了我们大忙。他帮助我们购置了望远瞄准器,我们一次性购买了50个比利时的望远瞄准器,我们的大部分步枪是向他购买的,或通过他购买的,我们还向他购买了一些半自动步枪,如10支雷明登步枪,1支半自动的加兰德步枪和我们所拥有的唯一的全自动武器——1支口径45毫米的汤普森冲锋枪。

  我们希望每个战士或差不多每个人都拥有一个望远瞄准器,由于搞不到自动武器,只能配备望远瞄准器。但是,我们遇到了困难,我们丢失了一些武器,最终运到游艇上的是52个望远瞄准器。这是我们所拥有的最有杀伤力的武器,它的精确度很高,我对它很信任。当然,能够搞到半自动武器更好,但是,在当时的条件下,我们能搞到的半自动武器很少。如果可能的话,最理想的是拥有80%的自动步枪,大约20%的望远瞄准器。我们没能拥有自动武器,我们所拥有的最有杀伤力的、最有效的武器就是带有望远瞄准器的步枪,这些步枪是我们在这位墨西哥的武器店老板的帮助下买到的,我们把他争取过来为我们的事业帮忙,他表现得很忠诚,很认真。他也参与了我们购买游艇和在购置图斯潘圣地亚哥德拉佩尼亚的房子。

  他明明知道我们是革命者,还是与我们合作,尽管他从事的职业就是武器买卖,但他并不是单纯做买卖,也是出于与我们的友谊。他还帮助我们购买了两支反坦克步枪。

  我们曾经设想从美国购买一些武器,运到墨西哥来,但是从我们受到墨西哥警察的监视后,很难办到。

卡秋斯卡·布兰科:司令,尽管你们采取各种措施,避免引起注意,您和另外几位同志还是遭遇逮捕,被关押了几天,您能不能谈谈这些情况?

菲德尔·卡斯特罗·鲁斯：我们的活动是地下的，所有这些活动都是任何一国的当局根据国内法和国际法都不能允许的。不少墨西哥人对我们寄予同情，但是，墨西哥政府与古巴政府有正式外交关系，如果允许这类活动，就意味着违反国内法律和国际准则，干涉古巴的内政。因此，墨西哥政府和当局必须履行本国的法律，遵守国际的法律、准则和义务，必须遵守不干涉他国内政的政策。

因此，第一，墨西哥警察或墨西哥政府不需要巴蒂斯塔鼓励他们对我们采取认真的行动；第二，墨西哥有各种警察，有的执法比较严格，更有效力，其中最强的、最专业化的是联邦警察，它是联邦政府的一个机构。此外，还有秘密警察。巴蒂斯塔通过贿赂和各种方式，在墨西哥秘密警察中有些关系，有些人为他效劳。

巴蒂斯塔在墨西哥的古巴侨民中有一些特务，我对这些人很不信任。后来证实，有一位同我们有关系的古巴人是巴蒂斯塔的特务，他同我们的几位同志有些私人交往，成为好朋友，他曾经是哈瓦那大学的警察，后来因为杀害了一位中尉警察而到了墨西哥。我对他一直不信任，我从心理学角度观察他的行为，认为他可疑。

卡秋斯卡·布兰科：司令，您是不是指埃瓦里斯托·贝内雷奥？

菲德尔·卡斯特罗·鲁斯：是的，巴蒂斯塔发动政变那天，他在哥伦比亚兵营，后来，在哈瓦那冒充革命者，他杀害了一位守卫哈瓦那大学的中尉警察之后逃跑了，后被捕，关进监狱，后又奇怪地越狱逃跑。毫无疑问，他很能干，居然能成为我们一些人的朋友。也许当他在3月10日早上巴蒂斯塔政变那天，他公开出现在哥伦比亚兵营时，就已经是特务。

在墨西哥秘密警察中有人替巴蒂斯塔效劳，但是，他在墨西哥联邦警察中没有人。幸亏我们与之发生冲突的是联邦警察，我觉得这是巧合。

当时，我们已经得知巴蒂斯塔的某些计划，但我们不知道对我们的监视是来自墨西哥警察还是来自巴蒂斯塔收买的、企图绑架我的墨西哥暴徒。我们采取了一些安全措施，保持高度的警惕。我们观察到一些奇怪的行动，我们决定不乘汽车，而是步行离开住所，因为我们必须出去活动。当我们走了两三个街区，快走到一条大街时，原来说好有一辆汽车在我们穿过大街前，接我们上车。我看到那里有些异常，于是我对接我们的司机说："你接着开。"当时天很黑。我们穿过大街，接着向前走。已经差不多是夜晚了。

当然，我不是一个人。我们分开走，我和另外一位同志走在前面，后面是拉米罗，离我们约 50 米。但是，好像就在那里，很巧，有一辆或两辆联邦警察的汽车，他们觉得我们的行动有些奇怪，当我和另外一位同志走到一个街角，那里正在新盖一幢房子，我们看到有一辆车从相反的方向朝我们开来，急刹车，从车上下来几个人，我躲在一个柱子后面。为了防止被绑架，我当时想拉米罗在我后面，我掏出带有 20 发子弹的自动手枪。

我以为拉米罗离我大约 50 米。联邦警察都干了些什么？他们的行动十全十美，看来，他们乘坐两辆汽车，一辆在前面，在开到街角时下来几个人，另一辆大约离第一辆车 80 米远，车上的警察逮捕了拉米罗，警察下了车。正当我掏出手枪时，一名警察拿手枪对准我的后颈，不让我动。联邦警察们训练有素。我当时正躲在新建房子的柱子后面。这是一个富人区，居民很少。我曾向尼加拉瓜的司令托马斯·博尔赫详细讲述过这一经历,在他写的题为《一粒玉米粒》的书中有记载。

　　这样的经过是好事,如果发生战斗,我们很可能会打死三四个联邦警察,因为我们以为他们是巴蒂斯塔的杀手或特务。要是这样的话,会制造多么大的问题!当时的情景是十分危险的,他们可能杀害我们,我们也可能杀害几个墨西哥警察,幸亏他们忠于职守和办事认真。

　　开始,墨西哥当局认为我们是一帮非法歹徒,我能觉察到这一点。他们以为我们是一个走私集团,不是一个政治组织,而是一个犯罪集团。这是他们最初的想法。当开始询问我们和确认我们的身份时,他们证实我们是古巴人,他们确认我们不是从事非法活动的刑事犯,而是肩负政治使命的革命者,于是开始对我们表示尊重。

　　卡秋斯卡,有一次我曾经对您解释过,50多年前的1956年当我们被捕时,毒品走私问题在墨西哥还不存在。当时,墨西哥联邦警察主要是抓墨西哥与美国边境地区的商品走私,这是当时的主要问题。巴蒂斯塔在联邦警察局没有什么影响。但墨西哥的秘密警察局腐败成风,巴蒂斯塔独裁政府在墨西哥秘密警察局有影响,并利用秘密警察来了解在墨西哥的革命者的行动。

　　纯粹是偶然,是联邦警察在那里逮捕我们。上次我向您详细叙述了不同寻常的经历,我们所做的巨大的革命努力差一点付诸东流。我不想再次细谈这次经历,但是,我需要补充的是,今天越来越猖獗的毒品和来自美国的精密武器的走私已经构成每年使成千上万的墨西哥人丧命的可怕的问题。这两个问题都是墨西哥的北方邻国美国所造成的。

　　但是,在1956年与商品走私的问题相比,古巴革命者的政治活动并不引起注意。

当然，联邦警察寻找了一切，搜查了一切。只要在某张纸上留有姓名的，他们就千方百计进行追查，如果得到某个地址，就马上派一组人去调查，如果查到某人属于组织的成员，就把他逮捕；如果查到武器，就认为是自己的成果。他们认为发现了重要的线索。

我认为，我现在仍然这么认为，我们与联邦警察发生的事件是偶然的，是巧合，因为我关注了这一事件，关注墨西哥联邦警察的每一个反应。当然，当他们认为发现了重要线索时，作为联邦警察，他们感到有责任采取行动，因此，他们在报刊上刊发了轰动一时的消息：反对巴蒂斯塔政府的巨大阴谋、武器的走私、活动，等等。报刊开始刊登这些事实。巴蒂斯塔对这些新闻感到欣慰。

墨西哥腐败透顶的秘密警察对此给予了帮助，提供了一切。幸亏采取行动的是墨西哥联邦警察，主要是由于：第一，联邦警察办事比较认真，比较专业，对其本身的职责清楚；第二，联邦警察中有一个人，后来成为我们的朋友。逮捕我们的是一位上尉警察，他纯粹出于巧合采取了行动，并领导了对我们的调查。他们先是要求我们提供材料，当然，我们没有向他们提供。我们都很坚定，谁也没有开口。

他们说要拷打我们，他们把我们带到不同的房间里，开始审问我们，假装要拷打我们：让我们把胳膊这么放，让我们这么做，那么做，想吓唬我们，他们看到我们都予以抵制。

看来，我们的人的坚定立场、革命动机和与刑事犯非常不同的思维打动了他们，使他们对我们表示尊重。随着时间一小时一小时和一天天地过去，他们对我们更加尊重和敬畏。当然，他们想弄清楚我们的来龙去脉，抓捕所有相关的古巴人和所有的武器。

但是，说真的，他们没能通过我们抓到任何一个古巴人，他们所抓到的人，是因为他们发现了蛛丝马迹，或者是一个地址，一个电话号码或什么线索。

劳尔及其他一些人得知我们被捕后，便转入地下活动，因此，联邦警察没能抓住我们的大多数人。但是，在查尔科的圣塔罗萨庄园，我们有15～20人住在那里，其中包括切。联邦警察事先根据他们所掌握的材料和线索，知道那里有帐篷房子，他们曾询问多次，没有得到进一步的线索。出于职业的荣誉，他们想将我们的人一网打尽，尽管他们知道我们是革命者，我们组织起来是要推翻巴蒂斯塔。于是，他们汇集线索，发现几家藏有武器的人家；再次汇集线索，发现了圣塔罗萨庄园，那里有一组人携带武器在进行训练。

但是，他们没能抓捕我们的大多数人，也没能捕获我们所藏的大部分武器。特别是没有发现只有我和坎迪多知道的一个地方，那里藏着数十件武器。有一些地方没有被他们发现，藏有武器最多的地方也没有被他们发现。尽管他们从我的外套口袋里发现了一张坎迪多给我留下的纸条，上面有这一家的电话号码，由于我忘记了此事，纸条在我外套口袋里已有三四天。当警察抓捕我的时候，发现了这张纸条。此前，作为一项规矩，我身上从来不留纸条、笔记本或地址，从来没有！这是我的习惯。因此，当我看到警察从我身上发现这张纸条，我心里想，他们一定会找到这家人家，因为警察们一定会注意每一个细节，追踪每一个地址，每一个姓名，每一个线索。但是，也许这是警察们唯一没有追踪的线索，虽然他们在我的口袋里发现了这张纸条。他们应该调查这个电话号码是谁的，但是，他们没有调查。尽管他们干事谨慎小心，一丝不苟，追踪每一个线索，但这一次，居然没有追踪在我口袋里发现的线索。

他们把线索联系在一起，把材料串起来，发现了切及其小组成员所居住的庄园，于是说："我们已经知道。"他们曾问过我多次。我甚至与他们打过赌，我对那位上尉警察说："不，你们不知道。"直到后来他们对我说："就在这里，就在这个地方，确凿无疑，我们现在就过去。"我请求他们说："我跟你们一起去，因为如果你们到那里去，很可能会发生枪战，这无论对我们，还是对你们，都不合适。你们让我走在前面，我可以担保他们不会抵抗，不会发生枪战。"我不得不这么做！因为我们的人有武器，他们服从切的指挥，如果他们突然受到包围，很可能会进行抵抗，会发生一场恶战，这会造成严重的后果。

最后，我们有20多人被捕，其余的人没有被捕。而我们的武器，有三分之一多一点，不到40%被查获，但是，60%～70%的武器没有被收缴。我们被关押了几个星期。

卡秋斯卡·布兰科：司令，我这里有当时墨西哥的几家报纸刊登的有关报道的复印件。2006年11月，国务院历史事务办公室的专家埃尔萨·蒙特罗和我在墨西哥国立自治大学报刊阅览室查找当时的报纸。其中有的报纸的标题是："墨西哥挫败反古巴的骚乱，20名头目被捕。所有叛乱者的武器被缴获"，那几天的报纸的标题还有："7名古巴共产党人在墨西哥由于阴谋反对巴蒂斯塔而被捕，他们的武器被缴获"，"格瓦拉夫妇将被放逐到阿根廷"，"25名被捕的古巴人获得庇护"，"这些古巴人不是红色的，而是民族主义者"。

菲德尔·卡斯特罗·鲁斯：报纸刊登了有关发现武器的消息，引起一片哗然。很可能是巴蒂斯塔鼓动发表这种耸人听闻的消息。很可能他施加了外交压力,要求墨方采取反对我们的措施,这是可以推测的。

发生了一些有意思的事情。抓捕我们的墨西哥警察最后成为我们的朋友。自从他们认为我们不是一伙刑事犯起,他们就开始对我们寄予同情,成为我们的朋友。我们幸运的是,联邦警察局的局长费尔南多·古铁雷斯·巴里奥斯的表现有绅士风度,为人诚实。他对我们施加过压力,但他知道,我们不会屈从暴力而招供。他是上尉,很年轻,是一个诚实的人,他不会被巴蒂斯塔收买。古铁雷斯·巴里奥斯清楚我们斗争的意义,知道我们是什么人,我们是在做什么,我认为尽管他在履行自己作为警官的职责,在进行调查,但对我们表示尊重,他完成了他的任务,很明显,他对他的所作所为表示遗憾,他甚至对我们和对我们运动的所有的人表示赏识。这是在这一不幸事件中发生的一种现象。我们与这位联邦警察的主要头目之间居然建立了友谊和尊重的关系,这种关系一直保持到几年前他去世为止。他后来的职业生涯一路攀升,他当过副部长……我记得,他还当过州长,他是一个好人,一个绅士。

当然,他们继续调查,但是,对我们表示尊重,没有拷打我们,这是事实。他们向法庭出示了所有收集到的证据,并把我们送进了监狱。

在那些日子里,什么事情都发生过。西班牙人巴约认为一切都已经失败,发表了他的声明。由于他曾经参加过几次远征,并且有经验,所以他的名字很突出。他没有被捕,因为他躲了起来,但是,他接受了采访。他参加过几次战争,帮助过反索摩查和其他人的远征。他在报纸上发表了一篇文章说我们的远征是已经失败了的冒险,文章说:"我的失败了的、反巴蒂斯塔密谋的古巴远征。"说真的,我读后很生气,因为巴约认为一切都已失败。我看了他的文章和声明后感到非常不快。

后来,报纸上耸人听闻的消息逐渐被有关我们处境的客观的、有利于我们的报道所取代。从《至上报》的大标题可以看到这一趋势。一开始,墨西哥报刊刊登的是警察局或古巴使馆提供的版本,但是,一旦事实真相逐渐大白,一些诚实的报纸的反应对我们有利。我记得一些非巴蒂斯塔的、对我们没有敌意的报纸如《至上报》《最后消息报》《新闻报》及其他墨西哥报纸所发表的文章,它们只是不得不发表有关我们被捕的消息。

在某些时候,切本人的叛逆性格使我们的处境更加复杂。他对警察和扬言要把他放逐的威胁感到非常生气。有一次,在审讯他的时候,他很不谨慎,居然与警察发生争论,他声明自己是马克思列宁主义者,同警察、法官和所有的人进行辩论,辩论资本主义与马克思主义的区别。他把牢房变成政治思想战役的战场,他声明自己的思想——我在攻打蒙卡达之前就已具备了这一思想——并进行了争辩。你可以设想,他们抓住了切的所有的这些声明,把它们都发表在报纸上,使我们的处境更加复杂。因为报纸说:"共产党人集团,不知他们想干什么和什么时候……"司法当局对切的言论也感到愤怒,他们没有虐待他,对他表示尊重,对其他人也一样,但是,他们对切的声明和辩论感到羞辱。

后来,切对我说,他甚至与他们辩论个人崇拜现象,因为在那时候，赫鲁晓夫反斯大林个人崇拜的最初讲话已经发表。他居然与法官和警察辩论个人崇拜问题！主张正统路线的切向他们解释这一现象，他批评这种否认的倾向。他认为同警察和法官进行辩论是他的责任！而我们担心的是古巴的问题，是无论如何都要完成组织远征古巴的使命。我们已经有了武器，我们大多数同志没有被捕，我们会想方设法克服困难，继续前进。今天回想起来，觉得有些好笑。

我们在监狱里被关押了几个星期，大多数人先被释放，只剩下我们三人仍被关押：切、加利斯托·加西亚和我。可能是由于我是头，切可能是由于他的马克思列宁主义的怒气冲冲的声明，而令人不解的是为什么不释放加利斯托·加西亚，也许唯一的原因是因为他是黑人。但是，切，阿根廷人，他的声明使事情变得更加复杂，推迟了我们的出狱。

11

劳尔的努力．死亡的危险．拉萨罗·卡德纳斯对菲德尔的姿态．兑现诺言．要不要进行革命．越过布拉沃河．同普里奥的会见．安赫尔的信任．在《波希米亚》杂志上的辩论．正统党的党员．反对巴蒂斯塔和特鲁希略．一场真正的革命．人和武器处于危险中．叛变．最后的时刻．启航．发给古巴的电报

卡秋斯卡·布兰科：司令，国务委员会历史事务办公室的研究员埃韦尔托·诺尔曼撰写的《诺言》一书是十分详细的研究成果，它使我们了解到 1956 年 6 月没有在墨西哥被捕的运动领导成员为你们的释放、避免其他革命青年被捕和把他们立即转移到韦拉克鲁斯、把没有被联邦警察收缴的武器从已被警察发觉的地点转移到安全地点所进行的非常危险的行动。

在美国的胡安·曼努埃尔·马克斯急急忙忙回到墨西哥与劳尔和埃克托尔·阿尔达纳会见，他们和其他几位同志是"七·二六运动"海外执行委员会成员，他们承担了似乎不可能完成的营救您和 22 名被捕战友出狱的任务，同时又一刻不停地维持运动在墨西哥的进行，保持在墨西哥的运动与古巴的联系，确保您出狱时远征准备工作完毕，并在 1956 年随时可以启航去古巴，正如您所承诺的那样。

我承认，劳尔在这几个悲痛的星期里的不懈工作打动了我，当时您及所有被关押在联邦区米格尔舒尔茨大街移民站的同志们的处境变化无常，看似很快能得到解决，但后来又变得复杂，有被引渡回古巴的危险。他四处奔走，为他的兄长和革命的舵手您操心。打动我的还有古巴人、墨西哥人、西班牙人、多米尼加人、波多黎各朋友们的声援，他们保护和帮助了你们，全然不顾自己因此有被墨西哥当局认为卷入此案或是同谋的危险。他们是：埃尔瓜特、希门内斯姐妹、阿尔萨西奥·巴内加斯及其姐妹、菲达尔戈、卡洛斯·马里斯塔尼及其夫人胡里埃塔、马丁·迪戈、埃斯佩兰萨·奥拉萨巴尔、巴约及其儿子、维克托·特拉波特、拉蒙·德阿尔比苏·坎波斯、胡安·华尔贝以及负责此案的辩护律师和法官等。法庭记事本上详细地记述那些天里接二连三发生的事情，特别是关于依靠武力抓人的事情。被秘密警察逮捕和拷打的人有坎迪多·冈萨雷斯、胡里奥·迪亚斯、阿方索·纪廉·塞拉亚和（赫苏斯·）丘丘·雷耶斯，丘丘有几天失踪了。埃尔瓜特也被抓走了，但他没有经受拷打就被释放了，原因是丘丘很勇敢，他什么也没有说。

司令，您与格瓦拉一起在移民站的一张照片给我留下深刻印象，这可能是您与他一起的第一张照片。我想这张照片可能是在你们快要被释放前照的，当时大多数人都已经被释放，只剩下您、格瓦拉和加利斯托·加西亚仍被关押着。遵照劳尔的命令，拉米罗和另外一位同志经常在监狱的唯一出入口处守卫着，以避免您被谋杀或被秘密转移到运动不知道的地方。

菲德尔·卡斯特罗·鲁斯：是的，有这种担心，什么事情都有可能发生。因此，请求拉萨罗·卡德纳斯为我们说情十分关键。他有很高的威望和权威，尽管当时他已经不当总统。自从他为我们说情后，情况大有好转，他对冲突的解决起了决定性的作用。他在当时的总统阿道弗·卢伊斯·科蒂内斯面前替我们说情。

卡德纳斯在不当总统后，仍担任一些其他职务，他为发展计划和建筑计划工作，他完成了分配给他的任务：建设一个港口、一个城市和一个钢铁厂。他一直遵守宪法，尊重宪制政府。他在墨西哥国内享有崇高的威望、显著的权威和影响。他确实帮了我们大忙。这突显了墨西哥对我们使命的优势：墨西哥是一个热情好客和进步的国家。

最后，我们于7月24日下午被临时释放，我们可以上街。这是拉萨罗·卡德纳斯帮的忙，他设法使我们出狱，并缓和了对我们的敌意。他介入对我们很有利，甚至警察对我们都很正派，他们明白我们是些什么人，并允许我们在安全的范围内开展活动。他们相信我们在获得自由之后，会有好的表现，但是，仍对我们有一些限制，我记不得是什么原因。

拉萨罗·卡德纳斯不仅帮助我们出狱，而且对我们十分友好。

卡德纳斯的帮助起决定性的作用，他促使抓获我们的联邦警察对我们寄予同情，尤其是警察的主要头目、负责监督我们运动的费尔南多·古铁雷斯·巴里奥斯。

在曾被关押的人中，有几个人在出狱后，还得每星期去内务部报告，因为我们仍处在严密的监视中。

卡秋斯卡·布兰科：我知道您很钦佩拉萨罗·卡德纳斯将军，出狱后没过多少天，您与他进行了短暂的会晤，您对他为你们释放所做的斡旋表示感谢。你们的会晤是在上午11点，在洛马斯查布尔特佩克小区、他助手的队长路易斯·桑切斯·戈麦斯家里。据说在会见时谈到了拉美的友谊，这是一次简朴的、充满激情的会见，卡德纳斯将军显得很高兴。

司令，事情的发展使我们考虑当时你们的被捕和被关押使在墨西哥的运动更加困难，这不仅使你们的生命受到威胁，而且使远征的计划有夭折的危险，是吗？

菲德尔·卡斯特罗·鲁斯：是的，这一切都产生了很重要的后果：使一些在经济方面支持我们的古巴人产生了某种气馁，我们曾经用他们的资助购买武器和维持我们在墨西哥的力量。我记得其中有一个名叫胡斯托·卡里略的人，他曾资助过我们，他是古巴独立战争老战士的后代。

他是真正党党员，是普里奥政府中少数没有发财的例子之一，以为人诚实而闻名。我记得他是属于中产阶层，在普里奥政府的一家银行工作。他反对巴蒂斯塔，参加了反对派的组织，在蒙卡达行动之后，我与他相识，当时我们正和民族主义革命运动成员一起成立一个反对巴蒂斯塔的运动。民族主义革命运动组织的力量不大，但是有一定的影响和经济实力。这时，他找到了我们。在1955年，他资助我们一笔钱。后来，在1956年4月，他又资助我们约5000美元，这是一笔重要的资助。他是在墨西哥太平洋沿岸的塔帕丘拉给我这笔钱的，我们在那里见了面。我特地沿着公路到塔帕丘拉同他见面，他的资助十分重要。

我记得我们进行了争论，因为像他那样的政客都想当共和国总统，他们每个人都自以为是了不起的人物，对巴蒂斯塔来说是危险的敌人，他们之所以接近我们，是因为我们在古巴有威信，他们想与我们合作。我们的方针是接受一切向我们提供的援助。但是，这是在我们被捕之前。

从那时候起，我们保持比较友好的关系，成为反对巴蒂斯塔的盟友，由于他不像普里奥那样身败名裂，这使得我们容易接近，在我们接受他的帮助时，他没有向我们提出什么交换条件。

我曾经承诺，在1956年我们要么获得自由，要么成为烈士。这一承诺成为一个大问题，因为1956年6月20日我们被捕，要在当年完成远征，简直是做梦。我们是在7月24日被释放的，当时，要完成承诺似乎是十分困难的。

8月、9月、10月、11月、12月，只剩下5个月时间！我们失去了一部分武器和不少住处，其中有的住处是很保险的，失去了射击场地以及许多东西；而且我们已经被人知晓，被警察监视。我们的处境非常困难。

这是我们困难的时刻，什么事情都已发生，有的朋友对我们拔刀相助，在过去帮助过我们的人中间，有一部分人后来灰心丧气。实际情况是，当时我们更加需要钱。在剩下不多的时间里，我们需要结束准备工作，补充武器，尽管我们保存了70%的武器。我们还需要补足人员、进行训练、购买船只、选定出发点，而这一切都得在警察监视下完成。巴蒂斯塔千方百计想消灭我们，使我们的计划落空。这迫使我们行动得格外小心、格外准确无误。

说实在的，我们不得不破费，去收买一些与巴蒂斯塔合作的人，从他们那里获取一些情报，其中有古巴的特工和为巴蒂斯塔效劳的墨西哥的秘密警察。有时候，我们得到一些十分有价值的情报：知道他们在做什么，这些古巴特工都在执行什么任务等。这很重要，因为有助于我们向他们提供假情报和迷惑他们。只要我们与警察之间不出现什么问题，我们的任务就比较容易完成。但是，我们的工作方式必须十分谨慎，必须讲究技术和科学。

卡秋斯卡·布兰科：这种形势使您难以兑现在1956年打回古巴的诺言，但是，您的父亲却相信，您一定会回古巴的。我想起他，想起你们刚在墨西哥安顿好时，您父亲写给劳尔的一封信，信中表达了对你们的思念和支持：

我收到了你的来信，从信中可以看到你的身体不错，我通过收音机得知菲德尔到过纽约。我的病情有所好转。莉娜到圣地亚哥的科伦尼亚去了几天，因为她打针感染了，现在已回家，情况已有好转。

我想这几天会从哈瓦那给你寄一些东西，此前，你们应该收到所寄的东西，我们尽最大的可能，但目前我的经济状况不是很好。

在其他方面，我们一切都好。

请求上帝保佑你们的健康和安宁，请接受你们的父亲母亲对你们的祝愿，我们始终用我们全部的情和爱想念你们。

附：请接受我的问候，我将写信给你。

阿方索

安·卡斯特罗

司令，在您比兰老家，没有人怀疑，大家都认为您1956年肯定会回古巴。他们对您十分了解。据说您的老父亲像《圣经》上讲的，一位父亲每天下午都到一个高地，盼望浪子的归来，据我所知，《新约全书》上这一富有诗意的寓言故事，从您小时候，就给您留下深刻印象。从你们攻打蒙卡达兵营时起，你们的父亲就为你们感到骄傲，他每天都收听收音机，盼望能听到你们远征归来的消息。如果说，世界上有人坚信不疑您会兑现您的承诺，那就是您的父亲，安赫尔·卡斯特罗先生。

菲德尔·卡斯特罗·鲁斯：我提出口号，要与想同巴蒂斯塔妥协和寻找通过选举解决的温和倾向做斗争，因为这将使巴蒂斯塔政权在古巴持续下去。在这一斗争中，我提出了口号，因为仍有民众表示怀疑，这些人做了很多承诺，说得很多，民众感到失望，有点迫不及待。为了提高跟随我们并把我们视为言之有信的人的信心和信任，我表示："请你们不要怀疑，1956年我们一定会打回古巴。"

这是一个大胆的决定。我没有说这是一个正确的决定。这是一个大胆的承诺，原因是想提高民众的信心，目的是想争取更多的资助，招募更多的人员，建立、发展和扩大运动的队伍。

如果回头来看，我不禁要问自己，是否有必要这么承诺。现在我的回答是没有必要非得这么承诺，没有必要非得严格遵守承诺的时间去进行革命，这可能会有影响，但是，今天我承认，承诺一个固定的日期并不是至关重要的。

如果不能在 1956 年 11 月或 12 月，也可以在 1957 年 1 月、2 月、3 月、4 月、5 月、6 月开始革命，只要时机成熟！关键在于我们一定会兑现我们的承诺和实现我们的目的，对这一点，我是有把握的。

但是，我还是决心在 1956 年打回古巴。这是我的想法，除非我一直被关押在监狱里或者我死去，否则我即使与一些同志绑架一架飞机，我们也会在承诺的日期打回古巴。

我认为，我夸大了这一切，在某种程度上过于看重日期。我没有认识到，在历史发展过程中，这种因素并不是决定性的。但是，我做出了承诺，如果我不兑现承诺，会起负面作用，独裁政府会从中获利，利用它来把我们说成是说话不算数、不兑现承诺的人，来嘲笑我们。于是，我的观点占了上风，我坚持要兑现承诺。长期以来，我一直批评真正党的政策及其行动。但是，在我们被捕之后的形势下，普里奥得知我们处境十分困难，认为这是一个向我们表示善意的机会并表示愿意与我们合作。看来，他对我们的处境感到同情、凌辱和伤害，也许他意识到我们处境困难，便要求与我见面，进行接触，愿意提供帮助。

普里奥的这一姿态给我出了一个难题，因为我曾经说过："用从共和国国家那里盗窃来的钱是不能干革命的，我们在革命后，会敲响盗用公款的人的大门。"这意味着，我们将敲响他们的大门、没收他们的财产。我们怎么能接受普里奥的资助呢？对我来说，这是一个巨大的考验，因为正是我本人提出了这样的口号，我必须做出抉择，是进行革命，还是避而不谈和无视我自己提出的口号。于是，我问自己："什么是最重要的？"首先，必须进行革命，必须兑现向人民做出的承诺，在 1956 年开始斗争。因此，很简单，为了革命，我不得不忍受敲响盗用公款的人的大门的屈辱。

我想普里奥之所以想与我见面，是想通过与我们这些激进人士的会见来粉饰自己；通过对我们革命运动的资助来恢复其名声，在道义方面得到宽恕。在3月10日政变前，我曾经对他进行过揭露，我的揭露是有力的，无可辩驳的。他没有向我们资助很多钱，我们估计我们需要4万美元，于是，向他要求4万美元。我们没有别的募集资金的办法。要想回避或战胜巴蒂斯塔那样资金雄厚的政府不是一件简单的事情。

我们继续通过各种方式募捐，但是，还是资金不足。弗兰克·派斯到墨西哥来时，给我们带来一笔钱，但是，还是不够，好像是5000美元……他最多的一次，给我们带来8000美元，这是一大笔资金，而且是一分加一分、一个比索加一个比索地募集起来的，因为是民众一点一点捐助的。

总之，我与普里奥的会见并没有带来很多问题和矛盾。我们的人明白我们的处境，并信任我。很可能多数人主张结盟。后来，在马埃斯特腊山，当我们的力量已经强大并成为决定性因素时，与所有的力量达成了协议。这是符合我们的策略和战略的。

与普里奥的见面意味着我们接受他成为反对巴蒂斯塔斗争的组成力量，仅此而已。对他来说，是有道义意义的，对我们来说，要利用我们不赞成的人的资助有点苦味和艰难。

后来，在我们出发前不久，我们在做远征准备工作时，联邦警察又监视我们的行动。我们是在墨西哥最好的、资金最丰富和最有威信的警察的持续和严密的监视下准备远征的。这是我们不得不进行的、没有别的选择的事业，我们既要回避墨西哥警察的监视，又要准备远征古巴与巴蒂斯塔进行斗争。这确实是一次非常困难和大胆的行动，我们差一点没能离开墨西哥。

卡秋斯卡·布兰科：司令，我记得在2006年夏天，您同我谈到了您与卡洛斯·普里奥见面的情况，说您像"湿背的劳工"一样潜水游过了布拉沃河……您还说，当时摆在您面前的只有两条道路：干还是不干革命，您选择了前者。您前去会见普里奥是为了募集资金，尽管您对此有顾虑，但您还是以把古巴从巴蒂斯塔独裁统治下解放出来、从根本上改变国家的不可放弃的目标为重，不顾及与普里奥深刻的政治分歧而去会见他。是谁安排这次会见的？你们是在什么地方见面的？都谈了些什么？您是如何返回墨西哥的？这一切听起来好像是冒险故事一样。

菲德尔·卡斯特罗·鲁斯：为了与普里奥会见，我不得不作为一个无证件者进入美国境内，我潜水游过了布拉沃河，到达河的对岸。但是，普里奥没有任何风险，他在一家汽车旅馆等我，他很高兴与我这位不愿意同上届政府进行任何接触的雅各宾派[1]见面。

这一切是由墨西哥石油勘探者、我的朋友阿方索·古铁雷斯（福福）安排的。古铁雷斯熟悉边界地区，他有朋友、关系和认识有影响的人。是他帮助我非法越境，因为墨西哥当局不发给我签证，尤其是在切发表了声明和在联邦警察局的牢房里热情地捍卫马克思列宁主义之后。因此，我无法合法地去美国与普里奥会见，我必须游过布拉沃河并同时越境。由于福福·古铁雷斯是石油勘探者，他能确保我越境。他联

---

[1] 雅各宾派是法国大革命时期（1789～1799）参加雅各宾俱乐部的激进派政治团体，成员大多数是小业主。主要领导人有罗伯斯庇尔、丹东、马拉、圣茹斯特等。这里泛指激进派。——译注

系他的朋友，让他的朋友在河的对岸牵着马等我。当我越境到达对岸后，便骑上马到一个地方，然后乘汽车到达边境城市麦卡伦的皇家棕榈汽车旅馆，普里奥在那里等着我。我们进行了长时间的交谈。我在那里待了几个小时，我记得还同他一起共进午餐。然后，我合法地回到墨西哥，因为从美国到墨西哥不需要签证，不需要证件。

我不否认，接受普里奥的资助是我迫不得已做出的非常巨大的牺牲，但是，还是值得的，因为有了他资助的钱，我们才能继续前进和兑现我们的口号，这使人民相信我们新的一代革命者。

卡秋斯卡·布兰科：此外，当时，您在《波希米亚》周刊发表文章，提出了您的一贯的主张，强调团结一切人、集合一切武器和资金进行反对巴蒂斯塔的斗争。

从您在墨西哥被捕到离开墨西哥远征古巴，您给《波希米亚》周刊撰写了几篇文章，引起了一些争论……

菲德尔·卡斯特罗·鲁斯：是的，我在《波希米亚》陆续发表了一些文章。我记得第一篇文章(1955年发表)的标题是《我为古巴服务 那些没有勇气做出自我牺牲的人》，这是我在美国游说时写的，是答复安赫尔·博阿在这一著名的古巴周刊上发表的一篇题为《菲德尔，不要替巴蒂斯塔买卖》的文章。我在迈阿密发表声明，在那里媒体采访了我。我的回答是非常有力的，引用了马蒂的许多语录。说真的，当时我很生他的气，因为他认为我写的文章是违背了我们的革命路线，是不自觉地在帮助巴蒂斯塔。当时，博阿主张开展公民斗争，而我们是竭力主张进行武装斗争。当然，在我头脑里，我不认为我的想法有什么错。我反驳了他对我们这些准备为古巴做出最大牺牲的人的攻击。

安赫尔·博阿后来的表现很好，因为历史证明我是在理的，他后来投身革命。我记得他是在一次车祸中去世的。他是拉美通讯社记者，这个通讯社是我与豪尔赫·马塞迪以及与青年作家们如加夫列尔·加西亚·马尔克斯一起创建的。

12月，又有一篇文章攻击我，题目是《祖国不是菲德尔的》，署名是另一位记者。作为回答，我发表了《面对所有的人！》一文，发表在(1956年)1月8日《波希米亚》周刊上，这是真正的挑战。(1956年)3月5日我又写了一篇文章，题目是《他们要求谴责我们》，针对在2月2日正统党领导理事会会议上发生的一次暴力事件对我们的谴责，有人企图指责我们是一伙无节制的暴徒。我记得我的理由是，我们的风格是坦率，我们无条件地根据事实来说话。我举了古斯塔维·勒邦的例子来说明一些狂热的反对正统党领导人所执行的与政府对话的人群的态度。我提到勒邦，说民众是破坏者，但是，他们是有高尚道德的，在事件中，尽管他们在多尔塔·杜克博士家里把画扔向参加会议的人，但是没有人发现他们偷走一幅画。此外，我认为不能允许某些正统党的领导人为推卸责任对爱德华多·奇瓦斯的主张和榜样的真正追随者参加的运动进行隐晦的、不公正的指责。我补充说，当地方各省的首领企图进行不光彩的交易和签署政治合同时，正是真正的、老的正统党人与奇瓦斯一起挽救了党，他们是与我们的革命路线站在一起的。

我记得我还指出，在他家里发生事件的多尔塔·杜克博士是我的同学和战友，他是我们运动的成员，在12月7日他与我一起参加了在美国韦索角举行的古巴侨民集会。在会上，我向古巴人民重申，我们兑现承诺的一天不远了，我肯定地说，"七·二六"革命运动组织将正面与拥有坦克、大炮、喷气式飞机、凝固汽油弹和各种新式武器的政府进行战斗，而不会去冒犯手无寸铁的公民在那里开会的安静的住宅。我的这些观点发表在1956年3月5日的《波希米亚》周刊上。

1956年4月1日，我发表了《"七·二六运动"》一文。我利用没有新闻检查的时期在报刊上发表文章。我当过记者，我认为我现在还是记者。

我的想法是，我应该用笔来为自己辩护，因为，如果我不这样做，我就会失去群众，而一个政治家如果没有群众，一切就等于零，一场革命如果没有群众就等于零。我必须捍卫革命，因此，我关注所发表的文章，与作者进行争辩，写反驳的文章。我从关押在松树岛监狱时就开始撰稿。

卡秋斯卡·布兰科：研究员安娜·努涅斯·马钦著的《记者菲德尔》一书汇集了您所有在报刊上发表的文章，这说明您在墨西哥面临着谎言、谣传和污蔑，您不得不开展了一场紧张的政治斗争。您在《"七·二六运动"》一文中，重申了起义路线是古巴形势的唯一出路，是对正统党的忠诚。

菲德尔·卡斯特罗·鲁斯：是的，我在这篇文章中重申了"七·二六运动"对奇瓦斯主义纯洁的原则的忠诚，以及我们运动的路线是1955年8月16日正统党党员代表大会一致通过的。我也说明我们并不爱武力，我们厌恶武力，我们不准备忍受用武力统治我们；我们厌恶暴力，我们不准备忍受4年来对国家所使用的暴力。我强调，斗争是人民选择的道路，为了帮助人民进行英勇的斗争以恢复被剥夺的自由和权利，我们组织并加强了"七·二六运动"。我在一个句子里放了两个日期："对付3月10日，要靠7月26日！"自从那时起，我就把"七·二六运动"视为一个由穷人参加的、帮助穷人的、为了穷人的组织,是饥饿者能得到面包、被遗忘者能得到公正的革命组织。

卡秋斯卡·布兰科:司令,您那时候还是正统党党员吗?

菲德尔·卡斯特罗·鲁斯:是的,尽管正统党已经分裂,党内有各种派别。我认为,其中一派就是我们的派,即起义派。因为事实上,从普拉多大街109号开始,我们在正统党党内做了工作。我们招募了大部分战士,占绝大多数,我认为约有90%,其中包括正统派青年团,特别是青年人,他们对我们帮助很大。

党内有各种派别:有帕尔多·利亚达派,米略·奥乔亚派,阿格拉蒙特派。各派并没有形式上的分裂。但各派政治领导人之间,消极派、与真正党结盟的和主张选举道路派之间实际上是分裂的。但是,我们从未停止宣称,我们是真正的正统党人,我们不会同正统党的组织断交,我对正统党的领导人不感兴趣,我感兴趣的是正统党的党员,我们不会与他们断交,无论是实际上还是正式断交,相反,我们说话是作为正统党的党员、最好的思想的代表和最纯洁的党员,这可能成为正统党的最纯洁的思想。

1955年我曾经给正统党代表大会寄去一份宣言,与会的大多数代表表示支持,在宣言里我捍卫起义的路线、革命的路线,反对党内的其他倾向。

在所有的准备工作中,一直与我在一起的是胡安·曼努埃尔·马克斯,他是一位纯正的正统党党员,他陪同我到美国去游说。他是一位很好的青年,口才很好,此前,在某种程度上,我们在党内曾是对手,在蒙卡达行动之后,他支持我,后来他去了墨西哥,又陪我去纽约。他是"格拉玛号"远征的第二指挥官。在登陆后不久遇害。

卡秋斯卡·布兰科：在得知胡安·曼努埃尔·马克斯的下落后，我不可能忘记他。在登陆后，发生了阿莱格里亚德皮奥战斗，远征军被打散了，他迷了路，一个人孤独地步行了10天左右，一直到皮肤与衬衫都黏在一起，他被告发，最后，被巴蒂斯塔军队打死。

菲德尔·卡斯特罗·鲁斯：我一直回忆他是一位杰出的榜样，此外，他的形象象征我们与正统党的团结和忠诚。

我说过，同群众决裂的是其他人。当时，我攻击的是政治立场，而不是对领导人个人的攻击。首先，我捍卫自己的立场，反对其他的立场。当然，那些不愿意与真正党和所有这些人签约的正统党派别、消极派、阿格拉蒙特派和其他派别，以及爱德华多·奇瓦斯的兄弟劳尔·奇瓦斯本人，他们与我们的立场比帕尔多·利亚达派、米略·奥乔亚派和与普里奥以及所有其他反对巴蒂斯塔政党签约的人更为相似。但是，这一进程早在攻打蒙卡达兵营前就已开始。

在正统党内部，为争取群众，展开了一场斗争。我们成为赢家，我们也战胜了正统党外的许多与我们想法不同的人。我们赢得了人民普遍的支持，但是，正统党在过去也曾得到民众的普遍支持，因为我们是与正统党一起组织攻打蒙卡达兵营的。但是，后来我们得到所有左派、进步的、自由和民主人士的支持。对革命的支持像一条洪流，席卷了全国90%的人口。到最后，只有巴蒂斯塔分子仍支持巴蒂斯塔独裁政府，其他的政党失去了群众支持，而大多数人、进步人士、共产党人都支持我们。我们得到广大人民的支持。资产阶级、改良主义、右翼政党已经失去群众，它们徒有虚名，甚至连虚名都没有。

再回到前面我们谈到的我在《波希米亚》周刊发表的文章,我撰写这些文章的目的是想在古巴发生的大事件中明确立场,这是与国内联系的一种方式。

我记得 1956 年 5 月 15 日,我在秘密报纸《最后的一击》上发表了《"七·二六运动"与洛斯布洛斯军事密谋》一文,这场密谋是由拉蒙·M.巴尔金中校领导的正规军的体面的军官发动的。参加这一密谋的军官中有一人是何塞·拉蒙·费尔南德斯。他们是在 1956 年 4 月被捕、受审和判刑的。在这篇文章中,我认为恢复民主已经不能满足人民的愿望,我写道:"光民主还不够!民主还得加上公正!"我认为真正的革命,是唯一伸张正义的、干净的革命,从其根源、原则和思想方面,都为新的祖国奠定了基础。

后来,我在米格尔·舒尔茨监狱写文章驳斥在墨西哥和古巴对我造的谣言。我发表了《够了,谣言!》一文,这是 (1956 年) 7 月 9 日我在监狱里写的。我详细地叙述我们被捕的情况,讲述巴蒂斯塔政府的刺客企图杀害和绑架我们,我也讲述了古巴报刊居心叵测的宣传攻势,它们全然不顾墨西哥大众传媒越来越多的有利于我们的大量文章,最后,我揭露坎迪多、胡利托和纪廉·塞拉亚遭到墨西哥秘密警察的拷打和丘丘·雷耶斯的失踪,以及墨西哥警察局和内务部违反墨西哥宪法的行为。我也确认我们的力量仍完好无损。我记得文章最后我写道:"力量分散是革命的死亡,所有革命者的团结是独裁政权的死亡。"

这篇文章是表示我将与普里奥见面。

卡秋斯卡·布兰科:是的,司令。后来,您又写了一篇文章驳斥萨拉斯·卡尼萨雷斯将您的名字与多米尼加独裁者特鲁希略的名字相提并论的卑劣行径。这简直是卑劣透顶！当您还是大学生时，您就曾经参加了孔菲特斯岛远征！您的文章说，独裁政府对运动的污蔑打破了所有的极限。我找到了您的文章，下面我摘录一段话：

我有权进行自我辩护，因为活着不是为了一件诉讼案，牺牲生命是为了人们所保护和推崇的一切：安宁、事业、家庭、家属、青年和生存，是为了不让一小撮靠血腥镇压人民掌权的坏蛋，为了自己个人的财富，不惜对为了纯洁的理想而自我牺牲、忘我和无私工作的人极尽造谣、污蔑和毁谤之能事。

接着，文章分析了巴蒂斯塔与特鲁希略独裁政权的相似之处。您是在8月26日写的文章，您在文章里重申：

任何挫折都不能阻挡我兑现我的诺言。对一个因被欺骗和背叛而持有怀疑态度的人不能用别的语言同他们讲话。当这一时刻到来时，古巴会知道，用自己的鲜血和生命争取自由的我们是最忠实的儿女，我们为争取自由而使用的武器不是特鲁希略支付的，而是用人民一分一分，一比索一比索积攒起来的钱支付的。如果我们倒下，我们也是像马蒂写给他的多米尼加朋友费德里科·恩里克斯-卡拉瓦哈尔的信中所说的那样，"我们也为多米尼加人民的自由而倒下"。

这里我引用的是您为《波希米亚》周刊写的最后一篇文章，它是在1956年9月2日发表的。

需要补充说明的是，您在墨西哥期间发表不少文章进行战斗，同时，您也起草了"七·二六运动"致古巴人民的第1号和第2号宣言，这两个宣言是在墨西哥印制的，是在古巴秘密传播的。

您关于马克思和列宁的评价也非常适合您自己：拥有可怕的辩论精神……对敌人毫不妥协、严酷无情。他们两人是革命者的真正的典型。

几年前，我采访了埃尼奥·莱瓦。我知道他和佩德罗·米雷特两人是在"格拉玛号"出发前几个小时被捕的，这证明困难和危险并没有消除。您在您的牢房的墙上写过这样的话：

佩德罗·米雷特。埃尼奥·莱瓦。1956年11月。为捍卫他们的祖国古巴的自由被隔离。没收了我们5万发30.06型子弹，10支詹森步枪，2挺汤普森机关枪，3支带有望远瞄准器的来复枪，2支自动步枪，1支加兰德步枪，12支手枪和其他武器。

但是，这不会阻挡我们在1956年推翻巴蒂斯塔独裁政权。

我们要么获得自由，要么成为烈士。

司令，您还记得您在墨西哥最后几天是怎么度过的吗？您能不能讲一讲都发生了什么事？最后几个小时一定是捉摸不定的、十分危险的，是吗？

菲德尔·卡斯特罗·鲁斯：是的，非常的危险。在出发前一星期，警察又找我们的麻烦，当天晚上，我们与联邦警察之间发生了一场斗争，其原因是一位叛徒告发了我们，他知道我们的一些地址，其中有两处藏有我们的武器。

当警察们来到这两处房子时，我们并不知道叛徒的告发。有几位同志知道这两处房子的地址，但我们一开始也不清楚，究竟谁是叛徒，尽管我们怀疑可能是拉菲尔·德尔皮诺·谢罗或者是其他几位合作者，因为他们的行动有些异常。

因此，我们必须将藏在几家人家的所有的武器转移到可靠的地方，因为我们害怕再出问题。

事实上，只有我一人知道所有房子的地址，其他人只知道一两处房子的地址，不知道其他地址。我们不得不采取措施转移所有藏在可能被叛徒告发的房子里的武器。

这是一项艰巨的、困难的任务。如果房子都被警察发现，我们就会完蛋。我们不得不在绝对秘密的状态下活动，转移所有的武器，有一部分武器已经落到警察的手里，大部分武器被我们抢救出来。我们仍有足够的武器，每人都能拥有武器，而且还会剩一些，回到古巴后，可分发给人民。也就是说，不仅可以给 82 位战士每人一件武器，至少还有 200 件武器可分发给 200 个人。我们计划带的武器比战斗员人数要多。

叛徒是从迈阿密分两次告密的。我们不清楚究竟是谁，但是，我们知道他是分两次出卖秘密的，先是向巴蒂斯塔警察局告发藏在一家或两家的部分武器，以及有关同志的名字，得到 5000 美元的奖赏。一开始，巴蒂斯塔警察局还不太相信他。当巴蒂斯塔警察局证实他提供的情报是确凿无疑的，又给了他 2 万美元，然后，他又告发其他的秘密，包括我们即将乘船启航。

我们是在比叛徒告发的启航时间提前 48 小时启航的。我们知道他做的这笔交易，尽管当时我们不知道他究竟是谁。

后来我们得知，这个叛徒就是拉菲尔·德尔皮诺·谢罗。我们在处理他的问题上犯了错误。当我要求他参加训练时，他不高兴。于是，发生了以下事件：他拂袖而去，离开了墨西哥。所有认识他的人对他的个性、特点都很了解，对他违反纪律并不感到奇怪，但都不认为他会叛变。我们在对他评价上犯了错误，对他过分信任。我曾企图说服他回来，因为我觉得他掌握我们的一些情况，他离开了，这不太好，我一直对他不太放心，曾努力使他回来。他的开小差对我来说就意味着叛变，因为他掌握着重要情报，尽管不是全部的，但是，是不少重要的情报。

我们企图让他回来，很多认识他的人不认为他会叛变，他们知道他的缺点，但是，不认为他会做出这样卑鄙的行动。也许最不信任他的是我，因为即使他不出卖情报给警察局，我也认为他是叛徒。既然他擅自离开时掌握这么重要的机密，我们就应该采取各种措施，把他视为告密者。

说真的，我一刻也不放心，出发的关键时刻就要到了，我们加快速度，准备启航。没有任何迹象表明有人叛变，但是，毫无疑问有人叛变，他不是一次出卖全部情报，而是冷静地进行思考和交易，不是一次出卖他掌握的全部情报。他是为了钱出卖了革命的机密。

我们出发时的处境十分困难：一方面，墨西哥警察企图抓捕我们；另一方面，巴蒂斯塔军队在古巴等着我们。此外，我们的船只有60多英寸，是通过赊欠购买的。

我们启航那天，谁也不知道，只有福福和他的妻子奥尔奇德亚，因为他们要替我们发电报，还有埃尔夸特，是他帮我们买到了这艘船。

卡秋斯卡·布兰科： 我在墨西哥时，您的妹妹埃玛给了我一份您写给福福的一张纸条的原件，纸条上您让福福通知古巴说，你们已经启航。您一般不愿意写这样的通知，因为这意味着要冒很大风险，但是，您最后还是同意写了。这样，弗朗克和塞莉亚就会知道远征军的到来，完成约定要做的事情。您在启航前电告远征军的启航。电报应该是11月27日之后发出的。

下面是福福发给古巴的几封电报，以协调配合"格拉玛号"登陆的起义：

阿图洛·杜克·德埃斯特拉达
星期二上午8点　圣费尔明路358号
古巴圣地亚哥
所要的著作已经售完
出版社　销售部

曼努埃尔·罗德里格斯
星期三上午8点　尼普顿书店
尼普顿路103号，哈瓦那
我们很高兴满足您的订单
文化基金会

星期三下午2点　艾德·莱亚尔
纳萨雷诺西街9号，2单元
急需寄来证书
亲您
贝尔塔

星期三下午3点　阿美利加·加西亚

马蒂和独立药房

卡马圭

多拉婶婶已好转

坎迪塔

星期三下午3点　诺埃玛·阿尔玛达

科雷亚街7号（楼下）

桑托斯·苏亚雷斯，哈瓦那

萨拉开始上学

路易莎·罗萨斯

皇家棕榈饭店

星期三下午4点　哈瓦那

预订一间双人房

格拉迪斯－奥兰多

星期三下午8点　普里米蒂沃·利马博士

第21街104号，第7套间

L与M街之间

贝达多，哈瓦那

请通知阿莱格利亚开课日期

查韦斯博士

悲伤．告别．不安．离开图斯潘．冒着狂风暴雨的横渡．登陆—遇难．打散．F-47轰炸机下的地狱．死亡还是成为旗帜．游击队．劳尔的日记．危险．西罗·弗里亚斯的痛苦．战斗．卡米洛．艰难的4月．进攻与反攻．胜利

卡秋斯卡·布兰科：司令，您在墨西哥的最后几个星期里，也经受了失去亲人的痛苦。我知道，是您的姐妹们告诉您，您父亲已于 1956 年 10 月 21 日去世。您得知后，一直沉默，但是很悲伤。您一次又一次地回忆您父亲说过的话，他曾说，他死前不能再次见到自己的儿子。令人伤心的是，他的预言竟成为事实，他去世时离您启程回古巴只有几个星期。我常常在想，对他来说，承受雪崩似的关于您和劳尔死亡的虚假消息是多么困难。您的母亲经受得住，因为她比较年轻，我认为她具有女性特有的性格，在痛苦的时刻表现坚强。

此外，在那些天里，您比任何时候都操心，因为您不得不面临同小菲德尔告别的时刻，不得不离开他，又不知道何时再能见到他，您对未来思绪万千。我这里有您当时写的便条：

我将乘坐自己的汽车到出发点启程回古巴，去履行我对祖国和人民的一项神圣的义务，这是一项很难说能否成功的任务。因此，我想表明我最后的意愿，一旦我在斗争中倒下，我将把我的儿子托付给工程师阿方索·古铁雷斯和奥尔奇德亚·皮诺夫妇，请他们照顾和教育我的儿子。我之所以做出这一决定，是因为我不愿意当我不在时，我的儿子小菲德尔落到我的凶恶的敌人和诽谤者手中，他们会利用家属的关系，做出卑鄙无耻的行动，伤害我的家庭，牺牲我的家庭以满足他们所效忠的血腥的巴蒂斯塔独裁政权……

我不是出于任何不满做出这一决定，而只是考虑我儿子的未来。我把他托付给能够很好教育他的人，一对很好的、慷慨的夫妇，也是我在流放墨西哥期间最好的朋友，他们的家是我们古巴革命者找到的真正的家。

我托付了我的儿子之后，我也该离开墨西哥了，我希望我的儿子能够在这个自由和热情的出过小英雄的国度中成长，等到我的祖国也获得自由时再回来，或者为了祖国回国斗争。

我想问您这方面的问题，但是，我不知道该不该问，如何讲述一个充满牺牲、艰难和痛苦，但因此又值得赞扬和美丽的故事呢？我感到您在离别的时刻是多么的悲伤，这是一个庄严和难以平静的时刻，不仅是因为风已经起来，气象预告天气变坏……

菲德尔·卡斯特罗·鲁斯：是的，我父亲去世的消息是我的姐妹们告诉我的。我记得当时我在奥尔奇德亚和福福家。我得知后，立刻打电话给拉蒙。我记得当时我很伤心。我强忍痛苦继续打电话，但是，我相信我的父亲有他自己的价值观，他有足够的理由为我们，为他的儿子们感到骄傲。我相信他一定相信我们会兑现我们的诺言："1956年，我们要么获得自由，要么成为烈士。"我在战斗中做出这一承诺，是为了鼓舞士气和执行革命斗争的路线，反对那些想搞选举的政客，因此，我确定了一个期限，这使我们的处境有很大的风险。如果我当时经验丰富的话，我不会确定日期，我会对日期有所保留，因为大家都认识我，如果做出承诺，就得兑现。我清楚，许多人都知道我不会说空话，我的承诺是诚心的，是真的。对我来说，这是要么斗争要么牺牲的事。在这种情况下，我相信我的父亲是完全信任我的。这么想使我感到宽慰，给了我力量。当革命胜利后，我们家人重新聚合在一起时，我的哥哥拉蒙再次肯定这一点。我得知，我的老父亲在临终前，要拉蒙把一个戒指转交给我，他希望我继承这个戒指。说真的，我真想与我的父亲促膝长谈，想听他讲讲他的生平故事，讲讲过去打仗的情况和他刚到古巴来时的经历。

就像您所说的,我在离开墨西哥前,得先与小菲德尔告别,我承认,这是艰难的时刻。我很为他操心,我记得,他来墨西哥时,米尔塔再婚。是莉迪娅去迈阿密,先把他带到古巴,然后再带到墨西哥城来的。小菲德尔的事很使我担心,对我来说是件大事。

当时,我已经有过这样的经历,我被关押在监狱里时,没有经过我的许可,就把他带走了。后来,情况好了一些,他又与我一起在墨西哥。他在墨西哥我感到更加放心。

在我乘"格拉玛号"出发前的一段时间,没有发生过任何冲突。后来,就像我在便条上所写的,发生了一些问题,但最后也都得到解决。在那时候,我主要担心的是,如果我死去,掌权的巴蒂斯塔分子可能成为我儿子的教育者。但是,我没有任何理由,不让孩子他妈照看孩子。由于我正在全身心投入我的事业,而且我牺牲的可能性很大,我承认,我是希望小菲德尔能由家人照看。但是,因为有过先例,米尔塔家人做过不正确的事情,我对他们不信任。不过,我也承认,我没有任何理由,不让孩子他妈照看孩子。

在我离开墨西哥的时候,我希望我的儿子能在我身边,这做到了。后来,孩子与他妈在一起时,我在马埃斯特腊山收到过来信,我也回了信。1月8日[1],我进入哈瓦那时,我张开双臂等待我的儿子。

卡秋斯卡,现在我在思考您关于我们在墨西哥最后的行动、关于"格拉玛号"远征的评价,我同意您说的,这是"美丽的故事"。我认为,只要为正义的事业而斗争,就会有美丽的故事。我认为是的,这

---

[1] 指1959年1月8日,古巴革命胜利后,卡斯特罗率领起义军进入哈瓦那。——译注

是有原则的和有荣誉感的人、是正人君子的美丽故事，而且它本身，乘游艇进行远征就是在创造难以置信的历史，如同神话故事一样。

卡秋斯卡·布兰科：我记得我在访问墨西哥时，我登上了波波卡特佩特尔火山的山坡，海拔 3700 米，随后，我又力图攀登另外一座火山伊兹塔奇华特尔火山，即神话中的"白色的女人"。据另一个神话版本说，一位印第安姑娘睡着了，印第安小伙子伊兹塔奇华特尔待在姑娘的身边照顾她，但是，两个人都没有醒来，于是变成了两座火山。是埃尔夸特陪我去登火山的，他给我讲述了许多古代的和现代的故事，其中就有"格拉玛号"游艇远征的神话故事。

菲德尔·卡斯特罗·鲁斯：必须解决船的问题，找到一艘可以把我们运回古巴的船。这是我们最头疼的事：我们乘什么船回古巴。此外，还得找一个启航的地点，最好是离古巴比较近的地方，如梅里达、尤卡坦或科苏梅尔。这几个地方离古巴比较近，但是，当时，在墨西哥城与这些地方之间没有公路。我记得，有一条公路只通到夸察夸尔科斯，由于没有桥梁，所以很难从墨西哥城到尤卡坦，或从墨西哥城到科苏梅尔。这是我们当时所面临的最大的困难之一。第二个问题是，巴蒂斯塔的特工对这几个离古巴比较近的地方都早有防备。

于是，我们想方设法寻找船只和启航的地点，恰好我们在图斯潘找到了"格拉玛号"游艇。一开始，我们考虑不太合适，因为图斯潘有点远，但是，后来我们考虑这个地方比较隐蔽，而且船也在那里。找到一艘船不容易，再说，我们也没有这么多的钱，我们必须特别小心。在这个事先没有想到的地方，还有一个有利因素：游艇的主人在河边有一幢房子，这两样东西都是我们所需要的：船和河边的房子。

问题在于我们没有那么多钱买这两样东西，总共需要 3.5 万美元，而我们只有 1 万至 1.2 万美元，此外，我们还有别的开支：日常生活的维持、购买武器等。我们是怎么买的船？通过赊欠的办法！这个办法我们已经使用过几次。

我们为了不出面购买船只，就找埃尔夸特帮忙。他出面把我们所有的 1 万美元交给船主，并且签字把我们买的船和房子作为抵押尚欠的 2 万美元，这样我们就解决了问题。我们从来没有想欺骗别人，我们的目的是要偿还所有的钱，因为我们相信我们的事业一定会胜利，我们说：我们现在没有钱，但是，以后一定会偿还。事实上，我们真的都偿还了。

后来，革命有了钱，偿还了所欠的钱，我们说话是算数的。我们还的钱，包括以埃尔夸特名义所欠的钱，是他帮助了我们。如果我们不偿还钱，他就会成为欠债人，问题就会落到他的头上。我们后来都偿还了欠债。在这方面，我们实现了我们的设想，完成了我们的预言。

船并没有停靠在房子边，而是停靠在圣地亚哥德拉佩尼亚镇的码头上，与其他船只停靠在一起，船还得修理。船有两个马达，但是，其中一个马达的离合器打滑，我们不得不找技术人员进行修理。技术人员一直到我们动身那天才修理完毕。我记得是在我们动身去古巴前 24 小时才修理完毕的。此前，只有一个马达在运转。

对我们来说，房子紧靠河边是合适的。那里有一个小码头，当我们将动身时，我们把船停放在离房子比较近的地方。

我记得有一天，我们决定试试船，计算一下最快速度是多少，我们中有几个人上了船。离合器不再总是打滑，只是偶尔打滑。我们的试验是在最后修理完毕前做的，在平静的河水里，向下游开，而且是在船上人员很少的情况下做的，船速达到了每小时 11 海里或 12 海里。我们做了试验，船一直开到出发点，我们大概计算了一下，得出这艘船每小时的速度。然后，我们就根据这一在河里航行测出的速度，计算船开到古巴需要多少天，这说明我们对航海事务是多么无知。因此，根据我们错误的计算，我们到达古巴只需要 5 天。

离开港口后，在 7 天的航行中，我一直担心马达会不会出问题，我一直听着马达轰鸣的声音。有时候海浪使螺旋推进器露在外面时，马达转速就会加快。每当我看到马达加速时，我总是担心，离合器是否又坏了。幸亏马达没有出问题，但是我们遇到了其他的困难。

我们在图斯潘待的时间很短。我们和其他所有的远征战士同时在 1956 年 11 月 24 日到达圣地亚哥德拉佩尼亚镇。我们的战士们从墨西哥城到这里的路途中，曾在几个旅店过夜。所有人和武器都一起到达。我们的房子只利用了几小时。出发前一天，我们把船停靠在房子附近的码头上。我们是在 25 日凌晨启航的。

卡秋斯卡·布兰科：我在阅读斯蒂芬·茨威格的《麦哲伦航海记》时，不由得想起您在准备航海前像钟表修理师和钢琴调琴师那样的细致。埃尔夸特与其他几人负责船上的物资准备。他回忆起您劝他不要参加远征，因为他留在墨西哥更有用处。您指示他注意观察海边并悄悄地，不要与谁接近，也不要与谁谈话，沿着大西洋海岸一直到女人岛。到了那里后，用无线电接收机等待你们在古巴登陆的消息。如果有人在航行开始时，不得不离开游艇，他可以把他们从海中救起。埃尔夸特对我说，他是严格按照您的命令去做的，因为如果这第一次失败的话，唯一重新远征的希望仍寄托在这艘游艇上。

菲德尔·卡斯特罗·鲁斯：正如您刚才所说的那样，埃尔夸特是我们离开墨西哥之后，我们在墨西哥的重要的支柱。我们有几个人由于受船的空间的限制，不得不留了下来。我们首先选拔最有经验和有知识的人上船，最后，在剩下的好人中间，先让体重轻、体积小的人上船。我们最后选拔的人是体重最轻、最瘦的，因为我们说过，一个身高、体重、肥胖的人，一个顶两个。最后，我们不得不考虑这个因素。实际情况是，我们的船已经大大地超重了，一个能容纳 10～12 人的游艇竟载了 82 人。

卡秋斯卡·布兰科：我没有忘记，1993 年 1 月我们交谈时，您对《在难以置信之后》一书中提到的"格拉玛号"游艇长 13.25 米，宽 4.7 米的数据表示怀疑。您对我说："这艘船不可能这么小！"我核实了一下数据，是正确的。于是，我对您说："将近 40 年之后，您虽然知道游艇是小的，但是，您认为不可能这么小！这就是说，连您自己都难以置信你们当时的胆子有多大。

菲德尔·卡斯特罗·鲁斯：是的，时至今日，仍令人难以置信。我曾给您讲述过所发生的一些幸运的巧合，但是，也有过一个复杂的巧合：有一家木材公司在离我们的船 50 米的地方，放了一个巨大的防波桩。多么倒霉！这使我们出海时必须要进行复杂的操作，更有甚者，他们还让两名士兵看护这一防波桩。我自忖：正是祸不单行！我们不得不小心翼翼地行动，往船上运物资，上船并出发，不让任何人察觉。我们在绝对安静的情况下，避开了附近士兵的视线。

此外，我们还遇到了另一个问题：由于海上天气不好，海洋局禁止任何船只出航。各种障碍在这时候都汇聚一起！防波桩、士兵、禁止出航和暴风雨将至。尽管这些不利因素,我们没有放弃。我们先把药品搬到船上,再把武器运上船,最后,我们远征战士上船。我强调:不许说话,更不许抽烟,因为香烟的一点火星会暴露我们,使我们前功尽弃。我记得,当时我看了看表,已过午夜,一切就绪。我上了船,下令启航。为了减少声音,我下令使用一个马达,即右边的马达,这样使游艇向左倾斜,以便远离防波桩和看守的士兵。在前面几十米处,我们必须冒险越过一条轮渡为摆渡使用的锚链,在越过这条锚链时,船的螺旋推进器有被锚链缠绕的危险。当我们靠近这条锚链时,我们不得不停止马达的运转,然后,再发动马达。我们这么做了,好在一切都很顺利,也没有与哨兵发生任何冲突。在这种情况下,我们开始航行。我们离开了河,进入大海。我感到多么高兴!为了远征古巴,我做了多少梦,付出了多少劳动,进行了多少斗争!

当然,船在河里航行时很平稳,但是,到了海上,颠簸就很厉害。我们这条小小的游艇在墨西哥海湾的无边无际的大海中开始起舞。狂风暴雨掀起巨浪。我们出海后,第一件事就是唱国歌,这是我一生中少有的感到最高兴的时刻,因为我们正向古巴前进。

航程非常困难。巨浪冲击着船,大家都开始晕船,几乎没有人能够幸免。有人建议:"找一找晕船药!"但是,药放在武器底下……我们的人中间有80%的人晕船。你可以想象,在这么一条小船上,这么多人晕船是一个什么情景!这简直是但丁[1]描写的地狱!大家都

---

[1] 但丁·阿利格耶里(Dante Alighieri, 1265～1321),意大利著名的民族诗人,中古到文艺复兴过渡时期最具有代表性的作家。恩格斯称他是"中世纪的最后一位诗人,同时又是新世纪的最初一位诗人"。从1308年至1321年,但丁用了13年之久的时间完成了旷世之作《神曲》。《神曲》全诗共3卷,每卷33篇,加上序共100篇。3卷分别为"地狱"、"炼狱"和"天堂"三个国度。——译注

不顾自己的命了。

卡秋斯卡·布兰科：拉米罗·瓦尔德斯对我说，他一直在船舱外面，坐在船头的一个座位上，胡里托·迪亚斯、西罗·雷东多和他共同照看紧靠船舱的一张床位，谁要是晕船，谁就躺下凉快一下。拉米罗只吐过一次。他记得，劳尔爱开玩笑，谁呕吐，他就用法文问他，你是不是害怕了？我记得，您同我说过，您在远征中，一直在船的上方……

菲德尔·卡斯特罗·鲁斯：是的，我是少数不晕船的人之一。同我一起在船的上方的少数有航海经验、不怕晕船的人中，有奥内里奥·皮诺、诺尔贝托·科里亚多、皮奇里洛和罗伯托·罗克。

　　黎明时分，浪潮继续。后来，发生了一件坏事：上午11点至12点，船上开始有水。是什么原因？由于船超载，船吃水深，水到了干甲板即正常高的水平面上，并开始进入干甲板。我们找到了抽水机，但是，不管用。我们只好用桶舀水。在风浪中，很难分辨水是往下降还是在上升。我记得我坐在我们用桶舀水的地方，我们做了一根链条，企图测量一下究竟是涌进来的水多还是我们舀出的水多。

卡秋斯卡·布兰科：司令，根据航海员罗克1976年的见证，从11月26日起，你们就见到了三角形灯塔，你们把船调向60度以避开三角礁的礁石，并避免到达帕尔玛角，因为那里有墨西哥的海岸警卫队在坎佩切海湾巡逻，监控美国渔民。从那天起，海水的平面超过了船的漂浮线，水从木板的缝隙里渗入。您、西罗、丘丘、皮奇里洛、罗克、福斯蒂诺·佩雷斯等人用桶舀水，但这种办法似乎无济于事。水照样涌入、升高……

菲德尔·卡斯特罗·鲁斯：这延续了好一会儿。我说：如果船里的水继续往上升的话，由于我们离海岸只有80海里，我们唯一要做的事是继续向海岸航行，看我们能不能到达岸边。当我们检查紧急用的软木救生圈时，发现它们都已陈旧，不能使用。过了一会儿，我观察到，在我们奋战数小时之后，水已经慢慢减少。本来我担心，我们能否在未来几天里经受得住。现在好了，由于木头已经浸湿，木板之间的缝隙已经合拢，水已流不进来……当然，海上航行的实际条件与游艇在河里、在没有载重的情况下大不一样。在海上，由于海浪，加上这么多人在船上，船速往往只有原来估计的三分之一。因此，原来我们估计5天时间可以抵达古巴显然是不可能的。航行总共7天才完成。

卡秋斯卡·布兰科：是的，1993年1月我与您交谈关于"格拉玛号"远征时，您也曾评论说，在整个航行过程中，您一直在责备自己估计船速时过于天真和缺乏航海知识，没有考虑海浪和负重的因素。游艇的速度只有每小时7.2海里。但是，船的舵手诺尔贝托·科里亚多有一次对我说，如果船不超负重的话，船可能会沉没。科里亚多叙述说，在开始几个小时，不知道超负重是好还是坏。本来"格拉玛号"游艇根据游艇的能力，最多只能载15人，它是用来载游客到洛斯洛沃斯岛去游览的。当游艇载了这么多的武器、物资和82人时，成为一艘潜艇，必须费很大的劲才能抵御汹涌的海浪，因此，它航行起来是气喘吁吁的、缓慢的……

根据游艇的罗经座，航行的第三天，太阳出来是好的预兆，"格拉玛号"稳定了速度，船上机组人员把船调到85度的新的航向，与尤卡坦北岸平行，朝向圣安东尼奥角方向航行。这一天，福福应该在墨西哥发出准备好的电报，其中有一封是发给杜克·德埃斯特拉达博士的，电报说：所要的著作已经售完。这封电报是发给弗兰克·派斯的,这句暗语的意思是:远征军正在途中。您指示说,让他们等到你们登陆的确切消息后,再开始行动。但是,在航行的第三天,您担心在古巴人们按照预定的日期行动。实际上,在预定的日期,你们不可能到达古巴,而是在预定日期的两天之后,"格拉玛号"才到达。

在航行的第五天,船离古巴南部海岸还很远,船朝向104度,在晚上靠近大开曼群岛,以确认地理位置,然后继续最后阶段的航行路线。游艇的机组人员避免进入敌人飞机飞行的水域范围内。船不完全根据航海的需要,还得考虑安全的因素。因此,在靠近大开曼群岛北部的灯塔时,船又转向84度,直接向克鲁斯角开去,在白天靠近小开曼群岛,但保持一个安全的距离,到了晚上,再进入危险的区域。

11月30日,通过无线电话,校对钟表时间。

午后的阳光照得人昏昏欲睡、懒洋洋的,这时忽然听到在古巴圣地亚哥发生了配合登陆行动的消息。您和您的同伴们围着收音机,调高了音量。大家保持肃静。电波的干扰使播音员的声音时隐时现。新闻报道说,位于总督小山的警察局大楼和港口的海关遭到攻击,大街上发生枪击。佩德林·索托·阿尔瓦在他的日记里写道,他们缴获了一门莱斯特·罗德里格斯迫击炮。而您对福斯蒂诺说:"我真想具有飞的能力。"

菲德尔·卡斯特罗·鲁斯:是的,时至今日,我清楚地记得当时迫切想到达古巴的心情。我们不具备航海的知识,这使我们处境十分困难。古巴圣地亚哥的起义是在11月30日,这是因为我们"七·二六运动"的同志们认为,这一天是我们航行的第五天,是我们预定要到达的日子。而结果是,当我们真正到达时,突然的因素已经没有了,不仅如此,敌人的军队已经严密防备,而我们离海岸还很远。

我们已经航行了1500海里!我们忍受饥饿和口渴。由于出发时很匆忙，我们携带的食品和水都很少，而航行时间比预计的要多两天。我还想对您说，我们把游艇的油箱装满了，另外还带了许多桶的原油备用，但是，燃料依然不够。登陆很困难。船长奥内里奥·皮诺曾在古巴海军服务过，后来被巴蒂斯塔开除。根据他的经验，我们相信我们会在原定的地方靠岸。遗憾的是，后来他背叛了我们，被美国中央情报局收买。他并不活跃，也不是野心勃勃，但是，他的性格很软弱。收买他是美国这一情报机构卑鄙的行径。当时，几乎到了应该登陆的时刻，我们已经靠近古巴的海岸，由于在登陆地方发现浮标，产生了混乱，船又掉头往回开，然后，他又让往岸边开，此时，已是拂晓，这样，来回共三次，直到我问他一个问题："你有没有把握，这个岛就是古巴？决不要让我们的船在另外的国家，如牙买加或在其他国家登陆！这是不是古巴岛？"我正式向他提出这个问题："这真的是古巴吗？"他回答说："是的。"于是，我下令说："我们不要再来回转了，开足马力朝海岸前进！"就这样，我们到达岸边，直到船搁浅，我们下了船。我们进入了一个沼泽地，陷入了淤泥里，步履艰难。这次登陆非常困难，遇到许多障碍。

卡秋斯卡·布兰科：是的，阿根廷著名作家胡里奥·科尔塔萨尔根据切关于他是海事遇难者的描述，写了一篇小说，小说是这么说的："……把这称为登陆的远征好比是继续在呕吐，但这很令人悲伤。"我知道在六天航行之后，水和食品都很缺乏。在最后一天航行时，阿尔梅达把腰带又扎了两个洞，以便可以束紧腰带。战士们没有别的吃的，只能吃维他命药片、橘子和一点水，吃不饱肚子，四肢乏力……我也知道，您从航行的第二天起，就花费许多时间为52个望远瞄准器刻度。

菲德尔·卡斯特罗·鲁斯：是的，从航行的第二天起，我就给步枪用的52个望远瞄准器刻度，在出发前，由于墨西哥的形势，我没能刻。但是，因为船的颠簸和海风，影响我刻度的精确性，刻度是个非常细致的工作。必须把眼睛小心地盯着望远瞄准器，并且在短短几米内估计在600米距离的步枪射程。在刻度时还得考虑步枪的牌子，是在哪里制造的，是比利时、瑞典还是美国制造的。我坚持要做这件艰难的工作，因为我知道，望远瞄准器的刻度如果正确的话，射击时就会百发百中，这样可能节省很多子弹，这是十分关键的，因为我们所拥有的武器和弹药都十分有限。

几天过去了，到了最后一天，凌晨，我们悲伤地看到，罗克掉到海里去了……大家放弃继续救他的希望，我下令坚持要救他，尽管这样做意味着我们有在大白天到达海岸的危险。经过我们的最后努力，终于把他救上船。

众所周知，我们于12月2日登陆。我们就是这样经历了切所说的"世纪的冒险"。

卡秋斯卡·布兰科：是的，你们登陆的地方远离海滩，山坡上长满红树和荆棘。您对我说，第一个下船的是雷内·罗德里格斯，第二个是您。由于您身体重，又拿着武器，您陷入淤泥之中。我还读到，切在下船时，问劳尔这艘游艇的名字，以便记载在他的日记中。他们两人仔细观察船身，似乎在观察瘦骨嶙峋的罗西纳特[1]。水没到达胸膛，他们终

---

[1] 罗西纳特（Rocinante），西班牙著名作家塞万提斯经典小说《堂吉诃德》中，主人公堂吉诃德所骑的一匹瘦瘦的劣马的名称。——译注

于在船尾发现所刻的船名。一开始以为是希腊字母 Gamma，仔细一看，是 Granma（格拉玛）。拉米罗也是最后下船的人之一，他手拿一支船上剩下的反坦克步枪。然后，开始在南部海岸湿地的弯弯曲曲的灌木丛中行进，尖的树枝缠绕着你们，使你们跌跌撞撞，寸步难行。你们主要是凭着意志，而不是凭着剩下的一点气力前进的，这还不说，更要命的是敌人无情的炮弹、难熬的口渴使唇干舌燥和汗流浃背，汗流的盐汁杀得皮肤和水疱直疼……

菲德尔·卡斯特罗·鲁斯：从我们登陆的第一时刻起，敌人的飞机就在我们头上盘旋。此外，由于我们前进时担心敌人的飞机，没有注意到敌人的军队已经在陆上向我们靠近。另一方面，我们也缺乏经验，如何应对这种情况。12月5日，在阿莱格里亚德皮奥，我们安排的岗哨离露营地太近，因此，巴蒂斯塔的军队对我们突然袭击，把我们的队伍打散了。对我们来说，这是非常艰难的时刻。

后来，我们有几个人又重新会聚在一起，在十分困难的条件下，重新进行战斗。在25个月之后，终于取得胜利。也许，我们从墨西哥出发时人少一些可能会更好。也许只需要三四十人进行远征就够了，这样在远征时和通往山区时更安全。生活本身告诉我们以下的现实：最初我们的想法是动员300个人，带着300件自动武器打回古巴，后来减少到一件自动武器、82人，最后，重新开始战斗时只剩下7个人，7支步枪。

每当我想起远征时，我就不禁自问：这怎么可能呢？在淤泥中前进是多么困难，多么艰难，对体重重的人来说，随时有被淤泥吞没的危险。我们几乎走了约两个小时，才走出这地狱般的泥潭。当我们刚踏上陆地，就听到重武器的枪声朝着我们"格拉玛号"登陆的附近地区密集地打来。

形势变得恶劣，因为敌人的指挥部得到情报，并立即做出反应，从海上袭击远征军，用机关枪扫射远征军必经之地。前面我已经谈到我们经过一路的可怕的条件，以及我们极端疲乏的状况，体力的消耗、困乏、饥饿等，在这种情况下，我们企图前往马埃斯特腊山。3天后，12月5日，正当我们在一个小树林里休息，准备在夜间继续前进的时候，我们遭到了敌人的突然袭击。这场战斗是可怕的，我们的损失是巨大的，我们的战士们被打散了，我们不得不四处寻找。许多战士失去宝贵的生命，有的当时被打死，大部分是被俘后被杀死的。在这次战斗中，我们损失了几乎所有的武器。

许多人开始独自行走，有的是三五成群，如劳尔与4名战士在一起，阿尔梅达与另一小组在一起。我与乌尼韦索·桑切斯在一起，后来，远征军第二首领胡安·曼努埃尔·马克斯加了进来，最后，医生福斯蒂诺·佩雷斯也加入了我们的队伍。

卡秋斯卡·布兰科：您说的是阿莱格里亚德皮奥战斗。在《希望的征服》一书中，引用了劳尔和切两人写的日记中有关这次战斗的片段，给我们提供了许多信息，使我们有身临其境的感受。他们两人亲自参加了战斗，他们所描写的情况令人激动：人被打散了，好多天没有进食和喝水，不知道其他同志们都在哪里，在这些不熟悉的地方，也没有向导带领。但是，在12月18日的日记中，劳尔的精神状态有了变化。他与您在"五棵棕榈"的蒙戈·佩雷斯庄园进行了历史性的会见。

菲德尔·卡斯特罗·鲁斯：日记的记载也常常使我印象深刻，尽管在打仗时，出于安全考虑，我不主张携带日记。对敌人来说，一本日记可以给他们带来多少情报！但是，我承认，随着时间的推移，历史的事件往往不能正确地叙述，人们一激动，就把自己想象的东西加了进去，这对历史的记载起负面的作用。在这种情况下，日记显得很重要。说真的，这是一个非常艰难的阶段。在阿莱格里亚德皮奥战斗之后，我们的力量分散了，我和乌尼韦索·桑切斯在一起，后来，胡安·曼努埃尔·马克斯加了进来，他是在撤退时，与我们走散的，我曾让乌尼韦索去找他，但是，没能找到他。我们继续行走，穿过几块甘蔗田，到了一个地界。我们藏起步枪，这时，天已经黑了，我们看到有一个人正在靠近我们，好像是一个士兵，但是，我对乌尼韦索说，在这个人走到跟前之前，不要开枪。乌尼韦索用他带有望远瞄准器的步枪对准这个人，但是，当这个人走近时，发现他是福斯蒂诺·佩雷斯医生。于是，我们越过地界，进入一个小山岗。我们决定在那里过夜，因为士兵们正在四处巡逻。

第二天，我记得我们讨论下一步做什么，我主张留在山岗上，通过树林，向东走，去找马埃斯特腊山。福斯蒂诺主张穿过甘蔗田，因为甘蔗既可以解饿，又可以解渴，使我们能生存下来。当时，说实在的，我不同意福斯蒂诺的意见，此外，他手中也没有步枪。当有人说，我们付出的这么长时间的努力，可能会毁在旦夕时，我一生气，一句话也没说，就径直走到甘蔗田。这时候，巴蒂斯塔军队的F-47飞机发现了我们，用8挺50毫米口径的机关枪扫射我们。这真令人可怕。我们大步走了8～10步，进入一片茂密的甘蔗田，终于活着逃脱了敌人的扫射。但是，在我们快到达东部时，子弹依然在我们上空和附近飞舞。也就是说，当我们走出树林，进入老的甘蔗田时，我们又被敌人发觉，遭到敌机的扫射，敌机从拂晓起就开始在上空盘旋。我们企图藏在收割下来的甘蔗堆里,但是,敌机开始扫射,一开始是在不到 50 米的地方,后来,又直接向我们扫射。我们躲在离甘蔗堆几米远的甘蔗秆里。飞机飞过去之后,我就叫福斯蒂诺和乌尼韦索的名字,看他们是不是还活着。

在扫射停止后的安宁的间歇,我们前进了 40 米左右,进入了一片更加高的甘蔗林。我的眼睛睁不开了,困得要命,当时,我又怕像蒙卡达行动失败后,我睡着时活活被捕的情景再次重现,于是,我把步枪夹在我的两腿中间,打开步枪的一个扳机,用我的下巴顶着枪管。

卡秋斯卡·布兰科:这一情景一直给我留下深刻印象,我深感悲壮,我知道您脑子里曾想过,如果士兵们走到您跟前,您会自杀,是吗?

菲德尔·卡斯特罗·鲁斯:是的,当时有一架小飞机不断地在上空扫射我们,如果军队来看扫射结果的话,很可能会逮捕我们,我不愿意再让他们在我睡着的时候把我抓走,我宁可死。从芒比独立战争时起,就有这样的观念,不能当敌人的俘虏。此外,很可能敌人会杀害我们,因为不可能再出现第二个奇迹,而且我也不愿意再次成为战俘。我对蒙卡达行动失败后敌人所犯下的罪行是如此的仇恨、厌恶,我不能再睡着,我得醒着把步枪放在胸口。很难想象这一悲剧。我认为,这一想法是与我们的传统有关的,是与我国人民的思想和荣誉感有关的。为什么要给敌人再次活捉我的机会呢?对我来说,这是对我的最大的侮辱。在特殊情况下,剥夺自己的生命是情有可原的,因为,当时我很难不犯困。我没有基督徒殉教者的血液,别的我做不到。

卡秋斯卡·布兰科:听您这么说,我想当时的确是严重的时刻。请想一想,万一您睡着后，打一个哈欠或者做一个什么动作，碰了一下您的步枪，您的步枪可能会擦枪走火，您可能会意外地死去。我不认为这是年轻人的一时冲动。您是如何看待这个问题的？

菲德尔·卡斯特罗·鲁斯：今天我的想法和做法会同当时完全一样，因为我根据的是革命的、现实的理念。我们代表的是我国人民的事业，我们在那里不是为了活命，而是为了斗争到底，此外，我一直看重这么一个思想，即人不可能成为别的什么东西，但可以成为象征，成为旗帜，正如梅利亚所说：即使我们死去后，也会是有用的，因为我们可以作为旗帜。

幸亏那天在敌机扫射后，敌人没有去我们藏身的地方去搜查尸体，此外，他们也没有想到我会在那里。到了晚上，我们继续前进，到达一个更加茂密的甘蔗林。尽管遭遇挫折，我们相信，我们的战友，会摆脱敌人的追踪，完成进军到马埃斯特腊山的行动。但是，当时我不知道有多少人被敌人打死，又有多少人被捕。

我们在敌人的夹击下缓慢地前进，几天后，我们渡过托罗河，到达马埃斯特腊山的一个起点。我们接近一户人家，由于已是晚上，我们决定等到第二天再说。

我们在一个小山的山顶，观察这户人家的动静。到了下午4点，由于没有发现什么可疑的事情，我让福斯蒂诺到那里去了解一下情况，并要求提供20～25人的吃食，目的是不让他们知道我们确切的人数。农民们给我们提供了食品，我们也喝了水，我们已经7天没有喝水了。我记得，福斯蒂诺作为医生，劝我们一点点喝水，否则会对身体有害，因为我们身体里缺水的时间太长了。光脚走路的乌尼韦索，袜子上都是草，他搞到了一双草鞋。在农民家，我们得知士兵们对远征战士犯下的罪行,农民们也告诉我们通往山区的道路。一位向导把我们带到拉耶尔瓦山头,然后,我们与属于地区接待网的鲁文和瓦尔特里奥·特赫达兄弟接上了头。接着,我们继续上路,并在山上露营。在那里,在我们的营地里,我们遇见了吉列尔莫的父亲阿德里安·加西亚,他从欧蒂基奥·纳兰霍那里得知有些远征战士在该地区,并给我们拿来了食品、牛奶和咖啡。我自我介绍说,我是亚历杭德罗,当时,他不相信,他可能在《波希米亚》周刊上见到过我的照片。他是一个很聪明的人,说起话来又慢又镇静,突然,他注意到我从登上"格拉玛号"游艇后戴的帽子上缝着一颗金属的星星,他谈起独立战争的事来。毫无疑问,他觉察到,我没有完全向他暴露真实身份。不用说,当一个客人告别后,我们马上更换地点,我们警惕性特别高。

第二天,吉列尔莫来了,我们得知我们许多战友的情况,有些人被杀害或被俘了,还有一些人与我们的农民合作者接上了头。我们想在当天越过尼克罗与比龙间的士兵的警戒线。吉列尔莫对我们说,他得知士兵们将放弃这一警戒线。我们决定等待,尽管我们处在地区的另外一个点。果然,正如吉列尔莫所说的,这一天,士兵们放弃了这一警戒线。到了晚上,他与我们接头,我们借着明亮的月光,朝蒙戈·佩雷斯庄园方向前进,接近目的地时,天已经快亮了。这是我的回忆。

我们继续前进,最后,我们经过咖啡园,便到了蒙戈·佩雷斯庄园。几分钟后,蒙戈·佩雷斯出来,我们聊了聊,交换了一些看法,后来,我们就宿营在一小片甘蔗林中间的几棵棕榈树下。"五棵棕榈"的蒙戈·佩雷斯庄园是专门接待远征战士的地方,在那里进行编组和组织后，出发到马埃斯特腊山区更隐蔽的地方。

卡秋斯卡·布兰科：在那里，您与劳尔相遇，您还记得吗？

菲德尔·卡斯特罗·鲁斯：我还记得，我们在我们的营地待了一天，住在庄园、在庄园里干活的一位名叫普里米蒂沃·佩雷斯的小伙子到我们营地来，他手里拿了一个钱包，这钱包是有人放在蒙戈·佩雷斯庄园，让庄园的人转交给我的。在钱包里有劳尔在墨西哥的驾照。我问小伙子，钱包的主人在哪里，有没有带武器，他告诉我，钱包的主人到了农民埃尔梅斯·卡尔特罗的家里，自称是劳尔·卡斯特罗，向农民出示了他的驾照。这位农民把驾照交给了蒙戈·佩雷斯。不管怎样，这也许是一个骗局，于是，我对小伙子说："你瞧，我现在告诉你与我们一起的两个外国人的名字，一位是阿根廷人，名字叫埃内斯托·格瓦拉，大家都称他'切'，另一位是多米尼加人，名字叫梅希亚，大家都称他为'皮奇里洛'。现在，你到他那里去，你问他这两位外国战士的名字，如果他把他们的名字和外号都说对了，那他就是劳尔。"

中午，这位小伙子又回来了，告诉我们结果。那位战士回答正确，毫无疑问，他就是劳尔。

午夜，难忘和令人无比激动的时刻到了。阿莱格里亚德皮奥的失利并没有使我灰心丧气，而这次会见使我确信，我们一定会赢得这场战争。

卡秋斯卡·布兰科：听您讲您同劳尔的会见，讲帮助你们的农民和蒙戈·佩雷斯庄园的重要性，不由得使我想起塞莉亚·桑切斯在组织农民支持远征军的杰出的工作。12月19日，蒙戈·佩雷斯下山告诉塞莉亚说，您、劳尔和其他战士们已经到了庄园，向她详细地讲述了有关情况，并且告诉她说，你们将在那里停留几天，等候其他一些战友，因为据有关农民说，他们也在这一地区。

蒙戈·佩雷斯向塞莉亚转达了您的指示，便到圣地亚哥向平原地区斗争的支柱之一弗兰克·派斯汇报情况。12月21日，他与阿尔梅达的人会见。22日下午，他在与塞莉亚和弗兰克接触后，回到了庄园。他带回了塞莉亚提供的钱、衣服、皮靴、药等物品。另一方面，得到消息说，吉列尔莫等人在"格拉玛号"游艇上找到了几件武器。形势还很不确定，但是，由一些远征战士和一些农民组成的一支队伍很快就取得了最初的胜利，是吗，司令？

菲德尔·卡斯特罗·鲁斯：是的，在1月，我们取得了最初的胜利，那时，又有几位远征战士加入了我们的队伍，将近18名远征军战士以及一些山区的农民加入了游击队。在阿莱格里亚德皮奥失利后，1月17日和22日，拉普拉达战斗的胜利使我们感到高兴和满意。我们的目标是夺取武器。如果士兵们早点投降，就不会流血。我们这方面没有人伤亡，我们把俘虏的敌人都放了回去。

卡秋斯卡·布兰科：对我来说，劳尔在结束这次战斗后写的日记，很能说明问题：

由于在那里我们没有药品，我们没法治疗伤员。因此，我们决定将两名俘虏和一名轻伤员带回营地。天色已晚，只能等到明天天亮，我们的医生才能给伤员应有的治疗和用药，要不然，我们很乐意马上给伤员治疗。我在营房点亮了油灯，这是唯一没有灯的地方，在把伤员安置在离火比较远的地方之后，我们就走了。这位伤员送给我一把小刀，他看到我们要离开，就开始悲伤地喊道："不要把我一个人留在这里，我会死的。"他不知道，随后，我们有三位战士拿着我们的药给他治疗。

我们向营地走去。我走在一位俘虏旁边，我把他的一条胳膊放在我的肩膀上，在回营地的路上，同他谈起我们斗争的思想、谈起他们受政府的欺骗成为牺牲品等话题。他请求我记下他的名字，希望我在将来不要忘记他，因为他是穷人，他得养活他母亲，他不知道会发生些什么。我们同俘虏拥抱之后，互相告别。我们把平民俘虏都释放了，其中有一人给我们当向导，带我们沿着岸边的一条路，通往帕尔玛莫恰。

司令，您弟弟的这些话表明你们的游击队从开始时起，就具有对人类团结、正义和热爱的感情，甚至对对手都宽宏大量。特别是劳尔最后这句话：

远处，可以看到在压迫的兵营里燃烧着熊熊的自由的烈火。在不远的将来，在它的废墟上，会建起学校。

菲德尔·卡斯特罗·鲁斯：这一天，战斗的胜利大大地鼓舞了我们的士气。如果我没有记错的话，战斗是在凌晨1点50分打响的，总共进行了40分钟。军队的巡逻兵是在傍晚到达兵营的，白天，他们在一家公司的工头带路下，进行了一次破坏性的巡视。这家公司要求获得数千公顷的多树林的土地的所有权，但它从来没有购买过。为此，他们要赶走在这些土地上耕种的农民和因失业被迫从平原来到这个山区耕种一小块土地以养活妻子和孩子的城市贫民。

在战斗中，我们一方面用有限的武器向敌人开火；另一方面，我们也喊敌人缴枪不杀。毫无疑问，敌人以为，我们会像他们那样，对待俘虏。我们战士的战斗的热情无比高涨，最后，所有的敌人，除了一名例外，全部被我们歼灭或打伤。敌人的头目在战斗中逃脱。我们的武器增加了70%。我们立即在山区外继续前进，一直行进到帕尔玛莫恰山间小河。已经是白天了。我们故意在居民眼前行走，我们相信在拉普拉达之战后，敌人肯定会进行疯狂的反扑，前来追捕我们。我们必须再找一个合适的地方与敌人再次进行较量。他们会沿着我们的足迹追踪我们，而我们可以利用埋伏的方法来对付行进中的敌军。一路上，我们看到了一幅悲伤的情景：在前一天离开土地的数十家农民的家庭，怀孕的妇女、年幼的儿童、老人们，肩上背着仅有的一点家产，离乡背井地走着。当局借口说，这一地区因为有游击队活动，所以将进行轰炸，要求农民全部撤出这一地区，实际的目的是要让公司霸占这些土地。

最后，我们找到了一个合适的地方，在山坡上有一处平台，称为"地狱平原"，我们在这里宿营。12月20日，我们布置埋伏，我们深信，敌军会前来追踪我们，果然如此。22日，敌军300人在300名伞兵的带领下，朝着我们预期的方向前进。战斗只进行了30分钟，我们的埋伏计划取得完满的成功。这是一场典型的游击队埋伏战。我们的战士不再怀疑，我们能够战胜敌人，尽管敌人的人数和武器比我们多。敌人的反应很强烈，在这场战斗后，敌人对我们无情地跟踪了好几天，我们的力量被消灭的危险增加，我们重新开始顽强地抵抗。

我记得，我们小小的战斗队遇到的被消灭的最大的危险是欧蒂米欧·格拉的叛变。欧蒂米欧·格拉是一位狡猾的、善战的农民，对我们来说十分重要，但他在一次执行任务时被俘，成为叛徒。敌人给了他很多钱，授予他军衔和职务，让他杀害我，如果可能，把我们的队伍带到一个致命的陷阱，好几次，他的阴谋差一点得逞。

卡秋斯卡·布兰科：司令，您有没有在某一个时刻感到危险是那么临近，或感到某种危险迫在眉睫？

菲德尔·卡斯特罗·鲁斯：我根据一些蛛丝马迹对欧蒂米欧存有疑心，我记得有一天晚上，他睡在我旁边，但是，劳尔事先采取了保障我安全的措施，他在离我很近的地方，安排几人，从来不让我一个人独处。我记得有一次，欧蒂米欧要求与我单独谈话，但是，乌尼韦索从不离开我，欧蒂米欧不断地朝他看，并嘀咕他的名字："乌尼韦索，乌尼韦索。"他问我，如果我们获胜，对他有什么好处。这个问题使我看透了此人的动机，使我知道他是哪类人。我什么也没有说，我记不得我是如何回答他的。但这已经无关紧要，他的这个问题已经彻头彻尾暴露了他的人品。我永远不会忘记西罗·弗里亚斯的抗议声。西罗是一位农民出身的杰出的战士，他参加了我们革命的队伍，后来成为少校，在战斗中牺牲。由于欧蒂米欧的出卖，西罗的一个兄弟安东尼奥遭到敌人拷打，当着他的面，他的妻子被强暴，最后他被绞死。当欧蒂米欧第四次想把我们出卖给敌人时，他被我们抓获，西罗愤怒地说："老兄，你怎么能干出这样的事？老兄，你怎么能杀害安东尼奥？"西罗还揭露说，欧蒂米欧还活活烧死西罗家的一位赶马少年，西罗说："你还想杀死我，老兄，你杀死了胡里奥。"这是指胡里奥·塞农，塞农是敌军组织的最厉害的包围和消灭行动的牺牲品。在敌军采取这一行动的一小时前，我感到苗头不对，赶紧下令撤退，挽救了我们的队伍，我们的同志严格地执行了我的命令，否则后果不堪设想。我记得西罗愤怒地说："你不配得到宽恕，老兄！"

正是在那些艰难的日子里，我们认为必须让人们知道，游击队在活动，起义军在马埃斯特腊山准备斗争到底，必须戳穿敌人散布的"游击队主要领导人已被杀死"的谎言。因此，我们设法邀请一名美国记者到山区来采访我们。于是，福斯蒂诺·佩雷斯下山，其使命是告诉运动成员，我们还活着，正在继续斗争。此外，他还与外国记者接触。已经到了迫切需要设法邀请美国记者访问的时候了，好让国内人民和国际上知道有关我们的消息，了解我们的斗争。于是，我委派雷内·罗德里格斯去见他，让他设法安排记者访问。雷内到了曼萨尼约市，向塞莉亚汇报了他到访的目的，并留下了联系的方式。

卡秋斯卡·布兰科：是的，这位美国记者是通过住在美国使馆的《纽约时报》驻古巴记者菲利普斯夫人联系上的。我知道，起初是她本人想自己来完成这次采访，但是，由于山上条件很困难，因此，她推荐赫伯特·马修斯去采访。

菲德尔·卡斯特罗·鲁斯：当马修斯同福斯蒂诺一起到曼萨尼约时，雷内也在那里。他先回山区。我告诉他，在他去哈瓦那之后，我曾决定让"七·二六运动"全体领导成员都到马埃斯特腊山上开会。我认为利用我与美国记者访谈的时机，来召开包括平原地区领导成员在内的运动全体领导成员的第一次会议是适时的，因为平原地区也正在开展运动的组织工作。

我对这次访谈很感兴趣，让这位记者留下我们是一支强大的、有组织的军队的印象是很重要的。我得设法让他认为我们在不同的点上有不同的队伍。实际上，当时我们的处境并不好，为此，我们的战士不得不在我们谈话时，更换不同的军装，在我们的面前走来走去，好给这位记者留下好的印象。我记得当时比尔玛·埃斯平和哈维尔·帕索斯也在场，一旦需要，他们可以当翻译。但是，由于我会英语，而马修斯也会点西班牙语，所以我们两人沟通得还不错。他的第一篇文章发表后，巴蒂斯塔要求他拿出证据来证明他的访谈是真的，于是，几天后，马修斯发表了一张我拿着带望远瞄准器步枪的照片。随后，为了解除人们的怀疑，他又发表了一张和我的合影。

他是一位有名望的记者，曾表示对古巴的局势感兴趣，他参加过西班牙内战，在美国新闻界中，他持自由的立场。菲利普斯夫人认识他，他曾向她表示他的愿望，因此，菲利普斯夫人推荐他到古巴来采访，尽管没有告诉他采访谁。他到了古巴之后，方得知采访的细节。

卡秋斯卡·布兰科：司令，马修斯是采访您的理想的记者，他是西班牙共和国的支持者，他曾报道过西班牙的内战。在墨西哥女作家埃莱娜·波尼阿托斯卡的《蒂尼斯玛》小说中，有一个片段描写美国记者赫伯特·马修斯可敬的态度，当他看到在法国边境一位西班牙共和国人士受到侮辱时，他当场表示愤怒。您同马修斯的会见是在埃皮法尼奥·迪亚斯庄园进行的，在同一个地方，您又同平原地区的战士们见了面。关于这次会见的详细情况您还记得吗？

菲德尔·卡斯特罗·鲁斯：我知道他们都很高兴，当他们准备上山时，正好美国记者要上山采访，于是，他们上山之行比原来设想的要提前。我与他们进行了长时间的交谈，我想了解平原地区的详细情况，而他们则渴望知道我们所经历的一切，想知道我们是如何坚持下来的。在这次会见中，我们一致认为要扩充力量。我告诉他们，特别告诉弗兰克，我们需要些什么，我问他 11 月 30 日起义使用的武器能否收回来，有什么办法可以将武器运到山区，我告诉他武装 100 名战士需要多少步枪和子弹，有没有可能随着战斗的进行和我们从敌人手中夺取的武器的增加，使我们的战士的人数也不断增加。

我应该补充说明一点。我并不认识马修斯，我把他看作美国最著名的、最有影响的报纸的一名重要的记者，我不知道他是一位进步人士和一个诚实的人，具有光荣历史和良好人品。巴蒂斯塔掉进自己编造的谎言的陷阱。如果我事先知道他的这些情况，我与他的谈话内容可能会有所不同。我们并不靠外表的东西，而是凭我们的实力。与我们开始时只有 2 人有枪，后来增加到 7 人有枪的时候相比，我们已经今非昔比了。即使在那时，我已经深信我们一定会赢得这场战争。我们本来可以不用这些计谋来加深马修斯的印象。后来，我又见到他，他确实是一个可敬的人，我一直很敬重他、钦佩他。一切是靠我们的战斗精神，也靠点运气。

卡秋斯卡·布兰科：说真的，司令，您一直是一个非常乐观的人，您自己说过，这是一个革命者必须具备的品质。在革命胜利几年后，艾德·圣玛丽亚说，当时他们上山与您见面时，本想建议您离开山区，到条件好一些的地方去。但是，最后谁也不敢向您提这一建议，因为那一天，听您讲得这么有热情、有决心，尽管你们人这么少，缺乏武器和物资，您还是向他们表达了充分的信心，使他们下山时，相信起义军一定会胜利。

菲德尔·卡斯特罗·鲁斯：是的，我没有怀疑，但是，最理想的是在蒙卡达行动之后就开始上山斗争，这样可以不必流放国外，不必在如此困难的条件下进行远征和登陆，不必失去这么多宝贵的生命，此外，我们也会得到圣地亚哥居民的支持。但是，这已经不再可能，我们现在已经上了山，我们在平原地区有一个坚强的组织，在那次会见之后，后援力量开始到达，人员和武器都集中在曼萨尼约的埃尔马拉布萨尔，这是塞莉亚挑选的安全的地方。人员和武器的转移都是在极其秘密的状态下进行的。我们的战士每天都冒着生命的危险，他们不得不办事精明、谨慎小心和勇敢非凡。

也有一些农民加入我们的队伍，由于山上条件十分艰苦，我们也花时间开发土地，进行训练……在培训战士进行山区斗争方面，我们做了不少工作。

卡秋斯卡·布兰科：几个月之后，1957年5月28日，你们进行的另一场非常激烈的战斗即乌维罗战斗，引起敌人的强烈反应，是吗？

菲德尔·卡斯特罗·鲁斯：是的，这是一场激烈的战斗，非常激烈，是与驻扎在海边的敌人强大的力量的较量。这次战斗我们缴获了大量的武器，当然，敌人的反抗也非常强烈。我认为这一行动是与通常所说的用最小的伤亡来消耗和摧毁敌人的概念是格格不入的。我们进行这场战斗是为了避免另外一个政治组织的人员被歼灭，他们乘船从佛罗里达出发，在奥连特省北部萨瓜附近登陆。也许我们不应该进行这场战斗，战斗进行得如此激烈，尽管我们打败并缴获了敌军一个加强连的武器，取得了胜利。这场胜利也许可以以最小的伤亡或零伤亡、使用很少的弹药，用在主要道路上进行埋伏的方法来取得，但是，如果不这么打，我们也许不能成为后来这种类型的革命者。在乌维罗激烈的战斗之后，我们用第一纵队的部分战士和一些农民，建立了由切指挥的第四纵队，切在乌维罗战斗中表现突出，成为第一个晋升为少校的军官。我记得在第四纵队成立后不久，我们得知霍苏埃·派斯去世的消息，一个月之后，弗兰克·派斯遇害的不幸消息又使我们震惊。

卡秋斯卡·布兰科：司令，在我为这次访谈准备的文件中，有您当时因派斯遇害所写的话，请允许我念一段：

我难以表达我的悲伤、愤怒和无限痛苦的心情。多么的残忍！他们就在大街上丧尽天良地杀害了他，动用他们所掌握的追踪地下革命者的一切手段。真是一群魔鬼！他们不知道他们杀害的是一个聪明的、有性格的、完美的人。古巴人民丝毫不怀疑弗兰克·派斯是谁，他是一个伟大的、有希望的人。尽管只有25岁，他就这么成熟，将自己最美好的青春献给革命，我感到悲伤……这个卑鄙的独裁政权杀害了多少无辜！

菲德尔·卡斯特罗·鲁斯：是的，弗兰克的遇害对运动来说确实是一个非常沉重的打击，他当时是全国行动的负责人，他在引导各行动小组、组织工人和公民抵抗斗争方面进行了极其重要的工作。他生命的最后几个星期是在推动运动的工人斗争。早在我们开始山上斗争之前，他就是地下斗争的最高领导者。他们兄弟两人都把自己的生命贡献给了革命。弗兰克是在大街上被杀害的，他的死激起了大规模的民众抗议，使得整个圣地亚哥市瘫痪了好几天。这位年轻战士的葬礼成为历史上圣地亚哥市人民规模最大、最有代表性的示威游行。

卡秋斯卡·布兰科：不久前，我看到一篇文章说，比尔玛访问墨西哥时，您同她谈到您对弗兰克的钦佩之情，谈到他在圣地亚哥所开展的工作，以及他在进行地下工作极其危险的行动时，是如何摆脱敌人的跟踪的。我也知道平原地区一些战士的事迹。司令，您能否给我说明一下，运动的领导是在哪里？他们的行动是否都得接受您的指示？

菲德尔·卡斯特罗·鲁斯：在我流亡期间，平原地区的运动完全是自主的，他们负责组织工作，承担各种任务：招募人员，进行政治宣传、鼓动，采取反政府的行动，招募大学生、工人、农民，把他们派送到墨西哥。在战争时期，我们保持与平原地区的联系。在山区只有很少数人参与运动的领导，其他多数领导成员都在平原地区，同开始准备阶段一样，具有很大的自主性。在所有这一时期，运动强大的支柱是弗兰克·派斯，因此，他的死是我们战争第一年受到的最大的打击之一。

卡秋斯卡·布兰科：您在谈到弗兰克之死前，您对我说，当时你们已经建立了第二支力量，即切指挥的第四纵队，您能否介绍一下起义军是如何壮大的？

菲德尔·卡斯特罗·鲁斯：好的，第一纵队是我率领的纵队，然后，又成立了其他纵队。第四纵队是切指挥的，随后，我们小小的队伍逐渐取得经验，以至于给巴蒂斯塔非常强大的打击，缴获了一些武器。于是，我们又派劳尔指挥的纵队开辟第二战线，向北部进军；由阿尔梅达指挥的另一纵队进军圣地亚哥附近的地区。从政治和军事的角度来看，这是一个非常重要的时刻。另外一个纵队，是卡米洛指挥的小小的纵队，开始在平原地区作战。

卡秋斯卡·布兰科：您能否谈一谈4月罢工的失败有些什么严重后果

和影响吗？

菲德尔·卡斯特罗·鲁斯：4月罢工举行的时间恰恰是我们赢得敌人地盘的时候。实际上，它是根据平原地区同志的意见进行的，他们相信，由于人民斗争的高涨和强大，发动革命总罢工的条件已经具备，其战略最终目标是推翻独裁政权。他们对罢工的成效没有怀疑，但是，当时并不是举行罢工的合适时机。在运动的领导层，曾就此展开过讨论，他们认为我们在山上不可能了解举行罢工的可能性。当时，他们的意见占上风。尽管如此，为支持总罢工，游击队所有的纵队都进行了坚决的、成功的军事行动。但是，正如所预料的，当时，罢工遭到失败。巴蒂斯塔镇压了罢工，这对运动来说是一个沉重打击，也使民众灰心丧气。罢工失败后，我做的第一件事是在切的建议下，我们通过设在第四纵队地盘上的起义电台发表讲话，这是一个很好的主意，对我们与山上其他战士、同平原地区的同志们以及同人民保持联系非常有用。1958年4月16日为了鼓励人们的士气，我的讲话至今仍保存着。卡秋斯卡，您有我这篇讲话吗？

卡秋斯卡·布兰科：是的，司令。请允许我读几段：

致古巴公众舆论界和拉丁美洲自由的人民：

我从第一纵队行动地区日夜兼程，一刻不停地赶路，为的是到起义电台发表讲话。这时候离开我的战友是一件艰难的事情，尽管只有几天。但是，同人民谈话也是我的责任和需要，我不能不完成。

独裁政权在所有各方面都是令人憎恨的，但是，在绝对控制文字的、无线电和电视的媒体传播方面如此令人发怒和厚颜无耻是绝无仅有的。

新闻检查本来就已经是令人厌恶，但是，当新闻检查不仅是为了向人民掩盖所发生的事实，而且企图通过所有传播手段片面、独一无二的传播，使人民相信刽子手觉得安全和合适的事情，那就更令人厌恶了。

他们越是千方百计掩盖真相，就越是想方设法传播谎言。

人民只能听到独裁政权总司令部的新闻。不仅强迫实行新闻检查，而且强行散布谎言。一位严厉的不留情面的审查官禁止报刊和电台电视台播放真实的消息，强迫它们播放独裁政府的新闻。剥夺人民的舆论工具，让它们成为压迫的工具。独裁政权企图永远欺骗人民，而拒绝任何非官方消息的做法本身就足以使所有的官方消息一钱不值。难道人民会相信那些压迫他们的罪犯吗？会相信那些剥夺他们的宪法和自由的叛徒吗？会相信那些禁止自由地发表任何最微不足道的消息的新闻审查官吗？真愚蠢！你们可以用武力强迫人民做一切，但是，却不能让人民相信你们！

当书写这场斗争的真实历史时，每一件事实都将与独裁政权的官方报道相冲突，人们会明白，独裁政权是怎样使共和国的机构变质和变坏，为邪恶效忠的势力是如何残忍和凶暴至极，那些雇佣的、无思想的军队被其军官欺骗到何种程度。对这些欺压和杀害人民的暴君和刽子手来说，其谎言被戳穿又有什么关系？对他们来说，重要的是摆脱困境和延迟其不可避免的垮台。我不相信古巴军队的参谋部会因廉耻而欺骗，参谋部已显示它毫无羞耻，参谋部说谎是出于其利益，它欺骗人民，欺骗军队，它欺骗是为了避免其军队士气衰落，它欺骗是是因为它拒绝在世人面前承认其军事无能，拒绝承认其出卖给最不光彩的事业的雇佣军军官的身份，它欺骗是因为，尽管它拥有数万名士兵和无数物资，却没能打败一支小小的起来捍卫人民权利的游击队。独裁政权雇佣军的步枪经不住不领取工薪的、具有理想的战士们的步枪的攻击。无论是他们的军事技术、军事学院，还是最现代化的武器都不起作用。这是因为当军队不是在捍卫祖国，而是在攻击祖国；当军队不是在捍卫人民，而是在奴役人民，它就不再是一个机构，而是变成了一个武装的匪帮；他们不再是军人，而是变成坏蛋；他们不再配领取榨取人民血汗的工薪，甚至也不配享受阳光的沐浴，因为他们在阳光的庇护下，使大地沾满耻辱和怯懦。就是这些从来没有捍卫过祖国，抵御过外敌的军人；这些从来没有在战场上赢得过奖章的军人，却因为叛变、裙带关系和犯罪而升官发财；他们播放的战争通告说，有10名、20名、30名，甚至50名同胞被他们的武器所杀害，他们竟把杀害自己的同胞作为作战获胜的消息来公布，仿佛这些同胞没有兄弟、子女、妻子和父母。即使为了这些遇害同胞的亲属，我们也要打胜这场战争。我们从来没有杀害过敌人的一个俘虏，从来没有把受伤的俘虏遗弃在战场上，这现在是，将来也是我们的声誉和荣誉的标志。我们为每个对手的倒下感到痛苦，尽管我们所进行的战争是正义的战争，因为这是为自由、为古巴人民的战争。古巴人民知道我们的战争正在胜利地进行中。古巴人民知道，从我们登陆后的17个月以来，我们这支小小的队伍经历了最初的失败，但是，我们没有停止我们爱国主义的坚持，革命的队伍一定会不断壮大；古巴人民知道一年前点燃的星星之火，今天已成为不可战胜的燎原大火。古巴人民知道，斗争已经不仅仅是在马埃斯特腊山区，以及从克鲁斯角到圣地亚哥；而且已经扩大到克里斯塔尔山区，从马亚里到巴拉科阿；已经扩大到考托的平原地区，从巴亚莫到维克托利亚德拉斯图纳斯；已经扩大到拉斯比利亚斯省，从埃斯坎布拉伊山区到特里尼达山区和比那尔德里奥省；在城市和城镇的街道里，都在进行着英勇的斗争。但是，古巴人民知道，我们斗争的意志和恒心是坚定不移的，是会保持下去的。古巴人民知道，我们这支队伍从无到有，逆境不会使我们灰心丧气，每次失败之后，革命又重新振作起来，力量更加强大。古巴人民知道，"格拉玛号"远征小队的被摧毁并不是斗争的结束，而是斗争的开始；在我们的同志弗兰克·派斯遇害后，虽然民众自发举行的罢工并没有战胜巴蒂斯塔，但是，却指明了有组织罢工的道路；独裁政权血腥杀害无辜，镇压新的罢工，任何这样做的政府都是维持不下去的，因为在这些天里，有数百名青年和工人被杀害，对人民的残酷镇压不会削弱革命，反而会使革命更加强大，更加迫切，更加不可战胜。烈士们的鲜血将激起人们更大的勇气和愤怒，每个在街头或在战场上倒下的同志都会激发他们具有同一理想的弟兄们强烈的贡献自己生命的愿望，都会激发冷漠者进行斗争的愿望，都会激发温和派热爱正在为尊严而流血的祖国的感情，都会激发美洲国家所有的人民的同情和支持。

菲德尔·卡斯特罗·鲁斯：这正是我当天对人民说的话，随后，我又回到位于拉普拉达地区的第一纵队。所发生的一切表明，巴蒂斯塔将利用时机组织反攻，发动一次对起义军的强大攻势。我确信，敌人会这么做，会在起义军的第一战线地区展开激烈的战斗。于是，我下令给切，让他把电台转移到战略重点的第一纵队地区，并安置好小小的电台装置。

后来，我记不得确切的日期，来了几位同志参加游击队。记得其中有豪尔赫·恩里克·门多萨和奥雷斯特·巴雷拉，他们两人与其他同志一起，加入了起义电台的工作。在随后的几个星期里，又来了一些运动送来的同志，他们在 4 月罢工失败后，遭到政府的追捕。在罢工失败后，我提议将运动的政治领导转移到马埃斯特腊山来。这次会议被称为"蒙比安高地会议"。

卡秋斯卡·布兰科：司令，这时候，是否已开始决定性战斗阶段？

菲德尔·卡斯特罗·鲁斯：是的，敌人由于我们 4 月罢工的失败和人民队伍里的消极情绪增加而受到鼓舞，他们以为是给游击队决定性打击的时候了。于是，他们就制定和组织了最后的战略行动。这一计划的名称缩写是 FF，意思是"菲德尔的末日"[1]，计划集中 1 万兵力，并有坦克、大炮、飞机和军舰的配合。从 1958 年 5 月 25 日起，开始向第一纵队发起强大的攻势。在第一纵队的地区先后召集了所有其他的纵队，游击队的总司令部和最重要的设施也集中在那里，如起义电台和战地医院。

几乎同时，敌人又向东部"弗兰克·派斯"第二战线发起进攻，敌人同时在两个主要战线向我们发起强烈进攻。战斗持续了几个星期，敌人的进攻被我们击退。我们的战士们打死打伤了很多敌人，并缴获了许多武器。

在第一纵队的战线，我们集中了约 300 兵力，其中包括切和卡米洛的后援部队。连续 74 天我们进行了决定性的战斗，终于击退了敌人强大的进攻，取得了胜利。一开始我们是处于守势，后来我们发

---

[1] 据卡斯特罗本人在另外场合的解释，西班牙文 FF 缩写有双重意思，一为 Fase Final，即"最后阶段"；二是 Fin de Fidel，即"菲德尔的末日"。——译注

起强大的反击,粉碎了敌人的进攻。我们总共打死打伤1000名敌人,俘虏443名,缴获了500多件宝贵的武器。

卡秋斯卡·布兰科:司令,我这里有您给拉蒙·派斯写的一封信,信中谈及你们抵抗敌人进攻的策略:

我们在各条道路都进行抵抗,逐渐向山区后退,尽量给敌人造成最大的伤亡。

如果敌人占领所有的地区,我们每个排都应变成一支游击队来打击敌人,在各条道路上截断敌人,直至敌人重新离开这里。这是决定性的时刻。必须全力应战。

在这种形势下,您不担心为抵抗敌人如此强大的进攻,你们人员、武器、弹药和生存物资的缺乏吗?

菲德尔·卡斯特罗·鲁斯:我总是认为,敌人人数的多少并不重要,重要的是我们需要多少人来使我们的阵地牢不可破,使我们能抵抗到独裁政权的军队耗损,这样,我们就能进行反击……在开始时,我们可以使用我们在行的方法,另外的策略是,在敌人经过的最容易打击的地方,在某一个方向,用伏击的办法袭击运动中的敌人。

在敌人开始进攻时,我们的子弹储备状况非常困难,您一直在了解所有这些问题,您一定看到过在那些日子里,我给我的战友们写的信,在所有这些信里,我都强调要使我们的战士保持清醒的头脑,我们在抵抗敌人进攻时,必须节约子弹。尽管我们希望得到外援,但是,我们相信,即使我们得不到外援,我们制订的防务计划也能够使我们依靠自己的力量和从敌人手中夺来的武器,进行抵抗,直至敌人的进攻耗尽和停止。

卡秋斯卡·布兰科：您给卡米洛的一封信中说，要重视在革命战争中进行的重大战役胜利的把握性。在信中，您写道：

我在这里告诉您的这一运动是与整个计划和一系列的情况相关的：确保各个点能有武器运进来（有些武器已经运到），这是一个抵抗敌人进攻和随后立即进行反攻的详细的计划。我们已经将马埃斯特腊山变成一个到处都有地道和战壕的堡垒。而广播电台成为革命斗争的碉堡，我们已经建立电话网，许多东西已经大大地改善。我向您做这些说明，为的是不给您留下虚假的印象，以为我们处境很困难。我相信胜利已经在望。

您已经在主要的信件中解释了在山区进行的战役的规模，以及需要他将他的部队带着所拥有的最好的武器赶过来，以及从战略角度来说，这是有利的，因为敌人制订的作战计划是在它所在的地方与它作战，而正如您说的："我们让敌人在这里与您作战。"

您对卡米洛非常敬重和钦佩。我印象深刻的是，在我第一次采访您时，在您办公室里见到卡米洛的像，以及您在确认卡米洛遇难时向人民说的话。我希望您谈一谈卡米洛，您对他有什么记忆？

菲德尔·卡斯特罗·鲁斯：与我们要进行的重大战役有关的，我可以对你说，我交给卡米洛的任务是艰巨的，他必须穿过敌人在山区设立的封锁线，进入山区后，又得避开敌人在山区的各种卫队，才能到达我们所在的地方。他必须在十分秘密的状态，不让任何人知道他的去向，而且要在最短的时间到达。您可以相信，卡秋斯卡，我毫不怀疑他能完成这一任务。在我向他发出第一封信后，他很快成功地完成了使命，他率领 40 名精兵强将到达拉普拉达。对我来说，他的到来对其他战士们起了非常积极的作用。他骁勇善战，是一支人数不多、战斗力强的队伍的一位能干的将领。

卡秋斯卡·布兰科：当我研究马埃斯特腊山的斗争史时，我得知您曾建议利用敌人的进攻来最大限度上削弱敌人。您能否解释您建议的目的是什么？

菲德尔·卡斯特罗·鲁斯：实际上，我是想让敌人的进攻不仅不能消灭我们，反而要成为独裁政府的一次挫折，为此，必须制定一个深思熟虑的战略，能确保我们长时间地、有组织地进行抵抗，这样可以逐步削弱、消耗敌军，与此同时，我们逐渐积聚资金和添加必要的武器，在敌人开始削弱时，发起反攻。必须在敌人不利的三个方面打击敌人：他们的供应线过长，对他们不利；在游击队熟悉的地方进行战斗；敌人士气低落，物资供应不及时。

事实上，在这一阶段，展开了决定性的战斗，我们给敌人以沉重的打击。但是，我们很多战友献出了宝贵的生命：拉蒙·派斯少校、安德烈斯·奎瓦斯少校、雷内·拉莫斯·拉托尔（丹尼尔）少校、安赫尔·贝尔德西亚上尉和赫奥内尔·罗德里格斯上尉，我认为他们都是我们最精干的、最有战斗力的、最聪明的军官。我在自己撰写的《战略的胜利》（2000 年 8 月出版）一书中谈到了他们不幸的阵亡，我着重指出我们这些军官的大无畏精神和崇高的道德品质，他们在战斗中冲锋在前，在战斗的第一线倒下。此外，还牺牲了其他战士和几位农民合作者。

悲伤　告别　不安　离开图斯潘　冒着狂风暴雨的横渡　登陆—遇难　打散　F-47轰炸机下的地狱　死亡还是成

卡秋斯卡·布兰科：司令，在敌人的进攻被打败后，起义军的第一、第二、第三战线都联合在一起，深入全部东部地区，准备进行夺取圣地亚哥行动。当时，您认为游击队已经足够强大，可以赢得战争，是吗？

菲德尔·卡斯特罗·鲁斯：我们的队伍已经取得丰富的经验，得到了加强，犹如凤凰涅槃，在自己的废墟上重获新生。但是，与强大的敌人相比，我们还是很弱小。然而，我们这支弱小的队伍取得了胜利。第二、第三战线的马埃斯特腊纵队深入东部地区，而卡米洛和切指挥的纵队被派往中部地区，他们分别率领94人和142人。可以说，在平原、沼泽地区进军500多公里，这是一项伟绩，是一项困难的、危险的使命，但是，他们完成了。9月，成立了第一个"玛丽亚娜·格拉哈雷斯"妇女战斗班，当月，她们与第一纵队一起参加了塞洛佩拉多的战斗。

10月，第二战线占领了敌人的重要阵地，缴获了许多武器。第一纵队的一些先锋战士带领着1000名刚招募来的没有武器的青年，于11月11日进入通往古巴圣地亚哥的山区。在沿途，进行了吉萨战役，吉萨是巴亚莫附近的一个镇，是敌人行动指挥部的所在地。在夏季攻势开始时，在马埃斯特腊山区我们只有180名战士，胜利后，战士的人数随着缴获武器的增加而增加。吉萨一战连续打了10天，直至打败总共由5000名兵力组成的，有轻重坦克、大炮和飞机支持的敌军。11月30日，我们拿下吉萨。12月，我们所有的东部和中部的纵队发动全面的、大胆的进攻，攻克了许多城市，包围了圣地亚哥，攻打了圣克拉拉市。

在"格拉玛号"登陆24个月之后，我们的军队终于打败了强大的敌人。这时，我们的兵力总共不过3000人，所拥有的武器大部分是在战斗中从敌人手中夺过来的，而敌军训练有素、拥有各种武器，总兵力约有 8 万人。

卡秋斯卡·布兰科：司令，最后都发生了哪些事件？

菲德尔·卡斯特罗·鲁斯：我们已经赢得了战争，1958 年 12 月 28 日，我同敌军作战部队司令在被毁的奥连特糖厂会面，面对起义军高层指挥官们，他承认他们输了，他要求我们提出一个结束战斗的方案。我们非常准确地制定了一个方案，他接受了。后来发生了什么？敌人没有履行达成的协议，结果是，一直支持我们斗争的工人和全国人民参加了斗争。面临新的危险形势，首都发生的一场政变，我们给起义军各指挥官下达继续前进，不接受任何停火的指示，并且号召举行总罢工，立即得到响应。全国从东到西都处于瘫痪状态，全国各地的电台与起义电台取得联系，播放革命指挥部的指示。这是我们给予敌人企图阻止我们最后胜利的绝望阴谋的毁灭性打击。72 小时后，我们攻克了所有的城市，缴获了 10 万件武器，所有敌人的陆、海、空部队的装备都落在人民手中。

卡秋斯卡·布兰科：司令，在胜利前夕，最后的战斗还在进行时，您回家去探望了您的母亲，这是您在战时唯一的一次离开战场数小时。您似乎需要您母亲的亲切拥抱来继续战斗。您能谈谈这次见面吗？

菲德尔·卡斯特罗·鲁斯：这是在 12 月 24 日，我忍不住想去看望她老人家，我已经多年没有去看望她了。我记得她对我的突然到来感到惊喜，因为她一直盼望着哪天我们能够回家。见到她时我很激动，同时又感到忧伤，因为我父亲已经不在了。我记得我给陪同我回家的战友们吃橘子，我们在橘林里乱摘一通。我母亲提醒我们不要乱摘，因为她依然遵守我父亲留下的要有序采摘橘子的老习惯，她这么做仿佛我父亲依然活在比兰老家。

我记得，当我们在归队的路上经过巴拉瓜芒果[1]，我们忍不住停下脚步，向独立战争的烈士们致敬。我们感到我们的先烈们的梦想变为现实的崇高时刻即将到来，他们所梦想的革命即将取得胜利。这一次不会再像1898年那样，由于美国军队的干涉，不让加利斯托·加西亚领导的芒比部队开进古巴圣地亚哥市，这是古巴的一次挫折，是历史上对古巴人民不公正的做法。巴拉瓜芒果事件的历史意义使我们深为感动。一个星期后，1959年1月1日，古巴革命取得胜利，100多年来古巴人民公正、独立的愿望终于实现。似乎难以实现的梦想终于变成活生生的现实，起义军进入了圣地亚哥城。历史为古巴人民新的、有尊严的生活打开了大门。其他一切事情将取决于我们自己。

---

[1] 巴拉瓜芒果（Mangos de Baraguá），地名，在古巴圣地亚哥市附近。1878年3月15日，古巴民族英雄安东尼奥·马塞奥（Antonio Maceo，1845～1896）将军与西班牙殖民军司令阿塞尼奥·马丁内斯·坎波将军在此会见，坎波劝说马塞奥签署《桑洪和约》（Pacto de Zanjón），遭到马塞奥严词拒绝，这一历史事件被称为"巴拉瓜抗议"，它象征着古巴人民反抗西班牙殖民统治的精神。——译注

影像

图片．留存文件．风景．记忆中的面孔和时刻．杂志和报纸摄影记者．研究角度的艺术家．流动或临时摄影师捕捉的时空．形象中的生活．记忆和历史

未来蒙卡达兵营和卡洛斯·曼努埃尔·塞斯佩德斯兵营的攻打者们在训练时合影。1952年12月13日,摄于卡塔利纳德圭内斯。

1952年12月,菲德尔在训练时挖沟。

菲德尔抱着小菲德尔,与妻子米尔塔在一起,因自己乘坐的汽车轮胎爆炸,在公路上叫停汽车。摄于1952年。

21岁的青年劳尔（位于中间）。1952年12月13日，摄于哈瓦那。

菲德尔因抗议在普拉多和圣拉萨罗大街所发生的事件而被捕，关押在第四警察局。菲德尔位于左边第一位，何塞·安东尼奥·埃切维里亚位于最右边。在这次事件中，大学生鲁本·巴蒂斯塔受伤。

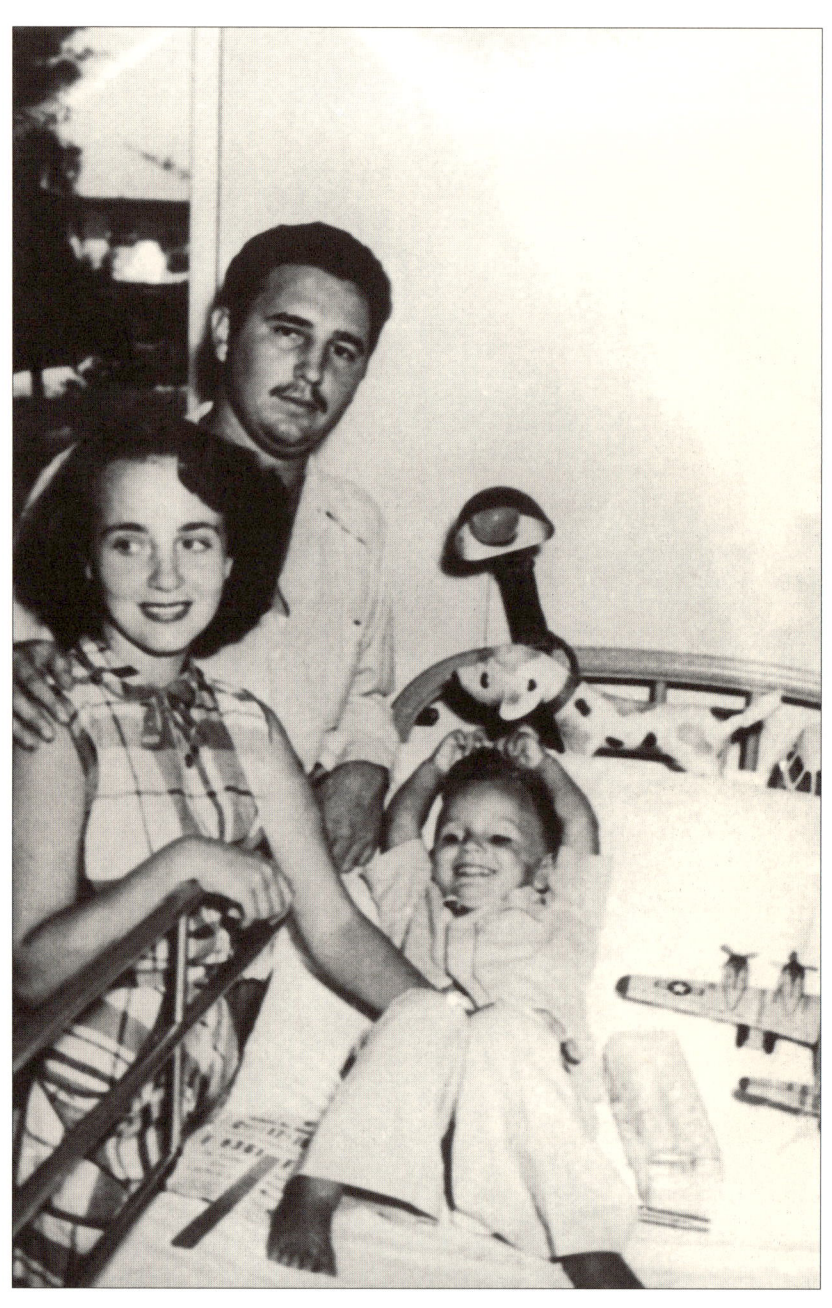

菲德尔和米尔塔与刚做完阑尾炎手术的小菲德尔在一起。

照片上大部分人是未来的蒙卡达兵营和卡洛斯·曼努埃尔·塞斯佩德斯兵营的攻打者。在希尔多·弗莱塔斯告别单身的聚会上，摄于1953年5月。

1953年8月1日，在古巴圣地亚哥警察局，菲德尔与其他攻打蒙卡达兵营的战友在一起。

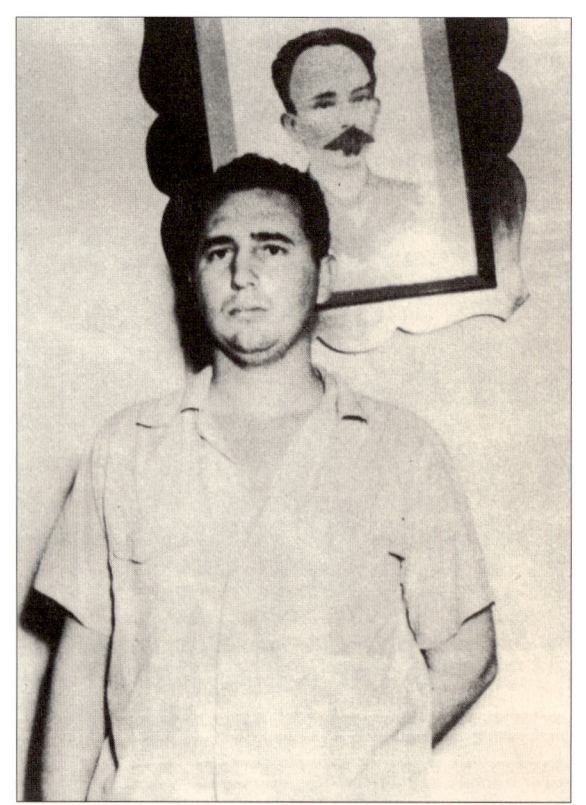

菲德尔在古巴圣地亚哥警察局,这张照片后来成为革命者斗争和受马蒂思想影响的象征。

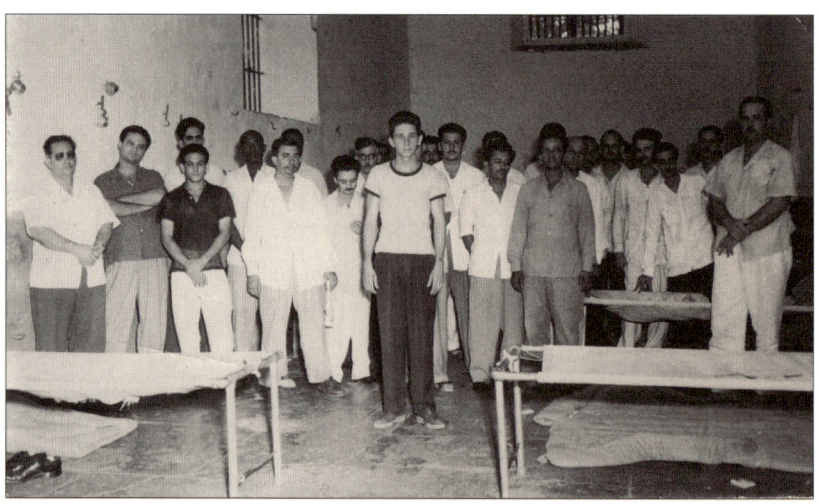

劳尔与一批蒙卡达战士在古巴圣地亚哥警察局。

1953年10月17日,菲德尔被押到松树岛莫德罗监狱后,拍摄的监狱登记照。

1954年7月3日,在松树岛监狱,菲德尔抱着小菲德尔。左边第一位是《波希米亚》周刊的一位记者,右边是米尔塔和劳尔。

小菲德尔、劳尔和菲德尔在松树岛监狱的图书馆。摄于1954年7月3日。

菲德尔与他的儿子小菲德尔

自左至右:梅尔瓦·埃尔南德斯、艾德·圣玛丽亚、胡利娅·努涅斯、莉迪娅、埃玛和华尼塔·卡斯特罗在等待着政治犯的释放。

1955年5月15日，菲德尔被大赦释放，从监狱的台阶走下来。

同一天，菲德尔走出松树岛的莫德罗监狱。

菲德尔同梅尔瓦和艾德在一起,后面是路易斯·孔德·阿圭罗。

菲德尔出狱后,被记者、同伴和朋友们所包围。

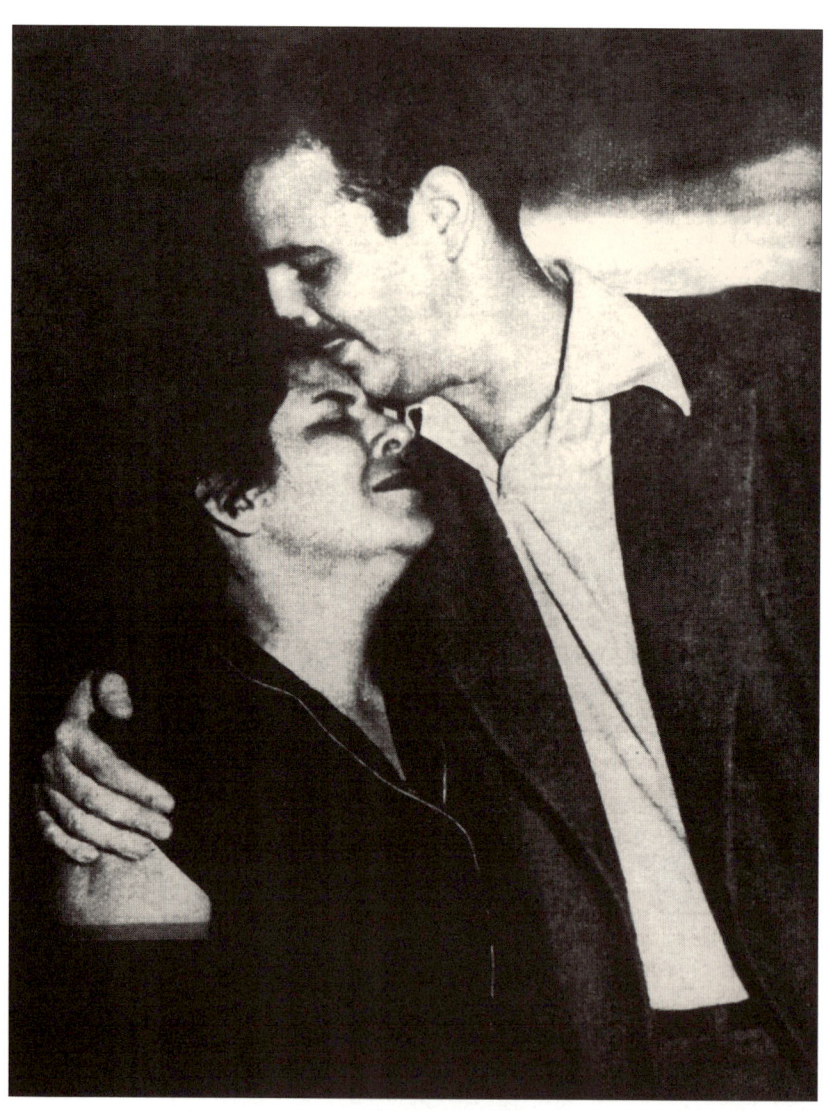

1955年，菲德尔与他的姐姐莉迪娅。

菲德尔与赫苏斯·蒙塔内在松树岛监狱。

1955年5月15日，劳尔（左二）与其他被大赦释放的蒙卡达战友一起在新赫罗纳，乘坐"埃尔皮内罗号"轮船。

1955年5月16日凌晨5点左右，菲德尔（中间）和蒙卡达战友们在出狱后，乘坐"埃尔皮内罗号"轮船抵达巴塔巴诺码头，他向等候他们的同伴和朋友们挥手致意。

从巴塔巴诺乘火车抵达哈瓦那火车站,菲德尔被抱出车窗。

菲德尔抵达哈瓦那火车站后被迎接他的民众扛在肩膀上。

菲德尔抵达哈瓦那火车站后被迎接他的同伴和朋友团团围住。

1953年5月16日,出狱后第二天,菲德尔接受记者吉多·加西亚·因克兰采访。

在离墨西哥城查布特佩克公园六七公里远、通往托卢卡公路旁的洛斯卡米托斯射击场，蒙卡达的战士们在此进行练习。

墨西哥，洛斯卡米托斯靶场，菲德尔用望远镜观看射击结果。

1955年10月23日，菲德尔从费城到达宾夕法尼亚火车站。

1955年10月，菲德尔在纽约市，与古巴公民行动领导在其总部合影。

1955年11月,在迈阿密,菲德尔与胡安·曼努埃尔·马克斯和菲力克斯·埃尔穆萨在一起用午餐。

1955年11月20日,在弗拉格剧院,菲德尔在主席台上,与小菲德尔在一起。桌上放着运动募捐来的钱。

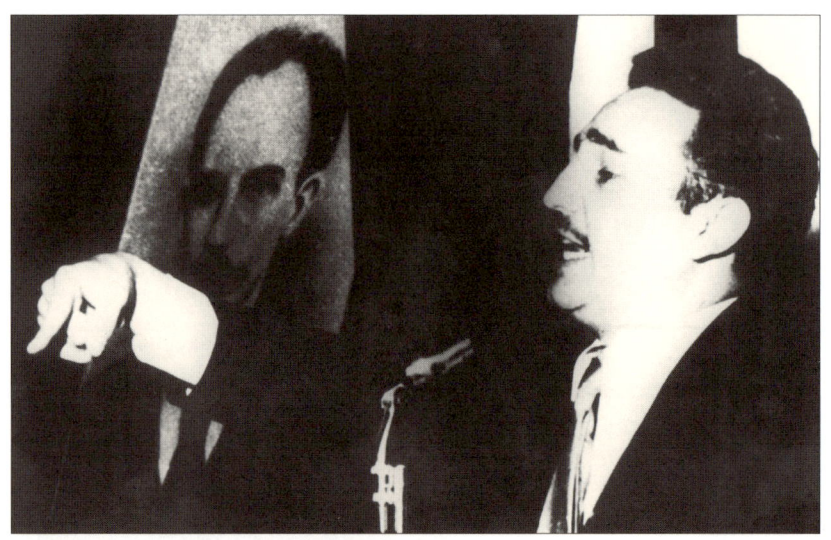

1955年11月20日，菲德尔在弗拉格剧院集会闭幕式上讲话。

劳尔和阿尔梅达走在墨西哥城的大街上。

劳尔和何塞·斯密斯·科马斯在墨西哥城合影。

在墨西哥提供合作的奥尔基德亚和奥内利奥·皮诺的妹妹奥迪莉亚婚礼上,菲德尔作为伴郎。

1956年,菲德尔在墨西哥洛斯卡米托斯射击场。

菲德尔与埃克托尔·阿尔达马、何塞·斯密斯·科马斯和胡安·曼努埃尔·马克斯在墨西哥。

1956年6月21日，菲德尔与几位战友被捕后在墨西哥总检察院的墨西哥联邦警察局。

菲德尔（后排中间戴墨镜者）与在墨西哥流亡的战友在一起，中间是古巴人玛丽亚·安东尼娅·冈萨雷斯。

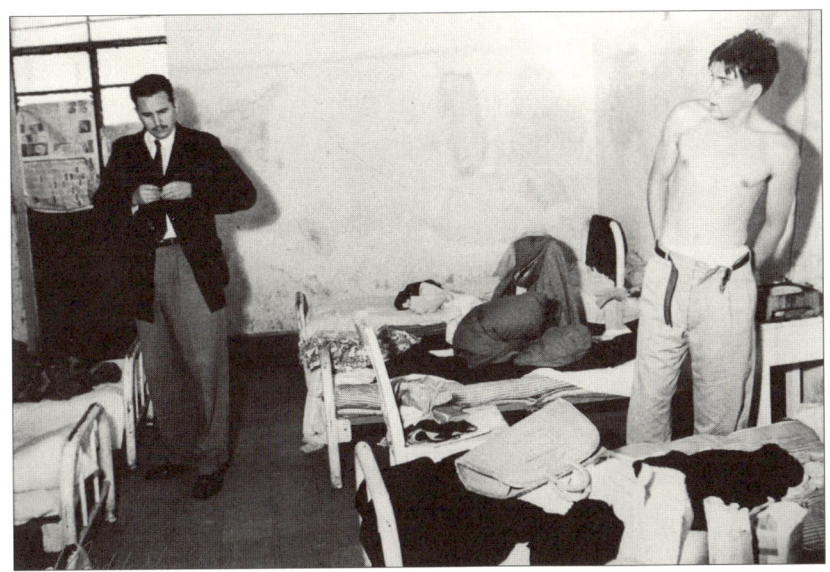

1956年,菲德尔与切在墨西哥监狱。

1956年8月29日,菲德尔与何塞·安东尼奥·埃切维里亚(左二)签署《墨西哥协定》,确立了大学生联合会与"七·二六运动"的团结合作。

1956年9月1日是小菲德尔的生日。菲德尔与小菲德尔和特米塔·塔森德在埃尔·佩德莱加尔家。照片由阿尔萨西奥·巴内加斯拍摄。

1956年10月,菲德尔和胡安·曼努埃尔·马克斯在墨西哥玛丽亚·德洛斯安赫莱斯庄园访问阿巴索洛牧场,未来的"格拉玛号"远征战士就在这里进行训练。

1956年11月,劳尔与他的朋友和战友尼科·洛佩斯在墨西哥城合影。

卡斯特罗·鲁斯夫妇。此照片很可能是在他们的儿子进行革命斗争,他们过着艰难的日子时拍摄的。

卡斯特罗·鲁斯兄弟的父亲安赫尔·卡斯特罗·阿希斯先生。

1956年10月，安赫尔·卡斯特罗先生的葬礼情景。

1956年12月，莉娜·鲁斯和拉蒙·卡斯特罗·鲁斯。

1957年，起义战士们在马埃斯特腊山。

1957年2月18日,在马埃斯特腊山,"七·二六运动"召开全国领导会议。自左至右:弗兰克·派斯、福斯蒂诺·佩雷斯、劳尔·卡斯特罗、菲德尔·卡斯特罗、阿曼多·哈特和乌尼韦索·桑切斯。

1957年5月,菲德尔在马埃斯特腊山营地,步枪靠在吊床旁边。

1957年5月，在马埃斯特腊山，菲德尔与其他战友在一起。

蹲着的战士是劳尔·卡斯特罗、豪尔赫·索图斯和胡安·阿尔梅达，站立的战士自左至右：吉列尔莫·加西亚、切·格瓦拉、乌尼韦索·桑切斯、菲德尔和克雷森西奥·佩雷斯。

菲德尔在试验一挺30毫米口径的机关枪。照片上方是路易斯·克雷斯波和劳尔·格拉·贝尔梅霍。

1957年10月8日,菲德尔和切在马埃斯特腊山。

1957年10月24日,在马埃斯特腊山埃尔科科,起义军司令用带有望远瞄准器的步枪瞄准。

1957年11月，在马埃斯特腊山，路易斯·克雷斯波、菲德尔和阿尔梅达。

1957年，在马埃斯特腊山，劳尔与切。

1958年1月,在马埃斯特腊山,小哈瓦那,菲德尔在阅读库西奥·马拉帕特的《卡普特》。

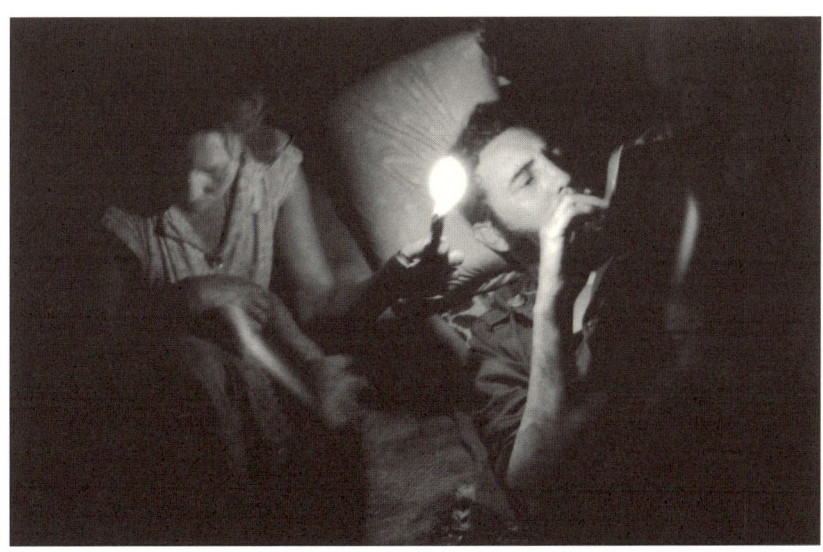

1958年1月,在马埃斯特腊山,菲德尔利用战争中的很少几个小时的休息时间,或听新闻或看书。此照片由西班牙摄影师恩里克·梅内塞斯拍摄。

1958年3月,在马埃斯特腊山,菲德尔与塞莉亚在阅读。这张照片是安德烈·赛因特·乔治拍摄的系列照片之一。

埃玛和阿古斯丁·卡斯特罗在纪念7月26日行动的集会时,在何塞·马蒂陵墓献花。此照片发表在1957年8月墨西哥某报上。

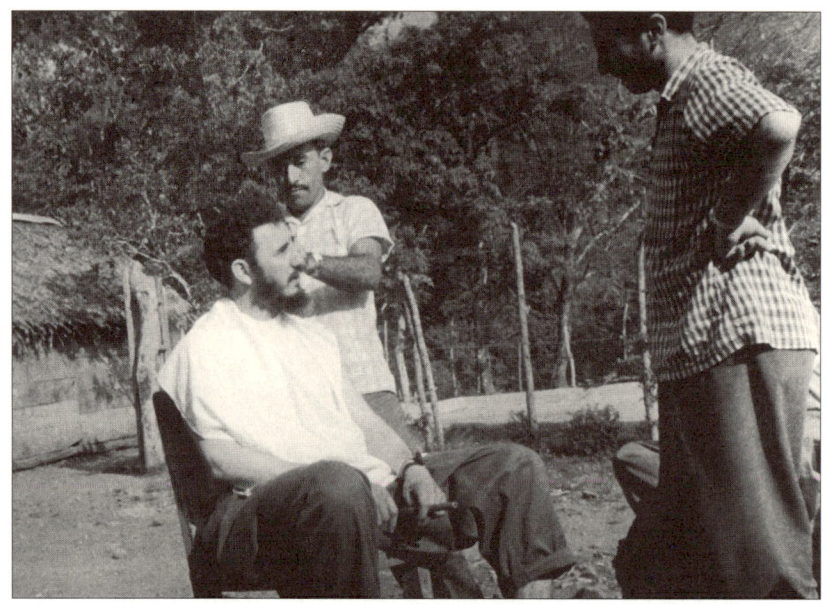

菲德尔边理发边聊天,给他理发的是比恩韦尼多·比尔特雷斯(比恩韦)。摄于马埃斯特腊山,埃尔纳兰霍。

莉娜·鲁斯·冈萨雷斯,1958年在第二战线探望她的儿子劳尔时拍摄。

1958年10月,菲德尔在拉普拉达接受加拿大记者埃利克·德斯奇米特采访,照片由安德烈·赛因特·乔治拍摄。

菲德尔在拉普拉达接受加拿大记者埃利克·德斯奇米特采访时拍摄的另一张照片。

菲德尔在拉普拉达接受加拿大记者采访,照片由安德烈·赛因特·乔治拍摄,为71张系列照片中的一张。

1958年,在第二战线,劳尔与比尔玛接受美国记者采访。

1958年12月,比尔玛、菲德尔、劳尔与塞莉亚在美洲糖厂。

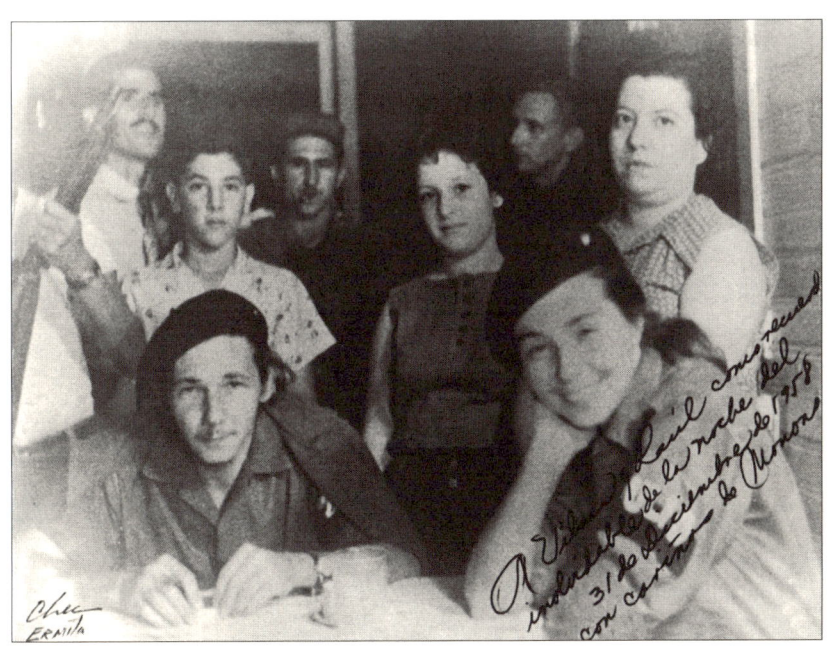

1958年12月31日,战争的最后一天。

1959年1月1日，胜利的喜悦。

1959年1月8日，凯旋进入哈瓦那。

菲德尔和卡米洛在一起。1959年1月8日,"大胡子"胜利进入哈瓦那。

图书在版编目（CIP）数据

菲德尔·卡斯特罗·鲁斯：时代游击队员／（古）卡斯蒂涅拉著；徐世澄，宋晓平译． ── 北京：人民日报出版社，2015.10

ISBN 978-7-5115-3368-5

Ⅰ.①菲… Ⅱ.①卡… ②徐… ③宋… Ⅲ.①卡斯特罗，F.－传记 Ⅳ.①K837.517=6

中国版本图书馆CIP数据核字(2015)第214993号

©Kastiuska Blanco Castiñeira,2012.
©本书所采用的文献及图片来源：古巴共和国国务委员会历史办公室
著作权合同登记　图字 01-2015-6037

书　　名：	菲德尔·卡斯特罗·鲁斯：时代游击队员 ——古巴革命历史领袖访谈录
作　　者：	（古巴）卡秋斯卡·布兰科·卡斯蒂涅拉
译　　者：	徐世澄　宋晓平
出 版 人：	董　伟
责任编辑：	林　薇
装帧设计：	视觉共振设计工作室
出版发行：	人民日报出版社
社　　址：	北京金台西路2号
邮政编码：	100733
发行热线：	(010) 65369527　65369846　65369509　65369510
邮购热线：	(010) 65369530　65363527
编辑热线：	(010) 65369526
网　　址：	www.peopledailypress.com
经　　销：	新华书店
印　　刷：	北京盛通印刷股份有限公司
开　　本：	710mm×1000mm　1/16
字　　数：	620千字　图片：176幅
印　　张：	57.25
版　　次：	2015年10月第1版　2015年10月第1次印刷
书　　号：	ISBN 978-7-5115-3368-5
定　　价：	198.00元